HEYNE BÜCHER
SPHINX

Barbara G. Walker

Die geheimen Symbole der Frauen

Lexikon der weiblichen Spiritualität

Aus dem Amerikanischen von Eluan Ghazal

Mit Illustrationen der Autorin

WILHELM HEYNE VERLAG
MÜNCHEN

SPHINX BEI HEYNE
Herausgegeben von Michael Görden
13/3059

Die Originalausgabe erschien unter dem Titel
The Woman's Dictionary of Symbols and Sacred Objects
im Verlag HarperSanFrancisco, einer Tochter von HarperCollins
Publishers Inc., New York

Umwelthinweis:
Dieses Buch wurde auf chlor- und säurefreiem Papier gedruckt.

Taschenbucherstausgabe 3/2000

Wilhelm Heyne Verlag GmbH & Co. KG, München
http:/www.heyne.de
Printed in Germany 2000
Umschlaggestaltung: Atelier Bachmann & Seidel, Reischach
Innenillustrationen: Barbara G. Walker
Satz: SatzTeam Berger, Ellenberg
Druck und Bindung: Ebner Ulm

ISBN 3-453-16258-7

Inhalt

Einführung

Symbole sind ein heikles Thema: Jedes Symbol kann Hunderte von Deutungen in sich tragen – je nach den Vorstellungen der Menschen, die es interpretiert haben. Elementare Symbole, die auf der ganzen Welt vorkommen, wie etwa das Dreieck, der Kreis, das Kreuz, das Quadrat oder der Stern, können an verschiedenen Orten und zu verschiedenen Zeiten vollkommen verschiedene Dinge beinhalten. Symbole, die heute mit orthodoxen Religionen assoziiert werden, entstanden in der vorpatriarchalen Vergangenheit aus ganz anderen Zusammenhängen: So stammt der Sichelmond, der so oft im stark männlich-zentrierten Islam vorkommt, eigentlich aus der weiblich-zentrierten Verehrung der Mondmutter im archaischen Arabien.

Ein Beispiel für die Herabwürdigung eines Symbols kann man an der Swastika beobachten. Während und nach dem Zweiten Weltkrieg galt die Swastika als Symbol von Grausamkeit und totalitärem Machtmißbrauch. Aber zuvor war sie in Asien ein altehrwürdiges Emblem des Friedens und des schöpferischen Geistes, verwandt mit dem Sonnenrad und erfüllt von Bedeutungen wie »Es sei« oder »Amen«. Mehr noch: Sie war ein sakrales Zeichen, das vor zwölftausend Jahren – in paläolithischen Zeiten – wahrscheinlich die Wiedergeburt symbolisierte.

Manche Symbole beziehen ihre Kraft aus einer archetypischen Bilderwelt im menschlichen Bewußtsein, die Reaktionen auf Symbole werden künstlich innerhalb einer Kultur erlernt, können aber auch höchst subjektiv sein. Betrachten wir einmal die Art, wie wir auf die rein willkürlichen Symbole der geschriebenen Sprache reagieren. Die alphabetischen Zeichen haben keinerlei innere Beziehung zu den Klängen, die sie auslösen sollen – und dennoch hören wir diese Klänge im Geist sofort und genau. Mehr noch: Diese Klänge haben keinerlei Beziehung zu den Ideen, die sie auslösen sollen – und dennoch begreifen wir ganz spontan auch diese Ideen. Diese komplexe Bewußtseinsreise reicht also von gedruckten Buchstaben über Wörter bis zu mentalen Vorstellungen – und wenn wir ein Buch lesen, so vollziehen wir sie Tausende von Malen in einer Minute. Wenn wir einmal lesen gelernt haben, identifizieren wir alphabetische Symbole mit solcher Leichtigkeit und Geschwindigkeit, daß wir sogar zur Entspannung lesen können. Unser Bewußtsein ruht sich aus, während es diesen komplizierten Prozeß durchläuft, in dem Symbolsysteme sortiert, erinnert, identifiziert und assoziiert werden müssen!

Menschen reagieren auf Symbole so bereitwillig und intensiv, daß es kaum erstaunt, daß man in jeder menschlichen Kultur Symbole findet, die vom Hauch der Göttlichkeit umgeben sind. Menschen neigen offenbar dazu, ihre eigenen Werke mit Gefühlen der Ehrfurcht zu besetzen, vor allem, wenn diese Werke von ästhetischer Bedeutsamkeit sind – wie etwa eine geordnete Symmetrie. Menschen verehren auch äußere Gegenstände, die ihre Phantasie aus ästhetischen oder inhaltlichen Gründen berühren. Alles, was in der Erfahrung eines Menschen irgendwie als »besonders« wahrgenommen wird, kann zum Gegenstand der Verehrung werden. Deshalb sind die Traditionen der Menschheit von heiligen Bäumen, heiligen Steinen, heiligen Bergen, Flüssen, Tieren und anderen Elementen der natürlichen Umgebung erfüllt. Diese Traditionen enthalten aber auch alle möglichen persönlichen oder kollektiven Fetische: Durch bewußte und rituelle Verehrung wird mentale Kraft auf einen Gegenstand projiziert, der durch seine Besonderheiten Aufmerksamkeit erregt hat.

Mehr noch: Visuelle Symbole sind die eigentliche – präverbale – Sprache. Kleinkinder denken in Bildern, bevor sie lernen, in Worten zu denken. Diese präverbale Sprache ist die lebendigste und bleibt während des ganzen Lebens in Träumen und unbewußten Wahrnehmungen erhalten. Das Kleinkind spürt, daß sein Leben davon abhängt, ob es mit der Mutter oder anderen Pflegepersonen kommunizieren kann. Ohne die Fähigkeit, Bilder zu erspüren, auszusenden und darauf zu reagieren, fehlt dem menschlichen Wesen die eigentliche Essenz des Menschseins.

Die Hauptfunktion des Bewußtseins besteht darin, Ideen zueinander in Beziehung zu setzen. Und so haben Menschen viele Dinge ohne Rücksicht auf den wirklichen Zusammenhang in der äußeren Welt miteinander assoziiert. Oftmals genügt die verschwommenste Ähnlichkeit, um ein Bild mit einem Gegenstand der äußeren Wirklichkeit in Verbindung zu bringen. Eine Strichzeichnung kann ohne weiteres als Mensch wahrgenommen werden. Der Buchstabe M kann zwei Berge oder die nährenden Brüste der Mutter Erde darstellen. Ein einfacher Kreis kann Mond, Sonne, Rad, Zeit, Universum oder das kosmische Prinzip der Ganzheit darstellen. Je einfacher das Symbol ist, um so mehr Bedeutungen kann es annehmen, wenn es im Laufe der Generationen betrachtet und diskutiert wird.

Dennoch gibt es einige miteinander verwandte Bedeutungskonstellationen, die immer und immer wieder mit denselben Symbolen verknüpft werden – insofern hat ein Symbol eine gewisse Affinität zu bestimmten Dingen der äußeren Welt. Manchmal stößt man auch auf historische Deutungsänderungen und lernt sowohl die archaischen als auch die jüngeren Bedeutungen des Symbols kennen, die häufig auch widersprüchlich sind. Vor allem bei religiösen Symbolen ist dies oft der Fall.

Ein typisches Beispiel dafür ist die Taube, die vom Christentum als Symbol des Friedens, der Reinheit, des schöpferischen Logos oder des Heiligen Geistes übernommen wurde. Aber als *paravata* in Indien und als göttliches Totem der Mutter Aphrodite in Griechenland symbolisierte die Taube weibliche Lust und Erotik, die einst als Voraussetzung für alle Schöpfungsakte galten. Als sich das Patriarchat durchsetzte, wurde die weibliche Sexualität verleugnet: Ihre Symbole wurden entweder verteufelt oder entsexualisiert und mit neuen Bedeutungen gefüllt – manchmal geschah auch beides gleichzeitig. Denn der Impuls zur Symbolbildung ist einerseits irrational, andererseits aber auch hartnäckig. Ein Beispiel für die Entsexualisierung ist die Schlange, die in der christlichen Tradition den Teufel symbolisierte, dennoch aber ihre heidnische Heilmagie aus der Antike herüberretten konnte: Der hermetische Caduceus wird noch heute als Symbol für die Medizin verwendet. Verschiedene gnostische Sekten stellten während des Mittelalters sogar Christus in Gestalt einer Schlange dar.

Man braucht sich kaum darüber zu wundern, daß viele Symbole mit Sexualität zu tun haben: Sie ist immer ein Gegenstand intensiven Interesses, sei es im positiven oder im negativen Sinne. Andere gebräuchliche Symbole drücken all die Dinge aus, um die sich Menschen immer und ewig Sorgen machen: Gesundheit, Reichtum, Fruchtbarkeit, Stärke, Macht über die Umgebung oder Erhaltung der Nahrungsressourcen. Letztlich lassen sich Symbole auf menschliche Bedürfnisse und Sehnsüchte zurückführen, wie ja auch die Erschaffung der Sprache selbst aus dem Bedürfnis eines jeden Kindes resultiert, zum Zwecke seines eigenen Wohlergehens eine zwischenmenschliche Kommunikation herzustellen.

Und darin liegt viel von der wirklichen Faszination von Symbolen. So willkürlich ihre Assoziationen auch sein mögen, immer erscheinen sie bedeutungsvoll: Je länger ein Symbol betrachtet wird, um so bedeutungsvoller wird es – denn der Prozeß der Betrachtung selbst erzeugt zusätzliche Deutungen. Symbole können sowohl aus einem individuellen als auch einem kollektiven Blickwinkel betrachtet werden. Man erfährt die vergangenen Implikationen des betreffenden Symbols und bringt auch die Reaktion der eigenen Phantasie ins Spiel. Symbole ermöglichen also eine schöpferische Lernerfahrung, die fast so komplex ist wie das Lernen der Sprache selbst.

Für Frauen ist es besonders wichtig, mehr über die Sprache der Symbole zu erfahren: Viele heute weitverbreitete religiöse Symbole wurden archaischen frauenzentrierten Zusammenhängen entrissen und im Kontext des Patriarchats neu interpretiert. Frauen schütteln heute das Joch einer jahrhundertealten patriarchalen Unterdrückung ab und verspüren deshalb das Bedürfnis, ihre Symbole zurückzufordern und wieder auf weibliche Interessen anzuwenden. So kann man zum Beispiel behaupten, daß ein Dreieck die elementare Dreieinigkeit von Jungfrau, Mutter und Greisin symbolisiert – und zwar mit ebensoviel Recht, wie es im Christentum für die Dreifaltigkeit von Vater, Sohn und Heiligem Geist reklamiert wurde. Im übrigen ist die zuvor genannte Deutung chronologisch älter, was als Empfehlung dienen mag.

Zwar ist es wahr, daß Symbole immer das sind, was man aus ihnen macht, aber ebenso wahr ist auch, daß die Symbolik der westlichen Zivilisation eine Richtung eingeschlagen hat, die das weibliche Prinzip mißachtet oder verniedlicht. Ein Beispiel: Jahrhundertelang wurden Frauen angehalten, das Kreuz zu verehren, das die meiste Zeit seiner historischen Laufbahn ein phallisches Symbol gewesen ist. Wenn Frauen in Kontakt mit ihrer inneren weiblichen Essenz treten wollen, so gibt es dafür Dutzende von altehrwürdigen Symbolen der Weiblichkeit, die für eine Betrachtung geeigneter sind.

Solche Symbole will dieses Buch Frauen anbieten. Gleichzeitig soll aber auch die allgemeine Wachsamkeit für Symbole geschärft werden: Wenn wir genauer wissen, was bestimmte visuelle Reize für unsere Vorfahren bedeutet haben, lernen wir auch mehr über unsere eigenen Symbolsysteme und persönlichen Reaktionen auf die Dinge, die wir in der äußeren Welt sehen. Und das ist vielleicht für uns alle ein hilfreicher Lernprozeß.

1

RUNDE UND OVALE MOTIVE

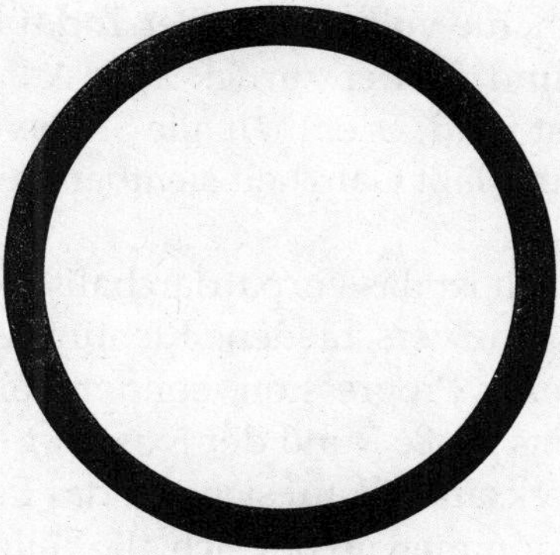

Aureole (Aura)
Dom
Doppelrad
Durchmesser
Elemente
Fischblase
Globus
Heiligenschein
Hufeisen
Kosmisches Ei
Kreis
Kugel
Mandala
Mandorla
Medizinrad
Rad
Ring
Rosettenfenster
Schwarze Sonne
Sonnenzeichen
Sphäre
Spirale
Unendlichkeitszeichen
Yin und Yang
Yoni

Das Universum beginnt mit dem Runden, sagen die Mythen. Der große Kreis, das kosmische Ei, die Blase, die Spirale, der Mond, die Null, das Rad der Zeit, der unendliche Schoß: All dies sind Symbole, die das Gefühl der Menschen für die Ganzheit der Dinge ausdrücken. Das »Alles« und das »Überall« sind in den meisten piktographischen oder alphabetischen Systemen kreisförmig. Die Geburt ist Rundheit: der schwangere Bauch, die volle Brust. Der Tod führt den Kreis des Lebens zu Ende und wieder zurück zum Anfang. Gefäße sind rund. Das Haus ist rund, es enthält alle Stadien des Lebens. Der Tempel ist rund und läßt Ganzheit sichtbar werden. Der heilige Tanz ist kreisförmig.

In der ganzen Welt ist das vorpatriarchalische Denken nichtlinear und läuft in ganz verschiedene Richtungen. Die Erfahrung des Lebens ist keine Progression, sondern ein Mandala. Alle Dinge passen in das große Rund der Existenz. Die Umwelt zieht ebensoviel Aufmerksamkeit auf sich wie das Ego. Die Welt wird als Kugel wahrgenommen, in der sich alle Teile auf alle anderen Teile beziehen. Diese Geisteshaltung hat sich einschneidend verändert, als sich die ichzentrierten, weltverneinenden patriarchalischen Religionen in bestimmten Gegenden der Erde durchsetzten. Die Götter der Männer neigten zu Zwang und Ausschluß. Sie waren eher Schöpfer der Natur als die Natur selbst. Die Intimität der Mutter-Kind-Beziehung mit dem Universum wich einer Vater-Kind-Beziehung, die ganz automatisch eine Hierarchie schuf. Der Höhere war dem Niederen übergeordnet, es entstand eine Leiter oder Pyramide, an deren Spitze Gott weilte und auf alles andere herabblickte. Und nun wurde die menschliche Moral zur Frage des persönlichen Gehorsams oder Ungehorsams gegenüber den Geboten, die von oben kamen. Moral war also nicht mehr ein Gefühl dafür, was für das Ganze gut und richtig ist.

Aber in der Welt der Symbole bleiben die alten Vorstellungen erhalten und können heute wiederentdeckt werden – in einem Zeitalter, in dem man allmählich erkennt, wie abartig das patriarchalische Denken ist, wenn es ins Extrem geführt wird. Der Kreis symbolisiert eine Demokratie, die jedoch weit über das hinausreicht, was wir für demokratisch halten: ein System ohne Kopf oder Schwanz, ohne Höher und Niedriger – im Gegensatz zum Kreuz, das immer auch maskuline und phallische Assoziationen weckte, enthalten runde Symbole keine Hinweise auf Position. Oben und Unten, Links und Rechts sind Teile eines ungebrochenen Kontinuums, in dem Geburt und Tod, Licht und Dunkelheit, Himmel und Hölle in einem ganzheitlichen Ideal vereint sind. Das war die alte feminine Sichtweise.

Die moderne Welt braucht ein Gefühl für Ganzheit, für die grundlegende Einheit aller Völker, Wesen und der Natur auf dieser Erde. Wir müssen die Idee des großen Runden zu neuer Geltung bringen, bevor unsere lineare Geisteshaltung, in der es um die »Macht über« geht, nicht nur den Begriff des Lebens, sondern die Wirklichkeit des Lebens selbst zerstört.

Es sind nicht viele übriggeblieben, von denen aus wir beginnen können. Die antike Symbolik des Runden kann einer dieser Ausgangspunkte sein.

Aureole (Aura)

Wörtlich bedeutet Aureole »Goldreif«. Als Krone oder »Glorienschein« auf dem Kopf war es ein Symbol der Göttlichkeit. Die frühen Christen verwechselten dies mit dem Hof des Mondes (ebenfalls ein »Ring« aus Gold) oder dem Nimbus (einer goldenen »Wolke«) oder ganz einfach mit der »Aura«, was einfach nur »golden« bedeutet. Vor allem die byzantinische Ikonographie stattete die heiligen Köpfe auf den Bildern mit solide aussehenden Goldscheiben aus. Diese Scheiben wurden oftmals so realistisch dargestellt, daß die goldene Aureole bei einer Profildarstellung flach und perspektivisch verkürzt erscheint: wie ein goldener Teller, der an die Hinterseite des Kopfes geklebt wurde. Die frühe byzantinische Kunst ließ selbst dem Satan einen goldenen Heiligenschein zukommen.[1]

Ausgehend von anderen Formen des Heiligenscheins, wurde die Aureole (Aura) auch mit anderen Emanationen des Körpers assoziiert, die als spirituelle Symbole galten – schließlich sogar mit der Idee des »astralen« (sternenerleuchteten) Körpers. Die Mystiker glaubten, daß er in Verbindung mit dem materiellen Körper existiere, sich jedoch ebenso wie die Seele zeitweise vom Fleisch trennen könne. Manche Mystiker behaupteten, diesen immateriellen Körper, der eine lebende Person in Form einer Aura oder eines Hofes aus Licht oder Farbe umfließe, sehen zu können.

Im Orient wurde die Aureole oftmals mit dem »tausendblättrigen Lotus« gleichgesetzt, der sich auf dem Kopf eines höchst erleuchteten Weisen zum Himmel hin entfaltet. Und die Erleuchtung besteht darin, daß spirituelle Energie vom ganzen Körper zur Oberseite des Kopfes hin geleitet wird. Die östlichen Mystiker haben diese Art der Erleuchtung manchmal mit der unsterblichen Seele in Verbindung gebracht, die ihrer Meinung nach aus demselben ätherischen Licht wie die Sterne bestand. Die Seele kam ihrer Meinung nach vom Himmel zur Erde herab, um in den fleischlichen Körper einzuziehen und konnte dann nach dem Tod zum gestirnten Himmel zurückkehren, wie es die Sternenhelden der Antike taten. In Rom glaubte man, daß die Aura ein Luftgeist war, der zum Himmel auffliegen konnte.

[1] Hall, 144

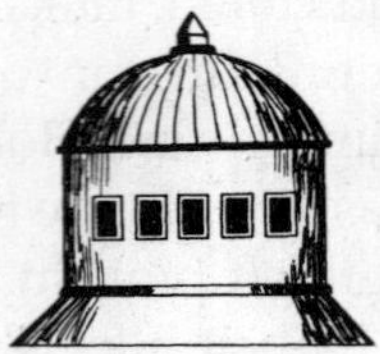

Dom

Das Wort »Dom« kommt vom lateinischen Wort *domus* für »Haus«, und zwar vermittels des italienischen Wortes *duomo*, einem Haus Gottes, also einer Kirche. Das englische Wort *dome* wiederum bedeutet »Gewölbe«. Aber vor den Kirchen, die mit Gewölben überbaut wurden, gab es auch schon heidnische Tempel in Rom, die mit einer Kuppel überbaut waren. Ein noch immer existierendes, berühmtes Beispiel dafür ist das Pantheon. Weil die Kuppel im ursprünglichen Sinne das Himmelsgewölbe symbolisieren sollte, wurden die Gewölbe der Tempel oftmals im Inneren blau bemalt und mit Sternen, mit Symbolen der Planetengottheiten oder anderer himmlischer Gestalten übersät.

Doppelrad

In der antiken östlichen Tradition symbolisierte das Doppelrad Unendlichkeit, es zeigte die ewigen Kreise des Lebens auf der Erde, die von dem größeren Kreis der kosmischen Existenz umgeben waren. Deshalb wurde das Doppelrad oft auch als Zeichen einer universellen Gottheit oder als Symbol für Elementargeister verwendet.

Ezechiels Vision eines »Rades in der Mitte eines Rades« (Ezechiel 1,16), das aus den traditionellen Personifikationen der vier Elemente – dem Menschen, dem Löwen, dem Stier und dem Adler – bestand (die jeweils als geflügelte Engel erschienen), entstammte ursprünglich nicht dem biblischen Denken, sondern vielmehr einer krampfhaften Neuinterpretation klassischer Symbole. Der Bibelautor verwendete solche Symbole, weil er wußte, daß sein Publikum sie als heilig erkennen würde. Soweit die Erinnerung irgendeines Menschen reichte, war das die Bedeutung des Doppelrades.

Durchmesser

Der Durchmesser ist ein Symbol, das vom flachen Horizont des Meeres oder einer Wüstenebene abgeleitet wurde; er teilt die Welt in zwei Hälften, eine obere und eine untere. Das griechische Wort *diameter* für »Durchmesser« bedeutet wörtlich »Göttin-Mutter« und kann mit antiken Schöpfungsmythen in Verbindung gebracht werden, in denen der Körper der Weltmutter selbst (Tiamat, Themis, Temu, Maa) in eine obere und eine untere Hälfte aufgeteilt wurde. Oft heißt es, daß ihre Ursubstanz Wasser sei, und deshalb verweist das Symbol der Dia Meter auch auf die Trennung des Wassers in überirdisches und unterirdisches Wasser.

In der alchemistischen Symbolik bedeutete *diameter* »Salz«, und in Verbindung mit dem Meer ist diese Interpretation durchaus angemessen.[1]

[1] Koch, 66

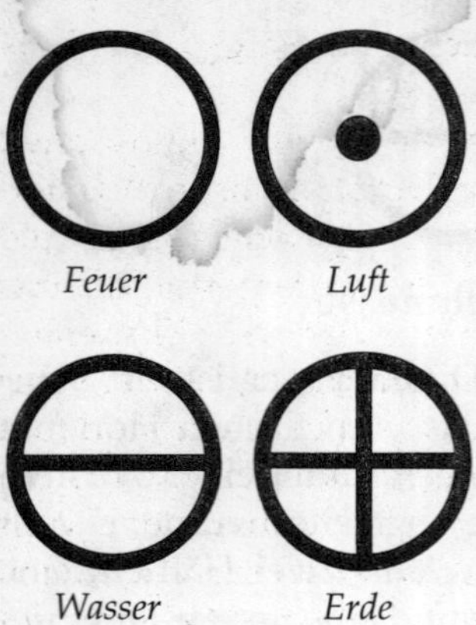

Elemente

Die Symbole für die vier Elemente der Antike erschienen entweder in Dreiecks- oder Kreisform, und sie wurden in der Reihenfolge ihrer vermuteten Dichte bzw. Feinheit angeordnet. Am schwersten von den vier Elementen war die Erde, sie sinkt zu Boden, wenn sie in einem Gefäß mit Wasser vermischt wird. Im Gegensatz dazu schwimmen Luftblasen im Wasser nach oben, und das Feuer steigt in der Luft auf und ist deshalb das leichteste Element. Die Griechen haben manchmal behauptet, daß es ein fünftes Element gebe, das noch leichter und heller als Feuer sei und nur im Himmel vorkomme. Sie nannten es Äther, die Sternenmaterie, aus der die »astralen« Körper himmlischer Wesen (ihre Sternenkörper) geschaffen waren. Dieses fünfte, ätherische Element wurde zur mystischen *quinta essentia* der mittelalterlichen Alchemie. Die Vorstellung vom Äther war so anziehend, daß manche Menschen ihr noch lange anhingen, auch als die Wissenschaft schon längst bewiesen hatte, daß es keine solche Substanz gibt (und auch mit der Entdeckung der wirklichen Elemente begonnen hatte, von denen keines zu den klassischen vieren gehört). Noch bis ins 19. Jahrhundert gab es die landläufige Vorstellung, daß der ganze äußere Raum von einem höchst wundersamen Gas, dem »Äther«, erfüllt sei.

Die vier Grundelemente fanden durch die griechische Literatur ihren Eingang in die europäische Tradition, aber die Griechen waren keineswegs die ersten, die mit dieser Vorstellung vertraut waren. Jahrtausendelang, ja vielleicht sogar Hunderttausende von Jahren gehörten die vier Elemente zum menschlichen Denken. Ihr tatsächlicher Ursprung lag irgendwo im neolithischen Zeitalter; damals entdeckten die Menschen, daß es (abgesehen von Kannibalismus) nur vier Möglichkeiten gab, sich der Körper ihrer Toten zu entledigen: die Erdbestattung, die Verbrennung, die Wasserbestattung oder die Aussetzung der Toten für die Aasvögel aus der Luft. Alle vier Bestattungsformen waren den Menschen der Antike bekannt, sie betrachteten den Tod als eine Umkehrung der Geburt: eine Rückkehr zur Mutter, die alles Leben in der Welt hervorgebracht hatte.

Aus diesem Grund sind einige der ältesten Bilder der Urmutter und Göttin eng mit der Vorstellung der Elemente verbunden. Die vier Elementsymbole findet man z. B. in den vier Händen der indischen, vorvedischen Großen Mutter Kali, die die Klänge der Sanskritbuchstaben erfand und aus diesen die Urmantras erschuf, die das Universum entstehen ließen. Diese Klänge wurden als *La* für »Erde«, *Wa* für »Wasser«, *Ja* für »Luft« und *Ra* für »Feuer« klassifiziert. Und der Geist der Göttin selbst, *Ma* – was sowohl »Mutter« als auch »Intelligenz« bedeutet –, brachte sie alle zur Einheit.[1] Im »Mahanirvanatantra« wird diese Göttin als Erde, Wasser, Luft und Feuer angerufen, aber auch als Leben-in-dieser-Welt, als Erkenne-dich-selbst und als höchste Gottheit.[2] Sie vermischte die vier Elemente, um Leben aus Fleisch (Erde), Blut (Wasser), Atem (Luft) und Feuer (Lebenswärme) zu erschaffen.[3] Diese Vorstellung hielt sich lange Zeit – bis zur mittelalterlichen europäischen Medizin, die immer wieder die Mischung der vier »elementaren Säfte« des Körpers betonte.

Die stoischen Philosophen hatten eine ähnliche Vorstellung: Sie personifizierten die Natur als Muttergöttin, die das Leben aus den vier Elementen geschaffen hatte. Sie war »der Ursprung von allem und die Wächterin der Mysterien«. Sie erbaute die Mauern der Welt und schuf die Erde als Kugel, die genau in der Mitte hing und von Sternenschwärmen umgeben wurde (diese antike griechische Vorstellung von der kugelförmigen Erde wurde im Mittelalter durch die jüdisch-christliche und biblische Idee einer flachen Erde ersetzt). Der stoische Autor Manilius sagte, daß die Göttin »verschiedenartige Teile – Luft, Erde, Feuer, fließendes Wasser – zu einer Einheit organisierte und so ordnete, daß sie einander ernähren konnten, und auf diese Weise herrschte zwischen all diesen entgegengesetzten Prinzipien Harmonie und die Welt konnte fortdauern«.[4]

Je mehr man sich im Laufe der Jahrhunderte auf die Theorie der Elemente konzentrierte, um so reichlicher wurden die Querbeziehungen. So glaubten beispielsweise mittelalterliche Denker an vier verschiedene Arten von Elementargeistern: die Gnomen für die Erde, die Undinen für das Wasser, die Salamander für das Feuer, die Sylphen für die Luft. Die vier Farben der Tarotkarten waren Zeichen für die Elemente, und wenn man sie mischte, so sollte das die Entstehung von Ereignissen widerspiegeln. Die Stäbe standen für Feuer, die Schwerter für Luft, die Kelche für Wasser und die Münzen für Erde.

Männliche Instanzen bemächtigten sich der zwei Elemente, die als höher oder feiner betrachtet wurden; sie erklärten, daß Feuer und Luft »männlich und überlegen« seien, während Wasser und Erde »weiblich und deshalb unspirituell, schwer, kalt, passiv und schlammig« seien. Aber die okkulte Tradition blieb dabei: »Nur Erde und Wasser können eine lebende Seele hervorbringen.«[5] In Indien hieß es, daß Mantras, die hauptsächlich feurige oder luftige Buchstaben enthielten, »grausam« seien, während Mantras mit größtenteils wäßrigen oder erdigen Buchstabenklängen »freundlich« seien.[6] Die traditionellen kreisförmigen Symbole für die Elemente drücken die übliche Vorstellung aus, daß sie in aufsteigender Richtung immer dünner werden. Ein einfacher leerer Kreis steht für Feuer und zeigt, daß das Feuer kein »Gewicht« hat. Ein Kreis mit einem Punkt in der Mitte, der auch die Sonne darstellt, steht für Luft. Die horizontale Linie des Meereshorizontes, der auch Diameter genannt wird, steht für Wasser. Das Kreuz in einem Kreis mit all seinen vielen Variationen stellt die vier Windrichtungen dar und symbolisiert die Erde (siehe Vierermotive). Wenn man das Zeichen für Erde auf alle drei anderen Zeichen legt, so sieht man, daß es sie alle bedeckt und in sich enthält.

[1] d'Alviella, 240
[2] Mahanirvanatantra, 262
[3] Bardo Thödol, 15-16
[4] Luck, 336
[5] Agrippa, 49
[6] Rawson, The Art of Tantra, 70

Fischblase

Die Fischblase – *vesica piscis* – war auf der ganzen Welt ein altes Synonym für die Yoni oder Vulva. In der religiösen Symbolik stand sie für die schöpferische Kraft des Weiblichen, den Muttergeist, der die Welt und die Götter gebar. In der vorpatriarchalischen Philosophie hatte man eine ganz allgemeine Erklärung für sexuelle Aktivität: Man glaubte, daß Männer eine Art von spiritueller Nahrungsquelle anzapfen konnten, wenn sie sich mit dieser weiblichen Kraft verbanden, und daraus resultierten nicht nur einige wenige Augenblicke gottähnlicher Seligkeit, sondern auch ein essentieller Kontakt mit dem mysteriösen und magischen Inneren eines weiblichen Körpers, der tatsächlich neues Leben erzeugen konnte.

Die Menschen der Antike betonten oft, daß die weiblichen Sexualausscheidungen einen Fischgeruch hätten, und aus diesem Grunde wurde dann auch das Zeichen für Yoni »Fischblase« genannt. Ein hinduistischer Name der Großen Göttin lautete: »eine Jungfrau namens Fischgeruch, deren wirklicher Name ›Wahrheit‹ lautet«.[1] Vor allem in ihrem Aspekt als Liebesgöttin wurde die Urmutter mit Fisch, Muscheln, Meereswasser, Salz, Schiffen und Fischern assoziiert. Oftmals erschien sie in Gestalt einer Meerjungfrau, mit einem Fischschwanz oder selbst zwei Fischschwänzen – wie etwa die Sirenen des Mittelalters. Ihr zu Ehren wurden am Freitag Fische gegessen, denn der Freitag wurde nach Freya, ihrer skandinavischen Erscheinungsform benannt (in romanischen Sprachen ist der Freitag der Tag der Venus). Deshalb glaubte man in manchen Gegenden, daß Fische eine aphrodisische Wirkung haben – und mitunter trifft man noch heute auf diese Überzeugung.

Die Fischblase gelangte als Rahmen für heilige Gestalten in die christliche Kunst des Mittelalters (siehe auch Mandorla) – obwohl dies wenig passend erscheint, wenn man es im Licht der älteren Assoziationen betrachtet. Oftmals haben die Maler der Renaissance die »Wolke«, die Jesus zum Himmel emporgehoben hat, in Form einer Fischblase dargestellt: Sie scheint ihn Kopf voran zu verschlucken, so daß mitunter nur seine herabhängenden Beine sichtbar bleiben.

[1] Campbell, Creative Mythology, 13

Globus

Viele antike Zivilisationen betrachteten die Erde als eine flache Scheibe, die von einem »Firmament« in der Art eines Daches oder mehrerer Dächer (den befestigten Himmelsgewölben) bedeckt war oder auf dem Rücken einer großen Schildkröte, eines Elefanten, einer Schlange oder eines anderen Tieres ruhte. Die Erde, so glaubte man, habe vier Ecken, eine Spitze, einen Boden und eine Unterwelt. Aber nachdem sorgfältige Messungen und astronomische Beobachtungen angestellt worden waren, kamen die Pythagoreer zu dem Schluß, daß die Erde ein Globus, also eine Kugel sein müsse. Auch Plato und Aristoteles befürworteten diese Vorstellung, und manche Denker stellten sich die Erde sogar als eine Kugel vor, die ohne sichtbare Stützvorrichtungen im Raum schwebte. In seinen »Pharsalien« spricht Lukan von einer kugelförmigen Erde, »die im leeren Raum aufgehängt ist«.[1]

Einige der frühchristlichen Autoritäten akzeptierten Aristoteles' Theorie einer kugelförmigen Erde, die meisten aber widersprachen ihr. Eusebius, Basilius von Cäsarea und andere lehnten die wissenschaftliche Erforschung der Realität als bedeutungslos und nichtig ab. Ephraim Syrus, der heilige Johannes Chrysostomos und Laktanz sagten, daß die Erforschung des Himmels nutzlos und schlecht sei und daß die Lehre von der kugelförmigen Erde sowohl durch den Verstand als auch durch die Schrift als falsch erwiesen sei. Der Globus als das Erdsymbol schlechthin ist also noch nicht sehr alt.

Im 6. Jahrhundert n. Chr. löste der Mönch Cosmas Indicopleustes auch die Frage nach der Form der Erde zur Zufriedenheit der meisten Kirchenmänner, und zwar voll und ganz im Sinne der biblischen Interpretation. Die Welt gleiche einem riesigen Zelt, sagte er, und der Himmel werde durch »Pfeiler« aufrechterhalten; und über dem Himmel weilten in dem festen Gewölbe des Firmaments die Engel, die die Himmelskörper auf ihren Bahnen hin und her schoben und zogen. Mehrere Jahrhunderte lang folgte die orthodoxe christliche Vorstellung der Weltsicht des Cosmas. Noch zur Zeit von Kolumbus glaubte man, daß die rote Farbe der Sonne bei Aufgang und Untergang eine Reflexion der Höllenfeuer sei. Selbst theologische Reformatoren wie Luther, Melanchthon und Calvin beharrten auf den Buchstaben der Heiligen Schrift und vertraten deshalb die Vorstellung von einer flachen Erde.[2]

[1] Luck, 281
[2] White, Bd. 1, 91–97

Heiligenschein

Der Heiligenschein war im Prinzip dasselbe wie die Aureole: ein Kreis, der um oder hinter einen Kopf gezeichnet wurde, um die Göttlichkeit der entsprechenden Person anzuzeigen. Das englische Wort *halo* stammt vom griechischen Wort *halos* für »Dreschboden«. Das war ursprünglich ein runder Platz, an dem in den Eleusinischen Mysterien Kreistänze als Erntedank vollzogen wurden, und zwar bei einem Fest namens *Haloa*.[1] Das kreisförmige Zeichen der Haloa stellte dann in der Folge die Apotheose ihres Gottes dar: Das war Dionysos, der sich in der menschlichen Form des Triptolemos inkarniert hatte, manchmal auch Iasion oder Iasus genannt. Deshalb symbolisierte also der Kreis um den Kopf einer Person dessen gottähnliches Wesen. Die christlichen Künstler bedachten nicht nur Gott, Jesus und Maria mit einem Heiligenschein, sondern auch Engel, Heilige, Gestalten des Alten Testaments, Apostel, Märtyrer und sogar Päpste und Könige.

[1] Potter/Sargent, 185

Hufeisen

Das Hufeisen war eine Stilisierung der Yoni und symbolisierte Eingänge und Ausgänge im allgemeinen. Druidische Tempel wie auch hinduistische und arabische Torbögen bezeugen die Wichtigkeit der Yoni. Das geheiligte Alphabet der Griechen beinhaltete alle Dinge (Buchstabensymbole) zwischen dem Geburtsbuchstaben Alpha und dem hufeisenförmigen Omega, dessen Name wörtlich »großes Om« bedeutet und das Ende eines jeden Kreises darstellt – die andere Seite der Göttin, den Kali-Teil der Kali-Maya. Die Selbstdarstellung des christlichen Gottes als »das Alpha und Omega, der Anfang und das Ende« (Offenbarung 1,8) eignete sich ältere Titel an, die die Mutter der Geburt und des Todes trug.

Das omegaförmige Hufeisen wurde weiterhin als Glückszeichen über Schwellen aufgehängt. Wie in heidnischen Zeiten, so schützte es die Schwelle auch während der gesamten christlichen Epoche. Aber es gab immer Kontroversen darüber, ob seine Öffnung nach unten oder nach oben deuten solle:

Die orthodoxe Frömmigkeit wollte es, daß das Omega umgedreht werden sollte, damit »das Glück nicht herausrinnen könne«, die heidnische Tradition jedoch war der Meinung, daß das symbolische, yoniförmige Tor seinen ursprünglichen, nach oben gerichteten Bogen behalten solle. Die beiden Arten, wie man das Hufeisen aufhängt, entsprechen übrigens auch den magischen Zeichen von Drachenkopf und Drachenschwanz, dem aufsteigenden und absteigenden Mondknoten. Hier geht es um den Weg des Mondes über und unter der Ekliptik: Wenn man ihn nachzeichnete, käme eine Wellenlinie zustande, die die Mond-Schlange darstellte.[1]

[1] Potter/Sargent, 185

Kosmisches Ei

Es war eine durchaus gängige Vorstellung, daß das ursprüngliche Universum oder die Große Mutter, die es erschaffen hatte, Eiform hatte. Das zeigt sich in vielen Mythen, wie auch dem Mythos von Leto, die sowohl die Sonne als auch den Mond (Apollo und Artemis) aus einem Ei ausbrütete; die Göttin Hathor brütete bei der Entstehung der Welt »das goldene Ei« der Sonne aus. Petron hat eine Tafel von Sternbildern beschrieben, in deren Nabe eine eiförmige Göttin abgebildet war: »Mutter Erde liegt in der Mitte der Welt, sie ist rund wie ein Ei, und in ihr sind alle Segnungen wie in einer Honigwabe.«[1]

Das kosmische Ei der mystischen Ikonographie enthielt alle arabischen Ziffern und Buchstaben des Alphabets in einer elliptischen Form, und das sollte zeigen, daß alles, was gezählt oder benannt werden kann, von Anbeginn an in einer einzigen Form enthalten ist. Deshalb steht das kosmische Ei auch für den Logos und ist ein Ausdruck für das *primum mobile*, jene Instanz, wo Gottheiten durch menschliche Symbole erschaffen werden. Dem ägyptischen Ritual zufolge ist das ganze Universum »das Ei, das in der Stunde des Großen Einen empfangen wurde«.[2]

[1] Lindsay, 287
[2] Cirlot, 90

Kreis

Der Kreis war immer eines der wichtigsten weiblichen Zeichen – im Gegensatz zur Linie, dem Kreuz oder dem phallischen Schaft, der den männlichen Geist darstellte. Die frühen matrifokalen Dörfer hatten runde Herde, runde Häuser, runde Zäune und Verteidigungsanlagen. Der Kreis wurde mit der Vorstellung eines geschützten oder geheiligten Raumes assoziiert, dem Zentrum des Mutterlandes, einem zeremoniellen Raum, in dem alle Teilnehmerinnen und Teilnehmer gleich waren. In zeremoniellen Kreisen wie dem hinduistischen Chakra (arabisch *halka*) herrschte der weibliche Einfluß vor. Heidnische sakrale Tänze waren kreisförmig, und die europäischen Volkstänze sind es bis heute noch. Prähistorische Steinkreise wie Stonehenge, das auch »Tanzplatz der Riesen« genannt wird, bezeugen die Liebe der antiken Menschen zur Kreisform. Noch in mittelalterlichen Legenden war der Kreis mit der Vorstellung der Gleichheit verbunden. Artus' »Ritter der Tafelrunde« saßen im Kreis, um auf diese Weise jegliches Gefühl von Hierarchie aus ihrer Bruderschaft zu verbannen. Der bekannte Gemeinplatz »Gott ist ein Kreis, dessen Umfang nirgendwo und dessen Zentrum überall ist« ist ein Plagiat aus einem hinduistischen Katechismus. Dort wird die Gottheit, die als das Eine bezeichnet wird, folgendermaßen beschrieben: »ein ungebrochener Kreis ohne Umfang, denn er ist nirgendwo und überall«. Die Vorstellung vom Kosmos als einem ungebrochenen Kreis kommt auch in dem gnostischen Bild der Welt-Schlange zum Ausdruck, die sich selbst in den Schwanz beißt und dadurch einen Kreis bildet. Geschlossene Kreise wurden immer als Schutz betrachtet, vor allem von Personen, die mit Magie arbeiteten. Im ersten Jahrhundert v. Chr. nannte man Zauberer auch »Kreiszeichner«.[1] Als Analogie erinnerte der Kreis an das volle Gesicht des Mondes, an die Pupille des Auges, das alles sieht, an den Kreis des sichtbaren Horizontes und Tausende von anderen Naturformen.

[1] Trachtenberg, 121

Kugel

Die Kugel galt als Modell der Erde, bevor der Anti-Intellektualismus des finsteren Mittelalters die früheren Entdeckungen der klassischen Zeit verdunkelte. Und dennoch verkörperte der Reichsapfel – eine Kugel in der linken (weiblichen) Hand – den Anspruch eines Monarchen auf die Herrschaft über die ganze Erde. Das Gegenstück zum Reichsapfel war das phallische Zepter in der rechten (männlichen) Hand. Auf diese Weise verkörperte der Monarch in seiner eigenen Person die heilige Hochzeit zwischen König und Land, die jedoch in früheren Zeiten als wirklicher Akt durch eine echte Heirat zwischen dem König und der Hohepriesterin vollzogen wurde. Dabei verkörperte die Priesterin den Geist der Mutter Erde.

Während des christlichen Zeitalters erhielt der Reichsapfel ein Kreuz als Krönung; das sollte die Herrschaft der Kirche über die Erde andeuten und die Könige daran erinnern, daß sie von Gottes Gnaden regierten (und nicht durch die Vereinigung mit einer Göttin). Heute ist fast jeder königliche Reichsapfel von einem Kreuz gekrönt.

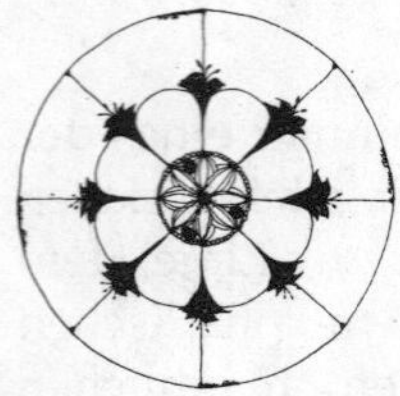

Mandala

Ein Mandala ist ein symbolisches Diagramm. Normalerweise ist es rund oder oval und nach allen Seiten hin symmetrisch, manchmal ist es aber auch quadratisch, dreieckig, diamantförmig oder vieleckig. Die orientalischen Mandalas – vor allem in Indien – können außerordentlich komplex sein. Oft betrachtet man sie als mystische Karten des Kosmos oder des Reiches der Gottheiten; sie dienen der Kontemplation als religiöser Übung.

Andere Mandalas können einfache, persönliche Ausdrucksformen von Gefühls- oder auch Bewußtseinszuständen sein. Der graphische Inhalt eines Mandalas kann alle möglichen Formen annehmen, von menschlichen, tierischen oder pflanzlichen Gestalten bis hin zu höchst abstrakten Mustern. Kreisförmige Mandalas verweisen oft auf eine zyklische Sicht des Lebens, der

Natur, des Schicksals, der Zeit oder all dieser Dinge zusammen, wenn sie im Symbol der Göttin vereint sind.

Mandorla

Mandorla bedeutet »Mandel« – und das war ein eher geheimes Synonym für dieses Symbol, das auch Fischblase oder ganz einfach Yoni genannt wird. Schon in uralten Zeiten waren Mandeln weiblich-genitale Symbole und Fruchtbarkeitszauber. Die jungfräuliche Geburt des Gottes Attis kam aus einer magischen Mandel. Selbst das Tabernakel der Israeliten verwendet das *mana* der Fruchtbarkeit (Exodus 37,20), und Aarons Stab erzeugte Mandeln als Zeichen der allgemeinen Macht der Befruchtung (Numeri 17,8).

Obwohl die Yoni-Bedeutung dieses Zeichens in der antiken Welt durchaus bekannt war, wurde die Mandel so stark mit Heiligkeit assoziiert, daß selbst christliche Künstler zu ihr griffen, um die Gestalten der Heiligen, der Mutter Gottes oder Christi einzurahmen. Die christlichen Mystiker fanden eine neue Definition der Mandorla: Für sie waren es die Bögen von zwei Kreisen, von denen der linke die weibliche Materie, der rechte den männlichen Geist symbolisierte.[1]

Und sogar Gott selbst erschien manchmal in ganz unpassender Weise in diesem weiblichen, genitalen Emblem eingeschlossen. Ein bekanntes Relief aus dem 12. Jahrhundert in der Kathedrale von Chartres zeigt den »Christus der Apokalypse« in einer Mandorla.[2]

Mit unbeabsichtigtem Doppelsinn wurde die Mandorla manchmal in frommer Weise als Tor zum Himmel interpretiert.

[1] Cirlot, 194
[2] Campbell, The Mythic Image, 181

Medizinrad

Es sind ungefähr fünfzig indianische Medizinräder aus dem Gebiet der Rocky Mountains bekannt, von denen einige bis 2500 v. Chr. zurückgehen. Die übliche Anzahl der Speichen in einem Medizinrad beträgt 28 – eine Mondzahl –, wobei der mittlere Pfosten den 29. Tag symbolisiert. Im 19. Jahrhundert hatten die Indianer der Ebenen bereits vergessen, wie die Zeit und die Abfolge der Jahreszeiten nach den Medizinrädern ihrer Ahnen, die wahrscheinlich denselben Zweck erfüllten wie die megalithischen Steinkreise Europas, bestimmt wurden. Trotzdem errichteten sie die Hütten für die Sonnentanzfeier mit 28 kreisförmig angeordneten Pfosten und einem 29. Pfosten in der Mitte, der die Traghölzer des Daches stützte.[1]

[1] Campbell, The Way of the Animal Powers, 222-223

Rad

Die Symbolik des Rades war in den antiken Religionen allgegenwärtig. Das ganze Universum stellte man sich als ein riesiges Rad vor, dessen Rollen man am Kreisen der Himmelskörper und im Voranschreiten der Jahreszeiten sehen konnte. Als Modelle des Kosmos begleiteten kleine Räder die Toten zu ihren Gräbern. Räder verwendete man auch als magische Schutzembleme auf Helmen, Schilden, Waffen und Häusern. Keltische Götter hielten Räder in der Hand oder neben sich. Altäre und Grabsteine wurden mit Rädern verziert.[1] Einer der keltischen Namen für die Göttin Arianrhod nannte sie »Göttin des Silberrades« (der Sterne); die Nabe dieses Rades lag in Caer Sidi, jenem Schloß, das sich um die eigene Achse drehte und im unterirdischen Geisterland Annwn verborgen lag. Ganz ähnlich war es in Indien: Die Mutter Kali herrschte über das Rad der Zeit *(Kalacakra)* auf dem alles, was auf der Welt atmet, befestigt ist – »genauso wie die Speichen eines Rades in der Nabe befestigt sind«.[2]

Auch der Omphalos der griechischen Mythologie war eine solche Nabe, er wurde durch die Göttin Omphalé beherrscht, der sich der Sonnenheld Herakles unterwarf. Seine zwölf mythologischen Aufgaben repräsentierten das langsame Fortschreiten der Sonne durch die zwölf Häuser des Tierkreises. Die Priester des Herakles trugen traditionellerweise Frauenkleider. Das führte zur Entstehung des späthellenischen Mythos vom Sonnenhelden, der sich als Frau verkleidete und unter den anderen Frauen an Omphalés Spinnrad arbeitete.

Die Etrusker nannten die Radgottheit Vortumna (»sie, die das Jahr dreht«), und die Römer machten daraus den Namen Fortuna – jene Göttingestalt, die ohne Unterlaß das Rad des Himmels dreht, auf dem die Jahreszeiten und die Schicksale der Menschen eingezeichnet sind. Manchmal sah man sie als Dreiheit: Die Fortunae oder Schicksals-Göttinnen, die die Griechen Nemesis oder Moirai nannten.[3] Die Nemesis beherrschte den *kyklos geneseon* (»Kreis der Entstehungen«), das Rad von Wiedergeburt und Verwandlung im Laufe der Zeit. Die Menschen der Antike glaubten an die Reinkarnation; daraus entstanden viele zyklische Bilder der Existenz, die ganz anders sind als die patriarchalische Betonung des Linearen. Denn im patriarchalen Denken stellte man sich vor, daß ein Individuum nur ein Leben haben konnte, und dies führte zu einer ständigen Wahlmöglichkeit zwischen Himmel und Hölle.

Trotzdem zog sich die Symbolik des Rades bis in die patriarchalische jüdisch-christliche Kultur hinein, einfach deswegen, weil sie so tief in die Sprache der Symbole eingebettet war. Die hebräischen Schriften nannten die Engel *gel* oder »Räder«, deren Umdrehungen gleichzeitig auch Offenbarungen waren.

Diese Vorstellung ähnelt der hinduistischen Idee vom Universum als einem riesigen Wagen, der alle Götter und Geschöpfe ewig im Kreis herumfährt. Das »Buch der Geheimnisse des Enoch« behauptete, daß die Sonne sich auf Rädern voranbewegt.[4]

Das ungeheure Rad der Göttin Fortuna verkam im Laufe der Zeit zum mittelalterlichen Glücksrad, und seine Göttin wurde zu *Lady Luck*, die im Karneval, der heidnische Traditionen in neuer, trivialisierter Form am Leben erhielt, das *Roulette* (»kleines Rad«) regierte. Fortunas Rad, das bis heute populär geblieben ist, hatte manchmal sechs, manchmal acht Speichen; letztere Version richtete sich offenbar nach dem indischen Dharma-Rad.[5] In Deutschland hieß dieses Rad mit acht Speichen *achtwan:* Es war ein magischer Runenzauber. Zur Zeit Dantes wurde das Rad der Fortuna mit acht Speichen gezeichnet, die die jeweils entgegengesetzten, ständig wechselnden Situationen des menschlichen Lebens darstellten: Armut und Reichtum, Frieden und Krieg, Demut und Ruhm, Geduld und Leidenschaft.[6]

Das Rad der Fortuna vereinte auch die Trümpfe im Tarot, die nach einer Beschreibung von Boethius den Aufstieg und Fall menschlicher Gestalten abbildeten.[7] Noch heute erscheinen sie auf der Tarotkarte des Rades.

[1] Green, 42-61
[2] Campbell, Creative Mythology, 418–419
[3] Graves, The Greek Myths, Bd. 1, 126
[4] Barnstone, 497
[5] Lehner, 96
[6] Moakley, 87
[7] Hall, 127-128

Ring

Im angelsächsischen Britannien waren Ringe die Symbole des Bündnisses zwischen Häuptlingen und ihren Kriegern. Die Oberherren im »Beowulf« werden als »Ringgeber« bezeichnet. Wenn bei den Kelten eine Frau einem Mann einen Ring gab, so erklärte sie damit ihre sexuelle Zugänglichkeit:

Den Finger durch den Ring zu stecken galt als Zeichen für sexuellen Verkehr. In ähnlicher Weise wurden »Verlobungsringe« von christlichen Mönchen als Symbol ihrer Hochzeit mit der Jungfrau Maria verwendet, und »Eheringe« wurden bei der »Heirat« von Nonnen mit Jesus Christus benutzt.

In Legenden ist von jungen Rittern die Rede, die die heilige Maria ehelichten, und zwar durch eine Ringzeremonie, die sie nach dem Klostereintritt vollzogen. Aus heidnischen Zeiten kennen wir ähnliche Geschichten von Jugendlichen, die sich zum Bräutigam der Venus weihten, wenn sie in den Dienst der Göttin traten.[1] Im Mittelalter feierten die Herzöge von Venedig jedes Jahr eine Hochzeit mit der Meeresgöttin, indem sie am Tag der Himmelfahrt Christi »einen goldenen Ring von großem Wert« ins Meer warfen.[2]

Die Vorstellung, daß eine Frau ihren Ehering auf dem vierten Finger tragen solle, entstand bei den Ägyptern. Sie glaubten an eine »Liebesader«, die sich von diesem Finger zum Herzen erstreckte. Der Ring war die Klammer, um die »Gefühle des Herzens« festzuhalten. Es waren ähnliche Vorstellungen, die die Juden dazu veranlaßten, den Ehering statt dessen auf den Zeigefinger einer Frau zu stecken: Das war der magische Finger, mit ihm konnte man Flüche oder Beschwörungen aussprechen, wenn man ihn auf ein Ziel richtete.[3]

Die hebräische Tradition spricht viel über magische Ringe. Salomon verwendete einen magischen Ring, um den Dämon Asmodeh zu unterwerfen, damit er beim Bau des berühmten Tempels helfe. Aber der Dämon überlistete Salomon, ihm den Ring zu leihen, verbannte den König und nahm seine Gestalt an, um nun seinerseits Jerusalem zu regieren. Der wirkliche Salomon dagegen mußte als armseliger Bettler weiterleben.[4]

Die meisten Europäer glaubten an die magische Kraft von Ringen – aber nicht alle! Der Autor Ramsey aus dem 16. Jahrhundert bekannte, daß er nicht an die magische Kraft von Ringen oder anderen Amuletten glaubte.

Er bezweifelte auch die Heilwirkungen der »Sigillen, Planeten, Heiligen, Bilder, Reliquien, Weihwasser, Schreine, Ave Marias, Kruzifixe, Segnungen« und anderer Zaubermethoden.[5]

[1] Baring-Gould, 224
[2] Scot, 173
[3] de Lys, 287–288
[4] Cavendish, 105
[5] Hazlitt, Bd. 1, 103

Rosettenfenster

Das Rosettenfenster der christlichen Kathedrale war üblicherweise nach Westen ausgerichtet: In den alten heidnischen Zeiten war das die Richtung des Paradieses der Göttin – jenes geheimnisvolle Land des Sonnenuntergangs, das die mittelalterlichen Mystiker in ein Feenreich umdeuteten, welches von einer göttlichen Königin regiert wurde. Die gotische Kathedrale setzte dieses urspünglich weibliche Symbol im Westen einem männlichen Symbol (dem Kreuz) im Osten, also in der Apsis, entgegen. Die christlichen Gemeinden kehrten der großen weiblichen Rose den Rücken zu; und dennoch badeten sie im Farbenspiel ihres Lichtes. Das Rosettenfenster wurde im allgemeinen der jungfräulichen Königin des Himmels gewidmet, und die ganze Kathedrale nannte man ihren »Palast«. Das Rosettenfenster war im Grunde ein Mandala der weiblichen Symbolik und drückte den Geist Marias als »mystische Rose«, als »Kranz der Rosen«, als »Mutter des Rosenkranzes« oder »Königin des allerheiligsten Rosengartens« aus.[1]

Rosen, Rosenkränze und rosenförmige Mandalas symbolisierten seit Menschengedenken die antike Göttin des Orients. Der Baum im westlichen Paradies, an dem ihre Rosenäpfel hingen, war schon in den ältesten Mythen von Indien bis nach Irland die Quelle gewesen, aus der die Frucht des ewigen Lebens entsprang.[2] Anhänger und Anhängerinnen der Aphrodite nannten ihre Zeremonien die »Mysterien der Rose«. Selbst mittelalterliche Kirchenmänner waren der Meinung, daß die Rose ein weibliches Sexualsymbol sei und das Geheimnis der Körperpforte Mariä ausdrücke, aus der das Leben des Erlösers entsprang.[3] So war das Rosettenfenster also ein notwendiger, wenn auch wenig beachteter Bestandteil des gesamten kirchlichen Symbolzusammenhangs.

[1] Wilkins, 93
[2] Tatz/Kent, 37, 84
[3] Wilkins, 113

Schwarze Sonne

Ein einfacher schwarzer Kreis sollte den Geist des solaren oder himmlischen Gottes während seiner zyklisch wiederkehrenden Durchgänge durch die Unterwelt symbolisieren. In dieser Phase wurde er den ägyptischen Schriften zufolge zum »Verborgenen« (Amen) oder zum Herren des Todes – Seker –, der im Zentrum der Erde in einer geheimen Pyramide von schwärzester Finsternis verborgen war.[1]

Seine Schwärze war ebenso intensiv, wie das Licht der Sonne strahlte. Bald wurde er in der Mythologie zum dunklen Zwillingsbruder der Sonne, ähnlich wie Ahriman und Ahura Mazda in Persien oder Nergal-Ninib und Anu in Mesopotamien. Der dunkle Bruder wurde in jener Zeit zum Gegner des strahlenden Bruders, als sich mehr und mehr ein Dualismus durchsetzte, der die Welt zwischen den Kräften des Hellen und des Dunklen (Guten und Bösen) aufteilte. So wurde die Schwarze Sonne zum Symbol für viele Götter der Unterwelt, einschließlich Saturn, Pluto, Hades, Python, Apollon, Zeus Chthonios, Yama und Gestalten wie Luzifer, Satan oder Belzebub – gefallene Engel –, die dem christlichen Teufel assimiliert wurden.

Und dennoch hörte die Sonne nicht auf, am Himmel aufzusteigen und unterzugehen – jeden Tag und jedes Jahr. Da dies nicht zu übersehen war, deuteten viele Menschen die ursprüngliche Idee der Schwarzen Sonne als eine geheime, weisere Ausgabe des solaren Gottes, der die Unterwelt ebensogut kannte wie den Himmel.

Den mittelalterlichen Alchemisten bedeutete der *sol niger* (Schwarze Sonne) »ursprüngliche Materie« oder Materie in einem unberührten Urzustand.[2]

[1] Book of the Dead, 145
[2] Cirlot, 304

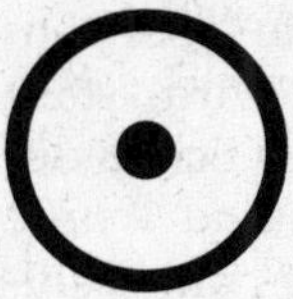

Sonnenzeichen

In der ältesten Symbolik stellte der Kreis, der einen Punkt in der Mitte umschloß, den Urschoß dar, der den Funken der Schöpfung enthielt, ganz ähnlich wie der Punkt *bindu* im Yoni-Yantra der Hindutradition. Alte mesopotamische Mythen stellten die Sonne als Göttin dar, wie etwa Estan bei den Hethitern, eine Göttin, die später zu einer männlichen Gottheit namens Istanu mutierte. Der Name einer anderen Sonnengöttin war Arinna, »Königin von Himmel und Erde«. Sie war auch Hepat oder Hebat, und ihr Liebhaber war der Sonnengott. Ihr Name gelangte als Hebe, Eveh oder Eva in die biblische Tradition.

In Arabien, Japan und Nordeuropa behielt die Sonne ihr weibliches Geschlecht. Im Deutschen heißt es noch immer »*die* Sonne«. In den norwegischen Mythen wird erzählt, daß die Sonnengöttin, die auch »Ruhm der Elfen« genannt wird, zusammen mit der übrigen Welt am Jüngsten Tag verschwinden wird. Aber während der kosmischen Nacht wird sie eine Tochtersonne gebären, die die zukünftige Welt erleuchtet. Vielleicht war es schon diese junge Sonnengöttin des nächsten Universums, deren Symbol auf den Felswänden der keltischen Megalith-Monumente, wie etwa in New Grange, erscheint: ein Sonnenzeichen mit einem Punkt in der Mitte und Strahlen ringsum.

Aber im Laufe der Zeit gewöhnte man sich daran, die Sonne im Gegensatz zum Mond, der fast immer weiblich gesehen wurde, als männliche Gottheit zu betrachten. Das griechische Geschwisterpaar Apollo und Artemis stellte diese Art von Yin-Yang-Dualität dar. Auch der biblische Gott wurde nach dem Bild eines älteren männlichen Sonnengottes namens Azazel oder Aziz-el, zu deutsch »der Starke«, geschaffen, der die Sündenbockopfer der Juden empfing. Dieser semitische Sonnengott hieß in Böotien Azeus, in Syrien Azon, wo er auch die Stadt Aza (oder Ghaza) gründete; dort wurde dem geopferten Sonnenhelden der Name Samson verliehen.[1] In Arabien nannte man ihn Schams-On: Das war die Sonne, die auf das »Mühlrad«des Jahreskreislaufs gebunden war. In der frühen gnostischen Literatur wurde diese solare Gottheit oder sein irdischer Stellvertreter mit Kain identifiziert, und ihn nannte man einen Gott, den sechsten der großen Äonen,

»den die Menschen die Sonne nennen«.[2]

Viele mythische Verbindungen zwischen der Sonne und dem männlichen Geist brachten Männer dazu, sich mit dem solaren Tag, dem solaren Kalender, den Göttern des Lichtes und des Feuers zu identifizieren – ganz im Gegensatz zu den weiblichen Kräften der Nacht, des Mondes, des Abgrundes, der Dunkelheit des Schoßes, der Verborgenheit, des Wassers und der Erde. Aber trotz der Glorie des Sonnengottes wurde er immer von der Dunkelheit des Uterus verschlungen, bevor er bei der Morgendämmerung eines jeden Tages oder aber am Wendepunkt des ganzen Jahres (der Wintersonnenwende) neu geboren werden konnte. Vielleicht symbolisierte das Sonnenzeichen die Sonne am Mittag hoch in der Mitte des Himmelsgewölbes, aber es gibt auch eine andere Deutung: Wie der männliche Punkt *bindu* beginnt sie als embryonaler Lebensfunke, im kosmischen Schoß, der sie umgibt, Form anzunehmen. In den Mythen der Maoris mußte der Sonnengott jede Nacht in die Höhle der Tiefe hinabsteigen, um dort in den gebärmutterartigen Wassern des Lebens zu baden; erst dann konnte er sich erheben, um am nächsten Tag wiedergeboren zu werden.[3] Auch der ägyptische Osiris-Ra, der als geflügelte Sonnenscheibe dargestellt wird, starb jeden Tag, trat in den Schoß der Großen Mutter ein und wurde jeden Morgen von ihr am »östlichen Tor« wiedergeboren.

In der frühchristlichen Zeit haben sich römische Kaiser ganz selbstverständlich mit dem Sonnengott und all seinen Symbolen identifiziert: dem Kreuz, dem Adler, dem Feuer, dem Gold, dem Löwen usw. Konstantin I., den die konventionelle Geschichtsschreibung als den ersten christlichen Kaiser lobpreist, war in Wirklichkeit ein Verehrer des Sonnengottes, dessen Bild er auf seine Münzen prägte; und er weihte sich selbst »dem unbesiegbaren Sonnengott, meinem Beschützer«.[4] Christliche Gnostiker seiner Zeit verwendeten das Sonnenzeichen, umgeben von der gnostischen Schlange, als Symbol der Herzseele des irdischen Menschen.

Es wurde auch vermutet, daß dieses Sonnenzeichen – der Kreis mit einem Punkt in der Mitte – entstanden sein könnte, als man kreisförmige Linsen verwendete, um Sonnenlicht auf Zündhölzer zu bündeln und sie dadurch in Brand zu setzen. In frühen Zeiten wurde dieser Vorgang als »das Herabziehen der Sonne« oder als »Feuer vom Himmel« bezeichnet.[5] Oft entzündete man auf diese Weise auch Altarfeuer, vor allem das himmlische Feuer, um Zeremonialopfer wie die Söhne Aarons zu verbrennen, die »durch Feuer vom Herrn« verzehrt wurden (Leviticus 10,2).

[1] Brown, 65
[2] Robinson, 201
[3] d'Alviella, 175
[4] Seligmann, 76
[5] Huson, 235

Sphäre

In der Antike war die Lehre von den Planetensphären als Modell des Universums weitverbreitet: Man stellte sie sich als große Kristallgewölbe oder umgekehrte Schalen vor, die über der Erde ineinandergefügt waren, sich in unterschiedlichen Geschwindigkeiten unabhängig voneinander drehten und durch ihre Bewegung die »Sphärenmusik« erzeugten. Diese Theorie wurde weiterentwickelt, um die allem Anschein nach chaotischen Bewegungen der Planeten gegen den Hintergrund der Fixsterne zu erklären. Wenn man die Sphären entsprechend den Wochentagen anordnet, so waren dies von innen nach außen gesehen die Sphären Mond, Mars, Merkur, Jupiter, Venus, Saturn und Sonne. Ganz außen lag die achte Sphäre, das »Empyräum«, die Heimstatt der Fixsterne und Gottes selbst, der höchste Himmel.

Zu dieser Theorie gehört als Nebenerscheinung die Vorstellung, daß es auch sieben Sphären der Unterwelt gibt – die »sieben Höllen«, zu denen Dumuzi und Inanna (oder auch Tammuz und Ischtar) reisten. Die sieben Tore dieser Unterwelt wurden von den sieben *Anunnaki* oder *Maskim* bewacht. Das waren die Entsprechungen der Planetengeister in der Unterwelt. Auf einer akkadischen Tontafel mit magischem Inhalt heißt es: »Sie kommen aus den Tiefen des Ozeans hervor, aus ihrem verborgenen Zufluchtsort.«[1] Von dieser antiken Vorstellung der sieben Sphären der Unterwelt hat Dante seine Vision der absteigenden Höllenkreise übernommen.

Die frühen Christen lehrten, daß jede menschliche Seele vom Himmel herabsteigt und auf ihrem Weg durch die Planetensphären jeweils eine der sieben Todsünden mitnimmt: Wollust von der Venus, Zorn vom Mars usw. Nach dem Tod kehrt die Seele zum höchsten Himmel zurück und entledigt sich nach und nach ebendieser Sünden, während sie die Wächter der verschiedenen Stationen passiert. Die Voraussetzung dafür war allerdings, daß die Seele christianisiert und deshalb entsprechend erleuchtet war.

[1] Wedeck, 23

Spirale

Sowohl die Einzelspirale als auch die Doppelspirale gehören zu den heiligsten Symbolen des neolithischen Europa. Sie erscheinen auf megalithischen Monumenten und Tempeln – auf dem ganzen Kontinent und den Britischen Inseln. Spiralförmige *oculi* – das sind Doppelwindungen, die eine Ähnlichkeit mit Augen haben – kommen vor allem an Orten wie den Schwellensteinen von New Grange in Irland und dem Tempel von Al Tarxien in Malta vor. Ähnliche Doppelwindungen kennzeichnen auch die ionischen Säulen des klassischen Griechenland. Das spiralförmige Labyrinth, in das ein (wahrscheinlich phallisches) Kreuz eindringt, ist ein gebräuchliches Symbol, das in ganz Europa auftritt – von Finnland nach Cornwall und von Kreta bis nach Chartres. Auch im nördlichen Südamerika ist es vorhanden.[1] Spiralen stellten die Schlangenwächter der sumerischen Tempel dar.

Die Spirale war mit der Vorstellung von Tod und Wiedergeburt verbunden: mit dem Eintritt in den geheimnisvollen Schoß der Erde, dem Vordringen bis zu seinem Mittelpunkt und dem Verlassen des Schoßes auf demselben Weg. Heilige Tänze haben diese Bewegung nachgeahmt, und deshalb verwenden so viele europäische Volkstänze, die noch aus heidnischen Zeiten stammen, die Spirallinie, auf der die Tänzer nach innen und nach außen wandern.[2] Spiralförmige Labyrinthmuster schmücken oft auch christliche Kathedralen, sie wurden von älteren Heiligtümern, die zuvor an denselben Plätzen lagen, übernommen.

Der *lituus,* ein magischer Stab, der von den römischen Auguren (Orakelpriestern) verwendet wurde, um heilige Bezirke, wie etwa Tempelanlagen zu kennzeichnen, lief üblicherweise in einer Spirale aus.[3]

[1] Hitching, 237
[2] Cirlot, 291
[3] Whittick, 319

Unendlichkeitszeichen

Unser mathematisches Symbol für Unendlichkeit kam durch die »arabischen« Ziffern in den

Westen, aber Entstehungsort ist Indien, nicht Arabien.

In der indischen Religion stand dieses Zeichen für Unendlichkeit oder Ganzheit, weil es aus zwei Kreisen besteht, von denen der eine im Uhrzeigersinn, der andere gegen den Uhrzeigersinn verläuft. Der rechte, männliche, solare Kreis ist mit dem linken, weiblichen, lunaren Kreis verbunden. Ebenso wie das Zeichen für die Acht, dem es ähnelt, symbolisiert das Unendlichkeitszeichen sexuelle Vereinigung und das Gefühl der Vollkommenheit, wenn zwei zu einem werden. Da im Gegensatz zur Zahl Acht keiner der beiden Kreise über dem anderen liegt, beinhaltet das Unendlichkeitszeichen die Ausgeglichenheit zwischen der männlichen und der weiblichen Kraft, was zu einem innigen Wissen von »Unendlichkeit« führt.

Ebenso wie das Yin-Yang-Symbol der Dualität wurde auch das Unendlichkeitszeichen vielen verschiedenen Zwillings- oder Paarvorstellungen angepaßt. So war es etwa das Zeichen der »Söhne der Stute« (Asvins), Zwillingsgötter, die aus der Göttin Saranyu geboren worden waren: Ähnlich wie ihr westliches Gegenstück Demeter nahm auch diese Göttin die Gestalt einer Stute an. Diese beiden Zwillingsgötter waren als Magier, Heiler, Reiter und Fruchtbarkeitsgeister sehr berühmt.[1]

[1] G. Jobes, Bd. 1, 146

Yin und Yang

Dieses klassische chinesische Emblem der vereinten Kräfte des Männlichen (Yang) und Weiblichen (Yin) ist in der ganzen Welt bekannt und wird als zyklischer Wechsel von allen möglichen Formen der Dualität interpretiert: Hell und Dunkel, Sommer und Winter, Gut und Böse, Jugend und Alter, Erde und Himmel, Krieg und Frieden, Schlaf und Wachen, Geburt und Tod usw. Beide Hälften enthalten einen Punkt in der Farbe der jeweils entgegengesetzten Hälfte, und das erinnert daran, daß jede Hälfte eines Gegensatzpaares immer auch ein wenig von der anderen Hälfte im eigenen Herzen trägt.

Die Zeichnung selbst besteht sinnigerweise aus zwei Kreisen, die sich auf ein und demselben Durchmesser eines größeren Kreises tangential berühren; dann aber wird die untere

Hälfte des einen und die obere Hälfte des anderen Kreises entfernt, so daß eine S-Kurve entsteht.

Vor ungefähr tausend Jahren verstanden die Chinesen dieses Symbol als einen Ausdruck für die Phasen des Mondes – darin ist enthalten, daß der Mond sowohl in seinen hellen als auch in seinen dunklen Aspekten »weiblich« ist.[1] In der Bilderwelt der gesamten Antike findet man ähnliche lunare Zeichen, die die »zwei Herrscherinnen« wie etwa die dualen Göttinnen von Ägypten oder von Anatolien darstellen. Die biblischen Frauen des Lamech sind, wie man glaubt, ebenfalls aus dieser Art der Metaphorik hervorgegangen: Denn sie sind ganz offensichtlich mythologischer Natur, und ihre Namen – Adah und Zillah – bedeuten Glanz und Schatten (Genesis 4, 19).

[1] Campbell, Oriental Mythology, 24

Yoni

Der Sanskritausdruck *Jagad Yoni* wurde oftmals ausweichend als »Schoß der Welt« übersetzt, und zwar von männlichen Gelehrten, die nicht klar zwischen einem Schoß und einer Vulva unterschieden. Das Zeichen für die Yoni sollte die Form der äußeren weiblichen Genitalien wiedergeben, die die Menschen der Antike klar als den Sitz der weiblichen Sexualkraft erkannten. Die Tantriker betrachteten diese Kraft als die Quelle aller schöpferischen Tätigkeit: Die tantrischen Hindus beschrieben die weibliche Sexualität keineswegs als »passiv«, wie dies im Westen oft geschieht, ganz im Gegenteil, sie betrachteten den weiblichen Orgasmus als das kraftspendende Prinzip des Universums.

In der Mythologie, die auf dieser sexuellen Symbolik beruht, hatte die Paradiesinsel Jambu »die Form einer Yoni«. Es war der Ort des heiligen lebenspendenden Rosenapfelbaumes und der »Diamantsitz« *(vajrasana)*, der – wie es scheint – eine kosmische Klitoris darstellte, in der sich der schöpferische Geist der Göttin konzentrierte.[1]

Das Zeichen für Yoni gelangte als Mandorla oder Fischblase in die westliche Symbolik. Aber seine ursprüngliche Bedeutung wurde nicht vollständig vergessen: Oftmals wurde es auch als »Tor« bezeichnet.[2] In einer besonders eigenartigen Wendung übernahmen die Anhänger des mythischen britischen Drachenhelden St. Georg die Yoni als das Emblem ihres Heiligen. Dort aber wurde dieses Zeichen uminterpretiert: Es wurde zum Blatt seiner Lanze.[3]

Zu einer ähnlichen Neuinterpretation griffen auch die Anhänger des patriarchalischen Gottes Indra. Zuerst wurde er auf dem ganzen Körper mit einer Unzahl von Yoni-Emblemen bemalt; sie sollten anzeigen, daß er die Kraft der Fruchtbarkeit von der Göttin übernommen hatte. Aber in späteren Abbildungen wurden diese Yonis so bearbeitet, daß sie wie Augen aussahen. Und auf diese Weise erwarb Indra den Beinamen »Beobachter« oder »Tausendäugiger« – ähnlich wie der griechische Gott Argus und der geheimnisvolle uralte »Wächter« der hebräischen Tradition.[4]

[1] Tatz / Kent, 84
[2] Cirlot, 361
[3] Brewster, 209–210
[4] G. Jobes, Bd. 1, 830

2
LÄNGLICHE MOTIVE

Athame
Dorje
Dreifacher Pfeil
Faszien
Goldener Schnitt
Gnomon
Leiter
Lingam
Maibaum
Merudanda
Obelisk
Perron
Pfeil
Pfeiler
Rute
Schwert
Speer
Thyrsos
Weltachse
Zauberstab
Zepter

Freuds unermüdliche Suche nach Phallussymbolen in allen möglichen länglichen Formen – von Zigarren bis zu zusammengerollten Schirmen – zeugt von einem typisch patriarchalischen Projektionsprozeß, der auch auf das tiefsitzende männliche Verlangen, größer als die anderen zu sein, zurückgeführt werden kann. Abgesehen von deutlich phallischen Assoziationen, symbolisieren längliche Motive auf verschiedenerlei Weise die patriarchalische Weltsicht: Das Oben und Unten, die Leiter zwischen Himmel und Hölle, die dramatische Trennung zwischen der scharfen Spitze einer Waffe und ihrem Griff, der sich der Hand anpaßt – all das sind Embleme der Unterscheidung. Eins wird gegen das andere gesetzt, das »Wir« wird vom »Sie« abgegrenzt. Eine Linie zu ziehen heißt, eine Trennung zwischen dem einen und dem anderen Ende vorzunehmen.

Das längliche, vertikale Motiv steht für das Verlangen, nach oben zu streben und dabei die eigene Verankerung in der Erde zu überwinden – sie dient nur noch als Startplatz für die nach oben gerichtete Bewegung. Die aufstrebenden Linien einer gotischen Kathedrale drücken genau dieses vertikale Element aus. Kirchturmspitzen und Glockentürme können phallischer Natur sein, wie es ja bei den ägyptischen Obelisken ganz offensichtlich und ausdrücklich der Fall war. Das asketische Patriarchat des Christentums versuchte dies jedoch zu leugnen. In einer ganz und gar männlich dominierten Gesellschaft mußten die Symbole der Sexualität im Untergrund verschwinden und konnten ihren unbewußten Ausdruck nur in versteckter und geleugneter Form finden. Deshalb ist die Deutung von phallischen Objekten nicht immer so einfach, wie Freud sie sich wohl wünschte: In der Antike konnte sich auch der Geist des Weiblichen manchmal in Bäumen, Türmen und Waffen ausdrücken. Der Zauberstab einer Hexe war kein Phallus, sondern ein Zeigestab, der magische Energie lenken sollte. Unter den ersten Werkzeugen der Welt war ein Stock.

Möglicherweise hat die starke Reaktion von Menschen auf vertikale Ausdehnung auch mit der menschlichen Körperform im allgemeinen zu tun. Menschen sind die einzigen Lebewesen mit vier Gliedmaßen, die voll und ganz aufrecht gehen. Vielleicht ist es also nur natürlich, wenn alle anderen Tiere, deren Körper in der Horizontale liegen, eher eine Welt von horizontalen Gegenständen wahrnehmen, während Menschen sich intensiver für die Vertikale interessieren.

Athame

Ein Athame ist ein Messer oder Dolch, und es wurde in der Hexentradition als magisches Symbol benutzt; allerdings ist zweifelhaft, ob es in früheren Jahrhunderten *nur* diesem einen Zweck diente. Allem Anschein nach stammt das Wort selbst von dem arabischen Wort al-dhamma, einem Sakralmesser, das in den maurisch-arabisch-andalusischen Kulten der Doppelgehörnten – das waren Mondverehrer – zeremoniell verwendet wurde: Den Teilnehmenden wurden rituelle Wunden beigebracht. In diesem Hexenkreis verkörperte üblicherweise ein Schmied die Figur des Rabbana, »unseres Herrn«: Und hier liegt auch der Ursprung der englischen Figur des »Robin«, der bei Hexenzusammenkünften eine Rolle spielt.[1] Der Grund lag vielleicht darin, daß die Athames von Schmieden hergestellt wurden; aber es gab durchaus auch viele Traditionen, die Schmiede und andere Metallbearbeiter mit Hexerei in Verbindung brachten.[2]

Ein byzantinischer Autor aus dem 17. Jahrhundert erwähnte »die Berbersekte der Gehörnten«, die sich an Kreuzungen trafen und den »Doppelgehörnten Herrn« verehrten.[3] Jedes magische Treffen, das im Freien stattfand, erforderte, daß ein Schutzkreis oder ein Pentagramm auf den Boden gezeichnet wurde, und zu diesem Zweck wurde ein Messer oder ein Schwert verwendet.[4] Moderne Hexen benutzen noch immer das Athame – in dem Bewußtsein, daß sie damit einer altehrwürdigen Tradition folgen.

[1] Shah, 210
[2] Walker, The Woman's Encyclopedia of Myths and Secrets, 944
[3] Daraul, 169–170
[4] Trachtenberg, 160

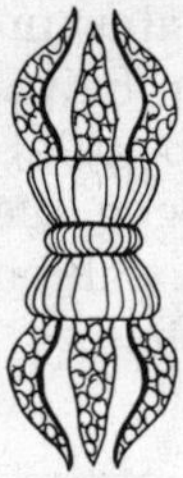

Dorje

Das tantrisch-buddhistische Zepter, das man *dorje* nennt, hatte dieselbe Bedeutung wie das *vajra* in Nordindien: Juwel, Donnerkeil und Phallus in einem. Diese etwas überraschende Zusammenstellung von Bedeutungen leitet sich von einer alten Vorstellung ab: Der Donnergott wurde als Befruchter der verborgenen Tiefe der Mutter Erde verstanden, und die Edelsteine, die in den Felsen eingebettet waren, hielt man für verfestigte Tropfen seines göttlichen Samens. Dieser Gegenstand mit seinen zwei Enden und seinen sechs Zinken weist eine ganz offensichtliche Beziehung zum Donnerkeil der mesopotamischen Götter auf (siehe Donnerkeil). Das *dorje* wurde auch als »Diamanthalter« bezeichnet, und dabei stand der Diamant als Metapher für den göttlichen Geist, der durch den sexuellen Orgasmus berührt wurde. Das ist der eigentliche Grund dafür, daß Diamanten einen so unbestrittenen Wert als Symbole sowohl der königlichen Macht als auch der Macht der Liebe erworben haben.

Die Stadt Darjeeling hat ihren Namen vom Dorje-Lingam oder Dorje-Phallus, dem »Juwel«, das immer und ewig im weiblichen »Lotus« ruht; so erscheint es auch in dem allgegenwärtigen tantrischen Ausdruck *Om Mani Padme Hum*. In den alten Zeiten gab es dort ein tantrisches Heiligtum oder Kloster, das Dorjeling hieß, und dieser Name ging dann auf die heutige Stadt Darjeeling über. [1]

Noch immer gibt es solche Dorje-Objekte in Indien, aber nur wenige Menschen aus dem Westen machen sich die Mühe, ihre wirkliche Bedeutung zu entdecken.

[1] Waddell, 258

Dreifacher Pfeil

Eng verwandt mit dem dreifachen Donnerkeil, der die Paarung des heidnischen Gottes mit der Dreifachen Göttin darstellte, galt der dreifache Pfeil meistens als Zeichen der Männlichkeit. Drei zusammengebundene Pfeile symbolisierten anscheinend den Männerbund, der zu Zwekken der Jagd oder des Krieges geschlossen wurde. Dieses Symbol besitzt in etwa dieselben Assoziationen wie die römischen Rutenbündel (*fascies*). In manchen Interpretationen wurde es als allgemeines Zeichen der Einheit gedeutet. [1]

[1] Koch, 96

Faszien von einem Steinrelief, Ephesus, ca. 100 n. Chr.

Faszien

Die ursprünglichen römischen Faszien waren Bündel von Birkenruten, die mit roten Riemen zusammengebunden waren, und dazu kam ein Pfeil oder eine Axt. Dies war ein Symbol von Autorität, das die Macht beinhaltete, die Ungehorsamen zu bestrafen. Wenn die hohen römischen Beamten in einer Prozession durch die öffentlichen Straßen schritten, wurden sie von Wächtern – sogenannten Liktoren – begleitet, die die Rutenbündel trugen und auf diese Weise die gesetzlichen Befugnisse ihrer Herren zur Schau stellten. [1]

Das Faszienemblem wurde in den dreißiger Jahren unseres Jahrhunderts von der italienischen nationalistischen Bewegung unter Mussolini übernommen. Daher also bezogen die Mitglieder dieser Gruppe ihren Namen *fascisti* – Faschisten.

[1] Whittick, 240

Goldener Schnitt

Der Goldene Schnitt, auch Euklidisches Rechteck genannt, wurde lange Zeit als der perfekt proportionierte Bauplan betrachtet, vor allem, wenn es sich um ein Gebäude von religiöser Bedeutung handelte. Sowohl klassische griechische Tempel als auch viele Renaissance-Bauten beruhten darauf. Die kurze und die langen Seiten des Rechtecks entstehen durch die Teilung einer Linie in zwei Teile, und zwar in dem Verhältnis, daß der kürzere Abschnitt sich zum längeren Abschnitt genauso verhält wie der längere Abschnitt zum Ganzen. Das Verhältnis beträgt 0,382 zu 0,618, also ungefähr 19 zu 31. [1] Dieses Rechteck hielt man für die rationalste, sicherste und regelmäßigste geometrische Form. [2] Deshalb kehrt der Goldene Schnitt in allen möglichen Gegenständen wieder: Häusern, Zimmern, Betten, Tischen, Fenstern, Türen, Bildern, Büchern und vielen Möbelstücken.

Bei den Navajo-Indianern wird das Rechteck als weibliche Form betrachtet, wahrscheinlich weil es die übliche Form eines Hauses ist, das die Frau symbolisiert, die es besitzt.[3]

[1] Whittick, 249
[2] Cirlot, 260
[3] G. Jobes, Bd. 2, 1327

Gnomon

Ein Gnomon ist jeder vertikale Gegenstand, ob Pfeiler, Pfosten oder aufgerichteter Stein, dessen Zweck es ist, durch die Position seines Schattens die Zeit anzugeben. Es ist das wichtigste Element einer Sonnenuhr. Bei den paläolithischen und neolithischen Völkern dienten aufrecht stehende Steine oftmals als Gnomoni für die Jahreszeiten. So erreicht z. B. der Schatten, der von einem *standing stone* bei Sonnenaufgang zur Sommer- und Wintersonnenwende fällt, den südlichen und nördlichen Rand des Bogens, bei den beiden Tag- und Nachtgleichen jedoch trifft der Schatten des Gnomon in die Mitte des Bogens. Auf diese Weise konnte der Kalender auf den Boden gezeichnet und der Wandel der Jahreszeiten genau vorhergesagt werden. Natürlich betrachtete man die Gnomoni als heilig, man glaubte, daß sie von Gottheiten bewohnt wurden. Das Wort *gnomon* bedeutet »wissend«.

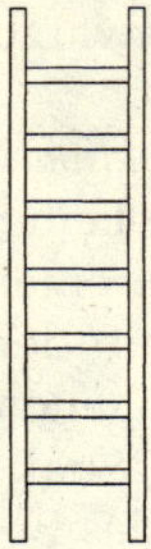

Leiter

Die Initianden der Mithras-Mysterien bestiegen eine heilige Leiter mit sieben Sprossen, von denen jede aus einem anderen Metall gegossen war. Dies war ein Symbol für die sieben Planetensphären und ihre Gottheiten.[1] Frühere Religionen hatten eine ganze Menge von »Leitern zum Himmel«, die dann von einem anonymen Bibelschreiber in einer Vision kopiert wurden, die dem Jakob zugeschrieben wird. Auf den ägyptischen Leitern des Horus oder den Leitern des Set saßen hilfreiche Engel, die den Pharaonen bei ihrem Aufstieg zum Himmel halfen.[2] Ägyptische Gräber enthielten zum Himmel aufsteigende Leitern in Form von Amuletten.[3] Mohammed und Buddha kletterten ebenfalls auf Leitern in die himmlischen Regionen.[4]

Auf einer Leiter zum Himmel aufzusteigen und wieder zurückzukehren war ein charakteristisches Merkmal der schamanistischen Einweihungen in Zentralasien, China und den Ländern rund um das Schwarze Meer.

Das griechische Wort *klimax* hatte die Bedeutung einer Leiter zum Himmel, aber auch einer sexuellen Begegnung mit der Göttin oder mit der eigenen weiblichen Seele (psyche, Shakti); in beiden Fällen war das Ergebnis eine mystische Erleuchtung. Thrakische Könige stiegen zur Göttin Hera auf. Ein christlicher Mönch aus dem 7. Jahrhundert verfaßte das Werk »Die Leiter zum Paradies« und versuchte darin die zahlreichen Himmelsleitern zu erklären, die auf dem Berg Athos und anderen Orten erhalten geblieben waren, indem er sie als Schritte zur Erlangung moralischer Vollkommenheit interpretierte. Dieser Autor wurde unter dem Namen Johannes Klimakos (»Johann von der Leiter«) heiliggesprochen, und sein Buch wurde im Jahre 1959 ins Englische übersetzt.[5]

[1] Cumont, 145
[2] Gifford, 78
[3] Cirlot, 297
[4] Campbell, 169
[5] Attwater, 199

Lingam

Große phallische Pfeiler stellten in Indien das Lingam des Gottes Shiva dar, wie auch der ägyptische Obelisk den Penis des Gottes Geb darstellte. Um jedes große Lingam erstreckte sich mit einem Radius von dreihundert Metern das heilige Reich des Shiva, in dem Wunder gewirkt und Sünden vergeben werden konnten.[1]

In den Tempeln gab es kleinere Lingams in menschlicher Proportion oder auch priapische Statuen des Gottes; ihr Zweck bestand darin, Bräute vor ihrer Hochzeitsnacht zu deflorieren. Dieser Vorgang wird in der biblischen Terminologie als »Öffnung des Schoßes« bezeichnet. Man glaubte, daß erstgeborene Kinder von dem Gott mit sterblichen Jungfrauen gezeugt worden waren, und zwar gerade aufgrund dieses Deflorationsbrauches, der nicht nur in Südostasien, sondern auch im ganzen Mittleren Osten und in Rom verbreitet war. Junge Männer, die auf diese Weise göttlich gezeugt wurden – die

»Söhne Gottes« –, wurden oftmals für ein Leben religiöser Hingabe erwählt.[2] Der Phallus oder das Lingam wurde gewöhnlich rot angemalt und mit heiligem Öl gesalbt, ein Vorgang, den die Griechen als *chrisma* bezeichneten. So erhielt also ein göttlich gezeugter junger Mann den Namen Christos, und das bedeutete »gesalbt«.

Natürlich brauchte man Öl, um einen steinernen Phallus in die Vagina einer Jungfrau eindringen zu lassen. Später wurde das Öl selbst zum Symbol. Die Häupter von Königen wurden mit Öl gesalbt: Dadurch wurden sie dem »Kopf« des göttlichen Penis angeglichen, den man in einen Blumenkranz hineinschob, der wiederum den jungfräulichen Schoß darstellte. Wenn römische Bräute sich auf dem Phallus des priapischen Gottes deflorierten, krönten sie ihn gleichzeitig mit einem Blumenkranz. Frühchristliche Kirchenväter beklagten diesen Brauch: Er kam ihrer eigenen Version eines göttlich gezeugten Christus doch allzu nahe – aber Laktanz zufolge verstanden sie dann doch, daß der Zweck darin bestand, die Braut »durch ihre Kommunion mit der göttlichen Natur« fruchtbar zu machen.[3]

[1] Mahanirvanatantra, 335
[2] Rawson, Erotic Art of the East, 29
[3] Knight, 103

Maibaum

Der Maibaum war ein heidnisches Symbol für den Phallus des Maikönigs, der traditionellerweise für die Beltane-Feiern (Walpurgisnacht) errichtet wurde. Damit wurde die neue Jahreszeit des Wachstums und der Fruchtbarkeit eingeleitet. »Man trug Grün«, um das neue grüne Kleid der Mutter Erde nachzuahmen. Der Tanz um den Maibaum war der Ursprung der »großen rechten und linken Drehung«, die man bei der Quadrille vollzieht: Männer und Frauen traten abwechselnd in die Kreise des jeweils anderen Geschlechts, verließen sie wieder und banden dabei die Schnüre um den Maibaum.

Die frühlingshafte Zurschaustellung von phallischen Emblemen tauchte immer wieder im Laufe der christlichen Ära auf. Vielleicht erforderte es die christliche Hingabe an das männliche Prinzip, daß die Feierlichkeiten des Priapus in irgendeiner Form weiterlebten, während die alten Feste der weiblichen Sexualität ganz und gar verschwanden. Im Jahre 1282 führte der Pfarrer von Inverkeithing eine Maibaumprozession an: Dabei »trug er auf einem Pfahl die Abbildung der menschlichen Fortpflanzungsorgane«, aber diese »Organe« waren ausschließlich männlich.[1] Stokeley schrieb im Jahre 1724 über einen feststehenden Maibaum in der Nähe von Horn Castle in Lincolnshire, »wo wahrscheinlich in römischer Zeit ein Hermes stand« (siehe Hermes). Junge Burschen feierten den Ersten Mai, indem sie um das Phallussymbol geschälte weiße Weidenruten herumtrugen und um ein Feuer tanzten.[2]

[1] Philips, 169
[2] Hazlitt, Bd. 2, 402

Merudanda

Unter Merudanda versteht man in der tantrischen Tradition die mystische Wirbelsäule als zentrale Achse des menschlichen Körpers, um die sich die Kundalini-Schlange durch die Chakras nach oben windet. Zuerst aber muß sie aus ihrer zusammengeringelten Position im Becken erweckt und durch Yoga-Übungen zum Kopf emporgeleitet werden. Merudanda ist das innere individuelle Echo der kosmischen Weltachse, ebenso wie der Herzschlag das innere individuelle Echo des unablässigen Tanzes von Shiva ist, der die Welt am Leben erhält.

Man glaubte, daß sich die Kundalini-Energie in zwei Spiralen um Merudanda ringelte, eine davon, die rechtsdrehende, war solarer Natur, die andere, die linksdrehende lunarer Natur. Diese beiden entgegengesetzten Kräfte trugen den Namen »Pingala« und »Ida«. Das daraus resultierende Muster hatte eine auffallende Ähnlichkeit mit dem Caduceus des Hermes – einem Stab, um den sich zwei Schlangen ringeln – wie auch mit der Doppelhelix der DNS.

Obelisk

Das Wort Obelisk kommt vom griechischen Wort *obelischos* und bedeutet »spitz zulaufender Pfeiler«. Der altbekannte Witz, der den größten modernen Obelisken der Vereinigten Staaten als »Washingtons größte Erektion« bezeichnet, ist gar nicht so abwegig, denn die ursprünglichen ägyptischen Obelisken wurden ganz im Ernst als Phalli verstanden. Sie stellten insbesondere das erigierte Organ des Erdgottes Geb dar, der auf dem Boden liegt und versucht, sich mit Nut oder Neith, der Göttin des gewölbten Himmels, zu vereinigen.[1]

Die Menschen der Antike hatten auch eine Vorstellung von den idealen Proportionen eines Obelisken: Er sollte acht- bis zehnmal so hoch sein, wie er an der Basis breit war, und das Pyramidion, die Spitze, sollte eine Neigung von sechzig Grad haben. Washingtons Obelisk ist 168 Meter hoch und an der Basis 16 Meter breit.[2]

[1] Huxley, 69
[2] Whittick, 286

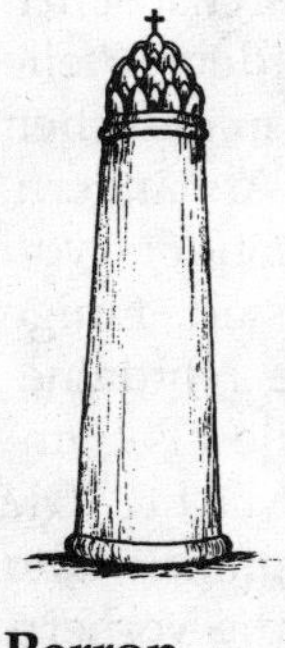

Perron

Der Perron oder »große Peter« war die mittelalterliche Version der phallischen Pfeiler, die während der gesamten Zeit des römischen Imperiums *petra*, *pater* oder *peter* hießen. Tacitus nannte sie »Säulen des Herkules«, aber die Zirbelnußverzierung auf der Spitze verweist eher auf eine Beziehung zu den Kulten des Dionysos oder Bacchus Liber, der auch »Liber Pater« hieß. Sein phallisches Zepter oder Thyrsos war von einer Zirbelnuß gekrönt.

Steinpfeile dieser Art stellten seit vielen Tausenden von Jahren den phallischen Geist eines Gottes dar. Der heidnische Begriff *petra* vereinte zwei Dinge: den »Vater« und den »Felsen«, und zwar ganz ähnlich, wie es auch in der Bibelbeschreibung des väterlichen Gottes als »der Fels, der dich erzeugte« geschieht (Deuteronomium 32, 18). Der Name »Petrus« oder »Fels« wurde von Jesus angeblich einem Jünger namens Simon verliehen, damit er zum Vater seiner Kirche in Rom werde. Aber ist es nicht seltsam genug, daß die patriarchale *petra* auf dem Vatikanischen Hügel schon viel länger, nämlich schon seit etruskischer Zeit als Vater-Fels verehrt wurde?

Dieser Bibelmythos ist also rein fiktiv, er wurde ungefähr um das 3. Jahrhundert n. Chr. erfunden und in das Evangelium nach Matthäus eingefügt, um den römischen Anspruch auf den Vorrang über das Bistum von Byzanz zu stützen.[1]

Jedenfalls wurden thyrsosförmige, phallische Pfeiler in fast jeder römisch beeinflußten Stadt in ganz Europa errichtet, und viele haben bis in die Zeiten des Mittelalters überlebt; sie wurden auch auf Münzen abgebildet. Die christlichen Obrigkeiten hatten keinen Einwand gegen phallische Symbole, solange sie nicht zu deutlich gezeichnet waren. Da die Perrons meistens in oder bei einer Kirche gefunden wurden, die über einem alten Heiligtum oder einer Pilgerstätte erbaut worden war, ließ man sie meistens an Ort und Stelle stehen und behalf sich, indem man ein kleines Kreuz oben aufsetzte und sie auf diese Weise christianisierte.[2]

[1] Reinach, 240
[2] d'Alviella, 103–117

Pfeil

Seit der Bogen erfunden wurde – wann immer das auch gewesen sein mag –, sind Pfeile als heilige Symbole verwendet worden. Die Pfeile der Göttin Artemis verkörperten ihre Herrschaft über Jagd und wilde Tiere. Die Pfeile des Eros (des Gottes der fleischlichen Liebe) stellten die Strahlen des Auges dar, die die Botschaften der Liebe durch die Lüfte trugen, um schließlich das Herz einer geliebten Person zu erreichen. Ein Pfeil, der ein Herz durchbohrt, wurde zum traditionellen Symbol der sexuellen Vereinigung. [1]

Dementsprechend wurde der Pfeil oft als phallisches Symbol und nicht nur als Kriegswaffe betrachtet. Pfeile stellten den Kriegsgott Mars und sein skandinavisches Gegenstück Tyr dar. [2] Als Pfeil erschien auch der Blitz des balkanischen Sturmgottes Perkun.[3] Auf römischen Münzen sieht man den Pfeil als ein Emblem Mithras'[4], dem populären zoroastrischen Erlösergott des römischen Imperiums. Pfeile konnten auch als Vorzeichen gedeutet werden, so etwa in der Bibel (Ezechiel 21,21).

Mit der Entwicklung von kriegerischen, patriarchalischen Gesellschaften wurden Pfeile mehr und mehr von männlichen Göttern und ihren Anhängern, und zwar ganz besonders von Soldaten, monopolisiert. Einige indianische Stämme Nordamerikas verehrten Pfeile als Symbole männlicher Macht. Die »heiligen Medizinpfeile« der Cheyennen stellten die Vorherrschaft der Cheyennenkrieger über andere Stämme und über die Tiere dar, die sie jagten. Frauen war es nicht erlaubt, einen Blick auf diese heiligen Pfeile zu werfen, sie durften nicht einmal zuhören, wenn Männer über sie sprachen.[5]

Vielleicht paßt es zu unserer Zeit, daß der Pfeil die Bedeutung der Richtung oder des Befehles angenommen hat. Ein Pfeil sagt aus: »Geh in diese Richtung!« – in einer Sprache, die fast jeder verstehen kann. In gewissem Sinne ist es ein merkwürdiger Anachronismus, daß diese Sprache noch immer allgemeinverständlich ist, denn Pfeile werden ja inzwischen kaum mehr zu ihrem ursprünglichen Zweck, der Jagd oder dem Krieg, verwendet. Der Pfeil ist fast vollständig zum reinen Symbol geworden.

[1] Cirlot, 19
[2] Koch, 102
[3] d'Alviella, 45
[4] Whittick, 209
[5] Sanday, 151

Pfeiler

Pfeiler waren die phallischen Embleme von vielen Göttern und Helden wie etwa Shiva, der auch als Sthanu, »Pfeiler« oder als »Großes Lingam« angerufen wurde. Der biblische Absalom wurde seines männlichen Geistes wegen mit einem aufgerichteten Pfeiler verewigt (2. Samuel 18,18). Pfeiler aus Stein oder Holz stellten den sächsischen Gott Irmin (Hermes) dar – dazu gehörte auch die berühmte Irminsul, die von Karl dem Großen zerstört wurde.[1] Zeus wohnte in einem heiligen Pfeiler in Tarent. Die Pfeiler des Jupiter waren im ganzen Römischen Reich sehr zahlreich vertreten. Viele von ihnen wurden von den frühen Christen zerstört, aber in Deutschland haben einige überlebt, darunter die Jupitersäule von Mainz.[2] In Japan stellte der Pfeilergott Nu-boko das phallische Prinzip dar.

Sogar der biblische Gott selbst weilte in seinen frühen Tagen in einem Pfeiler: Das war ein Stein von der Art, die man als *beth-el* bezeichnete, das heißt Verweilplatz einer Gottheit. »Dieser Stein, den ich als Pfeiler aufgestellt habe, soll Gottes Haus sein« (Genesis 28,22). Die ägyptische Gewohnheit, als Tempeltor zwei phallische Pfeiler zu errichten, wurde im Tempel von Jerusalem nachgeahmt: Dort hieß der rechte Pfeiler *Jachim*, »Gott stärkt ihn«, der linke Pfeiler hieß *Boaz*, »Eifer, Stärke« (1. Könige 7,21). Der Tempel, der diese suggestiven Pfeiler aufwies, war angeblich Salomons Tempel, in Wirklichkeit aber war er von König Hiram von Thyros erbaut worden, dem Salomon jährlichen Tribut zahlte. Jahrhunderte später verliehen die Freimaurer den Pfeilern Jachim und Boaz okkulte Bedeutungen und behaupteten, daß ihr Orden sich von den Maurern aus Thyros zur Zeit Salomons herleitete. In der Symbolik der Freimaurer ist die Farbe der beiden Pfeiler Weiß und Schwarz, und dies soll den Gott des Lichtes und den Gott der Finsternis oder aber Sonne und Mond darstellen. Das Symbol der Zwillingspfeiler ist auch in die Astrologie gelangt – es erscheint im Sternzeichen der Zwillinge.

Die Verehrung der Pfeiler wurde im Kult des Simeon Stylites (des »Säulenstehers«) und anderer heiliger Geschichten christianisiert. Die athenische Kirche des heiligen Johannes von der Säule wurde um einen heiligen antiken Pfeiler erbaut, und man erfand eine Legende, um einen alten heidnischen Brauch zu erklären, der mit dem Pfeiler verbunden war – einen Heilungszauber, bei dem der Pfeiler mit Schnüren umwunden wurde. Angeblich band der heilige Johannes alle Krankheiten mit Seidenfäden an den Pfeiler und sagte dabei: »Laßt alle Kranken kommen und einen Seidenfaden an die Säule binden, damit sie geheilt werden.«[3]

[1] d'Alviella, 106
[2] Whittick, 221
[3] Hyde, 109

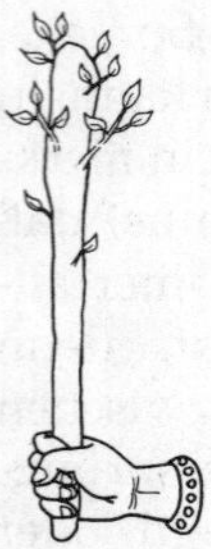

Rute

In der Symbolik der Bibel wurde die Rute auf verschiedenerlei Weise interpretiert: als Zepter der Herrscher, als Werkzeug der Züchtigung, aber auch als ständig erigierter Phallus, der die sexuelle Verbundenheit des Königs mit der Göttin des Landes darstellte. Eine blütentreibende Rute war das Symbol für einen mannhaften König, der fähig war, die allgemeine Fruchtbarkeit zu stimulieren. Auch die patriarchale Abstammung war in diesem Symbol enthalten, zahlreiche Ruten oder Zweige deuteten auf eine zahlreiche Nachkommenschaft hin: »Doch aus dem Baumstumpf Isaias' wächst ein Reis hervor, ein junger Trieb aus seinen Wurzeln bringt Frucht« (Jesaja 11,1).

Ein Wunder, bei dem über Nacht Blüten aus einem Zweig trieben, war leicht zu inszenieren und schien die einfachen Gemüter auch überzeugen zu können. Das sieht man an der Geschichte, in der Moses den Aaron erwählte, und zwar im Sinne eines Befehles von Gott. Er lautete folgendermaßen: »Dann wird der Stab dessen, den ich erwähle, Blätter bekommen« (Numeri 17,20). Am nächsten Morgen kam Moses mit einem blühenden Zweig aus dem Zeremonialzelt und sagte, daß das der tote Zweig sei, den Aaron unter allen anderen in der vorigen Nacht aufgestellt hatte. Nun könnte man denken, daß diese Art von Geschichte doch einige Zweifel erweckt – und dennoch wurde sie nochmals erzählt, nämlich als Josef als Ehemann für Maria ausgewählt wurde. Als alle Kandidaten ihre Ruten auf den Altar gelegt hatten, trieb nur die Rute des Josef Knospen und Blüten. Mehr noch, die heilige Taube der Göttin flog vom Himmel herab und ließ sich darauf nieder, ganz ähnlich wie sie später auch bei der Taufe Jesu erschien.[1]

Und dann wurde diese Geschichte noch ein weiteres Mal in der Sage von Tannhäuser erzählt: Seine Rute trieb Blüten im Angesicht des Papstes und machte ihm deutlich, daß er dem Tannhäuser seine Seitensprünge mit der Göttin Venus vergeben sollte, bevor es zu spät war.[2]

Blühende Zweige wurden als Symbole auch durch die Tarotkarten bekannt, man nannte sie Stäbe, Ruten oder Keulen, und daraus entwickelte sich das Kartensymbol Pique.

[1] Walker, The Woman's Encyclopedia of Myths and Secrets, 479
[2] Goddrich, 174

Zeremonienschwert aus einem Kali-Tempel, Bengalen

Schwert

Im antiken Skythien verehrten die sarmatischen Alanen und Quaden ihre Schwerter als Götter. Die Gottheit des Krieges war ein eisernes Schwert, das mit menschlichem Blut gesalbt wurde.[1] Im heidnischen Europa gehörten Schwerter zum männlichen Besitz, während die meisten anderen Dinge – Felder, Häuser, Möbel, Werkzeuge – den Frauen gehörten. Ein Schwert wurde mit seinem Eigentümer begraben oder bei einer Bootsbestattung zusammen mit dem Leichnam aufs Meer hinausgetragen, oder es wurde bei seinem Tod ins Wasser geworfen. Viele Wikingerschwerter wurden in Flußläufen geborgen.[2] Die Verbindung zwischen Männlichkeit und dem phallischen Schwert zeigt sich auch an dem norwegischen Hochzeitsbrauch, bei dem ein Schwert in den wichtigsten Tragebalken des Hauses gestoßen wird, als »Beweis für die Männlichkeit des Bräutigams«.[3]

Die Schwerter von Helden und heiligen Königen kamen meistens aus einem Stein, von einem Baum oder aus dem Wasser hervor, sie waren im Feenland oder unter der Erde von magischen Wesen geschmiedet worden.

Beim Tod des Helden kehrte das Schwert zu seinem Ursprung zurück. Einige berühmte magische oder heilige Schwerter sind: Artus' Excalibur, Lancelots Arondight, St. Georgs Askalon, Siegfrieds Balmung, Dietrichs Nagelring, Rolands Durendal, Olivers Glorius, das Flamberge Karls des Großen, Sigurts Gram, Beowulfs Hrunting, Ogirs Sauvagine, Fergus' Caladbolg, Paracelsus' Azoth, Alis Zuflagar. Oftmals signalisierte das Zerbrechen oder der Verlust des Schwerts den Verlust der königlichen Autorität oder des Heldennimbus sowie den darauffolgenden Tod des Helden.

Die syrakusische Legende des Damokles zeigt, daß das Schwert das Verhängnis für den Sakralkönig ankündigte. Es hing über seinem Kopf und symbolisierte die zeremonielle Enthauptung. Später wurden Enthauptungen auf Ersatzpersonen oder Tieropfer beschränkt oder nur noch symbolisch durchgeführt. Ein solches Symbol ist die Ritterschaftszeremonie: Das Schwert berührt beide Schultern, durchschneidet aber nicht mehr den Hals von einer Schulter zur anderen.

Die verhängnisvollen Karten des Tarots waren die Karten mit den Schwertern, und daraus entwickelte sich in der Moderne die Farbe »Pique«.

[1] Goodrich, 217
[2] Davidson, Pagan Scandinavia, 112
[3] Gelling / Davidson, 38, 150

Speer

Wie andere spitz zulaufende Waffen (zum Beispiel Lanze und Schwert) wurde auch der Speer oftmals mit phallischen

Assoziationen verbunden. Das ist dem modernen Patriarchat durchaus verständlich, denn hier wird nur allzuoft Männlichkeit mit einer Schußwaffe gleichgesetzt. Im japanischen Schöpfungsmythos war es der Speer des ersten Gottes, der nach unten gelenkt wurde und dort den Schoß der Tiefe aufrührte und befruchtete. Das ist eine der Versionen, in denen der Blitz-Phallus die Meeresmutter befruchtete. Ein Speer konnte einen Gott darstellen. Die Griechen erzählten die Geschichten des Lapithen Kaineus, der nur seinen eigenen Speer anbetete und von den Kentauren mit Hämmern zu Boden geschlagen wurde. Es scheint, daß diese Geschichte auf einer Zeremonie beruht, bei der ein Speer als Gottessymbol – in ähnlicher Weise wie ein Maibaum – aufgerichtet wurde.[1]

Einige Opfergötter nahmen gegenüber dem Speer eine weibliche Rolle an und wurden selbst von ihm durchbohrt, um auf diese Weise befruchtet zu werden oder lebenspendendes Blut zu liefern. Der nordische Gott Odin wurde von einem Speer durchbohrt, als er am Weltenbaum hing. Sein Sohn Baldur wurde durch einen Speerstoß in die Unterwelt befördert, stand aber in der darauffolgenden Welt von den Toten auf. Auch Jesus wurde in ähnlicher Weise durch einen Speerstoß getroffen, der ihm von einem römischen Hauptmann versetzt wurde. Dieser Mann war erstaunlicherweise blind: Es war Longinus, der später von der Kirche heiliggesprochen wurde. Dabei kam es offenbar niemandem seltsam vor, daß ein Blinder den Beruf eines Soldaten ausübte. Jedenfalls wurde behauptet, daß die Blindheit des Longinus dadurch geheilt wurde, daß das Blut Jesu auf seine Augen herabfiel, was ihn dazu brachte, seinen kriegerischen Beruf aufzugeben und sein restliches Leben der Verbreitung des Christentums zu widmen.[2]

In den Sagen um den Heiligen Gral wurde erzählt, daß der Speer des Longinus in dem göttlichen Gefäß aufgestellt wurde: Diese Anordnung gleicht verdächtig dem indischen Symbol von Lingam und Yoni.[3] Die Geschichten vom christlichen Gral verwendeten für das symbolische Lingam den heiligen Speer des heidnischen Gottes Lug: Dieser »hatte eine so zerstörerische Kraft, daß man seine Spitze immer in einen Kessel eingetaucht halten mußte, damit die Stadt, wo er aufbewahrt wurde, nicht in Flammen aufginge«.[4] Da der Kessel immer ein Symbol des weiblichen Schoßes war und der Speer sowohl den Blitz wie auch den Phallus darstellte, ist der sexuelle Gehalt dieser Symbolik eindeutig.

[1] Gelling / Davidson, 33
[2] Brewster, 135–136
[3] Baring-Gould, 613–614
[4] Markale, 175

Thyrsos

Der Thyrsos war der heilige Stab des Dionysos (des römischen Bacchus) – ein Fenchelstengel, der von einem Fichtenzapfen gekrönt war. Weibliche Anhängerinnen des Dionysoskultes, die Mänaden, verwendeten den Thyrsos als Waffe. Auf griechischen Vasenmalereien zielen sie damit auf die Genitalien ihrer Begleiter, der Satyrn, als wollten sie damit schlagen.[1] Auch Dionysos selbst wird im allgemeinen mit einem Thyrsosstab dargestellt. Es hieß, daß die Berührung mit dem Thyrsos Wasser in Wein verwandeln könne. Dies war das Routinewunder des Dionysoskultes, das dann im Bibelmythos der Hochzeit von Kanaa kopiert wurde.[2]

Das Wort *thyrsos* wurde mit dem hethitischen Wort *tuwarsa* für »Weinrebe« und dem ugaritischen Wort *tirsu* für »starkes Getränk« in Verbindung gebracht.[3] Die Römer nannten den Thyrsos *baculus*, weil es der Stab des Bacchus war. Schließlich erbte dann der römische Papst den Stab des Bacchus, und noch immer wurde er als *baculus* bezeichnet. Aber einer christlichen Legende zufolge ging er dem Papst verloren, als er versuchte, einen Menschen von den Toten aufzuerwecken. Diese Geschichte sollte erklären, weshalb der Papst keinen Stab trägt.[4]

[1] Keuls, 367
[2] M. Smith, 25, 120
[3] Dürr, 197
[4] Borchardt, 68

Weltachse

In dem Glauben, daß das gesamte gestirnte Universum sich um den Nord- und den Südpol drehte, stellten sich die Menschen der Antike diese Pole gegenständlich vor, nämlich als die Enden eines tatsächlichen Pfahles oder einer Achse, die die ganze Erde durchlief. Himmel, Erde und Unterwelt waren um diese Weltachse oder *axis mundi* angeordnet, deren Ruhepunkte an den Himmelspolen erkannt oder von ihnen abgeleitet werden konnten. Die Nordeuropäer waren sicher, daß die Weltachse am Nordpol in die Erde gesteckt wurde, daß in ihrer Umgebung die Götter weilten und daß dort die Sonne niemals untergeht (was im Sommer ja auch der Fall ist).

Es gab viele symbolische Abbilder der »großen Achse«. Die altaischen Schamanen errichteten in der Mitte der Jurte eine »Weltachse« in Form eines Birkenstammes und kletterten an ihm in die »andere Welt« hinauf; dies war ein Initiationsritus.[1] Die heidnischen Germanen verehrten eine Weltachse in Form eines riesigen phallischen Pfeilers, der in Hersburg stand und Hermesseul hieß. Dieses heidnische »Idol« wurde im Jahre 772 n. Chr. von Karl dem Großen niedergerissen und zerstört.[2]

Es gibt noch viele andere Beispiele der Weltachse: Yggdrasil, die Weltesche; der Lebensbaum, das Kreuz; eine riesige goldene Kette und in Asien die große Schlange Vasuki. Auch das Rückgrat der Weltgöttin wurde als Weltachse verstanden.

[1] Dürr, 30
[2] Reinach, 144

Zauberstab

Die Zauberstäbe der Hexen hat man sich in vielerlei Formen vorgestellt: als Stäbe aus Holz, Knochen, Elfenbein oder Bernstein, in Naturgestalt oder künstlich bearbeiteter Form, mit Kristallspitzen, gekrümmt, mit Bändern geschmückt oder magischen Steinen besetzt, in verschiedenen Größen, von einem feinen Weidenzweig bis zu einem Gegenstand in Form einer kleinen Keule. Der Zauberstab ist ganz einfach eine andere Ausgabe des magischen Stabes der Macht. Dazu gehören auch: das königliche Zepter, der Marschallstab, der Stab des Bürgermeisters, der Krummstab des Bischofs, der Fahnenschaft, die Kampfstandarte, die Wünschelrute und sogar der Spazierstock.[1] Der Stab ist ein Archetypus, der wahrscheinlich bis in prähistorische Zeiten zurückreicht, als Menschen zum ersten Mal Werkzeuge verwendeten. Jedes Kind kann heute bezeugen, daß es sich »einfach gut anfühlt«, wenn man einen Stecken in der Hand hält. Auch Feen halten manchmal Zauberstäbe in den Händen – anstatt des üblichen Kristalls sind sie meist mit einem funkelnden Stern bekrönt; daran kann man sehen, daß Feen wahrhaft magische Geschöpfe sind. Der Zauberstab ist das Werkzeug der Transformation. Deshalb beschwört er die Kraft, die erst dem mütterlichen Geist zugeordnet wurde, der Göttin, die unablässig ein Ding im Universum in ein anderes verwandelte: Sie wurde als das Herz der Verwandlungen angerufen, »aus dem alles Werden entstand«.[2]

[1] Cirlot, 344
[2] Book of the Dead, 454

Zepter

In der Antike bestand das Zepter eines Sakralkönigs aus Schilf und wurde zerbrochen, wenn sein Opfertod nahte. Da das Zepter seinen phallischen Geist symbolisierte, beinhaltete das Zerbrechen dieses Zepters seine Kastration und das Ende seiner nützlichen Männlichkeit. Das Schilfzepter des phönizischen Gottes Mot wurde rituell zerbrochen, als er von seinem himmlischen Vater »verlassen« und dem Tod überantwortet wurde, der für ihn ausersehen war.[1] In Ägypten wurde das Schilfzepter von Set, dem Gott der Hyksoskönige, getragen, der jedes Jahr auf einer Gabel gekreuzigt wurde.[2] In Rom symbolisierten die Schilfzepter den phallischen Geist des kastrierten und geopferten Gottes Attis und wurden bei seinen feierlichen Prozessionen von besonderen »Schilfträgern« (*cannophori*) getragen.[3] In späteren Jahrhunderten wurde das Zepter eines Königs fester und dauerhafter, was dann ja auch auf die Königsherrschaft selbst zutraf. Das Zepter bestand nun aus wertvollen Metallen und Juwelen, es war ein Stab der Macht – und zwar auch im ökonomischen Sinne, der aber noch immer die alte phallische Assoziation in sich trug, denn es wurde immer zusammen mit dem weiblichen Reichsapfel präsentiert.

[1] Larousse, 76–78
[2] Graves, The Greek Myths, Bd. 1, 283
[3] Cumont, Astrology and Religion among the Greeks and Romans, 56

3
DREIERMOTIVE

Alpha
Doppeldreieck
Drachenauge
Dreiblatt
Dreieck
Dreierring
Dreifaches Alpha
Dreifache Raute
Dreizackiger Stern
Emblem der Schicksalsgöttinnen
Furka
Geldzauber
Liebeszauber
Mannaz
Sonne mit drei Strahlen
Tau-Kreuz
Tripus
Triquetra
Triskelion
Weird Sisters
Welt-Triade
Yoni-Yantra

Fast alle Dreiermotive wurden von der westlichen Tradition der christlichen Dreifaltigkeit angeglichen. Selbst das heilige Kleeblatt der Kelten, einstmals Sinnbild der Drei Göttlichen Mütter, wurde mit Mühe und Not christianisiert: In einer Legende bediente sich der heilige Patrick des Kleeblattes als Symbol des Dreieinigen Gottes, den die Kirche vertrat. Natürlich hat diese Geschichte niemals in dieser Form stattgefunden; und angesichts der Tatsache, daß man vom heiligen Patrick erst vier Jahrhunderte nach seiner angeblichen Lebenszeit hörte, ist es durchaus möglich, daß auch er niemals existiert hat. Was jedoch das Kleeblatt und alle anderen Symbole der Dreiheit betrifft, so sind sie in Wirklichkeit viel älter als das Christentum und beruhen in den meisten Fällen auf dem heidnischen Glauben an die Göttin, deren drei Personen meistens als Jungfrau, Mutter und Greisin erscheinen.

Das Dreieck stellte »seit den ersten Kritzeleien des Urmenschen«[1] die Dreieinigkeit dieser Göttin dar. In Ägypten symbolisierte das Dreieck das weibliche Prinzip, die Mutterschaft und den Mond, in Arabien die drei Mondgöttinnen Al-Uzza, Manat und Al-Lat, wobei letztere die frühere, weibliche Form des moslemischen Gottes Allah war. In Griechenland und Rom gab es viele Versionen weiblich-göttlicher Dreifaltigkeit, die in vielerlei Symbolen dargestellt wurden.

Wie immer, wenn ältere religiöse Bilder durch spätere Formen verdrängt oder diskreditiert werden, geriet die ältere Symbolik in den Bereich des Okkultismus und der Magie: Auch im christianisierten Europa glaubte man, daß alles, was dreimal wiederholt wird, magischer Natur ist.[2] Märchen und Volkstraditionen zeigen fast alles in dreifacher Form, und dabei tauchen oft auch genau die drei Farben auf, die mit der Dreiheit der Jungfrau-Mutter-Greisin assoziiert werden: Weiß, Rot und Schwarz. Als deutlichster Ausdruck der Dreieinigkeit erscheint das Dreieck in vielen verschiedenen Formen und wurde zu einem universellen Symbolelement.

A

Alpha

Alpha, der Geburtsbuchstabe des griechischen Alphabets, wurde auch als Name für den Fluß Styx benutzt, der Tod und Wiedergeburt symbolisierte. Es hieß, daß der Styx ebenso wie die heilige Spirale in den Schoß der Unterwelt hineinfließt und nach sieben Windungen durch die unteren Sphären wiederauftaucht. In einigen der ältesten Alphabete, wie etwa dem kretischen, dem syrischen und dem sinaitischen, stand der Buchstabe (aus unserer Perspektive) auf dem Kopf und stellte klar erkennbar einen dreieckigen Rinderkopf dar. Noch heute bedeutet das *aleph* im hebräischen Alphabet »Ochse«. In anderen Schriftversionen – palästinensisch, aramäisch, attisch – war der Stierkopf seitlich geneigt, bis er schließlich ganz umgedreht wurde und zu unserem Buchstaben A wurde. Wahrscheinlich war das ursprüngliche Symbol kein Stier, sondern die universelle Kuhgöttin, die mit der Geburt aller Dinge assoziiert wurde. In Babylon war der Buchstabe A ein Name der Göttin des Ursprungs. In Südostasien gilt das *Alpa Akshara* – der Buchstabe A – als Mutter aller Weisheit und spirituelle Gebärerin aller erleuchteten Menschen.[1]

[1] Waddell, 161

Doppeldreieck: Schöpfung

In der tantrischen Tradition symbolisierte das doppelte Dreieck die Schöpfung, weil es ebenso wie das chinesische Yin und Yang für die elementare Verbindung des männlichen und des weiblichen Prinzips stand. Das nach unten spitz zulaufende Dreieck war das Yoni-Yantra, das die Muttergöttin darstellte. Das nach oben spitz zulaufende Dreieck war ihr Sohn und Geliebter, der Gott, den sie immer wieder neu gebar und der ihre dreifache Form spiegelbildlich nachahmte.

Dieses umgekehrte Dreieck, das auch als Pyramide verstanden werden kann, wurde zum symbolischen Modell der feudalen Gesellschaft. Man stellte sich vor, daß Macht, die aus einer einzigen Quelle, nämlich Gott, entsprang, nach unten zu einer breiten Basis hin träufelte, die aus Bauern, Sklaven, Tieren und der übrigen Schöpfung bestand. Verloren und vergessen war das obere weibliche Dreieck, das genau die entgegengesetzte Sichtweise nahelegen konnte, nämlich daß alle Kraft und Macht von der Mutter Erde ausgeht, die alles andere einschließlich der Götter erhält und ernährt. Dennoch schrieben europäische Mystiker und Ausübende der hermetischen Künste den geheimen Namen Gottes als Tetragrammaton in Form des nach unten spitz zulaufenden weiblichen Dreiecks; dies entsprach der religiösen Symbolik des Ostens, wo der männliche Punkt *bindu* – der embryonale Funke des Lebens – in diesem Dreieck erscheint.

Das Doppeldreieck wurde auch zum Zeichen der Unendlichkeit – wie die ähnlich geformte Zahl Acht – und als stilisierte Sanduhr zum Symbol der Zeit. Sarazenische Magier bedienten sich des Doppeldreiecks und betrachteten es als machtvolles Zaubersiegel.[1]

[1] Koch, 4, 83, 94

Drachenauge

Das Drachenauge war eine beliebte Form für den Schliff von magischen Steinen, vor allem bei durchsichtigen oder durchscheinenden Kristallen, die in der Phantasie der Bevölkerung einem Drachenauge ähnelten. In dieser geometrischen Form liegt die Möglichkeit der optischen Täuschung. Wenn man längere Zeit ununterbrochen in ihr Zentrum blickt, so kann die Illusion von drei Dimensionen entstehen: Sie erscheint dann wie ein Tetraeder, das von oben oder von einer Seite aus betrachtet wird. Einige Mineralien bilden natürliche Kristalle in dieser Form und galten deshalb oft als Konzentrationspunkte magischer Kraft.

Das Drachenauge enthält aber auch drei Dreiecke. Dieses Muster war der antiken Göttin in einigen ihrer neunfachen Gestalten geweiht, wie etwa den neun Musen oder den neun Morgans. Diese Figur und einige Variationen davon tauchten oft in mittelalterlichen Zauberbüchern auf: Mit ihrer Hilfe konnte man den Schutz weiblicher Geister anrufen.

Dreiblatt

Das Dreiblatt war eines der frühesten Embleme der dreifaltigen Gottheit, es war schon zur

Zeit der Industal-Kultur (ca. 2500 – 1700 v. Chr.) gebräuchlich und galt auch bei vielen indoeuropäischen Völkern als heilig. Die irischen Kelten kannten sogar einen Gott des Dreiblattes: Trefuilngid Tre-Eozahir war sein Name, und sein Geist erzeugte drei verschiedene Gattungen von wohltätigen Bäumen. Wie Shiva vor ihm hieß auch er »Dreifacher Träger des dreifachen Schlüssels«. Sein Zeichen wurde schließlich in die Sage vom heiligen Patrick eingefügt: Das »Kleeblatt« soll den irischen Heiden das Prinzip der christlichen Dreifaltigkeit erklärt haben. Ihnen war diese Vorstellung sehr vertraut – schließlich verehrten sie das Dreiblatt schon seit Jahrhunderten.

Dreieck

Ebenso wie das Viererschema von Quadraten und Kreuzen im allgemeinen das männliche Prinzip darstellte, so verwies das Dreierschema des Dreiecks und seiner vielen Verwandten in der Regel auf das weibliche Prinzip. Daß die Völker der Antike die Zahl Sieben so sehr verehrten, lag sicher auch darin, daß in ihr die Vier und die Drei vereint sind. Die Göttin war die ursprünglichste Dreiheit, denn die meisten ihrer ältesten Manifestationen haben drei Aspekte: Jungfrau, Mutter und Greisin. Alle drei erschienen in einer Person, wie ja auch jede Frau im Laufe ihres Lebens alle drei Zustände oder *Personen* verkörpert. Diese Dreiecksgöttin gab es selbst bei den frühen christlichen Gnostikern; sie verehrten sie als die weibliche Protennoia mit den drei Namen, »obwohl sie als eine existiert, denn sie ist vollkommen«.[1]

In Indien war die Göttin ursprünglich *Trimurti* (Dreiheit), aber später erhoben die drei Götter Brahma, Vishnu und Shiva Anspruch auf diesen Titel. Dennoch wurde die Göttin als Prashakti – die Mutter dieser Götter – weiterhin als Dreieck abgebildet, das die drei Götter als kleine Samenstände in sich trägt.[2]

Die australischen Aborigines verehrten die Göttin unter dem Namen Kunapipi (»alte Frau« oder »Mutter«), und zwar auf einer dreieckigen Tanzfläche, die das genitale Zentrum der Mutter symbolisierte.[3]

Die Verbindung zwischen dieser Vorstellung und der des dreieckigen Yoni-Yantra im alten Indien ist sehr deutlich, zumal die anthropologische Forschung die Meinung vertritt, daß die Aborigines Draviden waren, die in ferner Vergangenheit den indischen Subkontinent verlassen hatten.

Der griechische Buchstabe Delta (D) ist ein Dreieck. Wie in Indien, so wurde er auch in Griechenland »Buchstabe der Vulva« und »Heiliges Tor« (der Geburt) genannt. Gleichzeitig war er die erste Silbe des Namens der Göttin Demeter, wobei der zweite Bestandteil *-meter* »Mutter« bedeutete. Demeter war eine der ältesten griechischen Göttinnen: Auch sie wurde durch das weibliche Dreieck als Dreiheit dargestellt. Obwohl sie die Erde symbolisierte, wurde sie mit der Zahl Drei assoziiert. Ihr junger Begleiter im klassischen Mythos war Triptolemos (»Dreimal Pflügen«), und diesen Namen trug er, weil er »dreimal« auf ihren Feldern säen mußte, um die Gesamtheit der Dreifachen Göttin zu befruchten.[4]

Wahrscheinlich wurde das Dreieck vor allem deswegen zu einem verbreiteten Symbol für »Frau«, weil es ursprünglich ein Symbol für die Göttin und viele der Gegenstände war, die man mit ihr assoziierte. Bei religiösen Feiertagen wurden oftmals Kuchen in Dreiecksform gebacken. Die jüdische Tradition der dreieckigen *Haman*-Taschen für das Purimfest orientierten sich wahrscheinlich an dem ägyptischen Brauch, bei öffentlichen Ritualen dreieckige Kuchen anzufertigen.[5] Noch im 20. Jahrhundert wurden in den Kreisen der schottischen Landbevölkerung dreieckige Kuchen zu Halloween gebacken – dem alten keltischen Fest »Samhain«, das Anfang November gefeiert wird. Die Bäckerin der Kuchen wurde »die Braut« genannt. Wenn sie ein Jahr amtiert hatte, wurde sie meist durch die Caillech oder *Auld Wife* ersetzt, die die »Weise Alte Frau« verkörperte.

In der christlichen gnostischen Literatur gibt es eine heilige Dreiheit der Marien: Dies war eine Nachahmung der Moiren oder Faten, also der Schicksalsgöttinnen, die beim Baum des Gottesopfers standen wie die drei Marien beim Kreuz Jesu. Die gnostischen Schriften stammen darin überein, daß zwei von ihnen »seine Mutter Maria und Magdalena waren, die als seine Gefährtin galt«. Die dritte Maria bleibt jedoch mysteriös; in einer Passage wird sie als seine Schwester ausgegeben, in einer anderen als die Schwester seiner Mutter (also seine Tante).[6] Niemand wußte sicher, wer diese Marien waren, aber die Tradition verlangte nach ihrer Gegenwart.

Einige volkskundliche Quellen erwähnen sogar, daß das Dreieck das Zeichen der Göttin als »Weise Alte Frau« Athene (Minerva) war und verliehen ihr den Beinamen »schöpferische Intelligenz«.[7]

[1] Robinson, 462
[2] Lehner, 35
[3] Eliade, 48–49
[4] Graves, The Greek Myths, 93
[5] Budge, Dwellers on the Nile, 75
[6] Robinson, 135–136
[7] Koch, 8

Dreierring

In verschiedenen antiken Traditionen galt, daß man mit drei Ringen die drei Schicksalsgöttinnen anrufen kann. Im Gegensatz zu Linien oder Kreuzen sind Ringe typisch weibliche Formen; die sich überschneidenden Bögen der drei Kreise erzeugen eine dreifache Fischblase. Ringe traten im Volksbrauchtum, in Märchen und Beschwörungsformeln oft im Zusammenhang mit Dreierkonfigurationen auf. In England brachten junge Mädchen den Schicksalsgöttinnen eine symbolische Opfergabe dar: Sie schoben Brotkrumen dreimal durch einen Hochzeitsring und riefen dabei *Saint Fate* (»heiliges Schicksal«) an, um auf diese Weise ein visionäres Bild ihrer zukünftigen Ehemänner zu erhalten.[1] Kirchenmänner, die diese Zeremonie als heidnisch erkannten, versuchten sie im christlichen Sinne »abzumildern«: Sie behaupteten, die Mädchen beteten zu Saint Faith (»Heiliger Glaube«), bei ihr handelte es sich aber nur um eine »gefälschte« christliche Halbgöttin mit konstruierter Lebensgeschichte.[2]

Dem Dreierring wurden viele mystische Bedeutungen zugeordnet: Vollkommenheit in Gedanken, Wort und Tat; oder auch Liebe, Kraft und Weisheit. Aus der griechischen Dreiheit von Körper, Geist und Schatten entstand die frühe christliche Dreiteilung von *corpus, anima* und *spiritus* (Körper, Seele, Geist), die wiederum auf orientalischen und hebräischen Vorläufern beruhte, die ebenfalls durch den Dreierring symbolisiert wurden.[3]

[1] Hazlitt, Bd. 2, 373
[2] Walker, The Woman's Encyclopedia of Myths and Secrets, 301
[3] G. Jobes, Bd. 2, 1565

Dreifaches Alpha

Dieses Zeichen ist die Verdreifachung des Geburtsbuchstabens *Alpha* und stellt aufgrund dieser

Konfiguration einen Schutz-Talisman für gebärende Frauen dar. Das dreifache Alpha wurde auch für andere magische Zwecke verwendet. Es enthält außerdem auch drei Doppeldreiecke, welche die Schöpfung darstellen. Für die Menschen der Antike war das eine bildhafte Methode, um die Dreifache Göttin anzurufen, die von gnostischen Christen *protennoia trimorphike* (»dreigestaltiger Urgedanke«) genannt wurde, oder auch: »Sie, Die vor Allem existiert« und »Die Unsichtbare Eine im All«. In antiken sakralen Alphabeten war der erste Buchstabe gewöhnlich das Symbol der Schöpfung.

Dreifache Raute

Dies ist ein nordisches Zeichen, bei dem drei Erd-Diamanten in einer einzigen ununterbrochenen Linie gezeichnet werden. Nach den Prinzipien der symbolischen Magie ist es eine machtvolle Beschwörung der Erdkräfte. Wenn die unterbrochenen Seiten durch eine gerade Linie ausgefüllt werden, so wird das Triceps zu einem normalen Dreieck, das einen sechseckigen Stern in seiner Mitte trägt.

Dreizackiger Stern

Der dreigezackte Stern – eigentlich ein Dreieck mit nach innen gedrückten Seiten – ist als Sternform eher unüblich. Er erscheint vor allem in arabischen Verzierungen und flächendeckenden Mustern. Daß der Durchgang in der Mitte verengt ist, könnte bedeuten, daß man auf diese Weise das Eindringen von bösen Mächten verhindern wollte. Man schloß sich gegen sie ab.

Emblem der Schicksalsgöttinnen

Drei Dreiecke bilden das Emblem der Schicksalsgöttinnen – der griechischen Moiren, der germanischen Nornen, der römischen Fortunae, der mittelalterlichen Parzen oder der englischen Weird Sisters (vom angelsächsischen Wort *wyrd* für »Schicksal«). Gegenstände, die in einem Dreiermuster angeordnet sind, verweisen auf die Gesamtheit der Neun, und so war in manchen Traditionen auch von neun Schicksalsgöttinnen die Rede: Etwa die Neun Morgans auf den Inseln der Seligen, die in den keltischen Mythen erscheinen. In Skandinavien hieß das Schicksalszeichen *Valknut* oder »Knoten der Vala«.[1] Eine Vala war entweder ein weiblicher Geist, der die Schicksale der Menschen bestimmte – eine Walküre – oder ihre Vertreterin auf Erden – die Herrin eines magischen Knotens.

In den meisten archaischen Traditionen lag die Entscheidung über das Schicksal der Menschen in der Hand einer Göttin. Der babylonische Mythos sprach von der »Mutter der Schicksale«, welche die Schicksale der Menschen bestimmte. Ihr Name war Mammetun – sie war die Schöpferin und formte die ersten menschlichen Wesen aus Ton.[2] Im Volksglauben erhielt sich die Verehrung der weiblichen Schicksals-Dreifaltigkeit bis in die Zeiten der Renaissance und darüber hinaus. Im 11. Jahrhundert beklagte Burchhardus von Worms, daß die Bevölkerung bei jeder Jahreswende Tische mit Essen, Getränken und drei Messern für die heidnische Dreiheit der Schwestern aufstellte.[3] Diese Schicksalsgöttinnen erschienen in vielen Märchen als »feenhafte Patinnen«, die über der Wiege eines Kindes schwebten und den Lauf seines späteren Lebens bestimmten. Bei den ungarischen Zigeunern gab es den Brauch, daß man bei Taufzeremonien drei eßbare Dinge sorgfältig auf das Bett des Kindes legte, um mit diesen Gaben die drei Schicksalsgöttinnen milde zu stimmen.[4]

[1] Davidson, Gods and Myths of the Viking Age, 147
[2] Epic of Gilgamesh, 107
[3] Miles, 181
[4] Trigg, 80

Furka (auch: Gabelkreuz, Schächerkreuz)

Die *furca* oder »Gabel« war das Kreuz, auf dem der ägyptische Gott Set gekreuzigt wurde. Als Zeichen seiner sakralen Königsmacht trug er auch das Schilfzepter, und als Zeichen seines Todes erschien eine Wunde in seiner Seite.[1] Set war die ursprüngliche Form des biblischen Seit, der den guten Schafhirten (Abel oder Horus-Osiris) verdrängte. In dem vordynastischen ägyptischen Kult des Sakralkönigs herrschte er jeweils eine Hälfte des Jahres.[2] Auch die christliche Version des geopferten Gottkönigs hat einige Details aus der archaischen Verehrung des Set übernommen: Der Esel, auf dem Jesus nach Jerusalem einritt, »wie es geschrieben steht« (Johannes 12, 14), war das Totemtier und zeitweilige Alter Ego des Set und wahrscheinlich auch das Reittier, auf dem zweitausend Jahre zuvor die Darsteller des Set bei den alljährlichen Opferfeiern ritten. Es hieß, daß die alljährliche Wiedergeburt der Welt durch das Blut des Set erfolgte, wenn man es über die Felder versprengte.[3] Selbst christliche Autoritäten erinnerten sich daran, daß Sets heilige Furka eine Verbindung mit der Kreuzigungsszene aufwies, aber sie bezeichneten sie zur Tarnung als Diebeskreuze.[4]

Christliche Künstler stellten gelegentlich zwei Diebe dar, die ähnlich wie Set an einer Furka aufgehängt wurden. Wahrscheinlich lag dieser Figur ein stilisierter Baum zugrunde, dessen nach oben weisende Zweige himmlischen Segen auffangen und zur Erde leiten sollten, wie man es ja vom Körper Gottes selbst erhoffte.

[1] Campbell, The Mythic Image, 29
[2] Graves, The Greek Myths, Bd. 1, 284
[3] Budge, Gods of the Egyptians, Bd. 2, 59
[4] Koch, 16

Geldzauber

In dieser Zeichnung eines Geldzaubers sieht man eine Person mit langen Armen nach der Fülle greifen, die vom Himmel herabfließt. Fast so deutlich wie geschriebene Worte wollen diese Linien sagen: »Meine Not ist groß.« Dieses Symbol entstand im heidnischen Norwegen und kam immer wieder in mittelalterlichen Zauberbüchern vor, die sich fast zwanghaft auf Liebe und Geld konzentrierten, Dinge, die offensichtlich die vorherrschenden Sehnsüchte von Magiern waren.

Liebeszauber

Diese norwegische Variante des Venusspiegels ist ein Liebeszauber, das an ein umgekehrtes Göttinnenzeichen und ein umgedrehtes Zeichen für den Gott (Dreizack) erinnert. Eine solche Geschlechtsambivalenz könnte als Androgynie interpretiert werden, also als Ausdruck einer männlich-weiblichen Vereinigung. Gleichzeitig zeigt es eine vereinfachte menschliche Gestalt und verweist auf den magischen Vorgang, bei dem jemand Macht über die Gefühle eines anderen Menschen erwirbt, indem er oder sie eine Art Puppe zeichnet und ihr den Namen des betreffenden Menschen gibt. (Siehe Puppe)

Mannaz

Das alte Runenzeichen Mannaz stand für »Menschheit«, und männliche Gelehrte waren sich einig, daß dies nur »Männer« beinhaltete. Aber im Altnorwegischen bedeutete das Wort *man* eigentlich »Frau« und deshalb »Menschheit« im Sinne einer Gattung von Frau-geschaffenen oder Frau-geborenen Menschen; und das wiederum war das Geschenk der Mondmutter Mana.[1] (Ein männliches menschliches Wesen hieß dagegen nicht *man*, sondern *wer*). Diese Mondmutter war auch die Ahnfrau aller Menschen in Südeuropa. Sie und ihre frühen Kinder, die als »Manen« bezeichneten Ahnengeister, wurden noch bis zu Beginn des christlichen Zeitalters von den Römern verehrt.

Das Runenzeichen erinnert an das Doppeldreieck der Schöpfung, das in der Symbolik des Ostens das männliche und das weibliche Prinzip vereinte: Wahrscheinlich symbolisierte es die beiden Geschlechter der Menschheit, die man als Einheit betrachtete. Heilige Tänze im alten Skandinavien erforderten manchmal, daß Paare ihre Hände in der Geste des Händefassens vereinten: Die rechte Hand der Frau mit der rechten Hand des Mannes und ihre linke mit seiner linken. Das Runenzeichen Mannaz kann also durchaus auch die stilisierte Wiedergabe zweier Menschen sein, die auf diese Weise miteinander verbunden sind und deshalb die »Gemeinsamkeit« der gesamten Menschheit darstellen.

[1] Steenstrup, 105

Sonne mit drei Strahlen

Dieser Kreis mit drei Strahlen stellt die Sonne dar, die in der Mitte des Himmels von drei Kräften getragen wird: Vielleicht liegt auch hier wieder der Ursprung in der Dreifachen

Göttin, die als Gebärerin der Sonne galt.[1] Der tantrischen Tradition zufolge verbarg sich die Göttin hinter der Helligkeit der Sonne. Im Text ist es »das magische Kleid von Ihr, die mit der Sonne bekleidet ist«.[2] Dieses Bild taucht auch im Neuen Testament wieder auf: »Die Frau, die mit der Sonne bekleidet ist« (Offenbarung 12,1).

[1] Budge, Gods of the Egyptians, Bd. 1, 473
[2] Mahanirvanatantra, X

T

Tau-Kreuz (auch: Crux commissa, Antoniuskreuz, Ägyptisches Kreuz)

Diese Version eines Kreuzes, das einem Dreierschema entspricht, stand einst für einen druidischen Baumgott und wurde nach dem griechischen Buchstaben Tau benannt. Von Eichenstämmen wurden Äste und Zweige entfernt, dann wurden die Stämme aneinander befestigt, und es entstand das Holzidol, das die Druiden Tau nannten.[1] Bei den heidnischen Germanen und Kelten symbolisierte das Tau mitunter auch den göttlichen Hammer oder den doppelköpfigen Hammer des Regengottes. Manchmal wurde auch das Kreuz Jesu Christi als Tau abgebildet. Es hieß auch Galgenkreuz oder Antoniuskreuz, aber seine Verbindung mit dem heiligen Antonius war rein mythischer Natur.[2]

In einer älteren Tradition ist das Tau-Kreuz ein Symbol des heiligen Philipp, dessen Feiertag zu Beginn des Monats Mai die Christianisierung eines wichtigen heidnischen Festes darstellt. Dieser Feiertag sollte an die Entdeckung des Kreuzes erinnern: Zu diesem Zweck erfanden die frühen Christen die Geschichte, daß die Kaiserin Helena das echte Kreuz Jesu Christi in einer Krypta unter dem Tempel der Aphrodite in Jerusalem entdeckt hätte. Zu dieser Zeit glaubte man, daß das echte Kreuz die Form des Tau hatte und nicht die des lateinischen Kreuzes.[3] Man brauchte diese Legende, um das Auftauchen von Stücken des echten Kreuzes in Kirchen in ganz Europa zu erklären. Allerdings waren das so viele Tonnen Holz, daß sie eine ganze Schiffsladung ausgemacht hätten, wie Calvin bemerkte – mehr, als Jesus je zum Kalvarienberg hätte tragen können, selbst wenn er die gigantische Größe von 25 Metern gemessen hätte.

Der jüdischen Tradition zufolge markierten die Israeliten ihre Türpfosten in Ägypten beim ersten Passahfest mit dem

Tau-Kreuz.[4] Das Tau ist gleichzeitig auch der untere Teil des Anch-Zeichens, und deshalb ist anzunehmen, daß sich diese Idee von dem ägyptischen Brauch ableitete, Türpfosten mit dem Anch-Zeichen zu versehen – als ein lebenspendendes Glückszeichen. Bei dieser Übernahme wurde der obere, ovale, »weibliche« Teil des Zeichens vielleicht absichtlich weggelassen. (Siehe Anch)

[1] Elworthy, 103
[2] d'Alviella, 16
[3] Brewster, 226
[4] Hall, 78

Tripus

Der Tripus, auch Dreifuß, war eine frühe griechische Form des Opfer-Altars. Bei Zeremonien, die im Freien vollzogen wurden, hatte der Dreifuß gegenüber einem vierbeinigen Tisch den Vorteil, auch auf unebenem Boden fest zu stehen. In Athen wurde die Straße, die zum Heiligtum des Dionysos führte, »Straße der Dreifüße« genannt, weil sie von einer großen Anzahl von kleinen Altären dieser Art gesäumt war.[1]

In Delphi und anderen Orakelzentren war der Dreifuß der offizielle Sitz der Pythia und ihrer Schwestern, der Sybillen. Drei Beine symbolisierten die Verbindung zwischen der Priesterin und dem dreifachen Geist der Prophetie. In ähnlicher Weise ritt auch der Gott Odin, als er den Priesterinnen der Mutter Erde das Wissen der Orakel-Runen entwendete, auf einem »dreifüßigen Pferd«.

Wenn man dem österreichischen »Kodex des heiligen Florian« aus dem 14. Jahrhundert glaubt, so saßen Hexen bei Beschwörungen auf einem Tripus.[2]

[1] Whittick, 340
[2] Dürr, 247

Triquetra

Die Triquetra ist ein antikes Symbol der weiblichen Dreifaltigkeit. Sie besteht aus drei yoniförmigen Fischblasen, die so miteinander verflochten sind, daß aus ihnen die »türlose« Version dieses Musters entsteht, die immer als magischer Schutz galt. Manchmal waren die drei Fischblasen durch einen weiteren äußeren Kreis noch mehr verflochten.

Dieses Symbol wurde von den christlichen Mystikern als Zeichen der männlichen Dreifaltigkeit mißbraucht, so unangemessen seine Grundform für eine solche Deutung auch sein mochte. Auf diese Art wurde die Triquetra zu einem Symbol des »Ruhmes«, wobei man davon ausging, Ruhm gehöre zu einem männlichen Gott.[1]

[1] Hornung, 208

Triskelion (auch: Dreipaß)

Das Triskelion ist die dreifach dreieckige Form des Schicksalssymbols (oder der Schicksalsgöttinnen), von der einfach eine Seite eines jeden Dreiecks entfernt wurde, so daß daraus dann eine swastika-ähnliche Figur entstand. Als sehr lebendiges Symbol erweckt es den deutlichen Eindruck von Bewegung. Es kommt auch in einer figürlichen Form mit drei Beinen vor und ist in dieser Form das Siegel der Isle of Man, die inmitten der Irischen See mit ihren drei Ecken nach Schottland, England und Irland weist. Aber dennoch stammte dieses auch »Dreifuß« genannte Zeichen nicht aus dieser Gegend, sondern erscheint bereits auf antiken lykischen Münzen aus der Zeit um 480 v. Chr. Im 4. Jahrhundert v. Chr. wurde es von Agothokles als Emblem Siziliens übernommen, einer Insel, die ebenfalls dreieckig ist und deshalb in der Antike auch Trinakria (»Drei Kaps«) genannt wurde. Später wurde dieses Zeichen von König Heinrich III. (1216–1272), der zeitweise auch König von Sizilien war, nach England gebracht. Alexander III. von Schottland übernahm es dann für die Isle of Man, nachdem er im Jahre 1266 die Norweger dort vertrieben hatte.[1]

Das figürliche Triskelion gilt auch als Runenzeichen für Lebenskraft und symbolisiert den »Willen zur Schöpfung«.

[1] d'Alviella, IX, 20

Weird Sisters

Shakespeares drei Hexen hießen auch Weird Sisters, und zwar nach der angelsächsischen Dreifaltigkeit der *Wyrd*, der drei Schicksalsgöttinnen, die mit den norwegischen Nornen, den griechischen Moiren und den römischen Fortunae identisch waren. Ursprünglich gab es nur eine Göttin namens Wyrd, Wurd, Urd oder Urth (Mutter Erde), die sich dann aber zur Dreieinigkeit der Sie-Die-War, Sie-Die-Ist und Sie-Die-Sein-Wird entwickelte.[1] Wyrd oder Wurd war gleichzeitig auch das »Wort« der Großen Mutter bzw. ihrer unveränderlichen Gesetze. Einige alte englische Schriften besagen, daß der christliche Gott selbst der unwiderstehlichen Macht der Göttin Wyrd unterworfen war. Einige Christen versuchten sie ans Christentum anzupassen, indem sie ihr den Namen »Vorsehung« verliehen. Alfred der Große behauptete, Wyrd stelle in Wirklichkeit das »Werk Gottes« dar. Vielleicht ist dies der Grund dafür, daß das Zeichen der *Weird Sisters* (das auf dem Kali-Yantra basiert) umgedreht und als Symbol für die christliche Dreieinigkeit verwendet wurde.[2]

[1] Campbell, The Masks of God. Creative Mythology, 121
[2] Koch, 30

Welt-Triade

Das Zeichen der Welt-Triade stammt ursprünglich aus dem Osten, wurde dann aber von westlichen Gnostiker als Emblem der kosmischen Kreativität, des dreifachen Wesens der Wirklichkeit und des Schicksals wie auch der ewig kreisenden Zeit übernommen. In Japan hieß es *maga-tama* der *mitsu-tomoe*, das bedeutet »Weltseele« und jede individuelle Ausprägung dieser Weltseele.[1] In Bhutan und Tibet heißt es noch immer »kosmisches Mandala« und ist ein Zeichen der *Trimurti* oder »Dreifaltigkeit«. Wie das doppelte Yin und Yang, dem es ähnlich sieht, wurde die Weltdreiheit im allgemeinen als graphisches Abbild der Ewigkeit verstanden.

[1] Hornung, 215

Yoni-Yantra

Das Sanskritwort *Yantra* bedeutet »Meditationsbild«. Als verkürzte Form eines Mandala hat es den Zweck, Menschen, die es in meditativer Ruhe betrachten, spirituelles Verständnis zu vermitteln. Dieses »Yoni-Yantra« war eines der ältesten und bedeutungsvollsten Yantras, es symbolisierte die Genitalzone eines weiblichen Körpers, worauf auch viele philosophische Begriffe Bezug nehmen: Schöpfung, Geburt, Liebe, Mütterlichkeit, sexuelle Anziehungskraft, Erfüllung, zyklische Zeit, Kundalinikraft, das Geheimnis der Empfängnis, die innere Göttin, die Shakti und so weiter.[1]

Das Yoni-Yantra und viele seiner indischen Bedeutungsnuancen gelangten schon vor mehreren Jahrtausenden in den Vorderen Orient und daraufhin nach Europa. Gebildete Mystiker betrachteten es immer mit Ehrfurcht. Ein mittelalterlicher Text mit dem Titel »Amor Proximi« beschrieb es als »Dreieck des Lebens«, nicht fremd oder äußerlich, sondern allen Menschen vertraut, wenn auch im verborgenen«.[2] In einem Zauberpapyros wird es mit dem Paradies gleichgesetzt. Der erleuchtete Magier durfte sich als »Schlüsselträger des Königreichs«, des »dreieckigen Paradieses der Erde« bezeichnen.[3]

Die Zigeuner, deren religiöse und stammesgeschichtliche Wurzeln in Indien liegen, legten ihre Tarotkarten gern in Form eines Yoni-Yantra aus.[4]

[1] Mahanirvanatantra, 127
[2] Silberer, 170
[3] M. Smith, 114
[4] Trigg, 48–49

4
VIERERMOTIVE

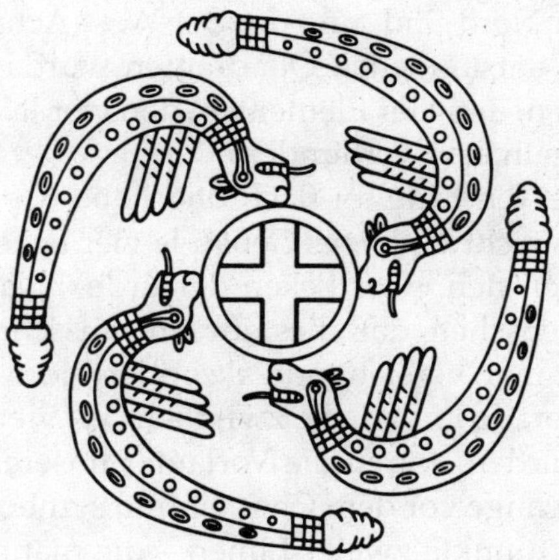

Andreaskreuz
Apfelkreuz
Crux Dissimulata
Erd-Quadrat
Erd-Quadrat (christianisiert)
Erd-Raute
Erd-Zeichen
Ewigkeitsknoten
Flechtkreuz
Gabelkreuz
Gammadion
Griechisches Kreuz
Hexenzauber
Jerusalem-Kreuz
Keltisches Kreuz
Klapperschlangen-Swastika
Koptisches Kreuz
Kreuzstern
Krückenkreuz
Lateinisches Kreuz
Leeres Kreuz
Magisches Quadrat
Malteserkreuz
Maria
Mondkreuz
Mondswastika
Mühle-Quadrat
Nandyavarta
Petrus-Kreuz
Quadrat
Römische Swastika
Rosenkreuz
Runenswastika
Schutzkreuz
Sonnenswastika
Sonnenvogel-Swastika
Steckkreuz
Swastika
Tatzenkreuz
Tetraskele
Vierblatt
Weihekreuz
Weltsymbol
Wolfskreuz
Wotanskreuz
Wunschbrunnen

Die Sieben war für die Menschen der Antike die wichtigste heilige Zahl, da sie die Einheit der weiblichen Drei mit der männlichen Vier darstellte. Die Teilung des Universums in vier Quadranten durch Vierecke, Kreuze und andere rechtwinklige Muster war allem Anschein nach mit dem allmählichen Aufstieg der patriarchalen Zivilisationen verbunden. Das runde Dorf wurde durch die Stadt ersetzt, die im Quadrat angelegt und an der Nord-Süd- und der Ost-West-Achse ausgerichtet wurde. Die so entstandenen Quadranten wurden mit den vier Windrichtungen, den vier Elementen, den vier Jahreszeiten, den vier Schutzengeln usw. verbunden.

Man glaubte, die Erde sei flach und habe wie ein von Menschen erbautes rechtwinkliges Gebäude vier Ecken. Noch heute spricht man von den »vier Ecken der Erde«. Natürlich wissen die meisten Menschen, daß dies nur eine ausschmückende Metapher ist, aber man versteht und akzeptiert sie.

Imaginäre gerade Linien, die zwischen den vier Ecken der Erde gezogen wurden, waren die Vorläufer unserer Längen- und Breitengrade. Lange vor dem Christentum symbolisierten Kreuze – die Schnittpunkte zweier Linien – die männlichen Götter. Sie standen sogar für das göttliche Opfer, denn dieses erfolgte, wie man allgemein glaubte, im Mittelpunkt aller Dinge, dort also, wo alle Kräfte zusammenflossen: Der Lebensbaum, die *axis mundi,* der Omphalos, die Quelle der vier mystischen Ströme, der Gipfel des Weltberges, das Zentrum des Weltkörpers und andere Kreuze, sie alle lagen in einem Mittelpunkt.

Vierersequenzen wie etwa die vier Angelpunkte, die vier Zeitsegmente zwischen den zwei Sonnenwenden und den zwei Tagundnachtgleichen, die vier königlichen Sterne (Aldebaran, Antares, Fomalhaut, Regulus), die vier Weltzeitalter, die vier Reiter der Apokalypse usw. sind uns noch immer vertraut.

Andreaskreuz (auch: Crux decussata)

Das Andreaskreuz war im vedischen Indien sehr verbreitet, dort wurde es manchmal mit dem *vajra* (dem Juwelen-Phallus) des Gottes Indra gleichgesetzt. Den Veden zufolge ist es »der Stein mit vier Ecken, der Regen bringt«, gehört also wie der Hammer des Thor zu den Donnerkeilen.[1]

Das Andreaskreuz erhielt seinen Namen erst relativ spät im Mittelalter, und zwar aufgrund der von Klerikern erfundenen Geschichte, der heilige Andreas sei auf einem X-förmigen Kreuz gekreuzigt worden. Auf Andreas, dessen Name sich von dem griechischen Wort für »Mann« (*aner*, Genitiv *andros*) herleitet, hatte sich die griechische Kirche in ihren politischen Auseinandersetzungen mit dem Vatikan berufen, um ihren Vorrang über die römische Kirche zu bekräftigen – denn Andreas war der ältere Bruder des heiligen Petrus. Doch ob es nun um die Gründung der Kirche oder das Martyrium ging – keine der beiden Heiligenlegenden, weder die des Petrus noch die des Andreas, beruhte auf Fakten.[2]

Eine noch weniger wahrscheinliche Legende machte aus dem heiligen Andreas den Patron von Schottland. Es hieß, ein Mönch habe die Gebeine des Andreas auf einem Schiff transportiert, das vor der schottischen Küste unterging, und die Gebeine seien auf diese Weise in den Besitz der schottischen Kirche gelangt. Deshalb wurde das Andreaskreuz auf der schottischen Flagge abgebildet (ein weißes X auf blauem Grund). Das X des schottischen Emblems erscheint nun zusammen mit dem roten rechtwinkligen Georgskreuz auf dem britischen Union Jack.

[1] d'Alviella, 99
[2] Attwater, 45; Brewster, 5

Apfelkreuz (auch: Kolbenkreuz)

Das Apfelkreuz heißt so, weil seine Enden aussehen, als seien sie mit Äpfeln versehen. Kreuze mit Kreisen an den Armenden kamen oft auf jüdischen Amuletten[1] und vorher bereits auf assyrischen Baudenkmälern vor.[2] Ein solches Kreuz stellte den assyrischen Gott Aschur dar, der manchmal mit den vier Gesichtern eines Menschen, eines Löwen, eines Adlers und eines Stiers abgebildet war – dieselben Totemtiere, die man später auch für die vier Evangelisten verwendete.[3] Es heißt, daß der antike Gott Aschur über die Zeit oder die Jahreszeiten herrschte. Demnach stellten die vier Totemtiere die vier wichtigsten Sonnenpositionen innerhalb eines Jahres dar: Die Sonnwenden und die Tagundnachtgleichen. In ähnlicher Weise wurden den Evangelisten auch die vier Sektoren des Tierkreises zugeordnet.

[1] Trachtenberg, 141
[2] d'Alviella, 65
[3] G. Jobes, Dictionary of Mythology, Folklore and Symbols, Bd. 1, 143

Crux dissimulata

Dieser Name (»verborgenes Kreuz«) beruht auf der Geschichte, die frühen Christen hätten ihr Kreuzzeichen getarnt, indem sie Arme daranzeichneten, um nicht von den heidnischen Stellen als Christen erkannt zu werden. Natürlich war diese Geschichte frei erfunden. Die frühen Christen verwendeten nämlich überhaupt kein Kreuzzeichen, vielmehr verehrten sie Christus als Opfer-Lamm. Erst im 7. Jahrhundert wurde das Kreuz zum typisch christlichen Symbol, und erst im 9. Jahrhundert erkannte es die Kirche offiziell an.[1]

Die *crux dissimulata* war in Wirklichkeit eine antike Abwandlung der Swastika, die in der heidnischen Ikonographie bekannt war und im allgemeinen die vier Himmelsrichtungen oder ihre vermenschlichten Geister darstellte.

[1] Smith, 188; Whittick, 226

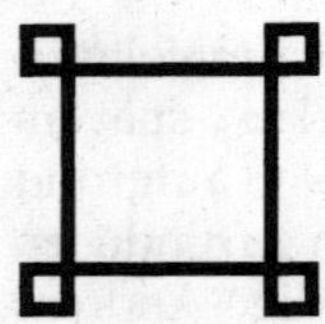

Erdquadrat

Aufgrund der antiken Vorstellung von den vier Geistwächtern der Erde wurde dem Erdquadrat eine magische Schutzfunktion zugesprochen. Die Wächter standen an den vier Ecken und stützten den Himmel. In Nordeuropa hießen sie Nord, Ost, Süd und West. Die Babylonier beschworen die Götter der Ecken in Gebeten als Schutzgeister: »Schamasch vor mir, hinter mir Sin, Nergal zu meiner Rechten, Ninib zu meiner Linken«. Aus den babylonischen Schriften gelangte diese

Vorstellung dann in ein jüdisches Gebet: »Zu meiner Rechten Michael, zu meiner Linken Gabriel, vor mir Uriel, hinter mir Raphael«.[1]

In Ägypten trugen die Götter der Ecken wie alle anderen ägyptischen Gottheiten Tierköpfe. Diese Vorstellung von Tieren, die die Erde bewachen, gab es überall von China bis nach Italien. Die chinesischen Weisen ordneten den Osten dem blauen Drachen zu, den Süden dem roten Vogel, den Westen dem weißen Tiger und den Norden der schwarzen Schildkröte.[2] Auch die Babylonier setzten ein Quartett von Tiergeistern in die vier Hauptrichtungen: den Löwen der Ischtar, den Stier des Marduk, den adlerköpfigen Drachen des Nergal und eine menschenähnliche Gestalt für Enlil.[3] Die christliche Tradition hat diese Totemtiere übernommen und den vier Evangelisten zugeordnet.

In der christianisierten Form der vier Schutzgeister der Erde wurden sie zu eben den vier Erzengeln, die in der Geheimen Offenbarung des Johannes (Offenbarung 7,1) erwähnt werden. Dort stehen sie an den vier Ecken der Erde.

[1] Trachtenberg, 156
[2] Cirlot, 257
[3] Beltz, 168

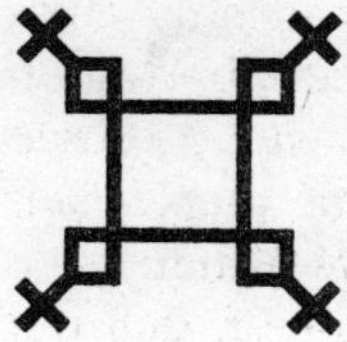

Erdquadrat (christianisiert)

Im Mittelalter setzte sich eine neue Version des Erdquadrates durch.[1] Man fügte einfach kleine Kreuze hinzu, um die »schützenden« Elemente an den Ecken akzeptabler zu gestalten.

Die jüdisch-christliche Vorstellung von den vier Ecken der Erde basierte auf der Bibel und galt daher als von Gott selbst zweifelsfrei bezeugt (Jesaia 11,12, Offenbarung 7,1). Deshalb übernahmen Kirchenväter wie etwa Augustinus und Laktanz das flache, viereckige Erdmodell. Die christlichen Autoritäten ignorierten die heidnischen Beweise für eine kugelförmige Erde. Der Mönch und Geograph Cosmas prangerte unmißverständlich »die heidnische Lehre von der Rundheit der Erde« an. Sein Argument: Die Menschen, die auf der anderen Seite der Erde lebten, seien nicht imstande, Jesus zu sehen, wenn er am Tag des Jüngsten Gerichtes vom Himmel herabsteige.[2]

[1] Koch, 34
[2] Abelard, 38

Erdraute

Die Raute, die auch als Diamant gesehen wurde, galt als Zeichen der Jungfräulichen Erde oder auch der Mutter Erde zu Beginn der Schöpfung. Bei den gnostischen Christen war dies keine Metapher, sondern eine wirkliche »Geistperson«. Zusammen mit einem anderen weiblichen Geist war sie Mitschöpferin des Universums. Die gnostische Literatur sagte, daß Adam nicht von Gott geschaffen wurde, sondern von »zwei Jungfrauen«, der Weisheit (Sophia) und der Jungfräulichen Erde.[1] Letzterer Name war auch für Eva gebräuchlich.

Wie auch andere Göttinnen-Symbole – Kreis, Dreieck und Yoni – wurde die Raute oder der Rhombus zum »Emblem des weiblichen Sexualorgans«.[2]

Vor allem in der nordischen Tradition wurde die Raute auch »Feuerauge« genannt.[3] Dadurch war auch der Zusammenhang zur Göttin Hel, der unterirdischen Erdmutter, hergestellt, deren Name später auf die christliche Vorstellung von der »Hölle«, einer riesigen unterirdischen Folterkammer, überging. Ursprünglich war die Göttin keineswegs »höllisch«, abgesehen davon vielleicht, daß ihr feuriges Auge immer die Wahrheit zu sehen vermochte und daß Sterbliche ihre Fehler vor ihr nicht verbergen konnten. In Asien war ein goldener Rhombus, der mitunter mit einem Kreuz versehen war, das gebräuchlichste Zeichen der Erdmutter. Dort galt sie als das unermeßliche Fundament des heiligen Berges, der alle Paradiese der Götter stützte.

[1] Robinson, 143
[2] Cirlot, 261
[3] Lehner, 99

Erdzeichen

Auf der ganzen Welt entwickelten Menschen die Vorstellung, die Erde müsse vier Ecken, vier Sektoren, vier Himmelsrichtungen und einen durch das Kreuz markierten Mittelpunkt haben. Dieses elementare Erdzeichen kommt aus China, wo die Erde aus vier Quadraten auch Gesetz und Ordnung darstellte, die zuerst im Tao, der »Mutter Aller Dinge«, erschaffen worden waren, dann den Himmel durchquerten und schließlich den Menschen von der Erdmutter geschenkt wurden.[1] Auf ihrem heiligen Berg im Mittelpunkt der Erde übergab die Erdmutter den altbabylonischen Königen und den Herrschern des minoischen Kreta Tontafeln mit Gesetzesinschriften: Diese Vorstellung wurde später in der Legende von Moses nacherzählt. Im Orient war die Ansicht verbreitet, daß die ganze Welt rund um ein Urkreuz geschaffen worden ist.[2]

Eine ähnliche Vorstellung gab es auch bei den Pueblo-Indianern Nordamerikas. Bei ihnen galt die »Denkende Frau« oder »Spinnenfrau« als die Schöpferin der Welt. Zuerst spann sie zwei Fäden, die sich im Zentrum der Erde kreuzten und die vier Horizonte bildeten.[3] Dann bevölkerte sie die Erde mit Pflanzen, Tieren und Menschen. In vielen Völkern wurde ein Land oder eine Stadt in vier Sektoren oder »Viertel« aufgeteilt – in der Mitte lag der Hauptplatz, der Tempel, die Plaza oder der Palast des Herrschers. Dies galt als Entsprechung des göttlichen Musters. Irland nannte man oft »die Insel der Vier Könige«, weil es in vier Unterkönigreiche aufgeteilt war, über die vom Mittelpunkt – Tara – aus ein »Hochkönig« herrschte.[4] Noch heute heißen die Sektoren einer Stadt »Viertel«, auch wenn sie geometrisch gesehen keineswegs den vierten Teil ausmachen.

[1] Perry, 217
[2] d'Alviella, 14
[3] Stone, Ancient Morrors of Womanhood, Bd. 2, 92
[4] Cirlot, 320

Ewigkeitsknoten

Der Ewigkeitsknoten stammt ursprünglich aus China und ist eine Variation des Erdquadrates, das aus zwei kurzen und einem langen Seil geschlungen wurde.[1] Es erinnert an Flechtmuster, die in alten norwegischen Pfeilern und Türpfosten eingekerbt wurden. Auch heute noch werden sie in die traditionellen handgestrickten Pullover eingearbeitet. Der Ewigkeitsknoten diente als Mandala zur Kontemplation – wahrscheinlich leitete man aus den neun inneren und acht äußeren Zwischenräumen und aus der Art der Zwirndrehung numerologische Analogien ab. Die Buddhisten behaupteten, der Ewigkeitsknoten stelle die Eingeweide des Erleuchteten dar, die diese Gestalt annahmen, während er meditierte.[2]

[1] Wilkins, 206
[2] G. Jobes, Dictionary of Mythology, Folklore and Symbols, Bd. 1, 513

Flechtkreuz

Das Flechtkreuz ist ein Zeichen für die gegenseitige Abhängigkeit innerhalb einer Dualität, wie sie sich etwa in dem chinesischen Yin und Yang ausdrückt. Hier wird die irdische (horizontale) und die übernatürliche (vertikale) Welt in gegenseitiger Durchdringung gezeigt, und auf diese Weise entsteht die Verflechtung. Was dem einen zustößt, wirkt sich auch auf das andere aus. Das Zeichen illustriert das elementare magisch-religiöse Prinzip des »Wie oben, so unten« und umgekehrt.

Gabelkreuz

Dieses optisch ansprechende gegabelte Kreuz war in der Heraldik des Mittelalters sehr populär: Es verweist sowohl auf die christliche Frömmigkeit als auf das unverbrüchliche Vertrauen in die heidnische Magie des gegabelten Stabes. Die flackernden Enden des Kreuzes könnten allerdings auch Flammen symbolisiert haben. Das brennende Kreuz des Ku-Klux-Klan entstammt dem alten schottischen Brauch, ein brennendes Kreuz von Dorf zu Dorf zu schicken, um auf diese Weise Soldaten einzuberufen. Damit war die Vorstellung verbunden, daß die Fackeln an den Enden des Kreuzes nur mit Blut gelöscht werden könnten.[1]

[1] G. Jobes, Dictionary of Mythology, Folklore and Symbols, Bd. 1, 262

Gammadion

Das Gammadion ist eine Swastika mit kurzen Armen. Dem Namen liegt zugrunde, daß es sich aus vier griechischen Gammas zusammensetzt. Es war eines der verbreitetsten heiligen Zeichen und schmückte Göttinnen-Bilder in Troja, Zypern, Rhodos und Griechenland. Gammadia erschienen auf makedonischen, thrakischen, kretischen, lykischen und korinthischen Münzen, wie auch auf Münzen, die man an verschiedenen Orten in

Italien fand und die teilweise sogar aus der voretruskischen Zeit stammen. Dieses Symbol war auch in Gallien, Mitteleuropa und Britannien verbreitet. Die Christen vereinnahmten es und verwendeten es ausgiebig auf Gräbern und Katakomben.[1]

Wie die mit ihm verwandte Swastika symbolisierte das Gammadion wahrscheinlich die Sonnenwenden und die Tagundnachtgleichen, vielleicht auch die vier Himmelsrichtungen, die vier Elemente und die vier göttlichen Wächter der Welt.

[1] d'Alviella, 33–36

Griechisches Kreuz

Bis zu den Zeiten der Karolinger (8. bis 9. Jahrhundert n. Chr.) war das griechische Kreuz und nicht das lateinische Kreuz das gängige Symbol des Christentums.[1] Es hieß auch *crux imissa quadrata*. Auch heute wird es noch in liturgischen Texten verwendet: Es zeigt an, an welchen Stellen das Kreuzzeichen geschlagen werden soll, und hebt heilige Namen hervor.

Vor der Ausbreitung des Christentums war das griechische Kreuz ein Emblem der Hekate als der Göttin der Kreuzwege. Wie das Unendlichkeitszeichen oder das Anch stellte es die Vereinigung des männlichen Prinzips (der Vertikalen) und des weiblichen Prinzips (der Horizontalen) dar. Aus diesem Grund wurde es auch zu einem Plus-Zeichen: Eines-plus-das-Andere.[2]

[1] Jung, 243
[2] G. Jobes, Dictionary of Mythology, Folklore and Symbols, Bd. 1, 387

Hexenzauber

Der Hexenzauber, auch bekannt als »magischer Knoten«, tritt in vielen verschiedenen Formen auf – je nach der relativen Größe des Kreises zu den vier ineinander verschlungenen Fischblasen. Wie es scheint, sind damit die vier Windrichtungen unter weiblicher Kontrolle gemeint, denn die Fischblase als weibliches Genitalsymbol meinte immer auch eine Kontrolle über die Kräfte der Natur. Mit dem Begriff des magischen Knotens war auch die mittelalterliche Überzeugung verbunden, daß Hexen die Winde lenken, Stürme auslösen und das Wetter auf allerlei Weise beeinflussen könnten, indem sie Knoten in Schnüren, Fäden oder in ihrem eigenen Haar schürzten. Hexenknoten konnten auch als Liebeszauber wirken, indem sie die Leidenschaften »banden« oder »lösten«, je nachdem, wie das verschlungene Muster behandelt wurde. Nach demselben Prinzip, das aus den Teufelshörnern einen Schutzzauber gegen böse Geister werden ließ, verwandelte sich der Hexenzauber in ein Schutzzeichen gegenböswillige Zauberei.[1] Hinter diesem Brauch verbarg sich wohl der Glaube, Feuer könne mit Feuer bekämpft werden.

[1] Koch, 33
[2] Lehner, 99

Jerusalem-Kreuz

Die jüdisch-christliche Tradition hatte Jerusalem zum Zentrum der Erde. Daher wurde das antike Kreuz des Erdzentrums nach dieser Stadt benannt. Die vier untergeordneten Kreuze stellten offensichtlich die vier Königlichen Sterne der Astrologen dar, denen die vier Windrichtungen, die vier Jahreszeiten, die vier Elemente, die vier Zeitalter und andere quadratische Begriffe zugeordnet waren. Dabei handelte es sich um folgende Sterne: 1. Aldebaran, das Auge des Stieres, das Alpha Tauri, das am 5. Januar im Zenith steht; 2. Regulus, das Herz des Löwen, das Alpha Leonis, das am 5. April kulminiert; 3. Antares, das Herz des Skorpions, das Alpha Scorpionis, das am 5. Juli kulminiert und 4. Formalhaut, das Maul des Südlichen Fisches in Pisces, das am 22. Oktober kulminiert.

Das große Kreuz zwischen den vier kleinen Sternenkreuzen sollte das geographische Zentrum der Erde anzeigen, an dem der Omphalos (Nabel) und der Haupttempel der Göttin lagen. Lange vor dem Christentum war Jerusalem (»Haus des Friedens«) einer Gemeinschaft von männlichen und weiblichen Gottheiten geweiht. Die ursprüngliche Schutzgottheit könnte Eva gewesen sein, deren hethitische Form Hiba lautete, »die aus anderen Quellen als hethitische Göttin bekannt war«. Der Name des ersten historischen Königs von »Urusalim« war Abdihipa, »Diener der Hiba«.[1] Weitere frühere Bezeichnungen Evas lauteten »göttliche Herrin von Eden« und »Göttin des Lebensbaumes«.[2]

[1] Beltz, 197
[2] d'Alviella, 153

Keltisches Kreuz (auch: Radkreuz)

Das Symbol, welches wir »keltisches Kreuz« nennen, war bei den Hindus das *kiakra*, ein Zeichen für sexuelle Vereinigung: das Kreuz (der Phallus) innerhalb des Kreises (der Yoni). Die Zigeuner, deren ursprüngliche Heimat in Hindustan lag, verwendeten beide Elemente als sexuelle Symbole. Sie zeichneten ein Kreuz auf den rechten (männlichen) Vorderfuß eines Pferdes und einen Kreis auf den linken (weiblichen). Sie glaubten nämlich, daß sich die beiden Symbole anziehen und die Beine des Pferdes wie eine Fußfessel aneinanderbinden, so daß es nicht weglaufen könne.[1] Wie alle anderen Kreuzformen, wurde auch dieses Kreuz vom Christentum vereinnahmt. Heute sieht man es oftmals auf Grabsteinen.

[1] Bowness, 41

Klapperschlangen-Swastika, von einem indianischen Grabhügel

Klapperschlangen-Swastika

Diese Swastika, die aus einem Grabhügel der Mississippi-Indianer stammt, erinnert an die Verehrung, die giftigen Schlangen gezollt wurde: sowohl als wichtigen Elementen in der natürlichen Ordnung der Dinge als auch als potentiell gefährlichen Geistern, die die Macht der Lebenserneuerung besitzen. Rings um ein Sonnenkreuz liegen vier Klapperschlangen-Geister, an deren Körpern nicht nur Rasseln, sondern auch seltsame Hundegesichter, Mauseohren, Menschenzähne und stilisierte Flügel erscheinen. Hier läßt sich eine Verbindung zu den geflügelten oder gefiederten Schlangen-Gottheiten von Mexiko und Mittelamerika herstellen.[1]

[1] Campbell, The Way of the Animal Powers, 216

Koptisches Kreuz

Die ursprüngliche Form des koptischen Kreuzes war nur ein Sonnensymbol. Es zeigte diesen zentralen Himmelskörper in der Mitte des Himmels, gestützt von den vier »Pfeilern«, die, wie man glaubte, den Himmel in allen vier Himmelsrichtungen aufrecht hielten. Die vier Nägel wurden von den koptischen Christen hinzugefügt und sollten den geopferten Christus mit der Himmelsgottheit gleichsetzen. Außerdem sollten sie ausdrücken, daß sich das Blut aus seinen Nagelwunden in die vier Himmelsrichtungen verbreitet hatte.[1] Im Laufe des Mittelalters verzichteten die christlichen Künstler in ihren Kreuzigungsszenen mehr und mehr auf den vierten Nagel. Die Füße der Gottheit wurden von einem einzigen Nagel durchbohrt, so daß es nurmehr drei Nägel waren. Um diesen Umstand zu erklären, erzählten die Zigeuner die folgende Geschichte: Ein Zigeuner habe den Henkern Jesu Christi den vierten Nagel gestohlen, und als Dank für diese Erleichterung habe Jesus allen Zigeunern das Recht zugebilligt, Nicht-Zigeuner zu bestehlen.[2] Ganz gleich, ob es nun drei oder vier Nägel waren, in der Folge vermehrten sich die vermeintlich »echten« Kreuzigungsnägel so sehr, daß man in jeden Quadratzentimeter des menschlichen Körpers einen hätte stecken können: Die Kirche erkannte nämlich, daß mit Kreuzigungsreliquien beachtliche Einnahmen zu erzielen waren. Noch heute gibt es mindestens zwanzig heilige Nägel.[3]

[1] Koch, 20
[2] Groome, xxx
[3] Hall, 82

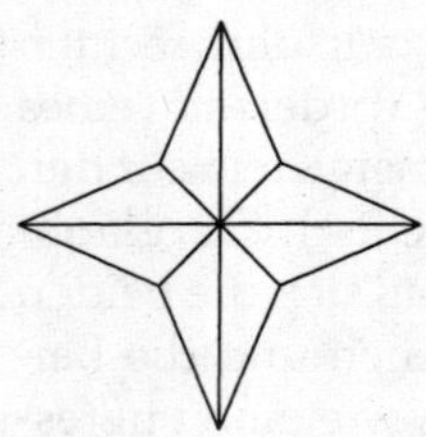

Kreuzstern

Der Kreuzstern ist eine Abwandlung des griechischen Kreuzes mit seinen gleichlangen Armen. Er erschien als Anzeiger für die acht Windrichtungen oftmals auf der Kompaßrose und galt lange Zeit als sakrales Symbol: Man glaubte, damit die Kräfte der vier Himmelsrichtungen anrufen zu können.

Krückenkreuz

Das Krückenkreuz war im alten Mesopotamien eines von mehreren Himmelskreuz-Symbolen des Himmelsgottes oder Sonnengottes. Bei den Assyrern war dieses Zeichen, versehen mit einem kleinen Kreis in der Mitte, das Siegel des Himmelsgottes Anu.[1] Wie das Original des koptischen Kreuzes symbolisierte es vermutlich die Gottheit, die in der Mitte eines viergeteilten Himmels schwebte.

Im Mittelalter hieß es manchmal auch »Winde«, weil es diesem nützlichen Objekt gleicht.[2]

[1] d'Alviella, 13
[2] Koch, 79

Lateinisches Kreuz

Im Gegensatz zur landläufigen Meinung war das lateinische Kreuz, das auch Passionskreuz hieß, nicht von Anfang an ein christliches Emblem. Es wurde erst im 7. Jahrhundert n. Chr. in die christliche Religion aufgenommen und im 9. Jahrhundert voll und ganz autorisiert.[1] Die frühen Kirchen stellten Christus gerne als Lamm dar, oder auch – im verbreiteten Bild von Hermes und Osiris – als guten Schafhirten mit einem Lamm auf den Armen.[2] An mehreren Stellen im Neuen Testament heißt es, daß Jesus an einem Baum und nicht an einem Kreuz aufgehängt worden sei (Apostelgeschichte 5,30; 1. Petrus 2,24), und manche Sekten waren der Meinung, daß der Begriff des Baumes nicht metaphorisch, sondern ganz buchstäblich zu verstehen sei. Das hätte Jesus eher in die Nähe einer von einem Baum erschlagenen Erlösergestalt – wie etwa Krishna, Marsyas, Odin und der Dodonische Zeus – gerückt. Einige frühe christliche Geistliche lehnten das lateinische Kreuz deshalb ab, weil es ein heidnisches Symbol sei. Auf einer Münze von Gallienus erschien es als das Zepter des Apollo. Auf dem Stein von Damietta wies es die Worte »Ptolemäus, der Erlöser« auf.[3] Bei den Griechen symbolisierte dieses Kreuz das »zukünftige Leben« in der ägyptischen Sarapisreligion.[4]

Nachdem das lateinische Kreuz einmal vom Christentum angenommen worden war, wurde es nach und nach zum Sammelpunkt für alle möglichen Arten frommer Legenden. So wurde zum Beispiel behauptet, daß das Holz des Lebensbaumes im Garten Eden von Adam und allen Patriarchen, die nach ihm kamen, zu dem Zweck aufbewahrt wurde, daraus das Kreuz Jesu Christi zu zimmern – denn Jesus wurde zum zweiten oder reinkarnierten Adam erklärt, der die Verfehlung des ersten Adam berichtigen müsse.[5] Diese Legende vom Lebensbaum trug zu einer ungeheuren Vervielfältigung der vermeintlich vom echten Kreuz stammenden Holzsplitter bei, die der Kirche des Mittelalters enorme Einkünfte verschafften. Diese Holzstücke wurden nämlich als heilkräftiges Zaubermittel angepriesen. Um das Vorhandensein all dieser Splitter zu erklären, ersann man die Legende der »Kreuzfindung«: Angeblich soll die Kaiserin Helena das Kreuz Jesu in einer Krypta unter dem Aphrodite-Tempel von Jerusalem gefunden und nach Europa zurückgebracht haben. Es gab zwar keinen echten Bericht über ein Ereignis dieser Art, aber die Leichtgläubigen fragten wohl auch nicht nach Beweisen.

Das lateinische Kreuz paßt durchaus zu einer Kirche, die ausschließlich aus Männern besteht, denn in etlichen frühen Gesellschaften war das lateinische Kreuz vor allem ein Phallussymbol. Sein Alter Ego in der Mythologie – der Lebensbaum – ist bei den Arabern noch immer eine Metapher für die männlichen Genitalien. Auf die phallisch-maskulinen Bedeutungen des Kreuzes verweisen Stellen im Evangelium des Nikodemus aus dem 5. Jahrhundert: Dort heißt es, daß Jesus zur Hölle hinabstieg und Adam sowie Patriarchen, Propheten und Stammväter des Alten Testaments erlöste, indem er das Kreuzzeichen auf ihre Stirn zeichnete. »Er nahm sie mit sich und sprang aus der Hölle nach oben.«[6] Von Eva, Matriarchinnen und Urmüttern war allerdings keine Rede.

Auch soll der Schädel des Adam an seiner Begräbnisstätte auf Golgotha (»Schädelstätte«) unmittelbar unter dem Kreuz gelegen haben: So konnte das Blut Jesu auf ihn herabtropfen und die Erbsünde wegwaschen. (Auch hier wurde Eva gar nicht erst erwähnt). Die offizielle Theologie hat sich stets vage darüber geäußert, ob der Tod Jesu die Erbsünde wirklich wegwusch. Wenn das nicht der Fall war, so war dieses Opfer sinnlos. Wenn es jedoch zutraf, hätte es keine Notwendigkeit für die Kirche mehr gegeben.

[1] Whittick, 226
[2] Abelard, 54
[3] d'Alviella, 14–15
[4] Baring-Gould, 355
[5] Male, 153
[6] Hall, 100

Leeres Kreuz (auch: Crux gammata)

»Leer« bedeutet in diesem Zusammenhang lediglich, daß dieses Kreuz in der Mitte hohl ist. In seiner Form können auch vier rechtwinklig aneinandergeschlossene Gammafiguren gesehen werden. Es könnte ferner auch ein griechisches Kreuz mit einem Mittelstreifen in der Farbe des Hintergrunds sein; dies war eine gängige heraldische Abwandlung des Kreuzes.

8	1	6
3	5	7
4	9	2

Magisches Quadrat

Die allseits bekannte Gestalt des Magischen Quadrates liegt dem zeitlosen Tik-Tak-Toe-Spiel zugrunde, das fast alle Kinder so sehr lieben, bis sie dann bemerken, daß der erste Spieler immer gewinnen kann. Bevor es zu einem Freizeitspaß für Schulkinder wurde, hieß es Saturn-Quadrat und wurde als geheimnisvoll und magisch betrachtet, weil seine Zahlen in jeder waagerechten und senkrechten Reihe wie auch in den beiden Diagonalen immer dieselbe Gesamtsumme ergeben. Das einfache Magische Quadrat der Illustration basiert auf der Zahl Fünf, die im Mittelpunkt steht; die Gesamtsumme ergibt immer 15. Größere Magische Quadrate haben mehr Felder und addieren sich zu höheren Zahlen.

Das Magische Quadrat war in der Numerologie des Mittelalters von Bedeutung. Man verwendete es oftmals als Amulett und war der Meinung, daß es mystische Offenbarungen über die Welt der Natur in sich trägt. Einige Geheimgesellschaften des Mittelalters nannten es die »Kabbala der neun Kammern«. Danach enthielt jedes Feld einen mystischen Buchstaben oder ein anderes Symbol. Wenn man die Zeichen dann auf eine bestimmte Art und Weise las, vermittelten sie eine okkulte Botschaft. Ohne Zweifel hat dieser Anstrich von verbotener Magie viel dazu beigetragen, daß das Symbol überlebte. Seine alten Bedeutungen sind jedoch verlorengegangen, als es zum Kinderspiel wurde.

Malteserkreuz (auch: Johanniterkreuz)

Die Insel Malta beherbergte einen der ältesten Göttinnen-Tempel auf der ganzen Welt. Das Kreuz, das mit dieser Insel assoziiert wurde, verweist wie viele andere ähnliche Formen auf ein Zentrum oder einen Omphalos, wie es sie in den Göttinnen-Tempeln der Antike gab. Man kann das Malteserkreuz als zweidimensionale Version einer Pyramide – mit abgeschnittener oder spitz zulaufender Spitze – betrachten, deren Seiten an den Ecken auseinandergezogen sind, damit das Bild auf einer flachen Oberfläche zur Geltung kommt.

Wie viele andere Kreuzformen wurde auch diese vom Christentum übernommen, und angeblich hatte es keine andere Bedeutung, als daß es eben eine Variation des christlichen Kreuzes war.[1]

[1] d'Alviella, 265

Maria

Dieses Symbol für die Jungfrau Maria erklärt, warum ein vierblättriges Kleeblatt als glücksbringend betrachtet wird. Die Vierblattform im Maria-Zeichen hat sich aus einem Malteserkreuz entwickelt und beinhaltet Symbole für Nacht und Tag (oder Dunkelheit und Vollmond). Gleichzeitig zeigt sie die vier Himmelsrichtungen an.[1] Als heidnisches Zeichen, das es in der Vergangenheit war, bezog es sich wahrscheinlich auf die vier wichtigsten Sonnenpositionen des Jahres (Sonnwenden und Tagundnachtgleichen) sowie deren Vorabende, an denen sie gefeiert wurden.

Heidnische Symbole wurden in nicht-heidnischer Gesellschaften, die deren ursprünglichen Sinn nicht anerkennen wollten, oftmals zu bloßen »Glücksbringern«. In ähnlicher Weise wurde die Göttin Fortuna zu »Lady Luck«, ein Kaninchenfuß zu einem Zaubermittel – eigentlich war er der heilige Talisman des Mondhasen gewesen. Das Maria-Symbol setzte sich also aus alten Göttinnen-Symbolen zusammen und war insofern zutiefst heidnisch. Aus diesem Grund kämpften die Kirchenväter in den frühen Jahrhunderten des Christentums erbittert gegen ihre Verehrung: Wer immer die Göttlichkeit dieses Zeichens behauptete, wurde zum Häretiker erklärt.[2] Anastasius betonte, daß man sie niemals »Mutter Gottes« nennen dürfe, denn es sei unmöglich, daß Gott »aus einer Frau geboren« wurde.[3] Trotzdem nannte man sie weiterhin »Mutter Gottes«. Schließlich erkannten die Kirchenmänner, wie fest die Verehrung in den Massen verankert war und übernahmen nun ihrerseits alle möglichen Arten von Lobpreisungen der antiken Göttin, die sie nun auch Maria nannten. Sie wurde zur »Königin des Himmels, Kaiserin der Hölle, Herrin der ganzen Welt«.[4] Die »Jungfrauenmesse« machte aus ihr sogar das erste und ursprünglichste Wesen, »das von Anfang an und vor den Jahrhunderten geschaffen war«.[5] Deshalb überrascht es auch nicht, daß Maria durch das Zeichen der antiken Göttin dargestellt wurde, die vier Elemente und die vier Himmelsrichtungen schuf und alle Götter gebar.

[1] Lehner, 198
[2] Briffault, The Mothers, Bd. 3, 183
[3] de Riencourt, 150
[4] Scot, 348
[5] Male, 238

Mondkreuz

Als magisches Schutzzeichen verteidigt das Mondkreuz sein Zentrum, indem es seine Mondsicheln nach außen kehrt. Dieses Zeichen wurde von nordeuropäischen Schamanen verwendet, die in den vier Mondsicheln die vier Phasen des Mondes oder – je nach Jahreszeit – die vier Positionen des Mondes am Himmel gesehen haben können.

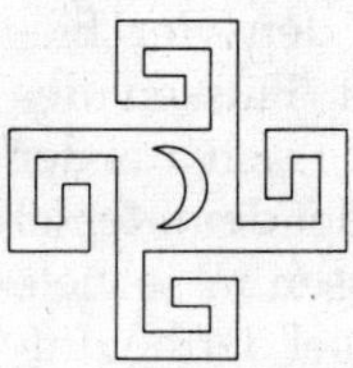

Mondswastika von einer kretischen Münze

Mondswastika

Diese Swastika aus Kreta weist gitterförmige Arme auf, die sich gegen den Uhrzeigersinn drehen. Dies entspricht auch der Drehung der hinduistischen *sauvastika*, die ebenfalls den rückläufigen Weg des Mondes ausdrückte. Eine Bewegung gegen den Uhrzeigersinn betrachtete man als weiblich, mondhaft, geheimnisvoll und heilig. Die nach innen gedrehten Arme der Mondswastika erinnern an kretische Labyrinth-Muster.[1]

[1] d'Alviella, 71

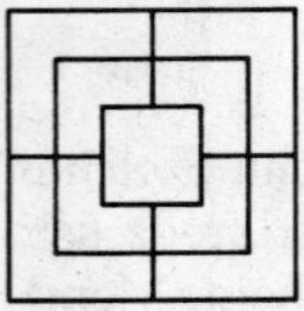

Mühle-Quadrat

Dieses Quadrat hat denselben geometrischen Grundriß wie ein Mühle-Brett. Im antiken keltischen Heidentum war es eine sakrale Figur – das sogenannte Dreifache Gehege – und stellte das Zentrum der Welt mit den vier Quadranten, den vier Windrichtungen, den vier Elementen, den vier Flüssen des Paradieses dar, die sich aus der heiligen Mühle oder dem Kessel in der Mitte ergossen.[1] Wie viele andere Überbleibsel der heidnischen Religion wurde es durch die christlichen Gegner säkularisiert und ging ins Brauchtum und das Spiel der Kinder über.

[1] Huxley, 169

Nandyavarta

Das Nandyavarta-Symbol ist ein hinduistisches Labyrinth-Muster, das auf der Mondswastika beruht. Wenn das Auge einer der Linien von ihrem freien Ende aus folgt, so wird es durch einen gewundenen Pfad zum Zentrum geführt, und dort kann es zwischen drei anderen Wegen wählen, die den Blick wieder nach außen führen. Die darin enthaltene Symbolik verweist auf eine Durchdringung der »inneren Mysterien«, also jene Offenbarung, die im Allerheiligsten eines Tempels, im weiblichen Schoß oder im Unbewußten erlangt werden kann.[1]

[1] d'Alviella, 42

Petrus-Kreuz

Fast zweitausend Jahre lang lehrte die römische Kirche mit päpstlicher »Unfehlbarkeit«, daß ihr angeblicher Gründer, der heilige Petrus, in Rom auf ein Kreuz geschlagen wurde, das auf seinen eigenen Wunsch hin umgedreht wurde. Deshalb hat er als Emblem ein umgekehrtes lateinisches Kreuz. Aber von katholischen Gelehrten wird inzwischen zugegeben, daß diese Kreuzigungsgeschichte »sehr unsicher« ist, der gängige Ausdruck für altgediente Glaubenssätze der Kirche, die sich schlicht und einfach als unwahr herausgestellt haben.[1]

Die Wahrheit ist, daß niemand weiß, wo, wann und wie der heilige Petrus starb und ob er überhaupt gelebt hat. Die sogenannte Petrus-Passage im Matthäus-Evangelium, in der beschrieben wird, wie Petrus den symbolischen Schlüssel erhielt, ist während des 3. Jahrhunderts n. Chr. aus politischen Gründen erfunden und eingeschoben worden.[2] Die Kirche hatte niemals einen von Anfang an durchgehenden Bericht über ihre Päpste oder »Bischöfe von Rom«; die meisten frühen Päpste waren reine Fiktion. Sogar die neutestamentarischen Berichte über Petrus' Taten sowie die Episteln, die nach ihm benannt sind, scheinen zweifelhaft zu sein.[3]

Das Symbol des umgekehrten Kreuzes erlebte im Mittelalter eine merkwürdige Entwicklung. Anstatt wegen der Petrus-Legende einen Nimbus der Heiligkeit zu bewahren, wurde es zum Zeichen der Unheiligkeit. Die Geistlichen behaupteten, daß Hexen das Kreuz auf den Kopf stellten, um ihre Verachtung dafür zu bekunden. Außerdem verleugneten Hexen angeblich Christus, und dies war für die mittelalterlichen Hexenjäger ein so schreckliches Verbrechen, daß als Strafe nur die Verbrennung auf dem Scheiterhaufen als hinreichend erachtet wurde. Und dennoch war die Verleugnung Christi genau das, was auch der heilige Petrus in einer einzigen Nacht dreimal tat (Johannes 18, 17–27). Dieser Evangelienbericht war irgendwie peinlich, man ließ ihn aber als Beispiel für Christi Kraft der Verzeihung stehen. Unglücklicherweise entwickelte die Kirche, die angeblich vom irrenden Petrus gegründet worden war, nicht denselben Geist der Vergebung.

[1] Attwater, 274
[2] Reinach, 240
[3] Attwater, 275

Quadrat

Das Viereck oder Quadrat war das Emblem für die vier Ecken der Erde. Deshalb werden »Sonnenaufgang, Sonnenuntergang,

Mittag und Mitternacht, ferner die Tag- und Nachtgleichen und Sonnwenden wie auch die vier dazwischenliegenden Tage, die die Jahreszeiten einleiten, in der Einheit dieses Symbols zusammengefaßt«.[1] Bis zum heutigen Tag steht das Quadrat auch für verläßliche Anständigkeit und Wahrhaftigkeit. Das englische Wort *square* für »Quadrat« taucht in vielen Redewendungen auf, die diesen Sinn implizieren. In der Astrologie ist das Quadrat ein Winkel von neunzig Grad zwischen zwei Himmelskörpern, denn alle vier Ecken eines Quadrates haben Winkel von neunzig Grad.

[1] Brennan, 182

Römische Swastika

Wie die *crux gammata* kann man auch die römische Swastika auf zweierlei Weise interpretieren: Als schwarze Swastika mit langen Armen, denen kürzere gammaförmige Arme hinzugefügt wurden. Oder als große, massive Swastika mit weißen Streifen in der Mitte. Manchmal wurde diese Figur als kniender Mann verstanden, der seine Arme in Verehrung emporhält.

Rosenkreuz

Angesichts der allgegenwärtigen Bedeutung der Rose und des Kreuzes als weibliches beziehungsweise männliches Symbol kann man durchaus annehmen, daß das Kreuz mit der Rose in der Mitte ein bisexuelles Zeichen war und insofern mit dem keltischen Kreuz und dem Anch verglichen werden kann. In der christlichen Ikonographie war es üblich, das Kreuz mit Christus und die Rose mit Maria zu assoziieren, aber das schloß ja die Vorstellung einer *unio mystica* – der mystisch-sexuellen Vereinigung der beiden Personen – nicht aus. Heidnische Erlösergötter zeugten ihre nächste Inkarnation fast immer mit ihrer eigenen Mutter, der Göttin. Wenn Christus Gott war, dann war er sicherlich eine ganz ähnliche Verschmelzung von Sohn und Gatte in einer Person.

Aus dem Symbol des Rosenkreuzes entstand eine Sage, und aus der Sage entstand eine Organisation, der Orden der Rosenkreuzer. Dieser Orden ist zum erstenmal im Jahre 1614 durch die Veröffentlichung eines geheimnisvollen Dokumentes bezeugt, das »Fama Fraternitatis« hieß und angeblich die Reise eines Christen namens Rosenkreuz im 14. Jahrhundert beschrieb. In Fez, Damaskus und Ägypten erwarb er sich ein großes okkultes Wissen, das er später sieben anderen Männern mitteilte. Diese acht begaben sich in verschiedene Länder und gelobten, daß ihr Orden hundert Jahre lang vollkommen geheim bleiben solle.

Es wurde behauptet, daß Rosenkreuz ein Alter von 106 Jahren erreichte und im Jahre 1484 starb. Hundertzwanzig Jahre lang blieb sein Grab verborgen. Als es schließlich entdeckt wurde, fand man darin schriftliche Versionen der grundlegenden Lehren des Rosenkreuzer-Ordens, auch »Fama« genannt. Diese Schriftstücke wurden 1652 ins Englische übersetzt.

Auch wenn die Gestalt des Rosenkreuz rein mythischer Natur und die Legende über ihn mindestens zweifelhaft gewesen zu sein scheint, haben die Rosenkreuzer ihre Lehren nun seit ungefähr dreihundert Jahren in mehreren europäischen Ländern und den Vereinigten Staaten praktiziert.

Runenswastika von einem schwedischen Runenstein

Runenswastika

Die Runen-Version der Swastika erscheint auf heidnischen Grabsteinen in Skandinavien.[1] Die geschlossenen Arme symbolisierten vielleicht die Rückkehr zur Erde und den Kreis der Wiedergeburt, denn in den alten Zeiten betrachtete man den Tod als Rückkehr und Aufnahme in den Schoß der Mutter Erde oder der Mutter Meer. Die Swastika und viele kreuzähnliche Variationen von ihr wurden während der ganzen heidnischen Zeiten der Teutonen verwendet. Eine Degenscheide aus dem 7. Jahrhundert zeigt das Kreuz und die Swastika Seite an Seite als Symbole magischer Regeneration.[2]

[1] d'Alviella, 39

[2] Davidson, Gods and Myths of the Viking Age, 83

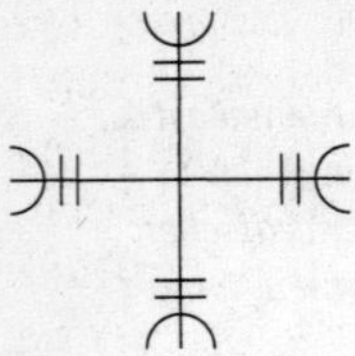

Schutzkreuz

Dies ist eine Runenfigur, die von isländischen Magiern verwendet wurde. Wie das Mondkreuz, dem es ähnlich sieht, »verteidigt« das Schutzkreuz offensichtlich das Zentrum mit drohenden Hörnern oder Dreizack-Endungen, die sich in allen vier Richtungen nach außen kehren. Die Querlinien auf den Schenkeln des Kreuzes sind ein symbolisches Kürzel dafür, daß der Durchgang irgendeiner Wesenheit oder Kraft blockiert, abgewehrt oder verhindert wird; und so »bewacht« das Schutzkreuz sein Zentrum auf doppelte Weise.

Sonnenswastika

Diese Abwandlung der Swastika beschreibt den Jahreskreis mit seinen vier Sonnenfeiern, den Sonnwendfesten und den Tag- und Nachtgleichen. Die Sonnenswastika ist das gnostische Weltsymbol, bei dem aber vier der Schenkel ausgelassen wurden: Dadurch kommt ein deutlicherer Eindruck von Bewegung zustande. Deshalb wurde diese Figur oft auch als Symbol für das unerbittliche Voranschreiten der Zeit betrachtet.

Sonnenvogel-Swastika

Die Sonnenvogel-Swastika, die sich aus vier mythologischen langgeschnäbelten Vögeln zusammensetzt, wurde in Grabhügeln von amerikanischen Indianern gefunden. Angesichts der zahlreichen Verbindungen zwischen den archaischen Symbolen der Ureinwohner Nordamerikas und denen des Ostens kann man vermuten, daß dieser Sonnenvogel mit dem südostasiatischen Garuda verwandt ist, der wie der Adler des Prometheus zum Himmel flog, um zum Nutzen der Menschheit das Sonnenfeuer zu stehlen.

Steckkreuz

Es ist eine eher elegante Abwandlung des lateinischen Kreuzes. Im Englischen wird es auch als *cross* bezeichnet, und das bedeutet, daß es »fixiert« und wie ein zugespitzter Pfahl in die Erde gesteckt werden kann. Militärische Symbole und Familienwappen wurden manchmal auf Pfählen oder Eisenstiften aufgepflanzt und im Freien aufgestellt, damit gleich erkannt wird, wer das Zelt oder den Zeltplatz besetzt hat.

Swastika

Die Swastika hat ihren Namen von dem Sanskrit-Ausdruck für »So sei es!«, also dem »Amen«. Als religiöses Emblem taucht sie weltweit seit mindestens 10000 v. Chr. auf.[1] Sie erscheint auf der ältesten indischen Münze, auf Bildern des Buddha in Japan und auf griechischen und römischen Darstellungen der Großen Göttin. Seit etwa 1300 v. Chr. kommt sie in Kleinasien, Griechenland, China, Persien, Libyen, Skandinavien, Großbritannien und Island vor und wurde noch bis zu Beginn des 20. Jahrhunderts in Europa als magisches Zeichen verwendet.[2]

Eine Swastika, deren Arme in Richtung des Uhrzeigersinns wiesen, betrachtete man im allgemeinen als Sonnenemblem. Wenn ihre Arme gegen den Uhrzeigersinn gerichtet waren *(sauvastika)*, so stellte sie den Mond, die Nacht und das weibliche Prinzip dar.

Die Swastika wurde häufig auch als Ornament in den Kirchen des Mittelalters und in Wappen verwendet. Dort hieß sie *croix gammée*, *fylfot*, Gammakreuz oder *croix cramponnée* (»Hakenkreuz«). Das Hakenkreuz machte man sich im Dritten Reich zu eigen, weil man glaubte, daß es ein »rein arisches« Zeichen sei. Das war keinesfalls wahr, allerdings war eine achtarmige Swastika lange Zeit das Zeichen deutscher antisemitischer Geheimgesellschaften wie etwa der Femegerichte. Eine zwölfarmige deutsche Swastika tauchte in Magiebüchern als Siegeszauber auf.[3]

[1] Campbell, The Flight of the Wild Gander, 147
[2] d'Alviella, xi, 33–40
[3] Lehner, 99

Tatzenkreuz (auch: Crux quadrata)

Dies war in der Heraldik des Mittelalters eine der gebräuchlichsten Kreuzformen, da es eine Synthese zwischen dem christlichen Kreuz und dem Wotanskreuz bildete. Man sieht genau, daß es in ein Quadrat paßt. Auf einer Flagge oder einem Wappenrock war es auch noch aus großer Ferne erkennbar, sofern es in einer optisch gut wahrnehmbaren Farbe aufgetragen ist.

In Nordeuropa kam es oft als Wahrzeichen des Gottes Freyr vor.

Tetraskele

Dies ist eine Swastika, deren Arme durch Kurven oder naturalistische Figuren wie menschliche Arme oder Beine, Tierköpfe, Schwingen, Schlangen usw. abgemildert wurden. Das pferdeköpfige Beispiel in der Abbildung oben stammt von einer gallischen Münze. Es wird als Symbol des Sonnen-Wagens interpretiert: »die vier feurigen Rosse, die den Wagen des Helios ziehen«:[1] In der Mitte sieht man die Sonnenscheibe.

[1] d'Alviella, 58

Vierblatt

Die Glücksmagie, die mit dem vierblättrigen Kleeblatt assoziiert wurde, leitet sich aus der heidnischen Verehrung für das Vierblatt ab, einem von mehreren Weltsymbolen, die denen der Gnostiker ähnelten. In dieser Zeichnung werden Norden, Osten, Süden und Westen durch verbundene Kreise angedeutet, wobei sich ihre vier Elementargeister, Wächter, Völker und Länder im Zentrum vereinigen. Dieses Bild ist sehr einfach konstruiert, es besteht aus Kreisen, die um jede Ecke eines Quadrats gezogen werden und einander schneiden.

Weihekreuz (auch: Wiederkreuz, Deutsches Kreuz)

Das Weihekreuz vereinte heidnische und christliche Formelemente und wurde oft als Schutz oder Glückszauber bewundert. Es besteht aus vier lateinischen Kreuzen, die sich jeweils am untersten Punkt berühren, spiegelt aber auch ein magisches Schutzprinzip wider, das Querlinien als Barrieren versteht. Insofern sagt dieses Emblem also: »Ich kann Angriffe aus allen Richtungen abweisen.«

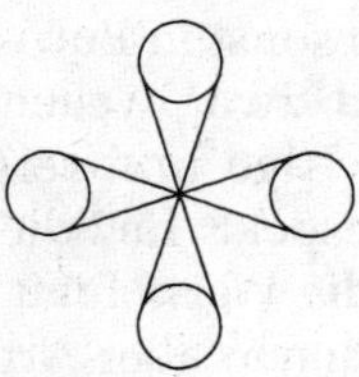

Weltsymbol

Dieses Zeichen sollte die vier Elemente darstellen, die in der mittelalterlichen Alchemie als vier Kreise dargestellt wurden. Um Verwechslungen zu verhindern, wurden sie mit dem jeweiligen Zeichen eines Elementes markiert (siehe Elemente).[1] Weiter gefaßt stand das Weltsymbol für »alles, was existiert«: Die gesamte Weltordnung, die durch eine geheimnisvolle, unsichtbare Zentralkraft zusammengehalten wird, die bei den Hindus Maya hieß: Dies war die Göttin, die das stoffliche Universum erschaffen hatte. Aber man kann dieses Symbol auch anders interpretieren: Die Kreise könnten die Basis der vier riesenhaften Pfeiler darstellen, die, wie man glaubte, den Himmel trugen. Die Verbindungslinien zum Mittelpunkt wären dann die perspektivisch verkürzten und verschmälerten Pfeiler, die sich in der Weltachse treffen.

[1] Koch, 93

Wolfskreuz

Dieses Kreuz war ein altnordisches Kalenderzeichen, das den ersten Monat eines jeden neuen Jahres darstellte, der den Namen »Wolfsmonat« trug. Als Abwandlung der Swastika, die die alljährlichen Sonnenzyklen versinnbildlichte, kündigte das Wolfskreuz wahrscheinlich an, daß die Sonne aus ihrem nördlichsten Zufluchtspunkt aufgebrochen war und unter der Leitung des Fenris-Wolfes eine neue Reise angetreten hatte. Manchmal deutete man die

Konstellation um den Polarstern (den Kleinen Bären) als Hund oder Wolf. Es wurde – vor allem in den nördlichen Ländern – vermutet, daß hundeähnliche Tiere eine ganz besondere Beziehung zu den geheimnisvollen Toren von Leben und Tod hatten.

Unter dem Einfluß des Christentums wurde der Name des Wolfsmonats zum »Nach-Jul« oder »Jesu-Monat«.

Wotanskreuz

Das Wotanskreuz war eine weitere Abwandlung der allgegenwärtigen Kreis- und Kreuz-Symbole, die die kosmische Vereinigung von weiblichen und männlichen Kräften darstellten. In geographischer Deutung versinnbildlichte es die Rundung des Erdhorizonts mit den vier Himmelsrichtungen, die sich im Zentrum trafen. In himmelsmythologischer Sicht symbolisierte es die Sonne, die vom Himmelsrund umarmt wird, und wurde deshalb manchmal Sonnenkreuz genannt.[1]

In der kabbalistischen Überlieferung wurde dieses Zeichen als die Vereinigung der (weiblichen) Rose mit dem (männlichen) Kreuz beschrieben.

[1] Koch, 94

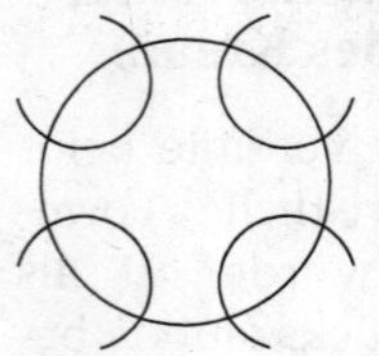

Wunschbrunnen

Der oben abgebildete Wunschbrunnen ist ein Runenzauber aus Island, der offensichtlich einem lunaren Zusammenhang entspringt, denn die vier »Schüsseln«, die aus dem Brunnen schöpfen, sind Sichelmonde. In Island haben sich matriarchale Symbole und Bräuche länger als irgendwo sonst in Europa erhalten, und zwar wegen seiner isolierten Lage und seinem uralten Respekt für die Priesterin oder die Weise Frau. Quellen und Brunnen aller Art wurden traditionellerweise von Priesterinnengruppen bewacht, instand gehalten und verehrt. Einen Wunsch auszusprechen und dann dem Brunnen zu opfern war eine Art von Gebet, das man an die im Brunnen wohnende Wassergöttin richtete. Noch immer wirft man Münzen in den Brunnen und knüpft einen Wunsch daran, aber der Grund für diesen Brauch ist in Vergessenheit geraten.

Die mondförmigen Schalen erinnern an die mittelalterliche Vorstellung, daß Frauen ihre Wünsche nicht an Gott richten sollten – obwohl inzwischen das Christentum offizielle Religion geworden war –, sondern zu ihrer eigenen Gottheit, der Mondmutter, beten sollten.[1]

[1] de Lys, 458

5
VIELZACKIGE MOTIVE

Achtfaches Flechtmuster
Blume der Aphrodite
Doppelfurka
Doppelquadrat
Femegericht
Fixstern
Fluchsymbol
Fünfblatt
Hexagramm
Magisches Hexagramm
Mikrokosmischer Mensch
Mystischer Stern
Neunfache Göttin
Oktagramm
Penelopes Gewebe
Pentagramm
Pentagramm-Blume
Pentagramm mit Ringen
Stern
Stern der Musen
Stern der Sieben Schwestern
Trigramme
Universum
Zeichen der Unterwelt
Zwölfzackiges Flechtmuster

Figuren mit fünf, sechs, sieben oder mehr Spitzen um einen Mittelpunkt sind ästhetisch interessant. Ihre strahlende Symmetrie zieht das Auge zum Zentrum, selbst wenn dieses Zentrum ausgespart bleibt. In archetypischer Weise deutet das vielzackige Motiv auf ein Geheimnis hin, das hinter der bloßen Erscheinung – den äußeren Formen – verborgen ist und alles auf einmal aus allen Richtungen heranziehen kann. Vielleicht ist das der Grund dafür, daß vielzackige Motive so oft mit den Vorstellungen vom Göttlichen assoziiert worden sind.

Von Blumen bis zum Seestern zeigt uns die Natur mannigfache vielzackige Formen. Die Künstler unter den Menschen haben solche Formen immer wieder beobachtet und nachgeahmt. Im Islam war es Künstlern verboten, lebende Wesen zu porträtieren, deshalb entwickelten islamische Zeichner notgedrungen eine ganze Ästhetik von vielzackigen Motiven, die in komplexen Mustern ineinander verflochten waren und das Auge über die weiten Flächen von Wänden, Fußböden, Kuppeln, Schirmen, Teppichen und anderen Oberflächen führten. Die arabischen Methoden aus dem Mittelalter, in denen Geometrie und Kunst zur Synthese kamen, haben uns Kunstgegenstände geschenkt, die für das Auge überaus interessant sind.

An den einfacheren Zeichen in diesem Abschnitt kann man sehen, daß es eine ästhetische Befriedigung verursacht, wenn man einer Linie durch ihre Schnittpunkte mit anderen Linien immer weiter folgt. Wenn eine solche Augenreise dann schließlich zum Ausgangspunkt zurückkehrt, so ist dies besonders angenehm. Ein Zyklus ist vollendet worden. Eine Lektion wurde erteilt, ohne daß ein einziges Wort gesprochen worden wäre. Unendliche Linien in einem strahlenförmigen Muster haben etwas Hypnotisches an sich. Vielleicht erklärt uns das, weshalb solchen Mustern immer und überall die Kraft zugesprochen wurde, böse Mächte zurückzuweisen und die Erleuchtung aus dem Inneren willkommen zu heißen.

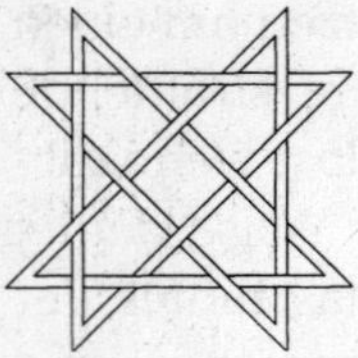

Achtfaches Flechtmuster

Flechtmuster waren immer schon beliebte Amulette, weil die endlose Linie das Auge immer von neuem rund um das Bild führte; auf diese Weise konnte es zu einem Yantra werden, das bei Meditationen verwendet wurde und manchmal sogar zur Trance führte. Zu den magischen Eigenschaften dieses Musters gehörten seine zwölf kleinen Dreiecke (die zwölf des Tierkreises) und der Diamant beziehungsweise das Quadrat in der Mitte, wo sich die Schenkel der vier größeren Dreiecke ineinanderschieben. Deshalb beinhaltet dieses Muster nicht nur acht Punkte, sondern auch viele Hinweise auf die mystischen Zahlen Drei und Vier.

Die achtfache Verflechtung bezog sich auch auf den buddhistischen Begriff des Achtfachen Pfades, der sich aus folgenden Tugenden zusammensetzte: Richtiges Benehmen, richtige Kontemplation, richtige Bemühung, richtiger Glaube, richtige Beschäftigung, richtige Entschlossenheit, richtige Selbstwahrnehmung und richtiges Reden. Mit solchen Achtergruppen konnten jeweils verschiedene Listen von »acht kostbaren Dingen« verbunden werden. Um zumindest eine solche Liste zu zitieren: ein Buch, eine Münze, ein Spiegel, eine Perle, ein Beifußblatt, ein Jadegong, ein musikalisches Thema und ein Rhinozeroshorn.[1]

[1] G. Jobes, Bd. 1, 495

Blume der Aphrodite

Die Blume der Aphrodite besteht aus sechs Fischblasen innerhalb einer Form, die an ein Spinnengewebe erinnert. Das Muster entsteht einfach dadurch, daß man Punkte in einem Abstand von sechzig Grad auf einem Kreis einzeichnet und dann sechs Kreisbögen durch das Zentrum zieht, deren Mittelpunkt jeweils einer der sechs Punkte ist. Sechs war die Zahl der Sexualität, die vor allem der Göttin Aphrodite heilig war; die Pythagoreer nannten die Sechs »die vollkommene Zahl« oder »die Mutter«. Aufgrund ihrer sexuellen und weiblich-göttlichen Assoziationen nannten die christlichen Autoritäten die Sechs »die Zahl der Sünde«.[1]

Ein wenig von der alten Magie der Aphroditeblume rankte sich jedoch noch bis ins 20. Jahrhundert: Man fand sie auf besonderen Amuletten, die Frauen in Arabien und Nordafrika während der Schwangerschaft trugen: es war wieder – oder noch immer – eine unbewußte Bitte an die Große Mutter, die Mutterschaft zu erleichtern.[2]

[1] Baring-Gould, 652
[2] Budge, Amulets and Talismans, pl. VIII

Doppelfurka

Die Furka war das y-förmige Kreuz, auf dem der ägyptische Gott Set gekreuzigt wurde. Dies symbolisierte seine herbstliche Reise in die Unterwelt, bis die Jahreswende ihn wiedererwecken würde. Insofern stand die Kombination von zwei y-förmigen Figuren, von denen die eine nach oben, die andere nach unten zeigte, für den ganzen Zyklus der Jahreszeiten und die elementare Einheit der Natur.

Diese sechszackige Figur wurde auch mit dem römischen und griechischen Bild der Göttin als der Herrscherin über die Zeit assoziiert. Sie war ein Bestandteil des Zeichens für Juno, die in der Gestalt der weisen Greisin auch Minerva oder Anna Perenna hieß. Von der Doppelfurka heißt es, daß sie »Kraft ausstrahlt« und »obwohl selbst bewegungslos, in ihrem ganzen Umkreis Bewegung erzeugt«.[1] In der Astrologie ist die Doppelfurka das Zeichen für das Sextil, einen 60-Grad-Winkel zwischen zwei Himmelskörpern.[2]

[1] Koch, 7
[2] Lehner, 56

Doppelquadrat

Da das Quadrat oftmals als das eigentlichste Zeichen der Ordnungsliebe interpretiert wurde, sah man den Bruch seiner Linien durch ein zweites, aber schräg gesetztes Quadrat als Zeichen der Unordnung oder zumindest eines Eindringens.[1] Andererseits betrachtete man das Doppelquadrat auch als eine Vereinigung von auseinanderstrebenden Prinzipien, was auch an das Hexagramm, das Yin-und-Yang-Zeichen und die Doppelfurka erinnert. In gewissem Sinne war es auch eine Anspielung auf das natürliche Universum selbst, weil die Verwobenheit von Ordnung und Unordnung (90-Grad-Winkel und 45-Grad-Winkel) letztlich doch ein harmonisches Bild erzeugte.

[1] Koch, 13

Femegericht

Dieses doppelte Swastika-Muster stellte die mittelalterlichen Femegerichte Österreichs und Deutschlands dar. Sie begannen als bürgerliche Geheimtribunale zur Verfolgung von Juden und Häretikern und verbanden sich bald mit der Inquisition.[1] Im 19. Jahrhundert wurden diese Gerichtshöfe weiterbetrieben – sie waren Untergrundgesellschaften für Lynchjustiz und fungierten vor allem als Treibhäuser des Antisemitismus. Im 20. Jahrhundert übernahm die nationalsozialistische Partei eine Variante des Femesymbols und erfand neue Formen für die alten Aktivitäten dieser Gerichtshöfe.

[1] Koch, 95

Fixstern

Ein achtzackiger Stern, zumeist schwarz, symbolisierte in der Astrologie der Antike die Fixsterne.[1] Der Ausdruck »Fixsterne« beinhaltet in Wirklichkeit alle Sterne. Was die Himmelsbeobachter der Antike für Wandelsterne – also »Nicht-Fixsterne« – hielten, waren die anderen Planeten unseres eigenen Sonnensystems, die für das bloße Auge wie Sterne aussahen, dabei aber unablässig ihre Positionen gegen den Hintergrund der Konstellationen verändern. Durch diese ständige Bewegung wurden sie zum Gegenstand großer Aufmerksamkeit, und noch immer sind die Planeten in der Tradition der Astrologie sehr bedeutsam.

[1] Lehner, 56

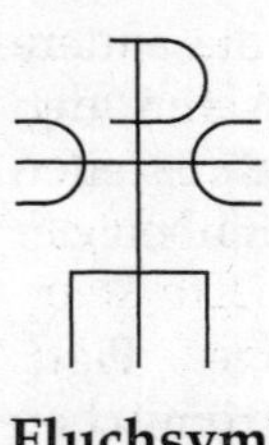

Fluchsymbol

Dieses Symbol ist ein Runenzauber, der einst von nordeuropäischen Magiern verwendet wurde, um Flüche, die von einem rivalisierenden Magier ausgesprochen wurden, abzuwenden. Es ist die Strichzeichnung eines menschlichen Wesens mit Verteidigungskraft in beiden Händen. Das Geschlecht kann dabei entweder männlich oder weiblich sein. Die Basis der Figur erinnert an einen Rock oder an ein breites weibliches Becken, aber das mittlere »Bein« könnte auch einen Phallus darstellen. Vielleicht ist es im Sinne der alten Tradition der Bisexualität von Zauberern, daß beides angedeutet werden soll.

Fünfblatt

Das blütenartige Fünfblatt entspricht der Form vieler Pflanzen, und zwar vor allem solcher mit weiblicher Symbolik wie der Apfel und die Rose, die in der Antike mit der Verehrung der Großen Göttin und später ihrer ideologischen Nachfolgerin Maria zur Zeit des Christentums verbunden waren. Fünf war die Zahl, die offiziell der Maria zugeordnet wurde. Es war ebenfalls die Zahl der heiligen Rose, die traditionellerweise Venus-Aphrodite und ihre Tempelpriesterinnen (»Hierodulen«) symbolisierten, die ihre transzendente Liebe auf sexuelle Art demonstrierten.[1]

Deshalb stand das Fünfblatt auch für sexuelle Geheimnisse. Es wurde oft als Element der Inneneinrichtung verwendet und transportierte geheime Bedeutungen.

[1] Wilkins, 198, 136

Hexagramm

Obwohl das Hexagramm heute als das Emblem des Judentums gilt und »Davidstern« oder »Salomons Siegel« genannt wird, ist es erst seit ungefähr einem Jahrhundert das offizielle jüdische Symbol.[1] Zu der Zeit, in der die Geschichten über David und Salomon in die Bibel integriert wurden, hatte das Hexagramm weder mit dem einen noch mit dem anderen irgend etwas zu tun. Es wurde jedoch in Indien als Symbol der unablässigen sexuellen Vereinigung zwischen Kali (das nach unten weisende Dreieck) und Shiva (das nach oben weisende Dreieck) verehrt. Denn man glaubte, daß diese Vereinigung das Leben im Universum aufrechterhalte.[2]

Das Hexagramm erreichte das Judentum nur auf Umwegen: Durch tantrische Einflüsse gelangte es zu mittelalterlichen jüdischen Kabbalisten, die von der erwünschten Wiedervereinigung zwischen Gott und seiner Gemahlin, der Schechina (einer semitischen Version von Kali-Shakti) sprachen. Diese Wiedervereinigung wurde durch das tantrische Sexual-Mandala hergestellt. Daher rührt die rabbinische Tradition, daß die Bundeslade nicht nur die Gesetzestafeln enthielt, sondern auch »einen Mann und eine Frau in inniger Umarmung in Form eines Hexagrammes«.[3]

In Indien stand die Vereinigung des Männlichen und Weiblichen auch für eine Vereinigung der Elemente Feuer und Wasser, die man als männlich bzw. weiblich betrachtete. So symbolisierte das Hexagramm also die Befruchtung der ursprünglichen Tiefe des Weiblichen durch »Feuer vom Himmel«, den phallischen Blitz. In der Alchemie war das Hexagramm das Sinnbild für Alkohol (Feuer-Wasser), weil man gaubte, daß Alkohol aus Wasser bestand, das irgendwie von Hitze durchflossen wurde.[4]

Das Hexagramm kommt auch in der Neuen Welt vor. In Uxmal in Yucatán ist es ein Symbol für die Sonne, die ihre Strahlen auf die Erde ergießt.[5]

[1] Trachtenberg, 141
[2] Jung, 240
[3] Silberer, 197
[4] Whittick, 246
[5] d'Alviella, 226

Magisches Hexagramm

Mittelalterliche Magier haben immer eine Vorliebe für Flechtmuster gehabt, die aus einer einzigen, ununterbrochenen Linie bestanden. Sie glaubten, daß solche Muster ihren Träger schützen könnten, weil sie keine »Tore« hatten, durch die böse Geister hätten eintreten können. Magische Zeremonien konnten nicht abgehalten werden, ohne daß zuerst ein solches Muster rings um den Wirkungsort gezogen wurde. Dies sollte die Personen, die im Inneren weilten, vor den Gefahren der Geisterwelt beschützen.

Nun war zwar das Pentagramm wahrscheinlich das am weitesten verbreitete Flechtmuster für solche Zwecke, aber auch das Hexagramm war durchaus angesehen, und zwar vor allem in kabbalistischen Kreisen. Das Hexagramm besteht jedoch aus zwei Dreiecken, die zwar miteinander verflochten, dennoch aber voll und ganz voneinander unabhängig sind. Insofern kommt es auch nicht durch eine einzige ununterbrochene Linie zustande. Manche waren der Meinung, daß die Kraft des Hexagrammes durch diesen Umstand geschwächt wurde, und erfanden deshalb eine »magische« Version, bei der eine einzige Linie die sechs Punkte des Hexagramms so miteinander verbindet, daß die Linie kein einziges Mal unterbrochen wird.

Mikrokosmischer Mensch

Dies war ein beliebtes Symbol bei mittelalterlichen Zauberern, Alchemisten und Philosophen: Der Mensch als Mikrokosmos, der Mensch als das elementare magische Fünfeck. Man betrachtete es als Illustration des magischen Prinzips »Wie oben, so unten« und außerdem auch als Demonstration des Satzes, daß der Mensch das Maß aller Dinge ist. Mit anderen Worten: Der Mann ist die Welt, die Welt ist der Mann, seine Genitalien sind das Zentrum des Universums. In jeder patriarchalischen Gesellschaft hört man bis zum heutigen Tag die Echos dieser Auffassung.

Der mikrokosmische Mensch mit seinem kosmischen Kreis und seinem Fünfeck war in Büchern über »natürliche Wissenschaft« eine so vertraute Erscheinung, daß Zigeuner, Hexen und andere Adepten das Bild selbst als Zauberamulett verwendeten. Eine Heilmethode der Zigeuner hieß »das Fünfeck messen«: Man befestigte einen Strick der Reihe nach an den fünf Extremitäten des Patienten, wie im Fünfeck des mikrokosmischen Menschen, tauchte diesen Strick dann in Heilwasser, verbrannte ihn und löste die Asche in Wasser auf. Das war dann der Heiltrank für den Patienten.[1]

[1] Gifford, 87–88

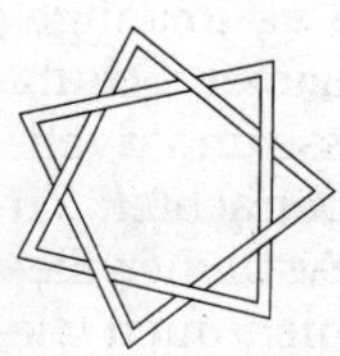

Mystischer Stern

In einer magischen Version der Eucharistie rezitierten mittelalterliche Hexer siebenmal sieben heilige Namen über einem Kelch mit Wein und tranken dann den Wein, der auf diese Weise geheiligt worden war.[1] Das war das ferne Echo eines antiken Rituals: Die sieben Planetengeister wurden angerufen, die später dann zu den sieben Engeln der gnostischen Christenheit wurden, die Irenäus zufolge von Sophia geboren wurden. In ihrer Gesamtheit wurden sie auch zu einem siebenfachen Mysteriengott, der manchmal Iao Hebdomai genannt wurde und dessen Stern sieben Zacken miteinander verband. Diese mystischen Vorstellungen können bis zurück zu den akkadischen *maskim* (»schöpferische Geister«) verfolgt werden: »Sie sind sieben! Sie sind sieben! Im Glanze des Himmels sind sie sieben!«[2]

Sieben Geister waren es, die als Wächter für die Zauberer wirkten, die innerhalb des Mystischen Sternes operierten. Dieses siebenzackige Muster bildete ebenso wie das Pentagramm ein kontinuierliches Flechtwerk.

Deshalb wurde es im allgemeinen als wirksamer Schutz gegen böse Einflüsse und rivalisierende Magier betrachtet. Zu den zahlreichen mystischen Siebenergruppen zählen auch die sieben Todsünden, die sieben Kirchen von Asien, die sieben Sakramente, die sieben Tage der Schöpfung, die sieben Lebensalter des Menschen, die Sieben Pfeiler der Weisheit, die sieben Freien Künste, die sieben Tugenden und die Sieben Weltwunder.

[1] Trachtenberg, 123
[2] Wedeck, 23

Neunfache Göttin

Wie der Stern der Musen erinnert der der Neunfachen Göttin an viele andere heilige weibliche Neunheiten in Mythologie und Volksbräuchen und wird durch seine Anrufung zum magischen Zeichen. Aber während der Stern der Musen durch frei ineinandergeschobene Dreiecke zustande kommt, besteht das Zeichen der Neunfachen Göttin aus einer einzigen ungebrochenen Linie, die alle Abschnitte der Figur in der akzeptierten Tradition der ununterbrochenen Einschließung zusammenfaßt. Das galt als spiritueller Schutz.

Dieses Muster entsteht dadurch, daß man jede Linie von jedem Punkt zu jedem viertnächsten Punkt auf dem kreisförmigen Sternumfang zieht. Im Gegensatz dazu erhält man den Stern der Musen dadurch, daß man jede Linie von jedem Punkt zum drittnächsten Punkt zieht. Trotz augenscheinlicher Komplexität kann man beide

Muster ohne weiteres auf einen Kreis einzeichnen, der in Vierzig-Grad-Winkelbögen eingeteilt ist (9 x 40 = 360). Solche Muster stellen neunfältige Welteinteilungen dar wie etwa die neun Welten des norwegischen Mythos: Muspellheim, Asaheim, Ljosalfaheim, Vanaheim, Manaheim (Midgard), Jotunheim, Svartalfaheim, Helheim und Niflheim, die Welten des Feuers, der Götter, der Lichtelfen, des Meeres, der Erdbewohner, der Riesen, der Dunkelelfen, der Toten und der Nebel.

Ein weiterer Grund für die Heiligkeit der Neun in den arabischen Zahlen besteht darin, daß die Quersummen jedes Vielfachen von Neun wieder Neun ergeben. 2 x 9 = 18 (1 + 8); 3 x 9 = 27 (2 + 7); 4 x 9 = 36 (3 + 6); 5 x 9 = 45 (4 + 5); 6 x 9 = 54 (5 + 4); 7 x 9 = 63 (6 + 3); 8 x 9 = 72 (7 + 2); 9 x 9 = 81 (8 + 1); 10 x 9 = 90 (9 + 0). Die zweite Dekade der Vielfachen von Neun ergibt in der Quersumme zweimal Neun, die dritte Dekade dreimal Neun usw.

Oktagramm

Das zentrale Motiv des Oktagramms sind zwei verflochtene Quadrate, von denen eines aufrecht und das andere diagonal steht, so daß ihre Kombination als die Verbindung von Quadrat und Rhombus betrachtet werden kann. Diese beiden Formen sind, für sich genommen, in ähnlicher Weise voneinander getrennt, wie es auch die beiden Dreiecke des Hexagramms sind. Die erwünschte fortlaufende Linie, das »torlose« Muster wird dadurch erreicht, daß man alle acht Seiten der beiden Quadrate verlängert, bis sie sich an den Punkten eines achtzackigen Sterns treffen. Bei der Kontemplation erscheint geheimnisvoll, daß eine Figur mit einer geraden Zahl von Endpunkten aus einer fortlaufenden Linie entstehen kann. Und das mag denn auch die magischen Inhalte erklären, die man so oft im Oktagramm gesehen hat.[1]

In religiösem Zusammenhang galt das Oktagramm als Symbol für die Idee der Regeneration.[2]

[1] Hornung, 213
[2] Lehner, 108

Penelopes Gewebe

Dies ist ein interessantes Muster aus zehn kleinen Pentagrammen, die um ein zehnspeichiges Rad im Zentrum angeordnet sind. Alle Fünfzacke zusammen bestehen aus nur zwei Linien. Das kann man sehen, wenn man ihren verflochtenen Wegen mit dem Auge folgt. Dies ist ein Schutzemblem, genauso wie der einfache Fünfzackstern. Aber im Gegensatz zu diesem ist der Schutzwall – ein Ring mit zwanzig nach außen gerichteten Spitzen – noch deutlicher. Die Verbindungslinien aber führen alle Einzelteile im Zentrum zusammen, wie eine gemeinsame Sache, ein gemeinsamer Plan Menschen zum Nutzen des Ganzen zusammenhält.

Die mythologische Gestalt der Penelope ist in besonderer Weise mit Schutz und Bewahrung assoziiert, denn sie war es, die sich durchgängig geweigert hat, den Faden des Lebens durchzuschneiden, der das Leben ihres Gatten Odysseus in all seinen Abenteuern erhalten hat, obwohl ihm selbst die trojanische Königin und Hohepriesterin der Hekate einen Todesfluch mit auf den Weg gegeben hatte.[1] Der Name Penelope bedeutet »Verschleierte«, und das war in Wirklichkeit ein Name der Schicksalsgöttin, die das Schicksal der Menschen dadurch bestimmte, daß sie ihre Webfäden durchschnitt oder fortspann. Im ersten Fall mußte der Mensch sterben. Aber Homer zufolge trennte Penelope ihr Gewebe jede Nacht wieder auf, anstatt die Fäden, die Odysseus darstellten, abzuschneiden; auf diese Weise entging er allen Gefahren und kehrte schließlich in seine Heimat zurück.

[1] Graves, The Greek Myths, Bd. 2, 341

Pentagramm

Das Pentagramm wird von allen esoterischen Symbolen am meisten verehrt und hat viele neue Namen erhalten: Pentalpha, Salomons Siegel, Stern von Bethlehem, Stern der Drei Könige, Stern der Zauberer, Teufelszeichen, Hexenkreuz, Koboldsfuß oder Drudenfuß, was eigentlich »Druidenfuß« heißt.[1] An dieser Ansammlung von Namen sieht man schon, daß das Pentagramm mit Magie, Heidentum, Teufelskult und christlicher Mystik zu tun hat.

In den alten Zeiten stand das Pentagramm für Leben oder Gesundheit. Es leitet sich von dem Apfelkern-Pentagramm der Erdmutter ab. Bis heute schneiden Zigeunerinnen einen Apfel quer, damit das Pentagramm zum Vorschein kommt, das sie als »Stern der Erkenntnis« bezeichnen.[2] Das Pentagramm war der keltischen Todesgöttin Morgan heilig. Ihr zu Ehren wurde es auf einem blutroten Schild getragen, so weiß es die Geschichte von »Gawain und dem Grünen Ritter«. Es ist noch immer das Zeichen des Erdelementes im Tarot und hat sich im modernen Kartendeck zum Karo entwickelt. Wenn eine der Spitzen nach unten gerichtet war, so sah man darin den Kopf des gehörnten Gottes.

Das Pentagramm stellt nicht nur ein fortlaufendes, »torloses« Schutzzeichen dar, sondern hat auch eine Verbindung zur mystischen Disziplin der Numerologie. Um ein Pentagramm zu zeichnen, teilt man einen Kreis in fünf Bögen von je 72 Grad auf. Zweiundsiebzig ist eine äußerst wichtige magische Zahl, da sie durch alle anderen Zahlen von 1 bis 9 teilbar ist mit Ausnahme der Zahl Fünf und der anderen magischen Zahl Sieben; sie ist auch durch die Tierkreiszahl Zwölf und das Doppelte, Dreifache und Sechsfache der Zwölf teilbar. So magisch war die Zahl Zweiundsiebzig, daß einer der dauerhaftesten Mythen über den Ursprung der Bibel sie das Buch der Zweiundsiebzig (Septuaginta) nannte; da sie angeblich im 3. Jahrhundert v. Chr. von 72 Gelehrten gleichzeitig aus dem Hebräischen ins Griechische übersetzt worden und jede Version mit den 71 anderen Übersetzungen aufs Wort identisch gewesen sei. Diese dümmliche Geschichte war während des ganzen Mittelalters ein Glaubensartikel.

Während des Mittelalters hieß es auch, daß Hexen und Heiden sich mit Pentagramm segneten, anstatt das Kreuzzeichen zu schlagen. Von daher rührt denn auch der Name »Hexenkreuz«. Da man das Pentagramm für ein so überaus starkes Schutzzeichen hielt, ist es durchaus möglich, daß sich die Menschen eher noch mit einem Pentagramm »bekreuzigten« als mit einem Kreuz mit vier Spitzen oder einer hermetischen Vier. Die Selbstsegnung mit einem Pentagramm wird folgendermaßen vollzogen: Man berührt mit der rechten Hand die linke Brust, die Stirn, die rechte Brust, die linke Schulter, die rechte Schulter und schließlich wieder die linke

Brust, um das Pentagramm zu schließen.

[1] Trachtenberg, 141; Huson, 225
[2] Derlon, 157

Pentagramm-Blume

Die beiden Einzelbestandteile dieses Muster sind: a) ein Pentagramm und b) eine Blütenform mit fünf Blättern. Letztere entsteht dadurch, daß man die Seiten eines kleineren Pentagramms über ihre Spitzen hinaus nach außen zieht und mit einem Bogen verbindet. Jedes einzelne Motiv ist ganz exakt mit den Linien des eigenen Diagramms verflochten, die es kreuzt. Und zusätzlich sind die beiden noch miteinander verflochten. Die Synthese von Blüte und Stern symbolisiert Erde und Himmel.

Diese und andere Variationen des Pentagramms symbolisierten manchmal die fünf Stationen des weiblichen Göttin-Lebens: Geburt, Menarche, Mutterschaft, Menopause und Tod. Wenn diese Stationen zum Gebrauch für beide Geschlechter angepaßt wurden, so wurde daraus zumeist: Geburt, Initiation (Pubertät), Heirat, Ruhe von der Arbeit und Tod.[1]

[1] G. Jobes, Bd. 1, 577; Bd. 2, 1668

Pentagramm mit Ringen

Ein Pentagramm, das mit fünf Ringen verflochten war, betrachtete man als eine höchst mystische Synthese: Spitzen und Kreise, Männliches und Weibliches, die Einheit von unablässiger Synthese wie in dem Ei-und-Pfeil-Fries. Dieses hübsche Muster bildet ebenfalls ein Gewebe aus darüber- und darunterverlaufenden Linien, die das Auge in eine endlose Meditation davontragen.

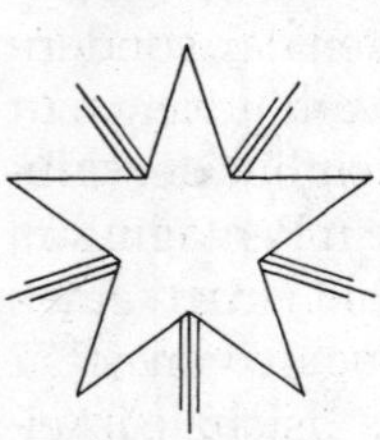

Stern

Die Menschen der Antike betrachteten Sterne im allgemeinen als lebende Wesen – als himmlische Engel, sagenhafte

Helden oder als Seelen der Ungeborenen oder der Toten, die nun mit neuen »astralen« Körpern (Sternenkörpern) ausgestattet waren. Diese feinstofflichen Körper bestanden aus diesem geheimnisvollen, nicht-existierenden Sternenstoff, den die Griechen Äther nannten, jenes fünfte Element, das man für leichter, feiner und flüchtiger hielt als das Feuer. Dieser ätherische Körper war es, auf den sich die Gnostiker bezogen, wenn sie von Jesus und den anderen heiligen Personen sprachen, denen für das Leben im Himmel »Körper aus Licht« verliehen worden seien. Manche Traditionen lokalisierten mit großer Selbstverständlichkeit die Seele eines jeden Menschen in einem Stern oder ordneten den Sternen im Himmel eine äußere Seele zu, die sich nochmal von der Seele unterschied, die den Erden-Körper bewohnte. Geriet der Lebenszyklus in eine schwierige Übergangszeit, so vermutete man Gefahren für den Geist eines Menschen, vor allem »wenn der Stern eines Menschen tief hängt«. Die jüdischen Schriften behaupten, daß »jede Angelegenheit, mit der ein Mensch hier auf der Erde befaßt ist, zuerst beim Engel seines Sterns angedeutet wird«. Das ist ein Beispiel für die allgegenwärtige Theorie des »Wie oben, so unten«, die sowohl der Astrologie wie auch der Eschatologie zugrunde liegt.[1]

Mehrere Göttin-Namen wie etwa Himmelskönigin und Mutter der Sterne bezogen sich auf den Morgenstern: Astarte, Astraea, Esther, Ischtar, Venus, Stella Maris, Diana Lucifera. Derselbe Stern wurde dann aber auch zum Symbol ihres männlichen Gegenparts, der bei den Bibelschreibern Luzifer (»Licht-Träger«) oder »Sohn des Morgens« heißt. In Jesaia 14,12 erscheint er als Gottes Rivale. Merkwürdig ist allerdings, daß derselbe Morgenstern in der Bibel auch als Gottes Sohn Jesus auftaucht (Offenbarung 11, 16).

Das Standardbild eines Sternes war fünfzackig wie das Pentagramm. Seine Prototypen in der Natur waren der fünfzackige Stern im Apfelmark sowie fünfblättrige Blüten wie etwa die Apfelblüte und die Rose, die allesamt ursprünglich der Göttin heilig waren. Ihr fünfzackiger Stern blieb im Mittleren Osten selbst noch nach der Entstehung des patriarchalen Islam vorherrschend, er verewigte sich nämlich auf dessen Flaggen. Noch heute erscheint der fünfzackige Stern auf den Flaggen vieler Nationen, die mit dieser vorislamischen Tradition in Berührung gekommen sind: Syrien, Türkei, Irak, Jemen, Jordanien, Albanien, Jugoslawien,

Rußland, Algerien, Marokko, Tunesien, Libyen, Mauretanien, Liberia, Senegal, Ghana, Somalia, Pakistan und Burma, ganz zu schweigen von den Vereinigten Staaten und anderen Nationen der Neuen Welt, die ganz einfach die weltweit verbreitete Vorstellung übernahmen, daß Fünf die richtige Zahl für die Zacken eines Sterns sei. Natürlich haben wirkliche Sterne keine Zacken, aber das Funkeln, das beim Durchgang ihres Lichtes durch die Erdatmosphäre aufblitzt, kann solche Bilder eben entstehen lassen.

Ein fünfzackiger Stern, der sich glorreich über einem Kreuz erhebt, war das Emblem der heiligen Geneviève, der Patronin von Paris.[2] Geneviève war ebenfalls eine von jenen falschen Heiligen, deren Lebensgeschichte Jahrhunderte nach ihrer vorgeblichen Lebenszeit erfunden wurde, um ihre Verehrung und ihre Reliquien zu erklären. Ihr Name bedeutet »Lebensschöpferin«, und das läßt vermuten, daß sie eine lokale Manifestation einer heidnischen Göttin war, die in die Kirche integriert werden mußte, weil die Bevölkerung nicht auf sie verzichten wollte.

Der umstrittenste Stern in der jüdisch-christlichen Mythologie ist der Stern von Bethlehem, den man für unverzichtbar hielt, damit Jesus in die Prophezeiung von Numeri 24,17 paßte: »Es wird ein Stern aus Jakob kommen«. In bezug auf diesen Stern gibt es viele Stellungnahmen von modernen Gelehrten. Man nennt ihn einen Kometen, eine Nova, eine Supernova, einen Meteor oder Meteoriten oder auch die Konjunktion von zwei Planeten. Aber nichts, was am Himmel stattfand, konnte auf einen ganz bestimmten Ort der Erdoberfläche hinweisen: »Weder ein Komet noch irgendein anderer Himmelskörper konnte Reisende zu einem ganz bestimmten Gebäude führen. Und was Meteoriten oder Sternschnuppen betrifft, die *tatsächlich* auf die Erde fallen, so geschieht dies so schnell, daß die Magier nicht genug Zeit gehabt hätten, ihr Frühstück einzupacken, geschweige denn dem Stern bis nach Bethlehem zu folgen.«[3] Dieser ganze Mythos beruht vielleicht auf den ägyptischen »Drei Weisen« – den drei Sternen im Gürtel des Orion –, deren Aufstieg das Kommen von Sothis, dem Stern des Osiris, ankündigte. Und der ägyptische Sothis ist der Sirius, der hellste Stern am Himmel, dessen Ankunft mit der jährlichen Nilflut einherging.

[1] Trachtenberg, 47, 69
[2] Brewster, 52
[3] Arnheim, 27

Stern der Musen

Überall gab es in den Volksbräuchen und Mythen heilige Frauen oder weibliche Geister in Neunergruppen. Da waren die Musen des klassischen Griechenlands, die neun Morgans des keltischen Paradieses, die neun Korrigen auf ihrer heiligen Insel, die neuen Mondmädchen, die die skandinavischen Götter erschufen usw. Im Aberglauben des englischen Mittelalters hießen sie manchmal *mares*, sie lebten in unzugänglichen Wäldern und benahmen sich wie *Incubi*, d.h., sie setzten sich auf den Körper von schlafenden Männern, drosselten ihren Atem und beraubten sie der Kraft der Rede: Von daher der englische Ausdruck *nightmare* für »Alptraum«. Das war eine patriarchalische Umkehrung der ursprünglichen Kräfte der Musen, die *Inspiration* (»Einatmen«) und die Kraft der Rede und der Poesie verliehen.[1]

Der Stern der Musen ist eine dreifache Dreiheit und erscheint hier als drei verflochtene Dreiecke. Die archaischen Musen selbst waren zunächst nur drei Aspekte der Göttin Mnemosyne (»Gedächtnis«), die später verdreifacht wurde. Und so wurden sie zu den göttlichen Nymphen, die auf dem Berg Helikon die Quelle der Inspiration bewachten. Klassische Schriftsteller nannten sie Thalia, Klio, Kalliope, Terpsichore, Melpomene, Erato, Euterpe, Polyhymnia und Urania – wobei der letztgenannte Name »die Himmlische« bedeutet.

Natürlich haben sich die christlichen Symbolisten dieses Sterns bemächtigt, der ursprünglich die Neunfache Göttin darstellte; heute wird er manchmal als das Sinnbild des (männlichen) Heiligen Geistes ausgegeben.[2]

[1] Trachtenberg, 39
[2] Lehner, 108

Stern der Sieben Schwestern

In der mittelalterlichen Magie war die Sieben – nach der Drei – die beliebteste Zahl mystischer Kraft.[1] Sie wurde oft mit den himmlischen Sieben Schwestern assoziiert, die die »Weltachse« bewachten; Sie waren entweder die sieben hellen Sterne des zirkumpolaren Sternbildes des Großen Bären oder die Pleiaden, deren griechischer Name »Taubenschar« bedeutet. Sieben sagenhafte Priesterinnen dieses Namens sollen die wichtigsten Orakel-Heiligtümer der Antike gegründet haben. Im Mittleren Osten waren es die sieben Pfeiler der Weisheit. In Südostasien waren es die Krittikas oder Sieben Weltmütter. Die Ägypter nannten sie die Sieben Hathors oder die »sieben Wesen, die Beschlüsse fassen« und denen die Toten auf ihrer Reise durch die »sieben Sphären« des Lebens nach dem Tod begegnen würden.[2] In der gnostischen Überlieferung waren die sieben Pfeiler Karyatiden in Frauengestalt, die zu den Heiligtümern der Sophia, der Mutter der Weisheit, gehörten. Auch sie waren »sieben Schwestern«. Als fortlaufendes Flechtmuster wurde auch der Stern der Sieben Schwestern oftmals als Schutz verwendet, um Außenstehenden das Eindringen in die eigenen Geheimnisse zu verwehren.

[1] Trachtenberg, 119
[2] Budge, Egyptian Magic, 165

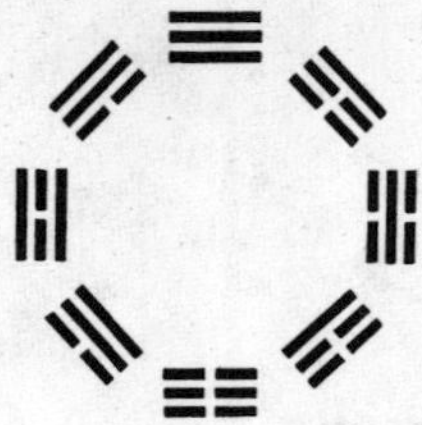

Trigramme

Das sind die acht Figuren aus dem berühmten chinesischen Orakelbuch »I Ging«, dem »Buch der Wandlungen«. Die Trigramme kombinieren die klassischen vier Elemente mit vier Subelementen, die der menschlichen Erfahrung vertraut sind: Luft/Atem, Wasser/Meer, Erde/Berg, Feuer/Donnerkeil oder Blitz. Die Erfindung der Trigramme wurde dem Kulturheros Fu Hsi zugeschrieben, dessen Lebenszeit vielleicht noch in der matriarchalen Periode Chinas anzusetzen ist, da er keinen Vater, sondern nur eine Mutter hatte. Wie der ähnliche, vaterlose athenische Kulturheros Kekrops hatte er einen Schlangenschwanz. Jener war der erste Mann, der die monogame Ehe einführte.[1] Fu Hsi dagegen verband sich mit der Urschöpferin, der Großen Mutter Chinas, nu Kua, die Himmel und Erde, also die Quelle seiner Ideen geschaffen hatte. Mit verschlungenen Schlangenschwänzen schufen die Göttin und ihr Liebhaber die Fertigkeiten der Zivilisation und übergaben sie der Menschheit.[2]

[1] Graves, The Greek Myths, 97
[2] Perry, 212

Universum

Die Sonne mit den acht Strahlen, die in der Mitte von der Himmelskuppel gestützt wurde, war ein beliebtes gnostisches Symbol für das Universum.[1] Im Inneren dieser Figur lag das göttliche Schlangen-Symbol, der Buchstabe S, der sich vom doppelt gekrümmten Körper der Schlange ableitete und dessen zischendes Geräusch eine Nachahmung des Schlangenzischens war. Die Schlange war in vielen antiken Glaubenssystemen das Alter Ego des Sonnengottes: Python/Apollo, Apap/Ra, Sata/Osiris, Ahriman/Ormazd und selbst Ophis/Christus – wie die ophionitisch-gnostischen Christen glaubten – traten als duale Paare in Erscheinung. Ein ähnliches Ideogramm symbolisierte auf Keilschrift-Tafeln aus Assyrien und Babylon den Himmelsgott.[2]

[1] Koch, 22
[2] d'Alviella, 216

Zeichen der Unterwelt

In der Sprache der ägyptischen Hieroglyphen stand dieses Zeichen für die Tuat, das unterirdische Reich der Toten.[1] In weiterer Definition stand es auch für den Unterweltsaspekt der Göttin, die verschiedentlich Nephthys, Maat oder auch Hekate, die alte weise Frau und Hebamme, genannt wurde. Embleme mit fünf Sektoren bezogen sich im allgemeinen auf eine weibliche Gottheit. Im Mittleren Osten hieß sie Ana. Dasselbe Zeichen wurde auch zum Sigill ihrer christianisierten Form St. Anna, der Patronin der Geburtshilfe.[2] Da Anna zur Mutter der Maria gemacht wurde – ihre frühere heidnische Form setzte sich aus beiden Bestandteilen, nämlich Mari-Anna, Jungfrau und Greisin zusammen –, wurde ihr dieselbe unbefleckte Empfängnis zugeschrieben wie ihrer Tochter. Das heißt, daß sie ohne den Flecken der Erbsünde geboren war. Aber der Legende nach hatte die heilige Anna drei Ehemänner und zahlreiche andere Kinder außer Maria, von denen die meisten zu fiktiven Heiligen gestempelt wurden.

Da die Kirche im Laufe der Zeit einsah, daß die Lehre von Annas unbefleckter Empfängnis theologisch nur sehr umständlich aufrechtzuerhalten war, wurde sie schließlich revidiert und für falsch erklärt.[3]

[1] Budge, Egyptian Language, 75
[2] Brewster, 343
[3] Neumann, 57, 59

Zwölfzackiges Flechtmuster

Es gibt verschiedene Arten, dieses Flechtmuster zu betrachten. Es kann in allen Richtungen als drei ineinandergeschobene Dreiecke wahrgenommen werden. Wenn sie nach oben zeigen, dann sind zwei oben und eines unten. Wenn sie nach unten zeigen, so sind zwei unten und eines oben. Auf diese Weise wird der dreifaltige Geist der Musen, Nornen oder Schicksalsgöttinnen auf sechsfache Weise angerufen – um nur einmal das elementare Muster zu analysieren. Die offenen Stellen zeigen ferner sieben Hexagramme.

Zwölf Spitzen können mit den Tierkreiszeichen assoziiert werden, wie auch die ursprünglichen zwölf Ritter der keltischen Tafelrunde, die sich vielleicht zu je zwei und zwei auf jeder Seite einer sechseckigen Tafel gegenübersaßen. Auch die zwölf Liktoren des Romulus, die Zwölf Pairs von Frankreich und die zwölf *Namshans* des Runden Rates des Dalai Lama haben sich vielleicht in einer solchen Sitzordnung zusammengefunden.[1]

[1] Cirlot, 263

6

SAKRALE OBJEKTE

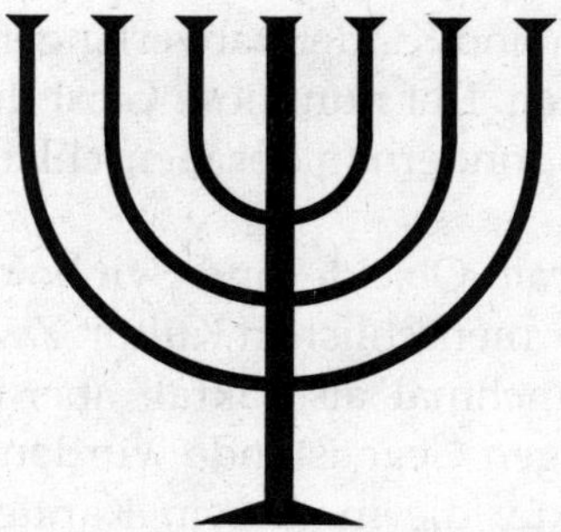

Ägis
Altar
Anch
Ankerkreuz
Ansata-Kreuz
Apex
Arche
Caduceus
Chrisma
Dreizack
Füllhorn
Geflügelte Sonnenscheibe
Grab
Heilige Farben
Heiliger Gral
Herme
Hostie
Idol
Juwel im Lotus
Kalvarienkreuz
Karyatide
Kathedrale
Kreuz der Ostkirche
Krummstab
Labrys
Labyrinth
Mauerkrone
Mem-Aleph
Menat
Menorah
Mesusah
Om
Omphalos
Orakel
Palladium
Papstkreuz
Patriarchenkreuz
Phylakterien
Schibboleth
Sefirot
Sheila-na-gig
Sistrum
Sri Yantra
Tafel der Isis
Tattvas
Thron
Tjet
Torah
Trisula
Udjat
Uräus
Urim und Thummim
Urtext
Ushnisha
Weihrauch
Zikkurat

Kein Gegenstand oder Symbol ist für sich genommen »sakral« – also im Sinne einer ihm innewohnenden Qualität. Das Sakrale entspringt vielmehr erst aus der Haltung, die Menschen zu ihm einnehmen. Wie wird ein Gegenstand »heilig«? Erst dadurch, daß Menschen ihn als heilig behandeln, mit der Aura der Heiligkeit über ihn sprechen und sich selbst, ihren Mitmenschen und Kindern abverlangen, ihm mit heiligem Schauer zu begegnen. Der numinose Geist dieses Objektes liegt nicht in ihm selbst, sondern in der menschlichen Kultur, die ihn definiert.

Mehr noch: Sakrale Objekte und Symbole existieren oft gar nicht außerhalb der menschlichen Kultur. Zwar gelten auch Naturphänomene manchmal als sakral, aber die überwiegende Mehrzahl der heiligen Gegenstände wurden von Menschen erfunden. Die Objekte, die in diesem Kapitel erörtert werden, gehören zu dieser »künstlichen« Gattung. Sie sind oder waren nur deshalb heilig, weil sie ganz bewußt und absichtsvoll zu diesem und keinem anderen Zweck geschaffen wurden.

Ein chinesisches Sprichwort besagt, daß jemand, der Bilder oder Statuen schafft, keinen Gott verehrt: Denn er weiß, aus welchem Stoff die Götter bestehen. Und dennoch gibt es in den Menschen eine tiefverwurzelte Tendenz, die irdische Entstehung der Götter zu vergessen und sie mit übernatürlicher Kraft auszustatten. Wenn ein Gegenstand oder Symbol einmal als »sakral« definiert worden ist, so nimmt es ein eigenes Leben an und ist nun für Magie, Weissagung, Meditation oder Gebet verwendbar.

Den menschlichen Impuls, Dinge als sakral zu definieren, gibt es auf der ganzen Welt. Afrikaner, die ihre Stammestänze abhalten, um ein selbstgefertigtes Idol aus Holz und Federn günstig zu stimmen, unterscheiden sich kaum von europäischen Katholiken, die vor einer Gipsstatue der Jungfrau Maria leidenschaftlich ihre Rosenkränze zwischen den Fingern drehen. Katholiken werden das afrikanische Ritual als Götzenverehrung brandmarken und ihr eigenes Tun als »religiös« ausgeben, aber Worte können die prinzipielle Ähnlichkeit beider Verhaltensweisen nicht verschleiern. Beide heiligen Objekte, die von Menschenhand hergestellt wurden, und benehmen sich so, als hätten sie Augen, zu sehen, und Ohren, um zu hören.

Christliche Gläubige mögen einwenden, daß ihr heiliges Objekt doch »nur das Symbol« einer abstrakteren Gottheit sei, aber das läuft auf dasselbe hinaus: Denn letztlich wird dieses Objekt eben doch mit sakralen Qualitäten ausgestattet. So wird sich zum Beispiel ein Patriot in höchstem Maße erzürnen, wenn ein Feind auf der Flagge seines Landes herumtrampelt. Es liegt klar zutage, daß dieser symbolische Akt dem Land nicht schadet. Aber die Flagge selbst wurde als sakral definiert, und deshalb ist für ihn das Tuch, aus dem sie gewebt wurde, ein ganz besonderes Gewebe – anders als alle anderen. Die menschlichen Emotionen wurden darauf trainiert, in besonderer Weise darauf zu reagieren.

Ein Objekt kann durch eine einzelne Person sakralisiert werden (etwa ein Gegenstand, der an eine geliebte verstorbene Person erinnert), oder es kann durch große Menschenmengen sakralisiert werden (wie etwa das christliche Kreuz). Es spielt keine Rolle, wie viele Menschen sich einig sind, daß irgendein Gegenstand heilig sein soll. Es geht nur um den Impuls als solchen.

Dennoch gibt es immer auch eine gewisse Unklarheit über die Grenze zwischen sakral und weltlich. Manche Gegenstände überschreiten diese Grenze in beide Richtungen. Was als weltliches Kunstwerk oder Naturprodukt begann, kann sakralisiert werden. Umgekehrt können sakrale Objekte mit der Zeit wieder profan werden, wenn ihre religiöse Bedeutung in Vergessenheit gerät. Der Mensch von heute, der die Gipsmadonna anbetet, wird vielleicht einer römischen Venusstatue nicht dieselbe ehrfurchtsvolle Haltung entgegenbringen, auch wenn die Venus als Kunstwerk der Madonna weit überlegen ist. Die Menschen, die Venus in ihrer göttlichen Nacktheit verehrten, sind inzwischen alle tot, deshalb wurde sie zu einem säkularisierten Objekt. Mehr noch: Manche der Gegenstände und Symbole, die von unseren Ahnen in großem Ernst verehrt worden sind, wurden sogar regelrecht verteufelt: Jahrhundertelang wurden sie durch die herrschende Religion bekämpft, so daß sie heute nicht nur als nicht-sakral, sondern sogar als böse abgestempelt werden.

Auch das ist ein Produkt der menschlichen Kultur. Die Gefühle, die sie erzeugt, sind oftmals konditionierte Reflexe.

Die Erforschung von sakralen Gegenständen aus Vergangenheit und Gegenwart gewährt uns Einblick in das Bewußtsein der Menschen, die sie erzeugen und auf sie reagieren. Eine solche Forschung erweitert den Gedankenhorizont, und das kann uns zu einem besseren Verständnis des Selbst wie auch der übrigen Menschheit führen.

Ägis

Die Ägis war das Emblem göttlicher Souveränität bei den griechischen Göttern. Sie war ein Brustschild aus rotgefärbtem Ziegenleder, auf dem Orakelschlangen und das Gorgonenhaupt eingezeichnet waren. Sie wurde von Zeus usurpiert, gehörte aber nach der ältesten Tradition der Göttin Athene, deren Weisheit sich in Schlangen und im Gorgonenhaupt mit dem Schlangenhaar verkörperte. Die berühmte Statue der Athene, die von dem Bildhauer Phidias geschaffen wurde, zeigt sie und nicht Zeus als Trägerin des Ägis-Schildes.

Athene stammte jedoch nicht aus Athen, sondern aus Libyen; und das Medusenhaupt auf ihrem Brustschild war kein Geschenk des Sagenhelden Perseus. Vielmehr stellte es sie als die libysche Göttin Medusa (Metis) dar, deren Maske mit den Schlangenhaaren die Kraft zugeschrieben wurde, Menschen zu Stein erstarren zu lassen. Die Ägis war ursprünglich »ein magischer Sack aus Ziegenfell, der eine Schlange enthielt und durch eine Gorgonenmaske geschützt wurde«.[1] Herodot sagte, daß die Ägis aus Ziegenfell von den libyschen Frauen stamme.[2]

[1] Graves, The Greek Myths, Bd. 1, 44
[2] Herodot, 270

Altar

Das Pyramidensymbol eines Altares stammt von einer frühen Darstellung des heiligen

Berges, der steil aufragte, um einen engen Kontakt mit dem Himmel herzustellen. Auf antiken Altären waren Hörner allgegenwärtig. Vielleicht haben sie den gehörnten Kopf der Gottheit oder auch die Verwendung von gehörnten Tieren für Opferzwecke symbolisiert, vielleicht auch die traditionelle Vorstellung, daß heilige Personen wie auch heilige Bauwerke als Zeichen ihrer Heiligkeit Hörner trugen. Die Bibel spricht von hörnergeschmückten Altären und erzählt, wie Moses vom heiligen Berg mit gehörntem Haupt niederstieg. So war der Wortlaut in der hebräischen Fassung, aber die Übersetzer geben diesen Ausdruck meist mit dem Adjektiv »strahlend« wieder.[1] Einige Gelehrte sind der Meinung, daß der Altar ursprünglich ein Grab war, an dem den vergöttlichten Ahnen Opfer dargebracht wurden. Die christliche Sitte, die Reliquien ihrer Heiligen unter dem Altar zu begraben, entsprang diesem primitiven Brauch. Die biblische Vision der »Seelen derjenigen am Altar, die für das Wort Gottes erschlagen wurden« (Offenbarung 6,9) entstammte jedoch der heidnischen Vorstellung, daß die jüngst Verstorbenen sich am Rande des Himmels unter dem Sternbild »Altar« versammelten.[2]

[1] Elworthy, 185
[2] Rose, 289

Anch

In den ägyptischen Hieroglyphen bedeutete das Wort *anch* sowohl »Leben« wie auch »Handspiegel«.[1] Es war mit dem Spiegel der Göttin Hathor und dem Spiegel der Venus verwandt und war ursprünglich ein weibliches Symbol, das von primitiven Bildern der Göttin aus Libyen und Phönizien stammte: Ein schmales Dreieck, auf dessen Spitze horizontal ausgebreitete Arme und ein ovaler Kopf eingezeichnet sind.[2] In Ägypten wurde es zum Zeichen für sexuelle Vereinigung und für Unsterblichkeit von Göttern, die durch das heilige Blut der Göttin gewährt wurde. Als Zeichen dafür, wurde der yoniförmige obere Teil der Zeichnung meist rot ausgemalt, während das phallische Kreuz weiß blieb.[3] Ägyptische Gottheiten aller Art wurden mit dem Anch-Zeichen dargestellt: Sie trugen es als Symbol für das Geschenk des ewigen Lebens, das ihren königlichen oder priesterlichen Dienern versprochen worden war.[4]

Das Anch hieß auch »Schlüssel des Nils«, weil es die Unio Mystica von Isis und Osiris darstellte, die, wie man glaubte, die alljährliche Nilüberflutung auslöste, von der alles Leben in Ägypten abhing.

[1] Brier, 145
[2] d'Alviella, 186–190
[3] Jung, 55
[4] Budge, Amulets and Talismans, 128

Ankerkreuz

Als Variante des ägyptischen Anch-Zeichens wurde es ungefähr im 4. oder 5. Jahrhundert n. Chr. von der christlichen Gemeinschaft übernommen. Es wurde mit anderen Meeressymbolen wie dem Fisch und dem Schiff wie auch mit den christlichen Geistlichen selbst assoziiert, die sich als »Menschenfischer« verstanden. Das Ankerkreuz wurde auf christlichen Gräbern in den Katakomben eingeritzt, aber ob es damals ein Symbol des Glaubens oder ein Zeichen für Seefahrt war, ist nicht bekannt. Manchmal wurde behauptet, daß das Ankerkreuz ein magisches Amulett war, um Schiffe im Sturm vor dem Untergang zu bewahren.

Ansata-Kreuz

Diese Figur war vom ägyptischen Anch abgeleitet und verband das Tau mit einem Erdsymbol. Manchmal wurde es auch als menschliche Figur gedeutet. Wie alle anderen Formen des Kreuzes wurde es im frühen Mittelalter vom Christentum übernommen.

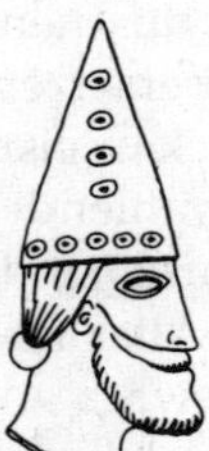

Apex, dargestellt auf dem Haupt des Gottes Freyr

Apex

Der Apex war eine konisch zulaufende Mitra, die vom höchsten römischen Priester, dem Pontifex Maximus, immer getragen wurde, wenn er sich im Freien befand. Er symbolisierte seine spirituelle Macht, die vom Himmel auf seinen Kopf herniederkam.[1] Auch viele andere Götter und gottähnliche Wesen trugen den Apex. Mithras erschien immer mit einer spitz zulaufenden Kopfbedeckung. Der norwegische Gott Freyr trug dieselbe Kopfbedeckung wie die römischen Priester.[2] In Ägypten glaubte man, daß der Gott von Heliopolis als konisch geformter *benben*-Stein oder als *Pyramidion* dem wäßrigen Ur-Schoß entstiegen sei. Und so sei er zum Modell für all die spitz zulaufenden Obelisken und Kopfbedeckungen der Pharaonen geworden. Noch im 19. Jahrhundert n. Chr. wurden ägyptische Karneval-Könige geopfert – allerdings nur als Nachbildungen. Sie spielten eine Clownrolle und trugen die hochragenden »Narrenkappen« als trivialisierte Form der antiken Gottkönige.[3] In den Sagen des mittelalterlichen Europa trugen nicht nur Narren und Clowns spitze Mützen, sondern auch Elfen, Kobolde, Gnomen und Feen – auch wenn es nur korrigierte Abbilder der einstigen heidnischen Naturgeister waren. Während der Terrorherrschaft der Inquisition wurde das Heidnische der spitzen Kappen dadurch betont, daß man sie verurteilten Häretikern auf dem Weg zum Scheiterhaufen aufsetzte. Während des 19. Jahrhunderts erreichte dieses einstige Symbol des Gottkönigtums, der Priesterschaft, des Heidentums und der Häresie schließlich die letzte Stufe der Trivialisierung: Es wurde zum Requisit des Schulzimmers, zur »Narrenkappe«, die man als demütigendes Kennzeichen Kindern aufsetzte, die ihre Lektionen nicht gelernt hatten.

[1] Rose, 209
[2] Davidson, Pagan Scandinavia, 134
[3] Campbell, Oriental Mythology, 73

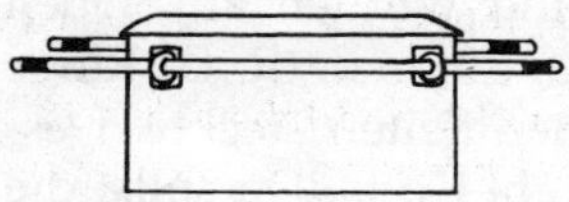

Arche

Das Wort »Arche« kommt von dem lateinischen Wort *arca* für »Truhe« oder »Schachtel«. Gemeint waren alle Behältnisse, in denen man geheime religiöse Gegenstände vestecken und transportieren konnte. Die Griechen nannten denselben Gegenstand *cista*, d.h. »Korb« oder auch »Kiste«. Die biblischen Hinweise auf die Bündnisarche – oder, wie man im Deutschen meist sagt, die »Bundeslade« – werden aus zwei verschiedenen hebräischen Worten übersetzt, nämlich *tebah* und *aron*. Das letztere hat die Bedeutung einer Kiste oder eines Sarges aus Holz, das erstere verweist auf eine Kiste oder ein rechtwinkliges Haus mit Flachdach, das doppelt so lang wie breit oder hoch ist; es kann aber auch die Bedeutung einer schwimmenden Truhe oder eines Bootes haben – wie das Gefährt des kleinen Moses auf dem Nil, das ebenfalls als *tebah* bezeichnet wurde.

Die Vorstellung der »Bündnisarche« war eine Nachahmung von ägyptischen akkadischen und chaldäischen Arche-Heiligtümern: Sie enthielten sakrale Fetische meist sexueller Natur und wurden an Stäben getragen, die man durch Ringe auf beiden Seiten steckte. Deshalb befahl Gott: »Du sollst die Stäbe in die Ringe an den Seiten der Bundeslade stecken, auf daß die Lade durch sie getragen werde.« (Exodus 25, 14) Ein weiteres heiliges Objekt, die *kapporeth* oder der »Sitz des Mitleids« wurde mit der Bundeslade assoziiert, gehörte aber nicht zu ihr (Exodus 31,7; 35,12). Dieser Sitz war anscheinend eine von zwei Cherubim flankierte Goldplatte, die man vielleicht auf den Deckel der Bundeslade legte, wenn man Urteile fällte.

Was der Inhalt der Bundeslade war, darüber hat es schon die verschiedensten Vermutungen gegeben. Manche glauben, daß sie zwei Idole, ein männliches und ein weibliches, enthielt; oder die bronzene Schlange Nehuschtan; oder die Steintafeln des Gesetzes; oder Symbole von Jahwe und seiner Gefährtin Mari-Anath. Jedenfalls wurde sie für so reich an *mana* gehalten, daß Gott jeden auf der Stelle tötete, der sie auch nur berührte (2. Samuel 6,7). Ja, er tötete sogar 50 070 seiner eigenen Anhänger, weil sie ins Innere der Lade blickten (1. Samuel 6,19). Und doch beschloß Gott zur Zeit des Jeremias, daß sie aufgegeben und vergessen sein sollte: »In jenen Tagen, wenn ihr euch im Land vermehrt und fruchtbar seid, wird man nicht mehr rufen: Die Bundeslade des Herrn! Sie wird niemand in den Sinn kommen; man denkt nicht mehr an sie, vermißt sie nicht und stellt auch keine neue her.« (Jeremias 3,16) Daraus kann man die Vermutung ableiten, daß die Symbolik der Bundeslade – zumindest teilweise – unbequem weiblich war.

Tatsächlich war das Sanskritwort *argha* ein weibliches Symbol: das schwangere Mondboot, das die Samen allen Lebens durch die Große Flut des Chaos zwischen Weltzerstörung und Weltneuschöpfung von einem Universum zum nächsten trug.[1] Die andere Bedeutung der Arche als schwimmendes Gefäß geht auf babylonische Schriften zurück. Noah wurde als zehnter Nachkömmling von Adam ausgegeben, weil der babylonische Held der Flut der zehnte König war.[2] Den chaldäischen Schriften zufolge warnte der Gott den Helden der Flut und forderte ihn auf, ein solches Fahrzeug zu bauen, denn »durch eine Überflutung werde ich Materie und Leben zerstören. Lasse die Substanz von allem, was Leben hat, in dieses Fahrzeug hinaufsteigen.«[3]

Selbst fromme Gelehrte stutzten beim Mythos der Arche Noah, einfach weil er so absurd ist. Ausgenommen die Tierarten, die in Salzwasser oder Süßwasser leben können, hätte die Arche 7000 Wurmarten, 80 000 Molleskenarten, 30 000 Krustentiere, 50 000 Spinnenarten, 900 000 Insektenarten, 2500 Amphibienarten, 6000 Reptilienarten, 8600 Vogelarten und 3500 Säugetierarten beheimaten müssen, ganz abgesehen vom Futter für sie alle. Das einzige Fahrzeug, das sie alle beherbergen kann, ist eben wirklich das Raumschiff Erde.

Als Fußnote zur Geschichte von der Arche Noah sei erwähnt, daß Evas Tochter Norea gnostischen Schriften zufolge die erste Arche verbrannte, indem sie ihren heißen Atem auf sie lenkte. So mußte Noah wieder ganz von vorne beginnen.[4] Das ist eine eigenartige Geschichte, vielleicht war Norea der Elementargeist des Feuers oder vielleicht auch eine Vulkangöttin wie Pele in Hawaii.

[1] Jobes/Jobes, 121
[2] Frazer, Folk-Lore in the Old Testament, 62–65
[3] Lethaby, 239
[4] Barnstone, 78

Sumerischer Caduceus, ca. 2000 v. Chr.

Caduceus

In Mesopotamien stellten verschlungene Schlangen den Heilergott Ningishzida dar, er war einer der Liebhaber der Göttin Ischtar. Dieses Gottes-Symbol war »ein Stab, um den sich eine doppelgeschlechtliche Schlange mit zwei Köpfen namens Sachan ringelte«.[1] Bibelschreiber verliehen der heilenden Schlange den Namen Nehuschtan und verehrten sie als frühe Form des Gottes, dem Moses anhing (Numeri 21,9; 2. Könige 18,4).

Das Emblem des griechischen Heilergottes Asklepios war ebenfalls ein ähnlich geformter Schlangenstab.[2] Dasselbe Heilungsemblem fand man auch im alten Indien sowie in Amerika bei den Azteken und den nordamerikanischen Indianern.[3] Klassische griechische Autoren behaupteten, daß Hermes den Caduceus in seiner Funktion als Seelenführer *(Psychopompos)* verwendete; es hieß, daß sein magischer Stab genügend Heilkraft enthalte, um selbst die Toten aus dem Hades zurück ans

Tageslicht zu führen. Frühe Versionen des hermetischen Caduceus setzten auf den Stab noch eine Sonnenscheibe, die Hörner in Form von Schlangenköpfen trug, wie man es auch am heutigen Sigill von Hermes bzw. Merkur sieht.[4] In Griechenland entstand auch der Mythos, daß der doppelgeschlechtliche Seher Teiresias von Theben den Caduceus erfand: Er steckte ein Schilfrohr zwischen zwei kopulierende Schlangen und entdeckte, daß ihre symmetrische Anordnung um diesen Stab mystische Hinweise auf kosmische Geometrie gab.[5] Aber das Symbol war natürlich viel älter als die Teiresias-Legende.

Dieses antike Symbol wird noch heute als universelles Emblem des Arztberufes verwendet.

[1] La Barre, 82
[2] Zimmer, 74
[3] Campbell, The Mythic Image, 282–295
[4] d'Alviella, 228, 231
[5] G. Jobes, Bd. 2, 1576

Chrisma

Christliche Kaufleute machten das kleine Chrisma-Gefäß zum durchgängigen Symbol für Maria Magdalena, und sie gaben sie als Marthas Schwester Maria aus, die Christus mit ihrem kostbaren Salböl salbte. (Das englische *to christen* für »taufen« leitet sich von dem griechischen *chrisma* für »salben« ab.)[1]

In diesem Bild steckt viel mehr, als man auf den ersten Blick vermuten würde. Jesus wurde genau dadurch, daß er von dieser Frau mit Salböl benetzt wurde, zum *Christos* oder zum »Gesalbten«. Sie verwendete dabei entweder ein Öl, das sie über seinen Kopf goß (Matthäus 26,7) oder eine Salbe, die sie auf seine Füße rieb (Johannes 12,3). In beiden Fällen war es eine Salbung, die der triumphalen Prozession in der Rolle des *Christos* unmittelbar voranging. Und Jesus selbst sagte, daß dies für sein nahendes Begräbnis sei (Matthäus 26,12; Johannes 12,7). Dieser Akt war identisch mit der Salbung eines Sakralkönigs vor seiner Opferung. Es war der offizielle Akt einer Priesterin.

Maria Magdalena und ihre Frauen handelten weiterhin im Sinne ihres Amtes als Priesterinnen des traditionellen Sakraldramas, indem sie die Auferstehung des Sakralkönigs den männlichen Anhängern verkündeten, die zur Wache neben dem Grab nicht persönlich zugelassen waren. Diese Männer kannten nicht einmal die geschriebene Tradition: »Sie wußten nicht, was geschrieben steht, daß er von den Toten auferstehen muß.« (Johannes 20,9) Maria war allein, als sie als erste das angebliche Wunder beobachtete und davon berichtete. Auf genau dieselbe Art und Weise hatten heidnische Priesterinnen jedes Jahr seit Jahrhunderten die Auferstehung von Erlösergöttern wie Orpheus, Dionysos, Attis und Osiris angekündigt.

Maria Magdalena wurde als Hure beschrieben; in diesen Zeiten waren Huren oft auch Priesterinnen in Personalunion. Eine Sakral-Hure im Gilgamesch-Epos wurde auf ähnliche Weise mit einem Opfer-Helden in Verbindung gebracht: »Die Hure, die dich mit duftendem Öl gesalbt hat, klagt jetzt um dich.«[2] Die Salbungszeremonie war früher ein weibliches Amt, weil es eine der Taufe ähnliche, symbolische »Geburt« zum Eintritt in das Königsein darstellte. In Indien wurden die Könige im allgemeinen mit dem heiligen Blut der Göttin Sarasvati im Ritus *abhishekaniya*, einer Imitation der Geburt, gesalbt, durch das Wasser ihrer Ströme symbolisiert. Selbst nachdem männliche Priester diese Zeremonie übernommen hatten, galt noch die Vorstellung, daß der amtierende Priester die Geburt des Königs verursacht hatte.[3] Im Christentum haben die Priester bald alle Rituale übernommen, die ursprünglich von Frauen vollzogen wurden, und sie vertraten den Standpunkt, daß Frauen kein Recht hatten, überhaupt irgendeine religiöse Zeremonie zu leiten. Eine der frühesten Kirchenspaltungen entsprang dem weiblichen Protest gegen eine Taufe, bei der sie nackt sein und von männlicher Hand »mit Öl gesalbt« werden sollten. Christliche Frauen forderten, daß sie von Personen ihres eigenen Geschlechtes getauft würden. Aber die Priester widerstanden ihnen »energisch«.[4]

[1] Malvern, 28, 176
[2] Epic of Gilgamesh, 95
[3] Perry, 129
[4] Gage, 215–216

Dreizack

Die Gabel des Teufels ist das Endprodukt einer langen Verbindung verschiedener heidnischer Götter und dem Dreizack, der vor langer Zeit wohl ein dreifacher Phallus war und die sexuelle Vereinigung eines Gottes mit einer Dreifachen Göttin darstellte. In Indien war Shiva als Gemahl der Dreifachen Kali der »Dreizack-Träger«. Sein Dreizack symbolisierte das *vajra* (Phallus-Blitz-Juwel). Im Besitz der chaldäischen Götter wurde der Dreizack gewöhnlich mit dem Blitz gleichgesetzt.[1] (Siehe auch Donnerkeil und Blitz)

Der Blitz, der vom Himmel herniederfuhr, um den »Abgrund« zu befruchten, wurde schließlich auch mit den Göttern des Abgrundes verbunden, etwa mit Poseidon und Neptun in der griechisch-römischen Mythologie. Auf diese Weise wurde der Dreizack zu einem alchemistischen Zeichen für das Wasser.[2] Da er mit den tiefen Stellen der Erde und mit dem biblischen Luzifer, jener Gottheit, die als Blitz vom Himmel fiel, in Verbindung stand, wurde er zwangsläufig zum Attribut des christlichen Teufels, der selten ohne ihn in Erscheinung tritt.

[1] d'Alviella, 98, 256
[2] Cirlot, 217

Füllhorn

Dies war ursprünglich das Horn der Großen Mutter in ihrer Kuh- oder Ziegen-Gestalt: Io, Ceres, Hera, Hathor und andere Versionen der heiligen Kuh bzw. Amaltheia, die Amme des Gottes Zeus in ihrer totemistischen Ziegengestalt, sind Beispiele dafür. Alle guten Dinge strömten aus dem Horn hervor. Und das war ein symbolisches Gebet zur Göttin, die Fruchtbarkeit der Erde und den Überfluß an Feldfrüchten andauern zu lassen. Füllhörner wurden ausgiebig als Verzierungen eingesetzt, um den Segen der allesspendenden Mutter auf Häuser, Tempel und Lagerhäuser zu beschwören. Das Füllhorn ist noch immer ein beliebtes Ziermotiv, auch wenn seine sakrale Bedeutung in Vergessenheit geraten ist.

Geflügelte Sonnenscheibe

Die geflügelte Sonnenscheibe gilt als das ägyptische Symbol par excellence.[1] Es gab viele Abwandlungen. Normalerweise wurde die Sonnenscheibe von den Falken-Schwingen des Horus getragen und von den ausladenden Hörnern des Widder-Gottes Amon gekrönt. Manchmal war sie auch von zwei Uräus-Schlangen mit gespreizten Hälsen (Kobras) flankiert, die manchmal Kronen auf dem Kopf trugen.

Der Pharao Echnaton versuchte, alle anderen Gottheiten zu eliminieren und die alleinige Verehrung der Sonne einzuführen, die natürlich von ihm personifiziert wurde. Es mißlang ihm. Das polytheistische Ägypten begrub die Erinnerung an ihn, löschte seinen Namen von Stelen und nannte ihn einen Verbrecher. Sein Leichnam verschwand und wurde niemals mehr gefunden.

Trotzdem wurde die Sonnenscheibe zum Hauptsymbol des wichtigsten Himmelsgottes, der in Ägypten viele verschiedene Namen hatte: Sarapis, Ra, Horapollo, Jupiter, Zeus, Meilichios und selbst Mithras oder Jehova. Von ihnen allen hieß es beim Sonnenaufgang: »Er hat sich erhoben.« Er wurde »Sonne der Gerechtigkeit mit Heilung auf den Schwingen« genannt – und diese Anrede wurde später für den christlichen Gott übernommen.

Auf vielen ägyptischen Gräbern und Tempeln war die Sonnenscheibe über der Schwelle eingemeißelt. Vielleicht hat dieses Symbol den griechischen Mythos vom Sonnenhelden Ixion inspiriert, welcher »an ein Rad gebunden, wirbelnd durch den Luftraum« geschickt wurde.[2]

[1] d'Alviella, 205
[2] Whittick, 349

Mykenischer Tholos (Grab), Eingang

Grab

Als Bauwerk, das den Toten geweiht war und keinem anderen Zweck diente, war das Grab in der Antike ein weibliches und mütterliches Symbol. Denn Tod war gewöhnlich mit der Vorstellung der Wiedergeburt verbunden.[1] Das englische Wort *tomb* für »Grab« kommt vom lateinischen Wort *tumulus*, das gleichzeitig auch als Bezeichnung für den schwangeren Bauch verwendet wurde.[2] Mykenische *tholoi* (Plural von *tholos*) – bienenkorbförmige Gräber, die keltischen Grabhügeln ähnlich sehen – ahmten den schwangeren Bauch der Mutter Erde nach, aus dem die Toten wiedergeboren werden konnten, indem sie den kurzen »vaginalen« Durchgang passierten, der oftmals mit einer dreieckigen Tür versehen war. Römische Gräber nannte man *columbaria* oder »Taubenschläge«. Sie waren der Göttin Venus Columba geweiht, deren Symbol – die heilige Taube – später vom Christentum übernommen und zum Heiligen Geist umfunktioniert wurde. Gräber wurden überhaupt christianisiert.

Die prächtigeren und weihevolleren Gräber innerhalb der Kirchenmauern waren dem Konzil von Rouen zufolge, das im Jahre 1581 stattfand, nur einer männlichen Elite vorbehalten. Reiche Männer konnten sich ihren Weg in solch gesegnete Ruheplätze erkaufen, denn daß sie »Ehren und Erfolg in der Welt« erlangt hatten, war angeblich ein Beweis dafür, daß sie »Werkzeuge des Heiligen Geistes« waren. Das Privileg der Kirchenbestattung wurde jedoch nicht auf Frauen ausgedehnt, und selbst die frömmsten Nonnen konnten nur in Ausnahmefällen, die von der »Notwendigkeit« diktiert wurden, dort ruhen.[3]

[1] Cirlot, 326
[2] Potter/Sargent, 28
[3] Aries, 47

Heilige Farben

Die ursprünglichen drei heiligen Farben waren Weiß, Rot und Schwarz als Symbol der Dreifachen Göttin in ihren Gestalten von Jungfrau, Mutter und Greisin. In Indien hießen diese Farben *gunas* oder »Strähnen«. Es waren die verwobenen Fäden der lebendigen Natur, die die Göttin Prakriti darstellten, wie Kali als Gesamtheit der Naturkräfte auch genannt wurde. Die weißen Fäden von *sattva*, die roten Fäden von *rajas* und die schwarzen Fäden von *tamas* liefen durch jedes Leben, und zwar in der Art, wie es durch das Schicksal *(karma)* oder die drei Schicksalsgöttinnen bestimmt wurde, die ihrerseits wieder eine Manifestation derselben weiblichen Trinität waren. Diese Farbsymbolik war auch in der westlichen Zivilisation weitverbreitet. Ovid, Theokrit, Horaz und andere sprachen von den heiligen Lebensfäden in den Farben Weiß, Rot und Schwarz.[1] Dieselbe Abfolge von Farben erscheint oftmals in Volksbräuchen und Märchen, die auf alte heidnische Traditionen verweisen. Auch der tartarische Prinz Tamerlan schlug seine Schlachten nach dem Prinzip der drei Farben. Am ersten Tag der Belagerung der Stadt errichtete er ein weißes Zelt für die Jungfrau des Erbarmens. Dies sollte bedeuten, daß er das Leben der Einwohner schonen würde, wenn sie sich ergäben. Am zweiten Tag war das Zelt rot: Nur die Anführer wurden getötet. Am dritten Tag war das Zelt schwarz, und dies war die Farbe der Alten Frau als Zerstörerin, es bedeutete, daß jede Milde nun vorüber war.[2]

Auch das Christentum hat die drei heiligen Farben übernommen, einfach weil sie zu vertraut waren, als daß man sie hätte vergessen können. Weiße, rote und schwarze Schleier wurden bei den Weihnachtsfrühmessen drei Tage lang über den Altar gelegt.[3] Ein »Handbuch der christlichen Symbolik« aus dem 19. Jahrhundert stellte eine verwegene Behauptung über diese alten Symbolfarben der Dreifachen Göttin auf: Weiß sei »die erste der kanonischen Farben« und symbolisiere Reinheit, Unschuld, Jungfräulichkeit, Glauben, Leben und Licht; Rot sei die Farbe des »Leidens und Märtyrertums für den Glauben und das hohe Opfer Jesu Christi«; Schwarz sei »ebenfalls eine kanonische Farbe«, ein Emblem von Tod und Trauer, das in der Kirche für den Karfreitag verwendet werden solle.[4]

[1] Wedeck, 66
[2] Kunz, 32
[3] Miles, 93
[4] Kunz, 274

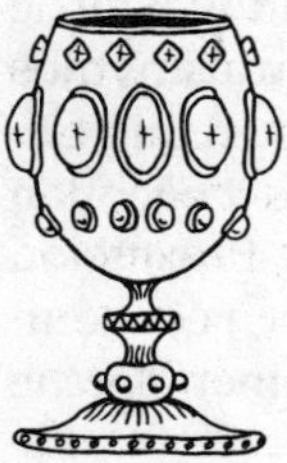

Heiliger Gral

Obwohl das Heidnische der romantischen Gralslegenden unter einer dünnen Schicht christlicher Neuinterpretation verborgen war, sind sich die Gelehrten heute ziemlich sicher, daß es keine authentische Tradition des verlorenen Kelches vom Letzten Abendmahl gibt, den die Christen den Heiligen Gral nannten. Das Gefäß war ganz und gar heidnisch und weiblich, es war eine der Erscheinungsformen des keltischen Kessels der Neuerschaffung: ein Symbol, das auf den weiblichen Körper und die Schale mit lebenspendendem Blut verweist und das oft auch gemeinsam mit einem männlichen Symbol vorkam. Ebenso trat auch der Gral in Verbindung mit der heiligen Lanze auf. Weston zufolge sind Lanze und Kelch »seit undenklicher Zeit und auf der ganzen Erde allseits bekannte Sexualitätssymbole, wobei die Lanze oder der Speer die männliche, der Kelch oder das Gefäß die weibliche Fortpflanzungsenergie darstellt«.[1]

Die heidnische und weibliche Orientierung des Gralsmythos erscheint an allen Ecken und Enden, wenn man die Legenden liest. Seine heilige Prozession fand im Schloß einer Feenkönigin und nicht in einer Kirche statt. Das heilige Gefäß wurde immer von einer Jungfrau, nicht einem Priester getragen.[2] »Hinter der fast übertrieben christlichen Fassade ist die Suche nach dem Gral im Grunde nur ein riesiges heidnisches Epos, dessen alte Texte durch die zisterziensischen Verzierungen scheinen. Jede Einzelheit, jede Anekdote in diesem inspirierten Werk ist weiter nichts als eine Verkleidung der keltischen Suche nach der Frau der Tiefe, die durch den Gral symbolisiert wird.«[3] Selbst die christianisierten Geschichten führten den Gral auf verdächtige Ursprünge zurück. Er wurde aus einem Edelstein geschaffen, der aus Santas Krone fiel, als er in die Unterwelt hinabstieg. Dieser Edelstein wurde einmal als Stein des Phönix, dann wieder als Lapis Exilis, Lapis Judaicus oder Theolithus (»Gottes-Stein«) ausgegeben. Seine Magie konnte die Jugend eines Menschen wiederherstellen oder unerschöpfliche Nahrungsvorräte liefern.[4] Wolfram von Eschenbach sagte, daß »aufgrund dieses Steines der Phönix stirbt, zu Asche wird, aus der dann das Leben wiedergeboren wird. Durch diesen Stein wechselt der Phönix seine Federn, um in seinem alten Glanz zu erscheinen. Es gibt keinen Menschen, der so krank ist, daß er nicht mit Sicherheit eine ganze Woche lang nach dem Anblick dieses Steines vom Tod verschont bleibt. Wer immer diesen Stein sieht, hört auf zu altern. Nach dem Tag, an dem er ihnen erschienen ist, nehmen alle Männer und Frauen wieder die Erscheinung an, die sie auf der Höhe ihrer Kraft hatten; und wenn sie zweihundert Jahre in seiner Gegenwart leben könnten, so würden sie sich nicht verändern – außer daß ihr Haar weiß würde, denn er verleiht dem Menschen eine solche Lebenskraft, daß seine Haut und seine Knochen sofort ihre Jugendlichkeit wiedergewinnen. Der Stein trägt den Namen ›Gral‹.«[5]

Materialien dieser Art zeigen, daß man sich den Gral als Objekt vorstellte, der aus einem Stein geschnitten war. Einige Kleriker knüpften an diese Tradition an und schufen passende Gegenstände für die Erbauung (und die frommen Gaben) der

Gläubigen. Der berühmte *sacro catino*, ein grünes Gefäß, das in Genua aufbewahrt wurde, sollte der Heilige Gral sein – ein Kelch, der angeblich aus einem einzigen riesigen Smaragd herausgeschliffen worden war. Viele Jahrhunderte lang wurde er verehrt, bis eine genauere Untersuchung offenbarte, daß er aus grünem Glas gefertigt worden war. Daraufhin war er auch nicht mehr der Heilige Gral.[6] Chrétien de Troyes stellte sich den Gral als Metallgefäß vor, das von Edelsteinen besetzt war: »aus reinstem Gold und mit kostbaren Steinen besetzt, den reichsten und verschiedenartigsten, die auf der Erde oder im Meer gefunden werden können. Kein Edelstein kann sich mit denen des Grals messen.«[7]

Mehrere Jahrhunderte lang war ganz Europa leidenschaftlich an den Geschichten des Grals-Zyklus interessiert, bis allmählich die weiblichen Assoziationen des heiligen Gefäßes auf verschiedene Art ans Tageslicht kamen. Fast über Nacht fanden die Geschichten ein Ende. Im 15. Jahrhundert gab es in Braunschweig ein wichtiges Volksfest, das »Der Gral« hieß und alle sieben Jahre abgehalten wurde. Im Jahre 1481 wurde es für ungesetzlich erklärt.[8]

[1] Weston, 71
[2] Darrah, 47
[3] Markale, 110
[4] Spence, 246
[5] Markale, 181
[6] Kunz, 258
[7] Markale, 175
[8] Jung/von Franz, 121

Herme

Die klassische griechische Herme war ein phallischer Pfeiler, der dem Gott der Magie und der Kreuzungen, dem Hermes geweiht war. Sein Kopf erschien oben auf dem Pfeiler. Hermen waren meist einfache Schäfte ohne plastische Formen, abgesehen von dem realistisch ausgeführten Phallus, der vorne herausragte. Einige Hermen hatten kurze Querbalken, die wahrscheinlich aus der Identifikation von Hermes und dem ägyptischen Gott Thoth stammten, dessen Symbol das Anch oder der »Lebensschlüssel« war.

Hermen bewachten fast alle wichtigen Kreuzungen Griechenlands und des römischen Imperiums, wo sie nach der römischen Entsprechung des Hermes, dem Gott Merkur, benannt wurden. Hermes und Hekate wurde zusammen als Herr und Herrin der Kreuzungen verehrt. Dies waren immer magische Orte, weil sie Entscheidungen symbolisierten. Manchmal hießen die Herren auch *Lares compitales* oder »Geister der Kreuzungen«. Es wurden ihnen Opfer dargebracht und besondere Feste – die Compitalia – zu ihren Ehren veranstaltet.[1] In der christlichen Zeit wurden die überaus zahlreichen Hermen, die in ganz Europa an Wegkreuzungen standen, durch Steinkreuze ersetzt.

Im Jahre 415 n. Chr. – auf der Höhe einer sehr patriarchalen Periode – kam es in Athen, wo die öffentlichen Wege durch Hunderte von Hermen beschützt wurden, zu einem rätselhaften Zwischenfall. Die Nacht vor dem geplanten Beginn eines athenischen Kriegszuges gegen Sizilien wurde zur »Nacht der Hermen-Verstümmelung«. Am Morgen fand man fast alle Hermen der Stadt mit abgeschlagenen Phalli vor. Die Schuldigen sind nie entdeckt worden, aber man glaubt, daß es militante athenische Frauen waren, die mit dieser drohenden magischen Geste gegen den Krieg protestieren wollten.[2]

[1] Hyde, 137
[2] Keuls, 391–392

Hostie

Die kleine runde Waffel aus Mehlteig, die die Christen »Hostie« (vom lateinischen Wort *hostia* für »Opfertier«) nannten, ersetzte die üppigen Feste heidnischer Zeiten, als das Opfertier des Gottes-Geistes ein ganzer Stier, Hirsch, Ziegenbock oder ein anderes Tier war, dessen Fleisch unter den Gläubigen verteilt wurde. Das Tier, das in dieser Weise verwendet wurde, war dem Dienst des Gottes geweiht, den es vergegenwärtigte. Aber die Heiden sagten nicht, daß ihr Mahl buchstäblich aus dem Fleisch des Gottes bestand. Porphyrius sagte, der symbolische Kannibalismus der Christen sei »über alle Absurdität hinaus absurd und über alle Art von Bestialität hinaus bestialisch: Wie kann ein Mensch Menschenfleisch schmecken und das Blut von Menschen seiner eigenen Gattung trinken, um das ewige Leben zu erringen!« Dennoch war dieser Symbolismus in mystischen Kreisen durchaus verbreitet. Den ägyptischen Zauber-Papyri zufolge »gibt ein göttlicher Magier seinen eigenen Körper und sein eigenes Blut einem Empfänger, der durch diese Speise mit ihm in Liebe vereint sein wird.«[1] Die

Lehre von der Transsubstantiation – es wurde immer betont, daß der Mehlteig ganz buchstäblich in das wirkliche Fleisch Jesu Christi verwandelt wurde – wurde für die katholische Kirche zum historischen Stolperstein: Sie war einer der wichtigsten theologischen Gründe für die protestantische Reformation, und dennoch wurde sie durch eine päpstliche Enzyklika aus dem Jahre 1965 noch ein weiteres Mal offiziell bestätigt. Im Lichte dieser Lehre ist es merkwürdig, daß die Kirche offenbar nicht imstande war, etwas zu verstehen, was sie bei den mexikanischen Indianern als »große Häresie und abscheuliche Sünde« bezeichnete: »daß aztekische Priester ein Bild ihres Gottes aus Teig schufen, um es dann zu verteilen und gemeinsam zu essen.«[2] Der Teigmann wurde mit einem Pfeil »getötet«, dessen Spitze aus Feuerstein bestand, dann in kleine Stücke aufgeteilt und an alle ausgeteilt. Diese Zeremonie hieß *torqualo* oder »Gott wird gegessen«.[3]

[1] M. Smith, 66, 123
[2] Arens, 67
[3] Elworthy, 111

Das Idol von Quetzalcoatl als »Herr des Lebens«

Idol

Ein Idol ist – streng genommen – jeder religiöse Gegenstand, der hergestellt wurde, um die Gestalt einer Gottheit wiederzugeben, wie auch jeder hergestellte Gegenstand, in dem man den Wohnsitz des Geistes einer Gottheit vermutet. Menschen haben immer Idole verehrt und tun es noch immer, selbst in Sekten wie dem Katholizismus, die sich zur Bekämpfung der Götzenverehrung bekennen. Statuen von christlichen Heiligen, von Jesus oder der Jungfrau Maria sind ebensosehr Idole wie die Statuen einer heidnischen Gottheit, weil sie auf dieselbe Art und Weise angerufen und verehrt werden.

Die Lappen hatten hölzerne Idole, in denen Geister wohnten, die sie *seidi* nannten; das erinnert an das Sanskritwort *siddhi* für »magische Geisteskräfte«.[1] In Afrika glaubt man auch heute noch, daß der Geist eines toten Ahnen in ein Bild eintreten kann; deshalb ist das Beten zu diesem Bild eine unmittelbare Kommunikation mit diesem Ahnen.[2] Wie die Heiden vor ihnen, so glaubten dies auch die Christen in bezug auf ihre eigenen Heiligenbilder. Thomas von Aquin sagte, daß das Bild Christi mit derselben Verehrung behandelt werden muß wie Christus selbst. »Sobald wir einem Bild die wirkliche Macht der Handlung zuschreiben, so machen wir aus ihm ein beseeltes Wesen, und alle Haarspaltereien der Welt – daß es eine Methode des Glaubens darstelle oder ein Symbol oder daß es eine höhere Macht dazu veranlasse, auf den Betenden einzuwirken – ist Schwachsinn.«[3]

[1] Davidson, Pagan Scandinavia, 79
[2] de Lys, 431
[3] Leland, 237

Juwel im Lotus

Om mani padme hum, »das Juwel im Lotus«, war die verbale Entsprechung des heiligen Paares von Lingam und Yoni in Indien. Es spiegelte nicht nur die Vereinigung der männlichen und weiblichen Genitalien, sondern auch die Verbindung der Gegensatzpaare Feuer und Wasser, Licht und Finsternis, Schöpfung und Zerstörung, Männlichkeit, die im Weiblichen enthalten ist wie das Kind in der Mutter, der Mann in der Fau, der Leichnam im Grab. *Om mani padme hum* war eine mystische Redensart, die für alle Situationen brauchbar war.

Das Juwel hieß auch *vajra*, und damit ist ein Phallus, ein Edelstein oder ein Blitz gemeint, alles Symbole, die das männliche Prinzip ausdrücken. Der Lotus war in Asien das wichtigste Symbol der kosmischen Yoni, aus der im Anfang alles Leben entstand.[1] In China erschien dasselbe Bild als »Diamantkörper, der aus einer goldenen Blume geboren wird«. Westliche Mystiker wiederum hatten ebenfalls eine eigene Version: Der »Tautropfen in der Rose« wurde, wie konnte es anders sein, mit der Beziehung zwischen Christus und Maria verglichen.[2]

[1] Cirlot, 324
[2] Wilkins, 113

Kalvarienkreuz (auch: Erhöhtes Kreuz, Erzengelkreuz)

Dieses Kreuz wurde nach dem Kalvarienberg benannt, auf dem die Kreuzigung Jesu stattgefunden haben soll. Dieser Berg wurde durch die drei Stufen symbolisiert. Aber schon lange vor dem Christentum gab es in den antiken Mysterien-Religionen ähnlich auf Stufen stehende Kreuze: Sie waren dem Gott Hermes in seinem Aspekt als dem Logos des Vaters Zeus geweiht. Manchmal war der obere Teil des Kreuzes in derselben Weise wie das ägyptische Anch gerundet.[1]

[1] d'Alviella, 194

Karyatide

Ein Tempel-Pfeiler in Gestalt einr Frau, wie es sie auf der Akropolis von Athen gibt, wurde nach Artemis Karyatis »Karyatide« benannt, und es heißt, daß sie Priesterinnen der karischen Mondgöttin in Lakonien nachgebildet wurden.[1] Der Name bezog sich auf einen Nußbaum und war mit dem Mythos der Nymphe Phyllis verbunden, die sich in einen Mandelbaum verwandelte – wobei Mandeln ein klassisch weibliches Genitalsymbol waren (siehe Mandorla).

Tatsächlich waren Frauen die ursprünglichen »Pfeiler der Kirche« und wurden oftmals als Pfeiler der Weisheit angesprochen, so etwa die sieben Pfeiler der Sophia in dem biblischen Buch der Sprüche (Sprüche 9,1). Die Köpfe der Karyatiden trugen buchstäblich das Tempeldach. Ebenso wie die vervielfältigten Pharaonenportraits in Ägypten oder die Unmengen von gleich aussehenden Buddhas in asiatischenTempeln waren vielleicht auch diese Pfeiler in Frauengestalt Portraits von ein und derselben Göttin.

[1] Graves, The White Goddess, 372

Kathedrale

Gotische Kathedralen hießen allgemein »Paläste der Himmelskönigin« oder »Notre Dame«, weil sie fast ausschließlich der Jungfrau Maria geweiht waren, die frühere Bilder der Großen Göttin ersetzte. Oftmals wurden die Kathedralen auf denselben Orten erbaut, wo früher Heiligtümer der Göttin standen. Einer von Marias Beinamen lautete »Ecclesia« (»die Kirche«), und damit war nicht nur die Organisation gemeint, sondern auch das Gebäude selbst, das im Gegensatz zu dem phallisch-maskulinen Kirchturm oder Glockenturm stand. Tempel und die dazugehörigen Pfeiler betrachtete man schon im alten Ägypten als weiblich und männlich. Im antiken Memphis wurde das gesamte Tempelgebäude nach dem Titel der Göttin benannt, es hieß »Herrin des Lebens«.[1]

Als offizieller Name einer jeden Kirche verwies das Wort *ecclesia* ursprünglich auf eine weibliche politische Versammlung oder ein Frauenparlament, wie es während des alljährlichen Skira-Festes in Athen organisiert wurde.[2] Aber in der Ära des Christentums geriet diese Bedeutung bald in Vergessenheit, und den Frauen wurde spirituelle Autorität schlechthin abgesprochen; nur die Männer, die in ihrer ausschließlich männlichen Kirche regierten, hörten niemals auf, sie »Maria-Ecclesia« oder »Braut Christi« zu nennen, sie also in weiblicher Form zu denken. Auch »symbolifizierten« sie jedes Einzelelement ihrer pseudoweiblichen Kathedrale. Die drei Tore standen für Glaube, Hoffnung und Mildtätigkeit. Die Rosette in der Mitte war der »See des Lebens«, an dem sich Himmel und Erde treffen. Die vier Stützpfeiler, die die Fassade unterteilen, galten als die vier Ströme des Paradieses. Das Kirchenschiff stellte das Paradies selbst dar, und die Hölle (die durch Wasserspeier symbolisiert wurde) lag darunter. Die Kirchenmauern sollten die Erlösung versinnbildlichen, die »fliegenden« Strebepfeiler moralische Kraft, das Dach die Freigebigkeit, die Pfeiler die Glaubenssätze, die Gewölberippen die Wege der Erlösung, die Turmspitzen Gottes Zeigefinger usw.[3] Wenn die Apsis im Osten den männlichen solaren Geist versinnbildlichte, so war die westliche Fassade mit ihrer Rose weiblich und lunar, dort wurden meist auch die Embleme Marias angebracht (siehe Rosettenfenster). Kathedralen wurden meist auf den heiligen Plätzen heidnischer Gottheiten erbaut, und das begann schon in der frühchristlichen Zeit, als die Tempel der Isis, Juno, Diana oder Minerva ganz einfach usurpiert und zu Marias Ehren neu benannt wurden. Hunderte von Lokalgottheiten der polytheistischen heidnischen Stämme wurden in neuer Verkleidung zu Heiligen, damit ihre Heiligtümer der christlichen Verwendung überantwortet werden konnten. Über berühmten Gräbern von heidnischen Helden wurden Kirchen gebaut. Oder es wurden irgendwelche Knochen in ihnen bestattet, und man erfand hagiographische Mythen, um diese Überreste heiligzusprechen. »Eine Kathedrale ohne einen bekannten Heiligen hatte keine tragende Einkommensquelle;

und aus diesem Grund bemühte man sich, in Rom die Kanonisierung der Personen durchzusetzen, die in diesem gefälschten Kontext begraben worden waren; aber Rom mußte man alles abbetteln und bezahlen.«[4]

Die Frauen, nach deren Versammlungen die Kirchen benannt waren und deren Göttin die Kirchen beaufsichtigte, durften an Kirchenkonzilien nicht teilnehmen. In manchen Fällen wurde ihnen sogar verboten, die Kirche selbst zu betreten. Während des Mittelalters versperrte man Frauen den Weg zur Kirche zur Zeit der Menstruation oder für vierzig Tage nach einer Entbindung. Männer behaupteten, daß diese weiblichen Urmysterien die heiligen Hallen verschmutzen würden – auf magische Weise natürlich. Noch im Jahr 1886 verboten die »Revised Statutes« der Katholischen Kirche jeder Frau, die getrennt von ihrem Ehemann lebte, das Betreten der Kirche. Allerdings befürwortete der Bischof Healy von Portland, Maine, eine Regelung, nach der sie die Kirche bei extrem kaltem Wetter betreten durfte, vorausgesetzt jedoch, daß sie sich mit einem der hinteren Sitze begnügte.[5]

[1] Frankfort, 31
[2] Keuls, 357
[3] Cirlot, 17
[4] Johnson, 226
[5] Gage, 517

Kreuz der Ostkirche

Es wird heute als Symbol der Ostkirchen (der griechisch- und russisch-orthodoxen Kirche) verstanden. Warum der untere Querbalken schräg steht, bleibt rätselhaft, obwohl natürlich etliche *ex post facto*-Erklärungen angeboten worden sind.

Krummstab

Der Krummstab war ursprünglich Osiris als dem »guten Schafhirten« der Seelen nach dem Tode geweiht. Die ägyptische Grabkunst gab sowohl der Mumie des Osiris wie auch den Pharaonen und anderen Würdenträgern Krummstab und Dreschflegel in die Hand – als Zeichen der Obsorge und einer reichlichen Ernte. Die assyrisch-babylonischen Gott-Könige trugen ähnliche Embleme und wurden als »Schafhirten des Volkes« angesprochen.

Das Symbol wurde dann weiter auf den griechischen Gott Hermes vererbt – auch er wurde zum Schafhirten der Seelen – und ging dann auf Jesus Christus und schließlich als Amtszepter auf die christlichen Bischöfe über. Ein verbreitetes Motiv der phantasievoll ausgeführten Bischofsstäbe war der Kopf eines zusammengerollten Drachen oder Schlange, aus dessen oder deren aufgesperrtem Schlund das Lamm Gottes wiedergeboren wurde.

Labrys

Die Labrys, eine Axt mit zwei Schneiden, symbolisierte die Amazonen und ihre Göttin, die in der Antike unter mehreren Namen auftrat: Artemis, Gaia, Rhea, Demeter. Vielleicht war dieses Objekt ursprünglich ein Schlachtbeil, später wurde es jedoch in Kreta und in Delphi, dem ältesten griechischen Heiligtum der Göttin, zum zeremoniellen Zepter. Ihre Priesterinnen erwarben den Namen *labryadai* (»Axt-Trägerinnen«). Die Labrys wurde zum Attribut der kretischen Könige im Labyrinth (dem Haus der Doppelaxt). Wahrscheinlich wurde sie zur rituellen Schlachtung der heiligen Stiere verwendet.

Die Labrys erscheint auch in Indien, und zwar in den Händen des Gottes Shiva.[1] Der ägyptische Gott Ptah wie auch eine Gottheit der Mayas – Gott der Axt genannt – wurden ebenfalls durch eine Axt dargestellt. Tantrische Buddhisten erklärten, daß die Götter Äxte gegen Ungläubige verwenden. In der Bretagne mauerte man Steinäxte in Kamine ein: Man glaubte, daß sie den Blitz ablenken würden, über den die heidnischen Götter verfügten.[2] Dahinter steht wahrscheinlich die Überzeugung, daß die Götter des Blitzes besänftigt werden, wenn sie sehen, daß ihre alten Symbole noch immer in Gebrauch sind.

In jüngster Zeit tauchte die Erinnerung an die Amazonen und ihre Doppelaxt wieder auf, und deshalb wurde sie von lesbischen Frauen als Emblem gewählt.

[1] d'Alviella, 178
[2] G. Jobes, Bd. 1, 163

Labyrinth

Schon auf Denkmalen und Gräbern aus der Steinzeit wurde das Labyrinth-Muster eingeritzt oder eingekerbt: Offenbar stellte es die Reise der Seele ins Zentrum des Schoßes der Unterwelt und ihre Rückkehr zur Wiedergeburt dar. Ein Labyrinth hatte nur einen Weg, der gewunden, aber ohne Abzweigungen war und unausweichlich zum Ziel voranführte. Das Labyrinth-Muster kam häufig auf antiken Münzen, Fliesen, Fußböden vor, vor allem aber auf Gräbern und in heiligen Höhlen.

Labyrinth heißt »Haus der Doppelaxt« und leitet sich von der in Kreta heiligen Axt *labrys* ab. Das Wort selbst wurde ursprünglich auf den minoischen Palast von Knossos, den Aufenthaltsort des sagenumwobenen Minotaurus oder »Mond-Stieres«, angewendet, der die zentralen unterirdischen Kammern bewachte. In ähnlicher Weise bewachte auch sein asiatisches Gegenstück – Yama mit der Stiermaske – die Unterwelt. Die Reise in diese zentralen Kammern schien ein Tod-und-Wiedergeburt-Ritual gewesen zu sein, auch wenn der klassische Mythos von Theseus daraus die Prüfung eines Helden macht.

Die heidnische Tradition der Labyrinth-Begehung, die eigentlich ein Initiationsprozeß war, hat sich noch in Kinderspielen wie etwa »Troya-Stadt« erhalten.[1] Auch die christlichen Autoritäten haben das Motiv übernommen und viele labyrinthische Fußbödenmuster in Kirchen und Kathedralen geschaffen. Es hieß, daß die rituelle Begehung des Musters eine Pilgerfahrt ins Heilige Land und zurück ersetze.[2] Und dennoch war das Labyrinth paradoxerweise auch ein Symbol der Hölle, weil in Vergils »Äneis« stand, daß es das Tor des Tempels der Sybille in Cumae kennzeichnete.[3] Diesen Tempel betrachtete man immer – sowohl in der heidnischen wie auch in der christlichen Tradition – als einen der Eingänge in die Unterwelt.

[1] Lethaby, 155
[2] Cirlot, 167
[3] Hall, 300

Mauerkrone

Die Menschen der Antike setzten Mauerkronen auf den Kopf von Göttinnen wie Rhea oder Kybele, wenn sie in besonderer Weise als Schutzherrinnen der Stadtmauern *muri* galten. Städte betrachtete man immer als weiblich, als einen schützenden Mutterschoß für die Einwohner. Deshalb spricht man von ihnen auch heute noch im Femininum. Eine Stadt wurde oftmals als »Frau, die ihre Einwohner wie ihre Kinder beschützt« beschrieben.[1] Selbst in der patriarchalen Bibel behalten die Städte ihren weiblichen Charakter. Der Name einer Stadt ist oft mit dem Namen einer Stammesgöttin identisch.

Ein Medaillon aus Terrakotta aus der französischen Stadt Vienne zeigt die Göttin des Schicksals als Tutela, als Schutzgöttin der Stadt. Sie sitzt auf einer Lorbeergirlande wie auf einem Thron und trägt eine Mauerkrone auf dem Kopf.[2]

Weil die Mauerkrone Stadtmauern symbolisierte, verlieh der Befehlshaber einer Belagerungsarmee dem ersten Soldaten, der die Mauer einer umzingelten Stadt erklomm, eine symbolische Mauerkrone.[3] In ähnlicher Weise beanspruchten auch siegreiche Könige oder Generäle die Mauerkrone als Zeichen des Sieges über eine Stadt.

1 Cirlot, 47
2 Lindsay, 379
3 G. Jobes, Bd. 1, 389

מא

Mem-Aleph

Die hebräischen Buchstaben *mem* für »Wasser« und *aleph* für »Anfang« bilden wie zahllose andere Versionen auf der ganzen Welt die Muttersilbe MA, die in den meisten Sprachen für göttliche Mutterschaft, kosmische Geburt, Nahrung und weibliche Weisheit steht.[1] MA war der Name der Großen Göttin von Komana; MA war das Amulett, das die Brunnen der Isis mit ihrer wohltuenden Feuchtigkeit darstellten; MA war die Tiefe, der Urschoß der Welt; MA war die Tod- und Wiedergeburts-Silbe der Perser; MA war der Geist der Intelligenz, der im hinduistischen Glauben alle Elemente zu kohärenten Formen verbunden hat.[2] Mama, Mah, Maa, Mata, Mana und viele andere Variationen findet man überall in den Namen und Titeln der Schöpfungsgöttin. Da diese Silbe bereits weithin als machtvoller Zauber bekannt war, wurde sie auch von den

Hebräern übernommen und auf Schutzamuletten eingezeichnet, die den mütterlichen Geist anriefen. Es wurden alte israelitische Siegel mit dieser symbolischen Beschwörung der Göttin gefunden, die aus dem 9. Jahrhundert v. Chr. stammten.[3]

[1] Potter/Sargent, 229
[2] d'Alviella, 240
[3] Albright, 198

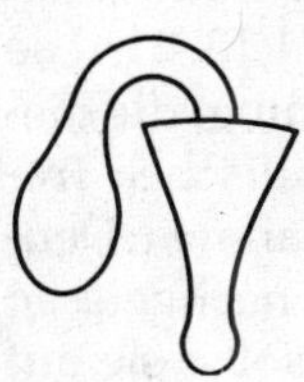

Menat

Die Menat war die ägyptische Version des Paares Lingam und Yoni und stellte die Vereinigung der männlichen und weiblichen Geschlechtsorgane dar. »Man vermutete, daß darin die Zeugungskraft der männlichen und weiblichen Organe auf mystische Weise enthalten sei.«[1] Wenn man die Menat auf eine Mumie legte, so konnte sie die Zeugungskraft in einem späteren Leben wiederherstellen, so glaubte man. Sie wurde auch von Göttern, Königen, Priestern und Priesterinnen als mächtiges magisches Amulett getragen und zur Schau gestellt.

Der archaische ägyptische Tierkreis versetzte die Menat als riesige Konstellation an den Himmel. Sie erstreckte sich von Arcturus im Boötes bis zum Antares im Skorpion über den halben Himmel.[2] Astrologisch gesehen schrieb man ihr eine günstige Wirkung auf Fruchtbarkeit und erfreuliche Beziehungen mit dem anderen Geschlecht zu.

[1] Budge, Egyptian Magic, 60
[2] Jobes/Jobes, 108

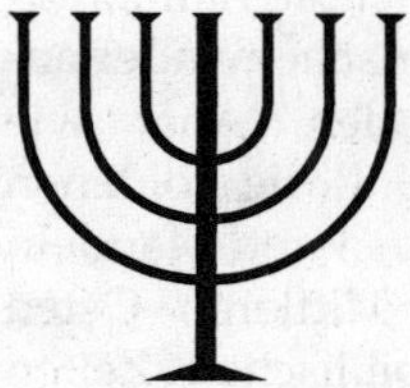

Menorah

Die früheste bekannte Darstellung einer Menorah erscheint auf dem Titusbogen, der im Jahre 82 n. Chr. in Rom zum Gedenken an die Zerstörung von Jerusalem errichtet wurde. Im Triumphzug des Kaisers wurde die gesamte Tempeleinrichtung für die Öffentlichkeit abgebildet.[1] Die Bibel gibt genaue Anweisungen für die Herstellung einer goldenen Menorah für den Tempel: »Von seinen Seiten sollen sechs Arme ausgehen, drei Leuchterarme auf der einen Seite und drei auf der anderen Seite. Der erste Arm soll drei mandelblütenförmige Kelche mit je einer Knospe und einer Blüte aufweisen, und der zweite Arm soll drei mandelblütenförmige

Kelche mit je einer Knospe und einer Blüte aufweisen; so alle sechs Arme, die von dem Leuchter ausgehen. Dann mach für den Leuchter sieben Lampen und setze seine Lampen so auf, daß sie das Licht nach vorn fallen lassen.« (Exodus 25,32–37) Die sieben Lichter sollten wahrscheinlich die Tage der Schöpfung darstellen, da sie gewöhnlich an sieben aufeinanderfolgenden Tagen nacheinander angezündet wurden. Aber wie merkwürdig, daß die goldenen Blumen, Knospen und Mandeln im gesamten Mittleren Osten schon in vorbiblischen Zeiten anerkannt weibliche Symbole waren. Spätere okkulte Traditionen assoziierten die Menorah mit den hebräischen Erzengeln der sieben Himmelssphären, die ebenso wie die Sieben Hathors ursprünglich weibliche Geister waren. Sie werden aufgeführt als Michael (Sonne, Gottes Abbild), Gabriel (Mond, Stärke), Madimiel (Mars, Blut, rote Farbe), Raphael (Merkur, Heilung), Zadkiel (Jupiter, Gerechtigkeit), Haniel (Venus, Glanz) und Kassiel (Saturn, Bewahrer von Geheimnissen). Die Gesamtheit der Sieben galt als Schechina, die weibliche Gegenwart Gottes.[2]

[1] Whittick, 273
[2] G. Jobes, Bd. 1, 284; 2, 1090

Mesusah

Dies ist eine kleine Metallbüchse, die an den Türpfosten eines jüdischen Hauses angeheftet wird und beweist, daß der Glaube an die Macht des geschriebenen Wortes bei der Abwehr von bösen Einflüssen auch heute noch existiert. Die Texte, die in die Mesusah gesteckt werden, sind Deuteronomium 6,4–9 und 11,13–21. Die biblische Aufforderung, die diesen Brauch in der jüdischen Tradition etablierte, kann in Deuteronomium 6,9 nachgelesen werden: »Und du sollst sie auf die Pfosten deines Hauses und auf deine Tore schreiben.« Rabbi Meir von Rothenburg verkündete offiziell, daß kein Dämon Macht über ein Haus haben kann, an dem die Mesusah richtig befestigt ist.[1]

Ursprünglich stammte dieser Brauch aus Ägypten: Die Ägypter plazierten kleine runde Täfelchen mit magischen Hieroglyphen, die sogenannten Pfeiler des Horus, auf Hauswände und Korridore, um böse Geister abzuwehren.[2]

[1] Trachtenberg, 107
[2] Budge, Dwellers on the Nile, 247

Om auf Sanskrit in Devanageri-Schrift

Om

In den »Upanishaden« heißt das Om »höchste Silbe, Mutter aller Klänge«, und Klang war das Schöpfungswerkzeug der Großen Göttin. Sie erfand die Buchstaben des Sanskrit-Alphabets, die *matrika* (»Mütter«) hießen. Om war die *mantra-matrika*, die »Mutter aller Mantras«, also das erste von allen Schöpfungsworten, die von der Göttin gesprochen wurden, um die Welt zu erschaffen.[1] Als die Göttin alle Dinge erschuf, indem sie ihre Namen in ihrer magischen Sprache äußerte, »wie auch die Geburt von der Mutter kommt, so entsteht aus *matrika* oder Klang die Welt«.[2]

Om hatte in etwa die Bedeutung »schwangerer Bauch«, was sicherlich eine Voraussetzung für die symbolische mütterliche Schöpfung ist; und diese Metaphorik ist auch mit den »Tiefen« der biblischen und nahöstlichen Schöpfungsmythen vergleichbar, die selbst auf Hebräisch »Mutter« *(tehom)* hießen. Das damit verwandte arabische Wort *umm* hatte ebenfalls die Bedeutung von »Mutter«, »Matrix«, »Quelle«, »Prinzip« oder »Prototyp« – alles Begriffe, die sich von dem Urschoß ableiteten.[3]

Die östlichen Lehren, die sich um das Om als »schöpferisches Wort« rankten, waren die eigentlichen Wurzeln der christlichen Lehre vom Logos, dem Wort Gottes, das zuerst die Welt erschaffen hatte, um sich dann in Jesus Christus zu inkarnieren. Aber schon vor dem Christentum gab es diese Lehre im griechischen Kulturbereich (Hermes war der Logos des Zeus), und noch früher war es der Gemeinbesitz mesopotamischer Götter wie Marduk und Enlil: Sie behaupteten, daß sie durch die Macht ihrer Worte erschaffen konnten.[4] Dieselbe Vorstellung steckte auch in den ägyptischen *hekau* (»Worte der Macht«), die unter der Rechtsprechung der Göttin Heket (griechisch: »Hekate«, Göttin der Unterwelt und Alte Weise Frau) standen. Die Priester der männlichen Götter stürzten sich geradezu auf die Vorstellung, durch das Wort erschaffen zu können, weil dadurch das schwierige Problem vermieden wurde, wie ein Wesen, das nicht gebären konnte, dennoch erschaffen konnte. Deshalb wurde der Logos zu einem wichtigen Versatzstück fast jeder patriarchalischen Religion.

[1] Wilkins, 201
[2] Mahanirvanatantra, cvii
[3] Shah, 175
[4] Epic of Gilgamesh, 24

Omphalos

Viele Jahrhunderte lang haben die Wissenschaftler das Wort *omphalos* (lateinisch *umbilicus*, deutsch »Nabel«) als Bezeichnung für den heiligen Batyl-Stein im Tempel von Delphi hingenommen. Delphi war das Orakelzentrum des alten Griechenland, das einstmals als Mittelpunkt des Kosmos betrachtet wurde, wobei das Wort selbst eigentlich »Schoß« bedeutet. Der Tempel selbst wird meistens als Wirkungsort des hellenischen Gottes Apollo ausgegeben, nur selten werden wir daran erinnert, daß Apollo dieses Orakel der Urgöttin geraubt hat, die unter verschiedenen Namen – Delphyne, Phoebe, Themis oder Mutter aller Themistes (deutsch »Orakel«) – angerufen wurde.

Der *omphalos* von Delphi wurde jahrhundertelang betrachtet, gezeichnet, photographiert und diskutiert; und dennoch ist es offensichtlich niemand aufgefallen, daß er einem Nabel in Wirklichkeit gar nicht ähnlich sieht. Einige Wissenschaftler haben zögernd die Vermutung ausgesprochen, daß dieses Objekt auch einen Aschenhaufen darstellen könnte, der auf dem zentralen Herd der ganzen Welt lag. Aber in Wirlichkeit erinnert es an die Spitze eines Penis, und das hätte den Altertumsforschern eigentlich auffallen müssen. Denn schließlich war der weltweit verbreitete Brauch, geschnitzte Phalli in die Tempel der antiken Götter zu stellen, durchaus bekannt. Den Phallus hielt man für die Verkörperung eines wesenhaften göttlichen Geistes, der für seine männlichen Verehrer schon deshalb wahrnehmbar sein mußte, weil sie ja auch über einen ebensolchen verfügten.

Aber die Darstellung eines unvollständigen Penis wäre der patriarchalen Ikonographie vollkommen fremd gewesen. Wir haben es hier also nicht mit einem Phallus, sondern einem *om*-phallos zu tun, also einem kleinen Phallus, der zu einem *om*, einem Bauch oder Schoß gehörte. Der Legende zufolge war dieser Stein ursprünglich ein weibliches Symbol. Hier werden wir unausweichlich zur Klitoris geführt, was im Griechischen für »Göttlichkeit« oder für »Göttin-Ähnlichkeit« steht. Denn dieses Organ wurde von Frauen aus genau demselben Grund verehrt, wie Männer den Phallus verehrten.

Tatsächlich könnte man diesen geheimnisvollen Batyl-Stein

und viele andere seiner Gattung im Zusammenhang mit der Tradition der Göttinverehrung sehen: eben aufgrund der symbolischen Darstellung des am meisten »göttin-ähnlichen« Teils der weiblichen Anatomie. Die berühmten antikonischen Steine, die Urgöttinnen wie Artemis, Themis oder Kybele, die »Große Mutter« der Götter, verkörpern, weisen offenbar dieselben konischen oder pyramidalen Erhebungen auf, die man einstmals buchstäblich als das geographisch-genitale Zentrum der Mutter Erde betrachtete. Diese Interpretation des *omphalos* wird weiter gestützt durch sein häufiges Erscheinen auf antiken Münzen und Flachreliefs, wo er zwischen zwei Tauben abgebildet ist.[1] Die Taube wurde im Christentum zu einem Symbol des Heiligen Geistes, stellte zuvor jedoch den spezifisch weiblichen Aspekt der Göttin dar. Sie war der Aphrodite heilig und wurde oftmals mit den weiblichen Genitalien assoziiert. Ohne die Phantasie allzusehr zu strapazieren, können wir den *omphalos* zwischen zwei Tauben als Klitoris zwischen »gefiederten« Schamlippen verstehen, als weibliches Mysterium, das den Mädchen einstmals erklärt wurde, wenn sie in die Geheimnisse des Göttin-Tempels eingeweiht wurden. Da die Verehrerinnen der Göttin in archaischen Zeiten sicherlich ebensosehr geneigt waren, weibliche Sexualsymbole zu verehren, wie später Patriarchen geneigt waren, Phalli zu verehren, können wir auch dem *omphalos* solche offensichtlichen Bedeutungen zuweisen.

Mit einigem Grund kann man auch annehmen, daß diese Zusammenhänge sorgfältig verschwiegen wurden, als der männliche Gott den Tempel usurpierte. Unterdrückung und Verleugnung war immer ein Hauptziel des Patriarchates. Das christliche Europa leugnete sogar offiziell die Existenz einer Klitoris und vergaß das Wort dafür – und aus diesem Grund gebrauchen wir noch immer den griechischen Ausdruck. Die Kirche lehrte, daß Frauen kein sexuelles Vergnügen haben sollen, und so wurde auch das weibliche Organ der sexuellen Lust unaussprechlich.[2] Selbst Freud sollte noch mit aller Deutlichkeit ihre wirkliche Funktion in Abrede stellen. Aber wenn wir die Augen von solchen patriarchalen Scheuklappen befreien, sind wir imstande, den antiken *omphalos* der großen Tempel des weiblichen Schoßes anders zu betrachten.

[1] d'Alviella, 92
[2] Simons, 141

Orakel

Die Orakelstätten erfüllten in der Welt der Antike mehrere Funktionen: Sie waren Beratungszentren in Fragen des persönlichen Schicksals, der Medizin und der Politik, bestimmten deshalb auch die öffentliche Meinung, sie bildeten Propheten und Seher aus, und sie waren Weihestätten, also Berührungspunkte zwischen dem Menschlichen und dem Göttlichen.

Es versteht sich von selbst, daß die Kontrolle über die Orakelstätten unabdingbar war, um die öffentliche Politik zu kontrollieren. Deshalb übernahmen mit der Hereinkunft des Patriarchats auch prompt männliche Götter diese Orakelorte, die zuvor der Verehrung der Göttin geweiht waren.[1]

Das bekannteste Beispiel ist vielleicht das berühmte Orakel von Delphi. Der Name selbst bedeutet »Schoß« (der Erde).[2] Delphi war ursprünglich der Gaia oder Mutter Erde geweiht, der »ältesten der Gottheiten«, deren Namen selbst die späteren Olympischen Götter huldigten. Delphi wurde von Apollo erobert, er tötete die Hohepriesterin Delphyne – die Verkörperung des mütterlichen Geistes, um dann über ihren Leichnam hinweg das Heiligtum zu betreten.[3] Seine Priester behaupteten, daß er auch die unterirdische Orakelschlange Python tötete, die durch die »Pythonierin« (Priesterin) sprach. Aber diese unterirdische Schlange erteilte noch während der ganzen klassischen Periode Orakelsprüche, und insofern konnte sie wohl nicht so ganz tot sein. In Wirklichkeit wurden die prophetischen Äußerungen seit undenklichen Zeiten bis zur letztendlichen Zerstörung des Heiligtums durch den christlichen Kaiser Arkadus nur von Frauen ausgesprochen.

[1] Briffault, Bd. 3, 153–154
[2] Graves, The Greek Myths, Bd. 2, 388
[3] Stone, Ancient Mirrors of Womanhood, Bd. 2, 171

Palladium

Niemand weiß genau, was das berühmte Palladium eigentlich war, aber alle Autoren sind sich darüber einig, daß es ein Symbol von außerordentlicher Heiligkeit war, und zwar im Zusammenhang mit den archaischen Heiligtümern von Athen, Troja und Rom. Das Wohlergehen des gesamten Staates schien von einer sorgfältigen Aufbewahrung des Palladiums abzuhängen, das vom Gründervater Äneas aus den Trümmern vonTroja gerettet und in den römischen Tempel der Vesta gebracht wurde, wo es in späteren Jahrhunderten von den vestalischen Jungfrauen bewacht wurde. Die Griechen behaupteten, daß es ein Bild der Athene oder vielleicht auch ein heiliger (Batyl-)Stein sei, der vom Himmel gefallen war und sie symbolisierte. Eine andere Version besagte, daß es die Reliquie einer jungfräulichen Kriegerin sei oder aber die eines männlichen Riesen namens Pallas, dessen Name Athene angenommen hatte, nachdem sie das Mädchen bzw. den Riesen getötet hatte. Der Name *Pallas* bedeutete entweder »Jungfrau« oder »junger Mann«.[1]

Am wahrscheinlichsten ist es, daß das Palladium irgendeine Art von *lingam-yoni* war und die ewige Einheit von männlichen und weiblichen Gottheiten symbolisierte, die man für den Wohlstand eines Landes für notwendig hielt. Vielleicht ist der weibliche Teil des Fetisches verlorengegangen oder wurde zerstört. Denn der römischen Tradition zufolge war das Palladium des Vesta-Tempels das Zepter des Königs Priamos von Troja – »einem männlichen Sexualorgan nachgebildet«. Eine römische Legende besagte, daß irgendein Konsul namens Caecilius Metellus erblindete, als er beim Betreten des Tempels gezwungenermaßen auf das Palladium blickte, das er vor einem Feuer retten wollte. Wenn man ohne Vorbereitung etwas Heiliges betrachtete, war das Erblinden die übliche Folge; aber der Name *caecilius* (deutsch »Kleiner Blinder«) bezog sich auch auf einen Penis.[2]

[1] Graves, The Greek Myths, Bd. 2, 403
[2] Dumézil, Archaic Roman Religion, Bd. 1, 323–325

Papstkreuz

Die drei Arme des Papstkreuzes sollten vielleicht die Trinität darstellen, manchmal aber wurde es auch mit der alten heidnischen Vorstellung der Himmelsleiter assoziiert. Den Aufstieg auf dieser Leiter und die Rückkehr zur Erde betrachtete man einstmals als Muß für jeden spirituellen Führer, der behauptete, seine Autorität aus erster Hand bezogen zu haben.

Patriarchenkreuz

Dies ist das Vater-und-Sohn-Kreuz: Es erscheint manchmal auch in Form eines Kruzifixes mit den Buchstaben INRI auf einer Schriftrolle, die ganz oben an der Spitze des Kreuzes befestigt ist. Die Ostkirchen verwendeten es als Wahrzeichen eines jeden lokalen Patriarchen.

Phylakterien

Ein griechischer Text gibt Anleitungen für die Herstellung eines *phylakterion* oder »Amuletts der Handlung«: Es muß ein Magnetstein sein, der in Herzform geschnitten und mit einem gravierten Bild der Göttin Hekate versehen sein muß.[1] Die *tefillin* oder Phylakteria, die von jüdischen Männern auf der Stirn oder dem linken Arm getragen wurden, haben sich aus solchen antiken Amuletten entwickelt und hatten ursprünglich den Zweck, Dämonen zu vertreiben.[2] Es bestätigt nur den antiken Glauben an die »prophylaktische« Kraft des Wortes, da sie Passagen der Heiligen Schrift auf kleinen Pergamentstückchen in Lederbeuteln enthielten. Sie gehören ebenso wie die Mesusah zur Klasse der Amulette.

Weil die Juden die Anfertigung von Bildern nicht erlaubten, berief man sich auf biblische Texte, wie dem folgenden, die zum Tragen der Phylakterien anhielten: »Du sollst sie als Zeichen um das Handgelenk binden. Sie sollen zum Schmuck auf deiner Stirn werden.« (Deuteronomium 6,8; Exodus 11,9 und 11,16) Der Lederriemen des Armbandes mußte siebenmal um den Arm gewickelt und in der Hand gehalten werden. Dadurch, daß die Bilder, die in früheren Zeiten eingraviert worden waren, durch Worte ersetzt wurden, schien das Bilderverbot eingehalten.

[1] Kunz, 40
[2] Trachtenberg, 145

Schibboleth

Schibboleth ist das hebräische Wort für die heilige Kornähre, die im ganzen Heiligen Land in den Tempeln der Astarte (der biblischen Aschtoreth) ausgestellt und deshalb mit dem Heidentum assoziiert wurde. Auf dem Höhepunkt der Fruchtbarkeitsriten zu Ehren der Göttin wurde die Schibboleth gezeigt. Und nach der Einweihung in den höchsten Grad der Eleusinischen Mysterien wurde ebenfalls »eine schweigend geerntete Kornähre als großes, bewundernswertes und überaus vollkommenes Objekt mystischer Kontemplation« zur Schau gestellt.[1] Diese Kornähre (meist Weizen oder Gerste) symbolisierte zusammen mit dem Delphin die Göttin Demeter als Herrin der Erde und des Meeres, die Brot und Fische in Hülle und Fülle gewährt. Ihr alljährliches Wunder wurde von den Evangelienschreibern kopiert. Ihre beiden Attribute wurden später von den Freimaurern übernommen, die ihre eigene Version der heiligen Schibboleth hatten: »Eine Kornähre neben einem Wasserfall«.[2]

[1] d'Alviella, 2
[2] Elworthy, 105

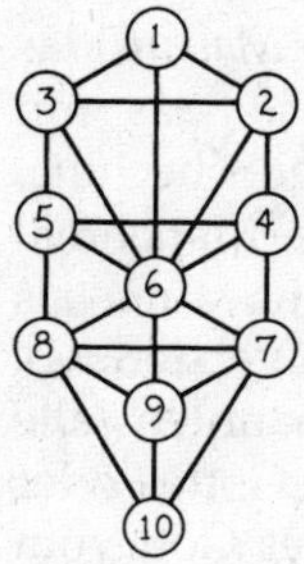

Sefirot

Die Sefirot sind die zehn Qualitäten des Mystischen Baumes, und sie stehen als wichtigster Lehrinhalt im Zentrum des kabbalistischen »Sefer ha-Zohar« (»Buch des Glanzes«), das zum erstenmal im Jahre 1280 n.Chr. veröffentlicht wurde, obwohl ihm in Legenden ein viel früherer Ursprung nachgesagt wird. Der Mystische Baum stand für die »Welt der Einheit«, und damit war der Prozeß des Lebens gemeint, der von der Göttlichkeit in die gesamte Schöpfung einfloß, um wieder zur Göttlichkeit zurückzukehren.

In absteigender Reihenfolge sind die Sefirot wie folgt auf dem Baum angeordnet: 1) *Keter* oder *Keter Elyon*, die Höchste Krone; 2) *Hochmah*, die Weisheit, der Beginn; 3) *Binah*, die Intelligenz, das Verständnis, die Höchste

Mutter des kosmischen Schoßes; 4) *Chesed*, Liebe, Gnade; 5) *Gevurah*, Macht, Strenge; 6) *Rahamin*, Mitgefühl bzw. *Tiferet*, Schönheit; 7) *Netzach*, Ausdauer, Sieg; 8) *Hod*, Glanz, Majestät; 9) *Jesod*, Grundlage und 10) *Malkut*, das Königreich der Erde, das mit Gottes Gemahlin, der Schechina, gleichgesetzt wurde. Manchmal wurde die Schechina auch als Mutter aller Sefirot verstanden. Die Kabbalisten nannten alle zehn den »Wagen« Gottes oder die *merkabah*, auf der Gott vom Himmel in die Seelen der Menschen herabsteigen konnte.

Einige Traditionen fügten noch eine elfte Sefirah, nämlich *Daat* oder »Abgrund« hinzu, die das »Wissen« darstellte – und zwar vor allem jenes Wissen, das von Gott verboten war, Adams Sündenfall verursacht hatte und dennoch notwendig war, um das Mysterium der Erlösung zu begreifen. Daat war im (symbolisch weiblichen) Dreieck der ersten drei Sefirot enthalten und wurde oft als eine Göttin personifiziert. Wie eine dunkle Zwillingsschwester der Schechina erschuf sie das Element *nefesch*, »die Seele der irdischen Welt«, und die Schatten der Ahnengeister oder *nefilim*. Ihre griechische Schwester war Nephele, die dunkle Zwillingsschwester von Hera. Ihre norwegische Entsprechung war Nifl, die Königin der Toten.

Sheila-na-gig

Weibliche Gestalten, die deutlich ihre Yoni als *vesica piscis* präsentierten, waren einstmals gewohnte Ausschmückungen von irischen Kirchen, die vor dem 16. Jahrhundert erbaut worden waren. Normalerweise wurde die Sheila-na-gig in den Schlußstein eines Fensters oder eines Torbogens eingehauen. Zweifellos war es ein Schutzzeichen, das noch aus der vorchristlichen Göttin-Verehrung stammte. Gestalten dieser Art gab es auch in ganz Europa. Sie wurden in den Kathedralen auf den Säulenkapitellen, am Ende von Stützbalken usw. als Verzierung angebracht. Hockende Göttin-Figuren, die den Sheila-na-gig aufs Haar ähneln, bewachten auch in Indien die Tempeltore, und alle, die eintraten, berührten die offene Yoni, um ihres Segens teilhaftig zu werden.[1]

Viele Sheila-na-gig-Figuren hatten denselben abgemagerten Brustkasten, den ähnliche indische Figuren der Göttin Kali in ihrem »Leichen«-Aspekt aufwiesen: Und deren Name klingt wiederum auffällig ähnlich wie der der irischen Göttin Caillech, die bekannt ist als Erzeugerin und Verschlingerin der Welt. Die Yoni, die sie so offen präsentiert, stellte sowohl das Prinzip der Geburt wie auch das des Todes dar. Die irischen Kirchenmänner versuchten, so viele Sheila-na-gig-Figuren wie möglich loszuwerden, aber noch immer finden sich einige von ihnen an ihren ursprünglichen Plätzen. Andere haben einen Unterschlupf (Platz oder Versteck) im Dublin Museum gefunden.[2]

[1] Rawson, Erotic Art of the East, 30
[1] Knight, 132–139

Sistrum

Das Sistrum war eine heilige Rassel, die in den Zeremonien zu Ehren der großen Göttin Ägyptens (Isis, Nephthys oder Hathor) verwendet wurde. Der Klang ihrer aneinanderschlagenden Drähte sollte böse Geister vertreiben, eine magische Wirkung, die später auch den Kirchenglocken im mittelalterlichen Europa zugeschrieben wurde. Das Sistrum wurde mit verschiedenen Mustern geschmückt, manchmal war es auch der Kopf der Göttin oder ein kleiner Phallus, der ihren Begleiter darstellte. Ägyptische Malereien zeigen das Sistrum nicht nur in der Hand der Göttin selbst, sondern auch in den Händen ihrer Priesterinnen und anderer hochgestellter Frauen.[1] Plutarch erzählt von ihren mannigfachen mystischen Bedeutungen. Die gekrümmte Oberseite stand für die Mondbahn, darüber erhob sich eine kleine Göttinfigur in Katzenform (Bast). Die vier Rasseln stellten die vier Elemente dar, durch die sie das Universum erschaffen hatte. Ihr Klang symbolisierte die Vermischung der Elemente im Prozeß der Schöpfung.[2]

[1] Budge, Gods of the Egyptians, Bd. 1, 422
[2] Knight, 96

Sri Yantra

Im Hinduismus und Buddhismus ist ein Yantra jedes graphische Muster, das der Meditation dient: Durch die Art seines Aufbaus werden spirituelle Lehren vermittelt. Wie ein Mandala wird auch das Yantra zur Fokussierung des Bewußtseins verwendet. Am meisten von allen Yantras wird das Sri Yantra verehrt: Es besteht aus ineinandergeschlossenen Dreiecken, und zwar auf der Basis eines einzelnen Yoni-Yantras (eines Dreiecks mit nach unten weisender Spitze), das die weibliche Schöpfungskraft symbolisiert. Daraus entwickelten sich alle männlichen und weiblichen Lebensformen, was durch die nach oben und unten weisenden Dreiecke gezeigt wird, die sich wie konzentrische Wellen im Wasser ausbreiten. Die Hindu-Schriften sagen: »Das nach unten weisende Dreieck ist ein weibliches Symbol, das der Yoni entspricht, und heißt 'Shakti'. Das nach oben weisende Dreieck ist das männliche Symbol, das Lingam.«[1]

Gewöhnlich wird dieses ganze Muster von den ersten acht und dann sechzehn Blütenblättern des kosmischen Lotus sowie einer Grenze eingerahmt, die die vier Himmelsrichtungen, die vier Elemente, die vier Seiten des heiligen Berges, die vier Ströme des Paradieses usw. darstellen. Das letztendliche Zentrum wird nicht gezeigt, der Betrachter muß es selbst im Geist erschaffen. Das Sri Yantra heißt »Form in Ausdehnung«, es ist eine mystische Wiedergabe des schöpferischen Prozesses.[2]

[1] Zimmer, 147
[2] Cirlot, 39, 194

Tafel der Isis

Dieses geheimnisvolle Artefakt wurde oft von Mystikern und Magiern erwähnt: Sie behaupteten, daß seine symbolischen Verzierungen große religiöse Geheimnisse des alten Ägypten offenbarten. Ursprünglich war diese Tafel eine Opfergabe für die Göttin Isis in der Form eines tragbaren Altars. Als Rom im Jahre 1525 geplündert wurde, wurde sie von Kardinal Bembo erworben und ging im Jahre 1630 in den Besitz des Herzogs von Mantua über. Soweit die Tradition. Die Isis-Tafel wurde in dem Buch von W. Wynn Westcott, »The History and Occult Significance of the Tabula Bembina sive Mensa Isiaca«, wissenschaftlich erörtert; aber wo sie sich heute befindet, ist unbekannt.

Tattvas

Die *tattvas* sind eines von mehreren hinduistischen Systemen zur Klassifizierung der Elemente.Das Wasser erscheint als silberne Mondsichel *(apas)*. Die Luft ist ein blauer Kreis *(vayu)*. Das Feuer ist ein rotes Dreieck *(tejas)*. Die Erde ist ein gelber Rhombus oder ein Quadrat *(prithivi)*. Das fünfte Element, der Geist – der dem griechischen Äther entspricht –, ist ein schwarzes oder indigofarbenes Ei und heißt *akasha* oder »Leere«. Einem anderen System zufolge sind die Farben von Wasser und Luft umgekehrt, das Rot des Feuers und das Gelb der Erde aber bleibt gleich. Die Namen der *tattvas* sind auch die Namen von verschiedenen Gottheiten, die man einzeln anrufen kann, wenn man ihrer Gaben bedarf.

Man sieht, daß diese heiligen Farben genau das sind, was wir heute als Primärfarben bezeichnen, weil aus Rot, Gelb, Blau, Weiß und Schwarz alle anderen Farben durch Mischung hergestellt werden können – genauso, wie man von den Elementen glaubte, daß sie gemischt werden müßten, um die Welt in all ihren Nuancen zu schaffen.

Throndarstellung in ägyptischer Hieroglyphe

Thron

Throne waren immer heilige Objekte, die von besonderen Personen benutzt wurden, Personen, die meist eine Gottheit verkörperten. Dieses vereinfachte Thronsymbol war eine ägyptische Hieroglyphe und bedeutete Unterstützung, Freude und Sicherheit.[1] Es erschien auch auf dem Kopf der Göttin Isis (oder Maat) und sollte zeigen, daß sie der Thron des Pharaos war. In anderen Worten: Sein Amt hing davon ab, daß er auf ihrem Schoß saß. Man stellte die Pharaonen tatsächlich oft auf diese Weise dar: Sie sitzen auf dem Schoß der Göttin und werden von ihren langen Schwingen beschützt. Das Symbol *mu'at* bedeutete »Grundlage des Thrones« und war ein weiterer Name der Göttin. Er bedeutete »Wahrheit«, »Gerechtigkeit« und »Urteil«.[2] Die Bibelschreiber haben also eine ägyptische Anrede kopiert, als sie sagten: »Gerechtigkeit und Urteil sind die Stützen deines Thrones.« (Psalm 89,15). Diese Anrede galt in Ägypten einem König, der seine Macht von der Göttin ableitete.

[1] Cirlot, 323
[2] Gaster, 769

Tjet

Das *tjet* war eines der heiligsten ägyptischen Amulette. Man hält es für eine archaische Form des Anch, aber es sieht auch wie ein kleiner stehender Engel aus. Dennoch war es kein Engel. »Aus dem Koptischen geht hervor, daß dieses Amulett die Vulva oder *Matrix* der Isis darstellen sollte.« Sie »sollte dem Träger, ob er nun lebte oder bereits verstorben war, die Kraft des Isis-Blutes vermitteln«.[1] Damit ist das Menstruationsblut gemeint, jener göttliche Stoff des Lebens, der aus den Genitalien der Göttin hervorfließt. Dieses Amulett wurde im allgemeinen aus rotem Material geschliffen oder geschnitzt, aus rotem Jaspis, Achat, Karneol oder Porphyr, aus Rotholz oder rotem Glas.

[1] Budge, Amulets and Talismans, 137

Torah

Die heilige Schriftrolle einer jüdischen Synagoge ist das *Sefer Torah* oder »Buch des Gesetzes«, das aus dem Pentateuch, den ersten fünf Büchern des Alten Testamentes, besteht. Die Schriftrolle wurde oft als magisches Heilamulett verwendet. Es hieß, daß Geburtsschmerzen von Frauen oder Krankheiten von Kindern gelindert würden, wenn die Torah aus der Synagoge gebracht und den Leidenden aufgelegt würde. Aber der fortgesetzte Glaube an die »Unreinheit« von Frauen erstreckte sich auch auf den Umgang mit der Torah. Rabbinische Regeln besagten, daß ein Mann die heilige Schriftrolle nicht küssen durfte, wenn er unmittelbar zuvor seine Gemahlin oder sein Kind geküßt hatte – aus Angst vor spiritueller Befleckung.[1]

Solche Vorstellungen gehörten seit Beginn des christlichen Zeitalters zum A und O des jüdisch-christlichen Glaubens. Dem »Buch Thomas' des Kämpfers« zufolge sprach auch Jesus unmißverständlich von der Unreinheit der Frauen: »Wehe über euch, die ihr die Intimität mit dem Frauenvolk und den befleckten Verkehr mit ihm liebt!«[2]

[1] Trachtenberg, 105
[2] Barnstone, 586

Trisula

Die geheimnisvolle *trisula* ist in Indien ein Zeichen von großer Bedeutung. Shiva-Anhänger sagen, daß es der Dreizack ihres Gottes ist. Buddha-Verehrer behaupten, es sei das Monogramm ihrer Gottheit oder ein Symbol des Gesetzes *(dharma)*. Vishnu-Anhänger nennen es den Fußabdruck ihres Gottes, und wieder andere sehen darin die Flamme im Lotus oder den Dreizack auf dem Rad oder die Sonne unter zwei Monden. Das Wort *trisula* bedeutet »drei Punkte«. Es wurde gezeigt, daß es mit dem Zeichen des Merkur oder Hermes verwandt ist, das man im Westen kennt.[1]

[1] d'Alviella, 237–245

Udjat

Das ägyptische Symbol des heiligen Auges – die *udjat* – war zu verschiedenen Zeiten das Auge der Maat, des Horus, des Thoth oder auch des Ra. Wahrscheinlich kamen die männlichen Götter chronologisch später, denn Maat war das ursprüngliche Alles-sehende-Auge und die Mutter-der-Wahrheit. Ihr Name leitete sich von dem Zeitwort für »sehen« ab.[1] Augen-Amulette waren bei den Ägyptern überaus beliebt. »Während der dynastischen Zeit wurden die Zwei Augen *(Udjatti)* auf Särge, Sarkophage und andere Begräbnisgegenstände gemalt, ebenso auf den Bug von Booten.«[2] Die zwei Augen wurden üblicherweise als das Auge des Mondes (Thoth) und das Auge der Sonne (Ra) gedeutet. Man glaubte, daß sie vor allen möglichen Arten von Übel schützten.[3] Bis zum heutigen Tag glauben Schiffer rund um das Mittelmeer, daß ein *udjat*-ähnliches Auge auf ihr Boot gemalt werden muß, damit es seinen Kurs nicht verliert.

[1] Budge, Egyptian Language, 55
[2] Ibid., Amulets and Talismans, 360
[3] Ibid., Gods of the Egyptians, Bd. 2, 413

Uräus

Der Uräus war in Ägypten das Kobra-Symbol der Göttin als Schöpferin. Dieses Symbol wurde von Gottheit und Herrschenden auf der Stirn, und zwar in der Position des »dritten Auges«, getragen. Es stand für königlichen Geist, Heilung und Weisheit. Als Hieroglyphe symbolisierte der Uräus die »Göttin«, und das verweist auf eine der ältesten ägyptischen Gottheiten, die Mutter-Schlange Uadjed, auch Ua Zit genannt. Die Griechen nannten sie Buto – nach ihrem Heiligtum, der ägyptischen Stadt Per Uto. Zusammen mit der Geier-Göttin Nechbet stellte sie die Zyklen von Geburt und Tod, von Anfang und Ende dar. Diese archaischen Göttinnen hießen auch die »zwei Herrinnen«. Aufgrund ihrer Macht und Autorität regierten die Pharaonen und erneuerten sich unablässig die Zyklen der Natur.[1]

Die Kobra-Göttin verschmolz letztlich mit der Göttin Maat, dem Alles-sehenden-Auge, und mit Isis, der Mutter der Sonne.

[1] Budge, When God was a Woman, 24; Stone, Gods of the Egyptians, Bd. 1, 92

Urim und Thummim

Urim und *thummim* sind hebräische Worte für die Weissageobjekte, die von den Hohepriestern des Alten Testaments verwendet wurden. Es scheint, daß das kleine Steine, vielleicht auch Fingerknöchelchen wie die Weissagewürfel waren, die in griechischen Tempeln verwendet und angeblich von Hermes erfunden wurden. Seit Jahrtausenden hat man in Asien Würfel zum Weissagen benutzt. Auch die *urim* und *thummim* ermöglichten Weissagung und Beratung.

Viele Menschen haben schon einmal von der offiziellen Interpretation der *urim* und *thummim* gehört: Sie entstammt der idyllischen Ignoranz von Joseph Smith, dem Gründer der Mormonen-Sekte. Deshalb soll diese Interpretation hier etwas ausführlicher dargestellt werden. Smith wußte nicht genau, was diese Wörter bedeuteten, aber er verwendete sie für eine rein fiktive »große Brille«. Mit Hilfe der ihr innewohnenden Magie konnte er die mysteriöse Sprache von ebenfalls rein fiktiven goldenen Tafeln sehen und lesen, die angeblich dem »Buch des Mormon« zugrunde lagen.

Diese Sprache nannte Smith »reformiertes Ägyptisch«, aber »allen führenden Ägyptologen und Philologen zufolge, die man dazu befragt«, hat diese Sprache niemals existiert.

Die goldenen Tafeln, die Smith angeblich aus dem Boden gegraben hatte, traten nie in Erscheinung. Die einzigen drei »Zeugen« ihrer Existenz waren Martin Harris, David Whitmer und Oliver Cowdery, deren Namen vorne auf dem »Buch des Mormon« standen. Aber alle drei fielen später vom Glauben ab und wurden von ihren früheren Brüdern als »Diebe und Fälscher« beschimpft. Harris stritt ab, daß er die Tafeln jemals tatsächlich gesehen hatte. Vielmehr habe er sie »mit dem Auge des Glaubens« gesehen.

Derselbe Harris nahm einige Bögen Papier, auf die Smith angeblich die Hieroglyphen niedergelegt hatte, die er mit seiner magischen Brille sehen und übersetzen konnte, und besuchte mit ihnen Professor Charles Anthon an der Universität von Columbia. Harris behauptete, daß »Professor Anthon feststellte, daß die Übersetzung richtig sei, und zwar richtiger als irgendeine Übersetzung aus dem Ägyptischen, die er jemals zuvor gesehen hätte. Ich zeigte ihm die Schriftzeichen, die noch nicht übersetzt waren, und er sagte, daß sie ägyptisch, chaldäisch, assyrisch und arabisch seien; und er sagte, es seien echte Schriftzeichen.«

Professor Anthon stellte die Geschichte etwas anders dar: In einem Brief an E.E.Howe aus dem Jahre 1834 distanzierte er sich von jeglicher Verbindung mit »reformierten Hieroglyphen« oder »der mormonischen Inschrift«. Das Papier, das ihm gezeigt worden sei, habe ein »seltsames Gekritzel« enthalten: Es bestand aus merkwürdig gekrümmten, seitlich gekippten und umgedrehten griechischen, hebräischen und römischen Buchstaben sowie einem grob gezeichneten Kreis, der »offensichtlich nach dem von Humboldt veröffentlichten mexikanischen Kalender kopiert worden ist, aber so, daß die Quelle nicht erkannt werden sollte.« Der Professor fragte Harris, wo die Tafeln seien, und erfuhr, daß Joseph Smith sie zusammen mit »der großen Brille« in einer Truhe verwahre. Anthon riet Harris, die Hilfe der Behörden in Anspruch zu nehmen und die Truhe öffnen zu lassen, denn er war sich sicher, daß Harris betrogen und beraubt worden war: Er hatte seine Farm verkauft, um Smith Geld geben zu können. Harris erwiderte, daß »der Fluch Gottes« auf ihn fallen würde, wenn er dies täte. Anthon bot ihm an, einen jeden solchen Fluch auf sich zu nehmen, »sollte es mir nur gelingen, ihn aus dem Griff der Ganoven zu befreien«. Schließlich forderte Professor Anthon den Empfänger des Briefes, Howe, auf, »diesen Brief unverzüglich zu veröffentlichen, falls Sie bemerken sollten, daß mein Name noch einmal von diesen elenden Fanatikern erwähnt wird.«[1]

Als die geheimnisvollen goldenen Tafeln zur rechten Zeit wieder verschwanden – sie wurden von demselben Engel hinweggetragen, der sie auch angekündigt hatte –, verschwand auch die magische Brille *urim* und *thummim*, und deswegen konnte sie eben niemand jemals erblicken.

[1] Martin, 172, 181–182, 187

Urtext

Neben dem Stein der Weisen war auch der Urtext eines der wichtigsten mittelalterlichen Symbole der Alchemie, an das man wörtlich glaubte. Die Vorstellung vom Urtext hatte sich aus der neuplatonischen Theorie des Logos (»schöpferisches Wort«) entwickelt, die sich ihrerseits aus einer hinduistischen Theorie entwickelt hatte: Daß nämlich die Göttin Kali zuerst die magische Sprache Sanskrit und dann alle anderen Dinge geschaffen habe, indem sie deren Namen in Sanskrit ausgesprochen habe. Die Alchemisten glaubten, daß der Urtext eine magische Schrift sei, in der Gott oder Thoth oder Hermes Trismegistos die Namen aller Dinge in der Sprache der Schöpfung niedergelegt hatte. Deshalb konnte ein Magier, der diese Sprache verstand, jede Substanz in eine andere Substanz verwandeln, also zum Beispiel Blei in Gold und ähnliche Wundertaten. Der Urtext, so behaupteten sie, sei der Welt verlorengegangen, als er wie das ihm ähnliche, sagenhafte Buch des Thoth an einem geheimen Platz versteckt worden sei. Dennoch behaupteten mehrere alchemistische Abhandlungen, daß es gefunden worden und ein Teil seiner wundersamen Sprache zum Verständnis der Eingeweihten transkribiert worden sei.

Ushnisha

Ushnisha bedeutet »die Flamme von unsichtbarem Licht«, die auf dem Kopf eines buddhistischen Heiligen leuchtete und seine göttliche Intelligenz anzeigte. Diese Vorstellung war nicht auf den Buddhismus beschränkt; sie wurde oft kopiert. Selbst die christlichen Schriften versahen alle Apostel mit einem *ushnisha*: »Und es erschienen ihnen Zungen wie von Feuer, die sich verteilten; auf jeden von ihnen ließ sich eine nieder.« (Apostelgeschichte 2,3)

Weihrauch

Weihrauch war schon immer ein wichtiges religiöses Symbol, weil Feuer oder Rauch zum Himmel aufsteigt und dies ein wichtiger Weg sei, auf dem die Gottheiten die Opfer empfangen könnten, die ihnen auf Erden dargebracht wurden. Fleisch, das auf dem Altar kochte, war ebenfalls »ein süßer Geruch, ein Opfer, das dem Herrn durch das Feuer bereitet wurde« (Exodus 29,18), aber gerade die Tatsache, daß die antiken Altäre und ihre Umgebung auch Schlachtplätze waren, verlieh ihnen mit Sicherheit einen Geruch, der nicht so süß war. Aber das Verbrennen von Weihrauch konnte diese Gerüche überdecken.

In biblischen Zeiten war der wichtigste Weihrauchproduzent Südarabien, das von den reichen matriarchalen Königinnen von Saba geführt wurde. Einige Stämme des Mittleren Ostens hatten ganz besonders mit Weihrauchkarawanen zu tun. Die biblischen »Söhne der Keturah« – Zimran, Joschan, Medan und Midian – waren keine wirklichen Personen, sondern die Namen von Stammesgruppen, die mit Weihrauch handelten (1. Chronik 1,32). Keturah wurde als eine von Abrahams Konkubinen ausgegeben, und auf diese Weise konnte man einen Gründervater der Hebräer mit dem lukrativen Weihrauchgeschäft in Verbindung bringen. Aber auch Keturah war keine wirkliche Person; ihr Name bedeutet einfach nur »Weihrauch«.[1]

[1] Teubal, 95

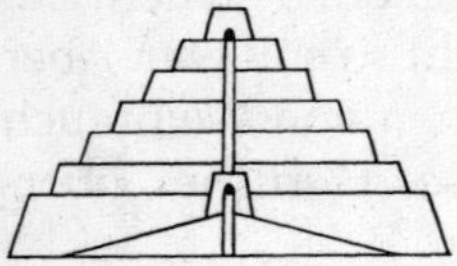

Zikkurat

Die Zikkurat war die mesopotamische Version des Himmelsberges, und sie glich den ägyptischen und mittelamerikanischen Pyramiden insofern, als sie ein Treffpunkt von Gottheiten und Sterblichen war. Auf der Spitze der Zikkurat kam die Göttin hernieder, um sich mit dem König zu paaren, oder der Gott vereinte sich mit der Königin. Die sumerischen Städte waren schon um 3500 v. Chr. von Zikkurats gekrönt.[1] In Babylon war die Zikkurat der Kern der Stadt und hieß *Bab-ilani* oder »Tor der Götter«. In der Bibel ist Bab-el der Turm, der angeblich den Himmel berührt. Er wurde von Nebukadnezar erbaut und offiziell als »Tempel der sieben Sphären der Welt« oder »Haus der sieben Richtungen von Himmel und Erde« *(etemenanki)* benannt.[2] Seine sieben Stockwerke sollen die sieben Himmelssphären dargestellt haben. Einer Tontafel des Louvre zufolge, in der die römischen Namen der babylonischen Gottheiten aufgelistet sind, waren die sieben Etagen in sieben verschiedenen Farben gehalten: Schwarz für Saturn, Orange für Jupiter, Rot für Mars, Gold für die Sonne, Gelb für Venus, Blau für Merkur und Silbern für den Mond.[3] Man glaubt, daß auch die sieben niederen Sphären vorhanden waren, und zwar in Form von immer tiefer in die Erde hinabreichenden Gruben unterhalb des Bauwerks.

Aus einer ähnlichen Vorstellung von aufsteigenden Himmeln ist auch die chinesische Pagode hervorgegangen. Das Wort *pagoda* ist eine portugiesische Verballhornung des persischen Wortes *butkadah* für »Tempel«.[4] Die sich aufeinandertürmenden, regenschirmähnlichen Dächer einer Pagode – üblicherweise waren es neun – symbolisierten die verschiedenen Himmel, die sich übereinander erhoben.[5]

[1] Whittick, 352
[2] Lethaby, 129
[3] Cirlot, 316
[4] Whittick, 290
[5] Lethaby, 50

7
WELTLICH-SAKRALE OBJEKTE

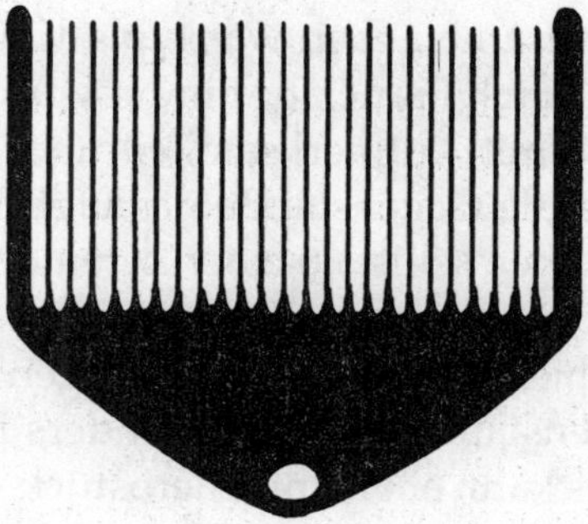

Alphabet
Ankerwinde
Asche
Athanor
Besen
Boot
Brunnen
Buch
Dreschflegel und Krummstab
Ei-und-Pfeil-Fries
Fackel
Faden
Feder
Furche
Geld
Glocke
Grube
Haus
Helm
Herd
Hogan
Hörner
Kamm
Kelch
Kerze
Kessel
Knoten
Korb
Kornpuppe
Kreuzung
Krone
Krug
Lampe
Lyra
Maske
Messer
Name
Palast
Puppe
Purpur
Rasierklinge
Runen
Sarg
Schale
Schild
Schleier
Schlüssel
Schnur
Schriftrolle
Schuh
Schwelle
Sense
Spiegel
Spinnwebe
Steckenpferd
Tarotkarten
Topf
Tor
Transvestitentum
Valentinstag
Vase
Vitriol
Vogelscheuche
Waage
Wagen
Wiege

Die hier aufgeführten Gegenstände sind meistens ganz alltäglich, und dennoch galten sie bei bestimmten Gruppen von Menschen zu bestimmten Zeiten als »sakral«. Viele davon sind Haushaltsgegenstände, die irgendwie mit alten religiösen Symboliken verbunden waren und vor langer Zeit in einer quasi-sakralen, achtsamen Weise verwendet wurden. Dieses bewußte, achtsame Leben war typisch für Kulturen der Vergangenheit, die durch Frauen bestimmt wurden. Jede alltägliche Handlung, die mit Aufmerksamkeit und Respekt vollzogen wurde, heiligte die Gegenstände des täglichen Gebrauchs, und so wurde das Leben selbst zu einer Zeremonie.

Ein einfaches Experiment kann dem Leser zeigen, wie ein weltlich-sakrales Objekt geschaffen wird. Legen Sie irgendeinen gewöhnlichen Gegenstand, den Sie besonders lieben, an einen besonderen Ort: Das kann ein Familienerbstück sein, ein Andenken an eine beglückende Erfahrung, ein Schmuckstück oder Porzellangeschirr, das Ihnen besonders gefällt, ein selbstgefertigtes Kunstwerk, ein Naturobjekt wie etwa ein Ast, ein Stein oder ein Kristall, ein Buch oder auch Tarotkarten. Berühren Sie diesen Gegenstand nur mit besonderer Sorgfalt und nur zu besonderen Zeiten. Vollziehen Sie jedesmal, wenn Sie an ihm vorbeigehen, eine besondere Geste: Nicken Sie, wenden Sie ihm Ihre Handinnenfläche zu, sprechen Sie zu ihm. Bringen Sie ihm ein tägliches Opfer dar: eine frische Blume, ein Speisekrümchen, eine Münze. Stellen Sie sich vor, daß er Ihnen Glück bringt, daß er förderlich für Sie ist.Und schon bald wird dieser Gegenstand einen Anflug von Heiligkeit annehmen. Es widerstrebt Ihnen, ihn grob zu behandeln. Eine Gewohnheit wurde geschaffen. Und bald werden einige wenige Augenblicke der Meditation in der Gegenwart dieses Objektes klare Gedanken und Einblicke in die Tiefen des Bewußtseins erzeugen.

Kinder sakralisieren oft ihr Spielzeug auf diese Weise: Offenbar ist dies eine natürliche menschliche Handlungsweise. In vorpatriarchalen Zeiten, als die Erde Mutter und höchste Verkörperung des Göttlichen war, wurden Beziehungen zwischen Menschen und ihrer natürlichen Umgebung immer geheiligt. Menschen fällten niemals einen Baum, ohne zuerst um Vergebung zu beten. Wenn man Samen pflanzte, Ernten einbrachte, Nahrung zubereitete oder Häuser baute, wurden Zeremonien abgehalten. Tontöpfe wurden im Bewußtsein ihrer Mutterschoß-Symbolik benutzt. Alles Stoffliche war von einem Geist erfüllt, der mit Sorgfalt und Respekt behandelt werden mußte.

Die spätere Zivilisation hat solche Haltungen gegenüber dem täglichen Leben ausgemerzt. Aber es gibt noch immer einige wenige Ausnahmen: das jüdische Pessach-Mahl, das traditionelle Weihnachtsfest im Kreis der Familie, die japanische Teezeremonie oder Geburtstagsfeiern. Inzwischen haben religiöse Institutionen die wichtigen persönlichen Zeremonien, die mit Geburt, Hochzeit und Tod zu tun haben, an sich gerissen und dem Bereich der privaten Kontrolle entzogen. Alte Zeremonien, die zur heidnischen Religiosität gehörten, sind trivialisiert worden: Der Karneval, die Tänze um den Maibaum, die Halloween-Tricks, die Suche nach den Ostereiern, die Mittsommernachtsfeuer, Erntedankfeste, Oktoberfeste, Silvesterparties und Kinderspiele sind Beispiele dafür. Trotzdem sollten wir uns wieder daran erinnern, wie archaische Mutter-Priesterinnen die Handlungen des täglichen Lebens weihten. In den Schriften der frühen Missionare findet man viele genau beschriebene rituelle Handlungen von Frauen. Sie wurden verdammt, einfach deswegen, weil Frauen sie als heilig betrachteten und mit Gebeten oder Anrufungen ihrer Göttin begleiteten.

Wenn man die alten Traditionen von weltlichen Objekten, die sakral verwendet wurden, erforschen will, so muß man Erinnerungen an einen ganz anderen Lebensstil, an ganz andere Symbolwelten wachrufen. Wir sollten unsere tagtägliche Erfahrung mit einem neuen Gefühl der Bedeutsamkeit erfüllen und intensivieren. Das ist heute ganz besonders notwendig, und es gilt in besonderem Maße für die Frauen. Denn schließlich haben sie immer in ihrem Privatbereich ritualistische Handlungen vollzogen, auch wenn die patriarchale Gesellschaft sich weigert, ihre Tätigkeit anzuerkennen. Zwar ging in früheren Zeiten die Arbeit von Frauen niemals zu Ende, aber es ist gut zu wissen, daß sie als fortlaufende Reihe von sakralen Handlungen mit sakralen Materialien vollzogen wurde.

Alphabet

Die Erfindung des Alphabets wurde üblicherweise einer Göttin und nicht einem Gott zugeschrieben. Alle Buchstaben waren ursprünglich heilige Symbole – und das ist auch die buchstäbliche Bedeutung des Wortes *hiero-glyph*. In Ägypten galt die Kunst des Schreibens als Geschenk der Göttin Isis, Maat, Menos oder Seschat; in Rom als das der Göttin Carmenta oder der Fata Scribunda (»Schicksalsgöttin der Schrift«), in Skandinavien als das der Nornen (»Schreiberinnen«), in Babylon als das der Gulsen oder Schicksalsgöttinnen.

Geschriebene Buchstaben waren die Symbole der Logos-Kraft – jener Kraft, mit der man die Welt durch Worte erschaffen konnte.[1] Deshalb erschienen die fünfzig Buchstaben des Sanskrit-Alphabets auf dem Halsband aus Schädeln der Kali Ma, die vielleicht die älteste Schöpfungsgöttin war. Diese Buchstaben hießen *matrika* oder »Mütter«. Durch sie entstanden alle Dinge, als Kali sie zu Worten formte.[2] Die Lehre vom Logos existiert noch immer in der christlichen Theologie, aber die ursprüngliche Vorstellung einer Schöpfung durch das Wort ist etwas abstrakter gestaltet worden, um auf diese Weise ihre primitive Naivität zu verbergen. Im 3. Jahrhundert n. Chr. sprachen jüdische Mystiker von dem biblischen Schmied Bezaleel als einem Experten der Buchstabenweisheit: Er »wußte, wie man die Buchstaben, durch die Himmel undErde erschaffen worden waren, verbinden mußte.«[3]

Für die Buchstaben des Alphabets sind viele Symbolsysteme ersonnen worden. Im folgenden eines, das für das gegenwärtige englische Alphabet gedacht ist: A – Kegel, Berg, Pyramide, Erste Ursache oder Geburt; B – Mutterbrust; C – Mond; D – Tag, Diamant, Glanz; E – Sonne; F – Feuer des Lebens; G – schöpferische Kraft; H – Gemini, Dualismus, Schwelle; I – Nummer Eins, Selbstheit, Weltachse; J – Baum und Wurzel; K – Verbindungen; L – Kraft, die aus der Erde emporsteigt; M – wellenartige Berge; N – Serpentinenweg; O – Vollkommenheit, Vollendung; P – Stab; Q – Sonne am Horizont (aufsteigend oder absteigend); R – Unterstützung; S – Schlange; T – Doppelaxt, Hammer oder Kreuz, welches Kampf oder Opfer andeutet; U – Kette; V – Konvergenz, Gefäß; W – Wasserwellen; X – Lichtkreuz, Vereinigung von zwei Welten; Y – dreifache Kreuzung in der Bedeutung von Entscheidung; Z – Blitz (Zerstörung).[4]

[1] Walker, The Woman's Encyclopedia of Myths and Secrets, 545
[2] Mahanirvanatantra, cvii
[3] Trachtenberg, 82
[4] Cirlot, 176

Ankerwinde

Die Ankerwinde wurde in der christlichen Heiligenverehrung durch ihre Verbindung mit dem heiligen Elmo sakralisiert, der aus dem alten heidnischen Gott des Meeresfeuers entstanden ist. Seinen Geist sah man in den elektrischen Entladungen aus Masten und Schiffsrippen während eines Sturmes; noch heute wird dieses Phänomen als Sankt Elmos Feuer bezeichnet. Dieser Heilige war jedoch eine Fiktion. In Spanien heiß er Ermo oder – in einigen Versionen des Heiligenkanons – auch Erasmus. Angeblich war er Bischof von Formiae in der Campagne, wo er im Jahre 303 auf seltsame Weise gemartert wurde: Seine Eingeweide wurden auf eine Ankerwinde gewickelt. Deshalb wurde dieses Objekt zu seinem Symbol.[1] Aber seine Verehrung begann erst im 6. Jahrhundert und beruhte offenbar auf einer Fälschung, zu der man griff, um aus Formiae ein Pilgerzentrum zu machen.[2]

[1] Hall, 115
[2] Attwater, 117

Asche

Asche hat schon immer Buße für Sünden symbolisiert, seit die vedischen Weisen beschlossen, daß der Feuergott Agni seinen Samen der Welt in Form von Asche gegeben hat und daß die Reinigung des eigenen Körpers mit Asche die Spuren von vergangenen Verfehlungen entfernen würde. Auch die Römer badeten am Neujahrs-Bußfest im März, dem offiziellen Jahresbeginn, in Asche. Die christliche Kirche übernahm ebenfalls dieses Datum und machte es zum Aschermittwoch. Die Karnevalsfestivitäten am vorhergehenden »Fetten Dienstag« (französisch *mardi gras*) leiten sich von dem Brauch römischer Heiden ab, unmittelbar vor dem Tag des Aschenbades noch kräftig zu feiern. Vielleicht waren sie der Meinung, daß alle Sünden, die an diesem Tag begangen wurden, ohnehin vierundzwanzig Stunden später durch die Bußrituale vergeben würden.[1]

[1] Walker, The Woman's Encyclopedia of Myths and Secrets, 67

Athanor

Der Ofen der Alchemisten, genannt *athanor*, war ein mystisches Gefäß der Schöpfung, das verschiedentlich als Schoß der Materie, als *vas spirituale*, als Hermesgefäß oder Wohnort der Anima Mundi betrachtet wurde. Wie alle mystischen Gefäße diente er als metaphorischer Uterus wie auch als Laboratoriumsausrüstung. Der Prozeß der Neuerschaffung, der, wie man dachte, im Athanor stattfand, wurde als *Solve et Coagula* schriftlich gefaßt: Löse das Gegenwärtige und erzeuge das Zukünftige.[1]

Ein anderer Name dieses Gefäßes – *fornax* – kam von der römischen Göttin des Ofens, der Patronin der Bäcker.[2]

[1] Cirlot, 6, 235
[2] Jobes/Jobes, 178

Besen

Im Mittelalter nannte man Hexen oftmals »Besen-Amazonen«.[1] Schon seit den Zeiten der alten Römer war der Besen mit der weiblichen Magie und den gesellschaftlichen Beiträgen der Zauberinnen assoziiert. Dort kehrten als sakral verehrte Hebammen mit besonderen Besen die Schwelle eines Hauses nach der Geburt. Auf diese Weise sollten böse Einflüsse von der Mutter und ihrem Säugling abgehalten werden. Der Besen war auch mit der von Priesterinnen vollzogenen Hochzeitszeremonie assoziiert. Unter den Zigeunern, deren Hochzeiten noch lange von Hebammen vollzogen wurden, war der Sprung über den Besen ein wichtiger Teil des Ritus.[2]

Die Hebammen waren symbolisch so eng mit den Besen verbunden, daß die mittelalterlichen Behörden natürlich argwöhnten, er könne als magischer Stab fungieren, um die Hexen zu ihrem Sabbat zu tragen. Von daher rührt das Bild der auf dem Hexenbesen reitenden häretischen Frauen. Viele abergläubische Vorstellungen knüpften sich an diese Grundidee. Weil man glaubte, daß Hexen unfähig seien, fließendes Wasser zu durchqueren, hielt man es für ein Unglück der allerschlimmsten Art, wenn man einen Besen über einen Wasserlauf tragen mußte.[3] Der Grund für diesen Aberglauben lag wahrscheinlich in der Angst vor dem Fluch einer Hexe, der drohte, wenn man ihr magisches Werkzeug genommen hatte, sie aber nicht folgen konnte.

[1] Dürr, 174
[2] Trigg, 86–87
[3] de Lys, 467

Ägyptisches Sonnenboot

Boot

Wie andere Fahrzeuge wurde auch das Boot oftmals als Symbol für »die wiederentdeckte Wiege und den Mutterschoß« verwendet. Das geht aus vielen antiken Literaturbeispielen hervor.[1] Die alten Norweger verwendeten ein und dasselbe Wort für Boot, Wiege und Sarg, sie schickten ihre Toten in den Mutterschoß des Meeres hinaus, aus dem sie dann wiedergeboren werden sollten.[2] Selbst jene, die im Landesinneren wohnten, begruben ihre Toten in Särgen, die Booten nachgebildet waren,und sie opferten der Wassergöttin in bootsförmigen Schalen.[3] Die Mondsichel wurde als Boot verstanden, das die Seelen zum Himmel trug; sie war gleichzeitig auch das mütterliche Symbol der Fruchtbarkeit, die *argha* oder »Arche«, die sie »Behältnis des Keimes von allem, was lebt« nannten.[4] Die Babylonier nannten den Mond »Licht-Boot«. In Ägypten wurde der Sonnengott, der täglich stirbt und wiedergeboren wird, in einem Boot dargestellt, das seine Mutter Isis symbolisierte. In ihren Tempeln waren Boote über den Toren in Stein gehauen. Eines von Isis' Mondbooten ist uns erhalten geblieben,und zwar vor der römischen Kirche Santa Maria della Navicella (»Heilige Maria vom Boot«) an der Stelle, wo früher ein Isis-Heiligtum stand.[5] Isis nahm aber auch eine Gestalt an, die den christlichen Abscheu vor ihrer Religion ausdrückte: Sie wurde zur Hexe im Steinboot, die in Volksmärchen vorkommt.

[1] Cirlot, 29
[2] Turville-Petre, 276
[3] Green, 148
[4] Avalon, 423
[5] Wilkins, 146

Brunnen

Das Ausheben und die Verehrung von Brunnen gehörte zu jenen heidnischen Bräuchen, die die Geistlichen während des gesamten Mittelalters sehr verärgerten, denn dabei handelte es sich um eine offen sexuelle Art, das weibliche Prinzip zu feiern. Die Kirche diffamierte viele der früher heiligen Brunnen als *cunnus diaboli* oder »teuflische Fotze«. Martin von Brage sagte, daß weibliche Teufel, Nymphen genannt, in Brunnen wohnten.[1]

Die Menschen pilgerten zu heiligen Quellen, um den Nymphen ihre Herzenswünsche kundzutun und um ihre Erfüllung zu beten. Dieser Gewohnheit entstammt der bekannte »Wunschbrunnen« (englisch *wishing well*) und der Brauch, Münzen in den Brunnen zu werfen – als Opfergabe für die in ihm lebende Gottheit. Überall auf den britischen Inseln waren in früheren Zeiten der unterirdischen Göttin Hel und ihren keltischen Entsprechungen Morgan und Brigit Brunnen geweiht. Deshalb gibt es heute so viele Ortsnamen wie Hellywell, Hollywell, Holywell, Helen's Well, Morgan's Wells, Brigit's Wells oder Bridewell.[2]

In Griechenland baden Menschen vor der Hochzeit in dem örtlichen *hagiasma* oder »heiligen Brunnen«, um die Kraft der Fruchtbarkeit zu erlangen.[3] Ein damit verwandter europäischer Aberglaube besagte, daß das Wasser in jedem Brunnen oder jeder Quelle sich am Weihnachtsabend in Blut verwandeln würde (oder in seine sakramentale Entsprechung, den Wein); aber niemand wollte dieses Wunder sehen, denn alle Zeugen waren dazu verdammt, innerhalb eines Jahres zu sterben.[4] Hier haben wir sowohl die symbolische Manifestation der Magie des Menstruationsblutes wie auch des damit verbundenen Tabus.

Die heidnische Sitte, mit Spielen und Festschmaus einen Brunnen zu bohren, hat sich bis in die moderne Zeit erhalten und wurde üblicherweise auf den Himmelfahrtstag vierzig Tage nach Ostern gelegt.[5] Man kann vermuten, daß dies der Tag war, an dem die Göttin der Unterwelt den heidnischen Helden neugeboren hat. Schließlich und endlich übernahm die Kirche die Feste, die sie nicht ausmerzen konnte, und tatsächlich haben Mönche beim heiligen

Brunnen von Branwen, der einst der keltischen Göttin geweiht war, Liebestränke verkauft.[6]

[1] J.H. Smith, 240
[2] Philips, 112
[3] Halliday, 37
[4] Miles, 234
[5] Brewster, 233–234
[6] G. Jobes, Bd. 1, 244

Buch

Das Buch symbolisierte intellektuelle Freiheit. Das geschriebene Wort war immer von einer Aura des Geheimnisvollen umgeben und flößte vor allem den Schriftunkundigen ein Gefühl der Ehrfurcht ein. Sie bewunderten die alphabetischen Symbole, auch wenn sie sie nicht lesen konnten. »Es steht geschrieben« hieß nichts anderes als »So ist es!« In gewisser Weise kann Lesen eine magische Wirklichkeit erzeugen, die zwar nur in der Phantasie existiert, dennoch aber lebendig genug ist, um die reale Welt auszusperren, solange der Vorgang des Lesens andauert. Bücher sind die wichtigsten Träger von abstrakten Ideen.

Die Priesterschaft zivilisierter Völker wußte immer ganz genau, wie sehr die Existenz ihrer Gottheiten vom geschriebenen Wort abhing, sofern die religiösen Laien des Lesens kundig waren. Deshalb war es den religiösen Autoritäten immer ein wichtiges Anliegen, die Literatur zu kontrollieren und von Gesetzes wegen das Recht auf die Vernichtung von Büchern zu haben, die ihren eigenen Lehren widersprachen. Wenige Völker waren darin so eifrig wie die Völker der Christenheit. Zwischen dem 3. und 6. Jahrhundert wurden in der gesamten römischen Welt ganze Bibliotheken verbrannt, Schulen und Universitäten wurden zerstört und Bücher von Privatleuten konfisziert. Das alles geschah unter dem Vorwand, daß man die Kirche vor dem Heidentum schützen müsse. Unter den frühchristlichen Kaisern wurden Menschen durch kirchliche »Detektive« hereingelegt, die sogenannte magische Schriften in deren Häusern deponierten, um sie dann zu »entdecken« und im Einklang mit dem Gesetz deren gesamtes Eigentum zu konfiszieren. Der heilige Augustinus verdammte weltliche Bücher als unnötig, ebenso auch das »eitle und merkwürdige Verlangen nach Forschung, das man Wissen und Wissenschaft nennt«.[1] Als die Päpste während der Renaissance bemerkten, daß es noch immer Bücher aus der Antike in Klosterbüchereien gab, wurde Söldnerführern, die in den Diensten der päpstlichen Armee standen, die Genehmigung erteilt, diese Büchereien zu plündern und ihre Schätze nach Rom zu bringen.[2]

Schriftkundigkeit ist oftmals eine Voraussetzung intellektueller Freiheit, kann aber auch zu einer beengenden geistigen Rigidität führen. In der jüdisch-christlichen Tradition ist das wichtigste Buch religiöser Verehrung die Bibel. Ein extremer Fundamentalismus gibt vor, Rechtfertigungen für alles und jedes dort und nur dort zu finden. Das ist immer möglich, denn jede Schriftensammlung, die so weitschweifig und verschiedenartig ist wie die Bibel, kann zur Rechtfertigung aller möglichen Dinge verwendet werden. Ein gutes Beispiel für die Verehrung des Buches tritt in dem baptistischen Fundamentalismus von Walter Martin zutage: Er glaubt, daß jede christliche Sekte, die sich nicht seiner eigenen Bibelexegese anschließt, »Blasphemie und das Produkt von schutzlosen und verdunkelten Seelen« sei, und Bibelzitate hält er für das einzig gültige Mittel, um sie zu widerlegen. Martin behauptet sogar, daß er schon im Alten Testament eine »deutliche« Bestätigung seine Lieblingstheorie, der Dreifaltigkeit, findet, was offensichtlich unmöglich ist; aber die Unitarier, die diese Theorie ablehnen, bezeichnet er aus diesem Grunde als »bösartig«: Diese Zurückweisung zeige »unwiderruflich ihre Liebe zur Dunkelheit und nicht zum Licht, weil ihre Taten böse sind«.[3] Am Beispiel dieses Sektenführers zeigt sich, wie selbst gebildete Menschen aufgrund ihrer übermäßigen Demut vor dem bedruckten Blatt Papier zu einem absurden Ausmaß von Intoleranz gelangen können.

[1] Seligmann, 70, 81
[2] J.H. Smith, 248
[3] Martin, 62, 505–506

Dreschflegel und Krummstab, von Osiris getragen

Dreschflegel und Krummstab

Dreschflegel und Krummstab des Hirten waren die wichtigsten Symbole von Osiris, der den Weizen sowohl erntete wie auch selbst der Weizen des eucharistischen Osiris-Mahles war und außerdem auch als guter Schafhirte der Seelenherden fungierte. Sein Körper wurde mit dem Getreide verglichen, das man tatsächlich auf Bildern des Gottes keimen ließ und zu Kommunionskuchen buk. Alle Gläubigen, die ihn aßen, wurden auf diese Weise zu Osiris und konnten auf ein gottähnliches ewiges Leben hoffen.

Andere Götter, Pharaonen, Priester und ähnliche Würdenträger wurden oftmals in Mumienform wie Osiris dargestellt: Sie trugen dieselben Amtsinsignien und Verheißungen der Unsterblichkeit.

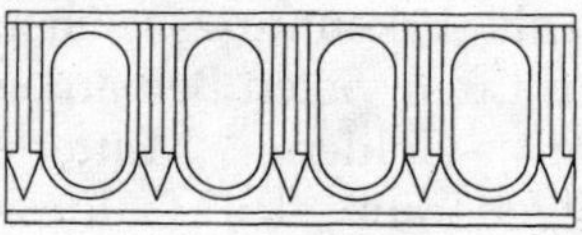

Ei-und-Pfeil-Fries

Die klassisch griechische Version dieses Architektur-Ornaments wurde durch die klassizistische Bewegung des 19. Jahrhunderts popularisiert und erscheint heute bei vielen Gebäuden sowohl im Innenraum wie auch auf den Fassaden als Einfassung. Ursprünglich symbolisierte es eine unendliche Linie von männlichen Elementen – den Pfeilen – und weiblichen Elementen – den Eiern –, die sich paarweise abwechseln. Wenn dieses Fries als Verzierung ringförmig einen ganzen Innenraum schmückt, so entspricht dies dem tantrischen magischen Kreis *(chakra)*, in dem neben jedem Mann eine Shakti, die weibliche Verkörperung der Kraft saß.[1] Diese Anordnung gibt es noch immer in traditionellen Volkstänzen und bei Hexenbräuchen, wo Segenssprüche, Einweihungslehren usw. vom Mann zur Frau und von der Frau zum Mann weitergereicht werden mußten. In Rom hieß diese Verzierung »Mars-Venus-Fries«. Die ungeraden Zahlen (Eier) verkörperten angeblich die Unsterblichkeit, da sie die lebenspendende Kraft von Frauen beschworen.[2] Die in der Antike geläufigen sexuellen Anspielungen des Ei-und-Pfeil-Frieses kommen in der ägyptischen Version noch deutlicher zum Ausdruck: Dort alternieren nach unten gerichtete phallische Symbole mit engen ovalen Schlitzen, von denen jeder durch eine rhombusförmige »Klitoris« gekrönt ist. Diese Verzierung erschien vor allem entlang des Daches am fünften Pylon zwischen den Toren der jenseitigen Welt. Ägyptologen deuten dieses Fries als »Hitze«, »Jugendkraft« oder »Fruchtbarkeit«, aber mit all diesen Worten ist seine spezifisch genitale Bedeutung nicht wirklich ausgedrückt.[3]

[1] Mahanirvanatantra, cxxi
[2] Wedeck, 66
[3] Book of the Dead, 273

Fackel

Die Fackel wurde in Mithrasheiligtümern verwendet, um die aufgehende und untergehende Sonne in den Händen der »himmlischen Zwillinge« darzustellen. Ein Zwilling hielt die Fackel nach oben gerichtet, der andere hielt sie nach unten. Natürlich symbolisierte die nach unten weisende Fackel ebenso den Sonnengott – aber beim Eintritt in seine dunkle Phase unter der Erde, wo er zur Schwarzen Sonne oder dem dämonischen Saturn wurde.

Wie jede andere Lichtquelle wurde die Fackel oftmals als Schutz gegen die Kräfte der Finsternis betrachtet. Wenn sich Geistliche auf den Hebriden weigerten, ein neugeborenes Kind sofort zu taufen, trugen die Leute gewöhnlich eine Fackel dreimal am Tag um die Wiege des Kindes, um böse Geister zu vertreiben.[1] Nach der Taufe konnte dann die Magie der Kirche an die Stelle der Fackeln treten. »Die Fackel hochhalten« oder »die Fackel weiterreichen« sind Metaphern für Aufklärung. Deshalb wurden die Fackel und das Buch der Freiheitsstatue von New York gewählt, um zu zeigen, daß die Vereinigten Staaten von Amerika all ihren Bürgern Bildung gewähren würden.

Im alten Arabien hieß die Göttin der Erleuchtung Atthar oder auch »Fackel der Götter«. Die Griechen setzten sie mit Artemis, Athene, Aphrodite und Kybele gleich. Die Syrer identifizierten sie mit Astarte und Anath. Die Perser verglichen sie mit Anahita, die ebenfalls eine Fackel als Erkennungszeichen trug. Zu ihren vielen Beinamen zählten: »Goldene Mutter«, »Einziggeborene des Goldes« oder »Der Ruhm«.[2]

[1] Elworthy, 65
[2] G. Jobes, Bd. 1, 90

Faden

Der Faden war das übliche Symbol des Schicksals bei den Menschen, die die Dreifache Göttin als Schicksals-Göttin (griechisch Moiren, norwegisch Nornen, lateinisch Fortunae usw.) verehrten. »Schicksalsgöttin« war einer der Beinamen der prähellenischen Aphrodite. Sie war das Modell für die Moiren, die den Faden eines jeden Lebens spannen, maßen und durchschnitten. In der klassischen Literatur trug diese Dreifaltigkeit die Namen Klotho, »die Spinnerin«, Lachesis, »die das Los wirft«, Atropos, »die Unabwendbare«. Die meisten religiösen Traditionen bezeichnen die Schicksalsgöttinnen als »Weberinnen«. In der angelsächsischen Poesie wird das Schicksal eines jeden Menschen »gewoben«. Das lateinische Wort *destinus* bedeutet »das Gewebte«. Griechische Bauern sprechen noch heute von den Moiren als Schicksalsweberinnen; wenn jemand stirbt, so sagen sie, daß sein Faden durchgeschnitten wurde.[1]

Der berühmteste Faden der Mythologie war vielleicht der Faden der Ariadne, deren Name »überaus Heilige« bedeutet und ein Beiname der kretischen Großen Göttin war, die die Welt der Ägäis zuerst regierte. Sie hieß auch Aphrodite. Die Hellenen machten aus ihr ein minoisches Mädchen, die mit ihrem Faden den Helden Theseus durch das Labyrinth führte.[2] Diese Metaphorik beschrieb eine Reise in die Tiefe des Schoßes und eine Wiederkehr oder Wiedergeburt.

Viele Jahrhunderte lang fürchteten Männer die magischen Wirkungen der weiblichen Fadenkunst. An den Festtagen von bestimmten Heiligen war es Frauen verboten zu nähen. Abergläubische Leute weigerten sich, ein Kleidungsstück auszubessern, solange der Eigentümer es am Körper trug, damit das Durchschneiden des Fadens kein Übel über ihn bringe. Europäische Frauen schufen einen Gegenzauber, indem sie ein Stückchen Faden im Mund behielten, während sie eine solche Ausbesserungsarbeit durchführten.[3]

[1] Hyde, 198
[2] Gimbutas, 149
[3] Trachtenberg, 190

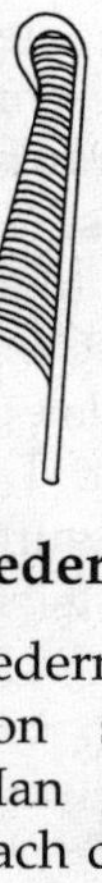

Feder der Maat

Feder

Federn waren im alten Ägypten von sakraler Bedeutsamkeit: Man glaubte, daß jede Seele nach dem Tod auf einer Waage gegen die Feder der Maat – die Mutter, deren Name »Wahrheit« bedeutete – aufgewogen werde. So zeige sich dann, ob der oder die Verstorbene zu schwer von Sünden belastet sei. »Leicht wie eine Feder« bedeutete, der Schuldenlast enthoben zu sein. Maats Feder wurde in den Hieroglyphen als Symbol der Wahrheit verwendet.[1]

Federn waren auch Symbol des Luft-Elementes und natürlich der Vögel, die man im allgemeinen als reinkarnierte Seelen betrachtete. Eine von den sieben Seelen eines jeden Ägypters wurde auch tatsächlich als Vogel – *ba* – dargestellt, der Federn anlegen und beim Grab aus- und einfliegen konnte. Federschmuck wurde in den römischen Tempeln der Juno und anderen Heiligtümern der Göttin verwendet.

Die archaische Magie der Feder zog sich auch durch das europäische Brauchtum. Viele Seeleute vermieden es, ohne Schutzfeder von einem Zaunkönig in See zu stechen. Diese Vögel, die der Mondgöttin Mana heilig waren, wurden am Neujahrstag auf der ganzen Isle of Man zeremoniell getötet. Der heilige Vogel der Göttin wurde »Jenny Wren« genannt (siehe Zaunkönig).

[1] Budge, Egyptian Language, 68

Furche

Die ziemlich offensichtliche weiblich-genitale Symbolik der Furche erscheint in vielen Mythen und mythologischen Namen wie etwa im Namen von Ramas Gattin Sita, der eigentlich »Furche« bedeutet. Ein archaischer etruskischer Mythos erwähnte einen großen Helden namens Tages, einen Sohn der Mutter Erde, »der aus der Furche« geboren war.[1] Männliche Götter wurden manchmal mit Mutter-Erde-Figuren so gepaart, daß das Resultat ihrer Paarung in Form von »Feuersteinen« in der Furche zurückblieb. Ein ägyptisches Auferstehungsritual erwähnte die »Entdeckung eines Feuersteinzepters in der Furche von Maat«.[2]

Eine wichtige römische Zeremonie beinhaltete auch die Suche nach den »Feuersteinen« des Jupiter in der Furche, die seine Gemahlin darstellte.

Die Heiligkeit der Furche führte dazu, daß sie zur Kennzeichnung von Grundstücksgrenzen und Landesgrenzen verwendet wurde. Romulus soll Rom dadurch gegründet haben, daß er eine Furche um diesen Ort pflügte. Die Norweger sagten, daß die Göttin Freya die Insel Seeland dadurch von Schweden trennte, daß sie eine Furche um sie herumpflügte.[3] Und offenbar wurde sie mit der Königin der Grenzen und Konstellationen am Himmel, dem Sternzeichen Jungfrau verglichen, deren Name *Virgo* ebenfalls mit der Furche verwandt ist, während ihr größter Stern *Spica* »Ähre« bedeutet.[4]

[1] Dumézil, Archaic Roman Religion, 636

[2] Budge, Gods of the Egyptians, Bd. 1, 420

[3] Davidson, Gods and Myths of the Viking Age, 113
[4] Lindsay, 81

Geld

Geld ist in der heutigen patriarchalen Gesellschaft das wichtigste Symbol der Macht. Aber das englische Wort *money* für »Geld«, das auch in dem deutschen Wort *Münze* steckt, ist von der römischen Verehrung der Großen Mutter unter ihrem Namen Juno Moneta oder »Juno, die Mahnerin« abgeleitet. Da die römische Münzanstalt im Tempel der Juno untergebracht war, glaubte man, daß die Münzen, die dort hergestellt wurden, ihren Segen in sich trugen und dadurch zu wertvollen *monetae* wurden.[1]

Auch das Sanskrit-Wort *artha* verbindet Geld sowohl mit der Mutter Erde wie auch mit *materiellem* Reichtum. Verschiedene Namen für die Erdgöttin wie Ertha, Hretha, Urda, Urth und ähnliche Abwandlungen in Nordeuropa stammen alle von derselben Wurzel ab. Die Göttin war die Spenderin aller irdischen Reichtümer: Land, Nahrung, selbst die wertvollen Metalle und Edelsteine, die aus ihren Eingeweiden gegraben wurden. Insofern folgten die Zigeuner einer äußerst alten Tradition, als sie allen Arten von Geld den Namen Erde verliehen.[2]

[1] Larousse, 204
[2] Leland, 99

Böotische glockenförmige Gottheit aus Terrakotta

Glocke

Glocken deuteten immer auf geheimnisvolle Ereignisse und auf Kommunikation mit Geistern hin. Göttin-Bilder in Form von Glocken sind schon aus sehr früher Zeit bekannt. Im Zeitalter des Christentums symbolisierten Glocken die Ankunft des Heiligen Geistes und zeigten die Zeit des Gebetes an. Kirchenglocken wurden magische Kräfte zugeschrieben, und zwar vor allem aufgrund ihrer Position: Sie hängen im Kirchturm »zwischen Himmel und Erde« und symbolisieren insofern die traditionelle Situation eines Durchgangs zwischen den Welten. Während Prozessionen und

Gewittern läutete man die Kirchenglocke, schrieb Durandus im 14. Jahrhundert ganz feierlich, damit die Dämonen »erschreckt werden und flüchten«.[1]

Die heilige Agathe wurde zur Patronin der Glockengießer ernannt, aber nur, weil einige von ihren frühen Ikonendarstellungen mißverstanden worden waren. Ihrer apokryphen Legende zufolge bestand das Martyrium der Agathe darin, daß ihr die Brüste abgeschnitten wurden. Sie wurde gezeigt,wie sie sie auf einer *patra* (Opferschale) trug. Einige ihrer Anhänger hielten die grob gemalten Brüste für zwei Glocken und vermuteten deshalb, daß sie Macht über die Glockenherstellung hatte.[2]

Der rituelle Gebrauch von Glocken wurde in Europa durch asiatische Traditionen beeinflußt. Die heilige Glocke der Buddhisten *(ghanta)* wurde aus denselben Gründen geläutet, die auch für die christlichen Kirchen genannt wurden. Kinder im Osten und im Westen trugen Glocken, um böse Geister abzuwehren und das böse Auge abzuwenden. Jahwe-Priester waren angehalten, sich mit Glokken zu schmücken (Exodus 8,33), obwohl es ihren Frauen und Töchtern und allen anderen Frauen durch das Gesetz verboten war, dasselbe zu tun (Jesaia 3,16–18). Die spirituellen Implikationen der Glocke machten sie zu einem Wertgegenstand. Bevor die Gewinner von Rennen und Wettkämpfen mit den üblichen Pokalen belohnt wurden, waren die Preise üblicherweise Glocken – Gefäße mit symbolischer Ausstrahlung, die auf dem Kopf standen.[3]

[1] Frazer, Folk-Lore of the Old Testament, 418
[2] Attwater, 34
[3] G. Jobes, Bd. 1, 198

Grube

Die eigenartige Geschichte von Josefs Aufenthalt in einer Grube (Genesis 37,24) scheint von einem antiken Initiationsritus abgeleitet zu sein, der einen symbolischen Abstieg in den Schoß der Erde und eine Wiedergeburt zu einem neuen Zustand der Erleuchtung beinhaltete. Josef wurde später ein Wahrsager und Traumdeuter; und sein »Mantel mit den vielen Farben« könnte mit den bunten Umhängen verglichen werden, die von assyrischen Wahrsagern getragen wurden.

Fast jeder antike Tempel hatte im inneren Heiligtum eine Grube, den *mundus* oder »Schoß« für Einweihungsriten der Wiedergeburt. Das griechische Wort für diese Grube lautete *abaton*, was bei den Juden *abaddon* heißt, und das ist ein anderes Wort für die Grube Sheol.[1] Der Geist der Grube, der in der Offenbarung

(9,11) erwähnt wird, war Apollyon oder einfach Apollo-Python, der unterirdische Aspekt des Sonnengottes, der verschiedentlich als Schwarze Sonne, Schlange, Uroboros, Saturn gesehen wird, oder ein Sonnenheld als Herr des Todes vor seiner Auferstehung. Nach Art der antiken Tempel besaßen auch alte europäische Kirchen eine Grube im Kirchenschiff, das »Loch des Heiligen Geistes« hieß und meistens mit einem Holzdeckel verschlossen war. Um auch Analphabeten das heilige Drama deutlich vor Augen zu führen, wurde an jedem Auferstehungstag eine Jesus-Statue feierlich aus der Grube gezogen.[2]

[1] Bromberg, 11
[2] Dürr, 362

Haus

Als Jesus verkündete, daß das »Haus seines Vaters« viele »Wohnungen« gebe (Johannes 14,2), so verwendete er einen gebräuchlichen Ausdruck aus ägyptischen Schriften, die von »Wohnungen im Jenseits« sprachen.[1] In ähnlicher Weise hatten die Gottheiten von Asgard in Nordeuropa »Wohnungen« in ihren heiligen Orten.[2] Die ursprüngliche Bedeutung dieser »Wohnungen« oder »Häuser« waren die »Mondhäuser«, also die Konstellationen des Tierkreises, die die Mondgöttin auf ihrer allmonatlichen Rundreise durchlief.

[1] Budge, Egyptian Magic, 165
[2] Branston, 120

Helm der Athene, von einer griechischen Amphore

Helm

Die kunstvollen Formen und Verzierungen von antiken Helmen lassen vermuten, daß sie mehr waren als nur ein Schutz für den Kopf. Wie Kronen wurden auch Helme als Insignien des sozialen Status oder sogar der Göttlichkeit verwendet. Die Göttin Athene zum Beispiel trug fast immer einen Helm mit aufragendem Helmbusch, der vielleicht ihre Weisheit andeuten sollte.

Das deutsche Wort »Helm« leitet sich von der Göttin Hel, der Königin der Unterwelt ab, die für ihre Favoriten auf der Erde magischen Kopfschmuck bereithielt. Ein magischer Helm dieser Art war die »Helkappe« oder »Tarnkappe« bzw. der »Tarnhelm«. Wer diesen magischen Helm trug, konnte ebenso unsichtbar sein wie ein Totengeist. Er oder sie konnte unsichtbar in die Unterwelt oder in den Rosengarten des Paradieses gelangen – Hels geheimes Land – und konnte dennoch wieder in die Welt der Lebenden zurückkehren. Es braucht wohl nicht eigens betont zu werden, daß dieser magische Talisman während des Mittelalters sehr begehrt war und zum Brennpunkt vieler Lieder, Balladen und Geschichten wurde.

Herd

Im Lateinischen war mit dem Wort »Herd« *(focus)* der Familienherd gemeint.[1] Er stand im Zentrum des Clan- und Stammeslebens, war der antiken Göttin Vesta (griechisch »Hestia«) geweiht, wurde von der herrschenden Matriarchin überwacht und durch das Feuer des lebendigen Familiengeistes erleuchtet. Die Herdgrube galt meist als Zugang zu den Geistern der Ahnen, die jetzt in der Unterwelt weilten.[2] Als sich das römische Imperium immer mehr ausdehnte, wurde der zentrale Herd der ganzen Stadt als einer politischen und sozialen Einheit in den *focus* des Vesta-Tempels verlagert. Dort bewachten heilige Frauen das Herdfeuer, das niemals erlöschen durfte. In Griechenland gedenkt man noch heute der Huldigung, die schon die Vorfahren der Herdgöttin Hestia zollten – zumindest symbolisch. An Weihnachten wird in Ionien Wein und Öl durch die Mitte eines ringförmigen Kuchens ins Herdfeuer gegossen. »Eine solche Herdzeremonie läßt sich auf den alten Haushaltsbrauch zurückführen, der Hestia Gaben darzubringen. Ihr Symbol war das Herdfeuer, das religiöse Zentrum der Familie.«[3]

[1] Funk, 353
[2] Dürr, 124
[3] Hyde, 133

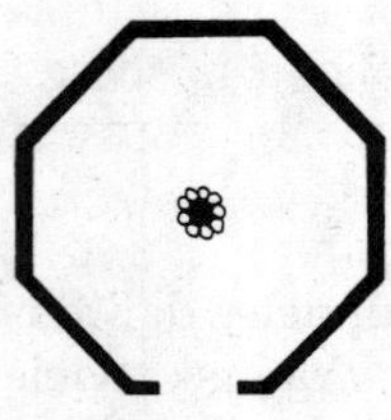

Grundriß eines Hogan

Hogan

Das achteckige Haus, das die Navajo-Indianer *hogan* nannten, war immer ein Symbol des gesamten Kosmos. Die acht Seiten weisen in die vier Himmelsrichtungen und die dazwischenliegenden Punkte. Der Eingang ist immer auf die im Osten aufgehende Sonne gerichtet. Die Feuergrube in der Mitte ist das Herz des Hauses, ebenso wie das Land dieser Menschen bei ihnen als das Herz des Universums galt. Der Rauch, der durch das Loch in der Mitte des Daches aufstieg, symbolisierte die Kommunikation mit dem Himmel.[1]

[1] Campbell, The Way of Animal Powers, 248–249

Stierkopf als Gefäß, Knossos

Hörner

Daß die Menschen der Antike Hörner und gehörnte Gottheiten verehrt haben, könnte aus ihrer ursprünglichen Assoziation mit den Hörnern des Mondes entstanden sein. Keroessa oder Gehörnte war ein archaischer Beiname der Muttergöttin Hera oder Io als göttlicher Mondkuh.[1] Wissenschaftler vermuten, daß der Name des urzeitlichen Gottes Kronos ebenfalls »gehörnt« bedeutet, und zwar in Ableitung von dem assyrisch-babylonischen Wort *qarnu*, den hebräischen und phönizischen Wörtern *geren, quarnuim* oder von *Kerenos*, dem Namen eines gehörnten Gottes, der dem Apollon Karnaios, einer Variante des Kronos, ähnlich sah.[2] Auch der keltische gehörnte Gott Cernunnus war eine Gottheit dieser Art. Als das Christentum sie alle zu Teufeln erklärte, erbte die auf diese Weise zusammengesetzte Teufelsfigur die Hörner aller Beteiligten.

Ausgehöhlte Tierhörner dienten in Nordeuropa oft als Trinkgefäße, Helmschmuck und Musikinstrumente. Die Heiden glaubten, daß am Jüngsten Tag der Gott Heimdall den letzten Trompetenstoß aus seinem »klingenden Horn«, dem Gjallarhorn, ertönen ließe. Noch immer ist ein solcher Hornstoß ein feierliches Ritual (wie zum Beispiel bei unserem Neujahrsfest), weil man früher glaubte, daß dieser Klang – ähnlich wie Kirchenglocken – die bösen Geister vertreibe. Bei den Juden gibt es noch immer die alte Sitte, das heilige Horn *(shofar)* am Ende des Yom-Kippur-Festes zu blasen, um böse Einflüsse zu verscheuchen.[3]

Sowohl Hörner wie auch das Kopfhaar von Männern waren geläufige Symbole sexueller Energie. Sie wurden mit den alten Stier-, Widder-, Hirsch- und Bocksgöttern, aber auch mit ihren christianisierten Varianten, den überaus potenten Teufeln assoziiert.[4] Mittelalterliche Autoritäten glaubten noch lange an die Fruchtbarkeitsmagie von Hörnern: Sie betonten, daß Widderhörner, die man in der Erde vergrub, als Spargel wieder hervorsprießen würden.[5]

[1] Elworthy, 183
[2] Brown, 115–116
[3] Trachtenberg, 154
[4] Rawson, Erotic Art of the East, 25
[5] Agrippa, 111

Kamm

Der Kamm war ein außerordentlich weibliches Symbol und wurde vor allem mit Wassergeistern assoziiert: mit Meerjungfrauen, Sirenen, Nereiden und der Göttin selbst unter Namen wie Venus Salacia, Aphrodite Marina, Thetis und Thalassa. Göttin-Bilder tauchen immer wieder in Volksmärchen und Balladen über die Meeres-Fee auf, die überrascht wurde, während sie ihr Haar kämmte. Und tatsächlich war dies ein magischer Akt. Man glaubte, daß das Kämmen des weiblichen Haares das Wetter beeinflusse. Von Hexen hieß es, daß sie Stürme entfesseln konnten, wenn sie ihr Haar kämmten, ein Akt, der mit fallendem Wasser assoziiert wurde. Vielleicht war der ursprünglichste Kamm aus Fischbein, da er mit der Meeresgöttin und ihrem »fischigen Geruch« verknüpft war. Das griechische Wort für den Kamm *kteis* wurde aber auch für die Vulva gebraucht.

Der Kamm wurde zum Symbol der heiligen Anna, der Mutter der Jungfrau Maria, als sie im Christentum aus dem heidnischen Ensemble von Jungfrau-Mutter-Göttin des Meeres, Mari-Anna, herausgebildet wurde.[1]

In den Märchen stellte der Kamm mütterlichen Schutz dar, und zwar in derselben Weise, wie das Haar der Göttin Isis das Schilfdickicht darstellte, das ihr Kind vor Gefahr bewahrte. Üblicherweise war es ein magischer Kamm, den ein fliehender Held hinter sich schleuderte – und im selben Augenblick wurde daraus ein dichter, undurchdringlicher Wald, der den Verfolger behindern oder aufhalten konnte.[2]

[1] Brewster, 342
[2] G. Jobes,Bd. 1, 361

Kelch

Die Symbolik des Kelches ist komplex, sie beginnt bei den matriarchalen Bildern vom Gefäß des Schoßes und schreitet zu ihrer patriarchalen Ersatzform weiter, dem blutgefüllten Kelch der Auferstehung. Der Kelch blieb, aber das Blut wurde vermännlicht. Das lebenspendende Mondblut des Schoßes wurde zum Blut eines männlichen Wesens umdefiniert, das natürlich sterben mußte, um dieses Blut zu erzeugen. Denn Männer haben einfach nie gelernt, wie Frauen ohne Verletzung bluten konnten – und dabei hatten sie es sosehr versucht. Beim Tod wurde das männliche Opfer zu einem »Erlöser«, dessen Blut die Wiedergeburt spenden sollte, wie man dies vom Mutterblut erhoffte.

Dieses Grundmuster wurde schon lange festgelegt, bevor das Christentum es ein weiteres Mal inszenierte. Alle Arten von männlichen Opfern – Tiere und Menschen – waren schon verwendet worden. Ungezählte Jahrhunderte lang war ihr Blut den Göttern und den menschlichen Kommunikanden dargeboten worden. Man war sich sicher, daß dieses kostbare Blut eine Speise für Götter und spirituelle Nahrung für Menschen sei. Deshalb wurde die Opferhandlung vom Himmlischen Vater gefordert, der auch am Blut des Opfers teilhatte und dadurch günstig gestimmt wurde. Der biblische Gott forderte das ganze Blut, das bei der Schlachtung von Tieren vergossen wurde. Von daher rührt das »koschere Töten«, bei dem man das Blut aus der Karkasse tropfen läßt, das tabuisiert und Gott vorbehalten ist: »Die Lebenskraft des Fleisches sitzt nämlich im Blut. Dieses Blut habe ich euch gegeben, damit ihr auf dem Altar für euer Leben die Sühne vollzieht; denn das Blut ist es, das für ein Leben sühnt (Leviticus 17,11). Damit der Gott seinen Anteil an dem Opferblut erhielt, wurde es in einer rituellen Geste zum Himmel erhoben, ein Akt, der auch heute noch an christlichen Altären bei der »Erhöhung der Hostie« vollzogen wird.

Schließlich verwandelte sich Gottes Blutkelch in einen Weinkelch, weil das Menschenopfer ekelhaft und das Tieropfer teuer wurde. Wein war das Blut der Erde, es gehörte dem Opfergott des Weines, dem Dionysos oder Bacchus bzw. dem Adonis (der dem jüdischen Adonai entspricht) oder dem Osiris. Die rituelle Geste, mit der der Kelch emporgehoben wird, wurde schließlich bei jedem Weinausschank zur Gewohnheit, da man den eifersüchtigen Göttern ihren Anteil anbieten mußte, damit sie nicht ärgerlich oder rachsüchtig wurden.

Diese abergläubische Haltung, mit der Gott gnädig gestimmt werden sollte, liegt sowohl der religiösen Geste zugrunde, mit der im Christentum der Kommunionskelch emporgehoben wird, wie auch der weltlichen Geste, bei der man die Gläser zu einem Gruß oder Trinkspruch hebt. »Zum Wohle« heißt nichts anderes, als daß man sich gegenseitig Gesundheit wünscht. Denn wenn man den Kelch zum Himmel gehoben hatte, konnte man sicher sein, daß der Gott seinen Anteil bekommen hatte, zufrieden war und nicht die Geißel der Krankheit schicken würde. Im Laufe der Zeit entwickelte es sich, daß durch das Heben des Kelches die Götter als Zeugen für den Eid angerufen wurden, damit sich beide Parteien für ihre Worte verantwortlich fühlten. Wenn zwei Menschen zusammen aus einem Kelch tranken, der zuvor dem Himmel dargeboten worden war, so wurden sie aus Gottes Sicht zu »einem Blut«.

Diese Vorstellung ging sehr bald in die heidnischen Hochzeitszeremonien ein. Dadurch wollte man Braut und Bräutigam in den Augen der Götter zu »einem Blut« machen, damit sie einander nach den ältesten Gesetzen der Welt, denen der Blutsverwandtschaft, nicht schaden könnten. Das Paar trank dann entweder einige Tropfen vom Blut des jeweiligen Partners wie etwa in der Hochzeitszeremonie der Zigeunern, oder sie tranken beide aus demselben Weinkelch, um durch die symbolisch angenommene Verwandtschaft zu erklären, daß ihr gemeinsames Blut aus demselben Schoß kam. In der Schweiz wurde es noch bis ins 18. Jahrhundert als gesetzlich bindende Heiratszeremonie betrachtet, wenn ein Paar gemeinsam aus einem Kelch trank. Im Jahre 1541 verbot die Kirche solche Heiraten und forderte, daß sie unter ihren Auspizien stattfinden sollten; dennoch wurde die heidnische Praxis weitergeführt.[1] Der Brauch, den Kelch zu zerbrechen, nachdem besonders wichtige Gelöbnisse über ihm ausgesprochen wurden, wird heute noch immer bei jüdischen Hochzeiten praktiziert. Er besagte letztlich, daß dieser Eid nicht mehr verändert werden kann oder umgekehrt werden konnte, weil das Gefäß, das ihn enthalten hatte, nicht mehr existierte. Bei den mittelalterlichen Heiden, Hexen und alchemistischen Mystikern war der Kelch ein universelles Symbol des mütterlichen Wasserelementes – er symbolisierte vor allem das Wasser des Meeresschoßes, das, wie man glaubte, die Erde und alles Leben auf ihr geboren hatte. Im Tarot standen die Kelche ebenfalls für das Wasserelement und wurden in späteren Sets durch das gleichermaßen mütterliche Symbol des Herzens ersetzt. In der keltischen Tradition symbolisierte der magische Kelch aus dem Meer die Wahrheit. Man glaubte, daß er zerbrechen würde, wenn drei Lügen über ihm ausgesprochen seien.

Immer wieder wurden magische Vorstellungen an Kelche geknüpft, vor allem an Kelche, die man für heilig hielt, wie etwa ein Kelch aus einer Kirche. Die Geistlichen warben selbst für den Kelch als Instrument magischer Heilung und anderer wundersamer Ereignisse. Ein Pfarrer aus Rye erklärte im Jahre 1538, daß drei Schluck aus einem christlichen Kelch mit Sicherheit genügten, um jedes Kind vom Keuchhusten zu heilen.[2] Prinzen tranken aus besonderen Bechern, die aus den kostbarsten Materialien eigens für sie hergestellt wurden und manchmal mit kunstvoll eingravierten Mustern und mit Juwelen geschmückt waren. Weihekelche wurden für besondere Angelegenheiten wie Krönungen, Königshochzeiten und Siegesfeste gegossen. Bis zum heutigen Tag gehört der Sieges-Cup oder Sieges-Pokal ganz selbstverständlich zu Rennen und anderen Sportarten.

[1] Crawley, The Mystic Rose, Bd. 2, 124–125

[2] Thomas, 50

Kerze

Brennende Kerzen waren immer innigst mit religiösen Zeremonien verbunden: Sie sollten süße Düfte verbreiten und ein weiches, aber dramatisches Licht spenden. Eine Kerze zu entzünden war eine äußerst symbolische Geste. Sie hatte oftmals mit einem symbolischen Überleben der Seele zu tun, die man als kleines Licht in der Dunkelheit des Todes (oder des Schoßes) sah. Im Christentum nahm die Osterkerze dieselbe phallische Bedeutung an wie der antike Blitz-Gott, dessen Herabkunft den Schoß des Abgrundes befruchtete. Die Kerze wurde in den Taufkessel getaucht, der den Namen des »unbefleckten Schoßes Mariä« erhielt. Auf diese Weise wurde das Taufwasser mit dem »heiligen Feuer« befruchtet.[1] Aber die heidnischen Traditionen hielten auch eine weibliche Deutung des Kerzenlichtes am Leben, das zuvor als Symbol der Juno Lucina, der »Mutter des Lichtes«, verehrt wurde. Sie lenkte Sonne, Mond und Sterne und verlieh neugeborenen Geschöpfen das »Augenlicht«. Ihre Lichterfeste zur Zeit der Wintersonnenwende wurden zum christlichen Fest der heiligen Lucia, das in Schweden noch immer mit einer *Lussibruden* (»Lucia-Braut«) gefeiert wurde, einer Jungfrau, die eine Krone aus Kerzen auf dem Kopf trug.[2] In einigen Volkstänzen müssen junge Mädchen über eine Kerze springen, eine Symbolik, die offensichtlich dieselbe sexuelle Bedeutung wie der Sprung über den Besen hatte.

Als Omen im Haushalt war die Julkerze besonders wichtig. Die Tradition erforderte, daß sie sehr groß war und die ganze Nacht vom Weihnachtsabend bis zur Morgendämmerung des Weihnachtstages brennen sollte. Wenn sie vor Sonnenaufgang verlosch, so war das ein Unglückszeichen für das kommende Jahr.[3] Einige Tage vor dem ursprünglichen Sonnwendfest symbolisierte dieser Brauch, daß die neue Sonne »wieder angezündet« und ermutigt wurde.

[1] Walker, The Woman's Encyclopedia of Myths and Secrets, 539
[2] Miles, 221–222
[3] G. Jobes, Bd. 2, 1712

Kessel

Der Kessel war das wichtigste weibliche Symbol der vorchristlichen Zeit, und deshalb assoziieren ihn die Christen ganz allgemein mit Hexerei. Die ägyptische Hieroglyphe für die große Tiefe des Weiblichen, den Schoß, der das Universum und die Götter hervorgebracht hatte, bestand aus der Darstellung von drei Kesseln.[1] In ähnlicher Weise wurde auch in Indien die lebenspendende weibliche Trinität der Schöße, aus denen Indra das magische *soma* (»Mondblut«) trank, durch »drei mächtige Schalen« oder Kessel abgebildet.[2] Dieselben drei Kessel standen auch für die weibliche Macht der kosmischen Schöpfung in der norwegischen Mythologie. Wie Indra erwarb Odin seine Weisheit, Einsicht und magische Macht durch das schöpferische Wort, indem er »das weiseste Blut der Welt« aus den drei Kesseln Odrerir, Son und Bodn trank, die im Bauch der Mutter Erde lagen. Auch mußte er sich selbst dem Opfertod aussetzen und die Unterwelt des Todes aufsuchen, bevor er mit der kostbaren Geburtsflüssigkeit Odrerir gesalbt wurde. Daraufhin kannte er dann die weibliche Magie und konnte fruchtbar werden.[3]

Bei den Kelten bewahrten die drei Matriarchinnen den magischen Kessel der Wiedergeburt auf dem Grunde eines Sees (oder auch des Meeres). Von dort wurde er dann durch Bran, den »Gesegneten«, heraufgebracht, um die in der Schlacht erschlagenen Männer wieder zum Leben zu erwecken.[4] Dieser keltische Gott ging dann als Fischerkönig Bron in den Mythenzyklus des Grals ein, und sein Kessel wurde mit der christlichen Version des lebenspendenden, blutgefüllten Gefäßes verwechselt. Es gibt keinen Zweifel, daß der Kessel den Schoß der Großen Göttin darstellte, die oftmals als Trinität auftrat. Und mit Sicherheit glaubten die Menschen auch, daß ihre Reinkarnation und Wiedergeburt nur durch den Eintritt in ein solches gebärmutterartiges Gefäß möglich sei, dessen Magie sie wieder neuschaffen würde. Die keltischen Wiedergeburtskessel kamen aus dem »Land unter den Wellen«, da man die Meeresgöttin für die universelle Gebärerin hielt.[5] Der Gott Cernunnus wurde zerstückelt und in einem Kessel gekocht, um wieder von den Toten auferstehen zu können.[6] Dampfende Kessel verliehen vielen Männern Wiedergeburt und magische Kraft: Darunter waren Taliesin, Minos, Aeson, Pelops, der römische Kaiser Elagabal und selbst der heilige Johannes der Evangelist! So jedenfalls will es eine christliche Legende, die bis zum Jahre 1960 offizielle Kirchenmeinung blieb. Erst dann wurde sie als Irrtum zugegeben.[7] Sibirische Schamanen behaupten, daß sie erst dann praktizieren können, wenn sie Visionen empfangen haben, in denen sie von Ahnengeistern zerstückelt und in magischen Kesseln gekocht worden seien. Manchmal werden diese Geister als die Drei Mütter des Schicksals identifiziert, die den Moiren des heidnischen Griechenland, den Nornen Skandinaviens und der Dreifachen Göttin Ward der Angelsachsen entsprechen. Letztere vewandelten sich später in die drei Weird Sisters, die Shakespeare um einen Kessel tanzen ließ.

Selbst in christlichen Zeiten wurden Kessel noch als Symbole des universellen Schoßes von Heiden verehrt. Das Salische Gesetz verdammt Personen, die »den Kessel« zu ihren religiösen Treffen »trugen«.[8]

[1] Book of the Dead, 114
[2] Campbell, Oriental Mythology, 182
[3] Turville-Petre, 42
[4] Rees/Rees, 47
[5] Davidson,Gods and Myths of the Viking Age, 129–130

[6] Jung / von Franz, 373
[7] Brewster, 230; Attwater, 190
[8] Baroja, 59

Magischer Knoten, Tempel der Hatschepsut, Dair Al Bahri

Knoten

Die weiblichen Künste des Webens, Strickens und Knotens galten einst als magische Methode, um Wind und Wetter, Geburt, Tod und Schicksal zu beeinflussen. Gewöhnlich betrachteten Menschen Knoten mit Ehrfurcht und verwendeten sie in der Art eines Mandala als graphisches Symbol: Wenn das Auge den Windungen des Knotens folgte, so war dies gleichzeitig das Durchlaufen eines mystischen Weges. Von daher rühren auch die kunstvollen Flechtmuster auf norwegischen und islamischen Bauwerken, die den Lauf des Schicksals ausdrücken.

Der Hohepriester von Rom, genannt *Flamen Dialis*, durfte keinen Knoten oder geschlossenen Ring am Körper tragen: Man befürchtete, daß sein männlich-kraftvoller Geist zum Schaden des Reiches »unterbunden« werden könnte.[1] Aus ähnlichen Gründen war es römischen Frauen verboten, einen Faden auf ihren Spindeln zu verknoten oder zu drehen, wenn sie an einem Kornfeld vorbeigingen, damit die Feldfrüchte nicht »gefesselt« würden.[2] Während des gesamten Mittelalters empfanden Männer große Furcht vor der Magie des weiblichen Knotens: Sie glaubten, daß ihre Sexualfunktionen durch diese – als *Ligatur* oder »Nestelknüpfen« bezeichnete – Magie versiegen könnten. Man glaubte, daß Hexen auch andere Körperteile wie Kehle, Mund, Augen usw. durch die Magie des Knotens verschließen konnten.[3] Bei den Juden war es verboten, am Sabbat – dem traditionellen Tag der ehelichen Beziehungen – Knoten zu knüpfen. Nur Knoten, die man mit einer Hand aufziehen konnte, waren erlaubt.[4] Die Moslems glaubten, daß jüdische Hexen sich besonders gut in der Tradition der Knoten auskannten und daß sie einstmals Mohammed mit einer »verknoteten Schnur« beinahe getötet hätten.[5] Knotenmagie war auch unter Zigeunerinnen sehr verbreitet: Während einer Geburt lösten sie alle Knoten in der Kleidung oder im Haar, um die Niederkunft nicht zu »unterbinden«.[6]

Aber trotz aller Angst vor der Knotenmagie erinnerte man sich auch an ihre ursprüngliche Wohltätigkeit. Manche Menschen behaupteten, daß man Krankheiten heilen könne, wenn man sieben Knoten in einen Weberfaden knüpfe und bei jedem Knoten den Namen einer Witwe ausspreche.[7]

[1] Cirlot, 109
[2] Spence, 339
[3] Trachtenberg, 127
[4] Barrett, 147–148
[5] Budge, Amulets and Talismans, 62–67
[6] Trigg, 58
[7] Agrippa, 157

Korb

Nicht nur Moses auf dem Nil, sondern auch Sargon auf dem Euphrat, Romulus und Remus auf dem Tiber, das heilige Kind der Göttin Kunti auf dem Ganges und verschiedene andere gottgezeugte Heroen hatten den legendären Weidenkorb als schwimmende Wiege.[1]

Die Korbmacherei war ein weibliches Handwerk, aus diesem Grund waren Körbe oftmals der Göttin als Bäuerin und Erntegeist heilig. Mondgöttinnen wie Diana und Hekate trugen Körbe, und Porphyrius schreibt darüber: »Der Korb, den sie trägt, wenn sie hoch am Himmel aufgestiegen ist, symbolisiert die Kultivierung der Feldfrüchte, die sie entsprechend der Zunahme ihres Lichtes hat wachsen lassen.«[2] Auf Schnitzereien in ihrem römischen Tempel in der Zeit des Frühchristentums erschien Isis als »Herrin des Mondes« und als »Mutter der Feldfrüchte«, jedesmal mit Körben voll Getreide-Opfergaben und bewacht von ihrer heiligen Schlange.[3]

Auf griechischen Münzen symbolisierte ein mit Efeu bedeckter Korb die Dionysischen Mysterien. Ebenso wie bei den meisten Behältnissen bezog sich die Symbolik des Korbes auf den mütterlichen Körper.[4] Heute ist der Korb manchmal eine Umschreibung für »Skrotum«.

[1] Rank, 18
[2] Briffault, Bd. 2, 605
[3] Campbell, The Mythic Image, 339
[4] Cirlot, 22

Kornpuppe

Die Kornpuppe bestand aus Getreide-Stengeln von Weizen, Gerste, Hafer oder Roggen. Sie war eine traditionelle Erntefigur, die aus den letzten Getreidegarben oder in manchen Gegenden aus den ersten Getreidegarben einer Ernte hergestellt wurde. Sie war hübsch gekleidet und wurde auf verschiedenerlei Weise als die Verkörperung der Ernte behandelt. Manche Bauern ließen sie auch auf dem Feld stehen. Manche brachten sie zum Erntetanz und richteten sie in der Mitte auf. Einige setzten sie auf einen Scheiterhaufen, der von Blumen überschüttet war, und zündeten sie an. Einige tauchten sie im Sinne eines Fruchtbarkeitszaubers ins Wasser, wo sie sich vollsaugte. Andere verheirateten sie in einer Scheinzeremonie mit einem Getreidemännchen. Einige hängten sie innerhalb des Bauernhofs bis zur Ernte des nächsten Jahres auf, andere bewahrten sie nur bis zum Julfest auf, dann wurde sie dem Vieh zu fressen gegeben, »damit es das ganze Jahr über gedeihen möge«.[1]

Die Kornpuppe hatte viele Namen, darunter: Kornmutter, Erntemutter, Große Mutter, Großmutter, Mutter des Getreides, Mutterähre, Alte Frau, Alte Gemahlin, Caillech, die Hex, die Königin, die Braut, die Jungfrau, die Ceres oder Demeter.

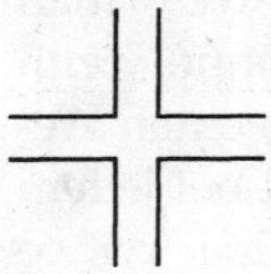

Kreuzung

Von Hexen hieß es, daß sie ihre Sabbate an Kreuzungen abhielten, weil Kreuzungen in der Welt der Antike der Göttin Hekate geweiht waren, die nach heidnischem Glauben die Herrin der Unterwelt, nach christlichem Glauben die Königin der Hexen war. Ihre Bilder und die des Hermes standen im gesamten römischen Imperium an Kreuzungen, wurden dann aber durch die Kreuze der christlichen Ära ersetzt. Das römische Wort für Kreuzung lautete *compita*, und die *Lares compitales* oder »Geister der Kreuzungen« wurden regelmäßig an ihren Straßenheiligtümern durch besondere Feste, die »Compitalia«, gefeiert.[1]

Die Christen fuhren fort, die chthonischen Gottheiten an Kreuzungen zu verehren, aber als diese älteren Gottheiten dann eine neue Definition als Teufel erfuhren, wurden sie deswegen verfolgt. Im 10. Jahrhundert n. Chr. wurde angeordnet, daß jede Frau zu einem dreijährigen Fasten verurteilt wurde, wenn man sie für schuldig befand, ihr Kind an einer Kreuzung der Erdmutter geweiht zu haben.[2]

[1] Hyde, 137
[2] Hitching, 210

Krone

Als Symbol königlicher Autorität hat sich die Krone aus dem Doppeldiadem der ägyptischen Pharaonen, den Tiaras der vorderasiatischen Gottkönige und dem heiligen Blumen- oder Blätterkranz entwickelt, den die Göttinnen – von Indien bis nach Nordeuropa – auf die Häupter ihrer erwählten Geliebten setzten, um ihr Einverständnis zur heiligen Hochzeit zu verdeutlichen. Kopfschmuck hatte immer schon mit der Apotheose zu tun. Die frühen Christen nannten das Martyrium die Krone, weil sie gelehrt wurden, daß alle Märtyrer im Himmel auf besonderen Thronen zur Rechten Gottes sitzen und Kronen aus kostbaren Metallen und Edelsteinen tragen würden. In der griechisch-römischen Kultur war es der Brauch, daß ein guter Gastgeber jedem Gast eine Krone aufs Haupt setzte: Meist war es eine Girlande aus Olivenzweigen, aus Lorbeerblättern oder einer anderen Zierpflanze. Dies war ein symbolischer Ausdruck für das Gesetz der Gastfreundschaft: Jeder Gast sollte wie ein König behandelt werden. Die älteste noch existierende Königskrone gehörte der Königin Theodelinda von der Lombardei, die im Jahre 627 gestorben ist. Die berühmte lombardische »Eisenkrone« stammt aus dem 7. Jahrhundert.

In der Symbolik der Kabbala stand die Krone »Keter« für eine Form Gottes, die niemals vom weiblichen Aspekt, der Schechina, getrennt war, und deshalb androgyne Weisheit ausdrückte, wie ja auch Hermes die Krone seiner Weisheit durch seine Vereinigung mit Aphrodite gewann – daher der Ausdruck Hermaphrodit. In Keter überlebte die einst universelle Vorstellung von der heiligen Hochzeit des Gottes, durch die er seine göttlichen Kräfte unmittelbar von ihrer ursprünglichen Quelle, der Göttin, bezog.[1]

[1] G. Jobes, Bd. 1, 389; Bd. 2, 920

Zeichnung, Lagash, ca. 2200 v. Chr.

Krug

Ein Krug, aus dem Wasserströme hervorquellen, war seit Beginn der Zivilisation ein Fruchtbarkeitssymbol in Ägypten und dem Vorderen Orient. Die Göttin Isis trug ein krugförmiges Amulett um den Hals, das ihre eigenen Quellen lebendigen Wassers symbolisierte. Dieses Amulett war das »Emblem der Ma«, der Urmutter der Tiefe. Apuleius zufolge sollte Wasser in einem Krug auch Osiris darstellen.[1] Es war Nilwasser, das im Auferstehungsritual des Gottes emporgehoben wurde, genauso wie an heutigen christlichen Altären der Kelch emporgehoben wird.[2]

In Indien konnte sich jede Gottheit in einem Wasserkrug inkarnieren. Ein solcher Krug wurde dann während des Gottesdienstes als »heiliger Sitz« *(pitha)* dieser Gottheit bezeichnet.[3] In Griechenland hieß das damit verwandte Wort für Krug *pithos*. Die Verschmelzung der Göttin mit ihrem Begleiter wurde oftmals als die Vermischung von Wasser aus zwei Krügen beschrieben. Als die Göttin Demeter Cabiria den jungen Gott Cabirius in den Cabirischen Mysterien Phrygiens zu ihrem Liebhaber erwählte, wurden beide Gottheiten durch Wasserkrüge dargestellt.

Die Evangelien-Geschichte eines geheimnisvollen Mannes, der einen Wasserkrug trug, um Jesus nach Jerusalem hineinzuführen (Lukas 22,10), beruhte auf einem ähnlichen babylonischen Vorkommnis: Dort wurde der Erlösergott Nebo oder Nabu von einem »Krug-Träger« zum Ort seiner Opferung und Auferstehung geführt. Wie in den Gottesdiensten des Osiris, Cabirius und anderer Fruchtbarkeitsgötter symbolisierte der Krug zeitweilig diesen Gott selbst.

Krugzeremonien bestimmten auch die drei Tage dauernden Anthesterien, ein Wiedergeburtsfest des Dionysos, das im Frühling stattfand. Der erste Tag war die »Krugöffnung« *(pithoegia)*: Der neue Wein der letzten Ernte wurde gekostet. Der zweite Tag war das Fest des Ausgießens *(choe)*: Die Gattin des leitenden Archonten wurde formell vom Gott befruchtet. Der dritte Tag war das Fest der Töpfe *(chytroi)*: Die Geister der Toten wurden günstig gestimmt und erlebten vermutetermaßen eine Auferstehung wie der Weingott selbst.[4] Die Verbindung des Kruges mit dem Frühlingserlöser existierte schon lange, bevor sie vom Christentum übernommen wurde.

[1] Elworthy, 125, 301
[2] Frankfort, 31
[3] Zimmer, 34
[4] G. Jobes, Bd. 1, 102

Römische Terrakotta-Lampe, aus Syrakus

Lampe

Aladins Wunderlampe hatte in den Volksbräuchen und im Bereich des Okkulten viele Entsprechungen. Die Lampe war ein fast universelles Symbol der Erleuchtung. Und so ist es noch heute. »Licht im Dunkel« war auch ein Zauberspruch für Schöpfung und Geburt, der unter dem Einfluß von Juno Lucina oder Diana Lucifera stand, die dem neugeborenen Kind das Licht brachten. Diese uralte Vorstellung wurde von den Bibelschreibern im Ausspruch Gottes »Es werde Licht!« kopiert.

Über das Grab der Tullia, der Tochter des Redners Cicero, wurde die folgende Geschichte erzählt: Als ihr Grab geöffnet wurde, fand man darin nicht nur Tullias Körper, sondern auch eine Wunderlampe, die seit Jahrhunderten ohne Unterlaß gebrannt hatte: Dies ist eine frühe Version des Ewigen Lichts. Eine ähnliche niemals verlöschende Lampe soll auch das versiegelte Grab des Christian Rosenkreuz erleuchtet haben, der als Gründer des Rosenkreuzer-Ordens ausgegeben wurde. Viele alte Terracotta-Lampen wurden deutlich nach dem Vorbild weiblich-genitaler Formen gestaltet. Die Öffnung für den Docht wurde in der Position der Klitoris plaziert, die oft auch als Brennpunkt des sexuellen »Feuers« genannt wird. Die Erleuchtung, die mit solchen Lampen assoziiert wurde, hatte vielleicht auch mit dem mystischen Wissen zu tun, das die Menschen der Antike den sexuellen Erfahrungen mit Priesterinnen der Göttin zuschrieben.

Lyra, griechisches Basrelief, 5. Jh. v. Chr.

Lyra

Die prähellenischen Muttergöttinnen wurden oft mit einer Lyra abgebildet, die sowohl die Hörner des Altars symbolisierten, wie auch daran erinnerten, daß die Klänge, die diese Göttinnen erfanden, die Geburt des Universums ausgelöst haben sollen.[1] Scipio dem Älteren zufolge war die siebensaitige Lyra unmittelbar mit dem Himmel verbunden: »Die Sphären erzeugen sieben verschiedene Töne; die Siebener-Zahl ist der

Kern von allem, das existiert. Und Menschen, die diese himmlische Harmonie mit der Lyra nachzuahmen imstande sind, haben bereits ihren Rückweg zu diesem Reich der Erhabenheit gefunden.«[2]

Einer der Menschen, dem diese Fähigkeit besonders oft zugeschrieben wurde, war der überaus beliebte Erlösergott Orpheus, dessen Kult eine ernstzunehmende Konkurrenz für das Frühchristentum war, gleichzeitig aber auch als Modell für viele christliche Sakramente diente.[3] Orpheus stieg wie Jesus in die Unterwelt hinab und kehrte zurück, um die Offenbarungen zu verkünden, durch die seine Nachfolger die Auferstehung erlangen konnten.[4] Der klassische Mythos von Orpheus' Abstieg in die Unterwelt, um seine Braut Eurydike zu suchen, war eine Ersatzbildung, welche die Tatsache vertuschen sollte, daß Eurydike nur ein Beiname von Persephone, der Göttin der Unterwelt, war; zu ihr beteten die Orphiker um ein glückliches Leben nach dem Tod. Die Orphischen Mysterien lehrten, daß die Göttin jeden Erleuchteten zu einem »Gott anstelle eines Sterblichen« machten.[5]

Den Kopf des Orpheus vermutete man in einer heiligen Höhle, wo er wie der Kopf des Osiris in Abydos Orakelsprüche und Lieder von sich gebe. Die Lyra, die als Instrument seiner Transzendenz diente, wurde in den Sternenhimmel erhoben: Als Konstellation Lyra enthält sie den hellsten Stern des Sommerhimmels, die Vega. Die Sichtweise, daß die Lyra das erste Instrument war, das die siebentönige »Sphärenmusik« erzeugte, setzte sich auch in der europäischen Tradition durch und trug zur Bildung der gegenwärtigen Tonleitern bei.

[1] Cirlot, 286
[2] Seligmann, 245
[3] Angus, 154, 202
[4] Bardo Thodol, 1, xvi
[5] Angus, 110, 154

Maske

Die klassischen Theatermasken von Tragödien und Komödien sind griechisch-römischen Modellen nachgebildet. Sie wurden in den Sakraldramen der Antike angelegt, weil die Schauspieler und Mitglieder des Chores mit ihrem eigenen Mienenspiel keine Emotionen zeigen sollten. Statt dessen hielten sie Bronzemasken mit dem – typisierten – Gefühlsausdruck der verschiedenen Charaktere vor das Gesicht. In den heutigen japanischen No-Spielen ist das noch immer so ähnlich, dort werden entweder Masken oder starkes traditionelles MakeUp verwendet.

Das griechische Wort *theatron* für »Theater« beinhaltete einen Ort, an dem Gottheiten die Aufführung von Dramen beobachten konnten; aus diesem Grund sollten die dramatischen Vorgänge die ausdrucksstarken Masken vereinfachen: sie sollten sowohl für die Bewohner des Olymp wie auch für das menschliche Publikum verständlich werden. Sakrale Dramen waren ritualistische Nachahmungen der Dinge, die die Götter getan hatten oder noch tun würden.

Seit Urzeiten waren Masken gebräuchliche Attribute von Gottheiten: Indem Menschen Masken trugen, wurden sie zu Verkörperungen ihrer Götter. Die ägyptische Kunst zeigt deutlich, daß die Götter als menschliche Wesen mit kunstvoll gefertigten Masken auftraten, die den gesamten Kopf bedeckten. Auch das teutonische Wort *grim* für »Maske« war oftmals ein Bestandteil von Götternamen: Es sollte zeigen, daß die göttliche Wesenheit tatsächlich in der Maske steckte. Um die Manifestation heidnischer Gottheiten zu verhindern, verbot die mittelalterliche Kirche das Tragen von Masken; aber in heidnischen Relikten wie Halloween und Karneval kam dieser Brauch trotz allem immer wieder zum Vorschein.

Die persische Sekte der *Maschkara* oder »Nachtschwärmer« verwendete Bilsenkraut, um Visionen auszulösen, und trug Tiermasken, oder aber sie schwärzten ihr Gesicht mit einer dunklen Substanz namens *maskara*.[1] Im Jahre 1518 wurde diese Sekte von Johannes de Tabia als Hexenkult erwähnt, der sich selbst Mascarae nannte.[2] Heute ist Maskara noch immer eine dunkle Substanz, die als maskenhafte Bemalung rund um die Augen aufgetragen wird.

[1] Shah, 208
[2] Daraul, 170

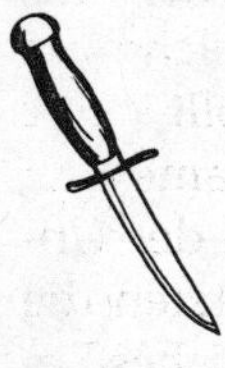

Messer

Wie das Athame der Hexen, so waren auch Messer im allgemeinen mit Magie oder Weissagung assoziiert. Messer dienten Frauen sowohl als Werkzeuge wie auch als Waffen. Keltische Frauen trugen üblicherweise ein Messer am Gürtel, bis die christlichen Gesetzesreformen in Irland den Frauen das Tragen jeglicher Waffen verboten. Trotzdem blieb das traditionelle Messer am Gürtel bis zum 17. Jahrhundert ein integraler Teil des Brautkleides.[1]

In den europäischen Volksbräuchen kommen magische Messer und magische Geschichten über Messer in Hülle und Fülle vor. Als todsicherer »Gift-Detektor« galt ein Messer, dessen Griff aus einer äußerst ungewöhnlichen Substanz, dem »Schlangenhorn«, bestand. Die Erklärung: »Wenn irgendein Gift zugegen ist, so wird der Griff zittern, denn die Schlange ist voller Gift, und Gleiches zieht Gleiches an.« Die Päpste Clemens V. und Johannes XXII. besaßen Messer, deren Griffe »aus Schlangenhorn« gefertigt waren.[2] Vielleicht bestanden die Schneiden dieser Messer aus Hühnerzähnen.

[1] Hazlitt, Bd. 1, 75
[2] Trachtenberg, 184

Name

Von allen Symbolen, die von einer unaufhörlich symbolbildenden Menschheit erfunden wurden, sind Namen wahrscheinlich die wichtigsten. Die Essenz der menschlichen Gesellschaft und Kommunikation ist Sprache, und Sprache ist Verleihung von Namen. Dinge zu benennen ist in vielen archaischen Schöpfungsmythen der eigentliche Schöpfungsprozeß. Menschen Namen zu geben bedeutete oftmals, daß man ihnen Leben oder Seele verlieh. Die Ägypter glaubten an eine Namensseele *(ren)*, die jede Mutter ihrem neugeborenen Kind zusammen mit der Taufe durch ihre Milch verlieh. Im alten Indien wurden nur Kinder mit Namen als wirklich lebende Mitglieder des Clans anerkannt: Ein Kind, das vor der Namensverleihung gestorben war, wurde nicht betrauert, weil man es als unbeseelt betrachtete. Die Bewohner von Burma sind noch immer der Meinung, daß eine Hebamme den Namen des Kindes in genau dem Augenblick aussprechen muß, in dem das Kind geboren wird; sonst könnte ein böser Geist ihm einen unglückbringenden Namen geben, was zu seinem Tod führen könnte.[1] Kindern Namen zu verleihen war eines der ersten Privilegien, dessen sich patriarchale Gruppen bemächtigen wollten – eben weil es so wichtig für die matrilineare Erbfolge der früheren matriarchalen Clans war. Die Mütter spendeten das Leben, aber auch die Seelen, die durch die Namen symbolisiert wurden, welche sie ihren Nachkommen weitergaben. Bei den chinesischen Familiennamen wird noch heute ein Zeichen angebracht, das »Frau« bedeutet, und dies stammt noch aus der Zeit, als die Menschen zwar ihre Mütter kannten, nicht aber ihre Väter.[2] »Irische und walisische göttliche und heroische Gruppen sind nach der Mutter, nicht nach dem Vater benannt ... In den älteren Schichten der keltischen Tradition ist es gebräuchlich, daß Helden sich nach der Mutter nennen, daß der Name des Vaters jedoch ausgelassen wird.« Trotz der »Zeugungslisten« im Alten Testament erhielten die Neugeborenen die Namen nur von ihren Müttern.[3] Ebenso wie der ähnlich lautende brahmanisch-patriarchalische Brauch der Rezitation der Vaterschaften, waren die biblischen »und er zeugte ...« offensichtlich gezielte Versuche, das alte System der matristischen Nomenklatur umzustürzen. Die Große Göttin, die oftmals als Quelle aller Namen betrachtet wurde, besaß selbst zahlreiche Namen, weil jeder Clan seinen Ursprung (und den Ursprung seines Seelen-Namens) auf die eine oder andere Weise auf sie zurückführte. Die Ägypter beteten zu »Isis mit den Zehntausend Namen«, und in Indien wurde die Göttin »Kali mit den Tausend Namen« verehrt.[4] Die Vielfalt der Namen Gottes wurde von dieser früheren Tradition kopiert, aber viele Listen enthalten noch immer Namen, die für männliche Götter ganz unpassend sind. Von den berühmten »neunundneunzig geheimen Namen« Allahs ist die Mehrzahl weiblich oder beschreibt weibliche Charakterzüge.[5] Dasselbe trifft auch auf die »geheimen Namen Gottes« zu, die normalerweise auf bescheidenere 72 beschränkt werden; aber natürlich gibt es Unterschiede zwischen den Listen.

Für Priester und Magier war es immer wichtig, die geheimen Seelen-Namen ihrer Gottheiten zu kennen, denn sie stellten sich vor, daß die Kontrolle über die Namen der Gottheiten auch eine Kontrolle über die Handlungen dieser Gottheiten bedeutete. Aber das war bei Menschen immer schon der Fall; denn wir sind eben die Sprachschöpfer, die ununterbrochen die eigenen Worte mit dem verwechseln, das die Worte symbolisieren. Die Magier der frühmittelalterlichen Zeit behaupteten, daß sie all ihre Kräfte aus dem Wissen der heiligen Namen bezögen. Eine magische Formel lautete beispielsweise: »Was immer ich sage, muß geschehen ... denn ich bin der Sohn des lebendigen Gottes ... ich habe mich mit deiner geheiligten Form vereinigt. Ich wurde durch deinen geheiligten Namen ermächtigt.«[6] Und doch haben sich viele magische Formen aus einer früheren matrilinearen Zeit erhalten, als die Namen der Väter nicht genannt wurden. Die »Zauberpapyri« nennen Personen nur nach ihren mütterlichen Namen wie etwa »X, dessen Mutter Z ist«.[7] Christliche Liturgien, Gebete, Beschwörungen, Segnungen, Taufen und alle anderen Prozeduren basierten größtenteils auf Namens-Magie. »Im Namen des Vaters, des Sohnes und des Heiligen Geistes« lautete die Formel, die allen Zwecken diente, die alles vermochte. Und wenn man Namen auf Grabsteine schrieb, so entstammte dies ebenfalls der antiken Überzeugung, daß man durch das Aussprechen oder Niederschreiben des Namens von Verstorbenen ihren Geist in der anderen Welt beschützen konnte. Im Anschluß an den Namen des Toten wurde oftmals »Er ruhe im Frieden Gottes!« ausgesprochen, und darin drückt sich die Angst aus, daß der Klang des Namens den Geist des Trägers aus dem Grab holen und denjenigen heimsuchen könnte, der ihn ausgesprochen hat. Diese Formel wurde von heidnischen Römern gebraucht und dann von den Christen übernommen.[8] Auch die zahlreichen »geheimen Namen Gottes« blieben während des gesamten Mittelalters recht beliebt. Die Kirche selbst verkaufte Amulette, auf die »viele geheime Namen Gottes« gedruckt waren, die den Träger unter Garantie vor »jeglichem schlimmen Tod schützten«.[9]

[1] Frazer, Folk-Lore of the Old Testament, 435
[2] de Riencourt, 170
[3] Briffault, Bd. 1, 372, 418
[4] Boulding, 252
[5] Phillips, 152
[6] M. Smith, 103
[7] Luck, 18
[8] Halliday, 47
[9] Scot, 188

Palast

Das Wort »Palast« ist von einem Beinamen der Göttin Vesta abgeleitet, nämlich *Diva Palatua* oder »Göttin des Palast-Tempels«.[1] Ein geweihter Palast war nicht nur der Verweilplatz einer Gottheit auf Erden; vielmehr stellte man sich auch die Paradiese göttlicher Jenseitswelten als Paläste vor. Asgard, der Wohnort der Götter in den norwegischen Mythen, hatte als Mittelpunkt einen goldenen Palast, *Gladsheim* oder »Freudenheimat« genannt, in dem die Götter wohnten.[2] Die Artuslegende übernahm diesen Ort und verwandelte ihn in Lancelots Palast des »freudvollen Gartens«. Kathedralen waren die »Paläste der Himmelskönigin«, wie auch ihre heidnische Entsprechung, die Feenkönigin, in einem Paradies-Palast lebte.

[1] Briffault, Bd. 3, 18
[2] Branston, 86

Puppe

Eine Hexenpuppe war nicht als Kinderspielzeug gedacht. Vielmehr sollte sie eine wirkliche Person darstellen und war deshalb hauptsächlich ein magisches Symbol. Alles, was mit der Puppe geschah, sollte auch der betreffenden Person zustoßen. Meistens wurde behauptet, daß diese Puppenmagie nur dann wirksam war, wenn die Figur Haar, Speichel, Fingernägel, Blut, Samen, Erde von einem Fußabdruck oder irgendeinen anderen Teil der wirklichen Person enthielt bzw. in einen Fetzen gehüllt war, der von ihrer Kleidung stammte. Das Prinzip dabei lautete immer »ein Teil für das Ganze« – dies ist das wichtigste Prinzip der sympathetischen Magie.

Um den Tod eines Feindes zu bewerkstelligen, mußte man unter anderem eine Puppe aus Lehm von zwei Flußufern formen und sie dann mit einem winzigen Pfeil und Bogen aus Schilf erschießen. Ein Liebeszauber bedurfte einer Wachspuppe »mit deutlich dargestellten Sexualorganen«, die man dann weihte, begrub und wieder ausgrub, um ihr dann die Nadel der Leidenschaft ins Herz zu stoßen.[1]

Die Puppenmagie war wahrscheinlich eine der ältesten weiblichen Prozeduren, die bis auf die vorderasiatischen Fruchtbarkeitszauber zurückgehen: Säuglingsfiguren aus Lehm, die mit Menstruationsblut gesalbt waren, um sie zum Leben zu erwecken. Dies war der lebenspendende »blutige Lehm« oder *adamah* – der weibliche Adam. Für Menschen – und nicht nur für Kinder – ist es so leicht, Puppen in Menschengestalt als lebende Wesen wahrzunehmen, daß wir uns kaum über die universelle Verbreitung der Puppe und ihrer mutmaßlichen Wirkung auf das wirkliche menschliche Leben zu wundern brauchen.

Puppen dienten auch als Ersatzopfer. Bei englischen und walisischen Erntefeiern wurde manchmal das Kornkind oder *Kernababy*, eine Puppe aus den Garben des vergangenen Herbstes, »getötet«. Wie bei allen Opfern bestand die Idee darin, der Mutter Erde einen Teil ihrer Nahrungsgeschenke zurückzugeben. Die Puppe wurde beim *Kern Supper* (dem Herbstfest) verbrannt oder »ertränkt«.[2]

[1] Trachtenberg, 124–125
[1] G. Jobes, Bd. 2, 919

Purpur

Die meisten Menschen wissen, daß Purpur die traditionelle Farbe des Königtums ist und als dunkler Ton zwischen Blau und Rot wahrgenommen wird. Die meisten Menschen wissen aber nicht, daß der »königliche Purpur« der römischen Kaiser und anderer Würdenträger der Antike nicht die Farbe ist, die heute so bezeichnet wird. Es war ein dunkles Weinrot, das oftmals mit der Farbe von Menstruationsblut verglichen wurde. Ursprünglich stand es für den heiligen Blutsbund der Stammeseinheit. Der lateinische Name dafür war *purpureus* in der Bedeutung von »überaus eilig«.[1] Noch zu Shakespeares Zeit wurde Blut als »Purpur« bezeichnet.

Strenge Regeln bestimmten die Anzahl und Breite von Purpurbändern, die die römischen Aristokraten je nach ihrem Rang auf ihren Togas tragen durften. Nur die königlichen Familien trugen durchgehend purpurfarbene Kleider. Die Färbesubstanz kam von der sogenannten Purpurschnecke von Tyros, die zu den Mittelmeer-Wasserschnecken der Familie Muricidae gehört. Es hieß, daß die Gewänder von römischen Patriziern »mit Blut gefärbt« waren. In den Evangelien wird die Farbe des Mantels, den Jesus trug, unterschiedlich beschrieben, nämlich purpurfarben (Markus 15,17) oder scharlachrot (Matthäus 27,28). Aber mit beiden Worten ist dieselbe Farbe des königlichen Blutes gemeint, die schon Jahrtausende zuvor durch die Vorstellungen vom weiblichen Mondblut geschaffen wurden, in dem das Geheimnis des zukünftigen Lebens enthalten ist.

[1] Graves, The White Goddess, 395

Rasierklinge

Rasierklingen haben immer die scharfe Schneide, die universelle Norm der Schärfe, symbolisiert. In den ältesten indoeuropäischen Traditionen brachten Rasiermesser die Schärfe des weiblichen Verstandes auf den Begriff. Indiens »Sieben Mütter der Welt« oder »Sieben Schwestern«, die man in den Pleiaden verkörpert sah, hießen auch *Krittikas* oder »Rasierklingen«.[1] Von diesem Ausdruck leitete sich das griechische Wort *kritikos* für »Richter« ab. Die Sieben Mütter (oder Schwestern) beurteilten und bestimmten die Kandidaten für das Amt des Opfergottes, eines Sonnenhelden, der erschlagen und mit einem Speer in der Seite verwundet werden sollte, um dann wieder aufzuerstehen. Vielleicht waren die »Schneiden«, die sie dabei verwendeten, die Mondsicheln, die die Kastration des heiligen Königs symbolisierten, dessen Lebensgeist dann wiedergeboren werden sollte.

[1] Walker, The Woman's Encyclopedia of Myths and Secrets, 803

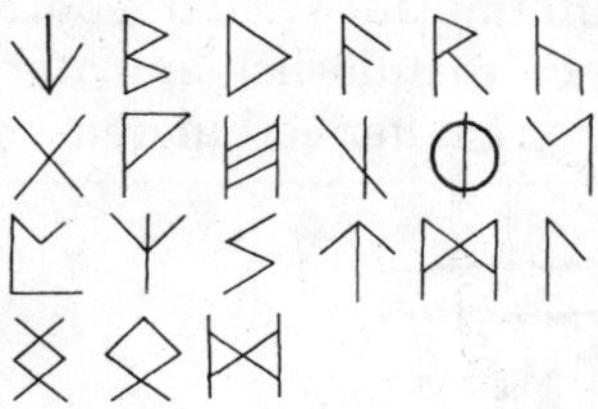

Runen

Unter den Heiden Nordeuropas waren Frauen die traditionellen Wächterinnen der Runenmagie.Wie viele andere Alphabete wurde die Erfindung der Runenbuchstaben der Göttin zugute gehalten. Mutter Idun, die die magischen Äpfel der Unsterblichkeit – ein Attribut der Götter – bewachte, erlaubte ihrem Gefährten Bragi, die Magie der Buchstaben zu erlernen, indem sie die Runen auf seiner Zunge einritzte. Auf diese Weise machte sie ihn zum ersten großen Dichter. Der Gott Odin – der möglicherweise sogar eine später maskulinisierte Form von Idun selbst war – mußte das Wissen um die Runen durch Selbstopferung erwerben, indem er neun Tage und Nächte vom Weltenbaum hing und ein Auge hingab.

Die keltischen und teutonischen Stämme hatten mehrere Varianten von Runenalphabeten, von denen eines hier angeführt wird. Es besteht aus einer Reihe von Buchstaben, die von links nach rechts und von oben nach unten gelesen folgendermaßen lauten:

1. *Feoh* für Vieh; 2. *Beorc* für Birke; 3. *Porn* für Dorn; 4. *Os* für Gott; 5. *Rad* für Reise oder Ritt; 6. *Ken* für Fackel; 7. *Gyfu* für Geschenk oder Gabe; 8. *Wyn* für Ruhm; 9. *Haegl* für Hagel oder Schnee; 10. *Nyd* für Not oder Bedürfnis; 11. *Ger* für Speer; 12. *Eoh* für Eibe; 13. *Pear* Bedeutung unbekannt; 14. *Eolh* für Verteidigung; 15. *Sigel* für Sonne; 16. *Tyr* für den Kriegsgott; 17. *Mammaz* für Menschheit; 18. *Lagu* für Wasser; 19. *Ing* für Dänen; 20. *Odal* für Land; 21. *Dueg* für Tag.

Die elfte Rune in diesem System ist wahrscheinlich nicht echt, da sie einen Kreis als Teil ihrer Figur enthält. Wirkliche Runen haben niemals gekrümmte Linien oder Kreise verwendet. Sie bestanden immer aus geraden Linien und scharfen Winkeln, weil sie aus Holzstücken geschnitzt waren, die zum Zwecke der Weissagung wie Würfel geworfen wurden. Dieser Vorgang hieß »die Runen werfen«. Diese Runenpraxis war weissagenden Frauen vorbehalten und wurde deshalb in den Köpfen der männlichen Autoritäten des Mittelalters unausweichlich mit Hexerei assoziiert. Bald wurden alle Runenalphabete verboten, und Frauen, die zuvor die Wächterinnen der Schriftkunde waren, wurden genau der Buchstaben beraubt, mit denen sie einstmals geschrieben hatten.

Natürlich verschwanden diese Buchstaben nicht vollständig. Sie wurden immer wieder für Beschwörungen und ähnliche hexenhafte Zwecke und natürlich auch für Weissagungen verwendet.

Ägyptischer Sargdeckel mit Göttin

Sarg

Der Sarg war in der Antike eine von vielen Variationen des symbolischen Schoßes, aus dem sich die Toten bei der Wiedergeburt erheben würden. Die prähellenischen Griechen begruben die Toten in großen Tontöpfen *(pithoi)*, die mit dem Schoß der Göttin verglichen wurden. In Ägypten wurde die Mumie mit einem Sarkophag ausgestattet – wobei das Wort »Sarkophag« auf Deutsch »Fleisch-Esser« bedeutet –, in dem die Göttin selbst auf der Innenseite des Deckels gemalt wurde. So konnte der oder die Tote sie sehen und auf ihre freundliche Hilfe reagieren. Wie immer war die Hoffnung auf Wiedergeburt eng und unauflöslich mit der göttlichen Mutter verbunden.

Schale

Heilige Schalen wurden bei allen antiken Opferzeremonien verwendet, um das Blut des Opfers aufzufangen. Meistens wurde das Blut an die Gläubigen verteilt, um ihre Identifikation mit der geopferten Gottheit zu verstärken. Das griechische Wort für eine solche Schale war *amnion*, und damit war auch das Behältnis des Blutes im weiblichen Schoß gemeint.[1] Die Uterus-Symbolik der Schale erstreckte sich auf viele verschiedene Arten von Gefäßen, in denen Flüssigkeiten aufbewahrt wurden. In Ägypten stand eine Wasserschale oftmals für das göttlich-weibliche Prinzip.[2] In den babylonischen Schriften wurde die gesamte Erde oder der ganze Kosmos als »Misch-Schale« der Göttin bezeichnet. Einige kosmologische Ansichten von den sieben Himmelssphären behaupteten, daß sie aneinander befestigte, umgedrehte Schalen seien. In ähnlicher Weise hielten auch die amerikanischen Indianer den Himmel für eine umgedrehte Schale.

[1] Keuls, 131
[2] G. Jobes, Bd. 1, 238

Schild, von einer phrygischen Terrakotta

Schild

Der Schild eines Kriegers wurde zum wichtigsten Träger heraldischer Zeichen, die sich aus magischen totemistischen Motiven entwickelt haben. Jeder Krieger empfand die Notwendigkeit von Schutzmagie, die sich vor allem auf den Schild konzentrierte, von dem sein Leben buchstäblich abhängen konnte.

Die hier gezeigte Kriegergestalt wurde ein wenig grob auf eine phrygische Terrakottatafel eingezeichnet. Das Kreuz auf dem Schild ist zwar ein wenig seitenversetzt, erinnert aber an Schutzmagie, die seit der Steinzeit mit diesem Zeichen verbunden war. Man sieht auch abwehrende dreieckige »Zähne«, die nach außen weisen, um feindliche Angriffe abzuweisen.

Als Zeichen persönlichen Schutzes ist auch der Kreis auf dem Schenkel des Kriegers zu erwähnen; vielleicht ist es eine Aufforderung an den Geist der Geschwindigkeit, im Falle eines Falles schnell vom Schlachtfeld wegzulaufen.

Die bekannteste römische Geschichte über Schilde ist die der Jungfrau Tarpeia, die unter den Schilden von vielen Kriegern getötet und begraben worden war. Dies sollte die Strafe dafür sein, daß sie die kapitolinische Wachtruppe an die feindlichen Sabiner verraten hatte.

Hier haben wir wieder eine der Revisionen der etruskischen matriarchalen Religion, die von späteren patriarchalen Autoren angebracht wurde. Der berühmte Tarpeische Felsen, der angeblich nach dem Todesort dieser Jungfrau benannt wurde, war ursprünglich ein Heiligtum der Göttin unter demselben Namen. Ihrer Statue wurden nach militärischen Siegen Schilde von Kriegern und Juwelen als Dankopfer dargebracht; und ihr

Fels – einer der heiligsten Plätze von Rom – erfuhr während der gesamten klassischen Zeit alljährliche Trankopfer. (Siehe Stein)

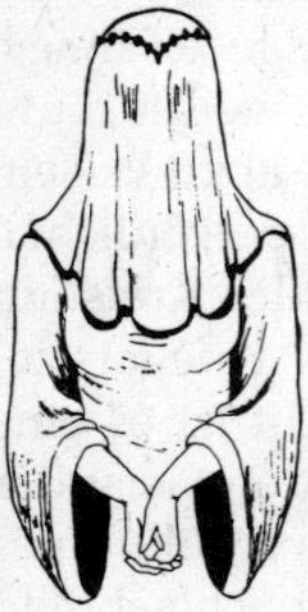

Schleier

Der Schleier wurde von der Göttin getragen, und zwar vor allem in ihrem Greisinnen-Aspekt, der das zukünftige Schicksal symbolisierte. Ihr keltischer Name Caillech bedeutete »Verschleierte«.[1] Die Menschen der Antike glaubten, daß ein Blick hinter den Schleier oftmals den Anblick des eigenen Todes bedeutete. Aus diesem Grunde wurde das verborgene Angesicht der Göttin gefürchtet und für tödlich gehalten wie etwa das Antlitz der Athene-Gorgo oder der Medusa. Dies entsprach der Inschrift auf dem Tempel von Sais, in der die Göttin die folgenden Worte spricht: »Kein Mensch hat jemals den Schleier gelüftet, der mich bedeckt.«[2] Sosehr die Menschen allen Ernstes einen Blick in die Zukunft ersehnten, sosehr fürchteten sie auch, was er ihnen offenbaren würde.

Manchmal war die Göttin mit sieben Schleiern ausgestattet – ein Symbol der sieben Planetensphären, die das wirkliche Gesicht der himmlischen Göttlichkeit verbargen. Das war die ursprüngliche Symbolik der sieben Schleier der tanzenden Salome, die in Wirklichkeit eine Priesterin war und das weihevolle Geheimnis von Ischtars sieben Schleiern vollzog.[3] Auch die Göttin Isis trug diese siebenfache Verschleierung.[4] Als Weiße Göttin oder *Ino-Leukothea* soll sie Odysseus durch ihren göttlichen Schleier vor dem Ertrinken gerettet haben.[5] In diesem Akt wurde sie mit Odysseus' Gattin Penelope, einer Schicksalsweberin, gleichgesetzt, deren Name ebenfalls »Verschleierte« bedeutete. Sie rettete Odysseus in einer Reihe von nahezu tödlichen Abenteuern, indem sie sich weigerte, den Faden seines Lebens durchzuschneiden.

Schleier wurden vormals von Witwen gewoben, um dadurch ihren Greisinnenstatus auszudrücken. Es hieß nämlich, daß der Schleier die alte Frau vor dem Angriff aus der Geisterwelt beschützen könne, in die ihr Ehemann eingegangen sei. Dann wurden Bräute verschleiert, weil man glaubte, daß sie in diesem Übergangsstadium ihres

Lebens besonders verletzlich für böse Einflüsse seien. Nonnen und islamische Frauen wurden verschleiert, um ihre Sexualität zu verbergen.

Der berühmteste Schleier der christlichen Tradition wurde um das 8. Jahrhundert n. Chr. in der Basilika des heiligen Petrus entdeckt und überall als *vera iconica* oder »wirkliches Abbild« angepriesen, weil er angeblich einen Abdruck vom Antlitz Jesu Christi trug. Aus einer Verballhornung dieses Ausdrucks entwickelten die Geistlichen den Mythos von der heiligen Veronica, die mit ihrem Schleier das Gesicht Christi abgewischt haben sollte, als er sich zum Kalvarienberg schleppte. So sollte der Schleier auf magische Weise das wahre Bild Christi aufgenommen haben.[6] Dieser Humbug war äußerst gewinnbringend, denn Veronicas Schleier wurde ungeheuer berühmt. Daß es sich dabei um Betrug handelt, wurde noch nicht vollständig zugegeben. Immerhin aber lehnen Teile des Klerus die Aufnahme von Veronicas Schleier in die Kreuzwegstationen ab.[7] Ein ähnlicher Humbug ist der Schleier der mythischen Sankt Agatha, der noch immer im Dom von Florenz aufbewahrt wird. Man glaubt, er könne Feuer löschen und Lava aus Vulkanausbrüchen ablenken.[8]

1 Joyce, Bd. 1, 316
2 Larousse, 37
3 Cirlot, 359–360
4 Angus, 251
5 Graves, The Greek Myths, Bd. 2, 363
6 Brewster, 65
7 Attwater, 335
8 Hall, 9

Schlüssel

Der Schlüssel war ein mystisches Symbol des Wissens über das Leben nach dem Tode – lange bevor die christlichen Päpste die »Schlüssel des Königreichs« beanspruchten. Das ägyptische Anch wurde als Schlüssel des Nils gesehen, und zwar sowohl im Sinne des irdischen Flusses wie auch seiner himmlischen Widerspiegelung in den »Sternenfeldern« der Gesegneten, der Milchstraße. Wie die heidnische Petra, die zu Petrus wurde, konnten Gottheiten mit Schlüsselgewalt den Eintritt durch die himmlischen Tore gewähren oder versagen. Im Buch Enoch ist die Rede von den »Schlüssel-Trägern«, also den Torhütern (lateinisch *janitores*) der himmlischen Wohnstätten.[1] Den Schlüssel zum Hades besaß ursprünglich Göttin Persephone.[2] Der Schlüssel symbolisierte oft auch die »Erschließung« okkulter Mysterien, wobei das Tor des »inneren Heiligtums« für die Erleuchtung steht. Solche Schlüssel konnten auch gesprochene Formeln sein wie etwa das »Sesam, öffne dich!« oder die ägyptischen *hekau* (»Worte der Macht«). In den Mysterien des Osiris galten die heiligen Worte als Schlüssel zum Himmel und mußten Nichteingeweihten als »großes Geheimnis« verschwiegen werden.[3] In ähnlicher Weise sprach auch Sophokles von einem goldenen Schlüssel auf der Zunge des amtsführenden Hierophanten in den Eleusinischen Mysterien.

Solche »Schlüssel« in Form von Worten wurden auch von den Päpsten in Anspruch genommen, und zwar mit Hilfe der berühmten Petrus-Passage (Matthäus 16,19), in der behauptet wurde, daß Jesus dem Petrus die Schlüssel übergeben habe. Pech für das Amt des Petrus, daß diese Passage eine Fälschung war! Sie wurde drei Jahrhunderte nach ihrem angeblichen Datum in das Evangelium eingeschoben, um die Herrschaft der römischen Päpste in ihrem politischen Kampf gegen die Ostkirche zu unterstützen. In der mittelalterlichen Symbolik der Tarotkarten trägt nicht der Papst, sondern die Päpstin die entscheidenden Schlüssel in Händen. Sie wird noch immer mit Persephone gleichgesetzt, die als Wächterin der Tore zur Unterwelt galt. Dorthin gelangten nach Ansicht der alten Griechen sowohl Sünder wie auch Gesegnete nach ihrem Tod.

Schlüssel beinhalteten so viele okkulte Anspielungen, daß mittelalterliche Magier echte Schlüssel als magische Werkzeuge verwendeten, wenn irgend etwas geöffnet oder losgelassen werden sollte. In Ionien legte man Toten Eisenschlüssel ins Grab, damit sie die Tore der Unterwelt – den verhüllten Eingang hinter sich – aufschließen konnten. In Deutschland ließ man einen Schlüssel in der Wiege eines Säuglings liegen, damit die Feen das Kind nicht ergreifen und entführen konnten. Es gab auch den Brauch, daß man den Schlüssel einer Kirche oder eines anderen geweihten Gebäudes unter den Kopf von Sterbenden legte, um den Übergang der Seele ins Jenseits zu erleichtern. In Serbien gab es einen magischen Brauch zur Geburtenkontrolle: Man trennte ein Schloß von dem dazugehörigen Schlüssel und schritt zwischen beiden Gegenständen hindurch – als symbolische Trennung von weiblichen und männlichen Elementen. Während dieses Vorganges mußten magische Worte gesprochen werden. Da dieser

Zauber wahrscheinlich mit schöner Regelmäßigkeit versagte, konnte man die Fehlschläge auf die falsche Aussprache der magischen Worte zurückführen.[4]

Jüdische Hebammen legten den Synagogenschlüssel in die Hand einer gebärenden Frau: Dieser heilige Schlüssel sollte den Schoß »aufschließen« und die Geburt erleichtern. Diese Magie war ökumenisch: Wenn es in der Nähe keine Synagoge gab, so borgten sie den Schlüssel der nächstgelegenen Kirche aus.[5]

[1] Forgotten Books, 96
[2] Vermaseren, 80
[3] Budge, Egyptian Magic, 116
[4] G. Jobes, Bd. 2, 921
[5] Trachtenberg, 169, 175

Schnur

Die mythischen Verbindungen der Schnur beziehen sich auf die Nabelschnur. Die Rückkehr zum mütterlichen Schoß vor der symbolischen Wiedergeburt der Taufe, die in allen Mysterienreligionen inszeniert wurde, war in gewisser Weise gedacht als sich an der Schnur entlangtasten, um den Rückweg zu finden. Ariadnes Faden, der den Theseus durch das Labyrinth (in die Dunkelheit und wieder ans Licht) führte, stellte die Reise der Wiedergeburt dar. Schnüre führten Eingeweihte durch künstliche Unterweltreisen in die Finsternis von Höhlen oder unterirdischen Tempeln, den »Fegfeuern« des keltischen Heidentums.[1]

In Babylon wurden Schnüre als Heilamulette verwendet, und zwar aufgrund der Wiedergeburt oder Erneuerung, die an diese symbolische Nabelschnur »geknüpft« war. Die Schriften sagten, daß »Schnüre aus hellgefärbter Wolle«, die man an die rechte Seite des Patienten binde, mit Sicherheit die »Gelbsucht des Auges« heilen würden.[2] In der ägyptischen Unterwelt symbolisierten magische Schnüre mit oder ohne Knoten die Bindekraft des matriarchalen Gesetzes. Einige Engel trugen »Gesetzesschnüre«, die ihren Gehorsam gegenüber der Mutter Maat ausdrückten. Der Gott Ra sagte: »Ihr Gesetz ist die Schnur in Amentet.«[3]

Auch Hexen gebrauchten Schnüre mit Knoten, um das Wetter oder sonst irgend etwas, das sie magisch »binden« wollten, zu fesseln. Mit Schnüren legten sie mystische Figuren auf den Boden: magische Schutzkreise, rituelle Flechtmuster usw. Oftmals hieß es – und auch heute hört man es noch –, daß jede Hexe ihre eigene heilige Schnur besitzen müsse.

[1] Walker, The Woman's Encyclopedia of Myths and Secrets, 828
[2] Kunz, 35
[3] Budge, The Gods of the Egyptians, Bd. 1, 188

Schriftrolle

Die Schriftrolle war die ursprüngliche Form des Buches und wird noch immer als allgemeines Symbol des Lernens, Forschens, der Erleuchtung, der Kommunikation und der heiligen Texte verwendet – wie zum Beispiel die kunstvoll verzierten Schriftrollen in jüdischen Synagogen. In der Mystik verkörpert die Schriftrolle die Zeit. Die Gegenwart ist der geschriebene – sichtbare – Teil. Vergangenheit und Zukunft sind die Texte, die an den beiden Enden in den Rollen verborgen sind: jener Teil, der bereits aufgerollt und gelesen wurde, und der andere Teil, der erst noch aufgerollt werden muß.

Schuh

Viele Quellen setzen Schuhe mit weiblicher Sexualität gleich.[1] In den Religionen Ägyptens und Griechenlands kannte man einen Schuhfetischismus als archaischen Fruchtbarkeitsritus: Man steckte phallische Objekte in einen Frauenschuh.[2] Einem frisch verheirateten Paar Schuhe nachzuwerfen hieß nichts anderes, als ihm gute sexuelle Beziehungen und viele Kinder zu wünschen. Die alte Frau, die – im englischen Wiegenlied – in einem Schuh lebte, hatte »so viele Kinder, daß sie nicht wußte, was tun«. Denn ihr Leben spielte sich in ihren Sexualorganen ab. Unter angelsächsischen Stämmen war es Brauch, die Schuhe einer Braut ihrem Bräutigam zu übergeben: Dies sollte ausdrücken, daß er das Recht hatte, sich ihr sexuell zu nähern. Eine ähnliche Symbolik steckte auch in der heidnischen irischen Sitte, einen Frauenschuh über den Kopf eines neuen Stammesführers zu werfen: Auf diese Weise sollte eine physische Hochzeit mit der Göttin des Landes symbolisch dargestellt werden.[3] Eine ähnliche Zeremonie der heiligen Hochzeit war das hinduistische Ritual *svayamara*, bei dem ein weiblich-genitales Symbol – nicht in Form eines Schuhes, sondern in Form eines Blumenkranzes – über den Kopf des Helden geworfen wurde. Extrem kleine Schuhe, wie sie im Aschenputtel-Märchen betont werden, symbolisierten offenbar den Zustand der Jungfräulichkeit. Jahrhundertelang wurden die winzigen Schuhe, die für die verkürzten und verstümmelten Füße von Frauen gefertigt wurden, von männlichen Dichtern als höchst erotische Fetische gefeiert. Es entspricht demselben Prinzip, daß europäische Frauen ihre Füße ebenfalls in enge, spitz zulaufende, hochhackige verkrüppelnde Schuhe zwangen, weil sie glaubten, daß sie dadurch sexuell attraktiver würden.

In den teutonischen Traditionen wurden die Toten mit besonderen Schuhen – den Totenschuhen – ausgestattet; sie wurden an die Füße der Leichname gebunden, damit sie die mühselige Reise in die jenseitige Welt besser durchhalten würden. Diese Totenschuhe entsprachen den norwegischen *helsko* oder »Hel-Schuhen«, die den Toten auf die Reise zum Land der unterirdischen Göttin Hel angezogen wurden.[4]

[1] Cirlot, 282
[2] Graves, The Greek Myths, Bd. 1, 94; The White Goddess, 357
[3] Joyce, Bd. 1, 47
[4] Jobes, Bd. 2, 1440–1441

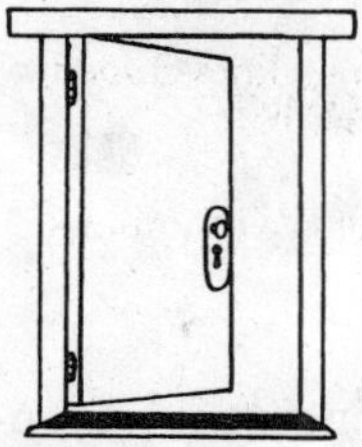

Schwelle

Der Brauch, eine Braut über die Schwelle ihres neuen Heimes zu tragen, hat tiefe Wurzeln in Magie und Aberglauben. Wie der »Riß zwischen den Welten«, dem man bei der Jahreswende oder dem Wechsel der Jahreszeiten begegnet, so war auch die Schwelle ein Ort des Überganges zwischen Innen und Außen. Man glaubte, daß sich an diesem Ort Geister versammelten und daß es deshalb gefährlich für einen Fremden sei, ihn zu passieren. Manchmal war die Schwelle ganz buchstäblich ein Grab. Oft begrub man Wachhunde unter ihr, die dann als Geisterhunde das Haus noch wirksamer schützen würden. In Nordindien wurden tote Kinder unter der Schwelle bestattet, damit ihre Geister in die aus- und eingehende Frau eintreten und auf diese Weise wiedergeboren werden konnten.[1]

[1] Frazer, Folk-Lore of the Old Testament, 320

Sense

Gekrümmte Schneiden waren traditionellerweise dem weiblichen Prinzip geweiht, angeblich wegen der Form des Sichelmondes. Die gekrümmte Schneide der Sense war aber nicht nur ein Werkzeug der Getreideernte, sondern auch ein Symbol des Todes, der alles Leben zur richtigen Zeit niedermäht. Das englische Wort *scythe* für »Sense« leitet sich von der »skythischen« Göttin her, die bei den Griechen Gaia, Artemis, Rhea Kronia, Greisin oder Mutter Zeit hieß. Die Sense wurde dadurch zum Symbol ihres Todesaspekts, daß sie ihre Kinder verzehrte (das heißt, alle Lebensformen, die sie geboren hatte, wieder in sich zurücknahm). Später wurde diese skythische Waffe zum Attribut des Gatten, der ihr in der griechischen Mythologie zugeordnet wurde, des Kronos oder Vater Zeit, der in ähnlicher Weise seine eigenen Kinder verzehrte. Bei den Römern hieß er Saturn und war der unterirdische Gott des Todes.[1] Im mittelalterlichen Mysterienspiel wurde er zum grimmigen Sensenmann, der einen Skelett-Anzug und eine Maske trug und seine Sense schwang, um die Gerechten wie die Ungerechten niederzumähen.

In England stellte die Mondsense das Erntedankfest dar, das später unter dem Namen »Fest unserer Herrin der Gnade« christianisiert wurde.[2] Vater Zeit, Chronos-Kronos, erscheint heute an jedem Silvesterabend als »altes Jahr« und wird durch den Geist eines neuen Kindes – des kommenden Jahres – ersetzt.

[1] Cirlot, 268
[2] Brewster, 424

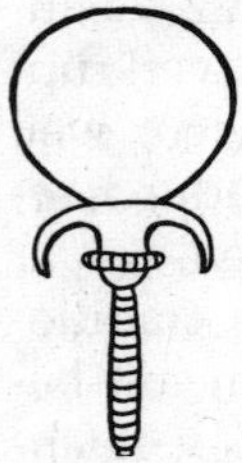

Spiegel

Aufgrund des einstmals universellen Glaubens, daß das Spiegelbild einer Person ein lebenswichtiger Teil der eigenen Seele ist, betrachtete man lange Zeit Spiegel und andere reflektierende Oberflächen als Seelenfänger oder Tore in die jenseitige Welt der Geister. Die Ägypter verwendeten ein und dasselbe Wort für »Spiegel« und »Leben«. Die keltischen Frauen wurden mit ihren persönlichen Spiegeln begraben, da man sie für ihre Seelenträger hielt.[1] In Indien wurde die Große Göttin auch »Spiegel des Abgrundes« genannt, in dem sich der Große Gott (Shiva Mahadeva) ständig selbst betrachtet.[2] Die Buddhisten sagen, daß alle Existenz wie die Reflektion in einem Spiegel ist, und nehmen damit die Aussage eines neutestamentarischen Autors um etwa fünfhundert Jahre vorweg, daß das Leben auf Erden dem »Blick in den Spiegel« gleiche, der nur »rätselhafte Umrisse« erkennen lasse (Korinther 13,12). Erst später werde die Wahrheit dann »von Angesicht zu Angesicht« geoffenbart.[3]

Es begann mit dem Mythos des Dionysos, dessen Seele von den Titanen in einem Spiegel gefangen wurde, und des Narkissos, dessen Seele durch seine Reflektion auf dem Wasserspiegel festgehalten wurde. Aber auch sonst gibt es in Europa eine Überfülle von Märchen über magische Spiegel und ihre Gefahren. Von Hexen hieß es, daß sie geschickt darin seien, mit Hilfe magischer Spiegel zu übersinnlichen Erkenntnissen zu kommen. Die ziemlich verworrene Theorie, die hinter dieser Art der Weissagung steckt, könnte folgendermaßen lauten: Wenn die gesamte Existenz nur die Reflektion einer verborgenen Wahrheit ist, dann muß der Blick durch das »Tor« des Spiegels diesen Prozeß umkehren und somit die echte Wirklichkeit zeigen. Mittelalterliche Autoren behaupteten manchmal, daß die spirituelle Kraft, die einem Spiegel innewohnt, die Augen nach übermäßigem Studium stärken könne. Deshalb stellten sie bei ihren Schreibarbeiten Spiegel vor sich hin, um hin und wieder hineinzublicken, »damit ihr Sichtvermögen nicht getrübt werde«.[4]

[1] Green, 125
[2] Avalon, 231
[3] Bardo Thodol, 227
[4] Trachtenberg, 195

Spinnwebe

Das kreisförmige Spinnengewebe flößte den Menschen der Antike ebensoviel Ehrfurcht ein wie den Biologen unserer Tage. Die Griechen sahen in der kreisförmig webenden Spinne eine Verkörperung der Göttin des Spinnens, Webens und anderer Fadenkünste und benannten sie Arachne, nach der berühmten Priesterin der Athene. Die Geschichte vom Spinnwettkampf zwischen Athene und Arachne war ein skurriler Versuch patriarchaler Autoren, die Göttin als Neiderin menschlicher Geschicklichkeiten darzustellen: kaum wahrscheinlich, da sie ja als Spenderin und Lehrerin dieser Fertigkeiten galt. Sie erschuf auch das Gewebe des Schicksals, von dem die Stoiker sagten, daß es die Seelen ebenso unausweichlich fange wie die Spinnwebe Fliegen fängt.

Die europäischen Frauen verehrten auch weiterhin die Göttin als Patronin ihrer Spinnereien und Webereien, selbst als christliche Autoritäten sie diffamierten. Deshalb sagte ein frühchristlicher Autor, daß eine der Sünden, die eine Frau in die Hölle bringen könne, darin bestünde, beim Beginn des Spinnens »Minerva anzurufen« (Minerva ist der lateinische Name der Athene).[1]

Die Sagen der amerikanischen Indianer über die Weltschöpferin »Spinnenfrau« wirft ein Licht auf die früheren Vorstellungen von der Göttin als Weberin des Schicksalsgewebes. Jeden Tag wob sie das Universum, und jede Nacht löste sie ihr Gewebe wieder auf. Die Welt wird zu Ende gehen, wenn ihr Gewebe vollendet ist.[2] Dies läßt an die prähellenische Penelope denken, aber nicht an die loyale Ehefrau des abwesenden Odysseus, sondern die große Weberin, die das Schicksal eines jeden Menschen webt, einschließlich das des Odysseus. Ihre »vielen Freier« bedeuteten ursprünglich, daß alle Menschen versuchen, der Schicksalsgöttin schönzutun – und sei es in ihrer modernen Gestalt als *Lady Luck*.

[1] J. H. Smith, 240
[2] G. Jobes, Bd. 2, 1671

Steckenpferd

Wie viele andere heidnische Symbole hat sich das Steckenpferd am längsten im Bereich des Kinderspiels erhalten. Es wurde zu eben dem pferdeköpfigen Stecken, den Kinder zwischen die Beine nehmen, um damit zu »reiten«. Dieses scheinbar harmlose Spielzeug, das im Englischen *hobbyhorse* heißt, wurde nach Hobbe, Hobbin oder Old Hob, einer Abwandlung des Namens Robin, benannt, und das ist in der englischen Umgangssprache ein Beiname des Teufels. Auf dem Steckenpferd zu reiten hieß also auf dem Teufel reiten. Das erinnert daran, daß in den alten Zeiten heidnische Schamanen auf dem Jenseitspferd ritten, als Symbol für mystische Erleuchtung oder Apotheose (siehe Pferd).

Auf Festen während der Zeit der Renaissance traten Narren auf, die auf Steckenpferden ritten. Das englische Wort *jester* für »Narr« leitet sich von dem spanischen Wort *chistu* und dem arabischen Wort *chisti* ab, und das ist eine Schule von Mystikern, die während des 13. Jahrhunderts in Afghanistan gegründet wurde. Sie nannten sich »Gottes Narren« und gaben sich als geistesgestört aus, um der Verfolgung zu entgehen. Als Wanderapostel machten sie sich auf die Reise nach Westen, führten auf öffentlichen Plätzen Musik und tolldreiste Possen auf, erzählten Sufi-Geschichten und zogen auf diese Weise ein zahlreiches Publikum an. Arabische Minnesänger und Basken übernahmen ihre Stäbe mit den Pferdeköpfen, die sie *zamalzain* (genauer *djamīl al-zain*, was ungefähr mit »schön und nochmal schön« übersetzt werden kann) nannten.[1] Der hinkende Gang glich einer kindlichen Imitation eines Pferdetrabens, und deshalb wurde das Steckenpferd oder *hobbyhorse* auch *hobblehorse* (»trabendes Pferd«) genannt.

[1] Shah, 223

Tarotkarten

Tarotkarten haben immer sowohl sakralen wie auch weltlichen Zwecken gedient. Als Vorläufer unserer normalen Spielkarten wurden Tarotkarten ebenso zum Spielen wie auch für Weissagung, Meditation und spirituelle Erleuchtung verwendet. Die Abbildungen auf den Tarotkarten hatten mit Einweihungsprozessen zu tun und präsentierten nacheinander verschiedene Gottheiten aus antiken Tempel-Prozessionen und geweihten Ritualen.[1]

Das Tarot-Deck unterscheidet sich vom modernen Bridge-Deck hauptsächlich dadurch, daß es eine fünfte »Farbe«, nämlich die sogenannten Großen Arkana (»Große Geheimnisse«) besitzt. Die vier anderen Farben oder »Kleinen Arkana« entsprechen den vier archaischen Elementen Erde, Wasser, Luft und Feuer. Das Prinzip des Kartenlegens oder der Weissagung durch Karten beruht auf der Theorie, daß die Mischung des Decks der Mischung der Elemente in der wirklichen Welt der Ereignisse entspricht, so daß das eine das andere in einer verkleinerten und überschaubaren Version vorhersagt.

Von den Kleinen Arkana gibt es 56 Karten, von den Großen Arkana 21 und eine weitere

Karte, deren Zahl Null ist: die Karte des »Narren«. Es gibt ihn noch immer als Joker, aber alle anderen Karten der Trumpf-Farbe sind unterdrückt worden. Deshalb muß nun eine von den normalen Farben als Trumpf bei den üblichen Kartenspielen herhalten. Diese Zahlen – 21 und 56 – besaßen in den Traditionen des Orients wie auch des Okzidents höchst komplexe mystische Implikationen. Sie hatten auch mit der Weissagung durch Würfel zu tun. Die Anzahl aller möglichen Kombinationen mit drei Würfeln beträgt 56. Eine typische magische Beschwörung des Mittelalters begann mit einer Anrufung der 56 Engelsnamen, auf die eine weitere Liste von 21 Engelsnamen folgte.[2]

Meistens war es der Klerus, der lange und lautstark genug gegen die bebilderten Karten der Trumpffarbe protestierte, um sie schließlich ganz aus dem Spiel auszuschließen. Die Geistlichen glaubten – vielleicht zu Recht –, daß die Gestalten heidnische oder zumindest nicht-christliche Geister und theologische Prinzipien verkörperten und daß diese Bilder verwendet wurden, um die analphabetische Bevölkerung Europas – und das waren im Mittelalter 89 Prozent aller Europäer – mit häretischen Ideen bekannt zu machen.

Weil die Karten beliebt waren, gab es einen kurzzeitigen Versuch, die Großen Arkana mit verschiedenen Szenen aus der Leidensgeschichte Christi in Verbindung zu bringen, als ob sie Kreuzwegstationen darstellten.[3] Aber das verfing nicht. Die älteren Bedeutungsinhalte der Karten waren zu bekannt und wurden vor allem von den Zigeunern tradiert. Denn sie gebrauchten die Karten nicht nur als Instrumente der Weissagung, sondern auch als Bilderbibel ihres heidnischen Glaubens. Das englische Wort *gypsy* für »Zigeuner« bedeutet »ägyptisch«, und deshalb begannen die Okkultisten, das Tarot dem berühmten mythischen Buch aus Ägypten, dem »Buch des Thot«, gleichzusetzen. Dies war ein Text mit magischen Geheimnissen, die in einer goldenen Schachtel in einer silbernen Schachtel in einer Elfenbein- und Ebenholz-Schachtel in einer bronzenen Schachtel in einer eisernen Schachtel eingeschlossen waren, die unterhalb des Nils lag.[4] Etliche Personen behaupteten, daß sie dieses geheimnisvolle Buch in Form der Karten ans Tageslicht gebracht hätten. Man könnte sagen, daß das Tarot tatsächlich den Weg zu alternativen Religionsvorstellungen aufzeigte, und dabei auch das fast vergessene weibliche Prinzip besonders betonte. Die höchste Karte der Großen Arkana – die »Welt« oder das

Tarotkarten aus dem Tarotdeck von Barbara Walker

As der Kelche

As der Stäbe

As der Münzen

As der Schwerter

»Universum« – stellte die nackte Göttin dar, die von den Symbolen der Elemente umgeben ist. Die letztendliche Offenbarung der Trumpfkarten gleicht der Offenbarung der universellen Shakti tantrischer Weiser. Viele andere machtvolle weibliche Bilder tauchen im gesamten Tarot auf, und in Indien erscheint die Göttin selbst mit den Symbolen der Tarot-Farben: Kelch, Stab, Ring (oder Pentagramm) und Schwert. Diese Symbole stehen für die Elemente, die sie auf ewig verkörpert.

[1] Walker, The Secrets of the Tarot
[2] Trachtenberg, 98
[3] Jobes/Jobes, 79
[4] G. Jobes, Bd. 1, 236

Topf, Bildnis einer Göttin, Troja, Stratum IV

Topf

Ein sumerisch-babylonischer Beiname der Göttin Aruru der Großen, die die ersten Menschen aus Lehm schuf, hieß »Töpferin«. Unter ihren anderen Namen Ninhursag, Mami, Mama oder Mammitu (Mutter) erzeugte sie die Menschen, »männlich und weiblich erschuf sie sie«, wie es in den vorbiblischen Schriften heißt. In den frühen Gesellschaften galten Töpferei und andere Lehmarbeiten als Frauensache, weil Lehm (Erde) ein weibliches Element war. Die Mayas nannten ihre älteste Form der Töpferei *Mamon* oder »Großmutter«.[1] Die Töpferei war »eine weibliche Erfindung; der ursprüngliche Töpfer war eine Frau.... Nur unter dem Einfluß einer fortgeschrittenen Kultur wird dies zu einer männlichen Beschäftigung.«[2] Der biblische Schöpfungsakt Gottes, bei dem Adam und Eva entstanden, wurde aus den antiken Schriften über die Göttin als Töpferin gestohlen, deren schöpferische Substanz *adamah* oder »blutiger Lehm« war.

Deshalb kommen Tontöpfe in allen Mythologien als metaphorische Menschen, Seelen oder göttliche Personen vor. Keltische Lehmtöpfe, in die menschliche Gesichter grob eingeschnitten waren, stellten entweder die Seelen der Toten oder die Gottheiten dar, denen die Toten anvertraut wurden.[3] Im heidnischen Skandinavien waren umgekehrte Töpfe Symbole der Seele. Viele von ihnen wurden in Wandergräbern in Ostjütland gefunden.[4] In Indien war ein schwarzer Topf das Symbol der Göttin Kali. Er wurde von Bauern in den Feldern aufgehängt, um den bösen Blick von ihrer Ernte abzuwenden.[5] Der hinduistische Held Drona wurde aus einem Topf geboren. Ein heiliger Topf namens *kernos* stellte in Eleusis den Schoß dar, aus dem der sterbende Gott Adonis wiedergeboren werden würde. Italienische Frauen pflanzten jedes Jahr zur Osterzeit – bis ins 20. Jahrhundert – die heiligen »Gärten des Adonis« (keimende Getreidekörner).[6]

[1] von Hagen, 27
[2] Briffault, Bd. 1, 466
[3] Green, 222
[4] Davidson, Pagan Scandinavia, 34
[5] Gifford, 80
[6] Frazer, The Golden Bough, 396–402

Tor

Janua coeli oder »Tor des Himmels« lautete der Name, der den Ikonostasen (Ikonenwänden) in christlichen Kirchen verliehen wurde. Dies war aber auch ein gnostischer Titel der heidnischen Jungfrau Göttin Brimo, die in Eleusis zusammen mit ihrem heiligen Kind, dem »gesegneten Äon der Äonen«, verehrt wurde. Später hat auch die Jungfrau Maria diesen Titel geerbt.[1]

Man bemühte allerlei Allegorien, um die Tatsache zu verbergen, daß das Tor eines von vielen weiblichen Genitalemblemen war: das Tor, durch welches das Leben bei der Geburt in die Welt eintrat; das Tor, durch das zumindest ein Teil des Mannes ins sexuelle »Paradies« oder in den symbolischen Tod des phallischen Geistes einging. Aber göttliche Aussprüche über das Osttor des Tempels, die in der Bibel in Ezechiels Visionen formuliert werden, wurden als Prophezeiung der Hereinkunft Jesu Christi interpretiert. Das Tor symbolisierte die Jungfräulichkeit seiner Mutter: »Dieses Tor soll geschlossen bleiben, es soll nie geöffnet werden, niemand darf hindurchgehen; denn der Herr, der Gott Israels, ist durch dieses Tor eingezogen.« (Ezechiel, 44,2) Diese Passage wurde von den früheren Kirchenvätern zitiert, um zu beweisen, daß Maria nie irgendwelche anderen Kinder auf normale Weise geboren hat, obwohl die Schriften Jesu Brüder und Schwestern erwähnen; diese Passage diente auch ganz allgemein als Metapher der Jungfräulichkeit.[2]

Ein Beiname der Artemis oder Hekate – die als Wächterin von Kreuzungen und Toren galt – lautete »Enodia« (von griechisch *enodos* für »Eingang«). Damit war vor allem das Tor der Geburt gemeint, und die Göttin wurde unter beiden Namen als göttliche Hebamme dargestellt und häufig um Hilfe bei der Geburt angerufen. Sophokles sagte, daß »Enodia« auch eine Anrede der Persephone war, die als Göttin der Unterwelt und »Zerstörerin« die Tore des Todes kontrollierte.[3]

Ludgate Hill in London wurde nach Luds Tor (englisch *gate*) benannt: Die Anhänger des Opfergottes Lud oder Lug, der einstmals der Namenspatron von London – dem römischen *Lugdunum* – war, hielten dieses Tor für den Eingang zur Unterwelt. Ein großer Stein mit Namen Crom Cruaich (»blutige Mondsichel«) stand am Tor, um an das Opfer von Lud und seinen Durchgang durch das Tor des Todes zu erinnern. Es könnte dasselbe Tor gewesen sein, das Geoffrey von Monmouth in Verbindung mit einem mythischen Sakralkönig namens Belinus erwähnte. Das war der Gott Bel, eine andere Version von Lud. Es hieß, daß Belinus in London ein wundervolles Tor gebaut habe, »das die Bürger noch immer Billingsgate nennen«.[4] Heute ist *Belinus' Gate* oder *billingsgate* zu einem englischen Umgangswort für »Fluchen« geworden, vielleicht wegen des formellen Fluches, den jeder Opfergott in die Unterwelt schickte und immer mit diesem Tor verbunden war.

[1] Campbell, Pagan and Christian Mysteries, 46

[2] Hall, 118; Walker, The Woman's Encyclopedia of Myths and Secrets, 609

[3] Gimbutas, 198

[4] MacKenzie, 165

Transvestitentum

Als die Männer begannen, die spirituelle Autorität, die früher in den Frauen ruhte, zu übernehmen, legten sie häufig Frauenkleider an und/oder machten auf andere Weise Pseudofrauen aus sich. Priester kleideten sich als Frauen im lydischen Kult des Herakles, bei den germanischen Stämmen Nordeuropas, bei religiösen Festen in Argos, Kreta und Rom.[1] Die Priester des Attis – *galli* genannt – waren Transvestiten, die sich selbst kastriert hatten.[2] Patagonische Hexer, Priester der Meer-Dyaken, Kodyak-Zauberer und viele andere Priesterschaften kleideten und verhielten sich wie Frauen. Opferpriester aus Madagaskar trugen Frauenkleidung und wurden durch die Anrede »Großmutter« glorifiziert.[3]

Das Transvestitentum hielt sich als heidnisches Überbleibsel bis ins mittelalterliche Europa. Der Philosoph Moses Maimonides und viele magische Texte nach ihm betonten, daß Männer, die die Hilfe der Göttin Venus beschwören wollen, weibliche Kleider anlegen müssen. Der Inquisitor Bodin glaubte, daß transsexuelle Kleidung in den Hexenkulten Männer tatsächlich in Frauen und Frauen in Männer verwandelte.[4] Wenn bei den Lappen ein Mann der Göttin opferte, trug er eine Frauenhaube mit einer Blumenkrone und ein weißes Tuch über den Schultern, denn so konnte ihn die Göttin, wenn sie von oben herabblickte, für eine Frau halten.[5]

Es gibt eine überwältigende Menge von Dokumenten dieser Art, die vermuten lassen, daß es vor den Priestern immer schon Priesterinnen gegeben hatte und daß die ersteren sich in das heilige Amt einschleichen mußten, indem sie die Frauen soweit wie möglich nachahmten.

[1] Walker, The Woman's Encyclopedia of Myths and Secrets, 1014
[2] Vermaseren, 126
[3] Crawley, Bd. 1, 250–251
[4] Scot, 71
[5] Dumézil, From Myth to Fiction, 116

Valentinstag

Die römischen Lupercalien in den Iden des Februar waren der ursprüngliche Valentinstag, der der sexuellen Raserei (*febris* für »Fieber«) der Göttin Juno geweiht war. Männer und Frauen wählten Partner für erotische Spiele, indem sie Liebesbriefe oder Kärtchen mit den Namen der Partner austauschten. Dieser Februarbrauch wurde von den christlichen Kirchenvätern als frivol und heidnisch verdammt, aber er setzte sich dennoch fort.[1] Dann versuchte die Geistlichkeit, auf den Kärtchen fromme Ermahnungen zu plazieren, aber das interessierte bald niemanden mehr. Eine Sekte von christlichen Gnostikern, die sich »Valentinianer« nannten, behielten die sexuelle Freizügigkeit dieses Festes bei, beschrieben ihr wichtigstes Sakrament jedoch als Kopulation von »Engeln in einem Hochzeitszimmer«.[2] Sie behaupteten die Hochzeit zwischen »Sophia und dem Erlöser« nachzuvollziehen. Die Liturgie besagte: »Laß den Samen des Lichtes in deine Brautkammer herabsteigen, empfange den Bräutigam. Öffne deine Arme, um ihn zu umfangen. Siehe, die Gnade ist auf dich niedergegangen.«[3]

Nach der Unterdrückung der Gnostiker erfand die orthodoxe Kirche einen heiligen Valentin, dem von verschiedenen Autoren mehrere widersprüchliche Biographien zugeschrieben wurden; aber in allen blieb er dennoch der Patron der Liebenden, so als hätten sich die Autoren unbewußt an die ursprünglichen Absichten des Festes erinnert. In der gesamten Geschichte blieb es eine Zeremonie, »die vom gemeinen Volk niemals vergessen wurden, nämlich am Abend vor dem Valentinstag Lose zu ziehen, die sie Valentines nannten«, um die Beziehung zwischen Liebenden aufzubauen.[4] Der Brauch, am Vorabend des Valentinstages den eigenen Ehepartner zu bestimmen, war noch im 18. Jahrhundert in England verbreitet. Damals nannte ihn der Geistliche Henry Bourne, der Autor der »Antiquitates Vulgares«, ganz und gar des Teufels.[5]

[1] Brewster, 194
[2] Angus, 116
[3] Seligmann, 65
[4] Hazlitt, Bd. 2, 608
[5] Pegg, 10

Römische Bestattungsvase

Vase

Der Vorläufer der Bestattungsurne im alten Europa war die große tönerne Vase, die den Schoß der Mutter Erde symbolisierte, aus dem die Wiedergeburt erfolgte. Wenn man als Bestattungsritus die Verbrennung wählte, die den Körper zu Asche werden ließ, wurden kleine Vasen gefertigt, die diese Überreste enthalten und außerdem auch als Symbole des Schoßes fungieren sollten. Die gebärmutterartige Form der Vase erinnerte sehr oft an die Vorstellung von der Wiedergeburt: Selbst als Leichname nicht mehr in wirklich tönerne Vasen, wie es auch die Bestattungskrüge des frühen Griechenlands *(pithoi)* waren, gesteckt wurden, behielten etliche Leichenbehältnisse eine vasenartige Form. »Der Sarkophag schien in vielen Gesellschaften die Form des Uterus anzunehmen.«[1]

Im prähellenischen Griechenland lautete einer der Beinamen der Mutter Rhea als Schoß der Materie »Pandora«, die »All-Geberin«. Ihr Symbol war eine große Vase, die wie der große Kessel der Muttergöttin in Nordeuropa ursprünglich die Quelle aller Dinge andeuten sollte. Hesiods antifeministische Sage verwandelte Rhea Pandoras Schoß-Vase in die Quelle allen menschlichen Übels.[2] Viele Jahrhunderte später mißverstand Erasmus von Rotterdam das Worth *pithos* für »Vase« als *pyxis* für »Schachtel« oder »Büchse« und übersetzte Hesiod so, daß wir heute fälschlicherweise nur noch die »Büchse der Pandora« kennen.[3] In der Alchemie behielt die Vase die ihr innewohnende Gebärmutter-Symbolik: Der Schoß der Materie wurde *vas spirituale* genannt. Eine Vase, die das Wasser des Lebens enthielt, ist noch immer das Symbol der chinesischen Großen Muttergöttin Kuan-Yin.

[1] Dürr, 176
[2] Graves, The Greek Myths,Bd. 1, 148
[3] Larousse, 93

Vitriol

Die Abbildung zeigt das gängige alchemistische Symbol für Vitriol in der Bedeutung von Schwefelsäure. Die Alchemisten verwendeten dieses Wort als geheimes Akronym von okkulter Bedeutsamkeit: *Visita Interiora Terrae Rectificando Invenies Occultem Lapidem* oder zu deutsch »Besuche das Innere der Erde; durch Reinigung wirst du den verborgenen Stein finden.« Damit war gewöhnlich der Stein der Weisen gemeint.

Vogelscheuche

Es ist bekannt, daß Vogelscheuchen durchaus nicht die Wirkung zeitigen, die ihr Name erwarten läßt. Sie verscheuchen die Vögel nicht. Aber der Brauch, daß man das Abbild eines Mannes auf einem Holzkreuz als magischen Schutz für die Felder errichtete, ist schon in der fernsten Vergangenheit praktiziert worden.[1] Die ursprüngliche Vogelscheuche scheint in prähistorischen Zeiten eher ein Opfer gewesen zu sein. Später wurde der zu opfernde Gott-Mensch wie Osiris zerstückelt, und Stücke von seinem Fleisch und Blut wurden über alle Felder in der Umgegend verstreut, um das Wachstum der Feldfrüchte anzuregen.

Das Opfer eines Gott-Menschen zum Zweck der Fruchtbarkeit – das üblicherweise im Frühling stattfand – war schon lange üblich, bevor das Christentum behauptete, daß sein geopferter Gott-Mensch ein ganz besonderer sei. Selbst innerhalb des Christentums wurde das Frühlingsopfer Jesu durch andere Helden wie Andreas, Philipp oder Petrus nachgeahmt. Daß von Petrus behauptet wurde, er sei umgekehrt gekreuzigt worden, sollte den phallischen Geist *(petra)* symbolisieren, der in die Erde hinabreichte, um sie zu befruchten. Im heutigen Finnland heißt der Opfergeist, der die Felder beschützen soll, noch immer *Pellon Pekko* oder »kleiner Petrus vom Feld«.[2]

[1] de Lys, 42
[2] Dumézil, From Myth to Fiction, 133

Ägyptische Waage

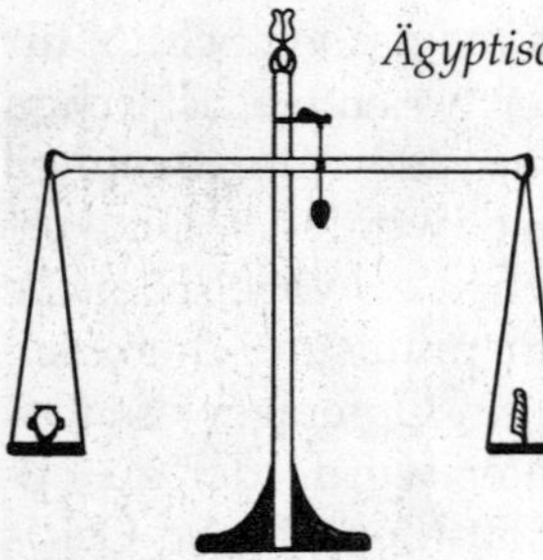

Waage

Daniels Prophezeiung für Belsazar »Du sollst auf der Waage gewogen und zu leicht befunden werden« (Daniel 5,27) stammte aus ägyptischen Schriften, die die Waage in der Unterwelt lokalisierten, wo sie alle Herzen gegen die Feder von Maat (Mutter der Wahrheit) aufzuwiegen hatte. Wandmalereien und Papyri zeigten die Waage, die Anubis oder Maat selbst bewegt: Auf der einen Schale liegt eine Feder und in der anderen das Hieroglyphen-Symbol für das Herz. In den religiösen Vorstellungen der Antike war die Waage so wichtig, daß sie unter die Tierkreis-Symbole im Himmel eingereiht wurde (Libra, die Waage). Man glaubte, daß sie dort die Herzen der jüngst Verstorbenen nach ihrer Ankunft abwiege. Libra war das Instrument und manchmal auch die Anrede der weiblichen Figur der Gerechtigkeit, die auch Astraea (»Sternenhafte«) genannt wurde. Auf einer griechischen Vasenmalerei wird Hermes gezeigt, wie er die Seelen des Achilles und des Memnon vor demThron des Zeus in einer Waage abwiegt.[1] In der christlichen Ikonographie hat der Erzengel Michael nicht nur den Caduceus und den geflügelten Hut des Hermes übernommen, sondern auch die Aufgabe, Seelen zu wiegen. Michael ist oft in der Rolle des heidnischen Gottes und der älteren Göttin Maat gezeigt worden: Er wog die Seele eines jeden Menschen vor dem Thron Gottes.[2]

[1] Whittick, 305
[2] Hall, 188, 208

Wagen

Der »Edda« zufolge wurde der Sonnenwagen von dem Pferd Arwaker (»Früherwacher«) gezogen und von der Göttin Sol oder Sul oder Sulis angetrie-

Wagen: Trumpf Nummer 7 im Tarotdeck von Barbara Walker

ben: Es war dieselbe Göttin, die die Kelten als Herrin der Sonne verehrten. Ihr Wagen war vergleichbar mit dem Sonnenwagen – wahrscheinlich auch davon abgeleitet –, den der esoterische Buddhismus das Große Fahrzeug oder den Feuerwagen nannte. Gottheiten, Feen und übernatürliche Helden reisten häufig auf Feuerwägen, vor allem, wenn der Weg in die Himmelsregionen führte wie etwa bei dem Propheten Elias (2. Könige 2,11). In der jüdischen Tradition hatte auch Gott selbst – ebenso wie die heidnische Sonnengottheit – einen Wagen, der Merkabah (»Heiliger Wagen«) genannt wurde.[1] Medea, die große Göttin des parthischen Königs Medes, erinnerte an die ursprünglich weibliche Wagenlenkerin auf ihrem geflügelten Wagen, der von Feuerschlangen (Blitzen?) gezogen wurde; denn bevor sie zur griechischen Antiheldin wurde, war sie die allweise, unsterbliche, himmlische Herrscherin von Sonne, Mond und Sternen.[2]

Ein Vishnu geweihter indischer Tempel sollte so gebaut werden, daß er einem riesigen Wagen ähnlich sah – als Symbol der Welt mit ihrer ganzen Ladung von Geschöpfen. Vor allem aber sollte dieser Wagen den Gott selbst unter seinem Titel *Jagganath* oder »Herr der Welt« tragen. Beim alljährlichen Puri-Fest wurden Gott und Göttin auf einem wirklichen Wagen von ungeheurer Größe transportiert.

Der Sonnenwagen der Insel Rhodos wurde alljährlich als Opfer für die Himmelsgottheit zerstört, indem man ihn ins Meer warf. In gleicher Weise tauchte ja auch der Sonnengott selbst bei jedem Sonnenuntergang im Abgrund unter.[3] Die griechische Legende von Phaedon, dem Sohn des Sonnengottes, entsprang dieser Quelle. Phaedon wollte sich der Position seines himmlischen Vaters bemächtigen, war aber nicht imstande, die Sonnenpferde zu lenken und verbrannte dadurch fast die ganze Welt. Sein himmlischer Vater tötete ihn und warf ihn als Opfer für sich selbst ins Meer.[4] In babylonischen Schriften wurde die Seele mit dem Sonnengeist auf seinem Weg zur Zerstörung verglichen, und der Weg zum Land des Todes wurde entweder »der Weg ohne Wiederkehr« oder »der Weg des Wagens« genannt.[5]

In Platons »Phaidros« wird die Vorstellung, auf einem Wagen zum Tod oder zum Himmel zu fahren, als Allegorie verwendet, und der menschliche Körper ist dabei der Wagen der Seele. Die Seele ist ein geflügelter Wagenlenker, dessen Schwingen abfallen, wenn er wieder zur Erde zurückkommt, um in einem irdischen Körper wiedergeboren zu werden.[6] Die umgekehrte Reise war die Apotheose, die man sich ganz buchstäblich als eine Fahrt im feurigen Sonnenwagen zum Himmel vorstellte, wie es ja auch in der Bibelgeschichte des Elias der Fall ist.

C.G.Jung sah in den Bildern vom Wagen eine archetypische Symbolik: Für ihn war der Körper Fahrzeug des Bewußtseins. Der Wagenlenker ist das innere Selbst; die Pferde stellen die Lebenskraft oder das Es dar; die Zügel sind die Intelligenz oder der Wille.[7] Ähnliche Assoziationen wurden auch in der Tarotkarte des Wagens, der 7. Trumpfkarte, vermutet. Sie wird als die Karte der irdischen Existenz und des materiellen Erfolges interpretiert. Dargestellt wird ein gottähnlicher Wagenlenker unter einem himmelblauen sternengeschmückten Baldachin, seine Wagenräder entsprechen den Tagen und Nächten der sich drehenden Welt. In manchen Tarotdecks aber hat er keine Zügel in der Hand und kann deshalb die Kräfte der irdischen Umwelt nicht kontrollieren.

[1] Patai, 134
[2] Graves, The Greek Myths, Bd. 2, 253; Herodot, 390
[3] Cirlot, 145
[4] Walker, The Woman's Encyclopedia of Myths and Secrets, 793
[5] Epic of Gilgamesh, 27
[6] Lindsay, 125
[7] Cirlot, 41

Wiege

Die Wiege des göttlichen Kindes war ein wichtiges Symbol in allen Mysterienreligionen der frühchristlichen Zeit. Im Dionysoskult hatte das *liknon* oder »schwingende Körbchen«, das als Wiege benutzt wurde, eine wichtige Funktion. Bei Prozessionen wurde es von einem besonderen Wiegenträger, dem *liknophoros,* getragen.[1] Ohne Zweifel hat dieses heilige Symbol die »Futterkrippe« des Jesuskindes vorgeprägt. Usener erklärt, daß die Feier der Weihnachtsmesse über einer Futterkrippe von Liberius, einem der sagenhaften frühen Päpste, eingeführt wurde, der in Wirklichkeit wahrscheinlich gar nicht existierte, sondern nur dieser Name, der sich von »Dionysos Liber« ableitete.[2] Das römische Wort für die Wiege eines wirklichen Kindes lautete *cunabula* und ist verwandt mit ähnlich lautenden Worten, die den Schutz durch den Körper der Mutter ausdrücken, wie zum Beispiel *cunicle* (»Loch«), *cunc-*

tipotent (»allmächtig«), *cunnus* (»Vagina«, englisch *cunt*) und Kunti, die Große Göttin der Veden. Die Anrede der römischen Himmelskönigin als Beschützerin der Kleinkinder war *Cunina*.[3]

[1] Guthrie, 161
[2] Miles, 107
[3] Dames, 110–114

8
RITUALE

Agape
Anathema
Beschneidung
Beschwörung
Eucharistie
Exorzismus
Fasten
Gottesgericht
Händefassen
Halloween – Allerheiligen
Hieros Gamos
Hokuspokus
Karneval
Kuß
Lammas
Lichtmeß
Muttertag
Neujahr
Rituelle Flechtmuster
Rosenkranz
Sabbat
Segen
Sommersonnwende
Tanz
Taufe
Tingeltangel
Vigil
Walpurgisnacht
Wöchnerinnengottesdienst
Yab-Yum

Wenn man sich geweihten Objekten oder Symbolen gegenüber in einer genau bestimmten Weise verhält, so ist dies ein ritualistisches Verhalten. Ein Ritual enthält nur selten ein besonderes Symbol, weil es in sich selbst als Handlung oder als eine Reihe von Handlungen ein Symbol ist. Rituale können von einer einzelnen Person vollzogen werden oder von einer oder mehr Personen, die von anderen beobachtet werden, von einer ganzen Gruppe oder irgendeiner Kombination dieser Möglichkeiten. Ein komplexes Ritual enthält vielleicht alle drei Typen.

Ein Grundmerkmal des Rituals besteht darin, daß es nur innerhalb seines eigenen kulturellen Kontextes verstanden werden kann. Weihevolle Gesten, Reden, Gewänder oder Haltungen vermitteln dem uninformierten Beobachter nur wenig Bedeutungsinhalte, es sei denn, er hat es mit sehr naturnahen Pantomimen zu tun. Die Teilnehmer eines Rituals müssen jedoch im vorhinein wissen, worum sich das Ganze dreht.

Zum Beispiel könnte jemand, der niemals mit dem Christentum zu tun hatte, angesichts des emporgehobenen Kommunionskelches kaum verstehen, was dieser Kelch für Christen bedeutet. Die Geste an und für sich gibt keinen Hinweis; sie ist bedeutungslos. Dementsprechend werden auch weiße Beobachter eines indianischen Regentanzes die Bedeutung des Tanzes nicht erraten, wenn sie ihnen nicht mitgeteilt wird. Menschen erwarten von ihren Nachbarn und ihren Gottheiten, daß sie wissen, weshalb und wofür das Ritual vollzogen wird; aber Außenstehende können nur Handlungen ohne einen erkennbaren Zweck wahrnehmen, so eindrucksvoll oder dramatisch diese Handlungen auch sein mögen.

Insofern kann man also behaupten, daß der entscheidende Bestandteil des Rituals die geistige Haltung der Teilnehmer ist. Weshalb sollte der Ehestand von den Worten abhängen, die von einem Pfarrer ausgesprochen werden? Weshalb sollten die Toten durch bestimmte Gesten, die man über ihnen vollzieht, »in den Himmel aufgenommen werden«, im anderen Fall aber der Verdammnis anheimfallen? Warum sollte das Kreuzzeichen einen solchen Schutz darstellen? Verhalten dieser Art scheint zwecklos, aber im Kontext der jeweiligen Kultur hat es einen bestimmten Sinn.

Deshalb ist das Ritual in derselben Weise ein symbolisches Verhalten, wie auch die Buchstaben des Alphabets Symbole sind. Geschriebene Wörter sind unverständlich für einen Menschen, der niemals in der Kunst des Schreibens unterrichtet wurde. Aber auch bei Ritualen muß ihr Sinn erklärt werden. Für alle Rituale, die hier zusammengestellt wurden, gibt es eine unübliche und interessante Erklärung.

Die meisten religiösen Rituale, die heute vollzogen werden, kamen von außerhalb des jüdisch-christlichen Kontextes und wurden synkretistisch einverleibt. Viele davon waren schon zur Zeit des römischen Imperiums seit Jahrtausenden »alte Traditionen«. Indem man niederkniete oder sich zu Boden warf, wollte man in früheren Zeiten einen engeren Kontakt mit der Mutter Erde herstellen. Denselben Zweck hatte auch das Barfußgehen an heiligen Orten, wie Jahwe es dem Moses befahl (Exodus, 3,5). Die Römer hatten vier »heilige Feierlichkeiten«: Das Opfer, die Kommunionsmähler, die öffentlichen Feste und die Spiele *(ludi)*, zu denen auch Sakraldramen und Maskenprozessionen gehörten. Das Verspritzen von Blut, das Entzünden von Fackeln und das Entzünden von Weihrauch waren Reinigungsrituale. [1]Viele Ritualwerkzeuge, die heute als christlich betrachtet werden, waren heidnischen Ursprungs wie etwa Taufwasser, Kerzen, Weihrauch, Blumenopfer, Priestergewänder, Gesänge, Brot-und-Wein-Sakramente, Reliquien, Glocken, Bilder, Fahnen, jahreszeitliche Dekorationen wie Stechpalmenzweige und Efeu wie auch der Altar selbst.

Man sollte wirklich versuchen, die rituellen Bedeutungen von Gegenständen und Handlungen zu verstehen, die nicht aus dem vertrauten Umkreis unserer Kultur stammen. »So wenig ist getan worden, um die Analyse sowohl moderner wie auch primitiver Kulturen voranzutreiben, daß es noch immer kein gemeinsames Vokabular gibt. Sakramente ja, Magie nein; Tabus ja, Sünde nein! Als erstes sollten die stachligen verbalen Hecken niedergerissen werden, die in willkürlicher Weise ein Ensemble von menschlichen Erfahrungen (unseres) von einem anderen Ensemble (ihres) abgrenzen.«[2] Das Sakramentale und das Magische sind in Wirklichkeit ein und dasselbe, auch wenn die Anhänger von »akzeptierten« Ritualen versuchen, dies zu vertuschen.

Das Ritual könnte als wiederholte individuelle oder Gruppenhandlung oder als Reihe von Handlungen definiert werden, die keinen praktischen Zweck haben – außer der Erzeugung eines bestimmten Bewußtseinszustandes bei dem oder den Teilnehmern. Diese Definition beinhaltet keine metaphysische Erklärung: Es geht also nicht darum, einen unmittelbaren Einfluß auf die Natur auszuüben oder übernatürliche Wesen durch das Ritual zu einer bestimmten Art der Handlung zu zwingen oder zu überreden. Eine solche Erklärung wäre nur ein Ausdruck der Machtlosigkeit: »Die Kontrolle, die durch magische Rituale garantiert wird, ist notwendigerweise illusorisch. Denn durch Zaubersprüche können weder die Feldfrüchte wachsen noch Wunden verheilen.«[3] Trotzdem haben Menschen meist weniger in der Welt der objektiven Natur gelebt, als in ihrem eigenen Bewußtsein, und deshalb werden sie wahrscheinlich immer wieder Rituale erfinden und lieben.

[1] Spence, 338
[2] Douglas, 8
[3] Thomas, 647

Agape

Agape oder »Liebesfest« war ein Ritus der primitiven Christenheit, der von der heidnischen Sexualverehrung übernommen war. Ein anderes Wort für *agape* lautete *synesaktismos*, was heißt »Imitation des Shaktismus« in der Bedeutung von tantrischen Liebesmählern, bei denen es auch zu einem sexuellen Austausch von männlichen und weiblichen Flüssigkeiten und einem davon abgeleiteten Gefühl transzendenter Einheit kam, oder abgeleitet ist vom griechischen *syn-eis-agein* für »zusammen vollziehen«. Die frühen Kirchenväter haben diese Art religiöser Verehrung beschrieben und ihre Invektiven dagegen losgelassen.[1] Noch vor dem 7. Jahrhundert wurde die Agape zur Häresie erklärt und verboten.[2]

[1] Walker, The Woman's Encyclopedia of Myths and Secrets, 640
[2] Sadock / Kaplan / Freedman, 23

Anathema

»Er (oder sie) sei *anathema*!« lautete der rituelle Fluch der christlichen Kirche auf all jene, die exkommuniziert oder zum Teufel geschickt wurden. Die biblische Grundlage für diesen Fluch stand im 1. Korinther-Brief 16,22: »Wer den Herrn nicht liebt, sei verflucht! Mará-na tha!« Wie andere magische Beschwörungen und liturgisches Griechisch oder Lateinisch wurde dieser Ausdruck nur selten erklärt, sondern einfach übernommen.

Ursprünglich beinhaltete das griechische Wort *anathema* die doppelte Bedeutung von Fluch und Segen – ähnlich wie *tabu* und *sacer*: Mit diesen Worten wird etwas ausgedrückt, was zu religiösen Zwecken beiseitegestellt wird, und zwar insbesondere ein Gegenstand, eine Person oder ein Tier, das einer Gottheit rituell geopfert werden sollte. [1] Es scheint sich auf die Sakralopfer der kanaanitischen Todesgöttin Anatha oder Anath-Ma oder Mari-Anath bezogen zu haben, die jedes Jahr das »Sühnelamm« opferte – eine duale Gottheit, die in ihrer Todesphase Mot hieß und in der Auferstehungsphase Aleyin oder Baal. Deshalb war der »Fluch« von Anatha ein Todesfluch, obwohl das Ziel dieses Fluches ein heiliges Opfer war.

Das Anathema der mittelalterlichen Kirche hatte großes Gewicht, denn damals glaubten die Menschen, daß es sie automatisch in alle Ewigkeit zum Leiden in der Hölle verdamme. Aber als die Reformation Zweifel an diesem System anmeldete, gingen sogar gläubige Staatsoberhäupter darüber hinweg. Im Jahre 1570 beschwor Papst Pius V. das Anathema gegen Königin Elisabeth I. von England: »Aus der Fülle unserer apostolischen Macht erklären wir obengenannte Elisabeth zur Häretikerin und zur Helfershelferin von Häretikern, und wir erklären, daß sie … das Unheil der Exkommunikation auf sich geladen hat und von der Einheit des Körpers Christi abgeschnitten werden soll. Weiterhin erklären wir, daß sie ihres behaupteten Anspruchs auf das obengenannte Königtum und aller Lordschaft, Würde und jeglichen Privileges beraubt ist.«[2] Elisabeth achtete in keiner Weise auf dieses kirchliche Donnerwetter, und die Mehrheit ihrer Untertanen folgte ihrem Beispiel.

[1] Robertson, 36
[2] Dunham, 113

Beschneidung

Daß die Beschneidung schon seit sehr langer Zeit vollzogen wird, erweist sich daran, daß dabei ursprünglich Messer aus Feuerstein benutzt wurden. Die früheste bildliche Darstellung stammt aus der Zeit um 2300 v. Chr. Diesen Brauch muß es schon vor der Bronzezeit gegeben haben, und deshalb auch vor der Zeit der Anerkennung der patrilinearen Abstammung. Beschneidung und andere Arten der Penisverstümmelung begannen als offensichtliche Nachahmungen der weiblichen Menarche und wurden bei Jungen in demselben Alter vollzogen, in dem die Mädchen zum erstenmal »bluteten«. Bei manchen Völkern wurde sie sogar als »Menstruation der Männer« bezeichnet.[1] Bei den Massai werden gerade beschnittene Jungen noch immer als Frauen gekleidet. Auch im alten Ägypten steckte man Jungen während der Beschneidungsrituale in Frauenkleider.[2]

Die Beschneidung begann wahrscheinlich als weniger drastisches Überbleibsel früherer Kastrationen, die man für notwendig hielt, wenn Männer unter den Priesterinnen der Göttin religiöse Autorität beanspruchen wollten. Kastration, Frauenkleidung und weibliches Verhalten kennzeichnete viele frühe Priesterschaften wie etwa die der Kybele, der Omphale und der Mantes von Theben. Schließlich waren es sogar männliche Götter, die von der männlichen Bevölkerung forderten, als Ritual zum Eintritt in das Erwachsenenleben ein genitales Blutopfer darzubringen – aber eben nur symbolisch, als modifizierte Form.

Religiöse Kastration gab es dennoch auch in der jüdischen und christlichen Tradition. Die midraische Version der Noah-Geschichte besagt, daß Ham die Nacktheit seines Vaters nicht nur aufdeckte, sondern ihn auch kastrierte – wie in der Geschichte von Kronos und Uranus, die der Noah-Geschichte auch als Modell diente.[3]

Sakralkönige wurden oftmals von ihren Nachfolgern kastriert, und dies galt als Opfer, das dem Gott wohlgefiel. In den »Johannesakten« wird christlichen Konvertiten empfohlen, sich zu kastrieren: »Reinigt euer Herz und euren Bauch und schneidet ab, was darunter ist.«[4] Jesus sagte, daß jeder Mann, der es »annehmen« könne, sich »um des Königreiches Gottes willen« zum Eunuchen machen solle (Matthäus 19,12).

Kirchenväter wie Tertullian und Origenes erklärten, daß das Himmelreich den Eunuchen offensteht.[5] Bei den frühen Christen war die religiöse Kastration so verbreitet, daß der Kaiser Domitian sie für ungesetzlich erklärte, und das ist einer der Gründe, um derentwillen er heftig beschuldigt wurde, Christen verfolgt zu haben – als die Christen ihre Geschichte schrieben.[6]

Selbst dort, wo zeremonielle Kastration aufgegeben wurde, fand ihr symbolischer Vollzug bei männlichen Göttern Gefallen. Die Juden übernahmen sie von den Ägyptern und erklärten sie zum Zeichen ihres Paktes mit Jahwe. Daß diese Zeremonie dann vom Pubertätsalter ins Säuglingsalter verschoben wurde, wurde dem Moses zugeschrieben. Seine midianitische Gemahlin Zipporah wollte nicht, daß sie an ihrem Kind vollzogen wurden. Nachdem sie die Vorhaut des Kindes abgeschnitten hatte, warf sie sie Moses ins Gesicht und nannte ihn einen blutigen Gatten (Exodus 4,25). Aber aus dieser Geschichte geht hervor, daß die Vorhaut Jahwe als Ersatzopfer anstelle des ganzen Kindes dargebracht wurde, denn Jahwe forderte das Leben der Erstgeborenen, wenn sie nicht richtig freigekauft worden waren (Exodus 13,15). Der männliche Pubertätsritus hat sich bei den Juden erhalten, wurde aber unblutig und entwickelte sich zur Bar-Mitzwah-Feier. Spätere priesterliche Herausgeber der Bibel brachten ihr Beschneidungsritual in Zusammenhang mit einem mythischen Ereignis: die Geschichte, in der Abraham seinen Sohn Isaak opfern wollte (Genesis 17,10). Denn sie wollten nicht zugeben (oder hatten auch schon vergessen), daß dieses Ritual ursprünglich ägyptischer Herkunft war.

[1] Walker, The Woman's Encyclopedia of Myths and Secrets
[2] Crawley, Bd. 1, 319
[3] Cavendish, 104
[4] Barnstone, 417
[5] Briffault, Bd. 3, 372
[6] Boulding, 365

Beschwörung

Das englische Wort *incantation* für »Beschwörung« bedeutet wörtlich »Besingung«. Wenn man magische Beschwörungen äußerte und Geister aus der Unterwelt oder vom Himmel herabrief, so wurden diese Formeln üblicherweise gesungen. Dies geht auch aus dem Titel der römischen Priesterinnen hervor. Sie hießen *carmentes* oder »Sängerinnen heiliger Lieder« (von dem lateinischen Wort *carmen* für »heiliges Lied«). Sie hatten ihre eigene Göttin – Carmenta –, die als Mutter des Alphabets und deshalb auch der gesprochenen oder geschriebenen Zauberformeln galt. Auch das englische Wort *charm* für »Zauber« leitet sich von dem lateinischen Wort *carmen* ab (vermittelt durch das angelsächsische Wort *cyrm* für »Hymne«).[1]

Trachtenberg sagt, daß »die Geisterwelt einem anderen Prinzip gehorchte als die Welt der Menschen«, weil »alle Beschwörungen im Namen der Mutter« und nicht des Vaters ausgesprochen werden.[2] Die mandäischen Christen, die Griechen und Araber bauten ihre Beschwörungsformeln auf dem Namen der Mutter auf – ein Überbleibsel aus verschiedenen matriarchalen Traditionen. Deshalb waren Beschwörungen und Zaubersprüche immer mit Frauen assoziiert: Sie galten als die ursprünglichen Verwalterinnen der »Machtworte«.

[1] Potter / Sargent, 49
[2] Trachtenberg, 115

Eucharistie

»Im Anfang«, sagt das »Satapatha Brahmana«, »war das Opfer, das den Göttern am wohlgefälligsten war, der Mensch«; in späteren Zeiten wurde dann »ein Pferd anstelle des Menschen geopfert, dann ein Ochse, ein Schaf, eine Ziege, bis man schließlich zu der Erkenntnis kam, daß die Götter sich am meisten über Reis und Gerste als Opfergaben freuten.«[1] Manchen hinduistischen Gottheiten wird jedoch noch immer Blut geopfert; und dem christlichen Gott wird noch heute – zumindest symbolisch – das Fleisch und Blut seines eigenen Sohnes geopfert. Die katholische Lehre von der Transsubstantiation ist noch immer ein Glaubensartikel: Jenseits allen vernünftigen Wissens über die chemische und physikalische Wirklichkeit wird behauptet, daß das Brot und der Wein der Eucharistie ganz buchstäblich menschliches Fleisch und Blut seien.

Brot und Wein wurden zum Ersatz für das Fleisch und Blut von zahlreichen antiken Erlösergöttern wie Osiris, Adonis und Dionysos. Allerdings war damit nicht die Lehre von der Transsubstantiation verbunden – man glaubte nicht, daß dieses Fleisch und Blut einen realen Gehalt hatte. Cicero sagte, daß es eine stehende Redewendung sei, den Wein mit dem Namen des Gottes Bacchus zu bezeichnen; »aber«, so fragte er, »kann man sich vorstellen, daß irgendjemand so verrückt ist zu glauben, daß das Ding, das er sich einverleibt, tatsächlich ein Gott ist?« Aber dieser Glaube wurden den Christen während des ganzen Mittelalters abverlangt. Das einzige wirkliche Opfer dabei war jedoch Dürr zufolge »die Aufopferung der eigenen Vernunft«.[2] Ein großer Teil der protestantischen Reformation konzentrierte sich darauf, die Eucharistie als primitive Magie abzulehnen. Dennoch weist Douglas zurecht darauf hin, daß »Fundamentalisten, die in ihrer Haltung zur Eucharistie nicht magisch denken, in ihrer Haltung zur Bibel dann doch magisch werden.«[3] Wo immer eine Grenze zwischen Ritual und Magie gezogen wird, ist dies lediglich eine Frage semantischer Vorlieben von verschiedenen Gruppen.

[1] Robertson, 27
[2] Dürr, 306
[3] Douglas, 19

Exorzismus

Das römische Ritual des Exorzismus gehört sicher zu den dümmsten Überbleibseln eines noch immer existierenden mittelalterlichen Aberglaubens – auch wenn die Kirche es wohlweislich in staubige Abstellräume verlegt hat und es nur selten zuläßt. Trotzdem besagt die offizielle Lehrmeinung, daß Dämonen Menschen in Besitz nehmen können und daß bestimmte Priester für die Funktion des Exorzisten vorgesehen werden müssen. Dem Ritual zufolge wird der Exorzist ermahnt, keinen »abergläubischen Vorstellungen« nachzuhängen, aber in demselben Satz wird er auch angewiesen, jegliche »magischen Beschwörungen, Hexensymbole oder okkulten Dokumente« aufzuspüren, die die Besessenheit erzeugt haben könnten.

Interessanterweise ist das angebliche Zeichen dämonischer Besessenheit genau dasselbe, das der heilige Paulus als Zeichen göttlicher Besessenheit verstand: nämlich in Zungen zu sprechen. »Wenn die betreffende Person in unbekannten Sprachen« spricht oder sie versteht, so gilt dies als Hinweis auf dämonische Besessenheit. Die erste Sorge des Exorzisten ist auf die Sicherheit seiner eigenen Person gerichtet. Bei der Beschwörung wird Gott aufgefordert, über die Sünden des Exorzisten oder seiner Helfer hinwegzusehen, und die besessene Person »soll gefesselt werden, wenn die Gefahr gewaltsamen Verhaltens besteht.« Dem Dämon wird befohlen, niemandem »Schaden zuzufügen«. Aber da Dämonen durchwegs als ungehorsam, widerspenstig und abartig definiert werden, muß man sich fragen, wozu solche Befehle nützen sollen. Man erwartet auch von dem Dämon, daß er Fragen falsch beantwortet; trotzdem muß der Exorzist ihm alle möglichen Fragen stellen über seinen Namen und seine Vorfahren, über die Anzahl und die Namen seiner Genossen, so vorhanden, seine Gründe für die Heimsuchung der besessenen Person und »andere Fragen derselben Art«. Mit anderen Worten, die besessene Person wird ermutigt, sich bei der Erfindung von Antworten höchst kreativ zu zeigen.

Während einer langen Reihe von ermüdenden Anrufungen des Dämons oder mehrerer Dämonen, Gottes, der Engel und Erzengel, der Heiligen und fast aller Wesenheiten mit Ausnahme der besessenen Person selbst gebietet man dem eingedrungenen Geist, sich zu ergeben, wegzugehen, das Weite zu suchen, nachzugeben, abzulassen, zu flüchten, auszutreten (zweimal), sich zurückzuziehen (zweimal), hinauszustreben (viermal), seinen Abschied zu nehmen (sechsmal), zu weichen (siebenmal), damit man ihn entwurzeln, verjagen und *jetzt* sofort in die Flucht schlagen kann. Aber all diese Entlassungen sind von rhetorischen Fragen durchzogen, an denen sich zeigt, daß dieses dämonische Wesen eben noch immer nicht verschwunden ist. Warum bleibst du? Warum widersetzt du dich? Wie kannst du es wagen, dich zu sträuben? Alle vorangegangenen Befehle werden von der Anrufung der Mysterien der Fleischwerdung, der Passion, des Todes, der Auferstehung und Himmelfahrt unseres Herrn Jesus Christus verstärkt, ferner durch den Namen des Richters über Lebende und Tote; Unseren Schöpfer, Gott den Vater; Gott den Sohn; Gott den Heiligen Geist; den Glauben der heiligen Apostel; das Blut der Märtyrer; die Reinheit der Bekennenden; die fromme und heilige Fürsprache aller Heiligen; das Wort, das Fleisch geworden ist; und die Kraft der Mysterien des christlichen Glaubens, ganz zu schweigen von ausgewählten Cherubim und Seraphim, Kräften und Herrschaften im Himmel und noch vielen anderen Gestalten. Man sollte glauben, daß die Mobilmachung all dieser schweren Geschütze ihre Wirkung tut. So wird dem Dämon denn auch eröffnet: »Es ist für dich ein Ding der Unmöglichkeit, dich widersetzen zu wollen« und »Es ist dir nicht gewährt, den Gehorsam zu verweigern.« Und dennoch kann ein einziger kleiner Dämon allem Anschein nach diesem Aufmarsch der Supermächte ganz leicht widerstehen. Immer und immer wieder muß ihm befohlen werden, daß er sein Opfer verlassen solle. Der Exorzismus scheint bestenfalls ein knirschendes Vehikel für Gottes Wirken zu sein. Das Ritual wird solange fortgesetzt, bis der Exorzist »Zeichen der Befreiung« sieht, die jedoch nicht weiter beschrieben werden. Statt dessen wird lediglich warnend darauf hingewiesen, daß Dämonen oftmals den trügerischen Anschein der Befreiung erwecken, so »als sei die dem Exorzismus unterworfene Person überhaupt nicht besessen«. Wie man dies von der wirklichen Befreiung unterscheiden kann, wird nicht erklärt. Allem Anschein nach ist das Ritual des Exorzismus zeitlich nicht begrenzt: es wird solange fortgesetzt, bis es allen Beteiligten zuviel geworden ist und/oder dem »Opfer«, das wohl ein hysterischer Selbstdarsteller ist, keine frevelhaften Aussprüche und Taten mehr einfallen. Und dann wird es für geheilt erklärt oder einer psychiatrischen Behandlung unterzogen, die wahrscheinlich zuallererst hätte stattfinden sollen.

Fasten

Wahrscheinlich haben Menschen durch Hungersnöte unfreiwillig entdeckt, daß Hunger Halluzinationen erzeugt, und seitdem ist das Fasten ein weitverbreitetes religiöses Ritual. Wie Träume wurden auch Halluzinationen immer als eine Art der Kommunikation mit dem Übernatürlichen betrachtet. Bei manchen amerikanischen Indianerstämmen galt es als selbstverständlich, daß junge Männer fasten mußten, bis sie Visionen sahen, in denen sich ihre persönlichen Schutzgeister zeigten. Auch mittelalterliche Heilige waren dem Fasten sehr zugetan, und dies erklärt zweifellos all die Engels- und Dämonenerscheinungen, von denen sie so oft heimgesucht wurden. Sowohl in der christlichen wie auch in der jüdischen Tradition wurde das Fasten als wichtiges Ritual empfohlen. In rabbinischen Quellen heißt es, daß »Gott alle Sünden eines jeden Menschen vergibt, der viermal im Jahr drei Tage und Nächte hintereinander fastet«.[1] Das war allerdings ein kleiner Preis für die vollständige Befreiung von aller Schuld. Die Moslems hielten aus ähnlichen Gründen den Fastenmonat Ramadan ein, und die Christen fasteten im Vorfrühling – ein Brauch, der noch aus vorchristlicher Zeit stammte. Die römischen Frauen hielten während der Kalenden des März eine Periode der Keuschheit und des Fastens ein, die auf die Matronalien oder das »Fest der Mutter« folgten. Es wurde in dem heiligen Hain zwischen den beiden Bergen Aventin und Palatin gefeiert und war für Männer verboten.[2] Dieses Frühlingsfasten wurde unter dem Namen des »Lenz« von der christlichen Kirche kopiert, wobei das Wort »Lenz« mit dem angelsächsischen Wort *leneth-monath* für die »Verlängerung« der Tage verwandt ist.

Rituelles Fasten konnte sowohl zum Zweck, einen Fluch oder einen Segen zu erwirken, angewendet werden, da der Akt an sich als Mittel zur Erlangung von magischen Kräften galt. Fasten, um einem Feind Schaden zuzufügen, wurde als »schwarzes Fasten« bezeichnet. In England wurde eine Frau namens Mabel Brigge im Jahre 1538 hingerichtet, weil sie ein schwarzes Fasten gegen Heinrich VII. und den Herzog von Norfolk durchgeführt hatte. Der Bischof von Durham hat das schwarze Fasten im Jahr 1577 offiziell verboten.[3]

[1] Trachtenberg, 157
[2] Larousse, 204
[3] Thomas, 512–513

Gottesgericht

Das Ritual des Gottesgerichts war eine primitive Methode, um Streitfragen zu lösen oder die Schuld und Unschuld einer Person zu beweisen, die eines Verbrechens angeklagt worden war. Das Gottesgericht wurde bereits im vorchristlichen Europa häufig praktiziert und kommt bis zum heutigen Tag noch in Teilen von Afrika, dem Südpazifik und Südostasien vor. Es besteht aus einer gefährlichen Handlung: Die beschuldigten Personen schlucken Gift, legen die Hand ins Feuer, gehen auf heißglühenden Kohlen oder vollziehen irgendeine andere riskante oder anstrengende Tat. Wenn sie überleben und vielleicht sogar den Eindruck erwecken, daß ihnen das Ganze nichts ausgemacht hat, gilt es als erwiesen, daß die Götter ihre Sache begünstigt haben.

Solche Gerichtsverhandlungen wurden noch bis ins 13. Jahrhundert unter den Auspizien der Kirche durchgeführt. Der Klerus übernahm den heidnischen Brauch und bezog aus der Inszenierung der Gottesgerichte einen großen Teil der kirchlichen Einkünfte: Sie wurden innerhalb oder in der Nähe eines Kirchengebäudes abgehalten, wo man die Gefäße und sonstigen Werkzeuge für diesen Vorgang aufbewahrte. Durch das Vierte Lateran-Konzil vom Jahre 1215 wurde die Teilnahme von Priestern an den Gottesgerichten schließlich beendet, und dies führte dazu, daß dieser Brauch überhaupt verschwand. Denn zu dieser Zeit waren die Menschen bereits der Meinung, daß die priesterliche Teilnahme notwendig sei und daß das Urteil vom christlichen Gott gesprochen werde.[1]

[1] Brasch, 174

Händefassen

Dies war auf den britischen Inseln das alte heidnische Eheritual; in Schottland blieb es bis zum Jahre 1939 in Kraft, also noch nach Lord Harwicks Gesetz von 1753, das in England Eheschließungen nur für gültig erklärte, wenn sie von einem Priester vollzogen worden waren. Vor diesem Gesetz wurden Zivilheiraten einfach durch das Paar selbst vollzogen, indem sich Bräutigam und Braut vor Zeugen ihre Hände reichten. Dies galt als hinreichende Legalisierung. Nach Lord Harwicks Gesetz wurde die schottische Grenzstadt Gretna Green zu einem Mekka für entflohene Paare, die sich dort die überkreuzten Hände zur legalen Eheschließung reichten.

Diese Geste ist wahrscheinlich aus einem alten indoeuropäischen Zeichen für die Vereinigung des Männlichen und Weiblichen entstanden – dem Unendlichkeitszeichen, dessen Doppelkreise den männlichen Sonnenzyklus und den weiblichen Mondzyklus darstellten. Die Linie, die durch die Verbindung der beiden rechten Hände der Partner entsteht, wurde immer als solare oder männliche Seite betrachtet, während die der beiden linken Hände als lunar und weiblich galt. Insofern bestand die Eheschließung darin, daß die beiden rechten Hände wie bei einem normalen Händedruck zur Begrüßung verbunden wurden, dann aber auch die beiden linken Hände, so daß sich die Achterschleife der »Unendlichkeit« oder Vollkommenheit ergab.

Interessanterweise hat die patriarchale Gesellschaft nur die rechtshändige Verbindung als Zeichen der Zustimmung, Zuneigung oder Begrüßung behalten. Der Gebrauch der »weiblichen« linken Hände wurde fallengelassen – abgesehen von einem einzigen Anlaß: Er diente zur Formalisierung der morganatischen Heirat, die auch »Heirat der linken Hand« hieß. Diese Art der Eheschließung, bei der man sich nur die linken Hände reichte, wurde vom deutschen Adel erfunden: Sie sollte hochstehenden Männern gestatten, ihre Konkubinen aus niederen Klassen zu ehelichen, um offen mit ihnen leben zu können, nachdem sie sich durch diese Art von Heirat gesetzlich gegen jedwede Rechte oder Ansprüche von seiten der Gattin oder der Kinder auf Erbschaft,

Besitz oder Familienname absichern konnten. Der einzige wirkliche Zweck bestand darin, »einen Schutzschild um einen Mann zu breiten, der sich unerlaubten Beziehungen hingab.«[1]

Aber noch immer war die Verbindung der beiden Hände in Europa ein vollkommen legaler Heiratsbrauch – unabhängig davon, ob man sich nun um den Segen der Kirche bemühte oder nicht. Natürlich empfahlen die Geistlichen, daß die frisch Verheirateten nach dieser Zeremonie und der Unterzeichnung des Ehevertrages so bald wie möglich die kirchliche Zeremonie absolvierten. Aber die Ehe war von seiten der Kirche viele Jahrhunderte lang ignoriert worden; sie unterlag dem Zivilrecht, nicht dem kanonischen Recht, und deshalb war es schwierig, die kirchlichen Eheschließungsgesetze in die Praxis umzusetzen.[2] In der Schweiz konnte ein Paar zwischen dem 16. und 18. Jahrhundert legal heiraten, indem es einfach nur in der Öffentlichkeit aus einem gemeinsamen Becher trank.[3] Die heute so gebräuchliche weltliche Geste, bei der man durch den jeweils linken Ellbogen unterhakt und mit der linken Hand das Glas hält, aus dem man trinkt, leitet sich ebenfalls vom Unendlichkeitszeichen der sexuellen Vereinigung her.

Wie viele andere Überbleibsel des Heidentums hat sich die Geste der überkreuzten Hände in Kinderspielen und traditionellen Volkstänzen erhalten. Auf dem europäischen Festland verschränken Paare beim Tanzen die Hände und wirbeln – so verbunden – um den gemeinsamen Mittelpunkt.

[1] Gage, 375
[2] Walker, The Woman's Encyclopedia of Myths and Secrets, 585–597
[3] Crawley, Bd. 2, 124–128

Halloween – Allerheiligen

Die englischen Halloween-Rituale sind Überbleibsel des heidnischen Mondfestes *All-Hallows-Eve* oder »Aller-Heiligen-Abend«, das dann unter dem Namen »Allerheiligen« im christlichen Sonnenkalender auf den Tag verlegt wurde. Dieses Fest war in den alten Bräuchen das Fest der Toten, das im Keltischen *samhain* oder »Saman-Nachtwache« hieß. Wahrscheinlich war es das wichtigste der vier Jahresfeste, die in der Mitte zwischen den Sonnwendtagen und den Tag- und Nachtgleichen lagen. Zu dieser Zeit öffnete sich die »Spalte zwischen den Welten«, so daß die Geister passieren konnten. So war es den Geistern der toten Ahnen möglich, die Erde zu besuchen, sich ihren Nachkommen beim Fest zuzugesellen, sich nekromantischen Befragungen zu stellen und Wahrzeichen zu spenden. In Irland glaubte man, daß sich alle *sidh* oder »Feenhügel« bzw. Grabhügel zu dieser Gelegenheit öffneten. Im Volk herrschte die Überzeugung, daß es unmöglich war, die Feen an Halloween unter der Erde zu halten. Da diese Feen heidnische Geister waren, lag es für die Kirche naturgemäß klar zutage, daß an Halloween die Dämonen unterwegs waren, weil sie von Hexen beschworen worden waren. So bezeichnete man üblicherweise die alten heidnischen Priesterinnen, deren Aufgabe es war, mit den Toten zu kommunizieren.[1] Die englischen Halloweenbräuche entstanden aus dem Glauben, daß die Toten der Familie während ihrer zeitweiligen Rückkehr aus dem Jenseits den Kindern Geschenke oder Süßigkeiten brächten. Geschenke, Speisen und Süßigkeiten waren die normale Methode, um die Aufmerksamkeit der Kinder auf religiöse Feste zu lenken, wie man noch immer an unseren heutigen Weihnachts- und Osterbräuchen sieht. Deshalb wurden »die toten Verwandten zu den guten Feen der Kleinen«.[2] Schwarze Katzen, Eulen, Fledermäuse und Hexenbesen waren die Geister und Werkzeuge, die üblicherweise mit Hexen assoziiert wurden. Beim Totenfest behielten sie ihre dominante Position, obwohl die Kirche versuchte, dieses Fest zu Ehren ihrer kanonisierten Heiligen zu vereinnahmen.

[1] Joyce, Bd. 1, 265
[2] Miles, 192

Hieros Gamos

Hieros gamos ist der griechische Ausdruck für »heilige Hochzeit«. In der gesamten Welt der Antike war dies die wichtigste Zeremonie bei der Ernennung eines Königs. Kein Mann durfte die Königsherrschaft ausüben, wenn er nicht als Gemahl der Göttin (die die Erde symbolisierte) anerkannt worden war, was durch ihre sterbliche Inkarnation, die Königin, geschah.[1] Bei den irischen und walisischen Kelten heirateten die Könige die Göttin des Landes.[2] »Die leitenden Männer, aus denen der Ältestenrat eines Stammes bestand, dienten einer Göttlichen Frau oder Königin als verwaltende Körperschaft, während sie die Große Mutter personifizierte und den Vorsitz über eine matrilineare Gesellschaft führte. Der frühe König

Hieros Gamos: Vier der Stäbe im Tarotdeck von Barbara Walker

herrschte in solchen Kulturen nicht durch eigene Kraft, sondern als Begleiter der Göttlichen Frau.«[3] In Afrika wurde bei der Inauguration eines Bahima-Stammeshäuptlings die rituelle Vereinigung mit der Göttin Imama vollzogen.[4]

Die Könige behielten ihr Amt nur selten das ganze Leben lang. Sie wurden oftmals ersetzt, weil man glaubte, daß die Göttin einer ständigen Neubelebung in Form von neuen Liebhabern bedurfte: Darin liegt der Grund für die vielen Ehemänner von heidnischen Königingestalten wie Mab, Theodelinde, Hermtrude und anderen. »Sakralköniginnen hatten gewöhnlich zwei Ehemänner, wie aus einer Inschrift des Urukagina von Lagasch hervorgeht. Nach Ablauf eines Jahres wurde der Sakralkönig geopfert, und an seiner Stelle wurde ein neuer König gewählt, um die matrilineare Erbfolge zu erhalten.«[5] Erst nachdem die Könige die Vorstellung entwickelten, daß an ihrer Stelle ein Ersatzopfer dargebracht werden konnte, begannen sie sich an ihre gottähnliche Position auf Erden zu klammern, so daß auch der *hieros gamos* mit der Königin zu einer dauerhafteren Bindung wurde.

Noch bis in die Anfangszeit des Christentums bewahrte die soziale Stellung der Ehefrau in Europa eine sakramentale Bedeutung, die im Orient noch fast bis in die Gegenwart andauerte. Im 3. Jahrhundert v. Chr. wurde im Iran die Dynastie der Parther durch den Perser Ardaschir, den Gründer des Sassanidenreiches, entmachtet. Sein Erfolg wurde der Tatsache zugeschrieben, daß er »den königlichen Ruhm für sich« hatte, und zwar in Gestalt der Lieblingsfrau des letzten Schahs, die als Personifikation der Göttin galt. Jan Coen, der erste Generalgouverneur der East India Company, war einer verbreiteten Meinung zufolge von Sakender dem Kaufmann, einer Inkarnation des vergöttlichten Alexanders des Großen, mit der Prinzessin von Pajajaran, einer Inkarnation der Göttin Durga, gezeugt worden. Durch die Abstammung von dem Sagenhelden und der »Göttin, die die Königsherrschaft verkörpert«, wurde Coen als Erbe Indiens ausgewiesen.[6]

Heilige Hochzeiten beinhalteten gewöhnlich die Apotheose für den Bräutigam. Der griechische Schriftsteller Zezes sagte, daß alle Könige einstmals Zeus hießen. Agamemnon von Mykene wurde auch »Zeus in Lakonien« genannt. Der Tod des Agamemnon erscheint in neuem Licht, wenn man die Bemerkung des Makrobios mit einbezieht, daß »geweihte Männer« namens Zeus »den Göttern als Opfer dargebracht wurden. … Es heißt, daß sie durch Zeus erschlagen oder verwandelt wurden.«[7] Das heißt also, daß der Himmlische Vater sich auf Erden inkarnierte, um dann auf eigenen Befehl getötet zu werden, wie es in der bekannteren Geschichte von Jesus als Sakralkönig der Juden und Bräutigam von Zion geschieht.

Die Vorstellung, daß die Hochzeit mit der Königin eine notwendige Voraussetzung für männliche Herrschaft sei, entwickelte sich ganz natürlich in einer Zeit, als Frauen noch Eigentümerinnen von Feldern und Häusern waren und Männer nur durch Heirat zur Verwaltung von Eigentum gelangen konnten. Selbst bei nomadischen Wüstenbewohnern gehörten die Zelte den Frauen. Die vorislamischen arabischen Frauen zeigten durch die Ausrichtung ihrer Zelte an, ob sie einen Mann akzeptierten. Wenn eine Ehefrau das Zelt umdrehte, so daß die Öffnung nach Westen zeigte, so hieß das, daß ihr Ehemann entlassen war und das Zelt nicht mehr betreten durfte.[8] In der Bibelgeschichte von Noah, der »unbedeckt in seinem Zelt« lag, besagt der ursprüngliche Wortlaut, daß er »in *ihrem* Zelt« lag: Das Zelt gehörte Noahs Ehefrau.[9] Die *huppah* (das »Zelt«) taucht noch immer als Baldachin bei jüdischen Hochzeitszeremonien auf, weil diese Zeremonie die formelle Erlaubnis für den Mann darstellte, das Zelt seiner Gattin zu betreten. Die ägyptische Entsprechung war die *senti*, ein Baldachin, unter dem zeitgleich die Hochzeit und Krönung eines Pharao gefeiert wurde. Auch im alten Israel wurden Könige gleichzeitig verehelicht und gekrönt, da sie von den königlichen Frauen erwählt worden waren, die die Zeremonie vollzogen. Salomon wurde von seiner Mutter am Tag seiner Hochzeit gekrönt (Hohelied des Salomon 3,11). Auch die Hochzeit des Abraham war wohl ein *hieros gamos*, denn der Name seiner Gattin Sarah bedeutet »die Königin«.

[1] Walker, The Woman's Encyclopedia of Myths and Secrets, 501–508
[2] Green, 73
[3] Perry, 10
[4] Frankfort, 125
[5] Beltz, 10–11
[6] Cavendish, 77, 127
[7] Perry, 159–161
[8] de Riencourt, 187
[9] Cavendish, 104

Hokuspokus

Der Ausdruck Hokuspokus entstand aus der Gewohnheit magischer Scharlatane, ihre Nonsense-Lieder mit Brocken von Kirchenlatein zu würzen: Es war eine Verballhornung des

Satzes *hoc est corpus meum* oder »Dies ist mein Leib« aus dem Text der Wandlung. Ein Singsang dieser Art wurde üblicherweise von priesterlichen Gesten und feierlichen Posen begleitet, um das Publikum zu beeindrucken. Und so wurde *hokuspokus* zu einem allgemeinen Ausdruck für ritualistisches Gehabe ohne irgendeine bestimmte Symbolik: ein Ritual, das um seiner selbst willen vollzogen wurde, um den Beobachter in Ehrfurcht zu versetzen, ihn jedoch nicht zu erleuchten. Zauberer aller Arten entdeckten mit untrüglicher Sicherheit, daß die Durchschnittsmenschen auf diese Verwendung des Rituals ebenso intensiv reagierten wie auf jede andere Art.

Karneval

Was heute in den meisten europäischen Ländern ein fester Bestandteil des Frühlingsrituals ist, leitet sich auf Umwegen von einer der ältesten Göttinnengestalten der alten Römer ab: Es war Carna, die Mutter allen Fleisches (lateinisch *carne*, Genitiv *carnis*). Sie wurde jedes Jahr mit Nahrungsmitteln milde gestimmt, damit sie weiterhin das menschliche Fleisch, vor allem Herz, Leber und andere lebenswichtige Organe mit ihrer Zuwendung segne. In klassischen Zeiten verwaltete sie die Eingeweide, aber ihr Einfluß war größer, als sie die Göttin der gesamten Ernährung und der wundersamen inneren Verwandlung von totem Fleisch in lebende menschliche Körper war.[1]

Das jährliche Fest des Karneval wurde in den christlichen Ländern zu einem Abschied vom Fleisch (»*Carne, vale!*« oder »Fleisch, lebe wohl!«). Die alten Rituale der Carna wurden an den Anfang des Frühlingsfastens gesetzt und mit einer Freßorgie hervorgehoben, bevor die magere Zeit einsetzte. Viele heidnische Rituale, Dramen, Spiele, Prozessionsfiguren, symbolische Dekorationen und Vergnügungen wurden mit dem Karneval verbunden: Masken, Vermummte, Schwerttänzer, das Rad des Glücks (oder Schicksals), Liebesamulette, Faschingskönige und Tieropfer. Es wird von einem portugiesischen Karnevalsstück aus dem Jahre 1932 berichtet, in dem der alte Ritus der Scheingeburt nach der Art vorchristlicher Priesterschaften von Männern gespielt wurde. Einer von ihnen wurde als werdende Mutter gekleidet, stellte pantomimisch die Geburtswehen dar und brachte dann eine Babypuppe aus Zelluloid zur Welt.[2]

[1] Dumézil, Archaic Roman Religion, Bd. 2, 386–387
[2] Pegg, 109

Kuß

Der Ursprung des Küssens scheint in Südostasien zu liegen, denn der Sanskritausdruck *cusati* für »er saugt« ist mit dem deutschen Wort Kuß verwandt und bezieht sich auf die Gewohnheit von Müttern, Nahrung vorzukauen und ihren Säuglingen von Mund zu Mund einzuflößen. Das Küssen zwischen Erwachsenen entwickelte sich mit der tantrischen Vorstellung, daß Männer die weiblichen Säfte brauchten, um ihre Lebenskraft zu erhalten. In der chinesischen Version, dem Tao, wird der weibliche Speichel als »großes Heilmittel« bezeichnet und den zwei anderen göttlichen Yin-Säften, der Muttermilch und dem Menstruationsblut, gleichgestellt.[1] Die Heilkraft des weiblichen Speichels wird auch auf einer assyrischen Tontafel erwähnt:

Augenkrankheiten konnten durch den Speichel und die Milch einer Tempelhure geheilt werden. Sowohl Mohammed wie auch Jesus kopierten diese weibliche Magie, indem sie Blinde mit Speichel heilten (Markus, 8,23). Die heidnischen Helden Europas haben es auch manchmal getan, und deshalb mußten die Kirchenväter zu der Behauptung gelangen, daß dies eine besondere Begabung des Antichristen sei. Die heidnischen Römer glaubten, daß Blindheit durch den Speichel einer Mutter von Söhnen geheilt werden könnte – und diese Vorstellung herrschte noch im 19. Jahrhundert bei italienischen Bauern.[2]

Die Frühchristen praktizierten den »Friedenskuß« zwischen Männern, hielten aber noch immer an der weiblichen Symbolik fest: Sie behaupteten, daß Männer sich gegenseitig durch das Küssen (spirituell) befruchten könnten: »Denn durch einen Kuß empfangen und gebären die Vollkommenen … Durch die Gnade, die in dem jeweiligen Partner wohnt, werden wir der Empfängnis teilhaftig.«[3]

[1] Rawson, Erotic Art of the East, 234
[2] Gifford, 63, 120
[3] Robinson, 135

Lammas

Lammas bedeutet »Fest des Brotes« (das angelsächsische Wort dafür lautet *hlaf-mass* oder »Brot-Messe«). Dies war der christliche Name des heidnischen keltischen Festes Lugnasad (»Spiele des Lug«).[1] Lug war der Getreide-Gott, der geopfert wurde und wiederauferstand, um die Erntemutter zu Beginn des Erntemonats August zu verehren (das Wort »August« ist von der römischen Erntegöttin Juno Augusta abgeleitet). Eines der »Spiele«, die in Tailteann abgehalten wurden, war die Eheschließung auf Zeit, die nur für die Dauer eines Jahres und eines Tages gedacht war – danach konnten sich die Ehepartner trennen und ihrer Wege gehen.[2]

In Irland wurden besondere »Lammas-Türme« gebaut, und Lammas-Tänzer zogen ihre Kreise um eine weibliche Statue, die die Erntemutter darstellte. Weil der August der lebenspendenden Göttin in besonderer Weise geweiht war, waren die Schotten der Meinung, daß dies ein günstiger Monat für die Geburt sei. Der August verlieh begabte Kinder. Wenn ein Schotte sagte, daß jemand im August geboren sei, so war damit nicht ein wirklicher Geburtstag gemeint; vielmehr galt dies als Kompliment für eine »gut ausgebildete Person«.[3] Als die Kirche das Lammas-Fest übernahm, wurde es der Erinnerung an die Kerkerhaft des heiligen Petrus gewidmet.[4]

[1] Joyce, Bd. 2, 439
[2] Pepper / Wilcock, 273
[3] Dames, 164–165
[4] G. Jobes, Bd. 2, 968

Lichtmeß

Der alte Name von Lichtmeß war Imbolg. Dies ist das altirische Wort für »um den Bauch herum«: Gemeint ist damit der Erdboden als Schoß der Mutter Erde. Dabei wurden rituelle Umzüge für die Feldfrüchte abgehalten und Feuer entzündet.[1] Nach dem heidnischen keltischen Kalender war das Fest Imbolg zu Beginn des Monats Februar der Frühlingsanfang. Es wurde als Tag der heiligen Brigitta christianisiert, nachdem Birgit selbst von der keltischen Großen Göttin zu einer angeblichen christlichen Heiligen gemacht worden war.[2]

Lichtmeß war auch mehreren anderen Verkörperungen der Großen Göttin geweiht. In Rom gehörte es zur Juno Februata als jungfräulicher Mutter des Mars. Christliche Autoren vermerkten, daß die Heiden ihr zu Ehren Kerzen abbrennen ließen. Papst Sergius machte es zum »Fest der Reinigung der Jungfrau«, »um diesen häßlichen Brauch zu zerstören«. Es sollte nicht mehr der Verehrung der Göttin gewidmet sein, sondern »in die Verehrung Gottes und unserer Madonna umgewandelt« werden.[3] Trotzdem blieb Lichtmeß ein besonderer Tag für die Frauen und die Göttin der Liebe, und nicht so sehr für die christliche Maria.[4] Die »Reinigung« Mariae sollte vonstatten gehen wie die jeder anderen Mutter auch: Vierzig Tage nach der Geburt mußte sie in der Kirche gereinigt werden. Manche Autoritäten wehrten sich gegen diese Erklärung von Mariae Lichtmeß, weil sie der Meinung waren, daß zwar alle Frauen normalerweise durch die Geburt rituell befleckt würden, Maria jedoch von diesem »Makel« frei geblieben sei. Trotzdem verkündete die Kirche schließlich, daß sogar Maria ihres reinigenden Beistandes bedürfe.

[1] Berger, 71
[2] Joyce, Bd. 2, 388
[3] Hazlitt, Bd. 1, 85–86
[4] de Lys, 127

Muttertag

Jahrhunderte, bevor der heute gültige amerikanische Muttertag von einer Frau aus Philadelphia im Jahre 1906 ins Leben gerufen wurde, hat die englische Bevölkerung die Mütter am vierten Sonntag des Lenz geehrt. *Mothering Sunday* wurde im Jahre 1644 als gängiger Brauch erwähnt.[1] Die Mütter erhielten *simnel-cakes* (von dem indoeuropäischen Wort *simila* für »feines Mehl« als Geschenk und wurden aufgefordert, ihre Kinder zu segnen. Der zeremonielle Besuch bei der Mutter hieß *going-a-mothering*.[2]

[1] Pegg, 29
[2] Brewster, 144

Neujahr

Im alten Rom gehörte zur Jahreswende immer das Karneval-Prinzip: Völlerei und Saufgelage und andere Sünden waren erlaubt, da ja der nächste Tag einen Neuanfang bringen würde. Man glaubte, daß sündhafte Gesetzesbrüche aus dem vergangenen Jahr vergeben seien, wenn man als Buße dafür den Schein-König erschlage. Das römische Neujahr fand in den Iden des März statt, also zu einer Zeit, die später als der Karneval des Vorfrühlings in die christliche Tradition einging. In anderen Gegenden wiederum wurde die Jahreswende um die Wintersonnenwende (das nordische Yul-Fest) gefeiert.

Die Geistlichen wehrten sich immer gegen die heidnischen Überbleibsel, die mit solchen Feiertagen verbunden waren. Der puritanische Autor Philip Stubbes verdammte im 16. Jahrhundert die Saufgelage zur Jahreswende. Er beschrieb die Wahl eines Schein-Königs, der dann als hoher Potentat gesalbt und bekleidet und als »Herr des schlechten Benehmens« ausgerufen wurde; er verdammte die farbenprächtigen Kostüme, die Steckenpferde, Drachen »und andere Scheusale«, die in öffentlichen Straßen zusammen mit »unflätigen Flötisten und donnernden Trommlern« auftraten.

Weil diese Menschen den ganzen Tag über feierten und »den Teufelstanz« vollzogen, nannte Stubbes sie »verkörperte Teufel«, irdische Furien und Höllenhunde.[1]

Auch die Bräuche im New York des 19. Jahrhunderts wurden mißbilligt, obwohl sie viel gemäßigter waren: Am Vorabend des neuen Jahres – Hagmenai genannt – stattete man sich Besuche ab. Gäste und Gastgeber blieben bis Mitternacht zusammen, küßten sich gegenseitig und wünschten einander ein glückliches neues Jahr. Ein Kleriker dieser Zeit schrieb, daß dieser Brauch die Gegenwart des Teufels im Haus anzeigt.[2]

Der Teufel, der unsere heutigen Neujahrsfeiern besucht und nach dem Fest oft noch seine Orgie unter den Verkehrstoten fortsetzt, kann genauer beschrieben werden: Es ist der Dämon Alkohol.

[1] Pegg, 86–87
[2] Hazlitt, Bd. 1, 296

Flechtmuster mit sieben Punkten

Flechtmuster mit acht Punkten

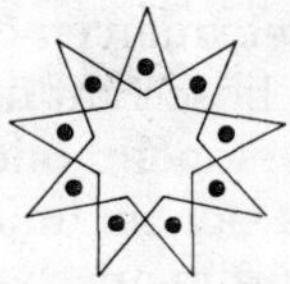

Flechtmuster mit neun Punkten

Flechtmuster mit zehn Punkten

Flechtmuster mit elf Punkten

Flechtmuster mit zwölf Punkten

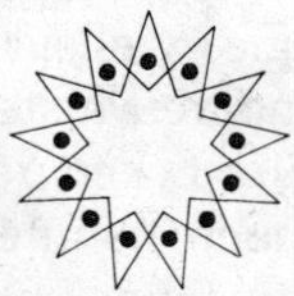

Flechtmuster mit dreizehn Punkten

Flechtmuster mit vierzehn Punkten

Rituelle Flechtmuster

Rituelle Flechtmuster wurden in den religiösen Zeremonien vorchristlicher Stämme von Druiden, Schamanen, Hexen, Zauberern, heidnischen Heilern und Sehern für Web-Zauber, Beschwörungen und magische Kreise verwendet, und in den Zeiten des Mittelalters von normalen Menschen zu Jahresfesten, Tänzen um den Maibaum und selbst in Kinderspielen. Solchen Flechtmustern liegt die Vorstellung zugrunde, daß die Linie nicht unterbrochen werden darf: Sie muß das Muster ohne Pausen und Brüche zeichnen. In dieser endlosen »torlosen« Linie vermutete man einen Schutzwall gegen böse Einflüsse, der den Personen oder Gegenständen, die sich im Inneren befanden, einen magischen Schutz verlieh und sie in symbolischer Kommunion zusammenhielt. Eines der einfachsten Beispiele für ein rituelles Flechtmuster ist das altbekannte Pentagramm: Es wurde überall dort auf den Boden gezeichnet, wo ein Hexer Schutz vor dämonischen Kräften benötigte, die er durch seine Magie vielleicht freisetzte. Auch andere Muster, die mehr als die fünf Ecken des Pentagramms besaßen, konnten in gleicher Weise aus einer ununterbrochenen Linie gebildet werden, und so konnte man alle möglichen Gegenstände, die in einen Kreis paßten, mit einem Sternenmuster umgeben: Pfeiler, Pfosten, Zapfen, Kerzen, Weihrauchgefäße, Bilder, aufgerichtete Schwerter, Felsen, Muscheln, Flacons, Fässer und stehende oder sitzende Personen. Die hier abgebildeten acht Diagramme zeigen den Aufbau eines Flechtmusters um Gruppen von sieben bis 14 Gegenständen oder Personen, die durch schwarze Punkte innerhalb der gezackten Außenlinien symbolisiert sind. Der Einfachheit halber kann der Leser sich vorstellen, daß diese schwarzen Punkte Menschen sind, die ins Zentrum des Kreises blicken und eine endlose Schnur um sich legen und diese Schnur vielleicht an einem Zacken hinter ihrem Rücken festmachen.

Die Diagramme mit sieben, neun, elf und 13 Punkten (wobei das letzte Muster den traditionellen Hexen-»Coven« darstellt) zeigen, daß jede ungerade Zahl ein fortlaufendes Muster ergibt, wenn die Linie hinter einem Punkt und vor dem nächsten gezogen wird. Wenn der gesamte Kreis auf diese Weise zweimal umrundet wird, so läuft die Linie zum Anfangspunkt zurück.

Bei den Diagrammen mit acht, zehn und 14 Punkten ist die Linie dann fortlaufend, wenn sie hinter einem Punkt und vor den beiden nächsten gezogen wird. In diesen Fällen sind drei volle Umläufe erforderlich, damit die Linie zu ihrem Anfangspunkt zurückkehrt.

Das Diagramm mit den zwölf Punkten ist anders: Die Linie kann nicht hinter einem Punkt und vor dem nächsten gezogen werden, da das Muster dann am sechsten Punkt zu Ende gehen würde und von neuem begonnen werden müßte. Aber die Linie kann auch nicht hinter einem und vor zwei Punkten gezogen werden, dann würde sie am vierten Punkt zu Ende gehen. Sie kann auch nicht hinter einem und vor drei Punkte gezogen werden, sonst würde sie am dritten Punkt zu Ende gehen. Die einzige Möglichkeit, um ein fortlaufendes Flechtmuster mit zwölf Zacken zu erhalten, besteht darin, daß man die Linie hinter einem und vor den nächsten vier Punkten zieht, wie man auf dem Diagramm sehen kann. Fünf Umläufe um den ganzen Kreis bringen die Linie wieder zum Anfangspunkt zurück. Moderne ritualistische Gruppen können die Flechtmuster mit etwas Phantasie auf verschiedenste Weise einsetzen. Im Freien kann das Muster mit Schnüren, Kreide oder eingeritzten Furchen gezeichnet werden. Es kann einen Pfad für den Rundgang im Kreis oder einen Tanz angeben, der von Mantrasingen begleitet ist, oder es kann einfach einen Kreis, der aus Pfosten oder Menschen besteht, umgeben. Im Innenraum kann das Muster mit einem Bindfaden gelegt werden, der mit Reißnägeln oder Gewichten an den Zacken auf dem Boden oder dem Teppich befestigt wird; der Bindfaden kann auch um den Körper der Teilnehmer gelegt werden, damit sie auf diese Weise als symbolische Einheit verbunden werden. Ähnliche Muster können auch aus den Armen der Teilnehmerinnen entstehen, wenn sie übereinander »geflochten« werden oder Schals und Seile halten, um ihre Reichweite zu verlängern. Beim Tanz kann sich der ganze Kreis wie ein Rad drehen. Eine Schnur, die für die Verflechtung verwendet wurde, kann später in Einzelteile zerschnitten werden, so daß sich alle Teilnehmerinnen ihre »Zacke« als Erinnerung mitnehmen können.

Rosenkranz

Zwar hat die Kirche gerne behauptet, daß der Rosenkranz vom heiligen Dominikus erfunden wurde, in Wirklichkeit aber war dies ein uraltes orientalisches Ritualwerkzeug für die unablässige Wiederholung immer wiederkehrender Gebete und Mantras. Eine frühe Form des Rosenkranzes gehörte zur Göttin Kali und hieß *japamala* oder »Rosenkranz«. Seit Beginn des christlichen Zeitalters, wenn nicht schon früher, wurden Rosenkränze in Arabien und Ägypten verwendet. Sie sollten im Jenseits Gerechtigkeit erzeugen, und zu diesem Zweck wurden magische Schutzformeln für Gottheiten und Seelen rezitiert. Dies geschah »millionenmal regelmäßig und unablässig«.[1]

Offenbar hat Jesus den Evangelien zufolge sogar die Verwendung von Rosenkränzen, Gebetsrädern und anderen Wiederholungshilfen verboten. Er sagte: »Wenn ihr betet, sollt ihr nicht plappern wie die Heiden, die meinen, sie werden nur erhört, wenn sie viele Worte machen.« (Matthäus, 6,7)

Da der Rosenkranz im Zusammenhang mit der Verehrung der Göttin entstanden ist, war er mehr mit dem weiblichen Prinzip verwandt. Und als die Christen ihn übernahmen, so geschah dies hauptsächlich in der Marien-Verehrung. In der Litanei von Loreto wird Maria »Königin des Allerheiligsten Rosenkranzes« genannt. Sie wurde sogar selbst mit dem Rosenkranz gleichgesetzt – als »Rosengirlande«, »Rosengarten«, »mystische Rose« und »Kranz aus Rosen«.[2]

Die christlichen Rosenkränze enthielten gewöhnlich Perlen in ganzzahligen Vielfachen von fünf und zehn – das waren die traditionellen Zahlen der Göttin. Die moslemischen Rosenkränze hatten 99 Perlen, und zwar wegen der 99 geheimen Namen Allahs, manchmal auch 33 Perlen, die in drei Gruppen zu je elf aufgeteilt wurden.[3]

[1] Book of the Dead, 567
[2] Wilkins, 42, 106
[3] Budge, Amulets and Talismans, 437

Sabbat

Sabbatbräuche waren viel älter als der biblische Gott, der sich am siebten Tag von seiner Schöpfungsarbeit ausruhte und auf diese Weise den Sabbat schuf. Wochen mit sieben Tagen gehen auf den Mondkalender zurück, und deshalb passen sie auch nicht mehr in die Monate unseres heutigen Sonnenkalenders. Die lunaren Sabbate wurden jeden siebten Tag von den Babyloniern und Assyrern eingehalten: Sie glaubten, daß es unheilvoll sei, irgend etwas während eines Mondwechsels zu tun. In Indien wurden die Feierlichkeiten des siebten Tages der Göttin Durga zugeschrieben. Ihre Schutzrituale für eine Wöchnerin und ihr neugeborenes Kind endeten nach sechs Tagen; der siebte Tag war der Ruhe gewidmet.[1]

Mehrere Götter des Mittleren Ostens hatten diese Idee bereits nachgeahmt, bevor sie dann auch von dem biblischen Jahwe übernommen wurde. Baal, Marduk, Ptah und Ahura Mazda ruhten alle am siebten Tag.

In bezug auf die Feste der Hexen scheint das Wort »Sabbat« eine falsche Bezeichnung zu sein, die aus einer Verwechslung mit dem jüdischen Sabbat – dem Tag des Saturn und nicht der Sonne – herrührt. Manche glauben, daß es sich von dem maurischen *zabat*, einer »Zeit der Kraft«, ableitet. Es könnte aber auch von den »Sabazien« herrühren: Das waren nächtliche Feste des Dionysos unter seinem phrygischen Namen Sabazios.[2] Der sogenannte Hexensabbat war jedoch keine »schwarze« oder pervertierte Parodie der christlichen Messe. Die Beweise für diese Theorie stammten nur aus den Folterkammern der Inquisition und wurden von den Hexenjägern selbst erfunden, um dann von den gefolterten Opfern bestätigt zu werden.

[1] Walker, The Woman's Encyclopedia of Myths and Secrets, 258
[2] Larousse, 160

Segen

Das alte englische Wort *bletsain* oder die noch frühere Form *bleodswean* für »Segen« (englisch *blessing*) hatte die Bedeutung einer Weihe, die durch Blut vollzogen wurde. So wurden zum Beispiel Altäre durch das Blut von Opfertieren oder Kriegsgefangenen geweiht.[1] Heute werden Altäre noch immer durch das Ausstreuen von Salz geweiht, das ein universeller magischer Ersatzstoff für Blut war, weil beide Stoffe ähnlich schmecken und mit dem mütterlichen Urmeer assoziiert wurden.

Wenn man die versammelte Gemeinde mit dem Blut geweihter Opfer bespritzte, so war dies in früherer Zeit eine normale Art des Segens. Anhänger von Kybele oder Mithra badeten im Blut von geweihten Stieren, um zu einem neuen Leben der Frömmigkeit wiedergeboren zu werden. Die frühen Christen betonten, daß sie im Blut des Lammes, nämlich Jesu Christi, gebadet seien. Mandäische christliche Sekten verehrten Johannes den Täufer als den wirklichen Erlöser im Gegensatz zu Jesus Christus, und zwar mit dem Argument, daß sein heiliges Blut die Mütter und Kinder von Jerusalem im Sinne eines Fruchtbarkeits- und Schutz-Zaubers »betaut« habe.[2] Tatsächlich taucht eine rituelle Segensformel dieser Art auch in den Evangelien auf, und zwar in Verbindung mit dem geopferten Jesus am Kreuz: »Sein Blut komme über uns und unsere Kinder!« (Matthäus 27,25). Dies war einer der unglückseligsten Sätze der biblischen Tradition, weil er von den europäischen Christen im Laufe ihrer gesamten Geschichte so interpretiert wurde, als ob die Juden damit freiwillig für sich und all ihre Nachkommen die Blutschuld am Tode Jesu Christi übernommen hätten. Aus diesem Grunde wurden Juden immer wieder als »Jesu Mörder« verfolgt, obwohl der Tod Jesu ja angeblich von Gott selbst befohlen worden war.

Heute wird bei der Segensgeste, die in den Kirchen vollzogen wird, überhaupt nichts verspritzt; aber die Hand bewegt sich in der Luft, als würde dies doch geschehen.

[1] Papper / Wilcock, 217
[2] Reinach, 77

Sommersonnwende

Das Fest der Sommersonnwende blieb ein wichtiger heidnischer Festtag, obwohl der Klerus mit aller Kraft versuchte, ihm eine neue Gestalt als Geburtstag Johannes des Täufers zu verleihen. Das führte lediglich dazu, daß der Tag des heiligen Johannes mit wilden Tänzen, Pferdeturnieren und allgemeiner Rüpelei assoziiert wurde. In heidnischen Zeiten waren die Sonnwenden und Tag-und-Nacht-Gleichen wichtige Feste, die an den Fortschritt der Wachstumssaison gebunden waren. Die Sommersonnwende war die entscheidende und irgendwie auch furchterregende Zeit, in der die Sonne ihren Wendepunkt erreichte und ihre Bahn langsam einem neuen Winter zuneigt. Deshalb war die Sommersonnwende immer auch ein Fest des Feuers: Freudenfeuer leuchteten die ganze Nacht, um die Sonnengottheit zu ermuntern, zur richtigen Zeit wieder zurückzukehren.[1]

[1] Frazer, The Golden Bough, 399, 720–721, 761

Tanz, dargeboten von Shiva

Tanz

Tanz war immer ein wichtiger Bestandteil aller religiösen Rituale. Sich wiederholende rhythmische Bewegung galt als notwendig, um den Augenblick der ekstatischen Vereinigung mit der Gottheit aufzubauen, ebenso wie rhythmische sexuelle Bewegungen den Orgasmus aufbauen; beides ist auf vielerlei Weise miteinander verbunden. Einer der Zwecke zeremoniellen Tanzes entsprach auch dem Zweck des zeremoniellen Sexualverkehrs: nämlich den Prozeß der kosmischen Schöpfung nachzuahmen und die Welt zu erneuern, indem man den Einfluß der göttlichen Kräfte stärkte, damit sie wieder empfangen, schwanger sein und gebären konnten. Die antiken Anhänger der Göttin schrieben die Urschöpfung des Universums ihrem magischen Tanz über den Wassern der »Großen Tiefe« (hebräisch *tehom*) zu. Mit rhythmischen Bewegungen organisierte sie die noch ungeformten Elemente und schuf geordnete Muster, die die Griechen als *diakosmos* oder »Ordnung der Göttin« bezeichneten. Selbst in der Bibel tritt sie in Erscheinung: als Geist, der sich auf der Oberfläche der Tiefe »bewegte« (tanzte), bevor Gott kam, um das Universum durch seine *Worte* entstehen zu lassen.

Die Göttin sprach nicht. Sie, die die Welt zur Geburt tanzte, entstammte uralten Zeiten, als die männliche Rolle bei der Fortpflanzung noch unbekannt war und nur Frauen die schöpferische Kraft zugute gehalten wurde. Viele primitive Menschen glaubten, daß Frauen das magische Mondblut in ihrem Schoß gerinnen lassen konnten, indem sie rhythmische Bewegungen vollzogen, die das Blut zur Koagulation brachten und einen Fötus bildeten. Deshalb gab – und gibt es noch heute – in den Tänzen von primitiven Frauen viele Hüft- und Bauchbewegungen als magischen Zauber, der Empfängnis erwirken soll.

Den Rhythmus des weiblichen Urtanzes hört jeder Fötus unaufhörlich in der Gebärmutter: Es ist der Rhythmus des Herzschlags, der fast jeder menschlichen Musik zugrunde liegt und dadurch fast automatisch die am meisten erfüllende Begleitung für den Tanz ist. In der tantrischen Tradition hieß dieser Rhythmus *Nada* oder »Kraft des Klanges« oder »Herzschlag des Absoluten«. Er manifestierte sich im menschlichen Herzschlag und war für den Yogi dann erfahrbar, wenn er »tief in sich selbst hineintauchte«.[1]

Die östlichen Mystiker sagten, daß das wahre Selbst, das mit der ewig tanzenden Gottheit identisch ist, in der »Höhle des Herzens« oder *chidambaram* zuhause ist. Dieser Begriff entspricht dem antiken ägyptischen *ab*, der »Herz-Seele«, die ägyptischen Vorstellungen zufolge die wichtigste unter den sieben Seelen des Menschen ist. Die *ab* war die Seele, die durch göttliches lebendiges Blut vom Herzen der eigenen Mutter verliehen worden war, das vor der Geburt in ihren Schoß herabgekommen war. Und diese *ab* war auch die Seele, die nach dem

Tod von der Mutter der Wahrheit, der Göttin Maat, auf der Waage gewogen wurde. In der Hieroglyphenschrift erschien die *ab* als kleine tanzende Figur. Und als Verbum bedeutet dieses Wort »tanzen«.[2]

So wurde in Ägypten zum erstenmal die Lehre formuliert, daß das »Blut des heiligen Herzens« lebenspendend ist; allerdings war es dort das Blut der Mutter, das die »Blutsbande« des Klans und der Familie erschuf, die dann durch die Generationen der weiblichen Linie weitergegeben wurden. Die Frauen feierten diese Vorstellung durch einen Tanz, bei dem sie Hände oder Arme ineinanderschlossen, um den Zusammenschluß ihrer Herzen zu einer gemeinsamen Herzseele zu symbolisieren. Sie glaubten, daß Tänzen dieser Art die Kraft innewohnte, die Empfängnis von Kindern zu ermöglichen.

Indiens vierarmige Göttin Maya-Kali war eine andere Version der tanzenden Schöpferin im weiblichen Herzen des Kosmos. Sie trug die Embleme der vier Elemente in ihren vier Händen und tanzte auf dem Körper ihres Geliebten Shiva, der in seiner »toten« Phase als Shava, der Leichnam, am Boden lag – ähnlich wie der ägyptische Gott Osiris, wenn er zum Ruhenden Herzen wurde.[3] Später begannen die Männer Shiva allein als welterhaltende Gottheit zu verehren, dessen Tanz die Rhythmen der immer weiter pulsierenden Existenz ausdrückte. Aber selbst die heute vertraute Gestalt des tanzenden Shiva war in einem Symbol seiner Göttin in der Form einer feurigen, hufeisenförmigen Yoni enthalten.

Die Abbildung zeigt einen typischen tanzenden Shiva. Jeder einzelne Teil des Bildes enthält eine symbolische Bedeutung. Eine der linken Hände hält die Flamme des spirituellen Lichts, das die Schleier der Illusion wegbrennt; die andere zeigt mit der »Elefanten«- oder »Lehr«-Geste auf den erhobenen linken Fuß, der »Befreiung« symbolisiert. Eine rechte Hand zeigt die Pose der »Zerstreuung von Angst«; die andere hält die Trommel, die die Rhythmen der Ewigkeit schlägt. Unter den Füßen liegt, statt Shiva selbst, im trägen Zustand seines Zyklus, der Zwerg »Vergeßlichkeit«, der die Erinnerung an vergangene Leben auslöscht, wie es auch bei dem mystischen Brunnen *Lethe* (griechisch »Vergessen«) der orphischen Sage der Fall war.[4]

Die Götter und Göttinnen, die durch den Tanz ihre Lehren offenbarten, waren nicht auf Asien oder das Heidentum beschränkt. Auch im gnostischen

Evangelium der »Johannesakte« tanzte Jesus und sagte zu seinen Jüngern: »Zum Universum gehört der Tänzer. Wer nicht tanzt, weiß nicht, was geschieht. Wenn ihr jetzt meinem Tanz folgt, so seht euch selbst in mir.«[5] Die frühchristlichen Kirchen fuhren mit dem liturgischen Tanz fort, den sie von ihren heidnischen Zeitgenossen übernahmen; aber eine neue Welle asketischen Denkens um das 6. oder 7. Jahrhundert verdammte den kirchlichen Tanz, weil er zu sinnlich sei und von den Frauen zu sehr genossen werde.

Und in der Folge wurde religiöser Tanz nur noch gezeigt auf halbchristianisierten Feiern und Karnevalsfesten, heimliche Überreste des »alten Glaubens«, und wurde dort in Mysterienspiele und Volksbräuche integriert, die der feindseligen Haltung des Klerus trotzten. Eines behaupteten die mittelalterlichen Hexenjäger immer von Hexen und Teufelsanbetern – daß sie tanzten!

[1] Zimmer, 205
[2] Budge, 44
[3] Book of the Dead, 410
[4] Campbell, The Mythic Image, 359
[5] Pagels, 74

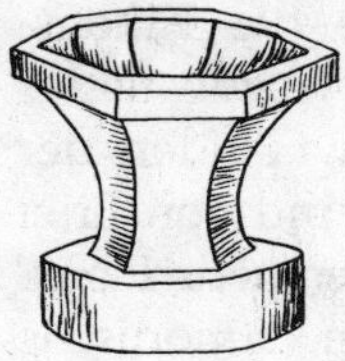

Taufbecken

Taufe

Taufrituale waren ursprünglich auf die Mutterschaft und das mütterliche Recht auf Namensverleihung fokussiert. Die Mütter sprachen die Namen ihrer Säuglinge aus und bespritzten sie dabei mit Milch aus ihren Brüsten. Im heidnischen Europa wurden selbst unbelebte Gegenstände mit Milch getauft, wenn ihnen Namen verliehen wurden. Es gibt eine Kirchenballade, in der ausdrücklich betont wird, daß das Christuskind *nicht* auf diese alte matristische Weise getauft wurde.[1] Taufen für Erwachsene drückten immer eine symbolische Rückkehr in den Schoß aus, um durch seine Wasser zu einer neuen Geburt zu kommen. Dabei wurde oft auch ein neuer zeremonieller Name verliehen. Bei den Ägyptern gab es viele dieser Taufprozeduren: Menschen wurden in heiliges Wasser getaucht, das durch schützende oder heilende Zauberformeln geweiht wurde, sie wurden damit bespritzt, bestrichen und gewaschen, und das alles wurde von den Frühchristen kopiert.[2]

Als die Kirche die Kindestaufe übernahm, wurde dieses Ritual sofort den Händen der Mütter entrissen und von Priestern übernommen. Nun hieß es, daß alle Kinder dämonische »Kinder der Finsternis« seien, weil sie im weiblichen Körper verweilt hatten und dadurch die Erbsünde auf sich geladen hatten. Und es hieß weiterhin, daß diese Dämonie nur durch die kirchliche Taufe ausgetrieben werden könne.[3] Anstatt daß man die Mutterschaft als Segen betrachtete, erklärte man den schwangeren Frauen, daß sie in ihrem Körper »den Feind Gottes, das Ziel seines Hasses und Fluches und das Heiligtum des Dämonen trügen«.[4] Die Kirchenmänner lehrten, daß alle Kinder, die ohne Taufe starben, auf immer und ewig in der Hölle leiden würden. Die griechische Kirche kopierte das Ritual der Seelenverleihung von brahmanischen Vätern: Sie bliesen dreimal in das Gesicht des Kindes, um den »Teufel auszutreiben«.[5] Und trotzdem wurden bestimmte heidnische Traditionen aufrechterhalten, die die christliche Verdammung ungetaufter Kinder ablehnten. Eine Ballade heidnischer Herkunft besagte, daß ungetaufte Kinder sofort in den Himmel gelangten »ganz nahe an das Knie unseres Erlösers« und unter lieblichen roten Rosen leben würden.[6] Andere sagten, daß solche Kinder im Jenseits von Frau Holda (Hel) oder Perchta, der Göttin selbst, versorgt würden.[7]

Die österreichischen Bauern vertrauten weiterhin der Magie der Hebammen mehr als der Magie der kirchlichen Taufe. Selbst während ein Priester die Taufzeremonie leitete, mußte die Hebamme die traditionellen »Lebensfäden«, nämlich weiße und rote Schnüre, in der Hand halten, wobei die schwarze Schnur des Todes bewußt abwesend war.[8] So spielte sie heimlich die Rolle von antiken Priesterinnen, die nicht nur als Hebammen fungierten, sondern auch die weibliche Dreieinigkeit zum Schutz der Kinder durch die Magie der Schnüre und Knoten anriefen (siehe Farben). Sogar die Bezeichnung »derer, die die Badezeremonie vollzogen hatten«, der *baptes*, war ursprünglich eine Anrede für Priester der thrakischen Göttin Kottyto, die die Person der göttlichen Greisin verkörperte.[9]

Das Taufwasser in der Kirche wurde den Pfarrkindern während der ganzen christlichen Ära für zahlreiche magische Zwecke verkauft. Es wurde auf krankes Vieh und Geflügel verspritzt. Es wurde auf Häuser gespritzt, um sie vor Sturmschäden zu bewahren. Es wurde als Fruchtbarkeitszauber und Schutz für Kinderwiegen verwendet. Es wurde als Trank gegen alle Arten von Krankheiten getrunken. Die Kirche ließ zu, daß ihr geweihtes Wasser für die seltsamsten abergläubischen Zwecke verwendet wurde, »vorausgesetzt, daß sie aus echtem christlichen Glauben vollzogen wurden«. Aber das war ja letztlich der Glaube, daß der Zauber wirken würde. Zweifel gab es selten. Der Glaube der Bevölkerung an die Wirksamkeit von Weihwasser war so groß, daß man es selbst verwendete, wenn man Feinde verfluchte und damit die Erlösung umkehrte, die das Wasser garantieren sollte.[10]

[1] Wimberly, 373
[2] Brier, 264
[3] Gifford, 51
[4] Warner, 57
[5] Spence, 152
[6] Wimberly, 409
[7] Miles, 242
[8] Dürr, 196
[9] G. Jobes, Bd. 1, 179
[10] Thomas, 30

Tingeltangel

Dieses farbenfrohe deutsche Wort meinte eine sexuelle Orgie. Körper, die um des »Prickelns« willen (englisch *tingle*) ineinander »verschlungen« sind (englisch *tangled*). Eine Variante dieses Ausdrucks tauchte Gerichtsprotokollen zufolge bei den schottischen Hexen auf. Eine der Frauen, die wegen Hexerei hingerichtet wurde, sang »ein fröhliches Lied« mit dem Titel *Tinkletum Tankletum*. Dies kann aber durchaus auch ein sinnloser Refrain gewesen sein, und wenn dieses Lied gesungen wurde, so muß das nicht heißen, daß sich die angeklagten Hexen einer Orgie hingaben. Im Gegenteil: Ihr Verhalten soll eher ziemlich ruhig gewesen sein.

Vigil

Die christliche Sitte, die Nacht in einer Kirche zu durchwachen, stammt aus einem heidnischen Brauch: Dort wurde derselbe Akt in einem Tempel vollzogen und als Inkubation bezeichnet. Manchmal mußten die Teilnehmerinnen dieses Rituals in Schlaf fallen, um auf diese Weise prophetische Träume zu empfangen. Zu anderen Gelegenheiten sollte die ganze Nacht durch gewacht werden, um auf diese Weise geheimnisvolle Visionen oder Vorzeichen zukünftiger Ereignisse zu erlangen.

Die christlichen Gemeinschaften des 16. Jahrhunderts glaubten an die visionäre Wirksamkeit von durchgehenden Nachtwachen zu bestimmten wichtigen Zeiten des Jahres und erlaubten, daß Frauen auf den Schwellen der Kirchentüren saßen, um in ihren Visionen der Personen ansichtig zu werden, die in den folgenden zwölf Monaten sterben würden. Die Sommersonnwende mit all ihren Überbleibseln der Göttin-Verehrung galt als besonders prophetische Zeit. John Aubrey schrieb, daß die Frauen »merkwürdige Geschichten darüber erzählen«. Im Jahre 1608 verurteilte der Erzdiakon von Nottingham eine Frau, »weil sie am Vorabend des Festes des heiligen Markus nächtlicherweise auf der Schwelle des Kirchentores saß, um durch teuflische Anzeigung den Tod einiger Nachbarn innerhalb eines Jahres vorherzusagen«.[1]

[1] Thomas, 240

Walpurgisnacht

Bei den Kelten hieß die Walpurgisnacht Beltain oder Beltane, bei den Römern Floralia. Die Schutzgottheit war die Göttin Flora, Walpurga oder Maya – die auch Maj, Mai, Maia und Die Jungfrau hieß.[1] In diesem Fest wurde ihr jungfräulicher Aspekt – ihr »Blüten«-Aspekt – gefeiert, in dem sich die zukünftige Frucht ankündigte. Es war eine Zeit, in der man »Grün« trug, um das neue grüne Kleid der Erde zu ehren, aber auch eine Zeit sexueller Freizügigkeit, die die Befruchtung der Natur symbolisierte: ein Honigmond, in dem man die Ehebande zeitweilig vergaß, in dem noch bis ins 16. Jahrhundert in ländlichen Regionen sexuelle Freiheit herrschte.[2] Der Maibaum, der im Osten noch immer als Phallus des Gottes verstanden wird, wurde in den Schoß der Erde gestoßen und mit Tanz und Gesang gefeiert.[3] In Nordeuropa gab es die traditionellen »Mairitte«: Dabei verkörperten Maienkönigin und Maienkönig Freya und Freyr. Männer und Frauen folgten ihnen in Paaren ins Gehölz, um die neue Jahreszeit des Wachstums orgiastisch anzufeuern.[4]

Aufgrund der offenbar unausrottbaren sexuellen Freizügigkeit der Mairituale und ihrer durchaus noch bekannten heidnischen Assoziationen betrachteten die Geistlichen den Vorabend des Ersten Mai, die Walpurgisnacht, als einen zentralen Hexensabbat.

[1] Walker, The Woman's Encyclopedia of Myths and Secrets, 624
[2] Briffault, Bd. 3, 198
[3] Avalon, 517
[4] Gelling/Davidson, 16

Wöchnerinnengottesdienst

Dieser Brauch verweigerte Wöchnerinnen für einen Zeitraum von vierzig Tagen nach der Geburt den Zugang zu allen Kirchen. Als Grund dafür wurde angesehen, daß sie durch den Vorgang des Gebärens spirituell unrein geworden seien. Dieser Zeitraum von vierzig Tagen ging unter dem Namen »Quarantäne« in den allgemeinen Sprachgebrauch über (abgeleitet vom französischen *quarantaine* für »vierzig«). Danach wurde die Mutter mit einem Ritual, das die Unreinheit von ihr nehmen sollte, von neuem der Kirche zugeführt. Zwischen der Geburt und dem Wöchnerinnengottesdienst galten sowohl die Mutter wie auch ihr neugeborenes Kind offiziell als nichtchristliche Heiden.[1] Man redete Frauen ein, daß »an dem Platz, auf den sie vor dem Wöchnerinnengottesdienst treten, nie mehr Gras wachsen wird«. Es hieß sogar, daß eine Frau, die vor dem Wöchnerinnengottesdienst an Kindbettfieber oder irgendeinem anderen Geburtstrauma starb, nicht christlich bestattet werden sollte.[2] Dieselbe Regel galt auch für ein ungetauftes Kind.

Der Bibeltext, nach dem sich dieser Brauch richtete, forderte die vierzigtägige Quarantäne nur für eine Frau, die einen Sohn geboren hatte (Leviticus 12). Hatte sie jedoch ein Mädchen zur Welt gebracht, so wurde sie achtzig Tage lang isoliert, da die patriarchale Priesterschaft Mädchen als doppelt so unrein betrachtete wie Jungen. Nach Ablauf dieser Zeit mußte die Mutter dem Priester ein Sühneopfer als Buße für ihr »Verbrechen« übergeben. Es war also sündhaft, ein weibliches Kind zu gebären, aber nur halb so sündhaft, ein männliches Kind zur Welt zu bringen. Es braucht wohl nicht gesagt zu werden, daß solche frauenfeindlichen Ideen durch das kirchliche Dogma von der Erbsünde, die durch das Fleisch der Frauen auf alle Generationen übertragen wurde, noch besonders gefördert wurden.

Ein sanfteres heidnisches Übergangsritual, gewissermaßen ein Vorläufer dieses Bußgottesdienstes, wurde von der Mutter selbst vollzogen: Sie reichte ihr Kind der Mutter Erde dar, was meist an einer Kreuzung geschah. In einem Pönitential-Buch aus dem 10. Jahrhundert wurde es Frauen verboten, diese Zeremonie weiterhin abzuhalten, denn sie sei »überaus heidnisch«.[3]

[1] Wimberly, 372
[2] Thomas, 39
[3] Hitching, 210

Yab-Yum

Yab-Yum bedeutet »Vater-Mutter« und war der tantrische Ausdruck für sakrale Koituspositionen, in denen ein Gott oder Mensch vollkommen mit seiner Göttin oder Shakti vereint war. Während die Brahmanen und andere patriarchale Gruppen wie etwa Moslems und römische Katholiken darauf beharrten, daß nur die sexuelle Position, bei der der Mann oben liegt, erlaubt ist, sitzen oder stehen die Partner einander gegenüber. Im letzteren Fall legte die Shakti immer ihr linkes Bein über den rechten Schenkel ihres Liebhabers.

Das taucht so oft in der hinduistischen Kunst auf, daß man durchaus annehmen kann, daß dies das *Maharutti* oder der »große Ritus« der tantrischen Verehrung ist. *Yab-Yum* bedeutet entweder, daß die Kraft der Geschlechter ausgeglichen ist oder daß die Kraft des Weiblichen ein wenig bevorzugt wird, da keine männliche Entität ohne die Vereinigung mit ihr wirken kann.

9
SYMBOLE FÜR GOTTHEITEN

Alpha-Omega-Kreuz
Androgyn
Anguiped
Ascherah
Astarte-Tanit
Athene
Auge des Horus
Augengöttin
Ceres
Cernunnos
Chrismon
Dagon
Djed
Göttin
Guter (Schaf-)Hirte
Hermes
Hermes-Kreuz
Hochmah – Heiliger Geist
Ischtar
Isis-Hathor
Janus
Juno
Jupiter
Kali Yantra
König der Könige
Labarum
Logos
Mars
Merkur
Neptun
Osiris
Pluto
Purusha
Saturn
Schechina
Sige
Sin
Sonnengöttin
Sophia
Tanit-Astarte
Tetragrammaton
Thor
Tyr
Uranus
Venus
Vesta-Hestia
Zahl des Tieres
Zurvan

Was ist eine Gottheit? Jeder definiert *Gott* oder *Göttin* anders. Die modernen Theologen, die von einer patriarchalen Tradition kommen, sprechen natürlich mehr über »Gott« als über »Göttin«. Eine der notwendigen Eigenschaften der Gottheit scheint das männliche Geschlecht zu sein. Weitere Eigenschaften: Allmacht, Allwissenheit, Gerechtigkeit, Güte, Großzügigkeit, Fairneß, Aufmerksamkeit, Liebe! Wirklich? Gott wird auch als rachsüchtig, zerstörerisch, kriegerisch, nachtragend, kurzsichtig und ohnmächtig, das Böse zu verhindern, beschrieben. Hat Gott einen Sinn für Humor? Spielt Gott Würfel mit dem Universum? Erfreut sich Gott am Leiden? Hat Gott uns wirklich seine Verzeihung für irgendein frühes Urverbrechen vorenthalten, bis er durch das Leiden seines »geliebten« Sohnes, in dem auch ein Teil seiner selbst steckte, besänftigt wurde – unbegreiflicherweise glauben das ja noch immer viele Christen.

Die Theologen verkünden öffentlich, daß sie Gottes Eigenschaften kennen, während sie gleichzeitig behaupten, daß Gott jenseits aller Erkenntnis ist. Die Theologen legen Gott Worte in den Mund (wenn man davon sprechen kann, daß Gott einen Mund hat), um anderen zu erklären, welches Verhalten Gott von ihnen erwartet. Die Theologen erschaffen Gott nach ihrem eigenen Bild – so, wie jeder einzelne von ihnen glaubt, daß eine Gottheit beschaffen sein *sollte*.

Insofern ist Gott also ein komplexes Bild von männlichen *Soll*-Vorstellungen. Die *Soll*-Vorstellungen von Frauen haben sich in der Göttin verkörpert, aber lange Zeit war es Frauen verboten, über »Sie« zu sprechen.

Gibt es, wenn man einmal von den vielfältigen menschlichen Definitionen der Gottheit absieht, irgendeine äußere, objektive, empirisch feststellbare Grundlage, irgendein unerklärliches Minimum, das man als *Gottheit* wahrnehmen und bezeichnen kann, wie man einen Baum oder einen Felsen wahrnehmen kann? Es gibt die Argumentation, daß es einen Schöpfer geben muß oder zumindest gegeben haben muß, da es ja das von ihm geschaffene Universum gebe. Aber das ist keine logische Notwendigkeit. Ein ungeschaffenes ewiges Universum kann ebenso leicht behauptet werden wie eine ungeschaffene ewige Gottheit. Mehr noch: Solche Eigenschaften verweisen nicht auf irgendeine besondere Notwendigkeit des Gottesdienstes, der Lobpreisung, der Zeremonien, Hymnen, Gebete oder sonstigen Zutaten der Religion. Es hat niemals auch nur *irgendeine* Aussage über Gott gegeben, die empirisch feststellbar wäre. In diesem Kapitel geht es darum, daß jede Gottheit ein reines Symbol ist, ganz unabhängig davon, was sie in Wirklichkeit ist (denn diese Wirklichkeit ist ohnehin nicht erkennbar).

Dies bedeutet, daß die übliche Beziehung zwischen Symbol und Objekt umgekehrt ist. Die meisten Symbole stellen irgend etwas Äußeres dar; sie sind eine verkürzte Form der Kommunikation über die wahrgenommenen Eigenschaften des symbolisierten Gegenstands. Im Falle der Gottheiten jedoch ergeben sich die »wahrgenommenen Eigenschaften« aus der Kommunikation und nicht dem Gegenstand selbst. Götter sind immer das, was Menschen über sie behaupten. Auf diese Weise erschaffen wir also Symbole von Symbolen und gewöhnen uns an, auf sie zu reagieren, als ob sie auf Wirklichkeit beruhen.

Die Symbole in diesem Abschnitt sind nur einige wenige grafische Zeichen aus der Vielzahl all jener, die mit bestimmten Gottheiten in Verbindung gebracht worden sind. Alle ihre Eigenschaften sind und waren austauschbar, je nachdem, wie in der Vergangenheit und selbst in der Gegenwart darüber gesprochen wird. Jedes dieser Symbole könnte überarbeitet und einer Göttin oder einem Gott zugeschrieben werden, der heute existiert. Für uns alle ist die Gottheit immer genau die Eigenschaft, die wir mit einem Symbol verbinden. Je mehr mentale Verbindungen wir erschaffen, um so komplexer wird unsere Gottheit. Aber wie immer wir mit ihr umgehen – letztlich müssen wir der Tatsache ins Auge blicken, daß »Gott« ein Symbol ist. Und dasselbe gilt auch für die »Göttin«.

Alpha-Omega-Kreuz

Dieses Kreuz war ein spätes christliches Symbol und stand für den Gott des Neuen Testaments, der von sich sagte: »Ich bin das Alpha und Omega, der Anfang und das Ende… der ist, der war und der kommt« (Offenbarung 1,8). Das Kreuz wurde mit den griechischen Buchstaben *Alpha* und *Omega* behängt, um diese Passage zu illustrieren.

Leider war sie weder authentisch noch christlich. Sie wurde aus dem viel älteren Tempel der Göttin in Sais in Ägypten entnommen, in dem ihre Worte in Stein gemeißelt waren: »Ich bin alles, was war, ist und sein wird.«[1] Alpha und Omega, der erste und letzte Buchstabe des Alphabets, wurden häufig auf die Göttin angewendet, die Geburt und Tod vereinte.

[1] Larousse, 37

Androgyn

In etlichen Geheimlehren der frühchristlichen Zeit wurde an das alte asiatische Konzept der mannweiblichen Gottheit, des Ur-Androgyns, angeknüpft. Dieses Wesen stellte man sich als Mann und Frau in Umarmung oder aber als doppelgeschlechtliches Wesen – Ardhanarisvara – vor, dessen linke Körperhälfte weiblich und dessen rechte Körperhälfte männlich war.[1] In Indien wurde dieses Wesen manchmal als Kombination von Shiva und Shakti gedeutet oder als »Herr, der zur Hälfte Frau ist«. Auch Hermes und Aphrodite wurden in ähnlicher Weise als Gottheit vereint und als Hermaphrodit bezeichnet. Die rhombische Form des Androgyn-Symboles vereinte offenbar zwei Dreiecke, die jedoch in anderer Weise zusammengesetzt waren als das männlich-weibliche Hexagramm.

Die mystische Tradition des Judentums betrachtete den ursprünglichen Jehova als Androgyn, da sein Name aus Jah *(jod)* und dem vorhebräischen Namen Evas, also Havvah, bestand, der durch die hebräischen Buchstaben *he-vau-he* wiedergegeben wurde. Zusammen ergaben die vier Buchstaben dann das heilige Tetragrammaton JHVH, den geheimen Namen Gottes.

Außerdem erklärten die jüdischen Gnostiker auch, daß Eva einst auf androgyne Art mit Adam vereint gewesen sei, nicht jedoch als Pseudokind aus seiner »Rippe« oder »Seite« geboren worden sei. »Als Eva noch in Adam war, gab es keinen Tod. Als sie von ihm getrennt wurde, entstand der Tod. Wenn er wieder vollständig wird und sein früheres Selbst erlangt, so wird es keinen Tod mehr geben.«[2] Ein zweiter Adam mit dem Namen des Hermaphroditen wird erscheinen.[3] Von einigen jüdischen oder christlichen Gnostikern wurde die wirkliche Offenbarung einer doppelgeschlechtlichen Gottheit als Vater-Mutter-Geist behauptet: Sie sagten, daß diese Erkenntnis der einzige Weg zum Sakrament der »Erlösung« (*apolytrosis*) sei. Einige Sekten der Ophioniten oder Naassener nannten diesen androgynen Geist »das himmlische Horn des Mondes«.[4]

Andere erklärten, daß die wirkliche göttliche Offenbarung nur von einem androgynen Christus kommen konnte, der auf hermaphroditische Weise mit der Göttin Sophia (»Weisheit«) im Himmel vereint sei.[5]

[1] Cirlot, 189
[2] Robinson, 141
[3] Barnstone, 71
[4] Jung/von Franz, 136
[5] Malvern, 53

Anguiped

Der Anguiped (lateinisch: »Schlangenfuß«) stammt von Windgöttern Griechenlands ab, die Schlangenfüße oder einen Schlangenschwanz hatten. Er war auch eine verbreitete Erscheinungsform des jüdischen Jehova, wie man auf sakralen Medaillons aus dem 1. und 2. Jahrhundert v. Chr. sehen kann.[1] Meist trug er einen Schild und eine »Helios-Peitsche«, die ihn als den Lenker des Sonnenwagens auswies, der in der Bibel Elias heißt. Jesus wandte sich mit seinen letzten Worten an diese Gestalt als seinen Gott – nach den Angaben der beiden Evangelisten Matthäus und Markus (Matthäus 27,46–49; Markus 15,34–35).

Der Anguiped hatte manchmal einen menschlichen Kopf, manchmal einen Löwenkopf und manchmal den eines Hahnes. Darunter stand auf gnostischen Münzen und Edelsteinen der Name Jahwe oder Jehova geschrieben. Manchmal erhielt er auch den Namen Abraxas oder Abrasax und wurde ebenfalls als »Vater Unser« und »Herr der Heerscharen« angerufen.[2]

[1] Campbell, The Mythic Image, 294
[2] Budge, Amulets and Talismans, 209

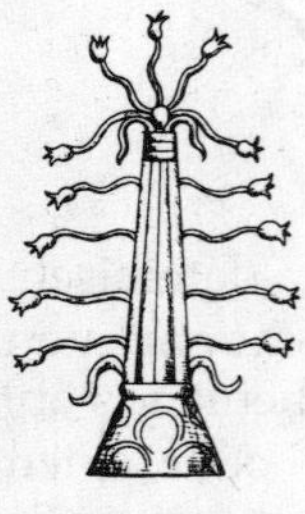

Ascherah

Das Wort, das die Bibel mit offenkundigem Mißbehagen als »Hain« übersetzt, war nicht wirklich ein Hain, sondern eine *Ascherah*: der stilisierte Baum mit seinen vielen Zweigen, der die Große Göttin von Kanaan symbolisierte. Eng verwandt mit der syrischen Astarte und der babylonischen Ischtar, war Ascherah die ursprüngliche Gemahlin des semitischen Vatergottes El. Manchmal hieß sie auch *Elath* (»Göttin«) und wurde als Mutter und Königin des gesamten semitischen Pantheons verehrt. Sie herrscht über Tyros, Sidon und viele andere Städte. Nach ihr wurde auch der Hafen Elath am Golf von Akaba benannt. Auf ugaritischen Tontafeln aus dem 14. Jahrhundert v. Chr. wurde sie mit Astarte-Anath gleichgesetzt.[1]

Kanaanitische Beinamen der Göttin Ascherah lauteten »Herrin, die das Meer durchquert« und »Sie, die die Götter gebiert«.[2] Ihr Baumsymbol war der »Baum des Wissens« oder auch der Lebensbaum. In Nordbabylon war sie als Göttin des Lebensbaumes oder »Göttliche Herrin von Eden« bekannt.[3] Die Frucht ihres Baumes symbolisierte jedwede Nahrung, also auch spirituelle.

Die Bibelschreiber waren erbitterte Gegner einer jeden Erscheinungsform der Göttin: Dies geht aus immer wiederkehrenden Passagen hervor, in denen sie die Feindseligkeit ihres Gottes gegenüber Königen beschreiben, die die »Haine« verehrten, die die Symbole der Göttin Aschera zerstörten. Die jüdischen Patriarchen behaupteten im »Sefer Hasidim« mit schöner Regelmäßigkeit, daß bestimmte fruchttragende Bäume schreckliche Dämoninnen beherbergen, die manchmal als Töchter Liliths bezeichnet wurden.[4]

[1] Patai, 32–34
[2] Albright, 121
[3] d'Alviella, 153
[4] Trachtenberg, 34

Astarte-Tanit

Astarte war die biblische Aschtoreth, die Göttin von Byblos – dort liegt auch der linguistische Ursprung aller »Bibeln«. Sie hieß auch Aschtart, Athtar, Attar-Samayin, Ischara, Ischtar, Ascherah, Attart, Athra und in Griechenland Aphrodite Aethra (»Himmlische« oder »Geistliche«).[1] Sie war der Stern, der Mond, die himmlische Jungfrau, die Königin der Sterne und die Himmelskönigin, der die Israeliten Weihrauch, Wein und gebackene Kuchen opferten. Damit stellten sie sich gegen den Gott des Propheten Jeremias (Jeremias 44,16–19). Die Könige von Sidon nannten sich immer Hohepriester der Astarte. Pilger kamen von ferne, um ihre großen Heiligtümer in Byblos und Aphaka zu besuchen.

In Nordafrika wurde sie an Isis/Neith angeglichen, und daher manchmal auch mit dem Anch-Zeichen dargestellt. Außerdem hatte sie auch ein modifiziertes Anch als Zeichen – eine Mondscheibe, die von Hörnern gekrönt und über einer Pyramide angebracht war. Eine dreieckige Basis mit Vollmondkopf und Armen kam auch in Karthago vor – dort war es das Zeichen der Himmelskönigin Tanit. Dasselbe Zeichen wurde noch im 19. Jahrhundert in Tunis verwendet und von einem französischen Forscher als »Symbol der punischen Trinität« erkannt.[2]

[1] Albright, 143, 210, 228
[2] d'Alviella, 202

Athene

Als einer Göttin der Heilung und Reinigung war der Athene der Schwefel heilig; damals glaubten die Menschen nämlich, daß man die Geister der Krankheit vertreiben könne, wenn man Schwefel (Sulfur) verbrannte. Deshalb verwendeten die Alchemisten das Zeichen der Athene für Schwefel, den sie immer mit Quecksilber verschmelzen wollten. Diese »Hochzeit zwischen Athene und Hermes« sollte nämlich Gold erzeugen. Dazu kam es jedoch nie.

Athene war viel älter als die Stadt Athen, die sie zu ihrer Patronin erwählte. Ihr Ursprung lag nicht einmal in Griechenland. Sie war die Dreifache Göttin Libyens und hatte auch andere Namen wie Neith, Metis, Medusa, Anath oder Ath-enna. Die Ägypter sagten, daß Athene eine Anrede der Isis sei und »Ich bin durch mich selbst entstanden« bedeutete.[1] Daß Athene das Gorgonen-Haupt auf ihrem Ägis-Schild trug, zeigt ihren zerstörerischen Aspekt. Als Medusa-Metis tauchte sie zweimal in den Mythen auf: nämlich als Ungeheuer, das Perseus zu Stein erstarren ließ, und als Athenes Mutter, die von Zeus verschlungen wurde, damit er Athene aus seinem Haupt gebären könne. Diese männliche Geburtsimitation wurde oftmals zitiert, um zu zeigen, daß Athene keine Mutter anerkannte und ihre ganze Loyalität ihrem himmlischen Vater widmete; aber die wirkliche Bedeutung dieses Mythos bestand darin, daß Athene seine Sophia, seine Weisheit, war – der leitende weibliche Geist in seinem Haupt.

Der wichtigste Tempel der Athene ist der Parthenon (»Jungfrauen-Haus«). Athene war Jungfrau im alten Sinne, nämlich unabhängig von Bindungen an Männer, mit niemandem verheiratet, frei in ihren Handlungen. Und dennoch hatte sie den archaischen Traditionen zufolge ihre Liebhaber: Pan und Hephaistos zum Beispiel.[2] Ihr Zeichen stellt weibliche Entschlossenheit, Freiheit und Kunstfertigkeit dar. Sie galt als die erste Lehrerin der Menschheit in Dingen der Zivilisation.

[1] Budge, Gods of the Egyptians, Bd. 1, 459

[2] Graves, The Greek Myths, Bd. 1, 149

Auge des Horus

Dieses altägyptische Symbol ist auf ziemlich unpassende Weise auf dem *Great Seal* (»Großes Siegel«) der Vereinigten Staaten und jeder einzelnen U.S.-Dollarnote abgebildet. Wahrscheinlich waren diejenigen, die das *Great Seal* entwarfen, stark von der Freimaurerei beeinflußt, die eine Reihe von religiösen Symbolen aus Ägypten übernahm. Und dazu gehörte auch das Auge des Horus.

Das Auge innerhalb einer Pyramide symbolisierte ursprünglich den in seiner Todes-Phase eingeschlossenen Gott, der auf seine Wiedergeburt wartete. Er wurde in der Unterwelt bestattet und verwandelte sich in *Seker* (»der Verborgene«), zum Herrn des Todes, zu Osiris als Mumie, zur Schwarzen Sonne, zum nicht mehr schlagenden Herz. Dennoch blieb seine Seele am Leben und – wie das offene Auge ausdrückt – wach und bewußt.[1] Parallelen dazu gibt es in Indien, und zwar was den Punkt *bindu* betrifft, den Lebensfunken innerhalb des Dreiecks, das den Schoß der Göttin symbolisiert, ferner auch in dem geöffneten »dritten Auge der Hindugötter, deren physische Augen in den Perioden ihres todesähnlichen Schlafes geschlossen blieben.

[1] Book of the Dead, 145

Augengöttin

In Syrien und anderen Ländern rings um das Mittelmeer wurden viele Figurinen der frühsumerischen Augengöttin (3500–3000 v. Chr.) gefunden.[1] Wie Maat in Ägypten symbolisierte sie den Geist der Wahrheit und des Gesetzes. Sie hatte allessehende Augen, denen kein Verbrechen verborgen blieb. Später verschmolz sie mit der Göttin Mari, die ebenfalls mit riesigen, weit aufgerissenen Augen dargestellt wurde – allerdings war ihre Gestalt eher menschenähnlich. Schließlich wurde die Augengöttin zu der geheimnisvollen, weisen Schöpferin Mari-Ischtar oder Mari-Anna, die einstmals als Geliebte des Jahwe in Jerusalem verehrt wurde.

Die weit aufgerissenen Augen der Göttin erweckten in Männern unbehagliche Gefühle, und so kam es, daß sie schließlich als Geist des bösen Auges galt.

[1] Campbell, The Mythic Image, 476

Ceres

Ceres war ein römischer Name für die Große Göttin als Mutter der Ernte und Herrin über alle Getreide, die man noch immer als »Cerealien« bezeichnet – in Anlehnung an ihr wichtigstes Fest im Frühsommer, die *Cerealia*. Bis zum 19. Jahrhundert gab es in Teilen der britischen Inseln den Brauch, daß »Bauern zum Andenken an die Cerealia mit brennenden Fackeln um ihr Getreide ziehen«.[1] Mutter Ceres war wahrscheinlich mit der griechischen Kore (»Jungfrau«, gleichzeitig auch ein Name für Persephone, die Tochter der griechischen Getreidegöttin Demeter) und den weiblichen Geistern des Schicksals, den Keres, verwandt, aber sie symbolisierte nicht nur die fruchtbare Erde, sondern trat auch als eine andere Form der Himmelskönigin Juno in Erscheinung. Vielleicht haben ihre Priesterinnen in der fernen Zeit des »Mutterrechts« das römisches Rechtssystem geschaffen. Denn Ceres trug auch den Beinamen *Ceres Legifera* (»Ceres, die Gesetzgeberin«).[2]

Das Zeichen der Ceres war der Sichelmond mit dem nach unten weisenden Kreuz, das auch den Eingang zur Unterwelt darstellte (siehe Petrus-Kreuz).

Wahrscheinlich stellte diese Kombination die Sichel zum Schneiden des Getreides dar, deutete gleichzeitig aber auch die jahreszeitliche Mondgebundenheit wie auch den Eintritt des (männlichen) Samens in den Schoß der Erde dar. Die Riten der Ceres waren griechischer Provenienz und basierten wahrscheinlich auf Traditionen aus den großen Tempeln der Demeter.[3]

[1] Hazlitt, Bd. 1, 101
[2] Bachofen, 192
[3] Larousse, 211

Cernunnos vom Gundestrup-Kessel, 2. Jh. n. Chr.

Cernunnos

Die Gestalt des Cernunnos aus dem »Gundestrup Cauldron« (2. Jahrhundert n. Chr.) ist wahrscheinlich die bekannteste Wiedergabe des keltischen gehörnten Gottes. Sein Name selbst enthält schon den Titel »Gehörnter«. Er hält eine Fackel und eine Schlange sowie eine Kappe mit Hirschgeweihen und sitzt in einer Yogaposition, wobei die rechte Ferse seine Genitalien berührt. Fast alle sitzenden Statuen der Hindugottheiten weisen diese Haltung auf. Die Fackel und die Schlange sind auch Genitalsymbole – ersteres männlich, das zweite weiblich. Cernunnos ist der Geist des geopferten Hirschgottes, eine Naturgottheit, der Opfer dargebracht wurden, um die Regeneration des Wildes und die Zyklen der Natur durch sein heiliges Blut aufrechtzuerhalten.

Über das Kostüm des Cernunnos wurde viel spekuliert: Es scheint ein eng anliegender Anzug aus geripptem Strick mit knielangen Hosen zu sein. Dies wird als Beweis für die lange Tradition des Strickens bei den keltischen Völkern angeführt.

Chrismon

Die übliche Interpretation des Chrismon oder *signum dei* (»Zeichen Gottes«) besagte, daß es die Anfangsbuchstaben des lateinischen Satzes *Iesus Hominum Salvator* (»Jesus, der Erlöser der Menschen«) enthielt. Eine andere Interpretation bevorzugt eher die Anfangsbuchstaben der Worte *In Hoc Signo* (»In diesem Zeichen…«), das sich auf die Siegesvision des Kaisers Konstantin bezog (siehe Labarum). Dabei ist über dem »H« noch ein lateinisches Kreuz angebracht.[1] Eine weitere Deutung erkennt darin die griechischen Buchstaben Iota, Eta, Sigma, die einstmals Bacchus als Sonnengott symbolisierten.[2]

In Wirklichkeit ist dieses »Monogramm Christi« erst vor relativ kurzer Zeit entstanden, und was es eigentlich bedeutet, scheint in Vergessenheit geraten zu sein.

Eine andere Version des Chrismon wurde einfach als IS für »Iesus Salvator« geschrieben. Später wurden dann die beiden Buchstaben übereinandergelegt. Und diese Kombination ergab – mit besonders passender Ironie – das moderne Zeichen für den Dollar.[3]

[1] Koch, 23
[2] Walker, The Woman's Encyclopedia of Myths and Secrets, 522
[3] G. Jobes, Bd. 1, 841

Dagon

Der philistinische Gott Dagon hat in der Bibel eine schwere Zeit, weil er damals der Hauptrivale des Gottes Jahwe und außerdem auch populärer war. Ein Autor behauptete, daß schon die bloße Gegenwart von Jahwes Bundeslade in Dagons Tempel – sie war als Kriegsbeute dorthin geraten – dazu führte, daß dieser Tempel für immer verlassen wurde (1. Samuel 5,1–5). Das war wahrscheinlich eher ein Wunschgedanke, denn etwa ein Jahrhundert später war der Kult des Dagon noch immer lebendig: Es wurde ihm nämlich der Kopf des Saul als weitere Kriegsbeute dargebracht (1. Chronik 10,10).

Tatsächlich war der Gott Dagon mit dem Fischschwanz nur

eine andere Form des babylonischen Gottes und Meereskönigs Ea oder Oannes, der wiederum der Sage von Jonas im Walfischbauch zugrunde lag. Das Bild des Gottes mit dem Fischschwanz oder seines menschengestaltigen Geistes, der aus dem Maul eines Fisches hervorkam, wurde später zu der Sage von Jonas umgedeutet, der aus dem Bauch des Wals auftauchte. Dagon oder Oannes symbolisierten auch die Sonne, die im Meer untergeht und aus dem Wasser wiedergeboren wird. Dieses Wasser wird auch als seine mütterliche Geliebte Atargatis oder Derketo personifiziert.[1] Diese mystische Geburt ließ die davon abgeleitete Sage entstehen, daß Jonas einige Zeit im »Schoß« des Wales verbrachte und dann aus ihm wiedergeboren wurde – so wird der Bauch des Wales in früheren Bibelübersetzungen genannt.[2]

Einer der Namen dieser mesopotamischen Gottheit läßt sogar vermuten, daß er zu irgendeinem Zeitpunkt seiner Geschichte mit dem biblischen Jahwe gleichgesetzt wurde. Sein Name lautete dann »Jah-Daganu«.[3]

[1] Baring-Gould, 494–497
[2] Potter/Sargent, 180
[3] G. Jobes, Bd. 2, 1697

Djed

Dieses eigenartige ägyptische Idol wurde alljährlich bei den Feiern von Osiris' Tod und Wiedergeburt aufgestellt. Es symbolisierte die untersten Wirbel seines Rückgrats, das Kreuzbein, das im medizinischen Sprachgebrauch *Sacrum* (»Heiliges«) heißt. Weshalb dieser Teil des Körpers besonders heilig sein soll, bleibt irgendwie geheimnisvoll. Vielleicht finden wir die Erklärung im Tantrismus: Dort wird die Gegend tief im Becken als der Sitz der Kundalini-Energie betrachtet: Vielleicht dachte man, daß von dort auch das neue Leben des Gottes entsprang. In der Mythologie gibt es eine ganze Reihe von heiligen Knochen, aus denen der gesamte Körper wiederhergestellt werden kann.

Die Djed-Säule symbolisierte nicht nur das Sacrum, sondern wurde auch mit der Sonnenscheibe als Krone, mit den Federn der Maat, den Hörnern von Hathor und Amon sowie den magischen Augen von Sonne und Mond ausgestattet.

Göttin, Steinkopf aus Zypern, 6. Jh. v. Chr.

Göttin

Die jüngsten Forschungen haben ergeben, daß die Göttinfigur im menschlichen Denken vor den männlichen Göttern entstand, und zwar ausgehend von dem Primat der Mutter in jeder individuellen Erfahrung. Ein zweiter Grund dafür lag in der Tatsache, daß in der Entwicklung der Zivilisationen erst sehr spät erkannt wurde, was die männliche Funktion bei der Zeugung ist. Die männlichen Gelehrten verwenden noch immer den Begriff »Götter« für die höchsten schöpferischen Gottheiten der Vorgeschichte und des Mythos, obwohl inzwischen bewiesen wurde, daß die schöpferische Kraft in den ältesten Traditionen durchwegs weiblich war.

Die Ägypter setzten den Urmeeres-Schoß mit der Göttin Nun oder Naunet gleich, die die Sonne und alle Götter gebar. In Sumer hieß sie Nammu und erschuf den Himmel und die Erde (An und Ki). In Babylon war es Tiamat (»die Tiefe«), die allen Gottheiten die Geburt schenkte – einschließlich des Provinzgottes Marduk, der sie später in einem Akt des Muttermordes umbrachte. In Griechenland war sie die Urgöttin Gaia, die (ohne die Unterstützung eines Geliebten) den Himmel Uranus gebar und ihn später zu ihrem Gatten machte. In Assyrien sprach man von der weisen Göttin Mami (oder Nin-ti), die menschliche Wesen aus Lehm machte, der Teil ihres Körpers war, und sie dann mit ihrem Blut belebte – denn man glaubte, daß das Gebärmutterblut Kinder erschaffen und beleben konnte.

»Die ›alten Götter‹ der vergangenen sumerischen Tradition waren ausnahmslos Göttinnen: Antum, Ninlil, Damkina, Ischtar und Baba, die Sakralköniginnen der fünf uralten Städte Uruk, Ur, Eridu, Larsa und Lagasch, waren älter als ihre Ehemänner Anu, Enlil, Enki, Utu und Nergal. Ihre Gatten standen im Rang unter ihnen.«[1] Avalon erwähnt, daß es am Anfang überall zuerst die Göttin gab oder sie zumindest dem Gott an Macht überlegen war. Es ist bestätigt worden, daß die Hauptgottheit in allen Ländern vom Euphrat bis zur Adria zunächst in weiblicher Gestalt erschien.«[2] Mit der Hereinkunft patriarchaler Gesellschaften wurden viele von den Namen und Symbolen der Großen Göttin unterdrückt und schließlich vergessen. Die neuen Vatergötter rissen ihre Schöpfungskraft, ihre Eigenschaften, ja selbst die Wörter und Sätze ihrer uralten Schriften an sich. Die Bibel enthält viele Plagiate, die früheren Hymnen und Gebeten an Ischtar und andere Göttingestalten entnommen wurden – und der Name Jahwes wurde anstelle der weiblichen Gottheit eingesetzt. Im Bibelhebräisch existiert nicht einmal mehr das Wort für »Göttin«.[3]

Ebenso wie Gott durch Worte der Menschen erschaffen wurde, so wurde die Göttin durch sie auch ins Nichts zurückgestoßen. Dieser Prozeß ist noch immer nicht abgeschlossen. In »Webster's Third New International Dictionary« wird »Gott« – großgeschrieben – auf verschiedenste Arten und Weisen definiert; man könnte fast den Eindruck gewinnen, daß die Autoren einfach nicht genug davon kriegen, ihn positiv hervorzuheben. Da heißt es zum Beispiel: »Das heilige, unendliche und ewige Spirituelle, das in der Bibel als Schöpfer, Erhalter, Richter, gerechter Herrscher und Erlöser des Universums vorgestellt wird und in der Geschichte mit Macht agiert hat, um seine Zwecke durchzuführen... der ewige, unsichtbare, nach Belieben allmächtige Herr der Welten und letztendliche Richter über alle Männer (sic!)... das unveränderlich vollkommene Wesen, das die erste und letzte Ursache des Universums ist... die höchste oder letzte Wirklichkeit... das Wesen, das in Macht, Weisheit und Güte erhaben ist, das Männer (sic!) verehren und zu dem sie beten.« Und als unüberbietbare Beleidigung definiert dieses Lexikon Gott auch noch als »die einzige letzte, unendliche Wirklichkeit, die reine Existenz, Bewußtheit und Seligkeit ist« – ein Satz, der umstandslos aus dem Yoginihrdaya Tantra geklaut wurde. Dort aber hat er die Göttin beschrieben. Sie, die »strahlende Erleuchterin in allen Wesen ist«.[4]

Im Gegensatz zu diesen Ergüssen wird die »Göttin« nur kurz als Gottheit des weiblichen Geschlechts beschrieben und weiterhin als »Frau, die das Objekt der Anbetung ist... manchmal als Frau personifiziert, die als Göttin geehrt wird.« Nur drei Bedeutungen werden aufgeführt, und alle drei sind herablassend, eine davon sogar grob fehlerhaft. 1: »... wie der Liebhaber, dessen Phantasie aus einer gewöhnlichen jungen Frau eine Göttin macht«; 2. »jene charakteristische Göttin des Bürgertums, das englische *Com-*

mon Law (»Zivilgesetz«); und 3. »Die hinduistischen Assassinen verwendeten Haschisch als Anhänger der ›Göttin‹ *Thuggee*.« Keine Göttin hat jemals den Namen »Thuggee« getragen. Mehr noch: Die *Haschischim* oder »Haschisch-Verwender«, von dem das Wort *assassins* (englisch und französisch für »Mörder«) abgeleitet wurde, waren keine Hindus, sondern Sarazenen. Insofern ist dieser Hinweis also fehlerhaft und stellt außerdem einen offenkundigen Versuch dar, nur die bösartigen Assoziationen der Göttinverehrung hervorzuheben.

Heute versuchen einige wenige wohlmeinende Reformgeister hin und wieder, der elementaren Vorstellung von Gott eine halbweibliche Komponente hinzuzufügen. Und diese Gottesvorstellung war während seiner gesamten Wirkungsperiode, in der er – in den Worten des Lexikons – »machtvoll« agierte, so unabänderlich und unerbittlich maskulin. Inzwischen versuchen manche, ihn »Gott, die Mutter« zu nennen oder ihn als bisexuelles beziehungsweise asexuelles Wesen darzustellen. Aber alle Symbole für das, was die westliche Zivilisation heute Gott nennt, wurde so schwer mit männlichen Assoziationen beladen, daß keine dieser Umbenennungen so recht greift. Nelle Morton betont, daß sogar die weitere Verwendung des Wortes *Gott* nur dazu dienen kann, »Frauen kurzsichtig und die Göttin unterdrückt zu halten«.[5]

Alle Gottheiten, die es irgendwann in der Geschichte gegeben hat, waren mit Sicherheit Symbole par excellence, und sie haben ein idealisiertes menschliches Wesen symbolisiert. Die Männer haben das größte Symbol der Frauen gestohlen und sie in spiritueller Armut zurückgelassen, während sie gleichzeitig ihre eigene männliche Gottheit bis zur Größe eines Zeppelins aufgeblasen haben. Vielleicht braucht es mehr als Worte, um dieses Unrecht zu berichtigen.

[1] Beltz, 10
[2] Avalon, 409
[3] Teubal, 99
[4] Avalon, 27
[5] Morton, 142, 144

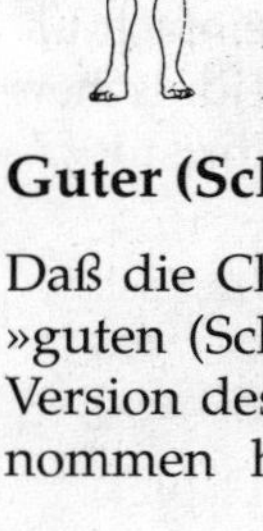

Pelasgische Statue, Hermes der Schafhirte

Guter (Schaf-)Hirte

Daß die Christen den Titel des »guten (Schaf-)Hirten« für ihre Version des Erlösergottes übernommen haben, war ein bewußter Diebstahl – eines der ältesten Bilder dieses Gottes wurde angeeignet. Fast alle heidnischen Erlöser nahmen die Rolle des guten Schafhirten ein und kümmerten sich um die Seelen in den »grünen Weiden« des Jenseits, wobei diese Seelen ihre Schafe darstellten. Der babylonische Tammuz (sumerisch Dumuzi) wurde »Hirte der Sterne« genannt, denn zu dieser Zeit glaubte man, daß Sterne die sichtbaren Seelen von gesegneten Menschen seien. Auch Osiris trug den Krummstab des Hirten, der in Ägypten dann sogar zum Zeichen der Göttlichkeit wurde, auch er wurde als »guter Schafhirte« bezeichnet. Der griechisch-römische Gott Hermes (lateinisch Merkur) erschien ebenfalls als guter Schafhirte, der ein Schaf auf seinen Schultern trug: Dieses Bild existierte vor der Entstehung der griechischen und römischen Kultur und trat bereits in den frühesten vorhellenisch-ägäischen Kulturen auf.[1] Er wurde als *Kriophoros* (»Schafträger«) angerufen, aber diese Anrede wurde von den Frühchristen ignoriert: Sie gaben einfach allen Statuen des heidnischen Gottes den Namen »Christus«.[2]

[1] Larousse, 88
[2] d'Alviella, 94

Hermes

Das Zeichen des Hermes war das ursprüngliche »Kreuzzeichen«, das die Christen auf Kopf und Brust zeichneten: Dadurch entstand die Zahl Vier, die dem Gott Hermes heilig war. Er wurde auch »Vierfältiger Gott« genannt. Davon abgesehen hatte er noch viele andere Namen und Titel. Er war der römische Merkur, der ägyptische Thoth und der frühmittelalterliche Hermes Trismegistos (»Dreifach Größter Hermes«), der der Legende zufolge Astrologie, Alchemie und andere okkulte Wissenschaften entwickelt hatte. Die Sufis beriefen sich auf Hermes als einen Weisen ihres Faches.[1] Er wurde mit Anubis zu »Hermanubis« verschmolzen, weil er wie der Schakalgott ein Führer der Seelen in der Unterwelt war (Psychopomp).

Er wurde auch mit Aphrodite selbst zum »Hermaphroditen« verschmolzen: Dadurch gelangte er zu seiner großen Weisheit und magischen Kraft. Er wurde zu ihrer »Weisen Schlange« – später von den Gnostikern als Uroboros oder Ophis, König des Himmels und Künder der Mysterien, verehrt. Als phallischer Gott wurde er bei der »Hermeseul« oder »Irminsul« in Deutschland angebetet, und zwar in Form einer riesigen »Weltsäule«. Heute steht an diesem Platz eine Kirche.[2]

Die Frühchristen betrachteten Hermes als eine christusähnliche Gestalt. Aus der Hermesverehrung entliehen sie sich den *logos spermatikos* (»das Samenwort«), das der heidnische Gott verkörperte, und wendeten es auf ihren eigenen Erlöser an.[3]

Laktanz zufolge war Hermes ein göttlicher Prophet, der Christus nahezu gleichkam. Hermes wußte »fast die ganze Wahrheit«.[4] Wie Buddha wurde er »der Erleuchtete« genannt.

Die heilige Zahl des Hermes entstand aus dem Mondboot, dem Emblem seiner jungfräulichen Mutter Maia, die der jungfräulichen Mutter Buddhas, des Erleuchteten, entsprach – auch sie trug den Namen Maya. Die Viererzahl tritt auch in der chinesischen Vorstellung der Urordnung auf, die dem für alle Aufgaben zuständigen Kulturheros Fu Hsi zugeschrieben wurde. Er erhielt sie von einem Drachenpferd aus dem Gelben Fluß, dem Huang Ho – deshalb wurde sie *Ho-t'u* genannt. Diese Urordnung war eine Reihe von neun Zahlen, die aus Gruppen von Punkten bestanden und zusammen die Zahl Vier ergaben.

[1] Shah, 196
[2] Borchardt, 122, 216
[3] Cirlot, 198
[4] Seligmann, 88

Hermeskreuz

Diese Version des christlichen Kreuzes wurde vom Hermeszeichen übernommen. Für manche war es ein »hermaphroditisches« Zeichen, in dem das männliche und weibliche Prinzip vereint waren: Der männliche Gott (»Kreuz«) entstieg dem weiblichen Symbol (»Sichelmond«). Da der Mond ein gebräuchliches Symbol für alle Arten der jungfräulichen Mutter einschließlich der christianisierten sterblichen Mutter Maria war, wurde das hermetische Kreuz oftmals als Emblem Christi gedeutet, der aus der Jungfrau geboren wurde.[1]

[1] Koch, 32

Hochmah – Heiliger Geist

Dies ist die hebräische Version der Großen Göttin als »Weisheit«, die sich vielleicht von der ägyptischen Haq-Maat ableitet, der Mutter der schöpferischen Worte der Macht, durch die das Universum gebildet wurde. Die Autoren des »Targum of Jerusalem« betonen, daß sich das erste Wort der Genesis – *bereschit* –, das üblicherweise mit »Im Anfang« übersetzt wird, in Wirklichkeit auf diese »Herrin Weisheit« bezog, die alle erschaffenen Dinge entworfen hatte. Wie ihre gnostischen, griechisch-römischen Entsprechungen – Sophia-Sapientia oder Metis – wurde Hochmah in den Schriften des Philo von Alexandria ausdrücklich als Gattin Jehovas vorgestellt.[1] Mehr noch: Wie die Shakti eines östlichen Gottes war sie die ursprüngliche Quelle all seiner schöpferischen Energie und Begriffe. In der »Weisheit des Salomon« wurde festgestellt, daß Hochmahs Befehle immer befolgt wurden; sie war die Ursache von allem, was geschieht; bei ihr lagen die Entscheidungen über alles, was Gott tun würde.[2] Weil das weibliche Prinzip in dieser »Weisheitsliteratur« offenbar den Vorrang hatte, wurde sie aus den Bibeltexten entfernt und in die apokryphen Evangelien versetzt.

Die triumphierende Taube war schon seit langem das gebräuchlichste Symbol für den Geist der Göttin, der über den Wassern der gesamten Schöpfung schwebte, und wurde auch zur Verkörperung von Hochmah-Sophia-Sapientia, wie sie andererseits auch Aphrodite und Venus verkörperte. In der frühchristlichen Zeit war es gängiges Wissen, daß Gottes innerer Geist weiblich war und sich im Symbolbild der Taube verkörperte. Später wurde der Heilige Geist vermännlicht, und Gottes Weisheit trat nicht mehr in Gestalt einer Göttin auf: Die Herausgeber der Heiligen Schriften taten ihr Bestes, um alle Spuren der früheren Bedeutungen von Hochmah zu tilgen.

[1] Patai, 139
[2] Stone, Ancient Mirrors of Womanhood, Bd. 1, 126

Ischtar

Die Tonfiguren von Ischtar/Inanna/Astarte mit ihrer typischen Haltung, in der sie ihre Brüste darbieten, sind in Mesopotamien so verbreitet, daß die Archäologen diese Haltung als »Ischtar-Pose« bezeichnen. Sie wurde als »Mutter der fruchtbaren Brust« angerufen, aber darüber hinaus hatte sie noch viele andere Namen wie »Königin des Himmels«, »Herrin des Sieges«, »Licht der Welt«, »Stern«, »Erschütterin der Berge«, »Herrin der Heerscharen«, »Schöpferin der Menschen«, »Lenkerin der Menschheit«, »Schafhirtin der Länder«, »Mutter der Gottheiten«, »Allerhöchste«, »Fluß des Lebens«, »Erhabene«, »Ruhmreiche«, »Urteilfällende« und viele andere mehr, die jedoch oftmals von den Bibelschreibern für ihren eigenen Gott usurpiert wurden.[1]

Ischtar wurde in Jerusalem verehrt: Dort inszenierten ihre Priesterinnen das altehrwürdige Schauspiel von Tod und Auferstehung ihres Sohn-Geliebten Tammuz, dessen sumerischer Name Dumuzi lautete und der in Syrien Adonis hieß (Ezechiel 8,14). Die Darbietung der Brust erinnert an ihre Funktion als Göttin aller Nahrung; deshalb hatten die frühen patriarchalen Kultschöpfer Angst davor, sie zu beleidigen, und stellten ihr Abbild neben Jahwe im Tempel auf. In Jeremias 44,19 wird sie »Himmelskönigin« genannt. Dort wird auch erzählt, wie widerwillig sie von den Menschen zugunsten eines neuen, unerprobten Gottes aufgegeben wurde. Aber schließlich würdigten die christlichen Bibelschreiber sie in ihrer sakralen und erotischen Funktion herab und nannten sie die »Hure von Babylon« und »Mutter der Dirnen« (Offenbarung 17,5). Ihre früheren Namen wurden auf diese Weise negativ besetzt oder verunstaltet.

[1] Walker, The Woman's Encyclopedia of Myths and Secrets, 450–453; Stone, Ancient Mirrors of Womanhood, Bd. 1, 105–111

Isis-Hathor

Isis und Hathor waren zwei der wichtigsten Namen der Großen

Göttin in Ägypten. Hathor galt als Mutter aller anderen Gottheiten: Sie »erschuf sich selbst in der Urzeit, wurde niemals geschaffen«.[1] Sie war die Königin des Himmels, und ihr Name tauchte in jedem Königsnamen der frühen Dynastien auf. Auch Isis war »die Älteste der Alten«, die von Anfang an existiert hatte. Sie war »die Göttin, aus der alles Werden begann«.[2] Von beiden hieß es, daß sie die Sonne geboren hätten: Hathor als Nilgans und Mutter des Goldenen Eis und Isis als Schoß des Horus – und das war auch die eigentliche Bedeutung des Namens »Hat-Hor«.

Als Paar verkörperten Isis und Hathor manchmal die »strahlende Mutter« und die »dunkle Mutter« – im Sinne der zyklischen Systeme von Geburt, Tod und Wiedergeburt, die in den matriarchalen Gesellschaften galten. In den späteren Dynastien war die »dunkle Mutter« oftmals die Göttin Nephthys, die Zwillingsschwester der Isis, die in der Unterwelt herrschte. Es war Isis-Nephthys, die die Unsterblichkeit der Pharaonen garantierte: Sie versprach ihnen eine Auferstehung wie die des Osiris, der durch mütterliche Magie auferweckt wurde.

Das übliche Emblem der doppelten Göttin war die Sonnenscheibe, die zwischen den Hörnern der Mondkuh lag – der männliche Geist, der auf diese Weise eingeschlossen und beschützt wurde, um alsbald wiedergeboren zu werden. Die Scheibe war manchmal ein voller Kreis, dann wieder ein abgeflachtes Oval (Weltei) oder die abgeschnittene Scheibe der aufgehenden oder untergehenden Sonne. Die Göttin wurde als »große Kuh, die die Sonne gebiert« angerufen. Er, Horus-Osiris-Ra-Helios, nahm später die Gestalt des Goldenen Kalbes an, das die Israeliten aus Ägypten mitbrachten und unter Aarons Schutz anbeteten (Exodus, 32,2–4).

Im gesamten römischen Imperium gewann der Isiskult außerordentliche Beliebtheit. Römische Autoren nannten sie die »ewige Retterin des Menschengeschlechts«.[3] Auf Abbildungen stillte sie ihr Kind Horus unter dem heiligen Baum Hathor in Dendera, und dieses Bild wurde zum archetypischen Modell für ähnliche Darstellungen der Jungfrau Maria.[4] Die Lobpreisungen Marias stammten unmittelbar aus den Schriften, Szenen und Hymnen, die einstmals der Isis als Mutter des göttlichen Kindes geweiht waren. »Isis war die typische hellenistische Göttliche Mutter, und ihre Riten waren weitverbreitet. Der Transfer von Teilen der Mythologeme von der Isisverehrung zu Maria, der Mutter Jesu, fand ohne Zweifel im mittleren Drittel des ersten nachchristlichen Jahrhunderts statt.«[5]

Eine der christlich-gnostischen Sekten, die Carpokratier, behaupteten, daß Jesus all seine Ideen aus dem Isistempel in Ägypten bezogen habe, an dem er sechs Jahre lang studiert hatte.[6]

[1] Budge, Gods of the Egyptians, Bd. 1, 92–93
[2] Stone, When God was a Woman, 219
[3] Angus, 139
[4] Budge, God of the Egyptians, Bd. 2, 220
[5] Beltz, 227
[6] Spence, 94

Janus

Der doppelgesichtige Janus war der römische Gott der Tore, der auf der Schwelle in beide Richtungen blickte.[1] Zur Zeit des Kaiserreichs wurde er mit Jupiter gleichgesetzt, und zwar unter dem Namen Jupiter Bifrons (»zweigestirnter Jupiter«), der 15 Jahrhunderte später als einer der Namen des Teufels in der christlichen Literatur auftauchte.[2] Vor der Zeit des Kaiserreichs bewachten Janusgestalten die Grundstücksgrenzen von benachbarten Clans und Stämmen, von denen dann jeder seinen eigenen *ianus* hatte.[3] In noch früheren Zeiten war eines der beiden Gesichter weiblich: Es war das der Jana, die dann der Juno angeglichen wurde. Dieses Paar, das eine typische Erscheinungsform des uralten Androgyns war, ist vielleicht sogar aus der doppelgesichtigen Göttin selbst entstanden: Bei ihrem Fest zur Jahreswende im Januar wurde sie als *Postvorta* und *Antevorta* (»Zurückgewendete« und »Vorwärtsgewendete«) angerufen. Sie war die Mutter der Zeit und herrschte über die Türangel des Himmels hinter dem Nordwind, um die sich das Universum am Transit-»Tor« der Wintersonnwende drehte.[4] Es gab viele andere mythische Parallelen zu dieser Mutter der Zeit mit ihren zwei Aspekten, die oftmals als die Zwei Herrinnen visualisiert wurden. Während das Wort für »Hexe« im Italienischen normalerweise *strega* lautet, wurde eine »Hexe« im mittelalterlichen Neapel *janara* genannt – in Anlehnung an den archaischen weiblichen Geist des Monats Januar.[5] Aber auch nachdem der durch und durch männliche Janus als Gott des neuen Jahres akzeptiert worden war, erschien er bei den Autoren des Mittelalters noch immer im Archetypus des dualen Gottes.

Bei dem Autor des Buches »Gawain und der grüne Ritter«, das von Opferbegegnung zweier Jahresgötter in der Mitte des Winters handelt, war der Monat Januar noch immer der Monat des Janus.[6] Der doppelgesichtige Gott wurde sogar als der mythische christliche Heilige Januarius kanonisiert, als sein altes Heiligtum in Neapel von der Kirche übernommen wurde. Dort wurde dann eine Flasche mit dem getrockneten Blut von Zeit zu Zeit verflüssigt – besonders dann, wenn »es in die Nähe des Kopfes eines Märtyrers gebracht wurde«. Papst Pius II. bürgte für die Zuverlässigkeit dieser wundersamen Methode zur Erkennung von echten Reliquien – die allerdings vor dem 14. Jahrhundert noch ziemlich unbekannt war.[7]

[1] Dumézil, Archaic Roman Religion, Bd. 1, 328
[2] Scot, 323
[3] Whittick, 206
[4] Graves, The White Goddess, 184
[5] Elworthy, 353
[6] Williamson, 178
[7] Brewster, 415; Attwater, 184

Juno

Juno war die römische Himmelskönigin und Göttermutter – eine komplexe und fast monotheistische Gottheit der Frauen. Ihre zahlreichen Beinamen lassen vermuten, daß sie für fast alles zuständig war. Sie hieß Juno Fortuna (»Schicksal«), Juno Regina (»Königin«), Juno Lucina (»Licht«), Juno Moneta (»Mahnerin«), Juno Sospita (»Erhalterin«), Juno Martialis (»Kriegerin«), Juno Populonia (»Mutter des Volkes«), Juno Pronuba (»Heiratsschließerin«), Juno Domiduca (»Heimführerin der Bräute«), Juno Nuxia (»Parfümeurin des Hochzeitsgemaches«), Juno Cinxia (»Ankleiderin und Auskleiderin der Bräute«), Juno Rumina (»Spenderin der Milch der Mütter«), Juno Ossipago (»Stärkerin der Knochen«) usw. Ob krank oder gesund, verheiratet oder ledig – Juno wachte über ihre Töchter auf Erden.[1]

Mehr noch: Jede Frau war eine *juno*. Dies war der Name ihrer Seele, wie *genius* (»erzeugender Vater«) der Name der Seele eines Mannes war. Diese Ausdrücke gehen offensichtlich auf die Zeit der Ahnenverehrung zurück, als man glaubte, daß die Gründer eines Stammes oder Clans ihren Geist der Nachkommenschaft vererbt hatten.[2] Juno Curiitis war die Urmutter aller Clans oder *curiae*. An ihrem persönlichen Geburtstag brachten die römischen Frauen ihren *junes* Opfer dar.[3] Es erstaunt nicht, daß die patriarchale Gesellschaft das Wort *genius* für die idealisierte männliche Seele bewahrt, das entsprechende weibliche Wort *juno* jedoch der Vergessenheit ausgeliefert hat.

Das sternenförmige Emblem der Juno weist sie als »Seestern« aus, ein Name, der wie »Himmelskönigin«, »Lilie«, »Rose« und »Gesegnete Jungfrau« als Erbe an die Jungfrau Maria übergegangen ist. Obwohl Juno zusammen mit Jupiter ein Paar bildete, erneuerte sie jedes Jahr ihre Jungfräulichkeit und empfing auf wundersame Weise ihr heiliges Kind Mars ohne irgendein Zutun von männlicher Seite. Wie andere Versionen der Urgöttin war sie sowohl eine keusche Jungfrau wie auch – in anderen Phasen – eine Gottheit der sexuellen Lust – etwa als Juno Caprotina, deren Fruchtbarkeitsriten vollzogen wurden, um die Feigenbäume zu befruchten.[4]

[1] Larousse, 203
[2] Rose, 193; Reinach, 102
[3] Huson, 146
[4] Rose, 217

Jupiter

Das Jupiterzeichen wird sowohl für den Planeten wie auch den Gott dieses Namens verwendet: Letzterer war die römische Göttin des Regens und Donners und entwickelte sich dann zum Göttervater. Wie von seiner griechischen Entsprechung Zeus glaubte man von Jupiter, daß er seine Gefährtin, die Göttin, befruchte, indem er auf sie herabregne oder als Blitz in sie eindringe. Aber er war kein gewöhnlicher Regengott, sondern eine höchst komplexe Gottheit, die viele Entwicklungsstadien durchlief.

Jupiter, Zeus Pater und der babylonische Gott Zu, der Sturmvogel, stammten alle von dem arischen Dyaus Pitar (»Himmelvater«) ab. Jupiter trat zuerst als *Jovis* (»der Junge«) in Erscheinung und besetzte in dieser Form die Rolle der Jungfrau innerhalb der zuvor ausschließlich weiblichen Dreiheit der Capitolinischen Gottheiten. Sie bestand aus Juventas, Juno und Minerva oder – im griechischen Kulturbereich – Hebe, Hera und Hekate.[1] Der junge Jovis wurde dann in der Folge als austauschbar mit dem Vater betrachtet, wie dies ja auch in der späteren christlichen Theologie der Fall ist. Schließlich bestand die Capitolinische Dreiheit dann aus Juno, Minerva und Jupiter.[2] Wie Juno, zu deren Gatten er wurde, besaß Jupiter zahllose Beinamen: Von Jupiter Pluvius (»der Regnende«) bis zu Jupiter Opulentia (»zur Göttin der Fülle gehörig«). Sein Name wurde dem Planeten Jupiter verliehen, weil die Astrologen der Antike der Überzeugung waren, daß der Himmel aus sieben aufsteigenden Sphären bestehe, in denen sich jeweils einer der Planeten befinde. Der Planet Jupiter war in der Jupitersphäre beheimatet, und deshalb haben die Astrologen im Laufe der Jahrhunderte diesem Planeten verschiedene Merkmale zugeordnet, die mit einem »jovialen« Image zu tun hatten: Führerschaft, vornehmes Verhalten, Heiterkeit, Offenheit, Großzügigkeit und ähnliches. Die ursprüngliche Bedeutung des Jupiter-Zeichens ist unbekannt; aber es sieht so wie ein umgedrehtes Ceres-Zeichen aus – wobei auch Ceres einer der Namen für die Himmelskönigin Juno war.

[1] Dumézil, Archaic Roman Religion, Bd.1
[2] Rose, 116

Kali-Yantra

Das Meditationszeichen der Großen Göttin in Indien – Kali – enthält eine sowohl weiblich-sexuelle wie auch mütterliche Symbolik. Der Hintergrund ist das vierseitige Emblem der Welt mit ihren vier Himmelsrichtungen, vier Winden, vier Urströmen usw. Darin verkörpert der Lotus mit den acht Blütenblättern die Göttin in ihrem liebenden und nährenden Aspekt. Ein schwarzer Kreis zeigt, daß sie auch Zerstörerin und Mutter Nacht ist, die am Ende alles in ihrem dunklen Schoß des Nicht-Seins oder des Chaos zwischen den Universen verschlingt. Ferner erscheint in einem nach unten weisenden Dreieck – dem Yoni-Yantra – der perlende Funke des neuen Lebens – *bindu* –, der die Neuschöpfung und Neugeburt lebender Welten aus dem ewigen weiblichen Prinzip verspricht.

König der Könige

Unser gewohntes Zeichen für eine medizinische Verschreibung ist von einer verkürzten lateinischen Anrufung Jupiters als König des Himmels oder König der Könige (*Iupiter Rex*) abgeleitet. Man glaubte, daß er imstande sei, alle Krankheiten zu heilen. Deshalb wurde das Zeichen R-x schon als solches zu einem Heilamulett. Manche Autoritäten behaupteten jedoch, daß der eigentlich heilende König der Könige nicht Jupiter sei, sondern sein dunkler unterirdischer Widerpart Saturn – vielleicht aufgrund der Annahme, daß Heilung nicht von oben, sondern von innen kommen müsse, wie auch die »heilenden Wasser« der Erde aus tiefen Quellen hervorsprudelten. Oft glaubte man, daß das Heilzaubersymbol R-x oder irgendwelche anderen medizinischen Beschwörungen auf ein Papier geschrieben werden mußten, das der Patient dann schluckte.[1] Noch heute in unserem angeblich so aufgeklärten Zeitalter kommt eine so simple Heilmagie noch vor.

[1] Waddell, 401

Labarum

Das Labarum wird manchmal mit, manchmal ohne den äußeren Kreis gezeichnet. Einstmals wurde es als Monogramm Christi angepriesen, das der Kaiser Konstantin vor der Schlacht an der milvischen Brücke am Himmel gesehen haben wollte: angeblich ein Ereignis, das ihn auf der Stelle zum Christentum bekehrte. In Wirklichkeit war das Labarum bereits ein heiliges Zeichen für die Truppen Konstantins, aber nicht, weil es christlich gewesen wäre, sondern weil es das Sigill ihres bevorzugten Gottes Mithras war.

Das Mithras-Labarum war eine späte Form des ägyptischen Anch und symbolisierte vielleicht das Rad des Universums mit der aufgehenden Sonne, die zum Jahresanfang inthronisiert wurde.[1] Es war das »Zeichen des Kreuzes«, das auf die Stirn von Mithras-Eingeweihten gezeichnet wurde.

Die spätere Entwicklung des christlichen Mythos betonte, daß Konstantins Labarum am Himmel erschien, obwohl Lactantius bezeugte, daß der Kaiser es in einem Traum und nicht im Freien sah und daß es kein

Kreuz gewesen sei, sondern »der Buchstabe X, der in der Mitte von einer senkrechten Linie gekreuzt wurde, die am oberen Ende umgebogen war«.[2] Einige frühchristliche Autoren waren der Meinung, daß es die griechischen Buchstaben *chi* und *rho* für »Christos« enthalte. Andere wiederum sagten, daß das Labarum von dem alten kretischen Symbol der Doppelaxt abgeleitet sei.[3] Jedenfalls war es kein ursprüngliches Symbol; und Konstantin wurde weder an der milvischen Brücke noch sonst irgendwo zum Christentum bekehrt, sondern akzeptierte die Taufe erst auf seinem Totenbett.

[1] d'Alviella, 180
[2] J.H. Smith, 48
[3] Whittick, 211

Logos

Die christlichen Theologen behaupteten mit Vorliebe, daß die Lehre vom Logos zum erstenmal in ihrer Heiligen Schrift formuliert worden sei: »Im Anfang war das Wort, und das Wort war bei Gott, und das Wort war Gott.« (Johannes 1,1). Auf diese Weise wurde Jesus zu einem fleischgewordenen Symbol erklärt, und zwar zum schöpferischen Wort (*logos*), mit dessen Hilfe Gott die Dinge der Welt auf wunderbare Weise ins Leben rief – indem er ihre Namen aussprach. Aber in Wirklichkeit war gerade diese Lehre vom Logos eines der am wenigsten eigenständigen christlichen Konzepte. Vor Jesus wurde schon der Gott Hermes zur Verkörperung des Logos seines himmlischen Vaters Zeus, zum *Logos spermatikos*, dem schöpferischen Wort erklärt. Dadurch wurde Hermes zum »Licht des Menschenlebens« und auch zum »fruchtbaren Schoß des Alls« (in Nachahmung weiblicher Symbolik). So steht es in dem hermetischen Text »Das vollkommene Wort« aus dem 3. Jahrhundert.[1] Hermes wurde mit dem ägyptischen Gott Thot, einer weiteren Manifestation des schöpferischen Wortes, gleichgesetzt. Thoth war der Gatte der Göttin Maat, »deren Wort Wahrheit ist« – damit wird ausgedrückt, daß sich alles, was sie aussprach, verwirklichte. Thoth übernahm die Kräfte der Göttin und sprach – seinen Priestern zufolge – das Schöpfungswort aus. Er wurde ebenfalls zum »fruchtbaren Schoß«, aus dem die ersten Götter geboren wurden.[2] In den ägyptischen Hieroglyphen steht geschrieben: »Das Wort erschafft alle Dinge… Nichts *ist*, bevor es nicht mit klarer Stimme geäußert worden ist.«[3] Aber obwohl es nun einen Gott Thoth gab, war es noch immer die Göttin Maat, die den Pharao befähigte, die richtige Ordnung der Schöpfung durch ihren Laut *hu* (»schöpferischer Ausruf«) am Leben zu erhalten.[4] Götter mußten beweisen, daß sie über den Logos verfügten, bevor man ihnen den schöpferischen Geist zutraute. Der babylonische Gott Marduk konnte erst dann zum Herrscher der übrigen Götter werden, als er seine Fähigkeit bewiesen hatte, durch die Kraft seines Wortes zu zerstören und neu zu erschaffen. Ebenso wie Christus als Logos des Jehova bezeichnet wurde, so wurde viele Jahrhunderte zuvor der Gott Enlil von Nippur als Logos des himmlischen Vaters Anu bezeichnet. »Der Geist des Wortes ist Enlil«, heißt es im Gilgamesch-Epos.[5]

Der wirkliche Grund hinter diesem ganzen Gerangel der Götter um die Kraft des Logos: Dies war eine der wenigen Schöpfungsmethoden der Urmutter, die von männlichen Göttern ohne weibliche Hilfe angewendet werden konnte. Die Priesterschaften sprachen davon, daß männliche Götter oder sogar Männer wie Adam Frauen geboren hätten: aber jeder wußte, wie unsinnig diese Sprüche waren. Und so stürzten sich die Priester schließlich auf das schöpferische Wort, das in der Vergangenheit ebenfalls der Göttin zugeschrieben wurde, weil Kinder normalerweise von Müttern und nicht von Vätern sprechen lernen.

Die indische Göttin Vac (»Stimme«) war eine Manifestation von Kali als Mutter der Schöpfung. Sie herrschte auf dem Gipfel des kosmischen Baumes oder des Götterberges.[6] Sie sprach das erste Wort Om, um das Universum hervorzubringen: Dies war das *mantramatrika* (»die Mutter der Mantras«). Sie erfand das Alphabet, dessen Buchstaben *matrika* (»Mütter«) hießen. In ihren Schriften heißt es: »Sie ist in allem enthalten, das zwischen dem ersten und letzten Buchstaben des Alphabets liegt, welches die ursprünglichen Wurzelformen enthält, aus denen die Namen aller Dinge in der Welt zusammengesetzt sind.«[7] (Siehe Om)

Als die patriarchalen Religionen der Urgöttin die Kraft des schöpferischen Wortes entrissen hatten, wurde es zum wichtigsten Akt der welterschaffenden Götter und zu einer Kraft, die ihnen von Geburt an in ihren irdischen Inkarnationen innewohnte. Ein naives Beispiel für dieses Denken kommt im »Buch des Jakob« vor, in dem von der Kindheit Jesu erzählt wird. Weil er die Kraft des Logos hatte, wurden »all seine Worte zu Wirklichkeit«. Und als seine Mitschüler sich über ihn lustig machten, sprach er einfach ihre Namen mit einem Fluch aus, und schon fielen sie tot um.[8]

[1] Angus, 243
[2] Larousse, 27–28
[3] Seligmann, 39
[4] Frankfort, 61
[5] Epic of Gilgamesh, 24
[6] d'Alviella, 162
[7] Rawson, The Art of Tantra, 198
[8] Warner, 13

Mars

Das Zeichen für Mars ist heute allseits bekannt und wird nicht nur für unseren Nachbarplaneten verwendet, sondern auch für männliche Lebewesen in Botanik und Zoologie – es ist die männliche Entsprechung zum Venus-Zeichen, das auch für weibliche Lebewesen steht. In der klassischen Mythologie wurde Mars mit Venus zusammengebracht, er galt als einer ihrer Liebhaber – vielleicht weil dieses Paar auch den Wechsel der Gegensätze im Sinne von Yin und Yang symbolisiert, den ewigen Wechsel von Liebe und Haß. Die griechische Entsprechung des Mars war der Gott Ares, der Kampf und Zwietracht verkörperte. In Skandinavien war es Tiw, ein kriegerischer Gott, der dann von Odin entthront wurde. In Assyrien war Nergal, der »Blutvergießer«, ein Gott, der mit Unglück und Katastrophen assoziiert wurde und als Herr des Todes galt.

Aber Mars war ursprünglich kein Kriegsgott. In seiner frühesten etruskischen Version war er ein geopferter Fruchtbarkeitsgott – Maris, der in einem uralten Heiligtum im nördlichen Teil von Latium verehrt wurde.[1] Wie die meisten Fruchtbarkeitsgötter war er mit der Göttin Marica verbunden, mit der er den göttlichen König Latinus, den mythischen Vorfahren aller latinischen Stämme, zeugte. Mars erschien auch in der Gestalt des Opferbocks Faunus, dem im griechischen Mythos der gegeißelte Satyr-Heros Marsyas entspricht. Durch die Geißelung erwarb er den Namen des Roten Gottes.

Auf dem römischen Campus Martius (»Marsfeld«), wo einst die alten Opferriten vollzogen wurden, fanden später Militärübungen statt. Und wahrscheinlich aus diesem Grund wurde Mars zum Patron der römischen Legionen und dann zu einem Schlachtgott, dessen Embleme die Soldaten auf ihren Feldzügen mit sich trugen. Sie nannten ihn Marspiter (»Vater Mars«). Sein heiliger Tag war der *dies martis* oder »Dienstag«

(der im Deutschen nach dem Kriegsgott Tiw oder Ziu benannt ist, der bei den Römern als »nördlicher Mars« galt).

Die klassischen Autoren betonen, daß Mars von einer Jungfrau geboren sei (die übliche Voraussetzung für Helden), und zwar von der Himmelskönigin Juno selbst. Um Mars zu empfangen, wies sie ihren Gemahl Jupiter zurück und befruchtete sich selbst auf magische Weise mit ihrer heiligen Lilie.

[1] Whittick, 247; Larousse, 207

Merkur

Merkur war der römische Name für den Gott Hermes (ägyptisch Thoth) und war offenbar von dem lateinischen Wort *merx* oder *mercator* (»Kaufmann«) abgeleitet.[1] Als Gott des Handels wie auch der Magie, der Täuschung und des Betrugs übernahm Merkur in der Gesellschaft der Götter oftmals die Rolle des Jokers: Er galt als geschickter Händler, war aber nicht gerade vertrauenswürdig. Sowohl in Griechenland wie auch in Rom war er der Patron der Handelsunternehmungen, der Metalle, des Schmiedehandwerks und der Künste der »Naturwissenschaften«, aus denen sich dann die mittelalterliche Alchemie entwickelte. Er verlieh seinen Namen dem einzigen Metall, das bei normalen Temperaturen flüssig ist – dem Quecksilber. Wie die merkurische Persönlichkeit des Gottes selbst kann es nur schwer gesammelt oder festgehalten werden.

Wie sein Zeichen vermuten läßt, beruhte die Komplexität von Merkurs Charakter vielleicht auf seiner engen Verbindung mit der Göttin. Sowohl der Planet Merkur wie auch das Quecksilber werden durch das Venus-Sigill dargestellt, nur an der Oberseite sind Hörner angebracht, was deutlich an ihren Gefährten, den gehörnten Gott, erinnert. Die Alchemisten haben sich allem Anschein nach an diese Dinge erinnert. Sie identifizierten Merkur mit der weiblichen *anima mundi* (»Weltseele«), die manchmal auch *anima mercurii* oder *rebis* (»bisexuelle Dualität«) genannt wurde.[2] Manchmal symbolisierte das Merkurzeichen alle hermetischen Künste im allgemeinen.

Es stand außerdem auch für den Mittwoch, der bei den Römern *dies mercurii* hieß. Im Englischen ist der Mittwoch »Wodans Tag« (*Wednesday*), denn Merkur wurde in Nordeuropa mit Wotan gleichgesetzt. Wie Hermes war auch er ein Gott der Toten. Sein Zeichen tauchte in Katakomben und anderen unterirdischen Sakralorten auf.[3]

[1] Huson, 124
[2] Cirlot, 198
[3] Silberer, 189

Neptun

Neptunus war der lateinische Name des griechischen Meeresgottes Poseidon. Wie die meisten männlichen Gottheiten, die die Abgründe der Erde symbolisieren, trug er den Dreizack. Im Falle dieser ozeanischen Gottheit wurde der Dreizack als Fischspeer gedeutet.

Derselbe Dreizack steht heute für den Planeten Neptun, der im Jahre 1846 nach ausgiebiger Erforschung seiner Wirkung auf die Umlaufbahn des Uranus entdeckt wurde. Die späte Entdeckung der äußeren Planeten Uranus, Neptun und Pluto erzeugte in astrologischen Kreisen Betroffenheit, weil nun »Planeteneinflüsse« miteinbezogen werden mußten, von denen man zuvor keine Ahnung gehabt hatte. Im allgemeinen wurde Neptun dann als höchst geheimnisvoller, mystischer und okkulter Planet betrachtet. Wahrscheinlich lag der Grund darin, daß sein Dreizacksymbol eines der Zeichen des Teufels war.

Osiris

Das Osiriszeichen stellt den ägyptischen Gott als Erlöser der Welt dar. Sein »Körper« hat die Form des Anch, des Lebenskreuzes. Seine Arme bilden das *ka*-Symbol der Seele und tragen die Sonnenscheibe, die im Laufe der Zeit Osiris-Ra darstellte, und zwar sowohl den himmlischen Vater wie auch den sterbenden und wiederauferstehenden Sohn. Osiris war einer der frühesten der sterbenden Götter, dessen Anhänger seinen Körper in Form von Brot aßen – im Vertrauen darauf, daß dieses Sakrament sie im Leben nach dem Tode vergöttlichen würde, da sie ja an seiner göttlichen Essenz teilhatten. Er war die ägyptische Form des »Gottmenschen, der leidet, stirbt, wiederaufersteht und auf ewig im Himmel herrscht«.[1]

Der Osiriskult war eines der heiligen Mysterien, die in Rom zu Beginn der christlichen Ära äußerst beliebt waren. Viele Einzelheiten dieses Kultes wurden von der frühchristlichen Kirche kopiert, abgesehen von einem entscheidenden Punkt: Die Wiederauferstehung des Osiris wurde nicht durch den himmlischen Vater veranlaßt, sondern durch die Göttin Isis, die auch die Mutter, Schwester, Gattin, Erhalterin und beseelende Kraft des Erlösers war. Die Osiris-Dreiheit war eine komplizierte, inzestuöse Verbindung von Vater, Sohn und Mutter-Geliebter – wie es ja auch in der ursprünglichen christlichen Dreiheit der Fall war, bis dann Maria zu einer sterblichen Frau gemacht und Sophia vermännlicht wurde. Aber im ägyptischen Osiriskult war die Göttin die wichtigste Gestalt in diesem Dreigespann (siehe Isis-Hathor).

[1] Budge, Gods of the Egyptians, Bd. 2, 126

P

Pluto

Der Planet Pluto war den Menschen der Antike nicht bekannt, weil er mit bloßem Auge von der Erde aus nicht gesehen werden kann. Deshalb wurde er von seinem Entdecker C.W. Tombaugh im Jahre 1930 auf ziemlich willkürliche Weise Pluto genannt – dies war die klassische griechische Version des dunklen Gottes der Unterwelt, Hades. Man erfand als Zeichen für den Pluto ein P mit einem Querstrich am unteren Ende. Und nun mußten auch die Astrologen Pluto in ihr System einfügen, obwohl noch ein halbes Jahrhundert vorher kein Astrologe auch nur von seiner Existenz gewußt hatte.

Der dunkle Gott Pluto war selbst die hellenische Revision eines Beinamens der früheren Großen Mutter – er bedeutete »Reichtümer« oder »Fülle«. Unter den älteren vorhellenischen Gottheiten gab es einen weiblichen Pluto, den/die die Griechen in ihren Mythen verachteten und diffamierten.[1] Diese Göttin Pluto scheint in Parallelität zur Göttin Demeter in dreifacher Form aufgetreten zu sein

– als Kore (Jungfrau), Pluto (Mutter) und Persephone (Greisin bzw. »Zerstörerin«).

[1] Graves, The Greek Myths, Bd. 2

Purusha

Der Brhadaranyaka-Upanischad zufolge »existierte im Anfang nur Purusha. Er war so groß wie ein Mann und eine Frau in Umarmung, und als er in zwei geteilt wurde, entstanden Ehemann und Ehefrau.«[1] *Purusha* bedeutet »Mensch« oder »Person«. Aus Abbildungen geht hervor, daß er/sie eine Erscheinungsform des Ur-Androgyn war und das männliche und weibliche Element in einem Körper enthielt. Dabei war die rechte Seite männlich und die linke Seite weiblich, wenn man der klassischen weltweit verbreiteten Geschlechtsaufteilung glaubt. In anderen Geschichten heißt es, daß Purusha als männliches Wesen mit dem weiblichen Naturgeist Prakriti vereint werden mußte, bevor er zu einer möglichen Lebensform werden konnte. In ähnlicher Weise waren auch alle Hindugötter einschließlich des angeblich erhabenen Brahma ohnmächtig, wenn sie nicht mit ihren weiblichen Hälften, ihren Shaktis, verbunden waren, die die Große Göttin als *Bhavani* (»Existenz«) darstellten.[2] »Brahma, das große immaterielle Ganze, ist eine passive, kontemplative, männliche Gestalt, die ohne seine Gattin Shakti machtlos ist. Sie ist Energie in Bewegung.«[3]

Während die indische Kunst oftmals das ursprüngliche Konzept der androgynen Gottheit darstellt, verschwand diese Vorstellung aus der westlichen Zivilisation – nur in manchen Mythen kam sie noch zum Vorschein. So gab es zum Beispiel die doppelgeschlechtlichen Menschen des Goldenen Zeitalters, die Zeus in der Mitte durchschnitt, um sie zu bestrafen. Und es gab Adam und Eva, die dem persischen androgynen Paar Mashya und Mashyoi nachempfunden waren: In mindestens einer von den zwei oder drei verschiedenen Schöpfungsgeschichten der Genesis wurden sie als männlich-weibliche Einheit zusammen geschaffen. Die rabbinischen Traditionen widersprachen manchmal der Geschichte von Evas Pseudogeburt aus Adams Rippe: Sie sagten, daß Gott – ähnlich wie schon

Zeus vor ihm – die männliche und weibliche Hälfte des ersten menschlichen Wesens aus Neid gegenüber ihrer unaufhörlichen sexuellen Wonne auseinandertrennte.[4]

In patriarchaleren Zeiten wurde Purusha seiner ursprünglichen androgynen Form beraubt und statt dessen als ungeheuer großer Umriß dargestellt, der von Hunderten von kleinen Männern gefüllt war. Die männlich-weibliche »Person« wurde also zu einem kollektiven »Mann«.

1 Markale, 155
2 Walker, The Woman's Encyclopedia of Myths and Secrets, 587
3 Markale, 99
4 Walker, The Woman's Encyclopedia of Myths and Secrets, 33

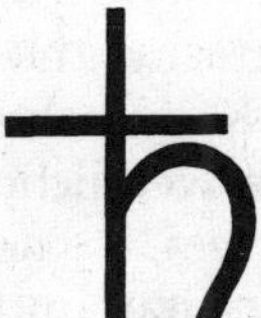

Saturn

Das Saturnzeichen ist eine Variante von Kreuz und Bogen, wie sie auch in den Zeichen von Jupiter und Ceres auftreten, und beschreibt den dunklen unterirdischen Gott, der das Alter Ego des himmlischen Vaters war, ebenso wie Pluto das Alter Ego des Zeus, Ahriman das Alter Ego des Ahura Mazda und Satan das Alter Ego Gottes war. Für die babylonischen Astrologen war Saturn die Schwarze Sonne – der Sonnengott in seinem Grab. In Harran wurde Saturn von schwarzgekleideten Menschen verehrt, die besondere Kerzen aus Weihrauch und Opium abbrennen ließen. Sie beteten zu ihrer Gottheit mit folgenden Worten: »Herr Saturn, kalter, trockener, dunkler, gefährlicher… listiger Herr! Du, der jede Ränke kennst, der verschlagen, weise, verständnisvoll ist und Wohlstand oder Verarmung erzeugt.«[1]

In Rom fand das Opfer des Saturn am Jahresende beim Fest der Saturnalien statt: In frühen Zeiten wurde ein menschliches Opfer dargebracht, später dann ein Abbild, das dann zur Scheintötung des Königs Karneval umgewandelt wurde, »eine Spur der alten Saturnalien, als der Mann, der als König der Saufgelage amtiert hatte, tatsächlich getötet wurde«. Noch in frühchristlicher Zeit wurden Menschenopfer dargebracht.[2] Die Tötung des Königs Saturn symbolisierte in Wirklichkeit den Eintritt des Sonnengottes oder himmlischen Königs in die Unterwelt, aus der er dann als himmlischer König wiedergeboren werden sollte.

Der Tag des Saturn war der Samstag, der letzte Tag der Woche, der in den Worten von

Agrippa von Nettesheim »dem letzten Ende des Lebens entspricht und von Saturn beherrscht wird, der die Sichel des Todes trägt«.[3] Der Grund für dieses Bild von Saturn als Tod war seine Identität mit dem griechischen Titanengott Chronos, Kronos oder Cronus, der mit seiner todbringenden Sichel zu »Vater Zeit« wurde, und zwar vermittels seines Bündnisses mit der älteren Göttin Rhea Kronia, die ihrerseits »Mutter Zeit« war. Wie die Zerstörerin Kali vor ihr personifizierte sie sowohl Zeit wie auch die Erde und verschlang alles, was sie geboren hatte. Deshalb wurde Chronos oder Cronus in Kultdarstellungen als Verschlinger seiner eigenen Kinder abgebildet, und auch Saturn wurde zum Kinderfresser. Das einzige Kind, das diesem väterlichen Kannibalismus entrann, war Zeus, der seinen Vater später besiegte und ihn aus dem Himmel vertrieb. Eine ähnliche ödipale Rivalität kommt auch in persischen und jüdischen Sagen über den Krieg im Himmel vor, allerdings mit anderem Ausgang. Wie man von einem chtonischen Gott erwarten kann, wurde Saturn mit Dunkelheit, Schwere, Dichte und Melancholie assoziiert. »Saturnische« Persönlichkeiten sind der Astrologie zufolge vom Element Erde bestimmt. Das Metall des Saturn war Blei. Auch den Planeten betrachtete man als verdunkelnden Einfluß, obwohl die Saturnalien andererseits ein Tag von ausgelassener Heiterkeit und Festlichkeit waren. Schließlich aber wurde er zum Tag der Sünde erklärt und um so mehr mit teuflischen Assoziationen verbunden.

[1] Cumont, Astrology and Religion Among the Greeks and Romans, 28, 90
[2] Moakley, 55
[3] Agrippa, 147

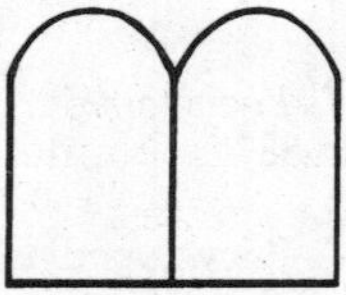

Schechina

Die Schechina war für den hebräischen Gott, was Kali-Shakti für Shiva war: Seine weibliche Seele, sein Bewußtsein, seine Energie, seine Kreativität und seine eigentliche Gattin. In der rabbinischen Literatur heißt es, daß der Glanz der Schechina die Engel ernährte; sie kann Gott für seine Rachsucht bestrafen. Sie war »eine große himmlische Wirklichkeit, deren strahlende Erscheinung die theoretischen Lehren von der Einheit Gottes in den Hintergrund drängte«. Gikatilla zufolge trat sie in den Tagen von Abraham als Sarah in Erscheinung, in den Tagen von Isaak als Rebekka, in den Tagen Jakobs als Rachel. Sie war auch Matronit (»Mutter«), Malkuth (»Königreich«), ein »bloßliegender Eckstein«, eine »Perle«, der »Mond«, die »Erde«, die »Nacht«, der »Garten«, die »Quelle«, das »Meer« und die »Höchste Frau«.[1]

Die Schechina wurde oftmals als Gottes »Ruhm« definiert, eine Bezeichnung, die ebenso wie die des »Heiligen Geistes« die ursprüngliche Beziehung zur Göttin versteckte, durch die Jahwe seine Macht erlangte. Manchmal wurde ihr Name einfach aus den Schriften weggelassen, und ein anderer Name wurde statt dessen eingesetzt. Das »Targum von Onkilos«, eine aramäische Version etwa aus der Zeit um 130 n. Chr., enthält noch das Wort *Schechina*, wo spätere Autoren einfach das Wort »Name« eingesetzt haben. So steht dort in Deuteronomium 12,5 geschrieben: »Gott wird die Stätten auswählen, wo seine Schechina wohnt, im Haus seiner Schechina sollt ihr suchen.«[2]

In der talmudischen Literatur heißt es, daß die Israeliten zwei Särge durch die Wildnis trugen. Der eine enthielt den Leichnam Josephs, der andere die Schechina in Form von zwei Steintafeln. Israels Sünden veranlaßten die Schechina, den Tabernakel zu verlassen, aber einige Rabbis beharrten darauf, daß sie zurückkehre, als der zweite Tempel erbaut wurde. Ihre Anwesenheit wurde durch das Läuten von Glocken angezeigt, wie es auch bei der Vergegenwärtigung Gottes in der katholischen Hostie geschieht.[3]

Bei den jüdischen Gnostikern nahm die Schechina dieselbe Position ein wie Sophia-Sapientia oder Mari-Anna oder Myrrha vom Meer für die christlichen Gnostiker: Sie war ein immer schwächer werdendes Überbleibsel des früheren Bildes einer allmächtigen Gottesgemahlin. Bei den Christen wurde der Heilige Geist vermännlicht. Bei den Juden wurde die Schechina fast vollständig vergessen, bis einige kabbalistische Sekten sie im 13. Jahrhundert wiederauferstehen ließen.

[1] Patai, 147–149, 161, 177–178
[2] Mollenkott, 38
[3] Patai, 141–145

Sige

Sige (»Schweigen«) war eine geheimnisvolle, verschleierte weibliche Gestalt, die mit dem Finger ihre Lippen verschloß. Manche behaupteten, daß sie den geheimen Namen Roms symbolisierte, der nicht laut ausgesprochen werden dürfe, bzw. daß sie das Tabu darstelle, ihn auszusprechen. Bei den Gnostiker war Sige jedoch die ursprüngliche weibliche Kraft der Schöpfung, aus der Sophia geboren wurde; denn aus dem Schweigen entstand das erste schöpferische Wort. Diese zuvor weibliche Kosmogonie beeinflußte die neuplatonische Lehre vom Logos, durch den Gott angeblich die Welt erschaffen hatte – durch seine Schöpferworte.

Ein anderer Name für diese römische Göttin des Schweigens lautete Angerona. Ihr Kult, ihre Rituale und spirituellen Bedeutungen wurden so sorgfältig verborgen, daß bis zum heutigen Tag so gut wie nichts über sie bekannt ist.[1]

[1] Larousse, 214

Sin

Wenn Moses wirklich auf dem Berg Sinai gestiegen ist, um den dort thronenden Gott zu treffen, so hätte das der Mondgott Sin sein müssen, der seit dem Entstehen der sumerischen Kultur auf diesem Berg wohnte und ihm seinen Namen verlieh. Tatsächlich ist die gesamte Halbinsel Sinai, früher »das Land Sinim« (Jesaia 49,12); (»Land des Mondberges«) nach ihm benannt. Der ursprüngliche Jahwe war nur eine andere Form dieser »primitiven Mondgottheit von Arabien«.[1] Zusammen mit der Sonne Schamasch und dem Stern Ischtar wurde Sin zum Bestandteil der babylonischen Dreiheit.[2]

Das Symbol von Sin zeigt einen Berg, der von den Hörnern des Mondes gekrönt und auf einen Schaft gestützt ist, der bis in die Unterwelt reicht – was insgesamt an einen stilisierten Baum erinnert. Manchmal war der mondgekrönte Baum auch ein Emblem der Göttin, und Sin war in der gewohnten Art der mesopotamischen Gottheiten ihr Sohn-Geliebter.

1 Briffault, Bd. 3, 106
2 Campbell, The Mythic Image, 88

Sonnengöttin

Zwar scheint es Brauch, die Sonne mit dem männlichen Prinzip zu assoziieren, aber das archaische Bild der Sonne als Göttin war in früheren Zeiten weitverbreitet. Die Große Mutter von Südarabien, Atthar oder Al-Ilat, war die Sonne und hieß auch »Fackel der Götter«.[1] Eine »Göttin Sonne« war auch in Nordamerika und Sibirien bekannt. Die alten Germanen nannten sie Sunna, Sol odere Ruhm-der-Elfen. Bei den Kelten hieß sie Sul oder Sulis (von dem keltischen Wort *suil* für »Auge der Sonne«). Am jüngsten Tag, so heißt es in der »Edda«, wird sie eine Tochtersonne gebären, die die zukünftige Welt erleuchten wird.[2] In England wurde sie in Silbury Hill (eigentlich »Sulisbury« oder »Solbury«) und in Bath verehrt. An dem letzteren Ort wurde sie von den Römern mit Minerva gleichgesetzt, und so wurden Altäre für »Sul Minerva« erbaut.[3]

Das japanische Königshaus führt seinen Ursprung auf die Sonnengöttin Amaterasu zurück. Im »Mahanirvanatantra« wurde die Sonne als die »Kleidung« der Großen Göttin bezeichnet, eine Formulierung, die sicherlich das biblische Bild von der »Frau, die mit der Sonne bekleidet ist« (Offenbarung 12,1) beeinflußt hat. Sie wurde zwangsläufig mit Maria identifiziert.[4] Die Buddhisten nannten die Sonne auch »Göttin Mari« oder *Marici* (»Sonne des Glücks«).[5]

1 Larousse, 323
2 Branston, 152, 288
3 Dames, 154
4 Mahanirvanatantra, XL
5 Waddell, 218

Sophia, aus einer Handschrift aus dem 12. Jh.

Sophia

Das siebenfältige Mandala erscheint in dem Manuskript *Hortus deliciarum* (»Garten der Lüste«) aus Landsberg (12. Jahrhundert) und stellt die Sophia dar. Innerhalb der sieben Bögen erschienen sieben weibliche Gestalten, die als die sieben Zweige der Gelehrsamkeit benannt sind: Arithmetik, Geometrie, Astronomie, Grammatik, Rhetorik, Dialektik und Musik. Sophia selbst erschien im mittleren Kreis als Weisheit oder Philo-Sophia (»Liebe zur Weisheit«) oder universelles Bewußtsein.

Die sieben Pfeiler der Sophia waren die antiken sieben Pfeiler der Weisheit, die aus einigen der ältesten Manifestationen der nahöstlichen Göttin übernommen wurden. Der Tempel von Aphrodite-Astarte auf Zypern besaß sieben Pfeiler. Ein moabitischer Tempel in Bab el-Dar wurde im 3. Jahrtausend v. Chr. mit sieben Menhiren erbaut.[1]

In der gnostischen Literatur heißt es, daß Sophia Adam aus sieben Konsistenzen erschuf: sein Fleisch aus Erde oder Lehm, sein Blut aus Tau, seine Augen aus der Sonne, seine Knochen aus Stein, seinen Geist aus Wolken, sein Haar aus Gras und seine Seele aus dem Wind ihres eigenen Atems. Sophia Zoe (»Weisheit des Lebens«) war die Mutter von Eva und erschuf den Adam erst später. Eva hatte zuerst keinen Gatten.[2]

Der Heilige Geist war eine Schöpfung der Gnosis, und sein (besser gesagt »ihr«) ursprünglicher Name lautete Sophia. Die valentinianischen Gnostiker sagten: »Die Welt wurde aus Sophias Lächeln erschaffen.«[3] In dem frühen gnostischen Werk »The everlasting Gospel« wird Jesus zitiert: »Meine Mutter, der Heilige Geist, zog mich am Haar meines Hauptes einen Berg hinauf.«[4] In der »Pistis Sophia« sagte Jesus, daß er die Seele »des Propheten Elias, im Himmel gefunden und Sophia, der Jungfrau des Lichts, übergeben habe. Sie steckte sie in Elisabeths Schoß, damit sie als Johannes der Täufer wiedergeboren werden konnte. Spätere Kirchenväter lehnten die Lehre von der Reinkarnation ab und behaupteten statt dessen, daß Johannes nicht der reinkarnierte Elias in einem technischen Sinne sei, sondern daß er mit Elias' »Geist und Kraft« handelte, was immer das bedeuten sollte.[5]

[1] Gaster, 804
[2] Robinson, 171–172
[3] Neumann, 56
[4] Gage, 47
[5] Evans-Wentz, 361–362

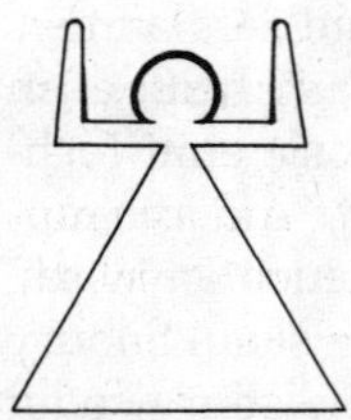

Tanit-Astarte

Eine stilisierte weibliche Figur mit erhobenen Armen (siehe Abbildung) war eines von mehreren Symbolen für Astarte, Göttin von Syrien, Phönizien und den Kolonien im Westen des Mittelmeeres wie Karthago. Dort wurde sie meist Tanit und manchmal auch Astroarche (»Herrscherin der Sterne«) genannt.[1] Ihr Körper ist eine Variation des Dreiecks, das so viele Göttinnen der Antike symbolisierte. Manchmal wurde diese Figur auch als Lotus, als Blüte des Lebens oder als »symbolische Darstellung der universellen Matrix« verstanden.[2] Es gleicht auch der ägyptischen Hieroglyphe *ka* (»Geist-Seele«) oder der beschwörenden Geste einer Frau, die die Essenz der Himmelskönigin in sich aufnimmt.[3]

In Karthago war Baal-Hammon der Sohn und Gatte von Tanit-Astarte: ein solarer Gott, der ebenso wie der ägyptische Amon und der westpersische Haman von Susa auch »Herr der Glut« hieß. Seine Opfer »gingen durch das Feuer ins ewige Leben«, heißt es in der Bibel, wenn sie verbrannt wurden.[4] Virgil schreibt, daß der trojanische Held Äneas nur knapp einem solchen Schicksal entging, indem er vor der Königin von Karthago die Flucht ergriff. Aber der Tanit-Kult ist dann auch nach Rom gelangt: Dort erhielt Tanit den Namen Libera (»libysche Göttin«); ihr zu Ehren wurde jedes Jahr während der Iden des März das Fest der Liberalia gefeiert.

Im 5. Jahrhundert n. Chr. wurde der Göttertempel von Karthago in eine christliche Kirche verwandelt. Man entdeckte jedoch, daß in dieser Kirche nominelle Christen noch immer der früheren Himmelskönigin ihre Huldigung erwiesen, und deshalb ordnete Bischof Aurelian die Zerstörung des Gebäudes an.[5]

[1] Lindsay, 327
[2] d'Alviella, 189
[3] Larousse, 84; Budge, Egyptian Language, 57
[4] Albright, 233
[5] J.H. Smith, 229

יהוה

Tetragrammaton

Tetragrammaton bedeutet »vier Buchstaben« und bezieht sich auf die vier hebräischen Buchstaben *jod, he, vau, he* (JHWH), die traditionell als »Unaussprechlicher Name Gottes« bezeichnet wurden. Dieser Name war so geheim und heilig, daß er nur einmal pro Jahr und nur durch den Hohepriester ausgesprochen werden durfte.[1] Wie manchem anderen Namen von Gottheiten wurden ihm große magische Kräfte zugeschrieben; er wurde oftmals auf Zauberamulette gezeichnet und als unmittelbare Verkörperung von Jahwes Geist betrachtet.

Und dennoch bestand das geheimste Element des Tetragrammaton in seiner Wortwurzel HWH in der Bedeutung von »Sein« oder »Leben« oder »Frau«, wie auch der sanskritische Beiname der Göttin – Bhavani – »Existenz« bedeutete.[2] Wenn man diese Wurzel in lateinischen Buchstaben schreibt, so kommt dabei das Wort »EVE« heraus – ein zusätzlicher Hinweis darauf, daß der gnostische Begriff von Eva sie als Mutter von Jehova oder Jahwe und sogar als »Mutter allen Seins« betrachtete (Genesis 3,20).

Tatsächlich gab es zwei verschiedene Versionen des Tetragrammaton: Das »männliche« JHWH und ein »weibliches« EHYH, das oft auf Amuletten aus Samaria erschien. Auf Pergamenten, die in Phylakterien gefunden wurden, waren diese beiden Versionen oft ineinander verschlungen.[3]

Den Christen des Mittelalters ging der eigentliche Sinn des Tetragrammatons verloren, allerdings wurde er oftmals in Zauberbüchern geschrieben. Deshalb vermuteten sie, daß es der Name eines mächtigen Dämons sei. Im 17. Jahrhundert wurde das Tetragrammaton als mächtiger Teufel beschrieben, dessen Aufgabe es war, Hexen vor ihren Verfolgern zu schützen.[4]

[1] Trachtenberg, 90
[2] Waddell, 117
[3] Budge, Amulets and Talismans, 261
[4] Hazlitt, Bd. 2, 656

Thor

Thor ist der norwegische Gott des Donners, und sein Emblem ist der magische Hammer Mjölnir. Die Funken, die unter den Hammerschlägen wegsprangen, erzeugten den Blitz, und der Klang der Schläge ließ den Donner ertönen. Manche Gelehrten führen Thors Hammer auf die Doppelaxt oder Labrys zurück, die kretische und hethitische Donnergötter in ihren Händen hielten.[1]

Kunstvoll verzierte Kleinausgaben von Thors Hammer (siehe Abbildung) wurden oftmals als Amulette, Schutzanhänger oder magische Werkzeuge verwendet. Schmiede, die auch Hämmer herstellten und meist in Verbindung mit heidnischer Zauberkraft gesehen wurden, galten als besondere Lieblinge des Donnergottes. Der Hammer gehörte aber nicht nur Thor oder irgendeinem anderen männlichen Gott. Er trat auch mit verschiedenen Göttinnengestalten in Erscheinung. Zum Beispiel verwendete die griechische Schicksalsgöttin Ananke den Hammer, um die Ketten des Schicksals zu schmieden, die Menschen und Götter in unauflösliche Bande schlugen.[2]

[1] Branston, 122
[2] G. Jobes, Bd. 1, 91

Tyr

Tyr war der skandinavische Name des »Dienstags«-Gottes. Bei den Sachsen hieß er Tiw, in Süddeutschland Ziu, im Norden Tiuz oder Tiwaz. Diese Namen sind mit dem indoeuropäischen Wort *dieus* (»Gott«) verwandt und stehen auch mit dem griechischen Götternamen Zeus in Verbindung. Tyr war auch ein alternativer Name für Odin.[1] Tyr oder Riw lag zeitlich vor Odin als dem höchsten Himmelsgott und wurde später von dem himmlischen Vater der Asen ersetzt, wie auch seine römische Entsprechung Mars durch Jupiter verdrängt wurde. Sowohl Mars wie auch Tyr überlebten dann als Kriegsgötter und wurden beide dem Dienstag zugeordnet (lateinisch *dies martis* für »Tag des Mars«). Beide wurden durch eine Speerspitze symbolisiert, die an einer »weiblichen« Scheibe befestigt war. Allerdings kam das Zeichen des Tyr manchmal auch ohne die Scheibe vor, so daß sich nur Speer oder Pfeil erhalten haben.

[1] Davidson, Gods and Myths of the Viking Age, 57

Uranus

Das Uranuszeichen ist eine vergleichsweise junge Erfindung und wurde von Astrologen verwendet, um den Planeten Uranus nach seiner Entdeckung durch Sir William Herschel im Jahre 1781 zu kennzeichnen. Da der Planet zuvor nicht bekannt gewesen war, gab es kein Symbol für ihn. Alternativ zu dem oben abgebildeten Zeichen wird auch das Mars-Zeichen mit einem Punkt in der Mitte des Kreises verwendet.

Der neue Planet wurde nach dem griechischen Gott Uranos (griechisch »Himmel«) benannt, der linguistisch von dem vedischen Himmelsgott Varuna abstammt. Hesiod zufolge war Uranos der älteste der Götter und der Vater der Titanen, die von seiner Gefährtin Gaia (»Mutter Erde«) geboren wurden. Uranos wurde von seinem Sohn Kronos angegriffen und kastriert, und seine abgetrennten Genitalien wurden in den Schoß des Meeres geworfen, aus dem dann Aphrodite (Venus) geboren wurde. Dies war die klassische Geschichte von der göttlichen ödipalen Rivalität. Sie stützte sich auf frühere Mythen, in denen Aphrodite selbst die ursprüngliche Himmelskönigin gewesen war. Einer ihrer ältesten Beinamen war *Urania*, die »Himmlische«.

Venus

Der »Spiegel der Venus« ähnelt in der Form dem ägyptischen Anch, dem Symbol des Lebens, der Liebe und der Sexualität; und das waren auch die Kräfte der Göttin Venus, die der griechischen Aphrodite entsprach. Ihr Zeichen ist jetzt das botanische und zoologische Emblem des Weiblichseins überhaupt, wie auch das astronomische Emblem ihres Planeten Venus, der, von der Erde aus gesehen, als Morgenstern und Abendstern in Erscheinung tritt. Er stand auch für den ihr geweihten Tag, den Freitag (lateinisch *dies veneris*), an dem der heidnische Tradition zufolge Fisch gegessen wurde. Dies war ein Aphrodisiakum und bereitete die Menschen auf sexuelle Riten vor, mit denen die Göttin verehrt wurde. Dieser Brauch wurde von den Christen kopiert, aber in seiner Bedeutung verändert.

Das lateinische Wort *veneratio* (»Verehrung«), das auch im Englischen und Französischen vorkommt, bezeichnete die Verehrung der Venus, die von den Römern als eine der heiligsten Gottheiten betrachtet wurde. Das lateinische Wort für »Gnade« – *venia* – meinte eigentlich die »Gunst der Göttin Venus«. Julius Caesar verehrte die Venus Genetrix (»Venus, die Erzeugerin«). Ihr zu Ehren erbaute er einen Tempel aus Gold und Marmor und ließ seine eigene Statue in der Haltung des Geliebten neben ihr aufstellen.[1]

In der Alchemie stand das Venussymbol für Kupfer, denn dieses Metall war der Göttin heilig, seit ihr wichtigstes Heiligtum auf der Kupferinsel Zypern gegründet wurde. Sie wurde oftmals auch Aphrodite Kypris oder Venus Cypria – also »Göttin des Kupfers« – genannt.

Im frühen Mittelalter wurde Venus zur regierenden Feenkönigin zahlreicher heiliger Berge, an denen einige von ihren zahlreichen antiken Heiligtümern lagen. Man nannte sie Venusberge. Die Christen entweihten diese Plätze und viele andere Orte, an denen Göttintempel standen. Für sie waren es »Schulen des Bösen«. Ein Autor aus dem 6. Jahrhundert betonte, daß Frauen, die bei »Hochzeiten den Venustag in sündhafter Weise begehen«, durch das Höllenfeuer bestraft würden.[2] Dennoch wurde die Kirche gezwungen, die Göttin auf irgendeine Weise zu assimilieren, weil sich ihre Verehrung als unauslöschlich erwies. Normalerweise wurde sie zu einer sagenhaften heiligen Venerina verwandelt. »Städte und Heiligtümer, die der Venus geweiht waren, wurden zu Ehren der ›heiligen Venus‹« umbenannt.[3] Gleichzeitig aber überlebten Spuren der Venusverehrung in Zauberbräuchen, vor allem solchen, die mit Sexualität zu tun hatten. Ihr Spiegel-Symbol kam beispielsweise in dem folgenden Liebeszauber vor: Das Ei einer schwarzen Henne mußte nach Sonnenuntergang an einer Wegkreuzung begraben und drei Tage lang dort gelassen werden; dann mußte es nachts wieder ausgegraben und verkauft werden; mit diesem Geld mußte ein Spiegel gekauft werden, der dann an derselben Stelle »im Namen der Herrin Venus« vergraben wurde. Nachdem der Magier drei Nächte lang an dieser Stelle geschlafen hatte, durfte er den Spiegel ausgraben. Jede Frau, die nun in den Spiegel blickte, würde sich daraufhin in ihn verlieben.[4]

Ein weiteres kurioses Überbleibsel der Venusverehrung war der Festtag, den die Kirche in den »Tag der unschuldigen Kinder« umbenannte (gemeint sind damit die Kinder, die angeblich von Herodes ermordet wurden). Das offizielle Zeichen dieses Tages war eine Reihe von vier Venusspiegeln.[5] Vielleicht hatte irgendein frommer, unschuldiger Mönch vermutet, daß damit kleine Kinder gemeint waren.

[1] Dumézil, Archaic Roman Religion, Bd. 1, 94; 2 Bd. 2, 546
[2] J.H. Smith, 242
[3] Fisher, 383
[4] Trachtenberg, 43
[5] Brewster, 42

Vesta-Hestia

Vesta war der römische Name der griechischen Göttin Hestia, »der ersten von allen Gottheiten, zu der man beten muß«. Mit ihrem Namen begannen und endeten alle Gebete und Opferrituale, sagte Cicero, denn sie ist »die Hüterin der innersten Dinge«.[1] Pythagoras zufolge war das Feuer ihres Herdes oder Altares das Zentrum der Erde.[2] Deshalb war der Altar der Vesta in Rom, der von den jungfräulichen Vestalinnen gehütet wurde, auch ein Symbol des Erdmittelpunkts. Ein ähnlicher Altar war in Griechenland das Prytaneum (»öffentlicher Herd«), der ebenfalls von der Göttin verwaltet wurde, die »von allen Gottheiten am meisten verehrt« wurde.[3]

Vesta oder Hestia war aus dem matriarchalen Zeitalter erhalten geblieben, in dem der Herd der Clanmutter der erste Feueraltar gewesen war. Ihre hausfraulichen Funktionen bestanden darin, das Feuer zu hüten, die Nahrung zu bereiten und das heilige Zentrum des Clanlebens zu gestalten, und sie galten als die heiligsten von allen menschlichen Tätigkeiten. In scharfem Gegensatz dazu steht die moderne Haltung zur Hausfrauenarbeit, die in den meisten Fällen einfach nur als Nicht-Arbeit gilt, die keiner Bezahlung würdig ist. Sie wird nicht als ehrwürdig sakral, sondern als profan betrachtet.

Das Zeichen für Vesta (oder Hestia) war ein Altartisch, auf dem Zwillingsflammen wie Schlangen zum Himmel aufzüngeln. Die Form des Altars entspricht dem griechischen Buchstaben *pi*, der in der Zahlenmagie der Pythagoreer überaus wichtig war, wie jedes moderne Schulkind weiß.

Die jungfräulichen Vestalinnen waren die heiligsten Frauen von Rom, weil sie mit dem ewigen Feuer zu tun hatten, das im Herzen des Imperiums brannte. Vestas Altarflammen durften niemals ausgehen, denn dies hätte das Ende des Imperiums bedeutet. Die Priesterinnen waren zunächst *virgines* im alten Sinne; das heißt, sie waren nicht notwendigerweise keusch, sondern lebten unabhängig von einem Mann. Später wurden sie zu nonnenhafter Keuschheit gezwungen und waren nur mit dem Geist von Rom »verheiratet« (der wahrscheinlich die Form des phallischen Palladiums besaß) – wie auch christliche Nonnen später mit Christus

»verheiratet« wurden. Der Beiname einer Vestalin lautete *Amata* (»Geliebte«).[4] Im 4. Jahrhundert n. Chr. löschten die Christen das vestalische Feuer und entzogen den Jungfrauen ihre politischen und religiösen Privilegien. Dies führte bei gebildeten römischen Heiden, die noch immer dem alten Glauben anhingen, zu großer Empörung. Die Jungfrauen waren höchst sakrale Wesen – obwohl das patriarchale Rom ihren ursprünglichen Charakter vergessen (oder absichtlich verdunkelt) hatte: Sie waren eigentlich orgiastische Priesterinnen und jungfräuliche Mütter, die bei Sommersonnwendfeiern vor dem 6. Jahrhundert v. Chr. von den Göttern geschwängert wurden.[5] Sobald die christliche Kirche genügend politische Macht errungen hatte, ließ sie die Göttin Vesta und ihre heiligen Priesterinnen verschwinden. »Ihre christlichen Feinde fürchteten sie als geheimnisvolle und magische Frauen: Sie verstanden sie nicht und wollten sie auch nicht verstehen; sie wollten sie nur vernichtet wissen.«[6]

[1] Dumézil, Archaic Roman Religion, Bd. 1
[2] Lethaby, 81–82
[3] Larousse, 136
[4] Graves, The White Goddess, 395
[5] G. Jobes, Bd. 2, 1018
[6] J. H. Smith, 149

666

Zahl des Tieres

In der Geheimen Offenbarung des Johannes (Offenbarung 13,18) ist die Zahl 666 die Zahl des Tieres und gleichzeitig ein numerologisches Rätsel. Sie ist auch die »Zahl eines Menschennamens«. Die christlichen Autoritäten vermuteten, daß dieser Mensch der Antichrist sein müsse. Deshalb wurde dieses »Tier« jahrhundertelang mit vielen Menschen gleichgesetzt, die der Kirche aus dem einen oder anderen Grund unangenehm waren: dem Hunnenkönig Attila, Dschingis Khan, Saladin, Friedrich dem Großen, Napoleon, Hitler – und dabei wurden immer Zahlenspiele vollzogen, damit die Buchstaben eines jeden Namens zusammen die Zahl 666 ergaben.

Aufgrund der ständigen Verbindung mit den Mächten des Bösen betrachtete man die Zahl 666 mit der Zeit als teuflische Zahl par excellence. Aleister Crowley hielt sich selbst für einen ziemlich teuflischen Burschen, genoß seinen selbstgewählten Beinamen *The Great Beast* (»Das große Tier«) und setzte die Zahl 666 auf sein persönliches Siegel. Noch heute ruft 666 bei Menschen, die vom Ursprung dieser Geschichte keine Ahnung haben, eine abergläubische Reaktion hervor.

666 wird aber auch an einer anderen Bibelstelle erwähnt: Es ist die mystische Zahl der Talente Gold (1. Könige 10,14), die Salomon offenbar durch sein Bündnis mit der Königin von Saba gewonnen hatte. Das »Tier« war einstmals ein hermaphroditisches Tier mit zwei Rücken – gemeint ist also eine sexuelle Vereinigung – in der Religion der Dreifachen Aphrodite, der die Zahl Sechs heilig war. Die sexuellen Assoziationen der Sechs veranlaßten die Kirchenväter, sie zur Zahl der »Sünde« zu erklären.[1] Verdreifacht war es somit eine Sündendreiheit. Und dennoch wurde ein mystisches Labyrinth in der Kathedrale von Chartres, in dessen Mitte das Sechsersymbol der Aphrodite lag, mit einem Zugang versehen, dessen Länge genau 666 Fuß betrug.[2]

[1] Baring-Gould, 652
[2] Pepper/Wilcock, 159

Zurvan, von einer Silberplatte aus Luristan, 8. Jh. v. Chr.

Zurvan

Die oben abgebildete Gestalt ist der Ur-Androgyn Zurvan, der männliche und weibliche Elemente in einem Körper vereint. Zurvan erzeugte aus seinem bzw. ihrem Schoß sowohl Gott wie auch Teufel: In dieser Lehre tritt der alte Glaube an die Zwillingsgottheiten des Guten und des Bösen (Ahura Mazda und Ahriman) zutage. Daraus entstand dann der persische Dualismus und schließlich das christliche Universum, das zwischen himmlischen und unterirdischen Gottheiten mit ungefähr gleicher Machtfülle aufgeteilt ist. Es stand geschrieben, daß die Gestalt des *Zurvan Akaran*, der »grenzenlosen Zeit«, »so unbegreiflich für den Menschen sei, daß wir sie nur in ehrfürchtigem Schweigen verehren können.«[1]

[1] Seligmann, 14

10
ÜBERNATÜRLICHE WESEN

Akeru
Alborak
Anima Mundi
Banshee
Basilisk
Baubo
Behemot
Chimäre
Cupido
Dakini
Dämon
Drache
Dryade
Dybbuk
Einhorn
Elfe
Engel
Fata Morgana
Faun
Fee
Furien
Geist
Genie
Ghul
Gnom
Golem
Gorgo
Grazien
Greif
Groteske
Grüner Mann
Harpyie
Heilige(r)
Hexe
Hippokamp
Hobglobin
Hydra
Imp
Incubus
Kachina
Kentaur
Kobold
Lamie
Leviathan
Meerjungfrau
Menschenfresser
Minotaurus
Muse
Nixe
Nornen
Nymphe
Peri
Pooka
Psychopomp
Riese
Satyr
Seele
Seeschlange
Sirene
Sphinx
Sybille
Sylphe
Teufel
Tierischer Schutzgeist
Tod
Triton
Troll
Uroboros
Vampir
Walküre
Wasserspeier
Werwolf
Wiedergänger
Wyvern
Zyklop

Der menschliche Geist birgt eine riesige Population von schier unglaublichen Wesen: Geister, Ghouls und Riesen, Monster und Meerjungfrauen, Dämonen und Drachen, Feen und Schicksalsgöttinnen, unmögliche Tiere und unwahrscheinliche anthropomorphe Wesen. Viele sind im Laufe der Jahrhunderte als Teil unseres symbolischen Erbes hängengeblieben – als optischer Ausdruck unserer primitiven Ängste und Wünsche, die in jeder Generation neue Gestalt gewannen. Noch heute sind Prozesse der Erschaffung solcher Wesenheiten in Gang, sie werden auf neue Zukunftswelten der Phantasie projiziert: Roboter, Androiden, Marsmenschen, King Kong, Godzilla und alle erdenklichen Fragmente davon, die in außerirdischen Wesen vereint sind. Wir waren immer Meister in der Kunst, Dinge zu sehen, die es nicht gibt, indem wir vielfältige verzerrte Fragmente dessen, was existiert, miteinander verbinden. Heute ist dies sogar noch leichter geworden: Legionen von Ungeheuern bevölkern Filme, Fernsehsendungen, Zeitschriften und die unzutreffend als »Comics« bezeichneten Heftchen.

Trotzdem sind übernatürliche Wesen, die aus historischen und religiösen Traditionen stammen, mehr als grellfarbige Schreckgespenster für Kinder. Sie sind auch Symbole, die aus archetypischem Material ins kollektive Bewußtsein übernommen werden. Die Trennlinie zwischen Gottheiten und allen anderen Arten von übernatürlichen Wesenheiten ist hauchdünn, und sie wird oftmals – nach beiden Seiten hin – überschritten. Götter, Menschen, heilige Tiere, gute und böse Geister besitzen alle die verwirrende Eigenschaft, daß sie auf unvorhergesehene Weise ineinanderpassen, weil das komplexe menschliche Bewußtsein nicht zwischen ihnen unterscheidet. Götter können sich wie Teufel verhalten und umgekehrt. Menschen oder Tiere können von den jeweils anderen besessen sein. Verschiedene Seelen können Geister, Vampire, Zombies, Engel, Sterne, Schatten, freundliche Geistwesen oder Ahnengeister sein. Wir müssen uns auch bewußt sein, daß die übernatürlichen Wesen der Vergangenheit im Gegensatz zu den heutigen künstlich erzeugten Monstern meist für wirklich existent gehalten wurden. Deshalb war ihre Wirkung auf die Vorstellungskraft der Menschen, die sie erschaffen hatten, stärker als die unserer modernen Phantasien, die schon von Kindern mühelos durchschaut werden können. Diese übernatürlichen Wesen zu erforschen und nach ihrer eigentlichen Bedeutung zu fragen, ist kein nebensächlicher Zeitvertreib.

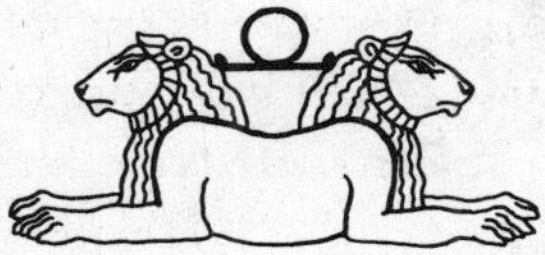

Akeru

Die Akeru-Götter waren in der ägyptischen Mythologie die übernatürlichen Löwen, die die Tore von Sonnenuntergang und Sonnenaufgang bewachten. Zwischen ihnen erstreckte sich der dunkle Weg der Unterwelt, den die Sonne jede Nacht durchlaufen muß. Die Akeru-Götter wurden wie ein tierischer Janus als Sphinx mit zwei Gesichtern dargestellt, die die am Horizont erscheinende Sonnenscheibe zwischen ihren Köpfen trugen. Manchmal wurden sie namentlich voneinander unterschieden: Man nannte sie Xerefu und Akeru oder Sef und Tuau – die Löwen des gestrigen und heutigen Tages. In späteren Dynastien wurden die beiden Löwen mit zwei Körpern und Rücken gegen Rücken dargestellt, dennoch aber blieb die archaische Symbolik der beiden Köpfe als bekanntestes Symbol der Zeit erhalten (wie bei Janus und Jana in Rom).[1] Auf geheimnisvolle Weise wurde genau diese doppelköpfige Sphinx-Gestalt vor den Wegen der 7. Trumpfkarte im traditionellen Tarot gespannt, wobei diese Zeichnungen aus dem 13. oder 14. Jahrhundert stammen.

[1] Budge, Goods of the Egyptians, Bd. 2

Alborak, von einer persischen Miniatur

Alborak

Alborak war das magische milchweiße geflügelte Pferd mit Frauenkopf und Pfauenschwanz, auf dem Mohammed zum Himmel ritt, und zwar bei seiner berühmten Nachtreise, durch die er die Kraft der Vision und seine spirituelle Autorität erlangte. Obwohl er der Gründer einer der weltweit am stärksten patriarchalisch geprägten Religionen war, wird seine Autorität in diesem Mythos einem weiblichen Geist zugeordnet, der mit dem Pegasos vergleichbar ist, welcher aus dem Blut Medusa (»weibliche Weisheit«) geboren wurde. Der Pfauenschwanz war ein uraltes Attribut der Großen Göttin in Rom und offensichtlich auch im Orient, da der Pfau ja ein asiatischer Vogel ist. Lange Zeit war bei den östlichen Mystikern die Meinung verbreitet, daß nur ein weiblicher Geist – Shakti, Fravaschi, Peri, Psyche, Anima, Alma Mater usw. – einem Mann den Weg zu göttlichem Wissen zeigen könne. Vielleicht gibt es auf irgendeinem Umweg eine Beziehung zwischen Alborak und dem Anführer der teutonischen Elfen oder Kobolde, dessen deutscher Name Alberich lautete. Die Kobolde waren Ahnenzauberer, die letzten Erinnerungen an die Zeit des Heidentums. Ihr ursprünglicher Name lautete *kaballoi* oder »Pferdereiter«.[1]

[1] de Givry, 315

Anima Mundi, von einem Stich aus dem 17. Jh.

Anima Mundi

Die Anima Mundi oder »Weltseele« war durchgängig weiblich – selbst zur Zeit des Mittelalters, als ihr Bild auf grobe Zeichnungen in magischen und alchemistischen Büchern reduziert wurde, während der männliche Gott von Malern wie Michelangelo und Leonardo da Vinci gemalt wurde! Und dabei hatte Plato gesagt, daß die Anima Mundi auf die ganze Natur verteilt sei, und die Stoiker behaupteten, daß sie die einzige Lebenskraft im Universum sei.[1]

Die Okkultisten verstanden die Anima Mundi als eine Fortentwicklung der Göttin Isis (unter anderen), wie sie in den Werken von Plutarch beschrieben wird. Sie wurde als nackte Göttin mit ihrem üblichen Sternenkranz abgebildet. Mit dem einen Fuß stand sie im Wasser, mit dem anderen auf festem Boden – als Zeichen ihrer Herrschaft über Meer und Erde. Ihre linke Brust und ihr Schamdreieck wurden von einem Mond geziert, ihre rechte Brust von einem Stern oder einer Sonne, die ihre Segnungen über die Welt verströmte.[2]

[1] Spence, 26
[2] Seligmann, 44

Banshee

Banshee ist von dem gälischen Wort *bean-sidha* (»Frau von den Feenhügeln«) abgeleitet und stellt eine andere Form der Göttin-Stimme dar, denn sie wurde selten gesehen, dafür aber gehört.[1] Der schöpferische Aspekt der Stimme tritt in verschiedenen Traditionen auch als Vac, Echo, Bath, Kol, Samjna oder Logos der Sophia auf: das schöpferische Wort, das die gesamte Existenz durch die Magie der Sprache hervorbringen kann, wie Kali das Universum hervorbrachte, indem sie die Namen aller Dinge in ihrer heiligen Sprache Sanskrit äußerte. Als zyklisches Wesen verfügte die Göttin auch über das zerstörerische Wort. Der Segen des Lebens hatte immer als Gegengewicht den Todesfluch, und dies war das Anathema, die Verfluchung, der Bannspruch der Banshee. Im irischen Volksbrauch heißt es, daß die Stimme der Banshee manchmal ein erschreckendes Kreischen oder schauderhaftes Klagen war, das jeden, der es hörte, auf der Stelle töten konnte, manchmal war es aber auch eine sanfte, tröstende Stimme, die sich an diejenigen richtete, die die Göttin liebte: »eher ein Willkommensgruß als eine Warnung« vor dem bevorstehenden Übergang ins Reich des Todes.[2]

[1] Goodrich, 177
[2] Pepper/Wilcock, 275

Basilisk, Holzschnitt aus dem 16. Jh.

Basilisk

Der Basilisk (griechisch *basiliskos* für »kleiner Schlangenkönig«) vereinte nach gängiger Vorstellung Vogel- und Schlangen-Elemente. Einige behaupteten, daß der sagenhafte Basilisk aus einem Hennenei schlüpfte, das von einer Schlange ausgebrütet wurde, oder vielleicht auch aus einem Schlangenei, das von einer Henne ausgebrütet wurde. Andere wiederum vertraten die Meinung, daß dieses Geschöpf eine Krone mit drei Zacken auf dem Kopf trug oder einen Schwanz mit drei Enden besaß.[1] Aber das hervorstechendste Merkmal des Basilisken war sein giftiger Blick. Wie die Gorgone Medusa war der Basilisk imstande, durch seinen Blick oder auch durch seinen Atem zu töten. Insofern war er die tierische Verkörperung des bösen Blicks.

Der Basilisk wurde auch mit Menstruationsblut assoziiert – auch hier wieder wie die Medusa. Oft wurde behauptet, daß aus einem Haar einer menstruierenden Frau, das unter der Erde vergraben wurde, ein Basilisk wachsen würde. In einer anderen Version hieß es, daß seine Ahnen jene Schlangen seien, die auf dem Haupt der Gorgonen wuchsen, und dies war ja das althergebrachte Symbol der Warnung vor den Mysterien der Menstruation.[2] Der Volksmeinung nach konnte der Basilisk nur getötet werden, wenn man die Methode einsetzte, die Perseus gegen die Gorgo wandte: Man mußte diesem Geschöpf den Rücken zukehren und ihm einen Spiegel entgegenhalten, so daß es sein eigenes giftiges Spiegelbild sah und daraufhin tot umfiel.[3]

Altertümliche Kanonen wurden oftmals mit schlangenartigen Formen verziert und als Basilisken bezeichnet. Derselbe Name wurde auch einem ganz gewöhnlichen Tier, einer Eidechse der Iguana-Familie, verliehen.

[1] Cirlot, 22
[2] Silberer, 139
[3] G. Jobes, Bd. 1, 184

Baubo

In den Mysterien von Eleusis, die in einem der ältesten Tempel von Griechenland vollzogen wurden, war Baubo ein weiblicher Clown, dem es gelang, die Göttin Demeter zum Lachen zu bringen, als sie sich in tiefem Kummer verbarg und der Welt die Gabe der Fruchtbarkeit vorenthielt. Zusammen mit der hinkenden Jambe, dem weiblichen Geist der unzüchtigen Verse im »hinkenden« jambischen Versmaß, verleitete Baubo die Große Mutter, ihren Zorn lange genug zu vergessen, um ein wenig Nahrung zu sich zu nehmen.

Die hellenischen Autoren beschrieben Baubo als alte Hebamme. Zusammen mit der Jungfrau Jambe und der Mutter Demeter vollendet sie also als Weise Alte Frau die traditionelle weibliche Dreiheit. Allerdings bestanden Baubo-Figuren aus dem unteren Teil eines weiblichen Torso mit einem Gesicht auf einem großen (vielleicht schwangeren) Bauch, während alles andere durch eine phantastische Perücke bzw. ein Kostüm verborgen ist.[1]

Offenbar symbolisierte Baubo die lasziven Scherze, die Frauen während der Fruchtbarkeitsriten der Demeter äußerten. Man glaubte, daß solche Scherze für die Wirksamkeit der Zeremonien entscheidend seien. Die Ähnlichkeit zwischen einem Gesicht und der Vorderseite eines weiblichen Torso scheint ein ewiges Lieblingsthema gewesen zu sein – Jahrtausende, bevor Magritte sein bekanntes Bild *Le Viol* malte, in dem es um dasselbe Thema geht.

Interessanterweise gibt es auch in der alten japanischen Mythologie eine Baubo-Figur. Sie hieß Ame-no-uzume-no-mikoto oder »aufregendes weibliches Wesen« und schuf auf der Vorderseite ihres Körpers ein Gesicht, um der Am-Himmel-scheinenden-Großen-Ehrwürdigen Sonnengöttin Amaterasu ein Lachen zu entlocken, als sie ihr Licht in einer Höhle verbarg. Das »aufregende weibliche Wesen« brachte Amaterasu dazu, aus der Höhle hervorzukommen und der Welt wieder ihr Licht zu spenden.[2] In beiden mythologischen Traditionen scheint die »aufregende« Vorstellung darin zu liegen, daß das Wohlergehen der Welt davon abhängt, daß die weibliche Traurigkeit oder Angst geheilt und die weibliche Sexualität, Heiterkeit und Freude wiederhergestellt wird.

[1] Huxley, 176
[2] Chamberlain, 64–68

Behemot aus einem dämonologischen Text aus dem 19. Jh.

Behemot

Behemot war der hebräische Name für den Elefantengott Ganescha bzw. eine von ihm abgeleitete Gottheit, die einstmals von den Israeliten in der am Nil gelegenen heiligen Stadt Elefantine verehrt wurde (der hinduistische Name bedeutet »Herr der Heerscharen«). Im Buch Hiob wird er der »Anfang der Wege Gottes« genannt (Hiob 40, 19), aber von späteren christlichen Interpretatoren wurde er heftigst verteufelt und wurde schließlich zu einem der führenden Höllen-Dämonen. Verschiedene Bibelgelehrte führten eine Kontroverse darüber, ob Behemot nun ein Elefant oder ein Nilpferd sei; denn die Beschreibung des Alten Testaments ist, gelinde gesagt, dunkel. Aber die meisten seiner »Porträts« waren den indischen Bildern von Ganescha mit seinem menschlichen Körper und Elefantenkopf nachempfunden. Der Dämon Behemot hatte gewöhnlich einen riesigen Bauch mit einem hervorstehenden Nabel, getreu dem göttlichen Wort, daß »seine Kraft in seinen Lenden und seine Stärke im Nabel seines Bauches« liegt (Hiob 40, 16).

Chimäre, etruskische Bronzefigur

Chimäre

Das als Chimäre bezeichnete Ungeheuer der klassischen Mythologie war ein dämonisierter Überrest aus einer früheren matriarchalen Symbolwelt. Ihr Name bedeutet »Ziege«. Im Mythos von Daphnis war sie eine göttliche Nymphe, aber in der Sage vom Helden Bellerophontes trat sie als feuerspeiendes Amalgam von Ziege, Löwe und Schlange in Erscheinung. Sie wurde mit einem Schlangenschwanz, einem Löwenkopf und einem zweiten Kopf wie dem einer Ziege oder Antilope abgebildet.

Diese monströse Gestalt beschrieb in Wirklichkeit die drei Totems des dreigeteilten Jahres der archaischen Zeit, das dann durch den hellenischen Kalender ersetzt wurde. Der Konflikt zwischen den beiden Systemen wurde mythologisch als Kampf von Bellerophontes mit der Chimäre dargestellt, bei dem er ihr ein Stück Blei in den Rachen schiebt, das durch ihren Feueratem schmilzt und sie tötet.[1] In ziemlich ähnlicher Manier tötete der patriarchalische Held Marduk aus der babylonischen Mythologie das Ungeheuer Tiamat, das ursprünglich die Mutter aller Götter war – einschließlich Marduks selbst.

Die ursprüngliche Mütterlichkeit der Chimäre tritt in einigen Abbildungen klar zutage, etwa, wenn sie mit den geschwollenen Zitzen einer säugenden Löwin dargestellt wird.[2] Offenbar symboliserte sie die Göttin, die ihren Priesterinnen die ursprüngliche Version des Kalenders gegeben hatte, während der Held und Muttermörder eine neuere Priesterschaft darstellt, die ihre tradierte Macht an sich riß.

[1] Graves, The Greek Myths, Bd. 1, 66, 253–254
[2] Lehner, 135

Cupido

Die kleinen fetten Cupidos oder *putti*, die in der Kunst der Renaissance und des Barock so beliebt waren, glichen dem ursprünglichen lateinischen Begriff *cupido* nur sehr bedingt: *cupido* bedeutet »Lust« oder »Begierde«. Das war der lateinische Name für den griechischen Gott Eros, der ebenfalls lustvolles Verlangen symbolisierte – also den *erotischen* Geist hinter jeglicher sexuellen Vereinigung und somit hinter der Triebkraft des Lebens selbst. Dies war einstmals eine sakrale Vorstellung, erst später wurde sie dann vom asketischen Patriarchat für teuflisch erklärt. Cupido hieß außerdem auch Amor oder »Liebe«. Seine Pfeile erzeugten im Herzen des Getroffenen leidenschaftliches Verlangen. Meistens begleitete er seine Mutter Venus (griechisch Aphrodite). Die Maler der Renaissance und des Barock machten aus ihm gerne eine ganze Schar von kleinen stämmigen Engeln, die fast jede weibliche Gestalt (vor allem, wenn sie nackt war) und jede Darstellung einer sexuellen Vereinigung wie etwa einer Hochzeit umschwärmten.

Weil man diese Cupido-Gestalten mit Baby-Engeln verwechselte, nannte man sie auch »Cherubim«. Und so wurde dieses Wort also in einer ganz anderen Bedeutung als der biblischen gebraucht: Dort sind die Cherubim furchteinflößende Geister, die mit flammenden Schwertern den Eingang zum Garten Eden bewachen und die Menschen vom Baum des Lebens fernhalten (Genesis 3,24). Diese Wesen stammen von den hebräischen *kerubh* bzw. den sabäischen *karribim* ab, die früher die Wächter des Tempels der Mondgöttin von Marib waren. Sie bewachten auch Jahwes Bundeslade (1. Könige 8,7). Diese »Cherubim« wurden zu einer der beiden wichtigsten Engelsarten – zusammen mit den Seraphim, die ursprünglich die sechsfach geflügelten feurigen Schlangen des chaldäischen Mythos waren, die den Blitz symbolisierten (Jesaia 6,2). Ihr hebräischer Name bedeutete »Feurige«.

Der christliche Asketizismus tritt auf einem italienischen Bild zutage, wo Cupido geblendet zu Füßen einer weiblichen »Keuschheit« liegt, die seinen Bogen zerbricht und eine Peitsche hält, mit der sie ihr eigenes Fleisch züchtigt und zum Gehorsam zwingt. Auf ihrem Gürtel steht geschrieben *Castigo corpus meum* (»Ich züchtige meinen Körper«).[1]

[1] G. Jobes, Bd. 1, 316

Dakini

Eine Dakini war eine tantrische Priesterin, und zwar vor allem eine Frau, die mit Begräbnisriten zu tun hatte, und außerdem auch eine der vielen Göttinnen der Welt nach dem Tode, die Emanationen der Göttin Kali waren. Wie Aphrodites Horen oder die heiligen Huren der Ischtar scheint die Dakini eine vergöttlichte Form einer irdischen Göttin-Frau gewesen zu sein. Das Wort selbst bedeutet »Himmelswanderer«. Dakinis leiteten geheime Rituale, die auf Verbrennungsstätten und anderen Ruheorten von Toten abgehalten wurden – die gewöhnliche Menschen nicht zu betreten wagten.[1] Vielleicht wurde davon auch die europäische Tradition der Begräbnispriesterinnen beeinflußt, die man *vilas* oder *valas* nannte und die Zusammenkünfte in Friedhöfen abhielten; diese Vorstellung fand auch in die Hexen-Tradition Eingang. Mit der tantrischen Einweihung war die berühmte »rote Dakini« eng verbunden. Für die Erleuchtung des Yogi war eine Vergegenwärtigung ihres Geistes notwendig.[2] Als einer Todesgöttin konnte man ihr auch im Jenseits begegnen.

[1] Rawson, Erotic Art of the East, 152
[2] Rawson, The Art of Tantra, 165

Dämon

Ein deutscher Holzschnitt aus dem 16. Jahrhundert zeigt den Papst als Dämon unter seiner Robe und Tiara, und daneben steht geschrieben *Ego sum Papa* (»Ich bin der Papst«). Dieses Bild ist offensichtlich ein Stück lutherischer Propaganda und läßt die ewige menschliche Tendenz erkennen, andere Menschen mit anderen Ideologien als fleischgewordene Teufel zu beschreiben.

Das Wort *Dämon* selbst kommt von der patriarchalischen Diabolisierung früherer Völker, die der Meinung waren, daß ihnen ihre Seele von ihren Müttern gegeben worden seien. Der *daimon*, der »innewohnende Geist« der Griechen – jener Teil, der nach dem Tode zum Himmel gehen konnte –, war ein *umeteros daimon* oder eine »von der Mutter gegebene Seele«, wie Epiktet sagte. Schon die Idee, daß die Seele eines Menschen eine Emanation der Mutter sein könne, war für das westliche Patriarchat ein Greuel; denn die offizielle Meinung wollte es, daß Seelen nur durch den väterlichen »Samen« übermittelt werden, um dann im passiven mütterlichen »Boden« zu wachsen. Aber vielleicht kommt in mittelalterlichen Beschreibungen von männlichen Dämonen mit grotesken weiblichen Brüsten, riesigen schwangeren Bäuchen und anderen Anzeichen des weiblichen Geschlechts die ältere Vorstellung der von der Mutter verliehenen Seele zum Vorschein. Wörter für die »Seele« wie etwa *anima, psyche, umbra, alma* oder *àme* – haben ausnahmslos die grammatikalisch weibliche Form bewahrt, auch wenn sie angeblich nur vermittels des Vaters von einem männlichen Gott verliehen wurden. Die frühere Vorstellung, daß menschliche Seelen vermittels der Mütter von der Mondgöttin stammten, kam nur noch vereinzelt zum Vorschein – zum Beispiel in der mittelalterlichen Überzeugung, daß Dämonen in den Schatten wohnen, die vom Mond geworfen werden.[1]

Wie dem auch sei, der innewohnende *daimon* der Antike wurde in der verängstigten Bevölkerung des Mittelalters zum Dämon der Besessenheit: Man hielt ihn für real existent und traute ihm die Fähigkeit zu, alle möglichen Katastrophen zu verursachen. Noch im 18. Jahrhundert behaupteten Priester ganz im Ernst, daß mindestens ein Drittel aller Krankheiten durch dämonische Besessenheit verursacht wurde. Ein Schweizer Priester namens Gassner behauptete, daß er höchstpersönlich einige 10000 Krankheiten durch Exorzismus geheilt habe.[2] Die religiösen Autoritäten akzeptierten im allgemeinen die talmudische Berechnung, derzufolge die Weltbevölkerung der Dämonen genau 7405926 betrug.[3] Und noch im 19. Jahrhundert konnte der gelehrte Übersetzer Herodot Rawlinson feierlich erklären, daß seiner Überzeugung nach das Delphische Orakel ein Dämon sei.[4] Da Delphi wörtlich der »Schoß« Griechenlands und eines seiner ältesten matriarchalen Heiligtümer war, das ursprünglich der

Mutter Erde geweiht war, erweist sich dies als ein weiteres Beispiel für die Verteufelung des weiblichen Prinzips. Dem Missionar Martin von Braga aus dem 6. Jahrhundert zufolge waren alle Wälder, Flüsse und Quellen von Europa noch immer von heidnischen weiblichen Geistern bewohnt, die allesamt Dämoninnen waren.[5]

Natürlich wurden Dämonen auch vermännlicht, aber selbst dann behielten sie eine enge Verbindung mit Frauen. Sie wurden zu dämonischen Liebhabern oder *incubi* und symbolisierten in dieser Form die Angst der Männer vor sexueller Unzulänglichkeit, denn von den Dämonen hieß es, daß sie den Frauen viel mehr Vergnügen bereiteten als ihre Ehemänner. Es gab auch Dämonen, die von Menschen Besitz ergriffen, und davon schienen Frauen weitaus mehr als Männer betroffen zu sein. Angesichts der extremen Unterdrückung der europäischen Frauen und der geringen Möglichkeiten, ihre Wut gegen das herrschende System auszudrücken, ist dies kaum verwunderlich. Dämonische Besessenheit war ein hervorragendes Mittel, um Aufmerksamkeit auf sich zu ziehen, und eine unübertreffliche Gelegenheit, um die Unterdrücker zu verfluchen.[6]

[1] Trachtenberg, 34
[2] Evans-Wentz, 271
[3] Wedeck, 94
[4] Halliday, 119
[5] J.H. Smith, 238–241
[6] Walker, The Woman's Encyclopedia of Myths and Secrets, 807–814

Flügelloser babylonischer Drache

Drache

Die Illustration zeigt einen flügellosen Drachen aus einem babylonischen Flachrelief: Ein langer katzenartiger Körper mit Schuppen, die Vorderfüße eines Löwen, die Hinterfüße eines Vogels, ein schlangenartiger Kopf und Schwanz, und das ganze Tier ist mit Hörnern gekrönt. Tiere, die auf diese Art zusammengesetzt waren, symbolisierten gewöhnlich die Jahreszeiten. In der Alchemie verkörperte der Drache ohne Flügel die Erde oder die festen Elemente; der geflügelte Drache symbolisierte die flüchtigen Elemente.[1]

In der taoistischen Symbolik Chinas wird der Drache als Geist des »Weges« verehrt, der ewige Veränderungen mit sich bringt. Er wird mit gechwungenem Körper hinter Wolken dargestellt, die ihn teilweise verdecken. Oftmals war der Drache der Hüter der Flammenden Perle, die die spirituelle Vollkommenheit verkörperte. Weiße Drachen stellten den Mond dar.

Der europäische Drache war oftmals gleichbedeutend mit dem Uroboros oder Erdschlange. In der Bretagne war er »der Drache der Bretonen«. Es hieß, daß er alljährlich am Ersten Mai einen schrecklichen Schrei ausstieß, den man unter jedem Herdfeuer hören konnte: Auf diese Weise forderte er ein Faß mit Honigwein, das als Opfergabe für ihn vergraben werden mußte.[2]

Das offizielle Wahrzeichen von Wales ist noch immer der rote Drache, der sich von der »großen roten Schlange« ableitet, die einstmals den alten walisischen Gott Dewi darstellte, der sich später in den mythischen Patron von Wales, den heiligen David, verwandelte. Der christliche Mythos dieses fiktiven Heiligen wurde im Jahre 1090 n. Chr., also fünf Jahrhunderte nach seiner angeblichen Lebenszeit, gestaltet. Seine frühere Inkarnation als roter Drache wurde von Heinrich VII., der walisischer Abstammung war, auf das königliche Wappen von England gesetzt. Dieser Drache, dessen Unterstützung offenbar recht gut wirkte, wurde später von James I. aus dem Wappen entfernt.[3]

Die Christen setzten den unterirdischen Drachen gewöhnlich mit dem Teufel gleich. Tatsächlich stammte der englische Spitzname des Teufels »Old Harry« von dem persischen Drachengott Ahriman, dem dunklen Zwillingsbruder des höchsten Lichtgottes.[4] Wie der gefallene Engel Luzifer hatte Ahriman gegen seinen göttlichen Bruder gekämpft und wurde daraufhin in die Unterwelt verbannt, um dort über die Dämonen zu herrschen. Auf diese Weise wurden die Drachen der Tradition nach zu Wächtern über unterirdische Schätze.

[1] Cirlot, 83
[2] Dürr, 207
[3] Whittick, 236
[4] G. Jobes, Bd. 1, 54

Dryade

Eine Dryade ist in der griechischen Mythologie eine Baumnymphe, die Seele oder die menschliche Inkarnation der Eiche. Man glaubte, daß Dryaden in oder neben ihrem jeweiligen Baum lebten und erst dann starben, wenn auch der Baum starb. Manche waren der Meinung, daß Dryaden nach Belieben menschliche Form oder Baumform annehmen konnten, und dies erklärt die vielen klassischen Mythen über Jungfrauen, die sich in Bäume verwandelten. Der indischen Mythologie zufolge waren Baumnymphen für das Wachstum und die Fruchtreifung aller Bäume notwendig: Sie konnten nur gedeihen, wenn sie an der Wurzel von diesen weiblichen Geistern berührt wurden.[1]

Bis zum 20. Jahrhundert lebten die Dryaden oder Eichennymphen im Heiligen Land unter dem Namen Benat Yaakov: Töchter von Jakob. Sie lebten in heiligen Eichenhainen, deren Bäume – und selbst herabgefallene Zweige – niemals berührt wurden, und das in einem Land, wo Holz rar ist. Man brachte diesen Eichennymphen Opfergaben dar in kleinen Heiligtümern, die dann dem Namen nach irgendeinem mythischen Moslemheiligen geweiht wurden.[2]

[1] Zimmer, 69
[2] Frazer, Folk-Lore in the Old Testament, 329

Dybbuk

Dies ist ein hebräischer Ausdruck für einen Geist oder Dämon, der in den Körper eines lebenden menschlichen Wesens eintreten und Besessenheit erzeugen kann. Einen Dybbuk (auch *dibbuk* geschrieben) stellte man sich oft als wandernde Seele einer verstorbenen Person vor. Diese Idee ist nur einen Schritt von dem steinzeitlichen Glauben an die Reinkarnation durch Mütter entfernt: Die Seele eines Toten betritt den Körper einer Frau – vorzugweise, aber nicht immer ist dies eine Frau, die zur selben Familie oder zum selben Stamm gehört –, um als neues Kind wiedergeboren zu werden. Vielleicht entstanden alle Vorstellungen über Besessenheit durch Geister aus den imaginären Gesprächen zwischen Frauen und den »Geistern«, die sie in ihrem Bauch trugen. Mit Sicherheit beruhte die Vorstellung, daß ein fremdes Wesen einen menschlichen Körper besetzt, auf der Erfahrung der Schwangerschaft.

Einhorn als englisches Wappentier

Einhorn

Das heraldische Einhorn hat Jahrhunderte der Entwicklung hinter sich und begann allem Anschein nach mit den babylonischen und ägyptischen Tiersymbolen für die Jahreszeiten. Als der Frühlingsstier, der sich gegen den Löwen des Sommers aufbäumte, im Profil dargestellt wurde, verschmolzen seine zwei Hörner zu einem. In ähnlicher Weise zeigt eine ägyptische Papyrus-Skizze den Streit der Jahreszeiten als Damespiel zwischen einem Löwen und einer Ziege oder Gazelle, wobei die Hörner der letzteren als ein Horn aus der Stirn hervorkamen. Der Löwe und das Einhorn streiten noch immer im Profil auf dem britischen Wappen, auf dem sie Sonne und Mond darstellen. Und obwohl das Einhorn einen Pferdekörper und ein Pferdegesicht hat, blieben ihm dennoch der Ziegenbart und manchmal auch gespaltene Hufe erhalten.[1] Bei Reiterstämmen aus Zentralasien wurden den Pferden oftmals künstliche Hörner aufgesetzt – ein magischer Kraftzauber. In sibirischen Begräbnisstätten hat man Pferdeschädel mit künstlichen Lederhörnern gefunden.[2] Solche Gewohnheit könnten die Verwechslung zwischen dem gehörnten Tier aus dem Tierkreis und dem pferdeähnlichen Einhorn erklären. Dieses Einhorn wurde auch als phallisches Symbol verstanden, das sein »Horn« immer in den Schoß einer Jungfrau stecken wollte. Mittelalterliche Legenden besagten, daß es durch die Liebe zu einer Jungfrau bewegungsunfähig werde, so daß die Jäger es leicht einfangen können. Und trotz der erotischen Untertöne dieser Legende hat die christliche Kunst das Einhorn oft mit Jesus Christus gleichgesetzt und es innerhalb des magischen Gartens (Schoßes) der göttlichen Jungfrau abgebildet.[3]

Das einzige wirklich lebende Tier, das nur ein einziges Horn auf seinem Gesicht trägt, ist das Rhinozeros. Deshalb wurde dieses unglückliche Geschöpf mit dem virilen Einhorn aus dem Mythos gleichgesetzt, und man betrachtete sein »phallisches« Horn lange Zeit als Zaubermittel gegen Impotenz. Diese Vorstellung ist noch immer in Asien weitverbreitet, und das Rhinozeros wurde fast bis zur Ausrottung gejagt – nur um einem abwegigen und irrtümlichen Aberglauben zu frönen.[4]

[1] Brown, 146
[2] Davidson, Pagan Scandinavia, 57
[3] Williamson, 163
[4] Woods, 176

Elfe

Aus zahllosen warnenden Volksmärchen geht zweifelsfrei hervor, daß es sich lohnt, zu Elfen freundlich zu sein. Wenn sie durch Nahrungs- oder Kleidungsspenden günstig gestimmt sind, so besteht die Möglichkeit, daß sie nachts herbeikommen, um die ganze Hausarbeit zu verrichten, Stiefel für den Schuster zu nähen, Stoff für den Schneider zuzuschneiden oder den Haferauflauf für den Koch zu bereiten. Sie beschützten Kinder und Haustiere und erfüllten manchmal die heimlichsten Herzenswünsche. Wenn sie jedoch nicht günstig gestimmt wurden, so konnten sie schelmisch und zerstörerisch werden. Diese Geschichten entstanden offensichtlich aus der alten Sitte, den Toten Nahrungsspenden anzubieten. Es war bekannt, daß das Wort »Elfe« oder »Elf« nur ein anderer Name für einen Ahnengeist war, und zwar vor allem für einen heidnischen Geist aus vorchristlichen Zeiten.[1]

Es gab viele verschiedene Arten von Elfen, wie es ja auch viele Arten von heidnischen Geistern gab: Waldelfen, Bergelfen, Haushaltselfen. Die norwegischen Elfen waren manchmal häßlich, manchmal wunderschön. Sie lebten in Alfheimr oder »Elfenland«, das dann zum Synonym für das Feenland wurde. Wie die uralte Göttin des Nordens erschufen auch sie die Sonne.[2] Die isländischen Elfen konnte man klar mit heidnischen Gottheiten oder Ahnengeistern identifizieren – was im alten System der Ahnenverehrung auf dasselbe hinauslief. In der Kormaks-Saga heißt es, daß sie Krankheit heilen konnten, wenn der Patient ihnen ein Festessen aus Stierfleisch und Stierblut in einem heidnischen Begräbnishügel darbrachte; dann »wirst du geheilt werden«.[3]

Manchmal entführten die Elfen menschliche Wesen, sei es für kurze Zeit oder auf immer – wie etwa im Falle des »Wechselbalgs«, einem Elfenkind, das anstelle des menschlichen Säuglings zurückgelassen wurde. Die Elfen gesellten sich dem

Gott Odin in der legendären Wilden Jagd bei, die auf dem Bild von Geistern beruht, die durch Gewitterwolken reiten. Im Palatine hieß es, daß auch Männer an der Wilden Jagd teilnehmen oder durch eine Elfenfrau verführt werden konnten. Dann allerdings wurden sie zu Elfenmännern und hießen *elwetritsch*.[4] Dies geschah Thomas dem Reimer, Tannhäuser, Ogier dem Dänen und vielen anderen mittelalterlichen Helden.

[1] Wimberly, 127
[2] Turville-Petre, 231
[3] Davidson, Gods and Myths of the Viking Age, 156
[4] Dürr, 43

Engel

Engel waren ursprünglich weiblich und entsprangen der männlichen Vorstellung der vollkommenen Belohnung im Himmel: Sie galten als »Spenderinnen der Seligkeit«, als »immer lockende, immer bereite Mätressen all jener gesegneten Seelen, die in Indras himmlischer Welt wiedergeboren wurden«.[1] Das war nicht nur bei Indra, sondern auch vielen anderen so. Persische Krieger kämpften tapfer in ihrem unbeirrbaren Glauben, daß sie nach einem ruhmreichen Tod im Kampf in den sinnlichen Himmel der *Huris* eingehen und die Ewigkeit in Liebelei mit diesen wunderschönen weiblichen Engeln verbringen würden. Die mittelalterliche Vorstellung vom Feenreich als einem Ort unendlicher sexueller Freuden wurde stark von dieser archaischen Sicht des heidnischen Paradieses beeinflußt.

Aber in der patriarchalen Tradition mit ihrer asketischen Ablehnung der Frauen und der Sexualität wurden die Engel vermännlicht. Die biblischen Engel waren nicht nur männlichen Geschlechts, sondern sogar den »bösartigen« Versuchungen sterblicher Frauen ausgesetzt – ebenso wie die sterblichen Männer. Den Testamenten der Zwölf Patriarchen zufolge waren die gefallenen Engel jene, die sich von irdischen Frauen hatten verführen lassen. Auch das Buch Enoch spricht von Frauen, die »die Engel des Himmels vom rechten Weg abgebracht hatten«.[2]

Aber da muß man sich schon fragen, wie das überhaupt möglich war, falls alle Engel die Gestalt jener beiden himmlischen

Wesen hatten, die dem gelehrten Kirchenvater Hippolyt im 2. Jahrhundert n. Chr. angeblich ein christliches Schriftdokument überreicht hatten: Beide waren ungefähr 150 Kilometer groß, und ihre Füße maßen um die zwanzig Kilometer.[3] Die Verführung von King Kong durch eine menschliche Schauspielerin von der Größe seines Fingers erscheint im Vergleich dazu kaum erwähnenswert.

Die Verbindung der Sexualität sterblicher Frauen mit Engeln entstand offenbar aus der Tatsache, daß die Engel oder »Cherubim« (akkadisch *karibu*, hebräisch *kerubh*, sabäisch *karribim*) Priesterinnen waren, die zum Zeichen ihrer Verwandtschaft mit den himmlischen Geistern künstliche Flügel trugen. Der Tempel von Jerusalem verknüpfte ebenfalls die männlichen und weiblichen »cherubischen« Geister im Allerheiligsten, und zwar einerseits ganz realistisch als Priester und Priesterin, die sich in den Worten des Josephus »vermischten und vereinten«, und andererseits in symbolischer Form als die beiden engelhaften Wesen, die die Bundeslade bewachten. Eine Midrasch-Passage aus dem 2. Jahrhundert n. Chr. nannte sie »Haupt alles dessen, was im Tempel war, denn die Schechina ruhte auf ihnen und auf der Bundeslade.« Im 3. Jahrhundert wurde geschrieben, daß die beiden Cherubim die »Liebe des Männlichen und Weiblichen« darstellten. Josephus weigert sich in weiser Vorsicht auszusprechen, was die Soldaten des Titus im Tempel von Jerusalem fanden; aber wir wissen immerhin, daß die Cherubim auf irgendeine Weise die sexuelle Vereinigung darstellten, denn die römischen Soldaten stellten sie auf der Straße zur Schau und verspotteten sie wegen ihrer Geilheit.[4]

Die ägyptische Gestalt des Cherub symbolisierte die Himmelsgöttin – Nut, Hathor oder die himmlische Kuh: Ihr Körper war mit Augen bedeckt, die die Sterne darstellen sollten, und ihre Flügel symbolisierten die Luft.[5] Da sie oftmals auch als siebenfache Gottheit (»Die Sieben Hathors«) angerufen wurde, fand sie auch Eingang in die gnostische Tradition – in Gestalt der sieben Planetengeister, die im Griechischen *kosmokrator* oder »Kosmosherrscher« genannt wurden. Auch das »Zend-Avesta« sprach von sieben Hauptengeln, den *Amescha Spenta* oder *Aschaspends* (»gütige Unsterbliche«).[6] In der christlichen Kirche wurden diese sieben Geister schließlich als Erzengel übernommen, die unter der Leitung des heiligen Michael die himmlischen Heerscharen anführten. Sie wurden offiziell als die sieben Engel der Göttlichen Gegenwart dargestellt.

Die christliche Engelskunde entwickelte sich erst nach und nach, erhielt aber durch die gefälschten Schriften, die dem Dionysios Areopagita zugeschrieben wurden (der niemals existiert hat), großen Auftrieb. Sein Buch wurde ungefähr im 6. Jahrhundert geschrieben, gab sich aber als das Werk des ersten Bischofs von Athen aus, der alles über die himmlische Hierarchie wußte, weil ihn der Geist des heiligen Paulus persönlich besucht hatte. Der Pseudo-Dionysios beschreibt neun Engelsgattungen: Seraphim, Cherubim, Throne, Herrschaften, Kräfte, Mächte, Fürstentümer, Erzengel und gewöhnliche Engel. Jahrhundertelang galt dies in der Kirche als ernstzunehmende Sicht der himmlischen Hierarchien und als Vorbild für die kirchlichen Ordenshierarchien.

Das religiöse Establishment fühlte sich zwar veranlaßt, die Engel zu benennen und zu klassifizieren, widersetzte sich aber heftigst jeglicher nicht-offiziellen Anrufung dieser himmlischen Wesen. Zur Zeit der Frankenkönige schritt die Kirche gegen einen Bischof Adalbert ein, der die Engel Uriel, Raguel, Tubuel, Inias, Tubuas, Sabaoc und Simiel beschworen hatte. Das Problem bestand darin, daß die Anrufung der Engel unter ihren Namen als magischer Zauber weithin gebräuchlich war und in Dutzenden von Zauberbüchern beschrieben wurde. Es herrschte allgemein die Überzeugung, daß jeder Geist – sei es ein Engel oder ein Dämon –, der namentlich angerufen wurde, den Wünschen des Magiers Folge leisten mußte. Eleazar von Worms rühmte sich vertrauter Gespräche mit Engeln und erfuhr auf diese Weise von dem mystischen Buch »Sefer Raziel«, das Adam angeblich von dem Engel Raziel erhalten hatte.[7]

Doch immer war die Beherrschung dienstbarer Geister ein Attribut spiritueller Macht. Jesus selbst verkündete, daß er 22 000 Schutzengel (die Zahl von zwölf Legionen) herbeirufen könne, wann immer er wolle (Matthäus 26,53). Das war eine gängige Behauptung unter den meisten Magiern dieser Zeit. Die Zauberpapyri enthalten viele Formeln, um sich die Hilfe und den Schutz von Engeln zu sichern.[8] Aus den Annalen der Magie entstand die Vorstellung des Schutzengels, die dann mit dem persönlichen *daimonion* vermischt wurde, den die Griechen als vertrauten Geisthelfer oder Teil des eigenen Selbst betrachteten. Wie Götter und Dämonen haben Engel viele Phasen durchlaufen: Vom männlichen und weiblichen bis hin zu immateriellen himmlischen und fast göttlichen Entitäten. Und tatsächlich entsprangen all die Götter, Dämonen, Geister, Sternenseelen, Hilfsgeister und Engel aus der Tendenz des menschlichen Bewußtseins, die nichtmenschliche Welt mit menschenähnlichen Geschöpfen zu bevölkern.

1 Zimmer, 163
2 Tennant, 183–184
3 Abelard, 37
4 Patai, 104, 115, 120, 122–123
5 Cirlot, 43
6 Larousse, 317
7 Trachtenberg, 76, 89
8 M. Smith, 109

Fata Morgana

Fata Morgana ist der lateinische Name für die alte keltische Todesgöttin Morrigan oder Mara, die unter dem Namen Morgan le Fay im Artusepos auftaucht. Der Begriff der *fata morgana* wird heute auf eine Art von Luftspiegelung angewendet, die oftmals in der Straße von Messina wahrgenommen wird und angeblich Morgans geheimen Palast unter den Wogen darstellt. Morgan leitete die Inseln der Seligen, in denen die ehrenvollen Toten weilten, und trug den Leichnam von König Artus zu diesem westlichen Paradies. Die christianisierten Versionen dieser Geschichte behaupteten jedoch, daß König Artus in einer Kirche begraben wurde.

Die Fata Morgana galt einstmals ganz wörtlich als das Schicksal eines jeden Mannes, als jener weibliche Todesgeist, dem zu begegnen ein Mann sich fürchtete. Aber jeder Mensch, der von der Frau geboren war, trug dieses »Schicksal« als notwendige biologische Grenze seines Lebens in sich. Natürlich war es genau diese Vorstellung von der Unausweichlichkeit des biologischen Todes, der sich die patriarchalen Religionen widersetzten. Deshalb waren alle Symbole der Todesgöttin ganz besonders verhaßt. Sie wurden in der christlichen Literatur gemieden oder aber ausgiebig überarbeitet.

Den Begriff *fata morgana* wurde nicht nur auf die Luftspiegelung in der Straße von Messina angewendet, sondern auch auf verschiedene andere Illusionsphänomene. Auch das »Feuer des heiligen Elmo«, das auf Schiffen auf dem Meer zu sehen war, und das glimmernde Sumpffeuer trugen diesen Namen.

Faun, Panflöte spielend

Faun

Der Faun ist die lateinische Version des griechischen Satyr, einer Waldgottheit, die in Abbildungen halb als Mensch, halb als Bock mit Hörnern, spitzen Ohren und Bocksschwanz erscheint. Faune bewohnten die wilden Wälder und galten offensichtlich als Emanationen des Gottes Faunus, einem Gefährten der Fauna, die auch in Gestalt der Artemis der Tiere und der Bona Dea oder »gütigen Göttin« auftrat.[1] Als Diana von Ephesos herrschte sie über alle Tiere des Waldes und wurde mit vielen Brüsten auf ihrem ganzen Oberkörper dargestellt – ein Hinweis darauf, daß sie alle Formen des Lebens ernährte.

Im Mittelalter wurden Faune denn auch ganz folgerichtig als Teufel angesehen. Da sie ursprünglich als lüsterne Geschöpfe konzipiert waren, verwechselte man sie mit den *incubi,* Teufeln, die es immer nach Sexualverkehr mit Frauen verlangte – so jedenfalls kann man es in den Handbüchern der Inquisition lesen. Ebenso wie die Menschen der Antike waren auch die christlichen Institutionen davon überzeugt, daß tatsächlich solche Geschöpfe in der Wildnis lebten… aber im Gegensatz zu ersteren waren sie von ihnen nicht angetan.

[1] Larousse, 208

Fee

Das Bild der Fee, wie wir es aus vielen Märchenbüchern kennen – ein zarter weiblicher Geist mit Schmetterlingsflügeln und -fühlern –, leitet sich allem Anschein nach von der griechischen Gestalt *Psyche* her, was sowohl »Seele« wie auch »Schmetterling« bedeutet. Wie die Elfen waren die Feen ursprünglich die Seelen der heidnischen Toten, und vor allem jener matriarchalen Geister, die in dem vorchristlichen Reich der Göttin lebten. Manchmal wurden die Feen selbst Göttinnen genannt. In etlichen Volksliedern wird die Feenkönigin als »Königin des

Himmels« angerufen.[1] Walisische Feen hießen »Mütter« oder »Segen der Mütter«.[2] Bretonische Bauern nannten die Feen »Taufpatinnen« oder »gütige Frauen« oder auch Schicksalsgöttinnen, lateinisch *fatae*. Das Wort »Fee« ist also von dem lateinischen Wort *fata* abgeleitet. Es ging die Sage, daß eine Fee wie Medusa oder Kirke einen Mann in ein Tier oder in einen Stein verwandeln konnte.[3]

Aus den meisten mittelalterlichen Quellen geht jedoch hervor, daß man die Feen als wirkliche Frauen in menschlicher Statur, aber mit übernatürlichem Wissen und Macht betrachtete.[4] Ihre Königin war auch ihre Göttin und hieß Titania (dies war eigentlich Gaia, die Urmutter der Titanen), Diana, Venus, Sybille, Abundia (»Überfluß«) und Hekate. Manchmal wurden alle Feen »Mondgöttinnen« genannt. Mit anderen Worten, es waren Frauen, die noch immer der alten Religion folgten. Die »Feenpatinnen« der Volksmärchen waren die weiblichen Schutzgeister der vergöttlichten Ahnfrauen, die – wie man in den alten Zeiten glaubte – über die Kinder wachten. Selbst christliche Quellen beschrieben Feen als wirkliche Menschen, die fast gleichbedeutend mit Hexen waren, und das Feenland galt als wirklich existenter Ort, als »irdisches Paradies« oder »westliches Paradies«. Manche behaupteten, daß es eine Insel im Westen weit jenseits des Meeres sei wie etwa Avalon oder die Inseln der Seligen. Andere sagten, daß es ein Ort sei, der irgendwo zwischen Himmel und Hölle existierte: der dritte von den drei mystischen Pfaden Thomas' des Reimers führe dorthin. Manche glaubten, daß das Feenland innerhalb der »Feenhügel« oder Grabkammern der früheren Bevölkerung lag. Es entsprach der Geisterwelt, den Hesperiden, den Elysischen Feldern, den Inseln der Gesegneten und anderen heidnischen Visionen von dem Ort, an dem sich die Toten in der Ära der Großen Mutter aufhielten.

Feenlegenden waren allgegenwärtig und so verwirrend, daß die orthodoxen Autoren kaum wußten, was sie damit anfangen sollten. Die Kirchenmänner ächteten den Brauch, Speise und Trank für die Feen aufzuheben, weil sie »von Natur aus dagegen waren, daß andere Gottheiten günstig gestimmt werden sollten«. Nachdem sie die Möglichkeit verneint hatten, daß Feen vielleicht die Geister von Toten sein könnten, konnten »Feen nur noch gute oder böse Geister« sein, und das letztere hielt man für wahrscheinlicher. Die Feen dienten nun als bequeme Sündenböcke. Kranke Tiere oder Menschen nannte man nun oftmals »von Feen ergriffen« oder »von Elfen getroffen«. Eltern konnten sich geistig behinderter Kinder mit dem Argument entledigen, daß sie Wechselbälge der Feen seien. Auch Quacksalber bemäntelten ihre Unwissenheit über Kinderkrankheiten auf diese Weise.[5]

Hier ein Beispiel dafür, wie die Fähigkeit der Elfen, ihre Gestalt zu wandeln, »logisch« erklärt wurde: In Kirks »Secret Commonwealth« (»Geheimes Reich«) heißt es, daß ihre Körper »durch die Feinheit der Geister, die sie bewegen, so biegsam sind, daß sie nach Belieben auftauchen oder verschwinden können. Manche haben so poröse, dünne und feine Körper, daß sie sich nur durch das Aufsaugen von bestimmten feinen, flüchtigen Flüssigkeiten ernähren können, die sie wie reine Luft und Öl durchdringen.«[6] Soviel zur Logik!

[1] Wimberly, 407
[2] Rees/Rees, 41
[3] Evans-Wentz, 199–203
[4] Wimberly, 170
[5] Thoma, 607, 610, 612
[6] Evans-Wentz, 279

Furien

Die drei Furien oder Erinnyen stellen eines der ältesten Bilder des altgriechischen Mutterrechts dar: Die Dreifache Göttin, die diejenigen bestraft, die ihre Gesetze übertreten. Der griechische Name *Erinnyen* (»Streitende«) ist von der rächenden Göttin Demeter Erinnys abgeleitet. Wenn man sie jedoch besänftigen und ihnen schmeicheln wollte, so nannte man sie *Eumeniden* (»Wohlwollende«) und weihte ihnen Opferaltäre. Sie hießen Tisiphone (»Vergeltung« und »Zerstörung«), Megaira (»Zorn«) und Alekto (»Unaussprechliche«). Sie waren älter als die Götter.[1] Als Überreste des matriarchalen Zeitalters hielten sie sich an keinerlei patriarchale Erbfolge, sondern straften nur jene, die gegen Verwandte in der mütterlichen Linie sündigten.

Die Erinnyen verfolgten Orestes, weil er Muttermord begangen hatte: das einzige unverzeihliche Verbrechen des Mutterrechts. Man glaubte, daß das

Blut einer ermordeten Mutter ganz automatisch den Zorn der Furien auf den Verbrecher lenkte. Orestes biß sich einen seiner Finger ab, um sich von der Blutschuld zu befreien – ein Brauch, der noch heute in manchen Weltgegenden vorkommt –, und ließ ihn am sogenannten Fingergrab zurück, über dem ein fingerförmiger Stein aufragt.[2]

Sophokles nannte die Furien »Töchter der Erde und des Schattens«. Aischylos nannte sie »Kinder der ewigen Nacht«. In beiden Beinamen erscheinen sie als Nachkommenschaft des weiblichen Geistes, der im Urdunkel zu Beginn der Schöpfung lag und sie mit dem Urbegriff des Mutterfluchs in Beziehung setzte: Durch ihn beendete die Göttin unausweichlich jedes Leben, das sie hervorgebracht hatte. Manche sagten, daß die Furien Ungeheuer mit gorgonenartigem Schlangenhaar, schwarzen Hundgesichtern und Fledermausflügeln seien. Andere behaupteten, daß sie strenge, aber schöne Frauen seien, die Schwerter und Peitschen in Händen hielten. In psychologischer Deutung waren sie die Bilder der scheltenden Mutter und Projektionen der Todesängste und Gewissensbisse von kleinen Kindern.

[1] Graves, The Greek Myths, Bd. 1, 122
[2] Ibid., The Greek Myths, Bd. 2, 67

Geistfigur der Pueblo-Indianer

Geist

Zwar gibt es in allen noch existierenden religiösen Systemen Vorstellungen darüber, wo sich die Geister der Toten aufhalten; unauslöschlich bleibt jedoch der Glaube, daß sie auch weiterhin an den Orten verweilen, an denen sie zuvor gelebt hatten oder wo ihre Körper begraben wurden. Auch ist die Vorstellung weitverbreitet, daß diejenigen, die noch am Leben sind, allen Grund haben, sich vor ihnen zu fürchten. Es scheint, daß keinerlei theologische Behauptungen über Himmel, Hölle und Fegefeuer den gängigen Geisterglauben in irgendeiner Weise außer Kraft setzen konnten. Viele Menschen sprechen noch immer zu den Geistern der Toten, ein Ritual, das früher als Nekromantie und heute als Spiritismus bezeichnet wird.

Die alten Religionen akzeptierten die Gegenwart von Geistern in der natürlichen Umwelt, die die Toten auf irgendeine Weise auflösten und in sich aufnahmen, und insofern war die lebende Natur nur eine andere Form des lebenden Geistes von verstorbenen Ahnen. Geister wurden eingeladen, an Festen und anderen wichtigen Anlässen teilzunehmen und sich unter ihre Nachkommenschaft zu mischen. Von daher rührt der englische Ausdruck des »Totenkopfes beim Festmahl«: Er erinnert noch daran, daß der Totenschädel des Ahnherrn tatsächlich vor den lebenden Familienmitgliedern beim Festmahl aufgestellt wurde. Deshalb haben die Wörter »Gast« und »Geist« einen gemeinsamen Ursprung. Im Norden von England wurden denn auch die Wörter *guest* für »Gast« und *ghost* für »Geist« fast gleich ausgesprochen.[1]

Ein gebräuchliches Synonym für »Geist« war im alten Griechenland das Wort »Heros«, also ein Mann, der sich der großen Göttin Hera, der wichtigsten Königin der Seelen, geweiht hatte.[2] Ein ähnlicher Glaube verwies in Europa alle Geister in das Reich der Göttin Hel, der Königin der Geisterwelt, die sie auch wieder auf die Erde schickte, damit sie dort als neue Kinder wiedergeboren würden. Unter dem Namen der Frau Holle nahm sie die Seelen der Kinder, die ungetauft starben, freundlich auf – während die christlichen Autoritäten sie einem ewigen Leiden in der Hölle überantworteten –, und so wurden sie zu »Heimchen«, zu Seelen also, die zur Mutter heimkehrten.[3]

Die Christen glaubten zumeist, daß Geister dann auf Erden wandelten, wenn es ihnen nicht gelungen war, unter den Auspizien der Kirche begraben zu werden. Deshalb konnten alle heidnischen Geister auf die Erde zurückkehren und vor allem an Halloween, dem heidnischen Totenfest, den Lebenden begegnen.

[1] Hazlitt, Bd. 1, 27
[2] Halliday, 47
[3] Miles, 242

Assyrisches Basrelief aus dem 9. Jh. v. Chr.

Genie

Zu den ältesten Formen der Genien gehörten die geflügelten Engel mit Stier- oder Adlermasken, die auf assyrischen und babylonischen Tontafeln bei der Befruchtung von heiligen Bäumen abgebildet werden. Dazu zählte auch die Göttin Ascherah als Lebensbaum. Ähnliche Genie-Formen erschienen auf frühchristlichen Gräbern in Gestalt von Schutzengeln.[1]

Das Wort *genie* ist von dem arabischen Wort *djinni* abgeleitet und bedeutet »Zeugender«. Damit ist ein Ahnengeist in männlicher Linie gemeint. Die Römer machten daraus das Wort *genius*, das dasselbe bedeutete und das Gegenstück zum weiblichen Ahnengeist bildete, den man *juno* nannte. Natürlich verschwand schließlich jeder Hinweis auf die *juno* aus der patriarchalen Gesellschaft, während der Begriff *genius* erhalten blieb und die Bedeutung eines inspirierenden Schutzgeistes annahm.

[1] Whittick, 200

Kali die Verschlingerin, Indisch, 17. Jh.

Ghul

Das Wort *ghul* kommt aus dem Arabischen und hat vielleicht mit dem Namen der tantrischen Todesgöttin Kali zu tun, die ebenfalls in ganz Europa in Gestalten wie der keltischen Caillech und der finnischen Kalma (»Sie, die die Toten frißt«) vorkommt.[1] Die sakrale Kunst Indiens zeigt sie, wie sie die Eingeweide ihres toten Gefährten Shiva verschlingt. Dabei nimmt sie eine sehr ghul-artige Haltung ein, die an viele andere Göttinnen der Antike erinnert, deren Aspekt als Todesgöttin immer das Verschlingen von Leichen beinhaltete. Derartige weibliche Geister wurden in der Mythologie gewöhnlich zu furchterregenden Gespenstern, die Friedhöfe heimsuchten und deren Riten nicht von Männern beobachtet werden durften.

Natürlich war die Todesgöttin viel mehr als das einfache Schreckgespenst, das man sich heute unter einem »Ghul« vorstellt. Ihr Bild reichte bis zu einer primitiven Form menschlichen Denkens zurück, die lange vor dem Patriarchat und seiner Anerkennung der Vaterschaft lag – zurück zu einer Zeit, als man glaubte, daß nur Mütter Geburt und Wiedergeburt verleihen könnten. Und so verspeisten Frauen auch tatsächlich in vielen Gegenden die Toten. Dabei verfolgten sie den wohlwollenden Zweck, schwanger von ihrem Geist zu werden und ihnen auf diese Weise zu einer neuen Geburt zu verhelfen. Selbst als Kannibalismus durch symbolische Imitationen ersetzt wurde – wie etwa Opfer- und Kommunionsrituale –, wurde die Todesgöttin noch immer durch aasfressende Geschöpfe wie Geier, Krähen, Hunde und Schweine dargestellt, die allesamt sakrale Wandlungsgestalten dieser Göttin waren.

Die Verschlingerin Kali symbolisierte natürlich auch die Erde, die alle Wesen gebiert, um sie dann wieder zu verschlingen. »Sie verschlingt alle Existenz«, sagten ihre Verehrer; »Sie kaut alle existierenden Dinge mit Ihren grimmigen Zähnen«.[2] Ihre Yogi betonen, daß sie zwar ihre liebende Mutter sei, die ihnen Geburt verlieh und sie liebe, daß aber dennoch »das Bild, das sich ein Mensch von Ihr macht, unvollständig ist, wenn er Sie nicht als seine Zerreißerin und Verschlingerin kennt.«[3] Diese scharfsinnig philosophische Aussage wurde durch die Schreckensbilder der Mutter-als-Ghul illustriert, die ihren toten Geliebten auffraß. Der wirkliche Grund für dieses ghulische Wesen lag darin, daß sie zur jungfräulichen Mutter Maya werden und ihn immer und immer wieder neu gebären würde.

[1] Larousse, 306
[2] Mahanirvanatantra, 295–296
[3] Rawson, The Art of Tantra, 112

Gnom

Gnomen waren die Geister, die mit dem Erdelement assoziiert waren, während die Sylphen die Luft, die Undinen das Wasser und die Salamander das Feuer symbolisierten. Ihr Name könnte mit dem griechischen Wort *gnosis* für »Wissen« in Bezug gesetzt werden, denn all jenen Geschöpfen, die in den Eingeweiden der Erde lebten, traute man zu, die Geheimnisse der Mutter zu kennen. Man nahm an, daß die Gnomen in Minen, Höhlen, Gruben und ähnlichen tiefergelegenen Orten lebten und ein wundersames Wissen über Felsen, Steine, Mineralien, Edelsteine, Bergbautechniken und die magischen Paläste am Fuße der Berge besaßen. Im deutschen Volksgebrauch sind Gnomen allgegenwärtig. Einstmals dienten sie als Schutzgeister für Bergleute, Schmiede und Metallarbeiter, und in manchen Ortschaften herrscht noch heute der Glaube, daß Gnomen in alten Bergwerksschächten und unbekannten Höhlenschächten wohnen und all jene töten können, die in ihr Territorium eindringen, indem sie sie unter herabfallenden Steinen begraben.

Golem

Im Hebräischen bedeutet »Golem« buchstäblich formlose Materie wie etwa Schlamm, Lehm oder geronnenes Blut, die durch die Anrufung geheimer Namen Gottes zu einem Leben als untotes Monster erweckt werden kann. Mehreren jüdischen Magiern wie etwa Elias von Chelm wurde die Erschaffung eines Golem zugeschrieben, die damit zu Vorläufern des Dr. Frankenstein wurden.[1]

Hinter dem Begriff des Golem kann man ganz entfernt vielleicht die ursprüngliche Schöpfungsgeschichte finden: Daß nämlich im Zustand des Ur-Chaos das gesamte potentielle Leben als formlose Materie im Gebärmutterblut der Göttin-Mutter Tiamat oder Maa oder Anna-Nin, derer, die »von unten aufwallt«, vorhanden war. Ihr riesiges Blutmeer war weder flüssig noch fest, weder heiß noch kalt; alle Elemente existierten in ihm, aber nur potentiell und nicht manifest. In vielen Mythen heißt es, daß ihre Worte Ordnung aus dem Chaos entstehen ließen; Gestalten und Formen entstanden dadurch, daß sie ihren Namen aussprach. Diese Vorstellung tritt noch immer in den Legenden von Kali Ma und ihrem schöpferischen Logos zutage (der Sakralsprache des Sanskrit), die dem uranfänglichen Blutozean Form verlieh. Männliche Götter wie Jahwe übernahmen die Vorstellung der Schöpfung eines lebendigen Universums durch das Wort allein. Und schließlich kamen Mystiker und Magier auf die Idee, daß sie dasselbe auch vollbringen könnten, wenn sie nur ein wenig »Urmaterie« gewinnen und die richtigen Worte darüber sprechen könnten. Der von Menschenhand hergestellte Golem mußte seelenlos bleiben, auch wenn er lebte. Denn man glaubte, daß nur Gott allein wußte, wie eine Seele geschaffen werden konnte.

[1] Trachtenberg, 85

Gorgo

Das Gorgonenhaupt mit seiner hervorstehenden Zunge, seinem Schlangenhaar und den riesigen Krallenhänden erschien in der Antike oftmals als eine gemalte oder in Stein gehauene Warnung an die Männer. Seine grundlegende Bedeutung lautete: »Weibliche Mysterien! Kein Zutritt!« Das Gorgonenhaupt drohte Eindringlinge zu Stein werden zu lassen – ebenso wie die mythische Greisingestalt Medusa, die die älteste in der Dreiheit der Gorgonen war. Als Emblem weiblicher Weisheit erschien das Gorgonenhaupt auf dem Ägisschild der Athene und stellte Athenes Greisingestalt Metis (»Weisheit«) dar, die in der griechischen Mythologie auch als Athenes Mutter erscheint. Aber Metis war nur eine griechische Version der Medusa, und Gorgo blieb ein Name für Athenes älteren zerstörerischen Aspekt. Das Gorgonenhaupt wurde nicht von Theseus aus Libyen mitgebracht, wie es der Mythos wollte, sondern es war von Anfang an ein Attribut der Athene, als sie selbst die königliche libysche Göttin war, die das Alphabet und andere Künste der Zivilisation erfand und die weiblichen Geheimnisse von Geburt und Tod bewachte – vor allem das für Männer verbotene Mysterium des weisen Mondblutes.[1]

Im Mythos der Medusa spielt Blut eine wichtige Rolle. Selbst als sie starb, entstand aus ihrem Blut das Mondpferd gottähnlicher Inspiration, der Pegasos. Ihr Schlangenhaar symbolisierte Menstruationsgeheimnisse: die mystische Verbindung von Frau und Schlangen, die von Männern in fast allen Mythologien gefürchtet und verteufelt wurde. Selbst im Mittelalter betonten Männer noch, daß das Haar einer menstruierenden Frau sich in eine Schlange verwandle, wenn es bei Mondlicht im Boden vergraben werde.[2] Manche behaupteten sogar im Einklang mit den antiken Assoziationen der Gorgo, daß der Anblick von Menstruationsblut einen Mann zu Stein erstarren lasse.

[1] Boulding, 193
[2] Cirlot, 273

Grazien, National-museum, Neapel

Grazien

Das gewohnte Bild der drei nackten Grazien oder Chariten, auf dem die mittlere dem Betrachter den Rücken zuwendet, kommt in der gesamten griechischen und römischen Kunst immer und immer wieder vor, und sogar auf indischen Tempeln wurden ähnliche Figuren eingemeißelt. Offenbar war dies eine der beliebtesten Abbildungen der Dreifachen Göttin: Alle drei Aspekte werden als schön empfunden und verbinden sich wie alle göttlichen Trinitäten zu einer Einheit.

Die klassischen Namen der Grazien lauteten: Aglaia (»Strahlend«), Thaleia (»Blühend«) und Euphrosyne (»Herzensfreude«). Früher hießen sie jedoch Pasithea, Kale und Euphrosyne. Dies sind Bestandteile der Anrede an Aphrodite, der sie dienten. Und diese Anrede bedeutet wiederum »Allgöttin, Schöne, Herzensfrohe!«[1] Auch Aphrodite war einstmals eine Dreiheit. Pausanias berichtet, daß ihre Chariten oder Grazien in Orchomenos in Gestalt von drei uralten aufrechtstehenden Steinen verehrt wurden, die, wie es hieß, vom Himmel gefallen waren.[2] Homer erwähnt nur zwei Grazien, nämlich Pasithea und Kale, die wahrscheinlich die Jahreszeiten personifizierten, die bei den Athenern die beiden Göttinnen Thallo und Karpho (»Sprießen« und »Welken«) waren. In Athen wurden zwei Grazien namens Auxo und Hegemone (»Vermehrung« und »Alleinherrschaft«) verehrt.[3]

Jedenfalls waren die Charitinnen sehr alt. Die *charis* oder »Gnade«, die sie verliehen, war ein Geschenk der Göttin: Schönheit, Freundlichkeit, Liebe, Zärtlichkeit, Vergnügen, Kreativität, künstlerische Begabung und Sinnlichkeit. Die Bedeutung dieses Wortes veränderte sich beträchtlich, als es ins Neue Testament eingefügt wurde: als *caritas*, die Qualität, die größer als Glaube oder Hoffnung ist (1. Korinther 13). Dieses Wort wird manchmal mit »Liebe«, manchmal auch mit »Barmherzigkeit« übersetzt. Die letztere Bedeutung beruht auf dem frühchristlichen Glauben, daß man sich den Weg in den Himmel erkaufen könne, indem man den Armen milde Gaben spendete. Die sinnlichen und freudvollen Implikationen der »Gnade« einer Göttin gerieten vollständig in Vergessenheit.

[1] Graves, The Greek Myths, Bd. 2, 14
[2] Dumézil, Archaic Roman Religion, Bd. 1, 166
[3] Graves, Bd. 1, 55

Greif

Der Greif ist eines von zahlreichen zusammengesetzten Symboltieren und stammt von den berühmten babylonischen und persischen Geistwesen, die wie die alten Cherubim mit Vogelschwingen, Adlerköpfen, Ziegenbärten und Löwenkörpern ausgestattet waren. Als Symbole der Jahreszeiten wurden sie zu Wächtern der Sonne, der Goldenen Äpfel, der Sternenjuwelen und anderer Himmelsphänomene. Dies könnte erklären, weshalb man die Greife in den Sagen so häufig als Wächter von Schätzen antrifft.[1]

[1] Whittick, 251

Groteske

Eine Groteske war wörtlich »ein Wesen aus der Grotte«; dies bezog sich auf die Sakralhöhlen, wo die vorchristlichen Europäer ihre Gottheiten anbeteten. In diesen Höhlen wurden, wie es scheint, halb menschliche, halb tierische Götterfiguren und Statuen von Naturgeistern aufgestellt. Einige davon gerieten offenbar in die frühen Kirchen, um ihnen einen Zustrom zu verschaffen, denn den Missionaren wurde empfohlen, die heiligen Bilder der Bevölkerung zu übernehmen und dem Symbolzusammenhang der Kirche einzuverleiben. Auf diese Weise sollte der Eindruck entstehen, daß sich heidnische Gebete und Pilgerreisen an eine christliche Gottheit richteten. Es wurde Brauch, fast jede Kirche mit Grotesken auszustatten, und das blieb auch so, nachdem das Heidentum verschwunden und die Bedeutung der ursprünglichen grotesken Figuren in Vergessenheit geraten war.

Grüner Mann

Der Grüne Mann schmückte traditionell viele alte Kirchen: Meistens erschien er als geschnitztes oder in Stein gehauenes Gesicht auf einem Pfeiler, der ebenfalls von geschnitztem oder in Stein gehauenem Blattwerk umhüllt war oder als Stamm und Äste eines Baumes dargestellt wurde. Der Grüne Mann wurde auch Grüner Georg, Jakob im Grünen, Blättermann und Maienkönig genannt. Dies waren die symbolischen Baumgeister, die bei Frühlingsvolksfesten von Männern gespielt wurden, die in ein Blättergewand gehüllt waren.[1] Wahrscheinlich wurden die Pfeiler mit dem Grünen Mann ursprünglich an der Stelle von heiligen Bäumen errichtet. Daß Zeremonien für den Grünen Georg am Ostermontag stattfinden, weist darauf hin, daß er eine Version des am Baum geopferten Erlösers war und daß dieser heidnische Brauch sich in der christlichen Symbolik fortsetzte.

[1] Frazer, The Golden Bough, 146–149

Harpyie, vom Nürnberger Wappen

Harpyie

Die aasfressenden Harpyien aus der griechischen Mythologie – deren Name die »Zupfenden« bedeutet – haben sich wahrscheinlich aus kretischen Begräbnispriesterinnen entwickelt, die bei ihren Zeremonien Harfen zupften und zu Ehren der Geiermutter Kostüme aus Geierfedern trugen. In Ägypten hieß die Geiergöttin Mut oder Nechbet; selbst Isis hatte eine Geierinkarnation als Totenträgerin. Das Bild der Harpyien-Geierin mit Frauenkopf und weiblichen Brüsten stammt aus einer alten Kulturschicht, als Frauen die Körper der Toten den Vögeln der Luft übergaben (siehe Geier).

Der hellenische Mythos behauptete, daß zwei Harpyien im östlichen Thrakien von den Argonauten besiegt und in ihre kretische Höhle zurückgetrieben wurden.[1] Sie wurden als schmutzige Geschöpfe dargestellt – ein Hinweis darauf, daß eine patriarchale Priesterschaft die Begräbnisriten übernommen und die Priesterinnen diffamiert hat. Aber wie die Furien bleiben auch die Harpyien angsterregende Symbole der Todesgöttin, und die Menschen fürchteten sich davor, sie zu beleidigen. In der mittelalterlichen Heraldik tauchte die Harpyie als Siegesemblem ohne bösartige Assoziationen auf – nur eben die der angsteinflößenden, triumphierenden Macht.[2]

[1] Graves, The Greek Myths, Bd. 2, 230
[2] Cirlot, 133

Heilige(r)

Der Heiligenkanon war die christliche Methode, um den heidnischen Polytheismus, den das Volk wollte, zu erhalten, während gleichzeitig vorgegeben wurde, daß man nur einen Gott verehre. Aber in Wirklichkeit wurden viele heidnische Gottheiten in die Kirche gebracht und als fiktive Heilige aufpoliert: Die Kirche konnte daraus, daß sie im Volk Verehrung genossen, Profit schlagen und das Geld, das sonst anderswohin geflossen wäre, in ihre Kassen leiten. Das große Zeitalter der Heiligenschöpfung begann ungefähr im 9. Jahrhundert: Damals begannen die Hagiographen, den früheren heidnischen Helden fiktive Lebensgeschichten und Martyrien aufzudichten, und plünderten alte Friedhöfe, um dort nach angeblichen Reliquien zu suchen – eine höchst lukrative Schatzsuche. »Sie erfanden Namen für Skelette und Geschichten für Namen.«[1]

Zu den kanonisierten Heidinnen gehörten: Diana, Artemis, Castor und Pollux, Helios, Bacchus, Dionysos, Nereus, Aphrodite, Merkur, Silvanus und sogar Buddha.[2] Vielfache Bilder der Großen Göttin Kybele in Akrai wurden en masse als *santoni* (»Heilige«) kanonisiert.[3]

Die Märtyrer der berühmten römischen »Verfolgungen« unter Kaisern wie Nero und Diokletian, die sieben Jahrhunderte früher gelebt hatten, wurden größtenteils zu dieser Zeit erfunden, da es keine Berichte über irgendwelche besonderen Martyrien gab. Von alten Grabsteinen wurden nach dem Zufallsprinzip Namen entnommen und mit passenden Geschichten versehen. In Wirklichkeit war es die frühchristliche Kirche, die weit umfangreichere Verfolgungen durchführte und viel mehr Menschen zu Märtyrern machte, als Rom das jemals zuvor getan hatte: Denn religiöse Toleranz war die übliche Politik des römischen Imperiums.[4]

Die Heiligen erwiesen sich als überaus nützlich, um große Geldbeträge zu sammeln. Ihre heiligen Reliquien waren sehr gesucht als Heilzauber, und diese medizinische Anwendung mußte immer mit Geldbeträgen beglichen werden. Im 14. Jahrhundert glaubte man, daß Geistesgestörte geheilt werden könnten, wenn sie Wein tranken, in den die Knochen eines Heiligen getaucht worden waren. Ein einziges Haar eines Heiligen, das man in Wasser tauchte, erzeugte ein Abführmittel, das vielfach verschrieben wurde. Zur Tumorheilung wurde Öl aus einer Lampe empfohlen, die vor dem Grab des heiligen Gallus brannte.[5] In ganz Europa wurden in den Kirchen die Wunderkuren angepriesen, die durch die Fingerknochen, Zähne, Kleiderfetzen, Haare, Schädel und andere fleischliche Reste der jeweiligen Lokalheiligen gewirkt wurden. Diese Reliquien wurden meistens in gold- und silberverzierten und edelsteingeschmückten Truhen aufbewahrt, die von den besten Kunsthandwerkern Europas geschaffen wurden und ein Vermögen wert waren. Manchmal bemühte man sich noch nicht einmal, tatsächlich menschliche Reliquien zu finden. Die berühmten Heilknochen der heiligen Rosalia erwiesen sich als Ziegenknochen, und die 11 000 Jungfrauen der heiligen Ursula hinterließen hauptsächlich Schweineknochen.

Die Kirche des Mittelalters verwendete mehr Aufmerksamkeit auf die Legenden und Kulte der Heiligen als auf Christus selbst, denn die Heiligen brachten mehr Geld ein und befriedigten auch die natürliche Neigung der Menschen zum Polytheismus.[6] Einige der berühmtesten Heiligen, die noch heute verehrt werden, gehören zu denen, die in der Geschichte überhaupt nicht existiert haben. Die Patrone von England, Schottland, Irland und Wales waren allesamt fiktiv. Saint Denis, der Patron von Frankreich, war nur eine Transformation des Gottes Dionysos, der in seinem orphischen Kult mit dem Orakelkopf auftrat. Dies erklärt die absurde Legende, derzufolge der heilige Denis nach seiner Enthauptung auf dem Montmartre (»Märtyrerhügel«) seinen abgetrennten Kopf unter den Arm genommen habe und zu dem Ort gegangen sei, wo heute seine Kirche steht.[7] Vor einiger Zeit gab es einen Versuch, den heiligen Denis mit dem Bischof Dionysios Areopagita, der angeblich im ersten Jahrhundert gelebt haben soll, zu identifizieren; aber dieser Versuch wurde aufgegeben, nachdem die Gelehrten bewiesen hatten, daß auch Dionysios Areopagita nur eine fiktive Gestalt war und daß seine angeblichen Schriften Fälschungen aus dem 6. Jahrhundert waren.[8]

[1] Campbell, Occidental Mythology, 392
[2] Walker, The Woman's Encyclopedia of Myths and Secrets, 880
[3] Vermaseren, 68
[4] J.H. Smith, 40, 131; Angus, 277

[5] Abelard, 56
[6] Màle, 176
[7] Hall, 98
[8] Walker, The Woman's Encyclopedia of Myths and Secrets, 236

Hexe

Das englische Wort *hag* bezeichnet eine häßliche alte, hexenhafte Frau. Aber das Wort selbst kommt aus dem Griechischen: *hagia* heißt »heilige Frau« oder »Hebamme«. Dies waren die weiblichen Schamanen des vorchristlichen Europa oder die Stammesmatriarchinnen, die die weisen Wege der Natur, der Heilung, der Weissagung, der Künste und Traditionen der Göttin kannten. Die Mutter von Hel, der Königin der Toten, hieß Angurboda, Hexe vom Eisenwald. Die keltische Königsmacherin war die Hexe von Scone, deren Geist sich in dem berühmten Stone of Scone verkörperte, der noch immer unter dem Krönungsstuhl in der Westminster Abbey liegt. Die christliche Überlieferung betont, daß sie durch den Fluch eines Missionars in einen Stein verwandelt wurde.[1]

Wie alle alten Frauen wurden auch Hexen in der patriarchalen Gesellschaft ganz allgemein mit Negativbedeutungen belegt. Aber es gibt noch immer Hinweise auf ihre frühere spirituelle Autorität. In der englischen Literatur des 16. Jahrhunderts ist *hag* ein Synonym für »Fee«.[2] Das Neujahrsfest war ein »Hexenmond« (*hagmena*), aber die Kirchenmänner betonten, daß die Abhaltung der Zeremonie den Teufel ins Haus rief.[3] Wie das Wort *crone* für »alte weise Frau« bezeichnete auch *hag* erstmals eine ältere Frau, die den Geist der Göttin in sich trug, da nach der Menopause ihr »weises Blut« in ihrem Körper verblieb und ihr große Weisheit spendete.

[1] Wimberly, 36
[2] Scot, 550
[3] Hazlitt, Bd. 1, 296

Hippokamp, holländischer Holzschnitt

Hippokamp

Der Hippokamp war das ursprüngliche »Seepferd«, und dieser Name bezeichnete ein pferdeähnliches Meeresungeheuer. Genauso wie es im Aberglauben des Volkes Meerjungfrauen und Meermänner gab, so existierte dort auch der Hippokamp als ihr Reittier. Diese Idee entsprang wahrscheinlich den klassischen Hinweisen auf die weißen Pferde des Meeresgottes. Die poetische Version sah ihre flutenden Mähnen in der Gischt, die von den Wellenbergen spritzte. Man glaubte – und oftmals ganz buchstäblich –, daß der Wagen des Neptun von Hippokampen gezogen wurde.[1]

[1] Hall, 221

Hobgoblin (auch: Herdgeist)

Das englische Wort *goblin* bezeichnet einen Geist und ist wahrscheinlich von derselben Wurzel abgeleitet wie das Wort Kobold, das einen Höhlen- oder Berggeist meint. Aber *hobgoblins* waren Herdgeister (das englische Wort *hob* bedeutet »Kamin«). Wie die altrömischen Laren und Penaten bewachten sie als Haus- und Ahnengeister die Feuerstätte der Familie. Es gab die primitive Gewohnheit, tote Familienmitglieder unter der Schwelle oder der zentralen Feuerstelle zu begraben, und deshalb glaubte man lange Zeit, daß ihre Geister das Haus bewohnten und bewachten, selbst dann noch, als später die Begräbnisplätze an andere Orte verlagert wurden. Unter der christlichen Herrschaft wurden all diese heidnischen Ahnen zumindest teilweise verteufelt, und wie alle anderen *goblins* wurden auch *hobgoblins* zu geringeren Dämonen uminterpretiert.

Hydra, von einer griechischen Vase

Hydra

Heute kennen Schüler der Oberklassen die Hydra als winziges polypenartiges Wimperntierchen, das man unter dem Mikroskop in einem Tropfen Wasser aus einem Teich entdecken kann. Aber im griechischen Mythos war die Hydra ein Wasserungeheuer, das von der Schlangenfrau Echnide geboren wurde und am Ende von dem Helden Herakles getötet wurde – eine seiner zwölf Heldentaten.[1] Dieses Ungeheuer hatte giftige Schlangen als Körper, und für jeden Kopf, den der

Held abschlug, wuchsen zwei neue hervor – deshalb nennen wir ein Problem, das bei jedem Lösungsversuch neue Probleme aufwirft, eine »Hydra«.

Das griechische Bild der Hydra orientierte sich allem Anschein nach am Tintenfisch. Aber dieses mythologische Wesen symbolisierte Süßwasser und kam auch im Landesinneren vor, wo es unter einer Platane weilte. Manche haben behauptet, daß seine vielen Köpfe ein Kollegium von Wasserpriesterinnen oder aber die zahlreichen Mündungen des Flusses Amymonoe darstellten. Die Anzahl der Köpfe schwankte je nach Erzähler zwischen sieben, neun, fünfzig oder hundert.

[1] Graves, The Greek Myths, Bd. 2, 108

Imp

Das englische Wort *imp* wird heute gewöhnlich als »Kobold« oder »Höllenbewohner« verstanden, ist aber eigentlich von einem Wort abgeleitet, das »Knospe«, »Sprosse«, »Wurf« bedeutet: Gemeint ist also ein halbwüchsiger Dämon. Diese Vorstellung entstand aus heidnischen Glaubensvorstellungen über tote Ahnen, die als Geister in der Unterwelt leben. Die kleinen *imps* waren dann diejenigen, die schon in der Kindheit gestorben waren. Sie waren durch und durch schwarz wie Schatten, da in den alten Zeiten Seelen und Schatten gleichgesetzt wurden. Die Toten waren »Schatten« oder »Nibelungen« (»Schattenmenschen«), und von seelenlosen Geschöpfen glaubte man, daß sie keinen Schatten hätten.

Da die christlichen Autoritäten sowohl heidnische Geister wie auch Götter gleichermaßen als Teufel definierten, wurde auch die Definition eines *imp* so weit gefaßt, daß jedes höllische Wesen, ja sogar normale lebende Tiere darunterfallen konnten, sofern man sie als tierische Schutzgeister von Hexen betrachtete. In Niederschriften von Hexenprozessen wird oftmals der Hund, die Katze oder ein anderes Schoßtier als ihr *imp* bezeichnet.

Eine andere christliche Idee war die Vorstellung, daß ungehorsame Kinder von dämonischen Geistern besessen seien, da aus irgendeinem unerklärlichen Grund offenbar der Taufexorzismus versagt hatte oder weil sie Wechselbälge waren (das sind Feen-Kinder, die anstelle der entführten echten Kinder zurückgelassen werden). Deshalb nannte man ein freches Kind oftmals »Höllen-Imp« oder einfach nur »Imp«. Heute hat dieser Begriff seine dämonischen Assoziationen weitgehend verloren. Das »Impische« gilt im allgemeinen sogar als ziemlich schlau.

Incubus

In den Tempeln der antiken Welt gab es gewöhnlich eine Schoß-Kammer, in der Menschen, die Erleuchtung oder Heilung suchten, »in-cubieren« (»ein-liegen«), also übernachten konnten, um dadurch eine spirituelle Wiedergeburt oder eine Vision zu erlangen. Die assistierenden Priester waren die *incubi* und wachten über die Schoß-Kammer, wurden aber von der christlichen Theologie zu Dämonen gestempelt, die Frauen in Versuchung führten. Männliche Unsicherheit und Angst vor sexueller Unzulänglichkeit erfanden viele Geschichten über den lüsternen Incubus: Es hieß, daß sie so geschickte Liebhaber seien, daß keine Frau jemals wieder mit einem normalen Mann zufrieden sein könne, wenn sie einmal die Erfahrung eines Incubus gemacht hatte.[1]

Die religiösen Autoritäten verschwendeten viel Zeit auf die Frage, ob Incubi Kinder zeugen könnten. Man stimmte darin überein, daß ein Incubus auch weibliche Gestalt (als *succubus* oder *succuba*) annehmen und mit einem schlafenden Mann kopulieren könne. Dadurch würden erotische Träume und nächtliche Samenemissionen verursacht, mit denen sie sich befruchte.[2] Manche behaupteten, daß sich der weibliche Succubus, der auch Nacht-Hexe genannt wurde, wieder in einen Incubus zurückverwandeln und eine sterbliche Frau mit dem Samen befruchten könne, die er auf diese Weise von einem Mann bezogen hatte.[3] Viele Jahrhunderte lang wurden alle möglichen nächtlichen Phantasien und Ängste erotischer Art den sexuellen Gewohnheiten von Incubi und Succubae zugeschrieben.

[1] Walker, The Woman's Encyclopedia of Myths and Secrets, 431–433
[2] Trachtenberg, 51
[3] Scot, 512

Kachina Nataska, von den Hopi-Indianern

Kachina

Kachinas sind die polytheistischen Geister, die von den Hopi und anderen Pueblo-Indianern verehrt werden. Viele Kachinas sind Naturgeister und bestimmen über Regen, Sonne, Ernte, Tiere usw. Manche sind Geister des Gesetzes und der Verhaltensnormen eines Stammes. Kachinas sind bei der nicht-indianischen Bevölkerung durch die interessanten Kachina-Puppen bekannt und beliebt geworden. Sie werden von den Indianern nach alten überlieferten Mustern hergestellt und verkauft.

Kentaur, von einer attischen Amphore, 7. Jh. v. Chr.

Kentaur

Das Bild des Kentauren schien bei den frühen Bewohnern Griechenlands die Ehrfurcht ausgedrückt zu haben, die die Reiterstämme jenen Menschen einflößen, die es noch nicht gelernt hatten, Pferde zu zähmen. Daß den Reitern aus Zentralasien und den »Amazonen« vom Schwarzen Meer eine solche Ehrfurcht entgegengebracht wurde, zeigt sich an dem Beinamen der Kentauren: Sie wurden auch »Magnetes« genannt. Im hellenischen Mythos sind die Kentauren wilde, haarige, archaische Menschen, die immer im Kampf mit den Lapithen stehen, die Waffen aus behauenem Stein verwendeten. Und dennoch galten sie auch als große Zauberer, Gestaltwandler und Spender von okkultem Wissen. Der Kentaur Cheiron von Magnesia war der Lehrer der größten griechischen Kriegshelden wie etwa Achilles, Herakles, Jason und vieler anderer. Cheiron war der Sohn eines Gottes und »aufgrund seiner Geschicklichkeit im Jagen, in der Heilkunst, der Musik, der Gymnastik und der Weissagung berühmt«.[1] Nachdem er durch Herakles getötet worden war (da er mit einem anderen Kentaur namens Nessos verwechselt wurde), ging Cheiron als der »Schütze« in den griechischen Tierkreis ein.

[1] Graves, The White Goddess, 256

Kobold

Kobolde bekam man nur selten zu Gesicht. Die deutschen Bergleute sagten, daß sie immer nur die Augen der Kobolde sähen, die in den dunklen Löchern der Schollen und anderer unterirdischer Orte leuchteten. Man konnte sie nicht genau von Gnomen und Zwergen unterscheiden. Manche behaupteten, daß die Kobolde von Alberich angeführt werden. Dies ist die deutsche Entsprechung des englischen Feenkönigs Oberon, dessen Gemahlin Titania die vorhellenischen Titanen oder Erd-Riesen anführte, deren Mythen sich auf die Reiterinnenstämme der Amazonen zurückführen. Das Wort »Kobold« könnte von dem griechischen Wort *kaballoi* für »Reiter« stammen.

Das Mineral des Kobalt wurde nach den Kobolden benannt, weil es so schwierig war, kobalthaltige Erze einzuschmelzen. Die Bergleute behaupteten, daß dieses Mineral von den Kobolden verhext worden war.

Lamie

Das übliche Bild einer Lamie war eine Schlange mit Frauenkopf und weiblichen Brüsten. Die ursprüngliche Lamie war die Schlangengöttin von Libyen, die die Griechen Medusa und die Ägypter Neith nannten.[1] Sie wurde auch in Babylon als Frau mit Schlangenkörper verehrt und besaß vielleicht eine mehr als flüchtige Ähnlichkeit mit der Kundalini-Schlange.

Die hellenischen Griechen machten aus ihr eine sterbliche Jungfrau, die von ihrem Stammesgott Zeus geschwängert wurde und dem sie mehrere Kinder gebar. Sie war aber auch eine Verschlingerin von Kindern mit Gorgonengesicht, die nach der Art der Urgöttin das wieder in sich zurücknahm, was sie hervorgebracht hatte. In der späteren christlichen Tradition ist von »Lamien« als schlangenartigen Teufelinnen oder Hexen die Rede, die sich in Schlangen verwandeln können. Martin von Braga schrieb, daß Lamien weibliche Teufel seien, die in Flüssen und Wäldern lebten.[2] Jahrhunderte später schuf John Keats ein phantasievolles Gedicht über die Schlangenfrau und gab ihm den Titel »Lamia«.

[1] Graves, The White Goddess, 246
[2] J.H. Smith, 240

Leviathan, Zeichnung aus dem 16. Jh.

Leviathan

Dies war der hebräische Name des großen Schlangengottes, der in Nordkanaan Lotan oder Lautan, in Griechenland Ladon und in Ägypten Sata oder Apep hieß. Ladon war der Wächter der heiligen Frucht des Lebensbaums in Heras Garten, und sein Erscheinen im Garten von Eden scheint einem ähnlichen Bild entliehen zu sein. Leviathan oder der »Schlängelnde« war ein Name der ehernen Schlange Nehuschtan, deren Verehrung von Moses eingeführt, später aber unterbunden wurde (2. Könige 18,4). Die levitischen Priester leiteten ursprünglich ihren Namen von dem hebräischen Schlangengott Leviathan ab. Gnostische Juden im 1. Jahrhundert n. Chr. verehrten ihn unter dem Namen Ophion (»Schlange«) und behaupteten, daß er der eigentliche König des Himmels sei und daß Jahwe seine Königsherrschaft usurpiert habe.[1]

Da er eine rivalisierende Gottheit war, wurde der Leviathan von den christlichen Anhängern desselben Jahwe verteufelt und zu einem bekannten Höllenbewohner gemacht. Zur selben Zeit wurde die Meeresschlange Leviathan (ähnlich wie Okeanos) mit dem Wal gleichgesetzt, der noch heute manchmal poetisch Leviathan genannt wird.

[1] Graves, The White Goddess, 367

Meerjungfrau

Die Meerjungfrau entstand aus sehr alten Traditionen, die die Gestalt der Göttin mit dem Meer als universellem Schoß in Verbindung bringen. Aphrodite mit dem Fischschwanz und die ähnlich geartete Meerjungfrau und Göttin Tirgata (Atargatis) von Syrien wurden mit einer weiteren Gestalt mit Fischschwanz gleichgesetzt: der Göttin Derketo von Palästina, deren Name »Wal von Der« bedeutet.[1] Meerjungfrauen und Meermänner (oder Nixen und Nöcke) wurden auch schon in Indien von den Nagas vorgeformt, die einen menschlichen Oberkörper und den Unterleib einer Meeresschlange hatten. Sie lebten in Quellen und Flüssen und bewachten Schätze in ihren Unterwasserpalästen.[2] Eine beliebte afrikanische Meeresgöttin war Iemanja: Ihr Haar bestand aus langen grünen Tangsträngen und ihre Juwelen aus Muscheln.

Mittelalterliche Alchemiebücher beschrieben die Meerjungfrauen als die gekrönten Sirenen der Philosophen, die die Milch der Erleuchtung spenden. Normalerweise wurde sie nackt abgebildet, aber in verschiedenen Texten wurde sie mit einer kleinen bescheidenen Weste ausgestattet, wie man auf der Illustration sehen kann. Vielleicht wurde dieses Kleidungsstück später hinzugefügt. Noch im 19. Jahrhundert war es in Großbritannien Gesetz, daß alle Meerjungfrauen, die in heimischen Gewässern gefunden wurden, Eigentum der Krone seien.[3]

Die bekannteste Meerjungfrau der Sagenwelt war vielleicht Melusine, die Raymond von Poitou heiratete und ein eigenes Schloß in Lusignan erbauen ließ. Einen Tag in der Woche verbrachte sie in strenger Abgeschlossenheit in ihrem Bad, da zu dieser Zeit ihr Fischschwanz in Erscheinung trat. Aber sie wurde ertappt und verbannt. Doch den Erzählungen zufolge kehrte sie bei jedem Vollmond wieder, um über ihre Kinder zu wachen. Wenn man ihre klagende Stimme über Lusignan hört, so kündigt das den Tod eines Königs an.[4]

[1] Baring-Gould, 497
[2] Tatz/Kent, 79
[3] Walker, The Woman's Encyclopedia of Myths and Secrets, 652
[4] Baring-Gould, 478

Menschenfresser

Im Englischen und Französischen heißen menschenfressende Riesen *ogre*, und dieses Wort ist von einem Beinamen des arischen Gottes Odin als Herr des Todes abgeleitet: Yggr heißt »der Schreckliche«.[1] Ein *ogre* wurde oftmals als einäugiger Zyklop dargestellt, denn auch Odin galt als einäugig: Er hatte eines seiner Augen aufgegeben, um die weiblichen Geheimnisse der Magie und des Runen-Zaubers zu erwerben. Odin wurde wie auch alle anderen heidnischen Götter verteufelt, und zwar vor allem in seinen furchteinflößenden Aspekten, und deshalb war die gängige Vorstellung vom *ogre* ein häßliches, dämonisches Wesen von großer Körperkraft und zerstörerischer Stärke: ein menschenähnliches Ungeheuer.

[1] Branston, 114

Yama, der orientalische Minotaurus

Minotaurus

Der König der Unterwelt mit der Stiermaske, der Minotaurus, der im Labyrinth von Kreta weilte, erscheint in der Kunst des Hinduismus und Buddhismus als Yama mit der Stiermaske, der die verschlungenen Wege der Unterwelt beherrscht. In Kreta wurde der heilige Stier oder *tauros* mit dem König Minos in Verbindung gesetzt, aber dies war in Wirklichkeit eine ganze Reihe von Königen, deren Namen »dem Mond geweiht« bedeutet. Wie der vergleichbare Opferstiergott Apis in Ägypten war er sowohl ein Opfertier wie auch ein Mann, der die königliche Stiermaske trug. Aus diesem Grund wurde er in der klassischen Mythologie als Ungeheuer aus Stier und Mensch dargestellt, der einer unnatürlichen Verbindung zwischen der kretischen Königin Pasiphae und dem Opferstier entsprang. Die eigentliche Bedeutung dieses Mythos war jedoch »eine Ritualheirat unter einer Eiche zwischen der Mondpriesterin mit Kuhhörnern und dem König Minos, der eine Stiermaske trug«.[1]

Die Geschichte des Theseus, der in das Labyrinth eindringt und den Minotaurus tötet, symbolisiert allem Anschein nach einen Krieg zwischen Athen und Kreta. Es wurde auch behauptet, daß Theseus »den Stier des Meeres« tötete. Damit war die Flagge der kretischen Schiffe gemeint, auf der das Bild des königlichen Mondstiers zu sehen war. Der Mondstier war das kretisch-minoische Totemtier.

[1] Graves, The Greek Myths, Bd. 1

Muse

Troubadoure und romantische Dichter sprachen recht häufig von ihren persönlichen Musen, die sich oftmals in sterblichen Frauen verkörperten: Es waren

Gattinnen oder Geliebte, die die kreativen Energien des männlichen Dichters zum Leben erweckten. Es galt die Vorstellung, daß die Frau inspiriert und der Mann schöpferisch arbeitet. Dies war eine sexistische Theorie, die den Frauen im Prinzip den wirklichen inneren Geist künstlerischer Schöpferkraft absprach. Aber in ihrer ursprünglichen Form war die Muse eine Göttin, deren Feuer das Bewußtsein beider Geschlechter erleuchten konnte. Aber wie die hinduistische Göttin in ihrer Erscheinungsform als Shakti lehrte sie alle, über die sie ihre Gaben verströmte, den Weg der linken Hand. Noch heute sagen wir, daß eine kreative Person »begabt« ist.

In der ältesten Tradition der Musen erscheinen sie in dreifacher Gestalt und symbolisieren auf diese Weise die Dreifache Göttin. Die erste von ihnen hieß Mnemosyne oder »Erinnerung«: Dies war die wichtigste Gabe, weil kein Dichter seine Verse ohne sie wiederholen konnte.[1] Wie die drei Grazien verliehen die drei Musen überdurchschnittliche Fähigkeiten in manchen künstlerischen Disziplinen. Später wurden sie verdreifacht, so daß man nun von den »neun Musen« sprach (siehe Stern der Musen). Ein großer Musentempel in Alexandria wurde Museum genannt. Im Gegensatz zu einem modernen Museum war dies hauptsächlich eine Kunstschule, die dann in der frühchristlichen Zeit zerstört wurde.[2] Noch heute scheinen die Musen in dem Wort »Musik« und »Amusement« auf.

[1] Graves, The White Goddess, 377
[2] Walker, The Woman's Encyclopedia of Myths and Secrets, 701

Nixe, Holzschnitt aus dem 16. Jh.

Nixe

In der deutschen Sagenwelt war die Nixe ein Wassergeist wie die Meerjungfrau und besaß oftmals einen Fischschwanz. Sie hatte viele Ähnlichkeiten mit den griechischen Nereiden: Das waren weibliche Geister der Flüsse, Quellen, Teiche, Seen und Ozeane, und außerdem auch abgesetzte oder in Ungnade gefallene Naturgöttinnen im allgemeinen. Für die christlichen Stellen waren die Nereiden »Teufelinnen«, und ihre Anführerin war dem Vernehmen nach eine Lamie mit einem Schlangenschwanz.[1] »Undine« war ein weiterer Name für eine Nereide oder Nixe: Dies war ein

Muse: Sieben der Kelche aus dem Tarot von Barbara Walker

Elementargeist des Wassers, das erstgeborene Kind der wäßrigen Urmutter, gewissermaßen die amniotische Flüssigkeit des Universums, die in der Philosophie des Thales von Milet als Urstoff bezeichnet wird.[2]

Der orphische Name für die Urgöttin, die bei der Schöpfung über dem dunklen wäßrigen Abgrund schwebte, war Nys oder »Mutter Nacht«. In der Bibel wurde sie später als Geist (Gottes) bezeichnet, der sich über der Tiefe hin- und herbewegte. Allerdings war dem eine Geschlechtsumwandlung vorausgegangen.[3] Ihre Töchter können durchaus die Nixen gewesen sein, deren germanische Mutter Nött oder auch »Mutter Nacht« hieß.[4]

[1] Hyde, 146
[2] Campbell, Primitive Mythology, 64
[3] Gimbutas, 102
[4] Branston, 145, 152

Nornen

Die skandinavischen Nornen gehörten zu den ältesten und geheimnisvollsten Erscheinungen der Dreifachen Göttin. Wie die griechischen Moiren und die sächsischen Weird Sisters symbolisierten sie die Vergangenheit, Gegenwart und Zukunft: »Geworden, Werden und Zukünftig Sein«.[1] Sie lebten in der magischen Schoßhöhle an der Wurzel des Weltenbaums und bestimmten das Schicksal eines jedes Geschöpfes. Sie wurden mit den drei Phasen des Monds – dem zunehmenden, vollen und abnehmenden Mond – gleichgesetzt. Sie herrschten über den himmlischen Vater (Odin) und alle anderen Götter, setzten ihrem Leben Grenzen und errichteten die kosmische Ordnung, die jeden Gott am Jüngsten Tag zum Ende seines Lebens führen würde.[2]

Wie Kali beruhte die Dreiheit der Nornen auf der großen indoeuropäischen Göttin als Schöpferin, Erhalterin und Zerstörerin. Sie kontrollierten den mystischen Brunnen des Lebens, den Urdarbrunnr oder die Urd-Quelle. Urd war die erste der drei Nornen, ihr Name ist mit dem der Mutter-Erde, aber auch mit dem sächsischen Wort *weird* oder *wyrd* für »Schicksal« verwandt. Die zweite Norne hieß Verdandi, die dritte Skuld. Bei den Sachsen hieß sie Skadi und galt als Göttin des Todes. Ganz »Skandinavien« und »Schottland« wurde nach ihr benannt (in Ableitung von der latinisierten Form ihres Namens »Scotia«).[3]

Wie andere weibliche Dreiheiten waren die Nornen Überreste der ursprünglichen weiblichen Form der Heiligen Dreieinigkeit. In patriarchalen Traditionen wurden sie als Feen oder Hexen einverleibt, aber noch während des Christentums behielten sie etwa ein Jahrtausend lang eine Aura von ehrfurchterweckender Macht.

[1] Campbell, Creative Mythology, 121
[2] Branston, 208–209
[3] Graves, The Greek Myths, Bd. 1, 72

Nymphe, von einem griechischen Basrelief

Nymphe

Jene altgriechischen Tempel, die man *nymphaiai* nannte, lagen bei heiligen Quellen, und ihr Priesterinnenkollegium bestand aus unverheirateten Frauen. Das griechische Wort *nymphe* und das lateinische Wort *nympha* bezeichneten eine heiratsfähige junge Frau, die man aufgrund ihres unverheirateten Zustands als unabhängig betrachtete. Dies war auch die ältere Bedeutung des Wortes *virgo* oder »Jungfrau«. Später wurde daraus die Bedeutung der Braut, und zwar aufgrund der mystischen Hochzeiten der Nymphen als »Bräute Gottes«, wenn sie in Tempeln des Zeus, Hermes oder Priapus dienten.[1] In römischer Zeit wurden die als Nymphäen bezeichneten Tempel im besonderen für Hochzeitszeremonien verwendet.[2]

Während des Mittelalters wurde das Wort »Nymphe« gleichbedeutend mit Feen, Hexen oder Naturgeistern wie Baumnymphen, Flußnymphen, Bergnymphen usw. Aber ihre sexuellen Symboliken tauchen noch immer in Sagen auf, die über ihre vom Mond beeinflußten orgiastischen Zeiten erzählen, und davon ist auch der Begriff der »Nymphomanie« abgeleitet.

[1] Cirlot, 227
[2] Whittick, 246

Peri, persische Miniatur aus dem 16. Jh.

Peri

Eine Peri ist die persisch-arabische Version der Fee, also ein meistens weiblicher Geist, der aus den vorpatriarchalischen und vorislamischen Zeiten erhalten blieb. Es hieß, daß Peris *djinnis* oder gefallene Engel seien oder andererseits weibliche Geistführer wie die indischen Shaktis. Die Sufis hatten alle einen *pir*, also einen Lehrer der Sexualmystik im Sinne einer tantrischen Yogini. Manchmal wurden Peris auch mit Huris gleichgesetzt: Dies waren himmlische Nymphen, die einem toten Helden oder Weisen sexuelle Freuden zukommen ließen.

Wie bei allen Begriffen dieser Art wurde die feenhafte Freundin auch als der weibliche Teil in der Seele eines Mannes, als *anima* oder *psyche* betrachtet. Dieser Begriff hat sich aus einer der ältesten matriarchalen Vorstellungen entwickelt, die lange vor der Anerkennung der Vaterschaft existierte: Man glaubte, daß das weibliche Prinzip der wirklich lebenspendende, denkende, fühlende und lebende Geist sei, der jedem einzelnen Kind durch alle Generationen hindurch von der mütterlichen Seite zuteil wurde – ganz ähnlich, wie die europäische Kirche sich später die Weitergabe der Erbsünde vorstellte. In Armenien wurde die Peri offen als die weibliche, emotionale Seele des Mannes anerkannt. Wenn man liebevolle Hingabe ausdrücken wolle, so sagte man: »Meine Peri liebt dich so sehr.«[1]

Eine Peri konnte auch eine Art von Muse sein, also eine innere Quelle der Inspiration oder auch die Inspiration, die durch die äußere Beziehung zu einer geliebten Person erweckt wurde.

[1] Kunz, 207

Pooka

Die Pooka aus der irischen Sagenwelt war ein magisches Geist-Tier, meistens ein Pferd; aber sie konnte auch in menschlicher Gestalt erscheinen. Wenn man eine Pooka sah, so war dies eine Ankündigung des Todes. Daraus kann man schließen, daß die Pferdegestalt von den Geist-Pferden der keltischen Religion abgeleitet war, deren Aufgabe es war, die toten Helden ins Paradies zu tragen – ähnlich den geflügelten Pferden der Griechen.

Die Pooka war mit der altenglischen *puca* verwandt, aus der sowohl das Wort »Spuk« wie auch die Gestalt des »Puck« hervorgingen.[1] Diese uralten Feentraditionen haben sich in einer ganzen Reihe von irischen Ortsnamen erhalten wie etwa Puckstown, Puck Fair und Pooka's Ford.[2] Die Pooka wird noch immer hin und wieder an einsamen und abgelegenen Orten, vor allem in Sümpfen und Mooren gesichtet.

In Schottland wurde dieses Wesen meistens *kelpie* genannt. Dies war ein Wassergeist, der sich manchmal in einem Seehund und dann wieder in einem weißen Pferd verkörperte, dessen Mähne der Gischt von schäumenden Wellenbergen ähnelte. Das weiße Pferd war ein wichtiges indoeuropäisches Symbol der zweiten Hereinkunft des universellen Gottes oder Erlöserhelden, der aus dem Meer geboren war. Die Hindus nannten ihn den Kalki Avatara oder die letztendliche Inkarnation des Buddha, der seinerseits wieder in einer der Avatars von Vishnu war. Man glaubte, daß er bei seinem letzten Erscheinen am Ende der Welt ein weißes Pferd reiten oder selbst die Gestalt eines weißen Pferdes (*kalin*) annehmen würde.[3]

[1] Potter/Sargent, 295
[2] Pepper/Wilcock, 279–280
[3] G. Jobes, Bd. 2, 904, 916

Psychopomp

Dieses griechische Wort bedeutet »Seelenbegleiter« – eine Gestalt also, die Seelen durch das Jenseits führte. Es wurde auf Hermes, Charon, Persephone, Orpheus, die Totenhunde, die geflügelten Pferde, die Harpyien und andere aasfressende Geschöpfe wie etwa Geier angewendet. Auch Engel, Walküren und Erlösergestalten waren Psychopompe: beispielsweise der »gute Schafhirte« Osiris, der Seelen zu seinen »grünen Weiden« führte. Yama, der indische Herr der Toten, war ein Psychopomp, ebenso sein persischer Verwandter Yima (»der Glänzende«). Die Christen haben etliche Heilige als Psychopompe erfunden, ganz abgesehen von Jesus Christus selbst: Ihre Funktion war es, die Gläubigen zum Himmel zu führen. Darin bestand die ganze Bedeutung der Erlösung, wie die Laien sie verstanden. Wahrscheinlich ist die Figur des Psychopomp genauso alt wie die Erkenntnis der Menschheit, daß der Tod unausweichlich ist, und das Verlangen der Menschheit, ihm möglichst nicht direkt ins Gesicht zu blicken. So sagte der ägyptische Gläubige des Osiriskults zum Beispiel, daß er aufgrund seines festen Glaubens in den Erlöser nicht vom Tod berührt werde: »Ich werde nicht verwesen, ich werde nicht verrotten, ich werde nicht verfaulen, ich werde mich nicht in Würmer verwandeln, und ich werde den Zerfall nicht erleben… ich werde leben, ich werde leben; ich werde blühen, ich werde blühen, ich werde blühen; ich werde in Freuden aufwachen.«[1]

[1] Book of the Dead, 463–464

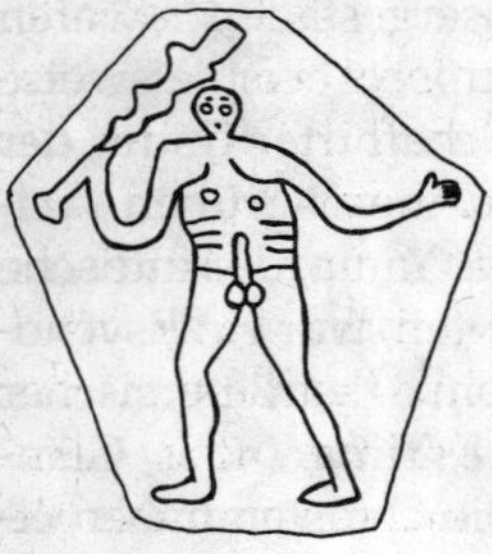

Cerne-Abbas-Riese; Darstellung aus Dorset, England

Riese

In den Mythen aller Völker hat sich die archetypische Vorstellung von einer Urrasse von Riesen erhalten, die die Welt vor den gegenwärtigen Göttern beherrschten. Diese Idee entstammt offensichtlich der universellen menschlichen Erfahrung eines Lebens in einer »Welt der Riesen«, das jeder in der Traumzeit der frühen Kindheit erfährt. Die Riesen waren auch mit der Herrschaft der Mutter Göttin assoziiert. Im norwegischen Mythos erwarben die späteren Götter Freyr, Njord und Odin ihre göttlichen Kräfte durch die Heirat mit den weisen Frauen der älteren Riesenrasse.[1] Diese Älteren hießen *risi*, ein Wort, das von dem Sanskritwort *rishi* (»Weiser«) abgeleitet ist. Sie kamen dadurch zu Tode, daß sie im Blut ihrer eigenen Gattung ertränkt wurden. Dieser Mythos ist vielleicht ein Hinweis darauf, daß die älteren Rassen von den Indoeuropäern blutig niedergemetzelt wurden. Vielleicht bezieht es sich aber einfach nur auf den alten Glauben, daß Tod das Eintauchen in das weibliche Mondblut bedeutet, jenen magischen Stoff, aus dem dann neue, wiedergeborene Körper gebildet wurden.[2] In Indien hießen die Urriesen manchmal Daityas, und ihr Guru war Venus, jener Planet, der gewöhnlich mit weiblicher Magie assoziiert wird.

Selbst die Bibel spricht von der archaischen Zeit, als »Riesen auf der Erde« waren (Genesis 6,4). Sie hießen *nephilim* oder »Kinder von Nephesch, der uralten, vorjahwistischen Weltseele«. Daß man sich diese »Seele« weiblich vorstellte, könnte aus der griechischen Parallele der Göttin Nephele hervorgehen. Dies war die Schattenseite der Hera, die über das Land der Schatten – also der Ahnengeister – herrschte. Insofern wäre der Name Nephele also gleichbedeutend mit Hekate oder Persephone. Es war immer wieder davon die Rede, wie Philo sagte, daß Adam und andere frühere biblische Gestalten Riesen waren.[3] Aber die patriarchalen Autoren kannten natürlich nicht die Tradition, die in den tantrischen Schriften enthüllt wird: Daß nämlich die Urrassen zu ungeheurer Größe heranwuchsen und ein enormes Lebensalter erreichten, weil ihr Leben »im Blut zentriert« war, im Blut der Göttin, aus der das Universum geboren und gebildet wurde.[4]

In England gibt es noch immer ein Porträt eines archaischen Riesen: Es ist fast sechzig Meter lang und wurde in das Kalkgestein eines Berghangs in Dorset gehauen. Er ist der ithyphallische Cerne-Abbas-Riese und soll entweder den sächsischen Gott Heill – dessen Name »Manneskraft« bedeutet – oder den keltischen Gott Cernunnos darstellen, nach dem die nahegelegene Stadt benannt ist und dessen Heiligtum von christlichen Mönchen als Abtei übernommen wurde.

Die Umgrenzung von Maibaum-Zeremonien wurde über dem Kopf dieses Riesen errichtet. Und da die Maibaum-Rituale seit alters her die sexuelle Vereinigung des Gottes mit seiner Göttin feierten, verweisen die Lage des Riesen wie auch des Beltane-Heiligtums in ihrer engen geographischen Nähe deutlich auf die Reste der alten Religion. In ganz Europa spielen Bilder von Riesen bei Volksfesten, Karnevals, Prozessionen und Feiertagen eine Rolle. Noch im Jahre 1770 tauchte beim Fest der Sommersonnwende in Douai ein riesiges Standbild auf, das man *Le Grand Gayant* oder »Der Große Riese« nannte.[5]

In einer der ältesten Schichten der klassischen griechischen Mythologie kommt ein altes Riesengeschlecht vor, die Titanen. Sie waren die Kinder der Mutter Erde mit dem Vater Himmel, aber ihre Mutter ermutigte sie, ihren Vater anzugreifen – eine Parallele zu den jüdisch-christlichen und persischen Geschichten von der Rebellion der Engel. Der Titan Kronos kastrierte und tötete den Vater Himmel oder Uranus und warf seine Genitalien ins Meer. Tropfen seines Bluts, das auf die Mutter Erde herabfiel, zeugte die drei Furien und außerdem auch die Esche der Nymphen.[6]

An diese klassische Bezeichnung der älteren Götter als Titanen erinnerte man sich zur Zeit der Renaissance: Man glaubte allgemein, daß der Name der Feenkönigin »Titania« laute. Das wäre dann eine Anrede der Mutter Erde als dem Ursprung aller Titanen gewesen. Aber die Feen schrumpften im Laufe der Jahrhunderte, bis sie schließlich die Menschen an Größe *nicht* mehr übertrafen, sondern immer noch kleiner wurden.

[1] Gelling/Davidson, 162
[2] Turville-Petre, 24, 231
[3] Tennant, 134
[4] Mahanirvanatantra, XLVII-XLVIII
[5] Gelling/Davidson, 158
[6] Graves, The Greek Myths, Bd. 1, 37–39

Der abgebildete römische Satyrkopf weist die horizontal gewundenen Widderhörner auf, die für den ägyptischen Gott typisch sind.

[1] Budge, Gods of the Egyptians, Bd. 2, 22

Satyr

Wie der Faun war auch der Satyr eine Verkörperung des gehörnten Gottes der wilden Natur, der bei den Griechen Pan hieß. Im Laufe der Zeit verkörperte er dann vor allem den Geist des sexuellen Verlangens. Aus diesem Grunde war es für die christlichen Autoritäten, die Sexualität mit Sünde gleichsetzten, leicht, die Satyrn als Dämonen zu betrachten. Die Griechen identifizierten den ägyptischen Gott Amen-Ra mit der Satyr-Gottheit Pan. Daran zeigt sich, daß der letztere einstmals zumindest in manchen Gegenden ein mächtiger Himmelskönig war und nicht jener kleine unwichtige Waldgeist, zu dem ihn die Hellenen machten. Amen-Ras heilige Stadt Chemmis erhielt den griechischen Namen Panopolis (»Stadt des Pan«), und davon kommt das englische Wort *panoply* für »kunstvolle religiöse Verzierungen«. Die griechischen Autoren schrieben, daß diese Stadt von »Panen und Satyrn« bewohnt sei.[1]

Seele

Der Begriff der »unsterblichen Seele« bedeutet im Grunde dasselbe wie Geist: einen Teil des menschlichen Bewußtseins, welcher weiterexistiert, nachdem die betreffende Person gestorben ist. Aber der Begriff »Seele« ist, für sich genommen, ein echtes Symbol, denn er steht für die Gesamtheit der Gedanken, Gefühle, Erinnerungen, Haltungen, Zuneigungen, Hoffnungen, Ängste eines Individuums – es geht um das Ganze der Persönlichkeit, unabhängig davon, ob sie unsterblich ist oder nicht. Die Idee der Seele selbst ist hier also das Symbol, obwohl dies selten so verstanden wird. Die Menschen der Antike stellten sich zusammengesetzte Seelen vor, deren verschiedene Teile im Blut, im Herzen, in der Leber, im geheimen Namen oder sogar in äußerlichen Dingen wie etwa dem Schatten oder dem Spiegelbild wohnten. Die zuletztgenannte Vorstellung ließ die abergläubische Überzeugung entstehen, daß seelenlose Geschöpfe wie etwa

Vampire keinen Schatten und kein Spiegelbild haben.

Im matriarchalen Zeitalter wurde fast durchgängig angenommen, daß der beseelende Geisthauch im Blut lag, aus dem sich unter dem Einfluß des Monds die Person im Mutterbauch heranbildete. Man glaubte, daß das kinder-erzeugende Menstruationsblut unmittelbar aus dem Herzen hervorkam, und deshalb wurde das Herz oder »Herzblut« zum Synonym für die Seele.[1] Die Mütter waren die Spenderinnen der Seelen. Ein archaischer König von Rom namens Erulus oder Herulus empfing von seiner Mutter drei Seelen und mußte deshalb dreimal sterben.[2]

Natürlich versuchten die patriarchalen Religionen diese Vorstellung zugunsten der Väter umzukehren. Sie versteiften sich auf die eine Art der Seele, die ihrer Meinung nach im Atem wohnte, den die Väter oder Vatergötter dem neuen Wesen einhauchten. Während es in der gnostischen Literatur heißt, daß Adam seine Seele dem Atemhauch der Göttin Sophia Zoe, der Mutter von Eva, verdanke, betonten die Bibelschreiber, daß ein männlicher Gott Adam seine Seele »eingehaucht« habe.[3] Die meisten Wörter für »Seele« sind grammatikalisch weiblich geblieben – wie etwa *psyche, anima, alma* –, und dennoch gelang es den Theologen der männlich beherrschten Kirche schließlich, die Idee durchzusetzen, daß nur ein Vater einem Kind die »Seele« verleihen kann und daß die Essenz der Seele im männlichen Samen ruht. Es ist nur logisch, daß die Kirchenmänner den Frauen auch die Seele absprachen. Im Jahre 660 n. Chr. wurde im dritten Kirchengesetz des Konzils von Nantes festgelegt, daß Frauen keine unsterbliche oder sonstige Seele haben. Am Ende des 16. Jahrhunderts erklärten die Kleriker, daß die indianischen Frauen des neu entdeckten amerikanischen Kontinents seelenlose Geschöpfe zwischen Tier und Mensch seien. Auch in der griechisch-orthodoxen Kirche bis zur Zeit Peters des Großen wurden bei den Volkszählungen des Imperiums nur Männer als »Seelen« gezählt.[4] Selbst als Frauen Seelen zugestanden wurden, schloß man sie nicht in den Entwurf der Erlösung ein. Guillaume Postel nahm die moderne Psychologie vorweg, indem er eine männliche und eine weibliche Seele – den Animus und die Anima – postulierte. Dann allerdings fuhr er fort, daß nur der männliche Teil von Christus erlöst worden sei, während der weibliche Teil noch immer unerlöst ist und auf einen weiblichen Erlöser wartet.[5] Die Kommunikation mit den Seelen der Toten war für die patriarchalische Theologie ein weiterer Schmerzpunkt, weil die Priesterinnen der Antike und ihre ideologischen Nachfolgerinnen, die Hexen, einen Anspruch darauf erhoben. Die Bibel schien nekromantische Befragungen zu verbieten, wie aus der Geschichte über den Besuch Sauls bei dem weiblichen Geistermedium von Endor hervorgeht (1. Samuel 28). Und dennoch wird von einer ganzen Reihe von hochrangigen Kirchenmännern berichtet, die nekromantische Gespräche mit den Toten führten. Anscheinend war dies eben doch akzeptabel, sofern es unter den Auspizien der Kirche geschah und nicht durch Frauen. Im Jahre 1675 veröffentlichte der Mönch Albert de Saint Jacques ein Buch mit dem Titel »Light to the Living by the Experience of the Dead« (»Erleuchtung für die Lebenden durch die Erfahrung der Toten«). Dort beschreibt er Gespräche mit Seelen, die auf nekromantische Weise aus dem Fegefeuer herbeigerufen wurden und ihre Bemerkungen über das Leben im Jenseits angaben.[6]

[1] Walker, The Woman's Encyclopedia of Myths and Secrets, 375
[2] Dumézil, Archaic Roman Religion, Bd. 1, 244
[3] Robinson, 171–172
[4] Gage, 56–57
[5] Seligmann, 223
[6] Spence, 345

Seeschlange, ptolemäische Karte, 1584

Seeschlange

Die Seeschlange war bei den Seeleuten aller Nationen ein beliebtes Wunderwesen, was wahrscheinlich auf die alten Bilder vom Ozean zurückgeht, der sich als riesige Schlange um die Erde windet (siehe Uroboros). Seeschlangen wurden immer wieder gesichtet. Die Matrosen sahen in der Entfernung Wale oder Tümmler, die nacheinander aus dem Wasser aufsprangen und so mit ihren geschwungenen Rücken den Eindruck einer Seeschlange erweckten, deren Rücken in Wellen aus dem Wasser auftauchte. Vielleicht haben auch große schlangenartige Meerestiere zu dieser Legende beigetragen. Als Symbol verkörperten die Seeschlangen die unbekannten und geheimnisvollen Abgründe fern aller sichtbaren Küsten. Das »verschlingende Ungeheuer«, dem man zutraute, ganze Schiffe in sich aufzunehmen, war das Meer selbst. Manche Abbilder des großen Wasserdrachen haben sich bis zum heutigen Tag erhalten: Das bekannteste Beispiel ist das Ungeheuer von Loch Ness.

Sirene

Die Sirene mit dem zweigeteilten Fischschwanz war eine Kreuzung zwischen einer Meerjungfrau und einer Sheila-na-gig. Jahrhundertelang war sie als Verzierung in Kirchen sehr gebräuchlich. In vielen europäischen Kathedralen sieht man Sirenenskulpturen auf Pfeilern, Bögen, Nischen, Chorgestühlen und anderen Flächen. Ein Grund für die Beliebtheit der Sirenen liegt in ihrer mystischen Bedeutung in den mittelalterlichen Gesellschaften wie etwa bei den Freimaurern. In den Büchern der Alchemie wird sie »Sirene der Philosophen« genannt – eine andere Version der Aphrodite Marina mit dem Fischschwanz, die in die Mysterien der Natur einweiht. Ihre suggestive Haltung, die der einer Sheila-na-gig ähnelt, bezog sich im besonderen auf die weiblichen Mysterien der Sexualität.

Die Sirene des Mittelalters darf nicht mit den Sirenen verwechselt werden, die Homer als große Gefahr für griechische Schiffe betrachtete. Das waren keine Meerjungfrauen, sondern die Frauen von Kyrene in Libyen. Diese Stadt war von einer Amazonenkönigin gleichen Namens gegründet worden, von der es hieß, daß sie stark genug war, um mit Löwen zu ringen.[1] Wahrscheinlich entstand dieser Mythos aus Abbildungen der libyschen Göttin, wie sie auf einem Löwen ritt oder in ihrem von Löwen gezogenen Wagen saß.

Eines der frühesten heidnischen Bilder der Sirene fand man in Gotland an der Ostsee. Es ist in Stein gehauen und stammt aus der Zeit um 600 n. Chr. Die nackte Göttin Freya-Nerthus ist frontal und sitzend dargestellt: Wie eine Sheila-na-gig spreizt sie ihre Beine weit auseinander. Allerdings sind es Beine und keine Fischschwänze. In jeder Hand hält sie eine riesige Schlange, was ihren eigenen Körper als Mittelpfeiler des heilenden Caduceus erscheinen läßt.[2] Aller Wahrscheinlichkeit nach wurden die Beine der Göttin in späteren Kopien mit den Schlangenschwänzen verschmolzen, so daß die ganze Gestalt schließlich die gotischen Umrisse der Sirene annahm.

[1] Huson, 177
[2] Sjöö/Mor, 321

Griechisch-ägyptische Sphinx

Sphinx

Nur selten wird klargestellt, daß die klassische Tragödie von König Ödipus durch den Fluch der Göttin in ihrer Sphinx-Gestalt erfolgte – einer Ableitung von der ägyptischen Göttin Hathor als Löwen-Überwinderin. Ödipus, der das Matriarchat in Theben umstürzen und sich selbst zum König auf Dauer machen wollte, warf die heilige Statue der Sphinx von einem Felsen, so daß sie zerschellte. Er forderte die Göttin heraus, indem er ihr berühmtes Rätsel löste. Aber die Sphinx rächte sich. Manche sagen, daß Ödipus nicht nur geblendet wurde, sondern im heiligen Hain der Göttin auch von ihren Rächerinnen, den Furien, erschlagen wurde.[1]

Nicht nur in Ägypten, sondern auch in Griechenland war die Sphinx in vorhellenischen Zeiten ein Bild weiblicher Göttlichkeit. Die Nicht-Anerkennung der Vaterschaft, die zu Ödipus' angeblich inzestuöser Heirat führte, war in Wirklichkeit ein alter Brauch: Jeder König wurde zum Sohn des vorhergehenden Königs erklärt, auch wenn sie nicht wirklich miteinander verwandt waren, sondern er nur von der Königin als Nachfolger auserwählt wurde. Der Name von Ödipus' mythischem Vater bedeutete weiter nichts als »König«.

Die griechischen Abbildungen der Sphinx trugen oftmals Flügel, die ihre Göttlichkeit andeuten sollten.

[1] Graves, The Greek Myths, Bd. 2, 10, 15, 396

Sybille

Zu den mächtigsten Frauen in Rom gehörten die Orakelpriesterinnen von Cumae – die sogenannten Sybillen (oder Sibyllen). In Anlehnung an den vergleichbaren Namen der Göttin Kybele bedeutete dies »Höhlen-Bewohner«. Der Kybelekult wurde auf besonderen Befehl der Sybille von Cumae nach Rom gebracht. Die Höhle, in der sie wohnte, und der nahegelegene See wurden als Eingänge zur Unterwelt betrachtet, aus der die Priesterinnen die Geister der Toten beschwören konnten, um sie um Rat zu fragen.[1]

Der römische Autor Varro aus dem 2. Jahrhundert v. Chr. hat die elf Großen Sybillen und ihre Attribute beschrieben. Die Sibylla Persica trug eine Laterne und stand auf einer Schlange. Die Sibylla Libya hielt eine brennende Fackel in der Hand. Die Sibylla Erythreia trug eine weiße Rose und ein gezogenes Schwert. Die Sibylla Cumana wurde durch eine antike steinerne Futterkrippe verkörpert. Die Sibylla Delphica trug eine Dornenkrone. Die Sibylla Cania trug ein Schilfrohr und eine Kerze. Die Sibylla Phrygia prophezeite die Auferstehung und trug eine Flagge. Die Sibylla Tibertina war in Tierhäute gekleidet und trug ein Rutenbündel. Die Sibylla Hellespontina trug einen blühenden Zweig, und die Sibylla Europa trug ein Schwert.[2]

Aufgrund einiger Attribute der Sybillen konnten sie ins Christentum aufgenommen werden. Die frühen Christen bewahrten die Sybillinischen Bücher, schrieben sie jedoch an vielen Stellen um: So sollte der Beweis erbracht werden, daß die Sybillen die Ankunft Jesu Christi vorhersagten. Schließlich wurden die Sybillen wie alle anderen magischen Frauen verteufelt, obwohl man noch immer an sie glaubte. Im 15. Jahrhundert n. Chr. betrat ein Priester namens Don Anthon Fumato, »dessen Sinne durch die Wirkung des Mondes verwirrt waren«, die Höhle der Sybillen auf dem Monte della Sibilla und sah wunderschöne Frauen, die ihm verführerisch zuwinkten.[3] Zur selben Zeit wurde in Zauberbüchern gelehrt, wie man die Sybillen beschwören könne: »Ich beschwöre dich, Sibylia, oh gesegnete Jungfrau der Feen, erscheine mir ... gib mir allzeit guten Rat, komm zu mir mit Schätzen, die in der Erde verborgen sind, und mit allen anderen Dingen, die mir Vergnügen bereiten, und erfülle meinen Wunsch.«[4]

[1] Graves, The White Goddess, 273
[2] Brewster, 415–417
[3] Dürr, 28
[4] Scott, 340

Sylphe

Einen Sylph stellte man sich ursprünglich als einen der vier Typen von Elementargeistern vor, nämlich den, der die Luft verkörperte oder aus Luft bestand. Die übrigen Elementargeister waren: Gnomen für die Erde, Undinen für das Wasser und Salamander für das Feuer. Luftgeister waren im Grunde dasselbe wie Atem-Seelen oder Geister. Meist waren sie die Ahnen, die ihren Körper mit dem letzten Atemzug verlassen hatten und danach unsichtbar als

Teil der Atmosphäre in der Luft oder im Himmel weilten.

Aufgrund der einstmals universellen Lehre von der Reinkarnation glaubten Menschen, daß Ahnengeister, die sich in einem neuen Körper inkarnieren würden, auch zu den Sylphen gerechnet werden könnten. Offensichtlich hielten sich die weiblichen Schamanen der europäischen Stämme manchmal für wiedergeborene Luftgeister, denn man nannte sie Sylphen – wie auch die ätherischen Naturgottheiten, die zu ihnen aus dem Wind sprachen. Sylphen wurden in manchen Gegenden fast zum Synonym für Hexen. Ein Erlaß von Karl dem Großen, der später von Ludwig dem Frommen erneuert wurde, verbot es den Sylphen zu »erscheinen« – vielleicht war das als Versammlungsverbot gemeint – und drohte ihnen schwere gesetzliche Strafen an.[1]

[1] Spence, 165

Teufel, aus einer Handschrift aus dem 15. Jh.

Teufel

Mit Recht wurde gesagt: »Der Teufel ist der Fluch jener, die die Göttin aufgegeben haben.«[1] Selbst sein Name ist mit dem Sanskritwort *devi* für »Göttin« verwandt (bzw. mit dem persischen Wort *daeva* und den lateinischen Wörtern *diva*, *divus* und *dea* oder *deus*). Im patriarchalen Europa wurde die Frau immer mit dem Teufel verwechselt, ihre Genitalien wurden zum »Höllenschlund«, selbst die Mutterschaft wurde zum Vehikel der Erbsünde – männliche Künstler bildeten in Plastiken oder Gemälden den christlichen Teufel oftmals mit weiblichen Brüsten ab.

Die christliche Kirche hat den Teufel ganz bewußt und absichtlich konstruiert, und das wiederum hat mit einer anderen Verwechslung zu tun, aufgrund deren er mit Gott gleichgesetzt wurde. Der Gott des Jesaia, der auch die Erschaffung des Bösen für sich beanspruchte (Jesaia 45,7), war für die christliche Theologie keineswegs annehmbarer als die zyklische Göttin, die sowohl Geburt wie auch Tod verlieh und auf diese Weise allen Segen und alles Unglück in sich vereinigte. Die christlichen Apologeten insistierten auf einem Gott, der durch und durch gut und rein war, der mit alltäglichen profanen Dingen nichts zu tun hatte und zum Bösen nicht fähig war. Und so erschufen sie aus den Bruchstücken der alten heidnischen Gottheiten einen Teufel, der die offensichtlichen Übel der Welt erklären sollte. Dabei behaupteten sie auch, daß ihr durch und durch guter Gott ihn erschaffen habe, was bis zum heutigen Tag ein unauflösbares Paradox ist. Anstatt sich mit Tod, Krankheit, Naturkatastrophen und anderen Wechselfällen des Schicksals zu konfrontieren, konnten sie nun derlei Dinge auf den Teufel und die Frau abwälzen – obwohl manches davon noch immer als »Handlungen Gottes« bezeichnet wurde. So waren zum Beispiel die frühchristlichen Theologen der Meinung, daß es in der Welt keinen Tod gegeben habe, bevor Gott ihn als Strafe für Evas Sünde eingerichtet habe.

Und wirklich beruhte die christliche Theologie auf einem Erlösungsschema, das seinerseits wiederum voll und ganz vom Glauben an einen Teufel abhing. Denn der Teufel befreite Gott von der Verantwortung für das Böse in der Welt und erzeugte außerdem auch noch das »Bedürfnis« nach einem Erlöser – aufgrund des Mythos von der Versuchung und dem Sündenfall. Durch ihn gewann die Kirche ihre wichtigste Waffe, die Angst vor der Verdammnis, mit der sie die widerstrebende Bevölkerung eines ganzes Kontinents beherrschen konnte. Die Vorstellung vom Teufel konnte nie aufgegeben werden, denn sonst wäre das gesamte Machtgebilde der Kirche in sich zusammengebrochen.[2]

Der Teufel übernahm auf Gottes Befehl die ewige Folter der Sünder, und dies ist eine sehr traurige Vorstellung, denn sie macht Gott zu einem Hitler, der seinen KZ-Aufsehern Befehle erteilt. Und dennoch konnte man darauf nicht verzichten. Ein Teufel, der Gott offensichtlich den Gehorsam verweigerte und die Folterung der Sünder ablehnte, wäre für das Kirchenestablishment nutzlos gewesen. Tatsächlich war der Teufel das Alter Ego Gottes, sein Schattenselbst, wie es bereits in den beiden Zwillingsgottheiten Persiens, dem dunklen Ahriman und dem strahlenden Ahura Mazda vorgeprägt ist. Im Mittelalter gab es noch immer viele Überreste der gnostischen

Idee, daß der Schöpfergott Jehova selbst die böse Gottheit gewesen sein müsse, daß er die Welt der Materie erbaut hatte, die Seelen einfing und ihrer Zerstörung zuführte.

Während der Jahrhunderte der Hexenverfolgungen bekam der Teufel eine herausragende Stellung als Gott der Hexen. Ihm wurde unterstellt, daß er die Welt mit einer Armee seiner Anhänger – zumeist Frauen – erobern wolle. Wie dies gegen den Willen eines allmächtigen Gottes geschehen solle, hat die Kirche niemals erklärt. Sie verwendete den Teufel ganz einfach als Entschuldigung, um Millionen von Frauen in fünf Jahrhunderten der Verfolgung, wie die Welt sie zuvor noch nie gesehen hatte, hinzumetzeln. Auf diesem Blutvergießen wurde die moderne patriarchale Gesellschaft erbaut.[3]

Der Teufel hatte viele Namen. Einige bezog man von Jahwes biblischen Rivalen, andere aus dem klassischen Götterpantheon oder von volkstümlichen Titeln antiker Gottheiten: Satan, Beelzebub, Belial, Apollyon, Hades, Pluto, Herr der Fliegen, Große Schlange, Großes Tier, Drache oder Luzifer (wörtlich »Lichtbringer«). Ein Holzschnitt aus dem 15. Jahrhundert zeigt ein typisches Teufelsbild im Mönchsgewand und Flügeln, die auf seltsame Weise asymmetrisch sind. Auf dem Kopf sitzt die vierfach gehörnte Krone des Osiris. »Wenn es mächtige Winde und Donnergrollen mit schrecklichen Blitzschlägen gibt«, schrieb ein Kleriker, »ist der Teufel unterwegs.« In klassisch zirkulären Argumenten bewies die Geistlichkeit die Existenz des Teufels aus der Existenz Gottes und umgekehrt. Wenn es einen Gott gibt, so sagte Roger Hutchinson, so »gibt es wahrlich auch einen Teufel; und wenn es einen Teufel gibt, so ist dies das zwingendste Argument, der stärkste Beweis und der offensichtlichste Augenschein dafür, daß es auch einen Gott gibt.«[4]

[1] Sjöö/Mor, 233
[2] de Givry, 49
[3] Sjöö/Mor, 298–314
[4] Thomas, 472, 476

Schutzgeist, aus einem englischen Holzschnitt aus dem 16. Jh.

Tierischer Schutzgeist

Die Vorstellung vom Schutzgeist einer Hexe, einem Dämon oder Gnom, der sich in irgendeinem Tier verkörperte, entstand aus der antiken Idee, daß der persönliche *daimon* Tiergestalt habe. Manchmal stellte man ihn sich als Schutzgeist vor – ähnlich wie die Totemtiere der amerikanischen Indianer. Manchmal wurde er auch als tierische Verkörperung eines eigenen Seelenteils betrachtet – wie etwa die Ba der Ägypter. Ebenso wie eine geliebte Person als verwandte Seele betrachtet werden konnte, so konnte auch ein geliebtes Haustier als seelenverwandt erscheinen.

All diese Vorstellungen über Verbindungen zwischen Tier und Mensch wurden im christlichen System mehr oder weniger verteufelt: Tiere betrachtete man als seelenlos oder dämonisch oder zumindest bar aller nennenswerten Gefühle. Männer waren eifersüchtig auf die weibliche Fähigkeit, Tiere zu vertrauten Gefährten zu machen und mit Liebe zu behandeln, und fanden nur zu bald Mittel und Wege, um Frauen für ihre sinnlichen, liebevollen Beziehungen zu ihren Hunden oder Katzen zu verurteilen. Eine Frau, die dabei gesehen wurde, wie sie zu ihrem Schoßtier sprach oder es liebkoste, fiel bereits unter den Verdacht der Hexerei. Selbst eine Frau, die auch nur mit irgendeinem Tier sprach, wie man eben ein Eichhörnchen oder einen Vogel lockt, konnte als Hexe betrachtet werden. In Jahrhunderten der Hexenverfolgung wurden Frauen oftmals verbrannt, weil sie Katzen hielten, Lämmer nährten, zu Fröschen sprachen, Fohlen aufzogen oder auch nur Mäuse im Haus oder Kröten im Garten hatten.[1]

Schwarze Tiere wurden in besonderer Weise verdächtigt, Dämonen zu beherbergen. Denn Schwarz war ganz allgemein die Farbe von unterirdischen Wesen. Deshalb gehört auch heute noch die schwarze Katze zum gängigen Bild einer Hexe. Die Hexenjäger behaupteten, daß ihre Opfer Tiergeister durch eine überzählige Zitze anlockten, die irgendwo auf ihrem Körper erschien, und dies wurde als »Teufelszeichen« gewertet. Bei der Überführung einer Hexe war es ein wichtiges Element, die Angeklagte zu entkleiden und minutiös nach diesem Zeichen zu forschen oder sie am ganzen Körper mit scharfen Gegenständen zu stechen, was die männlichen Untersuchungsrichter sehr zu genießen schienen. Es braucht wohl nicht betont zu werden, daß es noch nie jemand gelungen ist, tierische Schutzgeister von normalen Tieren zu unterscheiden.

[1] Walker, The Woman's Encyclopedia of Myths and Secrets, 222

Totentanz, Nürnbergische Chronik, 1493

Tod

Im mittelalterlichen Mysterienspiel hatte der Tod eine entscheidende Rolle inne. Gewöhnlich war es ein Schauspieler, der ein Skelett-Kostüm, eine Sense und/oder ein Stundenglas trug. Der »Totentanz« (*danse macabre*) war der Höhepunkt dieser Spiele und erinnerte das Publikum daran, daß die Schrecken und Leiden des Todes nur einen Schritt entfernt waren und daß man auf den Zustand der eigenen unsterblichen Seele achten sollte.

Die abgebildete Illustration aus einem Traktat aus dem 15. Jahrhundert zeigt, daß die Künstler dieser Zeit eine relativ geringe Kenntnis von der Anatomie des menschlichen Skeletts besaßen, und zwar aufgrund des Kirchenverbots, das die Verwendung von Leichnamen zum Studium der menschlichen Anatomie untersagte. Aber mit dem wenigen, was sie wußten, bemühten sie sich, so gut sie konnten, und dabei kamen oftmals lebendige, berührende Bilder und Darstellungen heraus.

Die Gestalt des Gevatter Tod im europäischen Mysterienspiel zeigt die orientalischen Einflüsse der Frührenaissance. Jahrhunderte früher haben als Skelette verkleidete Priester ähnliche Tänze in Indien und Tibet aufgeführt. Bei Todestänzen von buddhistischen *citapati* erschienen männlich-weibliche Paare mit Leichen unter den Füßen und mit Stäben in den Händen, auf deren Spitzen Totenschädel angebracht waren.[1]

[1] G. Jobes, Bd. 1, 344

Triton, Stich aus dem 16. Jh.

Triton

Tritonen stellte man sich als Fluß- oder Meeresgötter mit Fischschwänzen vor, die die ächzenden Sturmwinde in Bewegung setzen konnten, indem sie in ihre Muscheltrompeten stießen. Wahrscheinlich stammen sie von Triton ab, einem der drei Kinder »der Dreifachen Mondgöttin als Herrscherin des Meeres«, die bei Homer Amphitrite (»alles umgebende Dreiheit«) heißt. Der Name Triton bedeutet »am dritten Tag seiend« und war ursprünglich ein weiblicher Name, der mit dem Neumond zu tun hatte. Später wurde Triton vermännlicht. Der Argonaut Jason besänftigte einen Meeresgott Triton, der dann einwilligte, sein Schiff am Bug ins Mittelmeer zu ziehen.[1]

Die europäischen Kartographen betrachteten die Tritonen oftmals als männliche Entsprechungen und Ehemänner der Nereiden (oder Meerjungfrauen) und zeichneten sie rings um die Ozeane auf ihren Karten: Vielleicht wollten sie damit sagen, daß solche Geschöpfe tatsächlich von einem Schiff auf hoher See gesichtet werden konnten.

[1] Graves, The Greek Myths, Bd. 1, 61; Bd. 2, 246

Troll

Der Troll war ein skandinavischer Berggeist mit einem Körper aus Fels wie die Klippen und Höhlen, in denen sie der Sage nach wohnten. Manche Trolls hatten die Gewohnheit, unter Brücken zu hocken und Menschen, die diese zur falschen Zeit überqueren wollten, herabzuziehen.

Offenbar erwuchs diese Vorstellung aus der natürlichen menschlichen Neigung, in Geröllfeldern, dunklen Höhlen, Klippen und Felsvorsprüngen Gesichter und menschenähnliche Gestalten zu sehen. Wie Bäume boten sich auch die Felsen dem Anthropomorphismus an. Das dämonische, bedrohliche Wesen des Trolls beruhte somit auf den wirklichen Gefahren von bergigem Felsengelände, das menschliche Besucher schon durch die Art des Bodens selbst entmutigt.

Auf den Inseln von Nordschottland wurde der Troll zum *trow*, einem übernatürlichen Wesen, das unter Bergen oder im Meer wohnen konnte. Ein solches Wesen zu sehen hieß, von namenlosem Schrecken erfaßt zu werden, in eine »Panik« zu geraten, wie sie der Sage nach auch durch den Schrei des Gottes Pan erzeugt wurde.[1]

[1] G. Jobes, Bd. 2, 1600

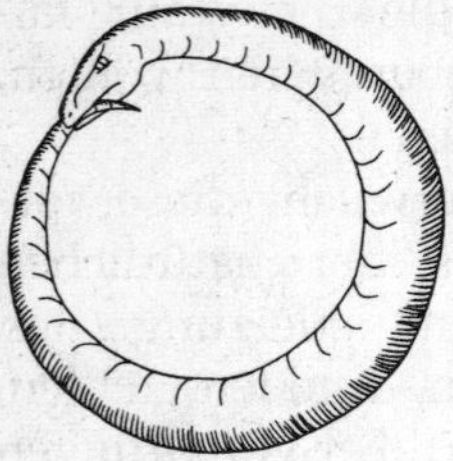

Uroboros

So lautete der gnostische Name für die große Weltenschlange, die sich um das mystische Weltenei oder die Erde ringelte – zu einer Zeit, als die meisten Menschen glaubten, daß die Erde eine flache Scheibe sei. Diese Schlange hatte viele Namen: Im Vorderen Orient hieß sie Taut, in Ägypten Thoth oder Sata, in Griechenland Hermes oder Zeus Meilichios, in Indien Vasuki und bei den ophionitischen Christen, die sie mit Christus identifizierten, Ophion. Bei den jüdischen Gnostikern hieß sie Nahasch oder Nehuschtan: jene Schlangengottheit, deren Verehrung von Moses eingeführt und dann von König Hizkia (Numeri 21,8; 2. Könige 18,4) abgeschafft wurde. Diese Gottheit war zuvor die Göttin Nehuschtah, deren Name möglicherweise von einem indischen Namen für die Schlange als Weltschöpferin – Nahuscha – abgeleitet ist.[1] (Siehe Schlange)

Aus einer ganzen Reihe von Überlieferungen geht hervor, daß die ursprüngliche Schlange, die das Weltenei beschützte, weiblichen Geschlechts war: Wie Ananta, die Unendliche, in Indien oder Mehen, die Umhüllende, in Ägypten (oder auch Ua Zit, Buto, Uräus) war sie eine Mutter-Schlange. Die männliche Schlange wurde erst zum Wächter des Eies, als sich das Patriarchat schon stabilisiert hatte. Daß das nunmehr männliche Tier seinen eigenen Schwanz ins Maul nahm (um einen unendlichen Kreis zu bilden), beruhte wahrscheinlich auf der primitiven Vorstellung, daß die weibliche Schlange das Männchen verschlingt, um sich zu befruchten: Diese Ansicht wurde von Plinius erwähnt und fand im gesamten christlichen Europa feierlichen Glauben.[2] Manchmal war der Uroboros androgyn oder trat als Paar von zwei kopulierenden Schlangen auf, die den Schwanz des jeweils anderen Tieres im Maul hatten.

Dieses Schlangenbild zog einstmals große Verehrung als Symbol des gesamten natürlichen Lebens auf sich. Man konnte darunter manchmal den griechischen Spruch *hen to pan* oder »Eins ist Alles« lesen.[3] Der Uroboros wurde auch mit dem Okeanos gleichgesetzt, jener Wasserschlange, die das äußere Meer personifizierte, das die gesamte Landmasse der Erde umgibt. Die Norweger nannten dieses Wesen »Midgard-Worm«.[4]

In Japan hieß der Drachen des Meeres Koschi und ging als Koschtschei Ohnetod, als große Schlange, die sich um die Unterwelt ringelte, in die russischen Volkstraditionen ein.[5] Es gab hier offensichtliche Parallelen zu der »großen Schlange« Satan, von der im Christentum die Rede ist. Manche sprechen noch immer von dem großen Erddrachen, dessen unterirdische Bewegungen Erdbeben erzeugen.

1 Walker, The Woman's Encyclopedia of Myths and Secrets, 905
2 Briffault, Bd. 2, 667
3 Cirlot, 235
4 Branston, 96
5 Lethaby, 168

Vampir

Die modernen Vorstellungen vom Vampir wurden so tief von Bram Stokers »Dracula« und einer Unmenge von Nachfolgern in Literatur und Film beeinflußt, daß nur wenige Menschen die früheren Ideen über dieses Thema kennen. Die Vorstellung, daß die Toten Blut brauchen, um sich zu einem Scheinleben zu regenerieren, ist so alt wie Homer und wahrscheinlich noch älter. Es begann mit der primitiven Vorstellung vom Mondblut als der eigentlichen Lebenssubstanz, auf der jeder lebende Körper beruhte und das auch das Medium der Reinkarnation für die auf ihre Wiedergeburt wartenden Seelen war. Die Griechen glaubten, daß die Schatten in der Unterwelt immer nach Blut hungerten, da sie ja blutleer waren. Deshalb konnte Odysseus die Geister seiner toten Genossen beschwören, indem er Opferblut für sie vergoß. Auch die Götter lebten von Blut und wurden durch Blutopfer angerufen.

Diese klassische Vorstellung, daß es die Toten immer nach Blut verlangte und daß sie unendlich leben konnten, wenn sie genug davon bekamen, reicht bereits aus, um die Vampirgeschichten zu erklären. Dazu kommt, daß Vampire während des frühen Mittelalters ganz allgemein mit Kannibalen gleichgesetzt wurden. Menschenfressende Vampire hat man sich offenbar meist als weiblich vorgestellt: Denn das Saliergesetz belegte eine Vampirin mit einer Strafe von 8000 Deniers, wenn sie überführt wurde, einen Mann aufgefressen zu haben.[1]

Fast während des gesamten christlichen Zeitalters hielt man die Vampire für ebenso wirklich wie alle anderen akzeptierten übernatürlichen Wesen: Dämonen, Engel, Geister, Feen usw.

Rousseau zeigt auf, daß die Existenz der Vampire durch dieselbe Art der Beweise gestützt wurde, wie man sie gewöhnlich für die Existenz Gottes verwendete: »Offizielle Berichte, Zeugenaussagen von Personen von Rang, von Chirurgen, Klerikern und Richtern: die richterliche Beweisführung ist allumfassend.«[2] In den Balkanländern waren die Vampirlegenden besonders verbreitet: Manche Magier hatten sich darauf spezialisiert, Vampire in Flaschen zu fangen. Die klassische Methode, als Vampire verdächtigte Tote in ihrem Grab mit einem Holzstab zu durchbohren, wurde noch im 20. Jahrhundert von Priestern angewendet.[3]

[1] Spence, 164
[2] Seligmann, 302
[3] Hyde, 182–184

Walküre

Die norwegischen Skalden (Dichter) nannten die Walküren »Kampfjungfrauen«. Manchmal wurden sie als Todesengel dargestellt, die sich am Krieg erfreuten, oder als Leichen fressende Aaskrähen, die über die Schlachtfelder flogen, um sich an den Toten zu mästen. Die Walküren trugen Rabenfedern und hießen im Altsächsischen »männerfressende Frauen«; das Blut der toten Krieger wurde in skaldischen Versen als »Rabentrunk« beschrieben.[1]

Walküren konnten ihre Gestalt verwandeln und zu Schwänen, Falken oder Stuten werden. Eine Stuten-Frau war im Schwedischen eine *volva*, und dieses Wort ist mit mehreren alten Worten für Begräbnispriesterinnen verwandt: *vala, vila, wila* oder *wili*. Dies alles könnte zu dem Sanskritwort *vilasa* in Beziehung gesetzt werden: Dies war eine himmlische Nymphe, die sich um die Toten kümmerte.[2] Die Walküren nahmen sich der gefallenen Helden an, die tapfer im Kampf gestorben waren, wie es die kriegerischen Kulte von Odin, Thor und den Asen wollten. Man glaubte – und vielleicht sogar ganz buchstäblich –, daß die Walküren auf ihren Wolkenpferden herbeikommen und die toten Krieger nach Walhalla tragen würden.

Der Ausdruck »Walküre« bedeutet »Wählerin der Erschlagenen«. Dem »Grimnimal« zufolge gab es 13 Walküren – die Anzahl der jährlichen Mondumläufe wie auch der Hexen in einem Coven. Anderen Quellen zufolge gab es neun Walküren, wie es auch neun Musen und neun Meerjungfrauen gab, die Helden gebaren.[3] Selbst in einer männerbeherrschten Gesellschaft, die auf Krieg und Plünderung beruhte, waren dies mächtige weibliche Symbole. Viele Helden wie zum Beispiel Siegfried hatten Walküren als Geliebte – sie wurden ihnen von den Dichtern zugeordnet.

[1] Turville-Petre, 58
[2] Avalon, 199
[3] Branston, 191

Wasserspeier an Notre-Dame, Paris

Wasserspeier

Wasserspeier waren nicht im engeren Sinne mythische Wesen, sondern wurden erst spät im Mittelalter erfunden, als allenthalben große Kathedralen erbaut wurden. Gotische Kathedralen wurden großzügig mit Wasserspeiern bestückt: Auf diese Weise wurden den Kirchgängern Dämonen-Gestalten geliefert, die ihre Alpträume und Höllenängste bevölkerten. Wasserspeier wurden aber auch in dem Glauben angebracht, daß heilige Gebäude über häßliche, bedrohliche steinerne Wächter verfügen sollten, um böse Einflüsse fernzuhalten. Man glaubte, daß Dämonen, die von Menschen geschaffen waren, echte Dämonen abschrecken konnten. Manche Kirchen waren so ausgiebig mit Wasserspeiern verziert, daß ein unbefangener Beobachter glauben könnte, die Kirchen seien zu Ehren der pandämonischen Höllenbewohner und nicht der himmlischen Engelsbevölkerung erbaut worden.

Werwolf

Der Werwolf-Aberglauben, entstand aus der Vorstellung, daß die meisten Gottheiten der Antike und ihre Anhänger das Wesen von bestimmten Tieren annehmen könnten, indem sie deren Felle oder Masken trugen. Solche Bräuche, bei denen die »Gestalt verwandelt« wurde, ließen Stiergötter, Kuhgöttinnen, Ziegengötter, Pferdegötter, Wildschweingötter und Widdergötter entstehen – ganz zu schweigen von den zahlreichen Gottheiten Ägyptens, die zu Krokodilen, Käfern, Falken,

Nilpferden, Schakalen und Vögeln werden konnten, wie auch den göttlichen Elefanten, Affen, Tigern und Kobras in Indien. Wölfe wurden als Psychopompe oder Totenträger verehrt, ebenso wie Hunde und Geier. Anhänger der Wolfsgottheiten trugen Wolfsfelle und betrachteten sich als ehrbare Wölfe. Solche »Werwölfe« waren dem Zeus Lykaios (»wölfischer Zeus«) im Tempel auf dem Gipfel des Berges Lykaion in Arkadien heilig. Die Anhänger des Zeus lebten neun Jahre als Wölfe im Wald und nahmen dann wieder die menschliche Gestalt an, wenn sie kein Menschenfleisch gefressen hatten. Vom Wolfstempel des Zeus hieß es, daß Menschen ihren Schatten verlören, wenn sie durch seine Tore eintraten – was später dann zu einer Eigenschaft der Werwölfe werden sollte. Bis zum 17. Jahrhundert n. Chr. wurden litauische Bauern auf ähnliche Weise zu »Werwölfen«, und zwar zur Zeit der Sommersonnwende, zu Pfingsten und zum Fest der heiligen Lucia. Damit wollten sie ihre Ernten vor »Hexern« bewahren, die Gerste, Roggen und Hafer zur Hölle wegtragen wollten.[1]

Bestimmte irische Stämme gaben Wölfe als ihre Ahnen aus und beteten zu Wölfen als ihrem Stammestotem um Hilfe und Heilung. Von einem irischen Clan hieß es, daß seine Mitglieder automatisch jedes siebte Jahr zu Werwölfen würden. Dieses »Werden« schien eine rituelle Transformation gewesen zu sein. In ähnlicher Weise hieß es im deutschen Volksbrauch, daß Menschen zu Werwölfen werden konnten, indem sie sich ein Wolfsfell überwarfen.[2]

Die Verteufelung der Werwolf-Legenden war schon dadurch gesichert, daß manche Wolfsclans die Göttin als Große Wölfin, als Lupa, Feronia oder als »Mutter der Wölfe« verehrten. Das alles sind Beinamen der Diana als Herrin der wilden Tiere, die dann später zur Königin der Hexen erklärt wurde.[3]

[1] Dürr, 34, 63
[2] Wedeck, 173, 179
[3] Walker, The Woman's Encyclopedia of Myths and Secrets, 1068–1072

Wiedergänger

Den Wiedergänger stellte man sich als eine Person vor, die nach dem Tod als Geist, als Vampir oder als wandelnder Leichnam wie die westindischen Zombies in irgendeine Art der irdischen Existenz zurückkehrte. Obwohl das Christentum lehrte, daß die Seelen der Toten von der Erde entfernt wurden, gab es in der gesamten christlichen Gesellschaft eine Fülle von abergläubischen Vorstellungen über tote Körper, die durch irgendwelche magischen oder teuflischen Mittel wieder zum Leben erweckt werden konnten. Aufgrund der fast universellen Angst vor Totengeistern, die sich wie Lebende bewegten, machte man immer einen Bogen um Friedhöfe. Ein wichtiger Grund für den Glauben an Wiedergänger dürfte wohl die Erscheinung von Toten im Traum gewesen sein; denn die Träumenden waren geneigt, an die Wirklichkeit ihrer nächtlichen Visionen zu glauben.

Als Symbol verkörperte der Wiedergänger sowohl die Furcht vor dem Tod wie auch gewisse Reste des alten Reinkarnationsglaubens, die es den meisten Menschen der Welt ermöglichten, an die Rückkehr der Toten in der einen oder anderen Weise zu glauben. Allerdings galt die Meinung, daß sie aufgrund ihrer Veränderung durch den Tod den Lebenden übel gesinnt und neidisch seien oder sogar nach deren Blut dürsteten wie im Falle der Vampire. Die heidnischen Religionen entschärften diese Furcht, indem sie die wiedergekehrten Toten als Halloween-Geister spielerisch verkörperten.

Wyvern

Der Wyvern war die Zusammensetzung einer Zusammensetzung: eines Basilisken mit seinen Vogelfüßen und seinem Schlangenschwanz und dem Kopf eines Drachen. Die mittelalterlichen Künstler hatten eine erstaunliche Neigung zu unmöglichen Verbindungen von disparaten Tier- und Menschen-Teilen (wie etwa bei Hieronymus Bosch). Solche Schöpfungen können als Symbole sozialer oder psychologischer Fragmentierung verstanden werden, als tiefes Gefühl einer Diskontinuität oder unnatürlichen Diskrepanz: eine Umformung von Wirklichkeit, wie sie für das symbolschaffende Auge des menschlichen Bewußtseins typisch ist.

Zyklop

Zyklop bedeutet auf Griechisch »kreisäugig«. Homer zufolge waren die Zyklopen Riesen mit nur einem Auge in der Mitte des Gesichts. Einer von ihnen, der wilde menschenfressende Polyphem wurde von Odysseus überlistet und geblendet; er hatte es nämlich geschafft, aus der Höhle des Zyklopen zu entkommen, indem er sich und seine Mannschaft unter den Bäuchen einer Herde von Schafen verbarg. Man glaubt, daß die griechische Vorstellung von den Zyklopen mit den hinduistischen Vorstellungen eines riesigen Shiva oder anderer Götter verwandt ist, auf deren Stirnmitte das »Dritte Auge der Erkenntnis« prangt.

In einer sizilianischen Sage heißt es, daß der Zyklop Polyphem sich in Aphrodite als Meeresgöttin verliebte, und zwar unter ihrem Namen Galathea oder »milchweiße Göttin«. Aber sie verschmähte den Polyphem und erwählte statt dessen den schönen Jüngling Akis, der daraufhin von dem eifersüchtigen Zyklopen durch einen großen Felsbrocken getötet wurde.[1] Dies ist eine Variante der homerischen Geschichte von Polyphem, der dem Schiff des Odysseus riesige Felsblöcke hinterherwirft: offenbar eine gängige Erklärung für große Felsen, die sich an fast jeder Küste lockern und ins Meer fallen können. Von den Zyklopen hieß es, daß sie geschickt darin seien, große Steine ohne Mörtel ineinanderzufügen; daher das »zyklopische« Maurern.

[1] Hall, 134

11

TIERKREIS

Fische	Schütze	Waage
Jungfrau	Skorpion	Wassermann
Krebs	Steinbock	Widder
Löwe	Stier	Zwillinge

Die Tierkreiszeichen haben ihren Ursprung in den ägyptischen Hieroglyphen und den Symbolsystemen von Babylon und Persien. Die Himmelskonstellationen wurden mit verschiedenen symbolischen Figuren gleichgesetzt. Dies geschah schon sehr früh, wahrscheinlich in Sumer, wo diese Forschung von Priesterinnen der Mondgöttin entwickelt wurde. Selbst spätere römische Historiker wie Plinius waren der Meinung, daß die Erforschung des Himmels eine traditionelle Beschäftigung der Frauen sei, die dadurch auch imstande seien, die Jahreszeiten zu bestimmen, Kalender aufzustellen, Finsternisse vorauszusagen und Weissagungen auszusprechen.

Die alten chaldäischen Astrologen nannten sich Mondanbeter und bezeichneten den Tierkreis als Mondhäuser. Im Gegensatz zu den modernen Astrologen achteten sie nicht auf die Position der Sonne gegen den Hintergrund der Konstellationen, sondern bezogen ihre Beobachtungen aus der Position des Monds. Schließlich konnte man die Wanderung des Monds in bezug auf die Sterne deutlich sehen, während dies bei der Sonne nicht möglich ist, weil ihr Licht alle Sterne hinter ihr verdunkelt. Deshalb basierten am Anfang alle astrologischen Systeme auf der Wanderung des Monds bzw. der Mondin durch ihre verschiedenen »Häuser«.

In den Konstellationen des Tierkreises sah man Tiergestalten oder Gegenstände, die ihre Eigenschaften auf die Menschen übertrugen, die unter den jeweiligen Zeichen geboren waren. So galt eine Person, die zur Zeit des Monddurchgangs durch das Haus des Stieres geboren war, als stierartig: stark, hartnäckig, erdgebunden, lüstern. Wer zur Zeit des Monddurchgangs durch das Haus des Krebses geboren wurde, galt als krebsartig: ausdauernd, beißend, wasserliebend, rückwärtsgehend usw. Die groben Umrisse dieser tierischen Eigenschaften findet man großenteils noch heute in astrologischen Charakteranalysen; aber sie wurden jahrhundertelang ausgearbeitet, abgewandelt und dadurch auch feiner und komplexer.

Mit der Hereinkunft männlicher Priesterschaften und der Sonnenverehrung, die die ältere weiblich geprägte Mondreligion ersetzte, wurde die Sonne zum wichtigsten Anzeiger der

Astrologie. Dadurch entstand aber die Notwendigkeit von zusätzlichen, schwierigen Berechnungen, um den Stand des Sonnenballs vor den während des Tages nicht sichtbaren Konstellationen anzugeben. Tatsächlich mußten die neuen Astrologen die Position der Sonne sechs Monate im voraus erschließen, als die Sonne noch durch die andere Hälfte des Himmels wanderte. Dies ist das System, das noch heute angewendet wird.

Zum Unglück für jene, die den Charakter nach den astrologischen Zeichen interpretieren wollen, hat sich der Tierkreis inzwischen fast um einen ganzen Monat verschoben, und zwar durch die Präzession des Frühlingspunkts, die etwa im Laufe der letzten dreitausend Jahre erfolgt ist. Wenn heute jemand unter einem bestimmten Zeichen geboren ist, so ist er in bezug auf die wirkliche Position der Sterne unter dem davorliegenden Zeichen geboren (siehe Tabelle).

Daten	Astrologische Bezeichnung	Aktuelle Sonnenposition	Sonnendaten
22. Dez. – 20. Jan.	Steinbock	Schütze	16. Dez. – 18. Jan.
21. Jan. – 19. Febr.	Wassermann	Steinbock	19. Jan. – 18. Febr.
20. Febr. – 20. März	Fische	Wassermann	19. Febr. – 18. März
21. März – 20. Apr.	Widder	Fische	19. März – 15. Apr.
21. Apr. – 20. Mai	Stier	Widder	16. Apr. – 15. Mai
21. Mai – 20. Juni	Zwillinge	Stier	16. Mai – 15. Juni
21. Juni – 22. Juli	Krebs	Zwillinge	16. Juni – 15. Juli
23. Juli – 22. Aug.	Löwe	Krebs	16. Juli – 15. Aug.
23. Aug. – 22. Sept.	Jungfrau	Löwe	16. Aug. – 15. Sept.
23. Sept. – 22. Okt.	Waage	Jungfrau	16. Sept. – 15. Okt.
23. Okt. – 22. Nov.	Skorpion	Waage	16. Okt. – 15. Nov.
23. Nov. – 21. Dez.	Schütze	Skorpion	16. Nov. – 15. Dez.

Wie die Tabelle zeigt, gibt es noch Überschneidungen, aber im großen und ganzen kann man feststellen, daß sich die Sonne aus den traditionell festgelegten Tierkreiszeichen herausbewegt hat. Deshalb basieren moderne Horoskope keineswegs auf den Himmelsaspekten, sondern auf einem künstlichen System, das ohne Rücksicht auf die äußere Wirklichkeit in sich selbst konsistent ist.

Auch die Behauptung, die von modernen Astrologen oft aufgestellt wird, daß die Konstellationen des Tierkreises ihre gegenwärtigen Formen für das menschliche Auge vor mehreren tausend Jahren eingenommen und seitdem gleichgeblieben seien, hat überhaupt keinen Wahrheitsgehalt. Ganz im Gegenteil: Wie jedes andere religiöse oder okkulte Konzept hat sich der Tierkreis durch viele Transformationen und Revisionen weiterentwickelt und wurde von verschiedenen Völkern im Laufe der Jahrhunderte vollkommen verschieden wahrgenommen. Ein kurzer Überblick über einige seiner Namen soll zeigen, was man in ihm alles sah:

Im alten Akkad wurde der Tierkreis als *Innum* oder *Pidnuscha-schame* (»Himmelsfurche«) betrachtet, die durch den Himmelsstier (den Gott El) im Laufe eines Jahres durchpflügt wurde. Bei den Chaldäern war er *Hadronitho Demalusche* (»Kreis der Zeichen«), die Araber nannten ihn *Al Falak* (»Ausdehnung des Himmels«) oder *Al Mintakah Al Buruj* (»Gürtel der Zeichen«) – von Europäern im Mittelalter zu »Almantica« oder »Nitac« verballhornt. In Indien hieß der Zodiak *Rsai Chakra* (»ewiges Rad«), in China »Gelbe Straße«, *Tsieki* (»Das, was das Wetter voraussagt«) oder ganz einfach *Kung* (»Zeichen«). Die Ägypter nannten ihn manchmal »Nil im Himmel« und setzten ihn mit der Milchstraße gleich – dem Milch-Fluß, der aus den Brüsten der »himmlischen Mutter« (Hathor, Neith oder Nut) hervorkam.

Die patriarchalen Perser der zoroastrischen Zeit nannten die Tierkreiszeichen *Achtar*, und damit waren die zwölf Generäle des Sonnengottes Ahura Mazda gemeint. Wie die Erzengel der jüdisch-christlichen Tradition kämpften diese »Generäle« gegen die *Awachtar*, die rebellierenden Engel, die von dem dunklen Gott Ahriman angeführt wurden.

Die Hebräer nannten den Tierkreis *Galgal Hammazaloth* (»Kreis der Zeichen«) oder in Imitation der griechischen Dichter *Opus Phrygionarum* (»Phrygische Arbeit«). Damit war ursprünglich die Goldstickerei phrygischer Handwerkerinnen gemeint. Von den Griechen stammt auch der heutige Name des Tierkreises »Zodiak« (»Tierreich«). Die Römer hatten viele Namen für ihn, die sie aus den verschiedenen Teilen ihres Imperiums aufgegriffen hatten: *Balteus stellatur* (»Sternengürtel«), *Circulus Signifer* (»zeichentragender Kreis«), *Orbita Solis* (»Umlaufbahn der Sonne«), *Media Via Solis* (»mittlerer Weg der Sonne«). Im Straßenlatein hieß er *Sigillarius* (»Siegelträger«), *Limbus Textilis* (»Webgürtel«) oder *Fascia* (»Band«). Im Italienischen wurde er zu *Rubecchio* (»Mühlrad«).

Auch in der keltischen Wahrnehmung des Himmels war die Radsymbolik vorherrschend. Der Zodiak wurde zum »silbernen Rad von Arianrhod«, das man sich manchmal als Mühlrad oder geheimnisvolles Boot mit kreisendem Paddel vorstellte, welches die gesegneten Seelen in ihre Heimat unter den Sternen trug. Ein anglosächsischer Name lautete *Twelf Tacna* (»Zwölf Zeichen«). Im alten England hieß der Tierkreis »Gürtel des Himmels«, »Sonnenwanderung« oder die »Monatlichen Wohnungen des Apoll«. Es gab dort selbst noch eine Spur von dem alten teutonischen *Manavegr* (»Mondweg«), der an das ursprüngliche Bild des Tierkreises als Weg der Mondgöttin Mana erinnert, denn die Briten beharrten auch nach der Christianisierung darauf, ihn »Our Lady's Way« zu nennen.

Die mittelalterlichen Mönche versuchten den Tierkreis zu christianisieren, wie sie alles andere christianisierten: Sie nannten ihn *Corona seu Circulus Sanctorum Apostolorum* (»Krone oder Kreis der heiligen Apostel«) und setzten die Gestalt Johannes des Täufers in die Position des Wassermanns, um den Kreis zu schließen. Aber diese revidierte Version hat sich nicht durchgesetzt. In Deutschland wurden die heiligen Apostel ignoriert, es blieb beim »Tierkreis«.

Heute sind natürlich nicht alle Zeichen Tiere. Nur die Fische, der Widder, der Stier, der Krebs, der Löwe, der Skorpion und vielleicht die Seeziege (»Steinbock«) mit dem Fischschwanz können tatsächlich als Insassen des himmlischen »Zoos« verstanden werden. Im gegenwärtigen Zodiak ist ein altes System von Tiergestalten mit einem System von menschlichen Gestalten verschmolzen, in dem die himmlischen Häuser gottähnlichen oder göttinähnlichen WächterInnen zugeordnet wurden. Der Wassermann ist vielleicht von der heiligen Hebamme Akka, der »Wasserträgerin« und Namenspatronin von Akkad, abgeleitet.

Die »Waage« war wahrscheinlich eine der vielen Erscheinungsformen der Göttin Maat, die in Karthago »Libera« hieß und als Richterin in ihren Waagen die Seelen abwog. Die »Jungfrau« war immer die »Himmelskönigin«, der »Schütze« war einer von vielen himmlischen Jagdgöttern, während fast jede Mythologie ihre eigene Version der göttlichen Zwillinge (Gemini) hatte, die aus dem großen Fluß – dem Nil, dem Tiber oder dem Euphrat – geboren waren.

Die chinesischen Kalender waren voll und ganz lunar und hießen *Hsiu* (»Häuser«). Jedes Haus wurde durch einen der Krieger und Geliebten der Mondgöttin besetzt, so daß sie jede der 28 Nächte des Monats mit einem anderen Liebhaber ruhte.[1]

Die Astrologie hat in unserer Kultur überlebt, weil das Christentum sie einerseits akzeptierte, andererseits auch als teuflische Kunst verdammte. Kirchenväter wie Augustinus, Hieronymus, Eusebius, Chrysostomus, Lactantius und Ambrosius verfluchten allesamt die Astrologie, und im Großen Konzil von Toledo wurde sie für immer und ewig verboten.[2] Trotzdem wurden sechs Jahrhunderte später die Konzilien und Krönungsdaten der Päpste astrologisch bestimmt; adelige Prälaten hatten persönliche Astrologen, und die Tierkreiszeichen erschienen durchgängig auf Kircheninventar, Fliesen, Schwellen, Manuskripten und Taufsteinen.[3] Die traditionellen »zwölf Weihnachtstage« wurden gefeiert, indem man jeden Tag als ein astrologisches Omen für den entsprechenden Monat des kommenden Jahres nahm. Derselbe Brauch wurde während der zwölf heiligen Wintersonnwendtage auch in China und Indien vollzogen.[4]

Die protestantischen Theologen des 16. bis 18. Jahrhunderts wußten nie so recht, was sie mit der Astrologie anfangen sollten. Manche verdammten sie, andere studierten sie eifrig. Der Puritaner Philip Stubbes wußte genau, daß das Studium der Sterne die Religion untergräbt. Sollten Menschen erfahren, daß »Sonne, Mond, Sterne, Zeichen und Planeten sowohl Gutes und Böses, Segen und Fluch, Erfolg und Mißerfolg, ja sogar Leben und Tod nach ihrem Belieben spenden … und daß sie alle Dinge beherrschen, lenken und verwalten, ja sogar Körper und Seele des Menschen«, so würden sie alle »von Gott abfallen und die Geschöpfe anbeten, die solche Segnungen verleihen. ... Weshalb sollte man nicht Planeten und Sterne als Götter anbeten und verehren, wenn sie solche Wirkungen hervorrufen können?«[5]

Die wirkliche Angst bestand natürlich darin, daß die heidnischen Gottheiten zurückkehren könnten, weil sich ihre Namen und Attribute in der Symbolik der Planeten und vieler Konstellationen erhalten hatten. Tatsächlich gab es im London des 17. Jahrhunderts Kulte von »Junoniern« und »Saturniern«, und von Teilen der Landbevölkerung wird berichtet, daß für sie Christus die Sonne und der Heilige Geist der Mond war. Mondzauber war wie immer weitverbreitet und auf ganz unpassende Weise mit christlichen Gebeten vermengt. Jedes Unglück wurde den Einflüssen der Planeten zugeschrieben, selbst noch weit bis ins 18. Jahrhundert, als in den Londoner Sterbelisten oftmals »Planeten« als Todesursache angegeben wurden – gemeint war damit, daß das Opfer »unter einen schlechten Planeten geriet« oder »vom Planeten getroffen« wurde, ein Ausdruck für plötzliche, unerwartete Krankheit.[6]

Bauernkalender, Stundenbücher, gewirkte Teppiche, Kirchenreliefs und viele andere Quellen verknüpften die Tierkreiszeichen mit den Jahreszeiten und den Arbeiten des jeweiligen Monats. So regierte der Wassermann das Fällen der Bäume, die Fische das Veredeln der Obstbäume, der Widder das Beschneiden der Weinstöcke, der Stier das Aufbinden der Weinstockzweige und von Blumen, die Zwillinge das Grasmähen, der Krebs das Heumachen, der Löwe das Ernten und Dreschen der Korns, die Jungfrau das Ernten, die Waage das Stampfen der Weinreben, der Skorpion das Keltern des Weins, der Schütze das Holzsammeln und Olivenpflücken, der Steinbock das Backen und das Schlachten von Schweinen.[7]

Der Brauch, Geburtstage zu feiern war im Grunde ein magisches Ritual des Tierkreises. Aber in manchen Gegenden ist es der Kirche gelungen, Geburtstage in »Heiligentage« umzuwandeln – die Kinder sollten dann nach den Heiligen benannt werden, an deren Tagen ihre Geburt stattfand. Manchmal wurden die Tage der Heiligen auf »Namenstage« reduziert, als die Heiligenverehrung im großen und ganzen vergessen wurde.

Wie alle anderen Formen der Weissagung glaubte man, daß Astrologie vor allem zur Voraussage von Unglücksfällen nützlich sei, damit man sie umgehen oder abwenden konnte. Aber hier fällt man natürlich dem immer wiederkehrenden Paradox der Prophezeiung zum Opfer. Wenn das vorhergesagte Unglück mit Erfolg vermieden wurde, so hat sich die Prophezeiung als falsch erwiesen. Wenn umgekehrt die Prophezeiung wahr ist und das Unheil nicht vermieden werden kann, dann ist es kaum sinnvoll, es schon vorher zu wissen.

[1] Jobes/Jobes, 37
[2] Agrippa, 22
[3] Whittick, 353
[4] Cirlot, 335
[5] Thomas, 383
[6] Ibid., 384, 633
[7] Hall, 314–315

♓

Fische

Im Griechischen, im Persischen und im Sanskrit hieß das Sternbild Fische *Ichtys*, *Mahik* und *Mina* (alle drei Wörter haben die Bedeutung »Fisch«). Die Babylonier nannten es »die zwei Schwänze« und teilten die Konstellation in zwei Teile auf: Der südliche Fisch hieß *Simmah* (»Schwalbe«), der nördliche Fisch *Anunitum* (»Göttin«).

Fische waren traditionellerweise der Mondgöttin heilig, und das graphische Zeichen der Fische stellte zwei Sichelmonde dar, den zunehmenden und den abnehmenden. In seiner frühesten Form symbolisierte dieses Zeichen das Zunehmen und Schwinden eines jeden Lebens nach Maßgabe der Mondzyklen. Da man den Mond auch als die Quelle des Wassers in der Welt betrachtete, konnten die beiden Sichelmonde leicht auch als Fische gedeutet werden. Heute enthält die Konstellation der »Fische« »den ersten Widderpunkt«, der von der Sonne ungefähr am 22. März erreicht wird und noch immer den Anfang des astronomischen Jahres markiert.

Die Fische wurden der Tradition nach von Jupiter beherrscht, aber nachdem jenseits des Uranus ein weiterer Planet entdeckt und offiziell nach dem lateinischen Meeresgott Neptunus benannt worden war, wurde der »mystische Neptun« zum astrologischen Herrscher der Fische. Trotzdem verleihen die meist weiblichen Assoziationen von Wasser, Fischen, Meer und Mond den Fischegeborenen viele Eigenschaften, die normalerweise als weiblich betrachtet wurden: Häuslichkeit, Sensibilität, Empfänglichkeit, Phantasie, Heimatliebe, aber auch als weibliche Fehler geltende Eigenschaften: Verträumtheit, Realitätsferne, Faulheit und intellektuelle Unehrlichkeit. Von Fischegeborenen heißt es, daß sie freundlich und zuverlässig in bezug auf geliebte Menschen sind und oftmals starke spirituelle Neigungen entwickeln.

♍

Jungfrau

Das ägyptische Symbol der Jungfrau war eine weibliche Gestalt, die einen Weizenstengel in der Hand hielt – die Getreidegöttin in ihrer jungfräulichen Gestalt.[1] Die Römer identifizierten sie mit der Kornmutter Ceres, die Babylonier weihten ihren Monat der Göttin Ischtar und nannten ihr Zeichen *Ab-Sin* (»Furche«). Der Alpha-Stern der Jungfrau wurde *Spica* oder die »Kornähre der Göttin« genannt.[2] Im Sanskrit hieß sie *Kanya*, im Persischen *Chusak*, im Griechischen *Parthenos*, und all diese Namen bedeuteten »Jungfrau« oder »Mädchen«.

Auf manchen frühen Abbildungen erscheint die Jungfrau als Engel mit Flügeln. Sie wurde oftmals mit der ägyptischen Göttin Maat, der libyschen Göttin der Wahrheit, Astraea (»Sternenhafte«), gleichgesetzt, die bei den Römern als Inkarnation der Gerechtigkeit betrachtet wurde. Ihre Waage ging ebenfalls in den Tierkreis ein.[3] In vielen Gegenden sah man in ihr die große Weltrichterin, die über die im Himmel eintreffenden Seelen urteilte und ihnen je nach ihren Verdiensten Plätze zuwies.

Die Zigeuner glaubten, daß die französischen Kathedralen so über das Land verteilt seien, daß sie die Sterne des Sternbildes Jungfrau abbildeten – denn all diese Kathedralen waren der Jungfrau geweiht. Die berühmte Schwarze Jungfrau in der Krypta unter der Kathedrale von Chartres war in ihrer Tradition Sara-Kali, die jungfräuliche Mutter der Zigeunerstämme.[4]

Das Zeichen Jungfrau wurde von Merkur beherrscht und deshalb mit Ackerbau, Kunstfertigkeit, Kommunikation und Handwerk assoziiert. Zu den Eigenschaften der Jungfrau gehörten Taktgefühl, Intuition,

Geschicklichkeit und musikalische Fähigkeiten. Ob männlich oder weiblich – aufgrund ihres »weiblichen« Zeichens wurden Jungfraugeborene immer mit »weiblichen« Eigenschaften bedacht: übertriebener Ordnungssinn, hingebungsvolles Wesen, Schwierigkeiten in Liebesdingen und übermäßige Befassung mit Details. Nur waren das eben jene Eigenschaften, die von patriarchalen Fachleuten auf Frauen projiziert wurden – wahrscheinlich wollten sie einfach die früheren Assoziationen zwischen der »Jungfrau« und der ursprünglichen Großen Göttin vergessen.

[1] Budge, Gods of the Egyptians, Bd. 2, 315
[2] Lindsay, 81
[2] Ibid., 277
[4] Derlon, 210

♋

Krebs

Das Zeichen des Krebses zieht sich durch die Kulturen: Im Griechischen *Karkinos*, im Persischen *Kalakang*, im Sanskrit *Karkata*, im Babylonischen *Al Lul* – alle diese Wörter bedeuten »Krebs«. Der ägyptische Tierkreis von Dendera zeichnet den Krebs als Skarabäus, der dem Gott Chepera zugeordnet wurde.[1] Der Krebs gilt als Wasserzeichen, das vom Mond beeinflußt wird. Krebsmenschen nennen sich manchmal »Mondkinder«, um die Assoziation mit der gefürchteten Krankheit zu vermeiden, die bereits in der Antike den Namen »Krebs« erhielt, weil sie den Patienten mit quälender Ausdauer umklammert. »Mondkinder« klingt vielleicht besser, zerstört aber die Beziehung zu den Sternen, indem die Konstellation des Krebses ganz aus dem Bild fällt. Natürlich ist der Mond kein Tierkreiszeichen.

Für die Ägypter, Perser, Hindus, Chinesen, Babylonier und andere alte Zivilisationen, ja sogar die Kultur von Südamerika war das Sternbild des Krebses von entscheidender Bedeutung. Sie alle waren überzeugt, daß die Welt zu Ende gehen würde, wenn sich die Planeten in der Konstellation des Krebses hintereinander aufreihen würden.[2] Die Römer behaupteten, daß der Krebs durch die Göttin Juno in den Himmel gesetzt worden sei und deshalb das Ende der Welt nach ihrer Entscheidung ankündigen würde.[3] Es wurde vermutet, daß auch die Erschaffung der gegenwärtigen Erde erfolgt sei, als alle Planeten hintereinander im Krebs standen.

Diese Verbindung mit Schöpfung und Zerstörung kann erklären, weshalb die Krebseigenschaften als paradox beschrieben wurden. Krebsgeborene gelten als praktisch und dennoch überaus phantasiebegabt, als anmaßend und dennoch bescheiden, als schüchtern und dennoch mutig, als brillant und dennoch langweilig, als häuslich und unauffällig und dennoch zeitweise auffallend genial. Vielleicht ist die einzige Eigenschaft des Krebses, über die sich alle Astrologen einig sind, seine krebshafte Ausdauer.

[1] Budge, Gods of the Egyptians, Bd. 2, 316
[2] Campbell, The Mythic Image, 149
[3] G. Jobes, Bd. 1, 283

♌

Löwe

Das Löwenbild auf dem Tierkreis von Dendera entspricht dem Symbol des Löwen auf der Tarotkarte der »Kraft«: eine Frau, die einen Löwen zähmt. Die Frau hielt den Schwanz des Löwen und richtete einen Dreschflegel auf ihn, als wolle sie ihn damit vorantreiben.[1] Bei den Babyloniern hieß dieses Sternbild *Urgula* (»Löwin«). Dies war offenbar der Ursprung des römischen Namens für den Stern Regulus, das Herz des Löwen. Regulus ist der hellste Stern im Löwen und ein klassisches Symbol des Hochsommers. Die Römer assoziierten diese Konstellation mit Jupiter, die Griechen, Perser und Hindus nannten ihn *Leon*, *Ser* und *Simha* – alle drei Wörter bedeuten in den jeweiligen Sprachen »Löwe«.

Als Zeichen des Hochsommers war der Löwe immer mit der Sonne verbunden, es wurde ihm ein »heißes Wesen« zugeschrieben. Es hieß, daß das Haar der Löwenmähne »wie Sonnenstrahlen« um den Kopf steht.[2] Eine lange Haarmähne war das Attribut des biblischen Helden Samson, dessen Name von dem arabischen »Schams-On«, einem Namen der Sonne, kommt. Die Honigwabe, die im Leichnam von Samsons Löwen wächst (Richter 14,8), verweist auf einen Sonnenmythos. Hier sieht man auch eine Parallelität zu dem griechischen Sonnenhelden Herakles, der den Nemäischen Löwen erschlug. Der Löwe des Tierkreises begegnet der Sonne in der Jahreszeit des Honigs.

Weil der Löwe auch »König der Tiere« genannt wurde, wurde dem Löwen im Tierkreis eine »königliche« Natur zugeschrieben, die sich angeblich auf Löwegeborene überträgt: Man hält sie für kühn, tapfer, großzügig, etwas autokratisch, zur Herrschaft begabt, auf Geld bedacht und vergnügungsliebend. Der Löwe hat aber auch einige königliche Fehler wie etwa eine Tendenz zur Prunksucht, Genußsucht und zum Egoismus. Zum Ausgleich sind die Eigenschaften des Löwen jedoch edel und haben am Prinzip des Feuers teil. Dies paßt ja auch zu einem Geschöpf, das lange mit der Sonne assoziiert wurde.

[1] Budge, Gods of the Egyptians, Bd. 2, 321–315
[2] Williamson, 113

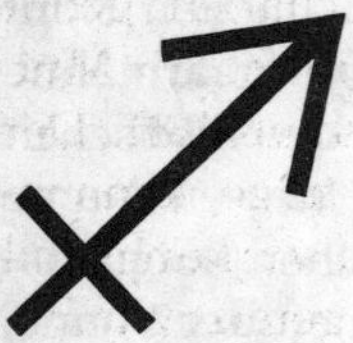

Schütze

In Indien hieß die Konstellation des Schützen *Dhanus* (»Bogen«). In Persien war es *Nimasp* (»Kentaur«), der wahrscheinlich gerade seinen Bogen spannte. In Griechenland hieß er *Toxotes* (»Bogenschütze«). Die RömerInnen assoziierten dieses Zeichen mit Diana, der Göttin von Pfeil und Bogen, die der Sage nach die amazonischen Reiterinnenstämme oder »Kentaurinnen« der Schwarzmeergegend leitete. Dort entstand in Themiskyra eines der weltweit ältesten matriarchalen Heiligtümer. Die Krieger der Göttin bezeichneten sich selbst als ihre Jagdhunde (*alani*), und jeder ihrer männlichen Liebhaber galt als »Herr der Jagd«.

Von Schützegeborenen heißt es, daß sie wie der göttliche Jäger hohe Ziele anstreben, sie verwirklichen und auf ihre Leistungen stolz sind, manchmal auch bis zur Grenze der Eitelkeit. Sie gelten als schlau und schnell, energiegeladen, unabhängig und manchmal auch kämpferisch. Sie lieben die Künste und Wissenschaften. Im Mittelalter glaubte man, daß dazu auch die sogenannten Schwarzen Künste gehörten; denn der Schütze wurde auch mit den »Bogenzauberern« assoziiert, die von der Inquisition verdammt wurden. Das waren wahrscheinlich ländliche Jäger, die in der Tiefe des Waldes noch immer Diana verehrten und eine Art von Diana-Zen als Grundlage ihrer Fertigkeit praktizierten. Ein Teil ihrer magischen Einweihungszeremonien bestand darin, nacheinander drei Schüsse auf ein Wegkreuz abzugeben.[1] Die Geistlichen beklagten, daß durch diese Gewohnheit viele Kruzifixe beschädigt wurden.

[1] Walker, The Woman's Encyclopedia of Myths and Secrets, 190

♏

Skorpion

Der Skorpion ist eine der wenigen Konstellationen, die tatsächlich dem Tier ähnlich sieht, nach dem sie benannt ist, und wurde auch in der Neuen Welt als »Skorpionsterne« bezeichnet. Die Wörter *Vrischika, Gazdum, Skorpion, Gir-Tab* bedeuten auf Sanskrit, auf Babylonisch, Griechisch und Persisch allesamt »Skorpion«. Der rote Stern Antares, das »Herz des Skorpions«, war einer der wichtigsten Kalenderpunkte. Wie der rote Planet Mars war er im römischen Pantheon dem Kriegsgott Mars heilig.

Er ist das Zeichen für die Jahreszeit des Schwindens und Sterbens und beinhaltete deshalb einige ziemlich bösartige Assoziationen, die durch die Giftigkeit des Tiers um so bedrohlicher wurden. Kampf und Krieg, Grausamkeit und Lüsternheit – alles unter dem Schutzschild des Mars – wurde seit alters her mit dem Skorpion assoziiert. Leiden und Tod des Erlösergottes Osiris fand den ägyptischen Schriften zufolge zu der Zeit statt, »als die Sonne im Skorpion stand«.[1] Der himmlische Skorpion beherrschte auch das keltische Fest Samhain (Halloween bzw. Allerheiligen), das Fest der Toten, an dem die Ahnengeister die Lebenden heimsuchten.

Da es weder höflich noch klug ist, alle Skorpiongeborenen mit den ungünstigeren Deutungen dieses Zeichens zu belasten, haben sich die Astrologen bemüht, einige positivere Eigenschaften für den Skorpion herauszuarbeiten. Das negative Bild dieses Tiers beinhaltet Bösartigkeit, Aggression und ein streitsüchtiges Wesen, zu den positiven Eigenschaften gehören jedoch Kühnheit, Mut, Treue und Entschlußkraft. Der Skorpion gilt als träge, kann jedoch schnell und wirkungsvoll agieren, wenn er gereizt wird.

[1] Budge, Gods of the Egyptians, Bd. 2, 188

♑

Steinbock

In der Antike war man sich weitgehend einig, daß der Steinbock ein Meeresungeuer mit Ziegenhörnern oder Ziegenkopf sei. Die Babylonier nannten ihn *Suhurma* (»Ziegenfisch«), die Perser *Vahik* (»Meeresziege«), die Griechen *Aigokeros* (»Ziegengehörnter«). Im Sanskrit hieß er *Mahara* (»Meeresungeheuer«). Die Römer sahen in dieser Konstellation jedoch die Göttin Vesta.

Man glaubt, daß der Steinbock von Saturn beherrscht werde. Deshalb gelten Steinbockgeborene als »saturnisch«, also langsam und melancholisch, unsensibel, ernst, hartnäckig und manchmal depressiv. Äußerliche Geduld und Verantwortlichkeit kann bei ihnen skrupellosen Ehrgeiz verbergen. Es heißt, daß Steinbockgeborene im Sinne lüsterner Begierlichkeit an der Ziegennatur teilhaben und unstabil in ihrer Zuneigung sind. Trotz ihrer Verbindung mit dem Meer wurde der Ziegenfisch mit dem Erdelement assoziiert, das ihm Eigenschaften wie Kälte und Trockenheit verlieh.

Der Großherzog der Toskana im 17. Jahrhundert, Cosimo de' Medici, nahm das Zeichen des Steinbocks als persönliches Siegel, nachdem er unter seinem Einfluß eine Schlacht gewonnen hatte.[1]

[1] Hall, 140

♉

Stier

Die griechischen, persischen, indischen und babylonischen Astrologen waren sich alle einig, daß die betreffende Sterngruppe ein Stier sein müsse. Die Namen dafür lauteten *Tauros*, *Tora*, *Vrischa*, *Gudanna*. Aldebaran, der Alphastern des Stiers, galt als Herz des Stiers. In der astrologischen Tradition war er von dem Planeten Venus und dem Erdelement beherrscht.

Die Eigenschaften der Stiergeborenen entsprachen immer besonders denen des Tiers: langsam, stark, auf Routine und Ordnung bedacht, produktiv, zuverlässig, meist autoritätsgläubig, dafür aber unkontrollierbar heftig, wenn erbost. Der Einfluß der Venus verlieh den Stiergeborenen jedoch eine freundliche Grundhaltung, sinnliche Freuden, einen großen Freundeskreis und mitunter einen übersteigerten Hang zu materiellen Dingen. Der Stier gilt unter normalen Umständen als ruhig und unterstützend.

Abgesehen von Aldebaran, enthält dieses Sternbild auch die Pleiaden oder »Sieben Schwestern«, die in der alten Religion der Venus-Aphrodite als Göttin der Weisheit eine tiefe Bedeutung erlangten: Sie bewachten die »Perlentore« der Göttin und wurden in ihrem Tempel durch sieben Pfeiler verkörpert.

Waage

Im Sanskrit hieß die Waage *Tula* (»Gleichgewicht«). Die Perser nannten sie *Tarazuk*, die Babylonier *Zibanitu*. Beides bedeutet »Waage«. Bei den Griechen hieß sie *Zygos* (»Joch«). Das traditionelle Zeichen der Waage sieht eher aus wie ein Joch, das über dem Nacken eines Ochsen liegt, als die Waagen, die in der Welt der Antike zum Abwiegen von Gegenständen verwendet wurden. Dennoch galt es immer als Waage – wie die Waage der Maat, die in der ägyptischen Welt des Jenseits die Herzen wog.

Im römischen Tierkreis wurde der Gott Vulcanus in die Waage versetzt, wahrscheinlich, weil er der Gott der Maße und Gewichte war. Das Zeichen wurde von seiner offiziellen Gemahlin Venus beherrscht. Diese Göttin stand nicht nur zu der ägyptischen Göttin Maat in Beziehung, sondern auch zu ihrer karthagischen Entsprechung Tanit, die ebenfalls als himmlische Richterin galt und mit dem Titel *Astroarche* (»Sternenherrscherin«) und *Astraea* (»Sternenhafte«) angerufen wurde (siehe Tanit). In Rom wurde sie auch *Libera* genannt, und zwar in Zusammenhang mit ihrem Gefährten Dionysos/Bacchus Liber, mit dem sie beim alljährlichen Fest der *Liberalia* verehrt wurde.

Ein Teil von Tanits Symbol hat also das lateinische Wort *Libra* für »Waage« geschaffen, das weiter nichts als eine verkürzte Form ihres römisch-phönizischen Namens ist.

Die Spuren dieser Göttin können in den traditionellen Eigenschaften der Waagemenschen erkannt werden: künstlerisches Gefühl, Sehnsucht nach Amüsement und Schönheit und eine meist menschenfreundliche Anziehungskraft. Aber man hält sie auch für eifersüchtig, ungeduldig, plötzlichen heftigen Gefühlsumschwüngen unterworfen – wie man sich am Beispiel einer Wippe gut vorstellen kann – und manchmal überenthusiastisch, wenn es darum geht, neue Modetorheiten vorschnell zu übernehmen. Sie können auch einen Mangel an Initiative haben: vielleicht weil sie von einem unbelebten Gegenstand und nicht einem Lebewesen beeinflußt sind.

Wassermann

Bei den Griechen hieß die Konstellation des Wassermanns *Hydrochoos* (»Wassergießer«). Die Perser nannten sie *Dul* (»Wassertopf«). Im Sanskrit hieß sie *Chumba* (»Krug«). Aber die Babylonier gaben ihr den Göttinnamen *Gula*, und die Römer folgten ihrem Beispiel, indem sie sie Juno nannten. Das traditionelle Symbol des Zeichens stellt jedoch Wasserwellen dar.

Man glaubte, daß der Wassermann durch den Planeten Saturn beherrscht werde, erst nach der Entdeckung des nächstfolgenden Planeten Uranus im 18. Jahrhundert sah man im Wassermann uranische Einflüsse. Uranus war der Gott, der durch Saturn (Kronos) kastriert und abgesetzt wurde. Uranus oder »Himmlischer« war der ursprüngliche himmlische Vater und Gatte der Mutter Erde.

Der Wassermann gießt das Wasser der Welt aus, deshalb glaubt man, daß Wassermanngeborene wie Wasser sind: Man kann sie nicht festnageln, sie sind ziellos, anfallartig unruhig und oftmals seicht. Andererseits hält man sie auch für nachdenklich, mystisch, heiter und künstlerisch. Wassermanngeborene werden mit Freiheit, Erfindergeist, kollektiven Reformbewegungen und Anliegen assoziiert, die sich gegen Vorurteile oder Engstirnigkeit in jeder Form richten. Dies ist zweifellos der Grund dafür, daß die verschiedenen Befreiungsbewegungen im 20. Jahrhundert als Hinweis auf ein Wassermannzeitalter verstanden werden.

♈

Widder

Bei den Griechen hieß das Widderzeichen *Krios* (»Widder«). Bei den Persern hieß es *Varak* (»Lamm«), in Indien *Mescha* oder *Aja* (»Widder« oder »Ziege«). In Babylon gab es zwei Möglichkeiten: *Zappu* (»Haar«) oder *Hunga* (»Arbeiter«). Bei den Römern hieß es *Minerva*.

Vielleicht kam es zu einer linguistischen Verwechslung zwischen dem Widder *Aries* und dem griechischen Kriegsgott *Ares* (im römischen Sprachbereich Mars) – jedenfalls wird der Widder des Tierkreises traditionellerweise mit dem kriegerischen Planeten Mars und irgendwie martialischen Eigenschaften wie heftigem Temperament, Aggression, Entschlossenheit, Impulsivität, Mut, Aktivität und manchmal auch Übereiltheit assoziiert. Dem Widder wird auch das Feuerelement und die damit verwandten Ideen von Wärme, Begeisterung, Enthusiasmus, Lebenskraft und Beschwingtheit zugeordnet. Widdermenschen werden oft häusliche Auseinandersetzungen und wechselhafte Vermögenslagen nachgesagt.

Zwillinge

Das ägyptische Symbol für die Zwillinge war nicht ein Paar von männlichen Zwillingen, sondern eine Frau und ein Mann, die sich an der Hand hielten.[1] Im Sanskrit hießen sie *Mithuna* oder *Maithuna* (»Liebende«). Für die Römer waren sie der Gott Apollo mit seiner Schwester Diana (Artemis). Die Babylonier nannten sie *Mastabagalgal* (»Zwillinge von unbestimmtem Geschlecht«). Die Perser und Griechen gaben ihnen die Namen *Dopatkar* bzw. *Didumoi* (»Zwillinge«).

Männliche Zwillinge wie die Dioskuren Castor und Pollux waren vielleicht die patriarchale Abwandlung eines früheren androgynen Paares. In älteren Mythen waren der Gott und die Göttin ebensosehr Zwillinge wie auch Ehegatten und sogar Mutter-Kind-Dryaden. Mutter, Schwester und Braut des Gottes verkörperten sich alle in derselben Dreifachen Göttin.

Astrologische Bezeichnungen der himmlischen Zwillinge verbinden sie oftmals mit Romulus und Remus, den angeblichen Gründern von Rom und den Ziehsöhnen der berühmten sabinischen Wölfin. Ursprünglich gab es aber auch Zweifel bezüglich ihres Geschlechts. Manche sagten, daß die tatsächliche Gründerin von Rom und des Romulus-Clans eine Frau namens Rhome gewesen sei – entweder eine Griechin oder eine Flüchtlingsfrau aus dem besiegten Troja. Der syrakusanische Historiker Callias (um 300 n.Chr.) vermutete, daß sie die Gattin des sagenhaften sabinischen Königs Latinus gewesen sei. Im zweiten Jahrhundert v. Chr. wurde sie als amazonische Tochter der Mars bezeichnet. Andere wiederum behaupteten, daß sie die Gattin des Äneas gewesen sei, der in einer anderen Überlieferung ebenfalls Rom gegründet haben soll. Ebenso wie die vorrömischen Matriarchinnen als Göttinnen in den Himmel erhoben wurden, so erfuhr der männliche Romulus eine Apotheose als Gott Quirinus, der seinen Anhängern in einer Vision auf der Straße erschien, wie auch Jesus dem Paulus auf einer Straße erschienen war. Die Pauluslegende weist eine auffallende Ähnlichkeit mit dem älteren Romulusmythos auf.[2]

Es scheint, daß sich Rom aus dem sabinischen Matriarchat entwickelte, das den Romulus-

Clan hervorbrachte. Spätere Geschichten erzählen, daß die Anhänger des männlichen Romulus gezwungen waren, Sabinerinnen zu rauben, um das *sanguis ac genus* zu erlangen – das Blut der Rasse –, das nur durch Frauen verkörpert und weitergegeben wurde.[3] Jeder der frühen römischen Clans wurde im sabinischen Stil nach seiner Gründermutter benannt. Diese Stammesmatriarchinnen sind anscheinend mit den spinnenden *Fortunae* (»Schicksalsgöttinnen«) verschmolzen worden, weil ihre einzige Pflicht darin bestand zu spinnen.[4]

Eine androgyne Sicht der astrologischen Zwillinge ist viel sinnvoller als die Annahme, daß es zwei Männer sind, da sie ja immer als Einheit von Gegenteilen interpretiert worden sind – ähnlich wie das Yang-und-Yin-Symbol. Zwillingsmenschen gelten als dualistisch in ihren Interessen und Geschmacksrichtungen – so als wohnten in ihnen zwei gegensätzliche Persönlichkeiten. Deshalb sind Ruhelosigkeit, Schlauheit und Erfindungsreichtum Zwillingseigenschaften, ebenso wie Ungeduld und eine Tendenz, sich schnell gelangweilt zu fühlen. Zwillingsgeborene gelten als merkur-bestimmt und werden durch die Vereinigung der Polaritäten »merkurisch«. Die Zwillinge regieren die Künste und Wissenschaften und decken viele verschiedene Arten des Wissens ab.

[1] Budge, Gods of the Egyptians, Bd. 2, 315
[2] Grant, 98, 113, 115, 117
[3] Dumézil, Archaic Roman Religion, Bd. 1, 68
[4] Gage, 464

12
KÖRPERTEILE

Atem
Auge
Blut
Brust
Chakras
Daumen
Eingeweide
Finger
Fingernägel
Füße
Genitalien
Glückshaube
Haar
Hand
Handfläche
Herz
Jungfernhäutchen
Knochen
Kopf
Leber
Lingam-Yoni
Lotussitz
Mund
Nabel
Phallus
Plazenta
Schädel
Schenkel
Schoß
Skelett
Speichel
Stimme
Teufelshörner
Vagina
Vorhaut
Yoni-Zeichen
Zunge

Im symbolischen Denken steht oftmals ein Teil für das Ganze. Da sich Menschen in einem fast unbegrenzten Ausmaß ihres Körpers bewußt sind, ist es nur natürlich, daß Teile des menschlichen Körpers zu gängigen Symbolen geworden sind. Hände, Füße, Köpfe, Augen und Geschlechtsteile kommen überall in sakralen Bildern, Zeichen und Hieroglyphen vor. Unsere heutigen Wandschmierereien, bei denen die menschlichen Fortpflanzungsorgane grob und vereinfacht dargestellt werden, sind nicht wirklich neu. Vielleicht sind sie sogar die älteste von allen Kunstformen: »Obszöne« Kritzeleien auf den Wänden der modernen Untergrundtunnels können ohne weiteres mit ähnlichen Kritzeleien auf den Wänden von neolithischen Höhlen verglichen werden, auch wenn ihre Absicht sich davon ganz offensichtlich unterscheidet. Oftmals werden Körperteile als Symbole von Gottheiten verwendet, wie etwa das Auge des Horus, die Füße des Vishnu oder der Phallus des Priapos. Unsere Vorfahren liebten auch die Vorstellung, daß jeder Körperteil eine besondere Gottheit hatte, die über ihn wachte und ihn vor Schaden bewahrte. Bevor sich die patriarchale Askese verbreitete, gab es nur wenig Neigung, den Körper zu verachten oder abzutöten.

In Europa wurde eine höchst verfeinerte, körperzentrierte Kunst, die die wunderbaren Statuen der Griechen und Römer hervorbrachte, durch die körperfeindlichen Häßlichkeiten des finsteren Mittelalters ersetzt: Die künstlerische Geschicklichkeit bei der Darstellung des menschlichen Körpers ging verloren. Das klassische Gefühl harmonischer Proportionen wich der Darstellung von steifen, unbeholfenen Gestalten, die in nur wenig überzeugenden Kleidern versteckt wurden, und das Ganze glich mehr den angestrengten Bemühungen von Kindern als den Schöpfungen geübter Künstler. Als die Nacktheit verachtet wurde, konnte auch der Körper nicht mehr erforscht werden.

Trotzdem verschwand die Symbolik der Körperteile nicht. Sie ist noch immer voll und ganz verständlich. Und warum auch nicht? Wir kennen alle unseren Körper und seine Teile. Wir können eine persönliche Beziehung zu graphischen Zeichen herstellen, die ihn vergegenwärtigen. Die Körpersymbolik ist einer der Wegweiser, der Sir Richard Francis Burton nach dem Studium aller großen Religionen zu der Schlußfolgerung geführt hat, daß der Mensch im Grunde immer nur sich selbst angebetet hat.

Und Männer neigten ganz besonders dazu, nicht nur das Universum anthropomorph zu denken, sondern sogar die menschliche Gestalt so zu verallgemeinern, als sei sie die einzig bedeutsame. »Der Mensch ist das Maß aller Dinge«, sagte Protagoras. Für Albertus Magnus war der Mensch nicht nur das *imago dei* oder »Abbild Gottes«, sondern auch das *imago mundi* oder »Abbild des Universums«. Origenes behauptete, daß die menschliche Gestalt eine Miniaturwelt mit Sonne, Mond und Sternen ist. Nikolaus von Cues sagte, daß der gesamte Himmel dem Menschen gleiche, und Pico della Mirandola betonte, daß der Mensch alle Dinge in sich enthalte, weil er der Mittelpunkt aller Dinge sei. Cornelius Agrippa von Nettersheim glaubte, daß der Körper des Mannes ein vollständiges Abbild der gesamten Welt sei, und Robert Fludd gefiel die Vorstellung, daß der Mann das Zentrum und die Wiedergabe der gesamten göttlichen Ordnung sei. Mit anderen Worten, die Hybris der Männer kennt keine Grenzen. Obwohl der männliche Körper im Vergleich mit den meisten tierischen Körpern eher schwach ist, wurde er von unserer patriarchalen Gesellschaft als das eigentliche Modell des Kosmos betrachtet.

Und was den weiblichen Körper anbelangt, der dieses Wunder, den Mann, hervorbringt, so wurde er immer als seltsame Mischung aus Himmel und Hölle empfunden, fremd und doch vertraut, nah und doch geheimnisvoll. Dem weiblichen Körper wurde es ausdrücklich verboten, am »Abbild Gottes« teilzuhaben, und dennoch scheint er das anziehendste Bild zu sein, das dem Kollektiv der Männer bekannt ist. Trotz all seiner Hybris strebt die Symbolik des männlichen Körpers unausweichlich zum weiblichen Körper zurück, der ihn hervorbringt und wieder in sich aufnimmt: Und beides wird in allen Mythen von Schöpfung und Verhängnis immer wieder formuliert.

Atem

Schon seit sehr langer Zeit ist Atem fast ein Synonym für »Seele« oder »Geist« gewesen. Diese Vorstellung geht auf die matriarchale Anschauung zurück, daß eine Frau ihr Kind nicht nur aus ihrem Gebärmutterblut bildet, sondern auch den *mater*iellen (von der Mutter gegebenen) Körper mit ihrem Atem beseelt (bzw. eine Seele – *anima* – verleiht). Hinter dieser archaischen Anschauung steckt vielleicht die Gewohnheit, sanft in den Mund eines neugeborenen Kindes zu blasen, um den Atem in Gang zu setzen. Sie steht im Gegensatz zu der klassischen Methode der männlich orientierten Medizin, bei der der Säugling recht unsanft geschlagen wird. Letzteres könnte vielleicht auf der Überzeugung männlicher Theologen beruhen, daß jedes neugeborene Kind eine eiternde Masse von Erbsünde ist, dessen Leben ganz zurecht mit Bestrafung, Buße und Austreibung des bösen Geistes in Form der Taufe beginnt. Nach der patriarchalen Usurpation von Symbolen wurde der Atem von Vätern und männlichen Göttern beansprucht und sollte *ihren* Beitrag der Geistessenz für den neuen Organismus darstellen. Brahmanische Väter behaupteten, daß sie ihren neugeborenen Kindern eine Seele einhauchen konnten, indem sie ihnen ins Gesicht bliesen. Die Bibelschreiber erklärten, daß Gott Adam dadurch beseelt habe, daß er ihm den »Atem des Lebens« in die Nasenlöcher geblasen habe (Genesis 2,7). Gott verfügte auch über die Geschicklichkeit, die trockenen Knochen der Toten ins Leben zurückzurufen, indem er seinen magischen Atem einsetzte (Ezechiel 37,5). Die hellenischen Griechen übernahmen das östliche Konzept der Weltseele (*atman*) als Atem der Welt (*atmos*), drückten es aber anders aus: Sie sagten, daß die Luft Zeus selbst sei und alle Lebewesen durchdringe, weil sie ununterbrochen atmeten.

Trotzdem blieben sogar in Griechenland bestimmte Vorstellungen von einer *weiblichen* universellen Seele erhalten. Einer der mystischen griechischen Namen der gnostischen Göttin lautete Pneuma oder »Atem«. Die Muse, die immer weiblichen Geschlechtes war, brachte die Inspiration (wörtlich »Einatmung«), die Sehern und Dichtern die Kraft des Verständnisses und der Kreativität verlieh.

Der letzte Lebenshauch ist eine Rückkehr der Luftseele zur *atmo*-Sphäre. In dieser Weise nahmen die Seelen der Toten Luftform an und wurden zu Geistern, die man oft in der Bewegung von Wind und Wolken zu erkennen glaubte. Manche weniger gebildeten Menschen stellen sich bis zum heutigen Tag noch immer vor, daß der letzte Atemzug die Seele aus dem Körper trägt und daß deshalb die Luft voller Geister ist und die Lebenden immer inmitten ihrer Ahnengeister verweilen. Es war ein gängiger Brauch, vor dem Gesicht einer sterbenden Person einen Spiegel zu plazieren, und dabei ging es nicht darum, das Ende des Atems zu kontrollieren – das konnte man auf andere Weise besser tun –, sondern vielmehr die flüchtige Seele auf magische Weise einzufangen, denn Spiegel galten immer als Seelenfallen. In den Volkslegenden hieß das Reich der Toten manchmal auch Halle der Spiegel.

Ein anderer weitverbreiteter alter Glaube beinhaltete, daß eine Frau als Dakini, Shakti, Vila oder Priesterin den letzten Atemzug einer sterbenden Person einatmen sollte, um seine oder ihre Wiederempfängnis oder Wiedergeburt zu sichern. Dies war die ursprüngliche Bedeutung dessen, was männliche Theologen später als den Todeskuß der Dämonin diabolisierten. Und so wurde es denn als todbringendes Ritual gefürchtet und nicht mehr als Gunst und Trost der Göttin verstanden. Und dennoch erhielten sich in Liedern und Geschichten viele Versionen der mütterlichen Todesgöttin – wie etwa der Morrigan oder Morgan Le Fay –, deren Stimme im Wind vernommen wurde und die die Seelen in ihrem magischen Spiegel sammelte.

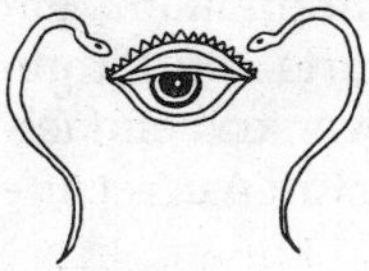

Auge

Menschen reagieren stark auf Darstellungen des Auges. Einer der Gründe, der dafür angegeben wurde, ist die lebenswichtige Bedeutung des Augenkontakts zwischen Mutter und Kind unmittelbar nach der Geburt: Dies trägt dazu bei, eine Bindung zu erzeugen, die das Überleben des Kindes sichert. Die geburtsspendende Göttin wird in antiken Traditionen so häufig mit dem Alles-sehenden Auge identifiziert, daß hier durchaus eine archetypische Verbindung vorliegen könnte. In Ägypten war das universelle Mutterwort Maa gleichzeitig der Name der Göttin wie auch ein hieroglyphisches Auge. Der Name der gälischen Sonnengöttin Sulis war mit dem Wort *suil* für »Auge« verwandt. Das Wort *suilath* bedeutete »weise, allessehend, weitsichtig« und kennzeichnete die Göttin, deren Auge alles durchdrang.[1] Die Römer setzten diese weise Göttin mit ihrer eigenen Göttin Minerva gleich, der Alles-sehenden Greisin-Göttin der Kapitolinischen Dreiheit. Im römischen Britannien wurden Altäre für »Sul Minerva« errichtet.[2] In dem hinduistischen Text »Lalita Sahasranamam« erschuf und zerstörte die Große Göttin die Universen einfach dadurch, daß sie ihre Augen öffnete und schloß.[3]

Da das Auge der Göttin oftmals auch das Auge des Urteils war, wurde es in den patriarchalischen Gesellschaften gefürchtet und bisweilen auch als böses Auge oder böser Blick bezeichnet. Anat oder Anath, der Greisinnenaspekt von Astarte/Hathor, wurde im christianisierten Abessinien zu einer alten Hexe. Sie erhielt den Namen Aynat, galt als der böse Blick der Erde, und angeblich hat Jesus sie vernichtet.[4] Das böse Auge war im allgemeinen das linke oder »das weibliche«.[5] Im Mittelalter waren die Kräfte des bösen Blicks, die man Hexen zuschrieb, sehr gefürchtet. Allerdings glaubte man, daß auch Männer und sogar der Klerus ihn haben konnte. Papst Pius IX. war so berüchtigt für seinen bösen Blick, daß Frauen, wenn sie niederknieten, um seinen Segen zu empfangen, die Hände in ihren Rockfalten verbargen und heimlich ein Gegenzeichen schlugen, um das Böse abzuwenden.[6]

[1] Stewart, 80
[2] Dames, 154
[3] Avalon, 396
[4] Gifford, 57
[5] Elworthy, 138
[6] Trachtenberg, 54

Blut

Die Bibel betrachtet Blut als wichtigstes Symbol der Lebenskraft (Genesis 9,4; Leviticus 17,11). Denn die Menschen der Antike waren prinzipiell davon überzeugt, daß lebende Menschen buchstäblich aus dem Gebärmutterblut ihrer Mütter geschaffen, verdichtet und zur Form eines Säuglings koaguliert wurden. In den meisten primitiven Mythen erschuf die Muttergöttin auf genau diese Weise die ganze Welt, sie preßte sie aus ihrer Urtiefe, ihrem kosmischen Schoß hervor. Manche afrikanischen Stämme betonen noch immer, daß Abstammung gleichbedeutend mit Blut ist und daß nur Frauen die Stammesblutsverwandtschaft auf ihre Nachfahren übertragen können. Die Aschantifrauen sagen: »Nur ich kann das Blut übertragen ... Wenn mein Geschlecht im Clan ausstirbt, dann wird genau dieser Clan ausgelöscht, denn auch wenn ein oder tausend männliche Mitglieder übrig sind, so kann doch keiner von ihnen das Blut übertragen.«[1]

In ähnlicher Weise wohnte auch im alten Indien der Geist des Stammes im Menstruationsblut, das man als Kula-Blüte bezeichnete. Jedes Mädchen »trug die Blume« bei ihrer ersten Menstruation[2], und diese Blume ging der »Frucht des Schoßes« voraus. Auch die Bibel nennt das Menstruationsblut »Blüten« (Leviticus 15,24). Auf den Fidji-Inseln wird ein gerade beschnittener Junge Kula genannt und mit dem Kula-Mädchen bei ihrer ersten Menstruation verglichen.[3] Begriffe dieser Art können den semitischen Brauch der Beschneidung als Nachahmung der Menarche erklären, vor allem zu einer Zeit, in der sie noch bei der Pubertät vollzogen wurde. Die Christen des Mittelalters behaupteten manchmal, daß jüdische Männer ebenso wie Frauen menstruieren konnten, und diese Vorstellung hat sich vielleicht aus einer frühen Betrachtung der Beschneidung als »männliche Menstruation« entwickelt.[4]

Die Schatten der Urgöttin schweben noch immer über dem Namen Adam selbst: Sein Name bedeutet nämlich »Mensch, der aus Blut geschaffen ist« oder »Lehm, der durch Blut belebt wurde«. Adams langes Leben, das fast ein Jahrtausend gedauert haben soll, wurzelte in der vedischen Tradition: Sie besagte, daß Menschen, die zeitlich näher beim Hervorströmen des Blutes der Großen Mutter gelebt hatten, logischerweise ein sehr langes Leben und eine größere Vitalität haben mußten als ihre Nachkommen, weil ihr Leben »im Blut verwurzelt« ist.[5] Die Griechen und Römer glaubten auch, daß das menschliche Leben aus einem *coagulum* von Menstruationsblut besteht. Plutarch zufolge besteht das Lebensprinzip, das den menschlichen Körper ernährt und sein Wachstum stimuliert, in jener weiblichen Essenz, die vom Mond herabkommt.[6]

Blut war auch bei den Zigeunern das wichtigste Symbol der Verwandtschaft und Verbundenheit, denn ihre Traditionen stammten aus dem alten Indien. Zigeunerpaare aßen bei der Hochzeit Brot mit einem Tropfen vom Blut des jeweiligen Partners, um im zeremoniellen Sinne zu einem Körper zu werden.[7] Manchmal wurde bei Zigeunerheiraten auch der uralte Blutsverwandtschaftsritus vollzogen, bei dem das Blut aus Schnittwunden in den Armen oder Händen der beiden Seiten vermischt wird.[8]

Im Laufe der Jahrhunderte stellten die männlich dominierten Gesellschaften ernste Bemühungen an, die weibliche Magie des Blutes auf männliche Götter oder Erlösergestalten zu übertragen, deren Blut schließlich als belebender galt als das von normalen Menschen. In Skandinavien hieß der männliche Held, der das »weise Blut« der Mondmutter verkörperte, Kvasir, und er wurde als der weiseste aller Männer betrachtet. Er wurde von den Göttern erschlagen, und sein Blut wurde unter der Erde in gebärmutterartigen Kesseln aufbewahrt. Eine Bezeichnung für dieses weise Blut lautete *mjodr* (»Honigmet«). Der indische Gott, der dem Kvasir entsprach, hieß Mada (auch hier wieder die Muttersilbe), und sein Opfertod brachte allgemeinen Segen hervor.[9]

Abgesehen von der Vorstellung, daß auch das Blut Christi in ähnlicher Weise lebenspendend ist, hat die westliche Gesellschaft auch noch andere Versuche angestellt, die Symbolik des weiblichen Blutes zu übernehmen und auf irgendeine Weise unter männliche Kontrolle zu bringen. Das alchemistische Wort *menstruum* wurde zum Synonym des *alkahest*. Dies war ein universelles Lösungsmittel, von dem man glaubte, daß es alle anderen Stoffe in sich auflösen könne. Diese Vorstellung kann auf Schöpfungsmythen zurückgeführt werden, in denen alle Elemente im mütterlichen Meer des Gebärmutterblutes im Zustand des Ur-Chaos aufgelöst umherschwammen, bevor die Welt zu fester Materie gerann. Und dennoch wurde das wirkliche weibliche Mondblut noch immer als mystisches Heilmittel betrachtet. Mittelalterliche Ärzte behaupteten, daß das Menstruationsblut junger Mädchen Lepra heilen oder als Aphrodisiakum wirken könne.[10] In Übereinstimmung mit tantrischen Traditionen, die von Indien ausgingen, lehrten verschiedene gnostische Sekten, daß Männer spirituelle Macht erlangen könnten, wenn sie Menstruationsblut in sich aufnehmen.[11] Zahlreiche Menstruationstabus auf der ganzen Welt verweisen auf eine uralte Verbindung von Angst und Ehrfurcht in der männlichen Haltung zum »Blut des Lebens«. Manchmal brachte das weibliche Mondblut einen Mann ins Urparadies des Feenlandes: Dies wird in einigen Überresten der Feenreligion angedeutet. Wie die Urgöttin, die die Götter mit dem Trank ihres »übernatürlichen roten Weins« am Leben erhält, so verabreicht die Feenkönigin Mab ihren auserwählten Helden einen roten Trank, der ihren Namen trägt und ihren überlegenen Geist übermittelt.[12] Und trotzdem behaupteten die christlichen Instanzen, daß nichts so unrein ist wie eine menstruierende Frau.

Im 13. Jahrhundert wurde auf der Synode von Würzburg festgelegt, daß sich niemand ihr nähern sollte.[13] Noch im 17. Jahrhundert war es menstruierenden Frauen verboten, eine Kirche zu betreten.[14] Eine der Vorstellungen, die der fünfhundert Jahre dauernden Hexenverfolgung in Europa zugrunde lag, beinhaltete, daß Frauen nach der Menopause von okkultem Wissen erfüllt seien, weil sie ihr weises Blut nicht mehr verloren, sondern in ihren Adern bewahrten und auf diese Weise zu magischen Personen wurden.[15]

[1] Sanday, 30–31
[2] Mahanirvanatantra, 88
[3] Crawley, Bd. 1, 79
[4] Montag, 243; Trachtenberg, 8
[5] Mahanirvanatantra, xlviii
[6] Cumont, Astrology and Religion Among the Greeks and Romans, 107
[7] Bowness, 25
[8] Trigg, 88
[9] Dumézil, From Myth to Fiction, 100, 104
[10] Montagu, 113
[11] Walker, The Woman's Encyclopedia of Myths and Secrets, 640–641
[12] Rees / Rees, 75
[13] Briffault, Bd. 2, 396
[14] Walker, The Woman's Encyclopedia of Myths and Secrets, 643
[15] Gifford, 26

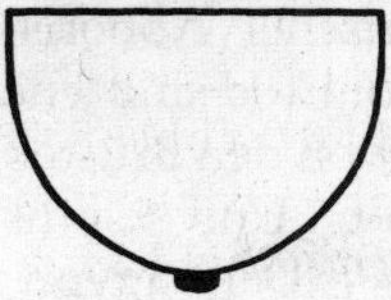

Ägyptische Hieroglyphe mena *(Brust)*

Brust

Das Symbol einer Brust ist die ägyptische Hieroglyphe *mena*, die sowohl »Brust« wie auch »Mond« bedeutet.[1] Dieses Symbol spiegelt den ägyptischen Glauben wider, daß die Milchstraße und alle anderen Sterne wie auch das lebenspendende Wasser des Universums aus den Brüsten der Mondgöttin geflossen seien. Es ist merkwürdig, daß die Ägyptologen darauf insistieren, den Gründer der ersten Dynastie als männlichen Pharao zu betiteln, obwohl »sein« Name Mena lautete, was eine überaus weibliche Bezeichnung ist und wahrscheinlich die Verkörperung der Mondgöttin meinte.

In vielen alten Traditionen ist die Göttin eine Nährmutter für die Welt: Dies sieht man zum Beispiel an der berühmten Statue der Artemis von Ephesos, deren Torso von Brüsten bedeckt ist und überfließende Nahrung für alle Wesen symbolisiert. In fast allen bekannten Sprachen bedeutet »Ma-Ma« »die Brüste der Mutter«.[2] Denen, die entdeckten, wie sie die Milch der Göttin trinken könnten, wurde Erleuchtung und sogar Unsterblichkeit versprochen. Ein tantrischer Aphorismus lautete: »Vom Tod sind jene befreit, die sich von den Brüsten der Mutter des Universums ernährt haben«[3]. Den ägyptischen Pharaonen wurde versprochen, daß sie zu unsterblichen Säuglingen würden, die auf immer und ewig an den Brüsten der Göttin saugen würden. In Rom betrachtete man den Vorgang der Erleuchtung unter einer *alma mater* (»Seelenmutter«, Priesterin und Lehrerin) als eine zweite Stillperiode. Das Wort *alumnus* bedeutete eigentlich »Säugling«.[4]

Bei den Berbern stand die Muttermilch in mystischer Verbindung mit der Heimat und dem Stammesgeist: Dies verweist auf die matriarchale Gleichsetzung von Mutterschaft mit Eigentum und Besitz. Wenn es einem Flüchtling gelang, ins Familienzelt fremder Stämme einzutreten, eine Mutter festzuhalten und an ihren Brüsten zu saugen, wurde er automatisch zu einem Ehrenmitglied der Familie und konnte ihren Schutz beanspruchen.[5]

Die Metaphorik der säugenden Mutter als göttinähnliche Schöpferin und Ernährerin war so stark, daß die Anhänger männlicher Götter ihre eigene Symbolik verließen, um dieses Bild mit Gewalt auf die Vaterschaft zu übertragen. In Numeri 11,12 ist die Rede von Gott als einem nährenden Vater, der das »saugende Kind« an seinem Busen trägt. Noch unangemessener waren manche Schriften der späteren Kirchenväter, wie etwa des heiligen Ambrosius, der vom »Schoß des Vaters« und den »nährenden Brüsten Christi« sprach. In »Salomons Ode« heißt es: »Der Heilige Geist öffnete das Gewand des Vaters und mischte die Milch aus den beiden Brüsten des Vaters.« Und am unangemessensten ist vielleicht, daß Maria, die wirkliche stillende Mutter, in diesem Kontext sagt: »Er, der die Milch in sich trägt, ist der Vater, und der Heilige Geist trank seine Milch, da seine Brüste voll waren und er einer Erleichterung bedurfte.«[6] Ein alter Beiname der milchspendenden Göttin, Agatha (»Gute, Freundliche«), wurde in eine christliche Heilige umgewandelt, deren Brüste angeblich abgeschnitten wurden, weil sie sich weigerte, den König von Sizilien zu heiraten. (In Wirklichkeit hießen die antiken Könige von Sizilien Agathokles[7], was ihre Vereinigung mit der Göttin anzeigen sollte.) Auf frühchristlichen Ikonen wird die fiktive heilige Agatha gezeigt, die ihre abgeschnittenen Brüste auf einem Tablett vor sich trägt. Später wurden sie als Glocken fehlinterpretiert, und deshalb wurde sie zur Patronin der Glockengießer.[8] Die Sage ihrer abgeschnittenen Brüste hielt sich jedoch im Kanon der Heiligen und entwickelte sich zu einem so weitverbreiteten Kult von Brustreliquien, daß die ursprüngliche Agatha wohl mehr Brüste gehabt haben muß als die Artemis von Ephesos. Mindestens sechs von Agathas Brüsten werden noch heute in verschiedenen Kirchen aufbewahrt.[9]

[1] Budge, Egyptian Language, 57
[2] Potter/Sargent, 229
[3] Avalon, 466
[4] French, 166
[5] Dürr, 197
[6] Barnstone, 279; Warner, 195
[7] d'Alviella, 20
[8] Attwater, 34
[9] Hall, 9

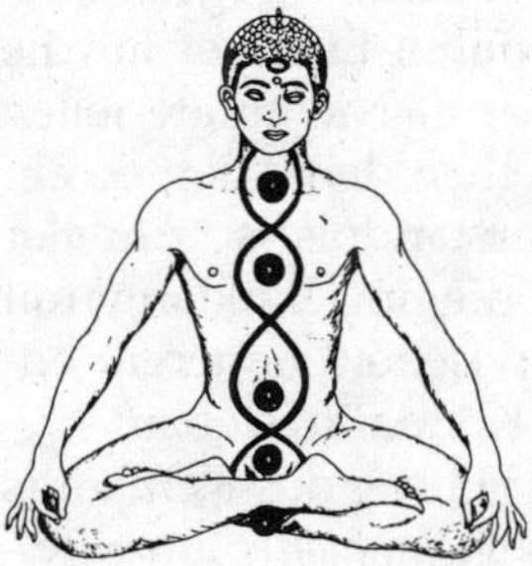

Chakras

In der esoterischen Bewegung unserer Zeit wurde zwar sehr viel über den Begriff der Chakras gesprochen, aber nicht immer viel verstanden. Es handelt sich hier um den uralten tantrischen Glauben, daß jeder menschliche Körper sieben von diesen mystischen »Lotuszentren« enthält, die auf verschiedenen Ebenen entlang der Wirbelsäule liegen. Die Symbolik ist zutiefst weiblich. Der Lotus war im Osten jahrtausendelang ein weibliches Emblem. Mehr noch: Fast jedes Chakra enthält als Symbol ein Yoni-Yantra (d.h. das weiblich-genitale Dreieck). Auch die Vorstellung des Aufstiegs der Energie durch die Chakras geschieht durch die Kundalini-Schlange, die immer weiblich gedacht wird, selbst wenn sie im Körper eines Mannes aufsteigt.

Durch Meditation und richtige Atmung (*pranayama*) versucht der Schüler seine Kundalini-Kraft zu erwecken und sie durch seine »Lotuszentren« nach oben zu ziehen. Die Energie, die dabei verwendet wird, läuft durch zwei miteinander verflochtene Kanäle auf beiden Seiten des Rückgrats – den lunaren (*ida*) und den solaren (*pingala*) Kanal, die zusammen eine Doppelhelix rund um die Chakras bilden.

Es heißt, daß die Kundalini um ein Lingam (Phallus) gerollt ist und schläft, und zwar innerhalb eines Yoni-Yantra an der Basis des ersten Chakra. Dieses heißt *Muladhara* oder »Wurzelboden« und liegt auf der Ebene des Dammes unterhalb des Beckens. Das Symbol für dieses Chakra hat vier rote Blütenblätter und ein gelbes Quadrat (Erdsymbol). Wenn die Kundalini einmal erweckt ist, kann sie sich zum zweiten Chakra erheben; es heißt *Svadhisdhana* oder »ihr besonderer Verweilort« und befindet sich in der Zone der Genitalien. Dieses Chakra gehört zum Wasserelement und wird durch sechs rote Blütenblätter, ein Seeungeheuer und einen Gott mit seiner Shakti symbolisiert. Dies ist die Ebene des sexuellen Verlangens.

Als nächstes kommt das Nabelchakra oder *Manipura* oder »Stadt des glänzenden Juwels«. Dieser Name erinnert an die Gewohnheit hinduistischer Tempeltänzerinnen, im Nabel Juwelen zu tragen. Das Zeichen für dieses Chakra hat zehn dunkelblaue Blütenblätter, ein rotes Yoni-Yantra und die Gestalt eines Widders, der den Feuergott Agni darstellt, ferner auch Shiva und Kali-Lakshmi als Leiter von Opferriten.

In manchen Traditionen erscheint nun ein kleinerer Lotus auf dem Solarplexus, der nicht mitgezählt wird und keinen Namen trägt. Er wird durch einen Wunscherfüllungsbaum auf einem mit Juwelen besetzten Altar symbolisiert. Dieses zusätzliche Chakra wird gewöhnlich übergangen, und zwar zugunsten des nächsten, das auf der Herzebene liegt. Es heißt *Anahata*, und damit ist ein Klang gemeint, der »nicht durch Anschlagen erzeugt wird«, es ist der Klang *om*, der, wie man glaubt die universelle schöpferische Energie in sich enthält. Das Zeichen für Anahata weist zwölf rote Blütenblätter und ein rauchfarbiges Hexagramm auf – seit undenklichen Zeiten das indische Symbol für die Vereinigung der weiblichen und männlichen Sexualität. In der Mitte sieht man ein goldenes Lingam innerhalb eines Yoni-Yantra.

Diese vier unteren Chakras entsprechen den materiellen Elementen der Erde, des Wassers, des Feuers und der Luft (oder des Atems), wobei die beiden »weiblichen« Elemente an erster Stelle stehen. Die nächsten drei Chakras tragen dann die Kundalini-Energie in die Reiche des Nichtmateriellen und verleihen den Adepten ein neues Verständnis spiritueller Gesetze, die im Einklang mit dem inzwischen höheren Niveau der Kundalini stehen.

Auf der Ebene des Kehlkopfs erscheint *Vishuddah* oder »Reinigung«, das durch die hermaphroditische Gestalt des Ardhanarisvara beherrscht wird: Shiva und seine Kali-Shakti, die in einem einzigen Körper vereint sind. So verschmelzen die männliche und weibliche Energie auf der Ebene der Sprache (des schöpferischen Logos). Dieses Chakra wird auch als Tor der großen Befreiung bezeichnet. Sein Zeichen enthält 16 purpurfarbene Blütenblätter und ein weißes Yoni-Yantra, in das der Vollmond eingezeichnet ist.

Das sechste Chakra heißt *Ajna* oder »Befehl« und stellt den schöpferischen Logos in Aktion dar. Es liegt zwischen den Augenbrauen, an der Stelle des »dritten Auges des Verständnisses«. Sein Zeichen enthält zwei weiße Blütenblätter, die Gestalt der Göttin mit einem Buch, einer Trommel, einem Totenschädel und einem Rosenkranz. Das weiße Yoni-Yantra des vorigen Chakra enthält nun ein Lingam. Wenn die Kundalini diese Ebene erreicht, sagt man, daß der Yogi von der letztendlichen Vision des Absoluten nur durch eine Art dünne Glasscheibe getrennt ist.

Das siebte und letzte Chakra ist die sogenannte tausendblättrige Lotusblüte des Lichts (*Sahasrara*), die von der Krone des Kopfs bis zur Unendlichkeit emporstrebt. Im Mittelpunkt dieser leuchtenden Blüte liegt »das letzte Yoni-Dreieck, in dem – wohlverborgen und sehr schwer zu erreichen – die große leuchtende Leere liegt, der alle Götter im Geheimen dienen«.[1] Mit anderen Worten: Der Gipfel der Chakraleiter ist der innere weibliche Geist in seinem Triumph, die innere weibliche Schlange in ihrer Glorie, die transzendente Göttin, deren letztendliche Erkenntnis die Ursache für den ununterbrochenen Glückszustand der Adepten ist.

Die Chakras werden oft erwähnt, ohne daß die offensichtlich weibliche Orientierung ihrer Symbolik offen ausgesprochen wird. Wie viele andere vorpatriarchale Systeme wurde auch dieses von verschiedenen männlichen Göttern beansprucht, deren Priester es durchaus nicht als eine Offenbarung der inneren Göttin sehen wollten.

In einem anderen Sinn hat das Wort *chakra* auch den tantrischen Zeremonialkreis benannt, der aus einer abwechselnden Linie von Männern und Frauen besteht. Dabei hat jeder Mann seine Shakti zur Linken sitzen, und die Leiter – Priester und Priesterin – befinden sich zusammen im Zentrum. Essen, Trinken und sinnliches Vergnügen spielten eine Rolle in dem sakralen *chakrapuja* (»Kreis-Ritus«), dessen Ziel es sein sollte, daß sich alle Teilnehmer der Göttin so nahe fühlten wie der eigenen Mutter.[2] Die Kreisform sollte alle Kastenunterschiede ausschließen, weil die Verehrung der Göttin ja immer demokratisch und nicht hierarchisch gewesen ist.[3]

[1] Campbell, The Mythic Image, 381
[2] Avalon, 166
[3] Mahanirvanatantra, cxxi

Daumen

In den indischen Schriften heißt es, daß die Seele einer jeden Person ein kleines Püppchen in der Größe des Daumens ist, das im Herzen wohnt und einen unaufhörlichen Tanz aufführt, der dann als Herzschlag spürbar ist. Gleichzeitig ist die menschliche Seele auch eine Emanation des tanzenden Shiva, dessen Tanz im Herzen des lebendigen Universums pulsiert. Diese Daumen-Seele ist »der Herr der Zeit, der Vergangenheit und der Zukunft«.[1] Diese Vorstellung ging auch in die englischen Volkslegenden ein, wo ein wandernder daumengroßer Geist namens Hop-o-my-Thumb zusammen mit seiner Gefährtin, der Fee Thumbelina, vorkommt. Auch im deutschen Märchen werden die Abenteuer des »Däumlings« erzählt.

In der Symbolik der Hand ist der Daumen das Kind: Er wird zusammen mit dem Zeigefinger (der Mutter) und dem Mittelfinger (dem Vater) ausgestreckt, um die »Segenshand« zu bilden, die die Christen aus dem Heidentum übernommen haben (siehe Hand). In der mystischen Geste des Yogi berühren sich Zeigefinger und Daumen, während die anderen drei Finger ausgestreckt sind und das Zeichen der Dreiheit bilden. Dies war einstmals ein Ausdruck der Einheit von Mutter und Kind unter dem Schutz der Dreifachen Göttin: Es beinhaltete Sicherheit, Liebe, Segen und andere beglückende Eigenschaften. Vielleicht ist das der Grund, weshalb die mystische Geste des Yogi in unserem Alltag als »OK«-Zeichen auftaucht.

[1] Upanishads, 21

Humbala, assyrischer Geist der Eingeweide

Eingeweide

Wahrscheinlich waren die Eingeweide das ursprüngliche Modell des Labyrinths mit seinen symbolisch gewundenen Wegen und dem Ausgang, der die Wiedergeburt »aus den Eingeweiden« symbolisierte, wie es in der Bibel heißt. Man wußte noch nicht, daß die Gebärmutter keineswegs mit den Eingeweiden verbunden ist. Geburt wird in der Bibel als Trennung von den Gedärmen beschrieben.

Mesopotamische Weissagepriester untersuchten die Gedärme von Opfertieren und traten in den sogenannten Palast der inneren Organe ein, um Einblick in die Zukunft zu gewinnen. In Assyrien gab es sogar einen Gott der Eingeweide, der die Weissagekunst aufgrund von Gedärmen symbolisierte. Er hieß Humbaba. Sein Gesicht bestand aus gewundenen Darmschleifen.

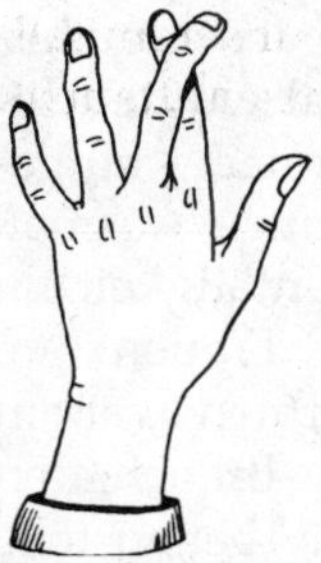

Finger

Wenn jemand den Finger auf die Lippen drückt, so ist dies für uns ein Symbol des Schweigens. Aber diese Deutung basiert auf dem griechischen Mißverständnis eines ägyptischen Gottes: Bei den Ägyptern wurde die neugeborene Sonne eines jeden Tages durch das Kind Horus symbolisiert, das bei der Morgendämmerung als Säugling erschien, der an seinem Finger saugte. Die Griechen verstanden dies als ein Bild der Geheimhaltung seiner Mysterien. Sie nannten das Kind Horus Harpokrates oder »Gott des Schweigens« und riefen ihn an, indem sie den Finger auf den Mund legten.[1]

In der griechischen Mythologie waren die Finger die sogenannten *daktyloi*-Geister, die aus den Fingerabdrücken der Göttin Rhea geboren wurden, als sie Zeus gebar. Fünf männliche Daktyloi entsprangen den Abdrücken ihrer rechten Hand und fünf weibliche Daktyloi den Abdrücken ihrer linken Hand.[2] Diese Fingergeister wurden später mit wichtigeren Gottheiten assoziiert, die in den Regeln der Handlesekunst vorkommen, aber die Frage, welche Gottheiten zu welchen Fingern gehören, wurde bis jetzt nicht eindeutig beantwortet. In manchen Systemen wurde der Zeigefinger mit Apollo, der Mittelfinger mit Jupiter, der Ringfinger mit Venus und der kleine Finger mit Merkur in Verbindung gebracht. In anderen Systemen lautete die Reihenfolge Jupiter, Saturn, Apollo und Merkur – wieder ein Beispiel für die Eliminierung der Göttin. Aber der Venus- oder Apollo-Finger ist noch immer mit der mythischen »Liebesader« verbunden und trägt den Ehering.[3] Der Mittelfinger (je nach System jupiter- oder saturn-bestimmt) symbolisiert noch immer einen Phallus. So war es schon in römischen Zeiten, als männliche Prostituierte ihn als

Zeichen für potentielle Kunden erhoben. Und in den Zeiten des Mittelalters nannte ihn die Kirche *digitus infamis* oder *obscenus* (»obszöner Finger«).

Der Zeigefinger war der magische Finger, der über weibliche Symbolik verfügte und bei der Verfluchung eines Feindes eingesetzt wurde. Aus diesem Grund gilt es noch heute als unhöflich, wenn man mit dem Zeigefinger auf jemanden zeigt oder ihn drohend schüttelt. Der Mittelfinger galt als »Vater«, der Zeigefinger als »Mutter«. Wenn man die beiden überkreuzte, so war dies ein Zeichen für Sexualverkehr und wird heute noch als Zaubergeste verwendet, um die Bestrafung für eine Lüge abzuwenden. In Ägypten bildeten diese beiden Elternfinger das Schutzamulett der »Zwei Finger«.[4]

[1] d'Alviella, 85
[2] Graves, The Greek Myths, Bd. 1, 185
[3] de Lys, 287–288
[4] Budge, Egyptian Magic, 55

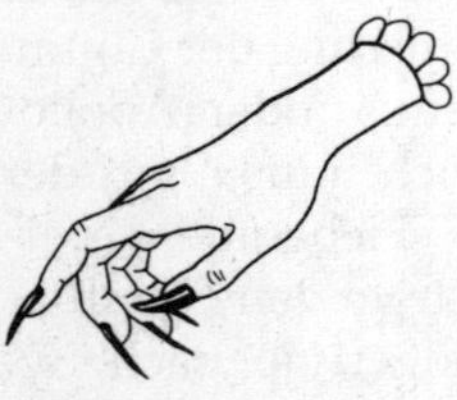

Fingernägel

Fast überall hat man darauf geachtet, abgeschnittene Fingernägel mit großer Sorgfalt verschwinden zu lassen: Denn die meisten Menschen waren der Meinung, daß man mit Teilen ihres Körpers wie Haar, Haut, Exkrementen, Speichel, Blut usw. Schadensmagie gegen sie betreiben könne. In China wurden sehr lange Fingernägel als Zeichen der Aristokratie bewundert; nur Menschen, die keine Handarbeit verrichteten, konnten sie wachsen lassen, während die Fingernägel der Bauern notwendigerweise kurz blieben. Manchmal wurden sogar falsche Fingernägel aufgesetzt, um das richtige Ausmaß herrschaftlicher Untätigkeit zu signalisieren. Daß Frauen ihre Fingernägel rot färbten, war ein alter orientalischer Brauch, den es noch heute gibt. Aber anstelle von Nagellack verwendeten die Frauen der Antike Henna. Im Mittelalter betrachtete man die Verwendung von Henna zur Rotfärbung der Fingernägel als Zeichen von Hexerei.[1]

Bei Begräbnissen wurden die Nägel der Toten meist kurz geschnitten. In Nordeuropa glaubte man, daß das Weltuntergangsschiff Naglfar aus den Fingernägeln von Leichen erbaut werde. Wenn dieses Schiff vollendet sei, würde das Ende der Welt nahen. Deshalb manikürte man die Toten so exakt: Sie sollten dem Bau des verhängnisvollen Schiffes nicht zuviel neues Material liefern.[2]

[1] Walker, The Woman's Encyclopedia of Myths and Secrets, 391
[2] Branston, 278

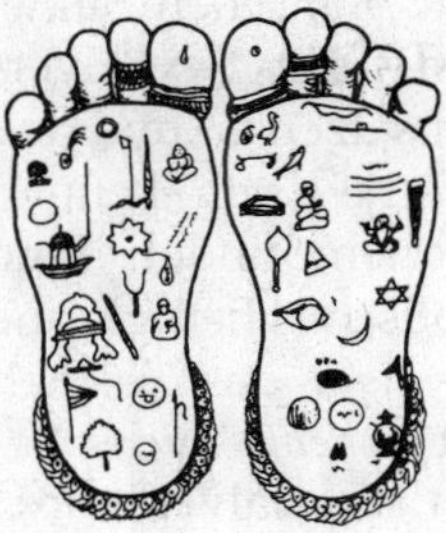

Abdrücke der Füße Gottes

Füße

In ganz Indien werden die »Fußabdrücke Buddhas« noch immer in Heiligtümern verehrt; aber manche von diesen Buddhafüßen wurden ursprünglich als Vishnus Füße verehrt. In noch früheren Zeiten waren einige davon vielleicht auch die roten, mit Henna gefärbten Füße der Göttin. In der Antike wurden Steine, die der Isis und Venus geweiht waren, mit Fußabdrücken markiert, das sollte bedeuten »Ich war hier«. Diese Sitte wurde später bei christlichen Gräbern nachgeahmt, dort wurden auf dem Fußabdruck die Worte *In Deo* eingezeichnet.[1]

Die Ägypter, die Babylonier und andere Völker der Antike glaubten, daß man barfuß auf heiligen Boden treten müsse, um heilige Einwirkungen von der Mutter Erde oder von dem Boden des Tempels, der über ihrem Heiligtum war, in sich aufzunehmen. Aus diesem Grund befahl Gott dem Moses, seine Schuhe auszuziehen, »denn der Ort, worauf du stehst, ist heilig« (Exodus 3,5). Ebenso wie es zum Brauch wurde, in der Gegenwart eines Königs barhäuptig zu gehen, so war es in der Antike der Brauch, in der Gegenwart einer Gottheit barfuß zu gehen. Während des ersten Jahrhunderts v.Chr. vollzogen römische Hexen (eigentlich Priesterinnen) ihre Riten mit gelösten Haaren und barfuß, um auf diese Weise mit dem chthonischen Geist der Mutter Erde in Verbindung zu kommen.[2]

Der Fußabdruck war ein so wichtiger Teil eines Menschen, daß Hexengläubige fast immer der Meinung waren, daß man Menschen beschädigen konnte, wenn man absichtlich ihren Fußabdruck verwischte. Wunden oder Lähmungen wurden oftmals den böswilligen Taten von Hexern zugeschrieben, die, wie man glaubte, scharfe Steine, Nägel oder Messerschneiden in den Fußabdruck einer Person gesteckt hatten.

»Footprints in stone« (Fußabdrücke in Stein) ist eine kuriose moderne Form der früheren göttlichen Fußabdrücke: Hollywood-Stars hinterlassen ihre Fußabdrücke in Zement und als wollten sie sich eine Art von Göttlichkeit zulegen.

[1] d'Alviella, 62–63
[2] Wedeck, 152

Ägyptisches »Amulett des Sam«

Genitalien

Wissenschaftlern, die ihre Ausbildung in den puritanischen Traditionen der westlichen Zivilisation erhalten hatten, fiel es schwer, die Haltungen früherer erotischer Kulturen zu interpretieren: Diese verehrten die Genitalorgane, weil sie die in ihnen zentrierten sexuellen Empfindungen als göttlich betrachteten; es war ein Teil des göttlichen Paradieses, das auf wundersame Weise im menschlichen Fleisch beheimatet war. Nachdem den Menschen Europas jahrhundertelang die jüdisch-christlichen Lehren von Sünde und sexueller Schuld eingebläut worden waren, gerieten selbst intelligente Westler angesichts der Fülle von Genitalsymbolen in archaischen Religionen in Verwirrung – oder empfanden sogar Widerwillen.

Aber diese allgegenwärtige sexuelle Bilderwelt konnte nicht übersehen werden. Ein typisches Beispiel dafür ist das ägyptische »Amulett des Sam« oder *sma*: Es ist offensichtlich ein Lingam-Yoni-Bild, das von Ägyptologen vorsichtig als Zeichen der Einheit bezeichnet wird.[1] Für die Ägypter war es ein Zeichen des Wissens, und zwar in dem biblischen Sinne, daß »Wissen« mit Sexualverkehr gleichzusetzen ist und daß jemand göttliche Kraft »kennt«, wenn er sie empfindet. Eine weitere ägyptische Hieroglyphe für »Wissen« war das Zeichen für das Wort *seshemu* in der Bedeutung von »Sexualverkehr«.[2] Um das Wissen der Göttin in sich aufzunehmen, hoben Herodot zufolge die Priesterinnen der Göttin Bast ihre Röcke hoch und stellten ihre Genitalien zur Schau. Dies war ein sakraler Ritus.[3]

In vielen Sprachen bezeugen ganz alltägliche Wörter noch immer, daß die alten heidnischen Vorstellungen von Weisheit und religiöser Offenbarung mit sexuellem »Wissen« verbunden waren. Indoeuropäische Wortwurzeln für »Erkenntnis« und »Weisheit« wie etwa »kennen« und »können« in Deutsch, *ken* im Keltischen, *gnosco* und *gnosis* im Lateinischen und Griechischen, stammen von einer Quelle, aus der sich auch Wörter wie »Genitalien«, »genetisch«, *genus* (lateinisch für »Geschlecht«) und »Gene« ableiten. Englische Wörter wie *cunning*, *kenning* und *ken* (»Wissen«) entsprangen einem Spektrum von Worten, die alle mit *cunt* (englisch für »Vagina«) zu tun haben: Lateinisch *cunnus* für »Vulva«, mittelenglisch *cunte*, altnorwegisch *kunta*, baskisch *cuna*, die römische Göttin Cunina, die die Wiege (*cunabula*) schützte, sowie die indische Große Göttin Kunti, sowie der heilige Fluß der britischen Göttin bei Silbory, der einstmals Cunnit oder Cunnt hieß und heute unter dem Namen Kennet bekannt ist.[4]

Viele Orte im heidnischen Europa wurden aufgrund einer Ähnlichkeit mit den Genitalien der Mutter Erde und ihres phallischen Begleiters als heilig verehrt: Höhlentempel, Quellen, Haine, Hügel und viele künstliche Bauwerke wurden bewußt als sexuelle Orte begriffen. Die Kirchenmänner verdammten sie alle mit dem Pauschalausdruck *cunnus diaboli* oder »Teufelsfotze«. Noch im 16. Jahrhundert behauptete Papst Pius II., daß Hexen ihre Versammlungen auf einem heiligen Hügel namens Mons Veneris (»Venusberg«) abhalten.[5]

Wörter, die sich auf die Genitalorgane oder ihre Funktionen beziehen, werden im Alltagsjargon aller europäischen Sprachen durchgängig als Fluchworte verwendet. Der wirkliche Grund dafür bleibt jedoch unklar. Das Christentum hat zwar die Vorstellung eingehämmert, daß Genitalien etwas Teuflisches an sich haben, was als Grund zunächst genügen würde. Aber in dieser Verteufelung blieb auch eine Art heidnischer Verehrung erhalten, denn im geheimen dachte man, daß auch ein Fluch durch die Anrufung einer übernatürlichen Kraft verstärkt werden mußte, um zu wirken. Deshalb verwendete man die vermutetermaßen übernatürliche Kraft der Sexualität, um böse Wünsche gegen Feinde auf diese Weise magisch zu verstärken. Deshalb gehört zu den spanischen Fluchwörtern der Ausdruck *carajo* (»Penis«), *cojones* (»Hoden«) und *cono* (»Vagina«); im Italienischen gibt es die Wörter *cazzo* (»Penis«) und *conno* (»Vagina«), im Französischen *foutre* (»ficken«), *couillons* (»Hoden«) und *con* (»Vagina«), und die Deutschen pflegten früher mit dem Wort »Potz« (Penis) zu fluchen.[6]

Dieses letzte Wort fand in die englische Sprache als *pox* für »Pocken« Eingang, ursprünglich wurde es nur auf Geschlechtskrankheiten angewendet.

[1] Budge, Egyptian Magic, 61; Lehner, 82
[2] Budge, Egyptian Language, 58
[3] Ibid., Gods of the Egyptians, Bd. 1, 448
[4] Dames, 110–114
[5] Wedeck, 160
[6] Wright, 118

Glückshaube

Menschen, die mit einer Glückshaube geboren sind, galten immer als höchst magisch, mit spiritueller Kraft und Hellsichtigkeit begabt. Gemeint war mit der Glückshaube ein Teil der amniotischen Membran, die manchmal den Kopf eines Kindes bei der Geburt bedeckt. Wenn dies der Fall war, so bewahrten abergläubische Mütter oder Hebammen die Glückshaube sorgfältig auf. Sie glaubten, daß ihr Besitz großes Glück bringen werde.[1]

[1] Thomas, 625

Haar

In den östlichen Religionen besaß das weibliche Haar eine tiefe symbolische und spirituelle Bedeutung. Die tantrischen Weisen verkündeten, daß das Binden oder Lösen von Frauenhaar die kosmischen Kräfte der Schöpfung und Zerstörung entfesseln konnte.[1] Das Haar der Göttin Isis barg magische Kräfte des Schutzes, der Auferstehung und der Inkarnation: Sie erweckte Osiris-Horus zu einem neuen Leben, indem sie »ihr Haar über ihm ausschüttelte«.[2] Langes, dichtes Haar bei männlichen Göttern und Helden wie Shiva oder Apollo-Herakles zeigte Männlichkeit und Lebenskraft an. Der Sonnenheld mußte in einem der Mythen sein Haar der Mondgöttin opfern, sie schnitt es ab und dies war eine Kastration seiner Lebenskraft. Die biblische Verkörperung dieser Göttin war Delilah (»Schwächerin«), und die Gestalt des Samson, der sein Haar lassen mußte, war ihr Sonnenheld, sein Name ist mit dem arabischen Wort *shams* für »Sonne« verwandt.[3]

Das jüdisch-christliche Patriarchat hatte im allgemeinen eine feindliche Einstellung zum Haar, eben wegen seiner heidnischen sexuellen Assoziationen. Zölibatäre Priesterschaften führten oft die Tonsur ein: Sie rasierten den Kopf, weil dies ein Symbol für genitale Verstümmelung wie Kastration oder Beschneidung war. Der heilige Paulus, dessen Briefe verschleierte Empfehlungen für die Entmannung enthalten, sagte: »Wenn ein Mann langes Haar hat, so ist dies eine Schande für ihn.« (1. Korinther 11,14) Paulus forderte auch, daß weibliches Haar während der Gottesdienste unter Kopfbedeckungen verborgen sein solle, und zwar »wegen der Engel« (1. Korinther 11,10). Damit meinte er wahrscheinlich die Geister, die, wie man glaubte, von offenem weiblichen Haar angezogen oder kontrolliert werden konnten. Die mittelalterlichen Kleriker befahlen den Frauen, in der Kirche Kopfbedeckungen zu tragen und forderten von religiös orientierten Frauen, den Nonnen, sogar die vollständige Rasur. Im Bayern des 8. Jahrhunderts wurde in einem Gesetz das »geile Lösen des Haares« mit dem Verbrechen des Ehebruchs gleichgesetzt.[4]

Für die Inquisition war es eine Sache der Selbstverständlichkeit, daß Hexen Stürme entfesseln konnten, einfach indem sie ihr Haar lösten.

Die britischen Kirchen verordneten, daß Männer ihre Haare am Vorabend des Karfreitag schneiden sollten, um auf diese Weise »ehrsam« (d. h. christlich) in die Osterfeiertage zu gehen. Deshalb hieß dieser Tag dann auch *Shear Thursday* oder »Scher-Donnerstag«.[5] Die anglikanische Kirche forderte auch, daß eine Frau zu ihrem Wöchnerinnengottesdienst nach der Geburt in »ehrbarer Bekleidung« erschien, und der Kanzler von Norwich interpretierte dies im Jahre 1661 als Schleierzwang. Eine Frau protestierte dagegen und brachte ihren Fall vor das Gericht. Die Richter holten die Meinung des Erzbischofs von Canterbury und eines Gremiums von Bischöfen ein. Diese setzten fest, daß es der »alte Brauch« der Kirche von England sei, Frauen zu verschleiern. Der Fall wurde niedergeschlagen. Die Kleriker betrachteten die weibliche Kopfbedeckung weiterhin als ein unabdingbares Symbol der Unterdrückung von Frauen. Ein Presbyterianer aus New Jersey, Hochwürden Dr. Craven, sagte im Jahre 1870: »In jedem Klima – von der neapolitanischen Bauernfrau mit dem Taschentuch über ihrem Haar bis zu den Frauen, die hier vor mir sitzen mit ihren Häubchen – trägt eine jede etwas auf ihrem Kopf, um ihre Unterordnung zu bezeigen.«[6] Es ist eigenartig, wie widersprüchlich diese Regel auf die beiden Geschlechter angewendet wurde. Bei den Männern war das Abnehmen des Hutes ein Zeichen der Unterordnung; wenn ein Mann dagegen in Anwesenheit einer Autoritätsperson seinen Hut auf dem Kopf behielt, so war dies ein Zeichen der Gleichheit.

[1] Rawson, The Art of the Tantra, 67
[2] Budge, Gods of the Egyptians, Bd. 1, 443
[3] Beltz, 150
[4] Dürr, 59
[5] Hazlitt, Bd. 2, 541
[6] Gage, 60–61, 480

Hand mit Segensgeste: Mano Pantea

Hand

Die sogenannte Segenshand, die von den christlichen Klerikern übernommen wurde, war ursprünglich die »Hand der All-Göttin«, im Italienischen *Mano Pantea;* viele von diesen aus Stein gehauenen Händen wurden bei Ausgrabungen antiker römischer Städte gefunden. Die *Mano Pantea* ist eine Hand, deren Daumen, Zeige- und Mittelfinger in der bekannten Segensgeste erhoben sind, oftmals war sie mit magischen Symbolen, mit Tieren und Tierkreiszeichen übersät.[1]

Von den drei erhobenen Fingern symbolisierte der Zeigefinger und der Mittelfinger jeweils die Göttin und den Gott. Der magische »Mutter«-Finger – der magische Beschwörungen durch Zeigen unterstützt – und der phallische »Vater«-Finger waren Teile des ägyptischen Amulettes der »Zwei Finger«, mit dem die Elterngeister angerufen wurden.[2]

Der Daumen stand für das Kind (Horus). Die Moslems übernahmen die *Mano Pantea* als »Hand der Fatima«.[3]

Die christlichen Behörden waren der Meinung, daß Hexen die Segenshand dadurch entstellten, daß sie diese Geste mit der Linken vollzogen, aber vielleicht war das die ursprüngliche heidnische Sitte. Im christlichen Europa war auch die sogenannte Ruhmeshand der Hexen sehr gefürchtet. Es hieß, daß es die abgeschnittene Hand eines hingerichteten Verbrechers sei, die man in Bienenwachs tauchte und dadurch zu einer Kerze machte, die eine Flamme an jeder Fingerspitze hatte. Es dürfte wohl recht schwierig gewesen sein, einen solchen Gegenstand zu fertigen, und deshalb war dies wahrscheinlich nur eine der vielen makabren Phantasien der Hexenjäger.

[1] Gifford, 92
[2] Budge, Egyptian Magic, 55
[3] G. Jobes, Bd. 1, 718

Handfläche

Eine Handinnenfläche mit einem Auge in der Mitte kommt als furchtvertreibende Geste bei einigen tibetanischen Bodhisattvas, aber auch in Symbolen der eingeborenen amerikanischen »mound-builders«, auf der anderen Seite der Weltkugel, vor. Die gesamte Bedeutung der Handlesekunst ist in diesem einen Symbol enthalten: Es legt nahe, daß man durch die Handinnenfläche Einblick in das Schicksal erhält. Durch die Deutung der Handlinien Hinweise auf die Zukunft zu gewinnen war immer schon beliebt und ist vielleicht durch dieses weltweit vorkommende Symbol für mystische Offenbarung angeregt worden.

Das orientalische »Gnadenauge« in der Mitte der Handinnenfläche wurde auch mit den durchbohrten Händen verschiedener gekreuzigter Erlösergötter einschließlich des christlichen verglichen.[1]

[1] Campbell, The Way of Animal Powers, 213

Heiliges Herz: Vision der heiligen Margareta

Herz

Die katholische Kirche behauptete, daß ihr Symbol des heiligen Herzens aus einer Vision der heiligen Margareta Maria Alacoque im späten 17. Jahrhundert stammte und von ihr als Herz dargestellt wurde, das von einer Dornenkrone umgeben war. Aber dieses Symbol war sehr viel älter. Es erschien bereits in einem alchemistischen Text, der vor der Geburt der heiligen Margareta Maria veröffentlicht wurde. Viele Jahrhunderte zuvor tauchte es auf mehreren bemalten Fenstern und Klosterverzierungen auf.[1] Das Symbol des Herzens als Vertreter der Seele war in der christlichen Ikonographie durchaus gebräuchlich. Im Tympanon der Kathedrale von Bourges sieht man, wie das Herz als Gefäß der Seele nach dem Tod auf einer Waage gewogen wird: Dies erinnert auffällig an die altägyptische *ab* oder »Herzseele«, die in der Waage der Göttin Maat, der Mutter der Wahrheit, gewogen werden mußte.[2]

Die alten Ägypter glaubten, daß die *ab* – eine der sieben Seelen – unmittelbar vom Herzen der Mutter stamme, und zwar in Form des heiligen Mondblutes, das in ihren Schoß herabrann und die Form ihres Kindes annahm. Das Hieroglyphenzeichen für diese überaus matriarchale Vorstellung war eine tanzende Gestalt, die den inneren Tanz des Lebens im Herzschlag darstellte.[3] Solange dieser Tanz andauerte, ging auch das Leben weiter. In seiner Todesphase wurde Osiris »stilles Herz« genannt, weil er nicht mehr tanzte.

Die Vorstellung vom Tanz des Herzschlags im Innersten aller Lebewesen kam auch in der indischen Symbolik vor: Der unaufhörliche Tanz des Shiva (siehe Tanz) fand im »Mittelpunkt des Universums« statt, und auch das ist das menschliche Herz.[4]

[1] Walker, The Woman's Encyclopedia of Myths and Secrets, 377
[2] Watts, 213
[3] Budge, Egyptian Language, 44
[4] Ross, 32

Jungfernhäutchen

Dieses griechische Wort bedeutet »Schleier« oder »Membran« in bezug auf die Jungfräulichkeit, war aber auch der Name einer Göttin, die die Ehe personifizierte. Das Zerreißen des Schleiers beim ersten Sexualverkehr wird noch immer symbolisch inszeniert, wenn die Braut ihren Schleier hebt, um den Kuß des Bräutigams zu empfangen. Manchmal stellte Hymen auch den Schleier des Tempels dar, und dabei ging es um den »Tempel« des weiblichen Körpers, den Schoß.

Auch unser Wort »Hymne« stammt von Hymen ab, denn der ursprüngliche *hymnos* war ein Hochzeitslied, das wahrscheinlich die physische Schönheit der Braut nach der Art orientalischer erotischer Hochzeitslieder feierte. Ein Beispiel dafür hat sich in der Bibel erhalten, es ist das Hohelied des Salomon. Als die Hymnen durch die patriarchale Religion übernommen wurden, vergaß man ihre archetypische Verbindung mit den Hochzeitsriten. Tatsächlich gibt es im modernen Christentum überhaupt keine offiziellen Hochzeitshymnen mehr; gespielt wird nur profane Musik.

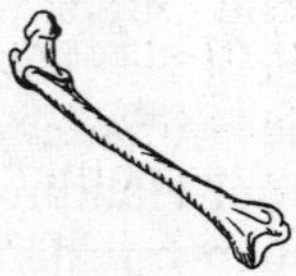

Knochen

Die Menschen des mittelalterlichen Europa verehrten viele Knochen, die von einstmals lebenden Heiligen stammten. So wurde es ihnen zumindest versichert, entsprach aber nur selten der Wahrheit. Viele der angeblichen Märtyrerknochen waren nicht einmal menschlichen Ursprungs. Trotzdem schienen die Knochen von Ziegen und Schweinen ebenso wunderbare Heilungen zu bewirken wie irgendwelche andere Reliquien. Maximus von Turin erklärt uns, warum die Menschen die Knochen von Heiligen in ihren Dorfkirchen haben wollten: Weil solche Knochen die Geschöpfe der Hölle fernhalten konnten, und auf diese Weise konnte die Bevölkerung »der Verdammung entrinnen«.[1] Die Kirchenmänner behaupteten auch, daß Wahnsinn und viele physische Störungen durch einen Trank aus Wein oder Wasser geheilt werden konnten, in den die Knochen eines Heiligen getaucht worden waren.[2]

In einer Geschichte wurde dem heiligen Ambrosius durch einen Traum mitgeteilt, wo er graben sollte, um die Knochen der Heiligen Gervasius und Protasius zu entdecken. Kaum waren die Knochen ausgegraben, so bewiesen sie schon ihre Echtheit, indem sie das Augenlicht eines Blinden wiederherstellten. Ähnliche Heilungen wurden oft den Knochen der Drei Weisen zugeschrieben, die angeblich aus Indien ins Kölner Münster gebracht worden waren, wo sie bis heute noch liegen. Köln hat sich deshalb auch gerne als die »Stadt der Drei Könige« bezeichnet.[3]

In biblischen Zeiten glaubte man, daß die Knochen unberührt bleiben müssen, wenn der Körper im nächsten Leben wiederhergestellt werden soll. Deshalb befahl Gott, keinen Knochen des Osterlammes zu zerbrechen (Exodus 12,46; Numeri 9,12). Auf diese Weise konnte das Tier wieder zu neuem Leben auferstehen, und seine Schlächter konnten der Blutschuld entkommen. Schriften dieser Art wurden zu nachträglichen Prophezeiungen, als Jesus mit dem Osterlamm gleichgesetzt wurde. Der Psalmendichter sagte: »Er behält all seine Knochen; nicht einer davon wird ihm gebrochen.« (Psalm 34,20), und in derselben Weise wird in Johannes 19,36 betont, daß Jesu Knochen unberührt blieben, »damit die Schrift erfüllt werde«. Warum allerdings die Römer darauf bedacht sein sollten, in Übereinstimmung mit den hebräischen Schriften zu handeln, bleibt bis auf den heutigen Tag ein Geheimnis. Der wirkliche Grund für dieses Verbot läßt sich dem Mythos des skandinavischen Gottes Thor entnehmen: Er beschädigte den Schenkelknochen einer Opferziege, und als die Ziege in ihrem neuen Leben wieder auferstand, war sie nicht mehr vollkommen, sondern hinkte.[4]

In der ganzen Welt glaubte man, daß ein Tier, das zu Nahrungszwecken geschlachtet worden war, aus seinen Knochen wiederauferstehen könne, solange das Skelett vollständig blieb. Die Indianer der Ebenen von Nordamerika legten die Knochen der Büffel, die sie verspeist hatten, in der natürlichen Ordnung auf dem Prärieboden aus. Sie waren der festen Überzeugung, daß die Knochen vor der nächsten Jagdsaison wieder mit Fleisch umgeben würden und das Tier wieder ins Leben zurückkehre.[5]

Die alten Semiten lehrten, daß das *Sacrum* (der heilige Knochen) an der Basis der Wirbelsäule den mystischen Samen des auferstandenen Körpers einer Person enthalte. Beim Jüngsten Gericht würde dann der neue Körper um diesen Samenknochen herum aufgebaut werden, der unzerstörbar war und *luz* oder *luez* hieß. Auch wenn alle anderen Knochen zerstört wurden, so konnte doch dieser eine magische Knochen einen neuen, vollkommenen Körper bilden. Diese Lehre war von der ägyptischen Vorstellung abgeleitet, daß das Sacrum der Sitz der Auferstehung des Osiris und die Quelle des »Samens« sei, der die Magie des neuen Lebens in sich trage (siehe Djed).

Den Knochen wurden immer verschiedene Arten von magischen Kräften zugeschrieben. In Australien und dem Südpazifik werden menschliche Knochen für die Fluchzeremonie bevorzugt. Sie wird auch »den Knochen zeigen« genannt und bringt demjenigen, auf den gezeigt wird, das sichere Verhängnis. Im mittelalterlichen Europa verkauften Henker die Knochen von hingerichteten Verbrechern, weil man leidenschaftlich überzeugt war, daß sie als magische Amulette wirkten. Plinius sagte, daß ein Geschwür zum Stillstand gebracht werden könne, wenn man mit einem menschlichen Knochen einen Kreis darum zeichne. Viele Jahrhunderte später waren für diese und viele andere medizinische Behandlungen noch immer Menschenknochen oder Knochenpulver erforderlich.

1 Aries, 33
2 Abelard, 56
3 Cavendish, 209
4 Silberer, 82
5 G. Jobes, Bd. 1, 220

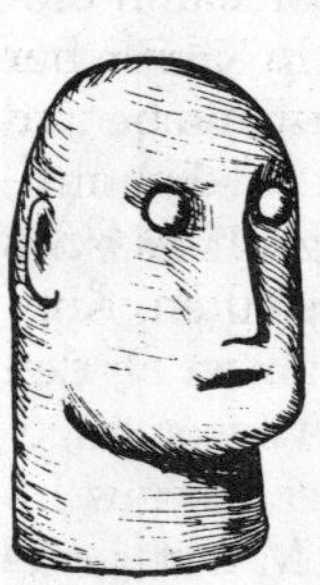

Steinkopf aus Wales

Kopf

Die alten Indoeuropäer vermuteten ganz richtig, daß sich der wirkliche Sitz der menschlichen Person oder »Seele« im Kopf befindet. Deshalb verehrten sie Köpfe, die manchmal vom Körper toter Helden oder vergötterter Ahnen abgeschnitten und als Orakel-Spender aufbewahrt wurden. Die Ynglinga-Saga erzählt, wie sich der Gott Odin selbst an den mumifizierten Kopf der viel älteren Gottheit

Mimir wandte, um von ihm die geflüsterten Geheimnisse zu erfahren, aus denen sein magisches Wissen bestand. Mimir war einst ein »Wesen von höchster Kraft«, er wurde »mit den Nornen gleichgestellt, und war ursprünglich jemand, über den Odin keine Macht hatte, und vor dem selbst der Allvater als Bittsteller erscheinen mußte«.[1]

In zahlreichen keltischen Sagen sprechen mumifizierte Köpfe Prophezeiungen aus. Bran, Lomna, Finn macCumaill, Sir Gawain und der Grüne Ritter waren allesamt Helden dieses Orakelkults. In ähnlicher Weise glaubte man auch, daß der Kopf des Osiris beim antiken Heiligtum von Abydos Orakel künde; aus dem Kopf des Orpheus in einem Dionysos-Tempel kamen sakrale Gedichte und Prophezeiungen hervor, und von den biblischen *teraphim* hieß es, daß sie die mumifizierten Köpfe der vergöttlichten Ahnen seien. Die Kelten fertigten ihre Fetische nicht nur aus wirklichen Köpfen, sondern oft auch aus Köpfen, die zu denselben Zwecken aus Stein oder Holz gehauen und geschnitzt wurden.[2]

Die wirkliche oder symbolische Enthauptung wurde zu einem Ritual der Vergöttlichung oder der sakralen Einweihung. Männer wurden der Göttin Artemis in Brauron durch eine Schnittwunde am Hals geweiht, und dies war ein Überbleibsel früherer Enthauptungen.[3] Die Zeremonie des Ritterschlags, bei dem erst die eine Schulter, dann die andere mit einem Schwert berührt wurde, war ein weiterer Rest früherer Enthauptungen, durch die gewöhnliche Männer zu Helden oder Göttern wurden.

Einer der alten keltischen Götter der orakelsprechenden Köpfe wurde zu einem christlichen Heiligen namens Alban, aber dieser Name wurde von Albion, einem archaischen Namen für Britannien, abgeleitet, der eigentlich »weißer Mond« bedeutete. Die christianisierte Legende besagte, daß der heilige Alban im dritten Jahrhundert n.Chr. enthauptet wurde, aber diese Geschichte wurde dreihundert Jahre später von dem Mönch Gildas geschrieben, der viele mythische Heiligengeschichten erfunden hat: Sie alle enthalten eine Überfülle von Wundern.[4] Der heilige Alban wurde mit einer Quelle abgebildet, die zwischen seinen Füßen entsprang, und dies war ein gebräuchliches heidnisches Symbol für esoterisches Wissen.[5] Der archaische norwegische Gott Mimir erschien ebenfalls als Geist einer Quelle gleichen Namens, aus ihr stammt Odins magischer Erleuchtungstrank. Im irischen Volkstum nahm der Orakelgeist die Form des *dulachan* an: Dies war ein Geist, der seinen eigenen Kopf trug und auf einem Pferd ritt (ein keltisches Symbol der Apotheose). Aus diesem irischen Geist ist wahrscheinlich der berühmte kopflose Reiter von Sleepy Hollow hervorgegangen. Außerdem gleicht er auch dem indischen *thunth*, der auf einem Pferd ritt und seinen Kopf an dem Sattel befestigt hatte.[6]

Kopfjäger aus Mittel- und Südamerika betrachteten ihre Trophäen ebenfalls als Sakralobjekte oder Seelenbehausungen. Die Köpfe von Ahnen wurden in Gebetshäusern aufbewahrt; an jedem Feiertag wurde ihnen ein Anteil vom Festmahl angeboten. Wie die alten Hebräer und Kelten behandelten auch sie den mumifizierten Kopf voller Respekt als magisches Orakelobjekt.[7] Noch im vierten Jahrhundert n.Chr. existierte diese Vorstellung in England: Damals fand man bei einem Hexer aus Southwark den Kopf einer Leiche, den er für Weissagungen verwendete.[8] Die indische Göttin Kali trug eine Girlande von Schädeln oder abgeschnittenen Köpfen um den Hals, die mit den Buchstaben des Alphabets und ihrem geheiligten Rosenkranz (*japamala*) identifiziert wurden.[9]

[1] Branston, 151
[2] Green, 216
[3] Graves, The Greek Myths, Bd. 2, 79
[4] Attwater, 37
[5] Brewster, 293
[6] G. Jobes, Bd. 1, 476
[7] von Hagen, 109–110
[8] Walker, The Woman's Encyclopedia of Myths and Secrets, 1084
[9] G. Jobes, Bd. 2, 1400

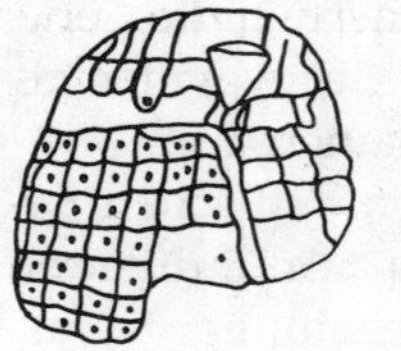

Leber zur Weissagung, babylonisches Tonmodell

Leber

Weil die Leber reichlich durchblutet ist und daher die Farbe des dunklen Mondbluts hat – dies war nach alter mesopotamischer Ansicht die heilige Farbe –, hielt man die Leber oftmals für ein Organ, das von den Göttern in besonderer Weise bevorzugt wurde und bei richtiger Befragung die Geheimnisse der Weissagung enthüllen konnte. Es gibt noch immer Lebermodelle aus Babylon, Assyrien und Phönizien, die in Ton, Stein oder Metall geformt sind und den Adepten der Weissagekunst die Bedeutung verschiedener Teile durch exakte Markierungen erklären. In der Bibel wird erwähnt, wie der König von Babylon an einer Kreuzung steht, um Prophezeiungen zu erlangen –, indem er Bilder befragt und »in die Leber« blickt (Ezechiel 21,21).

Seher, die auf die Interpretation der inneren Organe von Opfertieren spezialisiert waren, hießen in Rom *haruspices* oder »Bauchschauer«.

Zentralafrikanische Stämme glauben noch immer, daß die Leber der Sitz der Seele ist. Sie sagen, daß Menschen die Leber von Tieren essen, um ihre eigene Seele zu erweitern.[1]

[1] G. Jobes, Bd. 2, 1082

Lingam-Yoni

Lingam-Yoni war das plastische Symbol für die Vereinigung der männlichen und weiblichen Genitalien, das Lingam steckt in der Yoni. Dies war der typische tantrische Altarstein, der die Gläubigen daran erinnerte, daß die sexuelle Liebe die Quelle des menschlichen Lebens ist, daß alle Existenz von der Vereinigung des männlichen und weiblichen Prinzips abhängt und daß die Göttin und der Gott sich unentwegt vereinigen, um das Universum in Bewegung zu erhalten.

Menschen aus der westlichen Welt hielten das Lingam-Yoni-Symbol oftmals für obszön, da die westliche Religion Sexualität meistens nicht als göttliche Bewegungskraft verstand.

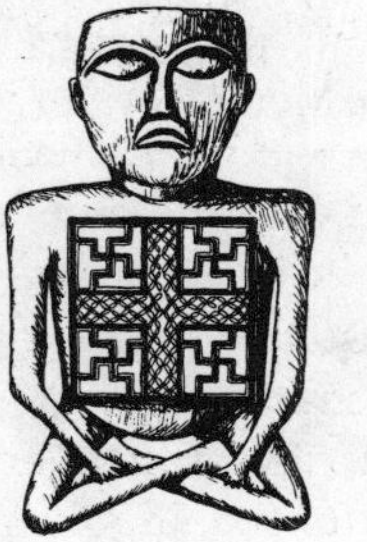

Norwegen, vor 800 n. Chr.

Lotussitz

Die Verbreitung des Lotussitzes zeigt sich durch die Abbildung eines Weisen in Trance, die jedoch nicht einen buddhistischen *bodhisattva* darstellt, wie man erwarten würde. Vielmehr ist dies ein Kunstgegenstand, der vor dem Jahre 800 n.Chr. in Norwegen geschaffen wurde.[1] Die auffallende Brustverzierung weist Swastikas auf, die von rechts nach links und von links nach rechts laufen, die für die indoeuropäische Ikonographie charakteristisch sind. Es handelt sich um das Erdquadrat mit seiner typischen Hakenkreuzform.

Die gemeinsamen arischen Wurzeln Indiens und Skandinaviens zeigen sich deutlich durch die Übereinstimmung von Gesten, Namen, Symbolen und Gebräuchen, die noch bis ins Mittelalter reichten. Auch der keltische gehörnte Gott saß wie ein hinduistischer Weiser oftmals im Lotus. In dieser Position erschien er auf einem gallisch-römischen Altar in Reims.[2]

[1] Campbell, The Mythic Image, 336
[2] Campbell, Oriental Mythology, 307

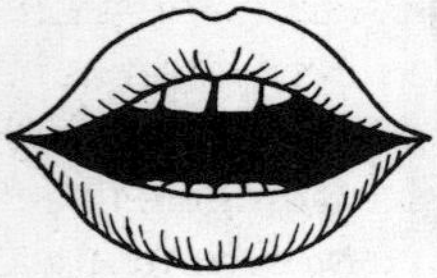

Mund

Die patriarchalischen Moslems forderten, daß der Mund von Frauen durch Schleier bedeckt sein solle, dies beruht auf einer archetypischen Angst, die den Mund von Frauen mit der *vagina dentata* (»gezähnte Vagina«) gleichsetzte und im Mund ein Sexualsymbol sah. Die symbolische Parallelisierung von Mund und Vulva kommt in der ganzen Welt vor. Die Kopulation ist oft als Verspeisen des männlichen Organs durch das Weibliche beschrieben worden. In manchen Sprachen wird dafür sogar dasselbe Wort verwendet. Das englische Wort *pregnancy* für »Schwangerschaft« bedeutet eigentlich »gesättigt«.[1] In babylonischen Schriften heißt es, daß der Mann »genommen wird« und daß der untere Mund der Frau ihn verschlingt oder in Besitz nimmt. In bezug auf die Schwangerschaft wird gefragt: »Wer wird fett, ohne gegessen zu haben?« Den männlichen Samen betrachtete man als eine Art Nahrung. Es wurde darauf hingewiesen, daß nicht die Nahrung den Mund in Besitz nimmt, sondern der Mund die Nahrung. In manchen Gesellschaften war es Frauen verboten, irgend etwas zu essen, wenn Männer anwesend waren, um sie dabei zu beobachten. Ein hawaiianischer Mythos über Hina, die Mutter des Gottes, erzählt, wie ihr Sohn versuchte, in ihren Schoß zurückzukehren, um wiedergeboren zu werden, und wie sie ihn in ihrem Mund in zwei Teile zerbiß.[2]

Klarerweise liegt all diesen Mundtabus Sexualangst zugrunde. Die Namen der griechischen *Lamiai* oder *Empusai* bedeuten sowohl verschlingende Speiseröhren wie auch wollüstige Vaginas.[3] Sie wurden zu den nächtlichen Dämoninnen oder Succubae des Mittelalters, die vor allem bei asketischen Männern gefürchtet waren: Sie stellten sich nämlich vor, daß sie in ihren Träumen sexuell verzehrt werden könnten. Im Mittelalter war das am meisten verbreitete Bild des Mundes wahrscheinlich der Höllenschlund, eine gähnende Yoni. Manche Autoritäten erklärten sogar offen, daß die weiblichen Genitalien Höllentore sind, bereit, Männer zu verschlingen.

[1] Walker, The Woman's Encyclopedia of Myths and Secrets, 1035

[2] Briffault, Bd. 2,657–658
[3] Graves, The Greek Myths, Bd. 1, 206

Geschmückter Nabel einer persischen Tänzerin

Nabel

Der Nabel ist vor der Geburt die Verbindungsstelle zwischen Mutter und Kind, durch die ursprünglich das Leben eines jeden Kindes fließt. Deshalb wurde ihm in der Antike große spirituelle Bedeutung zuerkannt. Viele »Heiligtümer des Erdmittelpunkts« wurden als kosmischer Nabel, als Quelle der Lebenskraft für die Welt betrachtet. Der heilige Omphalos von Delphi und andere Steine dieser Art wurden als Nabelsteine bezeichnet. Die Insel der Göttin Kalypso – Ogygia – hieß auch »Nabel des Meeres«.[1]

Die ursprüngliche Bedeutung des Nabels ist oftmals verlorengegangen oder wurde durch patriarchalische Neuinterpretation verkehrt. Ein Beispiel dafür sind die Anhänger des Gottes Vishnu, die als Wurzel des Welten-Lotus dargestellt werden, der an einem Stengel aus seinem Nabel entsprang. Aber der Lotus symbolisierte in Indien die Göttin, einer ihrer Titel lautete Padma oder »Lotus«. Deshalb »zeigte der lange Stengel vom Nabel zum Lotus in Wirklichkeit eine Nabelschnur, durch die der Fluß der Energie von der Göttin zum Gott, von der Mutter zum Kind verlief, und nicht umgekehrt«.[2] Oft dient eine Nabelschnur auch als lebenspendendes Amulett.[3]

Der Bibel zufolge glich der Nabel von Salomons Braut, die die Erde symbolisiert, der zentralen Quelle des Landes: »Ein runder Kelch, der der Flüssigkeit nicht ermangelt«, und ihr Bauch war der Nabelberg, der von der westlicheren Version des weiblichen Lotus umgeben war: »Dein Bauch ist wie ein Weizenhügel, von Lilien umwachsen« (Hohelied des Salomon 7,2). Der tiefe weibliche Nabel wurde von den Arabern bewundert. Bauchtänzerinnen tragen noch immer Edelsteine im Nabel oder heben diesen Punkt durch Tätowierungen oder Bemalungen hervor.

[1] Dürr, 19
[2] Campbell, Occidental Mythology, 157
[3] G. Jobes 2, 1158

Phallus-Symbolik: Crowleys »Großes Tier«

Phallus

Phallische Symbole sind in allen patriarchalen Gesellschaften der Gegenstand offener oder geheimer Verehrung und sollen unterschiedslos die männliche Rolle in der Fortpflanzung aufblähen, so daß sie als größer erscheint als der weibliche Beitrag. Aber viele Mythen und Bräuche weisen darauf hin, daß bei einem solchen Kult der weibliche Bedeutungskontext dem männlichen eigentlich vorausgegangen ist. So bedeutete zum Beispiel das lateinische Wort *fascinum* für »Phallus« auch eine bestimmte Art der Magie: Sie wurde ursprünglich Frauen zugeschrieben, die diesen Teil des männlichen Körpers durch Blicke oder Gesten beherrschen konnten. Eine solche Magie wurde im Mittelalter interpretiert als die furchterregende Fähigkeit von Hexen, Männer zu »faszinieren«, zu binden und zu behexen. Man glaubt, daß das lateinische Wort *penis* von dem ebenfalls lateinischen Wort *penus* kommt: Damit ist ein Lagerraum gemeint, der den Hausgöttern oder Penaten heilig war, und ferner auch das innere Heiligtum des Venus-Tempels, das auch als Metapher für die Vagina verwendet wurde. Das lateinische Wort *penitus* stand für etwas, das tief innen war, und deshalb wurde dieses Wort auch auf das »eindringende« oder »penetrierende« männliche Glied angewendet.

Die frühchristlichen Gnostiker verehrten den Phallus ebenso ernsthaft wie ihre heidnischen Nachbarn; sie nannten ihn Lebensbaum. Eine Einweihungsformel der Ophioniten lautete: »Ich wurde gesalbt mit weißem Salböl vom Lebensbaum.«, und damit war der männliche Same gemeint. Der heilige Augustinus, der zehn Jahre lang ein manichäischer Gnostiker war, erwähnte die gnostische Sitte, die christliche Eucharistie mit männlicher Samenflüssigkeit bespritzt zu essen.[1] Die christliche Phallusverehrung dauerte ungeschmälert bis ins Mittelalter und noch später fort.[2] Eine kirchliche Abhandlung aus dem 8. Jahrhundert mit dem Titel »Judicia Sacerdotalia de Criminibus« ordnete als Buße Wasser und Brot für jeden an, der Beschwörungen über dem *fascinum* aussprach. Trotzdem dauerten diese Beschwörungen unvermindert an, da derselbe Befehl auch im 9., 12., 13. und 14. Jahrhundert auftauchte. In der Region von La Rochelle wurde der Palmsonntag als das Fest der *Pinnes* gefeiert, und dies war ein umgangssprachliches Wort für »Penis«. Phalli aus Brot wurden zusammen mit Palmzweigen in einer Prozession getragen.[3]

Ein interessantes Beispiel für eine moderne Phallus-Symbolik ist Aleister Crowleys Selbstkennzeichnung als »To Mega Therion« oder »Das große Tier«. Über die biblische Zahl dieses Wesens (siehe Zahl des Tieres) setzte Crowley einen von oben gesehenen Phallus, der auf dem siebenzackigen Stern von Babylon plaziert war. Diese phallische Anordnung symbolisierte auch die (männliche) Sonne, die von der (weiblichen) Mondsichel umklammert wurde. In einer weiteren symbolischen Bedeutung stand die Mondsichel auch für die »Hure Babylon« in ihrer Verbindung mit dem »priesterlichen Prinzen als Tier«, wie Crowley sich selbst nannte: »Der erwählte Priester und Apostel des unendlichen Raumes.« Das ganze Zeichen war, wie er sagte, »nur eine andere Form des Tetragrammaton, des Phallus, der Sol und Luna zeigt, in Verbindung mit der geziemenden Inschrift der Zahl 666«.[4] Dieses Zeichen erscheint zweimal in Crowleys Tarotkarten, und zwar auf dem Prinzen der Stäbe, einer »männlichen« Reihe, und der As der Scheiben, einer »weiblichen« Reihe.

[1] Barnstone, 672
[2] Walker, The Woman's Encyclopedia of Myths and Secrets, 795–797
[3] Wright, 29–30, 87–88
[4] Crowley, 211

Plazenta

Die alten ÄgypterInnen verehrten die Plazenta, die zusammen mit jedem Pharao »geboren« wurde. Sie galt als spiritueller Zwilling eines jeden Pharaos. Die königliche Plazenta trug den Namen des Mondgottes Khonsu, und vor allem dann, wenn der König selbst den Namen der Sonne trug.[1] Primitive Menschen hielten die Plazenta prinzipiell für einen unausgebildeten Zwilling des Säuglings und trafen spezielle Vorbereitungen, um sie in der richtigen Weise zu beseitigen. Manchmal wurde sie unter dem Haus, in der sie »geboren« war, begraben, so daß die Frauen des Hauses ihren Geist empfangen und weitere Kinder gebären konnten.

Die Schilluk vom oberen Nil erinnerten sich an diese alte ägyptische Tradition und bewahrten die Plazentas ihrer Könige auf, damit der König und sein unausgebildeter Zwilling im selben Grab zusammen begraben werden konnten.[2] Sonst hätte nämlich der Fall eintreten können, daß der Zwilling auf der Suche nach dem Leichnam des Bruders durch die Welt wanderte. Hier haben wir einen Hinweis darauf, daß der Begriff des *Doppelgängers* oder des mystischen Bruders aus abergläubischen Vorstellungen im Zusammenhang mit dem Plazenta-Zwilling hervorging. Manchmal konnte er auch menschliche Gestalt annehmen; dann konnte es geschehen, daß man unerwarteterweise noch während des irdischen Lebens seinen Doppelgänger traf.

[1] Frankfort, 71
[2] Montagu, 271

Tibetische Schädelzeichnung

Schädel

Die Wichtigkeit, die man bei Ahnenverehrungen oder in Heldenkulten dem Kopf zubilligte, führte oftmals dazu, daß man den menschlichen Kopf der verschiedenen Gottheiten in mumifizierter Form oder als Schädel aufbewahrte. Die Schädel von Erlösergöttern wie Osiris und Orpheus wurden in Abydos und Lesbos aufbewahrt und erteilten dort Orakelsprüche und Ratschläge. Der Name *Golgotha* – zu deutsch »Schädelstätte« –, der in der Kreuzigungslegende auftaucht, verweist wahrscheinlich ebenfalls auf eine solche Tradition von Orakelschädeln, die über die Geheimnisse des Lebens nach dem Tod sprachen.

In Mythen erscheint manchmal das Himmelsgewölbe als Schädel eines toten Urzeit-Gottes wie etwa des norwegischen Gottes Ymir, und die Weltachse ist dann sein Rückgrat. Ymirs himmlischer Schädel wurde von vier Zwergen – Austri, Vestri, Nordri und Sudri (Osten, Westen, Norden, Süden) getragen.[1] Die Norweger bewahrten auch die Schädel von erschlagenen Feinden und fertigten daraus Trinkbecher: Von daher rührt der skandinavische Trinkspruch *skål*. Er heißt eigentlich »Schädel«!

In der Alchemie symbolisierte der Schädel den Prozeß der Verwesung. Deshalb wurde er zusammen mit einem X aus Knochen zur Warnung auf Giftbehälter gezeichnet. In der christlichen Mystik wurde die Kontemplation eines Schädels – vor allem von den Jesuiten – als spirituelle Übung empfohlen, um durch das *memento mori* ein waches Bewußtsein für den Tod zu entwickeln. Gemälde von Heiligen, Kardinälen und anderen hochstehenden Persönlichkeiten, deren Hand auf einem Schädel ruhte, sollten die Vorstellung der Frömmigkeit vermitteln. Eine weitere Konvention künstlerischer Symbolik war ein Schädel, der mit dem Efeu des Dionysos bekrönt war und die Hoffnung auf das ewige Leben erwecken sollte.[2] In der christlichen Ikonographie wurde der Schädel zum Symbol von Maria Magdalena. Und Epileptiker konnten dadurch geheilt werden, daß sie Wasser aus dem Schädel eines Selbstmörders tranken.[3]

[1] Branston, 60
[2] Hall, 284, 291
[3] G. Jobes, Bd. 2, 1465

Schenkel

Der lateinische Name des Schenkelknochens – *femur* – bedeutet »das, was erzeugt«. Aus mehreren Mythen läßt sich entnehmen, daß man den Schenkel einstmals für einen zusätzlichen Schoß hielt. Der himmlische Vater Zeus gebar seinen Sohn Dionysos aus seinem Schenkel. In der islamischen Tradition gebar die vergöttlichte Fatima ihre Söhne aus ihrem Schenkel und bewahrte auf diese Weise auf ewig ihre Jungfräulichkeit.

Aus der Bibel geht hervor, daß der Schenkel auch als Euphemismus für die Hoden gebraucht wurde und daß Semiten, die die Männlichkeit verehrten, ihre Schwüre auf den »Schenkel« ablegten. Noch heute bekräftigen arabische Männer ihre Eide, indem sie gegenseitig ihre Hoden berühren. Ein magisches »Testament« dieser Art beschwört zukünftige Generationen, also die Söhne, die noch in den Hoden sind, daß ein Mann seinen Schwur halten solle. (Im übrigen verweist auch das Wort *Testament* auf die Hoden: Auf lateinisch heißen sie *testes* oder »Zeugen«.)[1] Als Ersatz für die Hoden wurde der Schenkel auch in der Geschichte von Abrahams Diener eingesetzt: Er legte einen Schwur ab, indem er seine Hand »unter den Schenkel seines Herrn legte« (Genesis, 24, 9). Nachdem es einmal akzeptiert war, daß der euphemistische Schenkel ein möglicher Speicher für das zukünftige Leben sein konnte, rückte es auch in den Bereich der Glaubwürdigkeit, daß männliche Götter das mütterliche Wunder der Geburt durch ihre fruchtbaren Schenkel vollbrachten.

[1] Potter/Sargent, 298

Schoß

Die heiligsten Symbole der paläolithischen und neolithischen Menschheit waren Symbole des Schoßes als Urquelle des Lebens, aus der alle schöpferischen Prozesse hervorsprudelten. Das Sanskritwort für »Tempel« hatte auch die Bedeutung des »Schoßes«.[1] Das sumerische Wort für die Unterwelt, die heilige Höhle, und den Schoß lautete *matu*, was aus der universellen Wortwurzel für »Mutter« abgeleitet ist. Bei den afrikanischen Pygmäen bedeutete dasselbe Wort die große Höhle, die die »Mutter des Gottes« symbolisierte. Und für Simon Magus war das Paradies als »Mutterschoß« definiert.

Das am meisten verehrte Orakel-Heiligtum Griechenlands hieß Delphi, und das bedeutet »Schoß«. Ursprünglich war dieser Ort der Großen Göttin geweiht, die die Namen Themis, Gaia oder Phoebe trug. Die sagenhafte erste Priesterin Delphyne wurde von Apollo ermordet, als er das Heiligtum eroberte. Ein ähnliches druidisches Heiligtum steht noch heute in Pembrokeshire – der Pentre Evan Cromlech, der als der schönste auf den britischen Inseln gilt. In früheren Zeiten war er vollständig eingeschlossen und bildete eine dunkle Kammer, in der Eingeweihte einige Tage verbringen mußten, bevor sie dann aus »Cerridwen's Womb« neu geboren wurden.[2]

In der ganzen Welt stellen Männer bei Ritualen der Initiation, der Taufe und der Weihe Abbilder des Schoßes auf, um die Wiedergeburt in eine neue Lebensphase symbolisch darzustellen. Sie scheinen unfähig zu sein, sich diesen Übergang auf irgendeine andere Weise vorzustellen, selbst wenn alle Teilnehmer männlichen Geschlechts sind. Ein symbolischer Schoß war zum Beispiel der Mantel des indischen Priesters, der auch »Schoß der Ritterschaft« genannt wurde, dem dann ein König zu seiner Krönungszeremonie entstieg.[3] Das vorchristliche Schoßheiligtum von Glastonbury hieß früher Caer Wydyr. Seine heilige Quelle, die durch Eisenoxide rotgefärbt war, galt als der Blutfluß aus dem lebenspendenden Schoß der Göttin. Die christliche Legende bemächtigte sich des Tempels von Glastonbury und gab ihn als das zeitweilige Heim des Heiligen Grals aus.

Zu Shakespeares Zeit war sogar schon ein altes Wort für »Schoß«, nämlich *cod*, vermännlicht worden und hatte eine Neudefinition als »Scrotum« erfahren: Von daher stammt das englische Wort *codpiece* für eine von Männern getragene Hosenfalle.

Aus einem weiteren griechisches Wort für den Schoß – *hysteros* – wurde der Name eines alljährlichen Aphroditefestes, es hieß *Hysteria*. Dies ist aber gleichzeitig auch die Bezeichnung für eine imaginäre weibliche Krankheitsursache, die sich aus der medizinischen Ignoranz der Griechen herleitet, dennoch aber auch bei den Medizinern des christlichen Zeitalters begeisterten Glauben fand. Man stellte sich vor, daß sich der Schoß von Zeit zu Zeit aus seiner Verankerung löse, innerhalb des weiblichen Körpers umherwandere und dadurch Störungen in der Lunge, dem Herzen, den Nieren und dem Gehirn verursache. Noch bis ins achtzehnte Jahrhundert glaubten die Kirchenmänner an die uterinen Ursachen der Hysterie und empfahlen Exorzismus und Beschwörung als einziges Heilmittel.

Möglicherweise bedeutete der ursprüngliche Name Israels »Stamm der Sarah«. Ihr Name lautete vormals Sara'i oder »die Königin«, und dies war auch ein Name der Großen Göttin in nabatäischen Inschriften. Im 6. Jahrhundert v. Chr. machten Priester daraus den Namen Sarah.[4] Der alte hebräische Ausdruck für einen Stamm war identisch mit dem Wort für »Mutter«; und ein Unterstamm hieß *batn* oder »Bauch«, was ein Überrest des ursprünglichen hebräischen Matriarchats war.[5] In Sarahs Grab soll die matriarchale Königin und ihre Nachkommen in der weiblichen Linie zusammen mit ihrem Ehemann und den Ehemännern ihrer matrilinearen Nachkommenschaft gelegen haben. Zu den Vorfahren der Juden gehörten nur solche, die von den Matriarchinnen Sarah, Rebekka, Lea und Rachel als Mitglieder ihrer Abstammungsgruppe akzeptiert worden waren. Nicht alle Nachkommen Abrahams wurden als Israeliten betrachtet, sondern nur jene, die von Sarah abstammten.[6]

Aus diesen und vielen ähnlichen Beweisstücken geht hervor, daß der Schoß im Zusammenhang mit Verwandtschaftsgruppen, spirituellen Ideen und der menschlichen Kultur im allgemeinen von größter Bedeutung ist. Hätte es niemals in der fernen Vergangenheit ein so machtvolles Band von uterinen Blutsverwandten gegeben, so hätten die kooperativen Anstrengungen, die für das Entstehen einer Zivilisation erforderlich sind, kaum entstehen können. Die patriarchale Gesellschaft hat zwar mit Erfolg die Funktionen und Bedeutungen des Schoßes fast vollständig usurpiert, und dennoch fehlt ein wichtiges Element. Die gesamte moderne Welt fühlt diesen Mangel, auch wenn sie ihn nicht bewußt versteht.

[1] Campbell, Creative Mythology, 168
[2] Evans-Wentz, 157
[3] Perry, 129
[4] Beltz, 80
[5] French, 55
[6] Teubal, 94–95

Skelett

Fast alle Menschen glaubten in der Vergangenheit, und viele glauben noch heute, daß man von Toten Informationen über die Geisterwelt beziehen kann. Deshalb war Sterben und zur Erde Zurückkehren oftmals eine rituelle Voraussetzung für das Wirken von Mystikern und Magiern. Die zentralasiatischen Schamanen mußten einen Trancezustand durchleben, in dem sie von Geistern zerrissen und auf ihr Skelett reduziert wurden. Die Schamanen in Sibirien und bei den Eskimos sagen noch heute, daß sie in ihrem Beruf eine lebensechte Vision von sich selbst als fleischlose Skelette erfahren müssen.[1]

Vollständig erhaltene Skelette kamen als Heiligenreliquien nur selten vor, zumindest eines jedoch wurde als Josaphat von Indien verehrt, der von Papst Sixtus V. im Jahre 1590 heiliggesprochen wurde, was dann von Papst Pius IX. im Jahre 1873 noch einmal »unfehlbar« bestätigt wurde. Dieses Skelett wurde dem König von Portugal vom Dogen von Venedig als wunderwirkender Gegenstand empfohlen und später in Antwerpen verehrt. Trotz seines offenbar heiligen Skeletts hat der gesegnete Josaphat jedoch niemals existiert. Sein Name war lediglich die Verballhornung des Wortes »Bodisat«, und dies war einer der Titel Buddhas.[2]

In Europa wurde das Skelett im allgemeinen als Symbol des Todes betrachtet, wie etwa bei der entsprechenden Karnevalsgestalt des Todes. Die dreizehnte Karte der Tarottrümpfe zeigte ein Skelett, das den Tod darstellen sollte. In manchen Tarotausgaben wurde es vermieden, dieser Karte einen Namen zu geben, weil man glaubte, daß das Aussprechen oder Schreiben des Wortes »Tod« ihn auch heraufbeschwören konnte; deshalb trug diese Karte nur die lunare »Unglücks«-Zahl Dreizehn.

[1] Dürr, 68
[2] Abelard, 78

Speichel

Die wunderbare Heilung von Blinden durch Speichel, die von Jesus und Mohammed berichtet werden, waren nichts Neues. Lange vor der Zeit Jesu stand auf einer Tontafel aus Ninive, daß Blindheit durch eine Mischung von Speichel und Milch von einer der heiligen Huren im Tempel geheilt werden könne. Italienische Volksheiler aus dem 19. Jahrhundert empfahlen noch immer ein ähnliches Heilmittel für Blindheit, und zwar in besonderer Mischung aus Speichel und Milch von der Mutter eines zu früh geborenen

Skelett: Trumpf Nummer 13 vom Tarotdeck von Barbara Walker

Säuglings.[1] Im Tantrismus und im chinesischen Taoismus wurde der Speichel von Frauen als wunderbare Medizin bezeichnet – wie Milch und Menstruationsblut war er einer der drei magischen Yinsäfte.[2] Im Laufe der Jahrhunderte glaubten viele Menschen weiterhin, daß Speichel Blindheit heilen könne. Mittelalterliche Magier behaupteten auch, daß die Magie des Speichels Dämonen abwehren könne, vor allem, wenn dieser Speichel von einem fastenden Menschen stammte.[3] Es war ein gängiger Brauch, daß man in einen Fluß spuckte, den man überquerte, und das sollte böse Geister, die einen vielleicht verfolgten, zurückhalten. Über die eigene Schulter zu spucken konnte Unglück unterbinden; durch einen Ring zu spucken konnte prophetische Visionen erzeugen; in das Gesicht eines Säuglings zu spucken sollte ihn vor Schadenszauber bewahren – und es gab noch viele andere abergläubische Rituale dieser Art.

Plinius erzählt, daß Boxer in ihre Hände spuckten, um auf diese Weise durch magischen Zauber ihre Schläge zu stärken. Männer spucken oftmals in ihre Hände, bevor sie sich an eine manuelle Arbeit machen. Die meisten Menschen glauben, daß dieses Ritual einen besseren Griff ermöglicht. Aber feuchtwarme Hände halten nicht immer so gut wie trockene Hände. Das weiß jeder, der mit schwitzenden Händen etwas zu fassen versuchte. Deshalb verweist der wirkliche Zweck dieser Geste auf einen uralten magischen Zauber.

[1] Gifford, 63
[2] Rawson, Erotic Art of the East, 234
[3] Trachtenberg, 120, 203

Stimme

In den alten östlichen Traditionen ist die weibliche Stimme ein wichtiges Symbol der Schöpfung – die Quelle des ursprünglichen schöpferischen Wortes, das die Griechen und nach ihnen die Christen als göttlichen Logos bezeichneten. Normalerweise lernt jedes Kind das Sprechen von seiner Mutter und kann dadurch ein Abbild der Welt in seinem Bewußtsein erschaffen, und daher stammt wahrscheinlich die Vorstellung, daß die Göttin der Stimme die erste war, die alles im Universum erschuf, indem sie die Namen in ihrer Ursprache äußerte, die die vedischen Weisen natürlich als Sanskrit identifizierten. Im Sanskrit hieß sie »Vac«, und damit ist wörtlich der Klang der Stimme gemeint. Sie verglichen sie mit dem Wind, der vom Himmel her bläst und allen Dingen die Essenz der Seele bringt. Vac schuf die Götter, indem sie ihre Namen aussprach, und sie enthüllte auch die heiligen Mantras, durch die die Götter beherrscht werden konnten. Vac war die Erste, die Königin, die Größte aller Gottheiten.[1]

In der frühen hebräischen Mythologie gab es eine Entsprechung der indischen Göttin Vac – die weibliche Gottheit Bath Kol oder »Tochter der Stimme«. In biblischen Zeiten galt sie als göttlicher Atem und Quelle der Inspiration für die Propheten: eine personifizierte Stimme Gottes, die aus geheimnisvollen Gründen weiblicher Natur war. Manchmal wurde sie »das letzte Echo der Stimme« genannt, und das sollte bedeuten, daß vom schöpferischen Logos nicht mehr viel zu hören war. Die griechische Göttin Echo war ähnlich konzipiert, wurde dann aber in der klassischen Geschichte des Narkissos zu einer bloßen Wassernymphe reduziert.

In der gnostischen Literatur sagte der weibliche Logos: »Ich bin die Mutter der Stimme, die auf vielerlei Weise spricht und das All vollendet. In mir wohnt das Wissen, das Wissen um immerwährende Dinge. Ich bin es, die in jedem Geschöpf spricht … Ich bin der Schoß, der dem All Gestalt verleiht, indem er das Licht gebiert, das in seinem Glanze strahlt. Ich bin das kommende Zeitalter. Ich bin die Erfüllung des All, das heißt Meirothea, der Ruhm der Mutter. Ich werfe einen Klang der Stimme in die Ohren derjenigen, die mich kennen.«[2]

[1] Briffault, Bd. 1, 7
[2] Robinson, 466–467

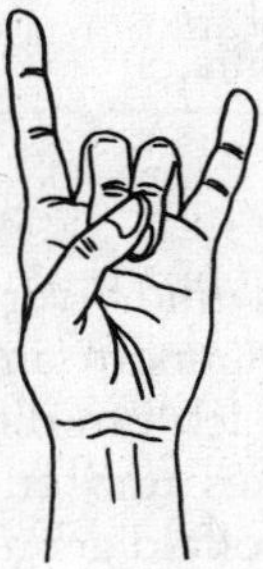

Teufelshörner

Wenn man die Geste der Teufelshörner macht, so ist dies eines der ältesten Schutzzeichen zur Abwendung des bösen Blicks und zur Besänftigung schädlicher Kräfte. In manchen Teilen von Europa hält man es für wirksamer als das Kreuzzeichen. In der Antike war es wahrscheinlich eine Anrufung des gehörnten Gottes, später im Mittelalter eine Anrufung des Teufels, dem man im Bereich der Erde oftmals mehr Einfluß zutraute als Gott.[1] Die Handposition der Teufelshörner ähnelt in auffallender Weise dem Kopf eines gehörnten Tieres. Aber die Verteufelung dieser Geste wird vielleicht dann noch verständlicher, wenn man sich vor Augen führt, daß sie einst in enger Verbindung mit der Göttin stand. In Indien ist sie noch immer ein heiliges *mudra* (eine Handgeste) und heißt *jagadamba*: Dies ist eine Anrede der Göttin in der Bedeutung von »Mutter der Welt«.[2]

[1] Briffault, Bd. 2, 563–564
[2] Rawson, The Art of Tantra, 50

Vagina

Als Tor des Lebens und »Verschlingerin« von Männern im bildlichen Sinn hat sich um die Vagina ein komplexes und euphemistisches Symbolfeld gebildet. In zahlreichen Mythen und Symbolen wird sie nur figurativ benannt und umschrieben. Daran zeigt sich, wie sehr das Denken der Männer um sie kreiste – mit einer Mischung aus Ehrfurcht, Angst und Verlangen. Im Christentum des Mittelalters wurde die Vagina zu einer Metapher für das Höllentor: Das alte furchterregende Bild von der *vagina dentata*, der »gezähnten Vagina«, die den Penis eines Mannes abbeißen konnte, wurde wiederbelebt. Andererseits haben sich Männer immer danach gesehnt und manchmal sogar versucht, die Funktionen der Vagina – nämlich Leben zu übermitteln und Genuß zu spenden – sich selbst anzueignen.

Die Vaginalsymbolik tritt deutlich in den sakralen Trompeten der männlich beherrschten Mundurucu-Leute von Südamerika zutage. Die Trompeten gehören den Männern, und Frauen dürfen sie nicht zu Gesicht bekommen; aber die Männer sagen, daß sie ursprünglich den Frauen gestohlen wurden. In den Trompeten leben die Ahnengeister. Eine fast identische Symbolik ist an die Molino-Trompeten der afrikanischen Mbuti gebunden: Sie wurden ebenfalls »den Frauen gestohlen« und von den Männern übernommen. »Ebenso wie die realen Höhlungen der Frauen das regenerative Potential der Menschen und der Clans enthalten … beanspruchen die Männer durch den Griff nach den Trompeten symbolisch den Besitz und die Kontrolle über die weiblichen Fortpflanzungsfähigkeiten.«[1]

Dem Gilgamesch-Epos zufolge ist die Pflanze des ewigen Lebens »in der Tiefe« gewachsen, und dies ist ebenfalls ein Ausdruck für den Schoß der Welt. Es war nur durch einen schmalen Durchgang (*ratu*) erreichbar, den die Übersetzer manchmal mit Wasserrohr, Brunnen oder Quelle wiedergeben: Alle diese Bilder verbergen das wirkliche Wesen dieses Durchgangs, denn gemeint ist das vaginale Tor zum inneren Geheimnis des Lebens.[2] Bei den Vaginalsymbolen sind Euphemismen mehr die

Regel als die Ausnahme, und daran zeigt sich, daß Männer sich im allgemeinen durch ihre Bedeutung bedroht oder zumindest unbehaglich fühlen. In zahlreichen Geschichten über die Vagina wird eine Gefahr für Männer angedeutet. Ein arabisches Manuskript aus dem 16. Jahrhundert erklärte, daß jeder Mann, der in die Vagina einer Frau blickt, erblindet, und es wird der Fall eines Sultans von Damaskus zitiert, dem ebendies widerfahren war.[3] Diese Geschichte könnte aus der alten, verbreiteten Bezeichnung des Penis als dem »Blinden« entstanden sein.

[1] Sanday, 39, 188
[2] de Santillana / von Dechend, 420
[3] Gifford, 143

Vorhaut

Beschneidung, die Entfernung der Vorhaut, war eine der gebräuchlichsten Formen der Penisverstümmelung, die als Nachahmung der weiblichen Menarcheblutung praktiziert wurde. Nach der Einführung patriarchaler Götter wurde dieser Brauch mit verschiedenen rationalen Begründungen weitergeführt: So galt er etwa als symbolisches Ersatzopfer für die Forderungen eines Gottes, als Teil für das Ganze. Auch der biblische Gott gewöhnte sich daran, mit einem Opfertier zufrieden zu sein (Genesis 22,13) oder mit der Vorhaut des Kindes (Genesis 17,10), anstatt das Leben des Kindes selbst zu fordern. Das Opfer der Vorhaut wurde zum »Zeichen des Bundes« zwischen Gott und den Juden – allerdings ist Gott seinen Verpflichtungen in diesem Handel niemals so recht nachgekommen.

Eine der früheren rationalen Begründungen für die Beschneidung hatte mit der primitiven jüdischen Verehrung der phallischen Schlange Leviathan (oder Nehuschtan) zu tun. Die Ablösung der Vorhaut wurde mit dem Trick der Schlange verglichen, ihre Haut abzustreifen und dadurch unsterblich zu werden. Es gab auch die Vorstellung, daß das Abschneiden der Vorhaut zur Erhaltung der Lebenskraft beiträgt, die Männer bei der sexuellen Vereinigung verausgaben. Die angebliche »Reinheit« von beschnittenen Männern basierte auf der Angst vor dem »kleinen Tod« der Ejakulation wie auch der magischen Vorstellung, daß ein symbolisches Opfer eines Teiles mithelfen würde, um das Ganze zu erhalten.[1]

Spätere rationale Begründungen betonten, daß der beschnittene Penis reiner oder gesünder oder beides sei; aber aufgrund von neuerem Beweismaterial muß dies bezweifelt werden.

Die Vorhaut Jesu Christi tauchte im Mittelalter – zur Zeit der leidenschaftlichsten Reliquienverehrung – an vielen verschiedenen Orten auf und erwies sich immer als starker Fruchtbarkeitszauber, ganz gleich, ob sie nun echt oder eine von zahlreichen Imitationen war. Es scheint, daß die Kirche von Antwerpen die erste war, die den Besitz von Jesu Vorhaut verkündete, aber bald darauf tauchte dieselbe Reliquie in Aix-la-Chapelle, Coulombes, Rom, Paris, Brügge, Bologna, Besançon, Nancy und vielen anderen Orten auf. Noch heute gibt es mindestens 13 heilige Vorhäute, und das könnte zu der Vorstellung veranlassen, daß Jesus wohl extreme physische Besonderheiten an sich hatte.[2] Im 15. Jahrhundert verfügte Papst Eugenius IV. einen vierzigtägigen Bußnachlaß für jeden Pilger, der die Vorhaut Christi aufsuchte, und einen vollkommenen Sündennachlaß für Priester; allerdings sagte er nicht, welche Vorhaut die richtige war.[3]

[1] La Barre, 80
[2] Budge, Amulets and Talismans, 26
[3] McLoughlin, 246

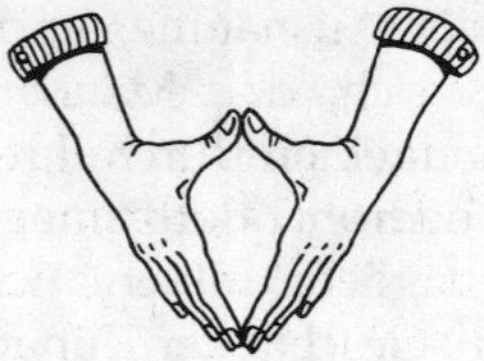

Yoni-Zeichen

Das Yoni-Zeichen, das heute manchmal als Geste des Grußes oder des Segens von Feministinnen verwendet wird, war lange Zeit ein okkultes Geheimnis. Wie die Bedeutung der Kauri-Muschel wurde ihr Sinn absichtlich verdunkelt, und dies war typisch für eine Kultur, die jeden Hinweis auf weibliche Genitalien – so abstrakt er auch sein mochte – für undenkbar obszön hielt. Aber das Yoni-Zeichen überlebte und stellt heute eine symbolische Anrufung weiblicher Macht dar.

Balinesischer Büffelgeist

Zunge

In den Ländern Asiens war die ausgestreckte Zunge ein Zeichen von Potenz und Lebenskraft, weil die Zunge zwischen den Lippen die heilige Vereinigung von Lingam und Yoni abbildet: Das männliche Genital im weiblichen Genital. Tatsächlich nennt man die Vulva noch immer *labiae* oder »Lippen« und das lateinische Wort *lingua* für »Zunge« ist mit dem Wort *Lingam* verwandt. Aufgrund der lebenspendenden und allgemein glücksbringenden Assoziationen der ausgestreckten Zunge bei östlichen Gottheiten ist es in Nordindien und Tibet noch heute ein höfliches Zeichen des Grußes, wenn man die Zunge herausstreckt. In der westlichen Tradition dagegen ist es eine beleidigende Geste geworden, ein Präsentieren des Phallus, das dem ausgestreckten Mittelfinger entspricht.

Aufgrund der sexuellen Assoziationen der Zunge wurden im Mittelalter Teufel meistens mit ausgestreckter Zunge abgebildet, und die asketischeren buddhistischen Kulte gelangten zu einer Neuinterpretation der Zunge als Symbol der Unehrlichkeit. Die Geschichte von Pinocchios Nase, die sich verlängern konnte, hatte schon eine Vorgängerin: In einer indischen Geschichte heißt es, daß Lügner in der großen heulenden Hölle landen, wo ihre Zungen dann zu enormer Länge anwachsen.[1]

Obwohl Asketen im allgemeinen die ausgestreckte Zunge ablehnten, zeigten die gotischen Wasserspeier auf allen Kirchen und Kathedralen ihre Zunge. Der alten Theorie zufolge schuf die Zurschaustellung der Genitalien einen prophylaktischen Schutz für geweihte Gebäude (siehe Sheila-na-gig). Diese Vorstellung sickerte bis in die gotischen Skulpturen durch, offenbar hielt man die Zunge für ein angemessenes Äquivalent.

In der biblischen Terminologie wird Zunge als Synonym für »Sprache« verwendet, wie etwa in jenem berühmten Ereignis, das in der Apostelgeschichte beschrieben wird (Apostelgeschichte 2), als die Jünger »in Zungen sprachen«. Es wurde behauptet, daß die Apostel unter dem Einfluß des Heiligen Geistes jede Sprache sprechen konnten, die ihrem polyglotten Publikum bekannt war, und »jeder hörte sie in seiner Sprache reden« (Apostelgeschichte 2,6). Es liegt auf der Hand, daß diese Geschichte der buddhistischen Tradition entlehnt war: Dort heißt es, daß der Erleuchtete sich an Götter, Dämonen, Menschen und Tiere wandte, und alle seine Botschaft in ihrer eigenen Sprache hörten.[2] Diese Verbindung wird noch deutlicher, wenn man in demselben Kapitel des Neuen Testaments liest, daß den Aposteln »Zungen wie von Feuer« erschienen (Apostelgeschichte 2,3), die auf ihren Köpfen ruhten – genauso wie die buddhistische Ushnisha, die die Kenntnis aller Sprachen symbolisiert.

»In Zungen sprechen« im biblischen Sinne wurde später mit der Glossolalie verwechselt:

Dies ist zwanghaftes Plappern im Zustand religiöser Ekstase. Gläubige haben immer behauptet, daß Glossolalie in Wirklichkeit eine vernünftige Rede in einer Sprache ist, die den Anwesenden einschließlich des Sprechers eben gerade nicht bekannt ist. Aber keine dieser Behauptungen ist jemals bewiesen worden. Aber auch das In-Zungen-Sprechen im biblischen Sinne ist noch nie als real existentes Ereignis bestätigt worden – es war und ist nichts anderes als eine primitive Phantasie.

In Westafrika galt die Zunge eines Stammeshäuptlings als Sitz seiner königlichen Macht. Wenn ein König starb, so wurde er enthauptet, und sein Kopf wurde dem Nachfolger vorgelegt: Dieser mußte dann ein kleines Stück von der Zunge essen.[3] Ob die Zunge nun mit dem phallischen Geist oder mit einer vermuteten Kraft inspirierter Rede gleichgesetzt wurde, jedenfalls verkörperte sie eine Eigenschaft, die für einen Führer von Bedeutung war.

[1] Tatz/Kent, 69
[2] Waddell, 159
[3] G. Jobes, Bd. 1, 61

13

NATUR

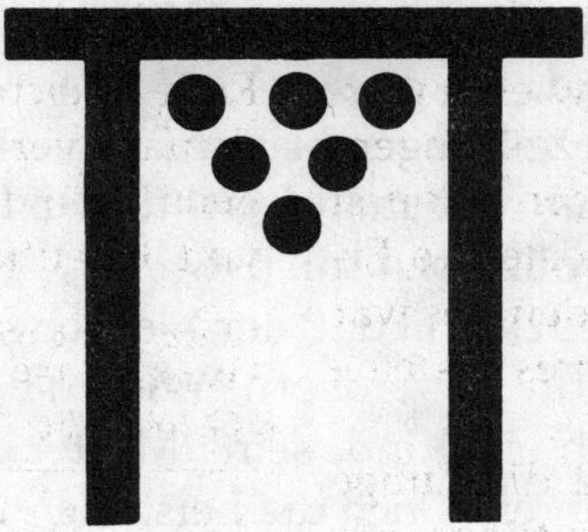

Berg
Blitz
Chaos
Donnerkeil
Echo
Erde
Feuer
Fluß
Höhle
Insel
Jahreszeiten
Komet
Lehm
Luft
Meer
Milchstraße
Mond
Nacht
Ozean
Planet
Quelle
Regen
Regenbogen
Schatten
Sonne
Tautropfen
Vulkan
Wasser
Wind
Wolke
Wüste

Menschen leben in einer etwas unbehaglichen Abhängigkeit von der Natur; sie sind ihren Launen ausgeliefert wie Kleinkinder einer launenhaften, unsteten Mutter. Die Natur ist das Leben selbst, aber sie ist auf verstörende Art und Weise unvorhersagbar. Es überrascht kaum, daß menschliche Blicke die Veränderungen der Natur immer scharf beobachtet haben, um vorherzusehen, was sie als nächstes tun wird. Menschen hatten immer das Verlangen zu wissen, ob ihre Saat aufgehen wird, wann der Vulkan ausbrechen wird, wie man in einer Dürrezeit Regen bringen kann, wie man Krankheiten abwenden kann, wie man Reichtümer finden kann, wann man Zeremonien vollziehen soll usw.

Es überrascht auch nicht, daß der Mensch sich so sehr bemüht hat, die Mutter Natur zu »erobern« und zu beherrschen; genauso versucht ja auch ein Kind, seine Mutter zu seinem eigenen Vorteil zu kontrollieren. Doch die Leistungen des Menschen auf diesem Gebiet wenden sich letztlich immer gegen ihn. Genau dann, wenn er glaubt, daß die Natur unterworfen ist, präsentiert sie ein neues Problem, das durch seine eigene mangelnde Vorausschau bei der Lösung des vorigen erzeugt wurde.

Obwohl es dem Menschen nicht leicht fällt, mit der Natur zu leben, kann er mit Sicherheit auch nicht ohne sie leben. Der Mensch ist das Kind, das niemals erwachsen wird; die Natur ist die Mutter, von der er auf ewig abhängig ist. Deshalb haben menschliche Wesen die Natur immer als ewige Mutter personifiziert. Man könnte sogar sagen, daß die Gefühle einer jeden Person in bezug auf die Natur ganz beträchtlich durch die Gefühle geprägt wurden, die die Mutter in ihm erzeugt hat.

Menschen versuchen immer, das, was sie beherrschen wollen, in Symbole zu übersetzen; dann wirken sie auf die Symbole ein und glauben – zu Recht oder zu Unrecht –, daß dies auch eine Wirkung auf die Realität zeitigt. Deshalb sind für fast alle Aspekte der Natur Symbole erfunden worden, die für die normalen menschlichen Sinne wahrnehmbar sind. Die Kraft dieser Symbole liegt zum Teil in unserer eigenen Wahrnehmung unserer vollständigen Abhängigkeit von den natürlichen Qualitäten und Bedingungen auf unserem eigenen Planeten.

Berg

Der Buchstabe M scheint von dem Symbol der Zwillingsspitzen der heiligen Berge abgeleitet zu sein, die oftmals als Brüste der Großen Mutter galten. Im Gilgamesch-Epos wird ein solcher heiliger Berg namens Maschu beschrieben, dessen »Milchbrei« bis in die Unterwelt reicht; dieser Berg gebiert die Sonne und ist so hoch wie die Wände des Himmels.[1] Eine ähnliche Berg-Mutter namens Ninhursag hat im sumerischen Mythos die Welt geboren. Auch sie war eine Kuhgöttin, eine Milchspenderin für die Könige, die sich für den Thron dadurch qualifizierten, daß sie sich von ihr ernähren ließen.[2] Die älteste Gottheit Griechenlands war die Göttliche Mutter der Berge, Gaia Olympia, die erste Eigentümerin des Olympos, bevor dieser Berg dann durch ihren Enkel, den Emporkömmling Zeus, erobert wurde. Sie hieß »universelle Mutter«, »älteste der Gottheiten« und »die mit den tiefen Brüsten«. Sie leitete mehrere Bergheiligtümer einschließlich des Delphischen Orakels, das später dann von Apollo usurpiert wurde.[3] Eine der ältesten indischen Gottheiten war Chomo-Lung-Ma, »die Göttin-Mutter des Universums«, deren Bergheiligtum im Westen heute unter dem Namen eines männlichen Individuums, nämlich Everest, bekannt ist. Doch der Himalaya-Gipfel Annapurna, dessen Name »große Brust voller Nahrung« bedeutet, ist noch immer weiblich. Die doppelten Gipfel in der irischen Grafschaft Kerry heißen noch immer »die Brüste der Göttin Anu oder Danu«, der Ahnfrau einiger der frühesten Kolonien.[4]

Die Vorstellung einer universellen Muttermilch, die von Berggipfeln herabfließt, war dem Osten und Westen gemeinsam. Das japanische Symbol für Berge ist eine M-Form mit zwei brustförmigen Spitzen.[5] Die vier Ströme des Paradieses wurden oft mit den Strömen der Muttermilch gleichgesetzt, so etwa im iranischen Mythos von der Hohen Haraiti, dem gebärenden Berg in der Mitte der Erde, der auch »der Quell allen Wassers« war.[6] Weiße Schneespitzen, die zu Gletscherströmen schmolzen, die von Felsstaub weiß gefärbt wurden, ließen wahrscheinlich bei allen Völkern, die in der Nähe von hohen Bergen lebten, diese Idee entstehen.

Oftmals begann die Göttin als Weltschöpferin ihre Tätigkeiten mit der Erschaffung von Bergen. Ein walisischer Titel der Caillech oder heiligen Greisin lautete »tröpfelndes altes Weib«, und zwar deshalb, weil sie Steine aus ihrer Schürze tropfen ließ, um daraus die Bergketten der Erde zu bilden.[7] Aber mit diesem »Tröpfeln« kann ursprünglich auch ihre Milch oder ihr Gebärmutterblut gemeint gewesen sein. Denn beides wurde einstmals als schöpferische Flüssigkeit betrachtet, durch deren Gerinnung oder Verklumpung die Landmassen entstanden waren.

Heilige Berge in ganz Europa waren noch lange der Göttin geweiht und erwarben deshalb den Ruf von Hexenheiligtümern. Deutschland hatte mehrere Venusberge. Andere Gipfel in Italien und Britannien blieben matriarchale Pilgerzentren. Viele heidnische Helden erwarteten ihre Wiedergeburt aus dem Schoß heiliger Berge. Merlin und Thomas der Reimer schliefen unter den Eildon-Hügeln; Epimenides, einer der sieben Weisen von Griechenland, schlief in Rheas heiliger Höhle auf dem Berg Dikte; Boabdil el Chico, der letzte arabische König von Granada, fand seine Ruhestätte unter dem Berg neben der Alhambra; Friedrich Barbarossa schlief unter dem Kyffhäuser; Karl der Große in der Odenburg (Odins Berg) in Hessen oder einer anderen Sage zufolge im Untersberg in der Nähe von Salzburg.[8]

Die heidnische Erdmutter wurde in Westfrankreich nur dürftig als fiktive Heilige verkleidet: In der Nähe des Flusses Sèvre wurde sie bei einem heiligen Berg verehrt. Von ihr heißt es, daß sie »fruchtbaren Samen aus ihrer Schürze nimmt« und ihn mit ihrem Segen in die Furche wirft. Ihrem Einfluß wurde das wundersame Wachstum des Getreides zugeschrieben.[9] Als heiliger Berg Helgafell in Island beherbergt »die Mutter« noch immer die heidnischen Toten, und als der teutonische Himinbjorg oder »Himmels-Berg« gewährt sie den heidnischen Göttern eine Heimat.

1 Epic of Gilgamesh, 98
2 Walker, The Woman's Encyclopedia of Myths and Secrets, 729
3 Stone, Ancient Mirrors of Womanhood, Bd. 2, 165–169
4 Graves, The White Goddess, 409
5 Hornung, 208
6 Lethaby, 74–75
7 Spence, 199
8 Baring-Gould, 106–108
9 Berger, 61

Blitz

Unser gebräuchliches Zickzacksymbol des Blitzes leitet sich von dem phallischen Zepter der antiken Himmelsgötter ab, deren leuchtende Geister, wie man glaubte, auf diese Weise vom Himmel herabkämen, um die Mutter Erde oder den Schoß des Abgrunds, vielleicht sogar sterbliche Frauen zu befruchten. Ein Blitz vom himmlischen Vater befruchtete den Mutterstein (*petra genetrix*), der den persischen Erlösergott Mithra gebar.[1] Der große Gelbe Kaiser von China wurde ebenfalls im Schoß einer königlichen Konkubine durch einen Lichtblitz gezeugt.[2] Im klassischen Mythos wurde Semele, die Mutter von Dionysos, unglücklicherweise durch ein Übermaß von Blitzenergie ihres göttlichen Liebhabers Zeus verbrannt; aber Semele war in Wirklichkeit nur eine der vielen Gestalten der Göttin, die die Form einer sterblichen Frau annehmen mußte.[3] Wie andere phallische Symbole, so wurde auch der Blitz oftmals als Waffe gesehen. Schließlich ist Blitz ja zerstörerisch. Das griechische Wort für den Blitz *keraunos* bedeutet »Zerstörer« und wurde als Gott personifiziert. Luzifer, dessen Name »Licht-Bringer« bedeutet, war nicht nur der Morgenstern der biblischen Tradition, sondern auch ein Blitzgott, der seine Blitzschläge auf Kirchtürme schleuderte. Blitz wurde zur »goldenen Lanze«, zu Lanceor, und dies war im Zyklus der Gralsmythen ein archaischer Name für Lancelot. Dasselbe galt auch für das Schwert Excalibur, das Geoffrey von Monmouth Caliburn nannte, und zwar abgeleitet von dem walisischen Wort *caledvish* oder dem irischen Wort *caladbolg*: Alles das waren alte Namen für den Blitz.[4]

Der tantrischen Tradition zufolge war der Blitz das »lodernde Lingam«, den die Große Göttin in ihrer kosmischen Yoni, der Tiefe, löschte.[5] Durch diesen Liebestod konnte der Gott das Blut erzeugen, das lebende Wesen erschuf: Blut, das die salzige Flüssigkeit ihres Meeres mit der Wärme und Röte seines Feuers verband. Dies war eine der früheren Theorien männlicher Weltzeugung.

[1] de Riencourt, 135
[2] Perry, 214
[3] Graves, The Greek Myths, Bd. 1, 58
[4] Darrah, 116
[5] Rawson, Erotic Art of the East, 57

Chaos

Der klassische Begriff von Chaos definierte den Zustand der Welt vor der Schöpfung: Alle Elemente verbanden sich in einer homogenen Masse, die weder heiß noch kalt war und keinerlei Unterschiede aufwies, sondern ungeformtes Universum war.

Die tantrischen Weisen sagten, daß dies das Stadium der Großen Göttin war, als sie im Urozean des Bluts, dem erzeugenden Schoß aller Dinge, der Tiefe, dem Zustand der »dunklen Formlosigkeit«, in Erscheinung trat und als sie alle Dinge nur potentiell in sich trug.[1] »Als es weder die Schöpfung, noch die Sonne, den Mond, die Planeten und die Erde gab, und als eine Finsternis in die andere eingehüllt war, da war die Mutter, die Formlose, Maha-Kali, die Große Macht, mit Maha-Kala, der Absoluten, eins.«[2] In Ägypten hieß die Große Mutter in diesem Zustand Temu, die Tiefe, oder Maa; sie erzeugte die ersten Elemente der Existenz: Wasser, Dunkelheit, Nacht und Ewigkeit.[3] Temu wurde zur babylonischen Göttin Tiamat und dem hebräischen Begriff *tehom*, die Tiefe, die in der Genesis als Urzustand des formlosen, leeren und dunklen Universums erwähnt wird (Genesis 1,2). Aber der Geist, der ursprünglich über den dunklen Wassern des Chaos schwebte, war weiblich.

Der Gott Marduk, ein babylonischer Prototyp von Jahwe, teilte »die Wasser, die unter dem Firmament waren, von den Wassern, die über dem Firmament waren«, indem er seine Mutter Tiamat in zwei Teile aufspaltete, nachdem er ihren wäßrigen Körper mit Hilfe der Winde (Luft) geöffnet und sie getötet hatte. Auf diese Weise erschuf er die Welt aus ihren Teilen. Patriarchale Übersetzungen dieses Mythos beschreiben Tiamat zumeist als den »Drachen des Chaos«, der durch den Helden Marduk erschlagen wurde; dabei wird jedoch die Tatsache übersehen, daß sie ihn und alle anderen Götter geboren hatte. Aber die Chaos-Mutter starb niemals wirklich, denn die meisten Mythen besagten, daß sie zurückkommen würde, um die Welt und all ihre Götter am Jüngsten Tag zurückzufordern. Sie würde sie verschlingen, zu ihrer Matrix der Formlosigkeit zurückbringen, um schließlich das Universum neu zu erschaffen.

[1] Avalon, 517
[2] de Riencourt, 165
[3] Budge, Dwellers on the Nile, 211

Assyrisches Donnerkeil-Zepter, Ninive

Donnerkeil

In der Form des Donnerkeil-Zepters, das von assyrischen Königen getragen wurde, kann man die Elemente des indischen Dorje und des Blitz-Dreizacks erkennen, die von Zeus, Jupiter, Shiva, Kerainos, Perun, Perkun, Donar (Thor) und anderen Sturmgöttern geschwungen wurden. Viele dieser Götter hatten onomatopoetische Namen, sie klangen wie lautliche Nachahmungen des Donners. Die keltische Gottheit Taranis oder Taranus wurde nach *taran*, dem Klang des Donners, benannt.[1]

Das königliche Zepter, dessen Spitze mit einem Juwel besetzt war, hatte phallische Bedeutung, und zwar im Sinne des auf der ganzen Welt verbreiteten Glaubens, daß Edelsteine, die in der Erde verborgen lagen, Tropfen von göttlichem Sperma waren, das nach der Befruchtung des Erdschoßes gefroren war.

Der lateinische Donnerkeil hieß *gemma cerauniae* oder »Juwel des Keraunos«. Shivas Phallus war ein ebensolches »Juwel« im genitalen Lotus seiner Göttin. Dreizackförmige Zepter erinnern an seine Vereinigung mit der Dreifachen Göttin.

Das Bild des Phallus als »einäugiger Gott« war ebenfalls mit der Tradition des Donnerkeils verflochten. Einer der einäugigen Zyklopen hieß Brontes, sein Name bedeutet »Donner«.[2] Man glaubte, daß die Gottheit des Donnerkeils beim Eintritt in die Erde das Leben lassen mußte. Dieser Akt der Selbstaufopferung spendete neues Leben für irdische Geschöpfe. Von daher rührt auch der hebräische Ausdruck *abreq ad habra* in der Bedeutung von »Schleudere deinen Donnerkeil, bis du tot bist«. Diese Phrase wurde zu einer klassischen magischen Beschwörungsformel, dem bekannten Abrakadabra, verschliffen.[3]

[1] Green, 66
[2] Graves, The Greek Myths, Bd. 2, 384
[3] Cirlot, 2

Echo

Die Nymphe Echo aus dem Mythos des Narkissos kann auf die wenig bekannte griechische Göttin Akko zurückgeführt werden, die eng mit Geburt assoziiert ist. Sie war eine frühe Erscheinungsform der »Tochter der Stimme« (hebräisch *Bath Kol* und Sanskrit *Vac*)[1] (siehe Stimme). Die klassische Geschichte erzählt, daß

Echo sich aus Liebe für den Blumengott Narkissos verzehrte, bis von ihr nur noch die Stimme übrig war, die dem Ruf der Reisenden antwortete. Aber das war nur eine späte mythologische Erklärung für einen offensichtlich magischen Ort mit vernehmbarem Echo.

Echos hatten immer eine magische und geheimnisvolle Qualität. Man hielt sie meist für Geisterstimmen. Noch im 19. Jahrhundert glaubte man, daß die Stimme der Sybille von Cumae durch ein Echo spreche, und zwar in einer Grotte unter der Kirche des heiligen Johannes. Dieses Bauwerk war über ihrem Grab neben einer Quelle errichtet worden, die in früheren Zeiten ihr geweiht war.[2]

[1] Leland, 220
[2] Dürr, 208

Erde

Urd, Erda, Ertha, Hretha, Eortha, Nerthus, Erze, Urth, Artha, Edda, Heortha: das sind einige wenige Namen der Erde in den indoeuropäischen Dialekten, abgesehen von Namen wie Terra, Gaia, Rhea, Ops, Hel, Hera, Demeter, Europa und viele andere mehr. Die Erde war die universelle Muttergöttin, die am Ursprung aller Mythologien steht. Herodot erklärte, daß alle bekannten Namen der Erde weiblich seien.[1] Niemals hat es einen »Vater« Erde gegeben. Die Zigeuner sagten: »Die Erde ist unsere Mutter … Das Geheimnis des Lebens kommt aus dem Boden.«[2] Die Aschanti sagen, daß die Erde als Göttin Asase Ya die Mutter von allem ist: »Alles – Nahrung, Wasser – haben wir von Asase Ya bekommen. Auf ihr ruhen wir, wenn wir sterben.«[3] Die Apachen sagten, daß alle Geschöpfe am Anfang von der Erde geboren worden seien, »ebenso, wie ein Kind aus seiner Mutter geboren wird. Der Ort, aus dem sie hervorkommen, ist der Schoß der Erde.«[4] Klassische Schriftsteller sagten, daß die Erde alle Dinge hervorbringe und sie dann wieder in sich aufnehme. »Auf diese Weise enthält die Erdgöttin das Geheimnis einer jeden Frau in sich; die Göttin ist der Anfang und das Ende allen Lebens auf der Erde.«[5]

Das übliche Zeichen für die Erde, ein Kreuz inmitten eines Kreises, diente auch anderen Zwecken und anderen Gottheiten, wie etwa Wotan oder dem Geist der Sonne. Aber die Legende der Pueblo-Indianer über die Spinnenfrau erwähnt die kreuzweise verlaufende Trennung der Erde in vier Teile als ersten Schöpfungsakt der Göttin. Die Spinnenfrau, die auch »Denkende Frau« heißt, war das ursprünglichste Wesen. Bei Beginn der Weltschöpfung spann sie zuerst einen Faden von Osten nach Westen, dann einen zweiten von Norden nach Süden, und das Zentrum der Erde wurde durch den Punkt bestimmt, an dem sich die beiden Fäden überkreuzten.[6]

Verehrung für die Erde als lebende Mutter war für die vorpatriarchalischen Gesellschaften charakteristisch, denn sie scheinen besser als die späteren, von Männern beherrschten Zivilisationen verstanden zu haben, wie wichtig die Erhaltung der Umwelt ist. Tacitus erzählte, wie die germanischen Stämme während der heiligen Jahreszeit zu Ehren der Erdgöttin ihre Waffen wegsperrten und alle Kriegshandlungen beendeten.

Für mittelalterliche Hexen blieb die Erde eine Göttin: Gegen die Verbote und Einschränkungen der Kirche fuhren sie mit ihrer Verehrung fort. Die Häscher der Inquisition glaubten, daß gefangene Hexen unsichtbar werden und entfliehen könnten, wenn man ihnen erlaubte, die Erde zu berühren, oder wenn ein freundlich gesinnter Zuschauer ihnen einen Erdklumpen zuwarf.[7] Aber für die westliche Zivilisation wurde die Göttin Erde zur bloßen Materie (abgeleitet von dem lateinischen Wort *mater* für Mutter), »die keinerlei psychologische Bedeutung für uns hat«, sagt Jung. »Wie verschieden war doch das frühere Bild der Materie – der Großen Mutter –, das die tiefe emotionale Bedeutung der Mutter Erde in sich tragen und ausdrücken konnte.«[8]

Die nordamerikanischen Indianer, die die Vorstellung von der Erdgöttin aufrechterhielten, waren bestürzt darüber, wie weiße Männer mit ihrem Land umgingen. »Sie töten die Bäume, sie behandeln die Bäume ungerecht, und die Bäume weinen. Sie reißen die Eingeweide der Erde heraus, sie verletzen die Erde, und die Erde weint. Sie vergiften das Wasser unserer klaren Flüsse, die Fische sterben, die Fische und die Flüsse weinen, die Erde weint, die Kräuter auf den Wiesen weinen – wahrhaftig, die Weißen zwingen die ganze Natur zu weinen.«[9]

[1] Herodotus, 226
[2] Derlon, 135
[3] Sanday, 32
[4] Campbell, Primitive Mythology, 240
[5] Vermaseren, 10
[6] Stone, Ancient Mirrors of Womanhood, Bd. 2, 92
[7] Dürr, 168
[8] Jung, 95
[9] Dürr, 111

Feuer

Als Symbol des Feuers tritt oftmals ein einfaches, nach oben zeigendes Dreieck beziehungsweise eine Pyramidenseite in Erscheinung, aber auch andere Formen wie etwa ein einfacher Kreis oder Flammen wurden dafür verwendet. Das Dreieck könnte einen Vulkankegel dargestellt haben, also an Feuerberge erinnern. Das griechische Wort *pyramidos* hatte die Bedeutung eines feurigen Geistes, Gedankens, Symbols oder Begriffs. In Indien war Feuer ein maskulines Prinzip und wurde durch das nach oben weisende Dreieck dargestellt (siehe Hexagramm) und gewöhnlich durch den Gott Agni personifiziert, den »Verzehrer« der Opfer, die auf dem Altar durch Feuer verzehrt wurden. Agni war der Gefährte der Zerstörerin Kali, und zwar unter ihrem Namen Ambika in der Bedeutung von »Kleine Mutter«.

Asche wurde als Sperma Agnis bezeichnet. Der Gott und/oder seine Anhänger glaubten an die Wiedergeburt aus der Asche. Eine andere Bedeutung der dreieckigen Pyramidenform war der kegelförmige Aschenhaufen auf dem Altar oder Herd, der das Feuer umgab, das unter dem Herd in Form heißer Kohlen verblieb. Ehrgeiz, der sich nach oben richtet, ist wie das ruhelose Züngeln der Flamme zum Himmel, eine weitere gängige Bedeutung der Feuerpyramide.

Feuergötter wurden meist im Wald geboren. Und einige griechische Helden wurden von Baumjungfrauen geboren, die von Zeus (dem Blitz) oder Apollo (der Sonne) befruchtet worden waren. Manchmal sollten Holzscheite die Eltern des Gottes darstellen. Bei der Geburt ist der Feuergott klein und schwach, ein bloßer Funke. Später wird er stark und schrecklich. Einer seiner Titel »Licht der Welt« wurde von der christlichen Gottheit übernommen.[1]

[1] G. Jobes, Bd. 1, 49

Fluß

Sarasvati, die »Fließende«, war ein vedischer Name für die Flußgöttin, deren Wasser die indischen Könige vergöttlichten. Sie war auch eine Himmelskönigin, die alle feinen Künste erfand. Ein weiterer Name lautete Ganga – Mutter Ganges. In Shivas Lobeshymne zu ihren Ehren hieß es, daß sie alle Sünden so gründlich verzehrt, daß selbst ein Windhauch, der »von ihrem Duft erfüllt ist«, alle Sünden auslöschen kann, die sich im Laufe von Millionen früherer Erdenleben angesammelt haben. Menschen, die neben dem Ganges sterben, sind von jeder Bestrafung nach dem Tod erlöst, gehen unmittelbar in das »Haus Gottes« (Shivas) ein und gehen sogar in ihm auf.[1] Angesichts dessen braucht man sich kaum über die Menschenmassen zu wundern, die selbst heute noch viele Kilometer reisen, um im Ganges zu baden.

Ähnliche Kräfte wurden einstmals auch dem Jordanfluß zugeschrieben: Die Bibel behauptet, daß er das Fleisch eines Menschen zu dem eines kleinen Kindes machen kann (2. Könige 5,14). Dies war ein Versuch, den Jordan als einen Fluß des Todes und der Wiedergeburt im Sinne des berühmten griechischen Styx zu interpretieren, dessen Name bereits auf seine Gefährlichkeit, seine magischen und tabuisierten Aspekte hinwies. Man stellte sich diesen Fluß als Blut der Göttin vor, das aus dem Schoß der Erde hervorquoll, und deshalb nannte man ihn auch Alpha nach dem Buchstaben der Geburt.[2] Götter haben ihre wichtigsten Eide beim Namen des Styx geschworen. Thetis, die göttliche Mutter des Achilles, tauchte ihren Sohn in den Styx ein, um ihn unverwundbar zu machen – aber da sie ihn an der Ferse halten mußte, blieb diese Stelle trocken und wurde zu seinem schwachen Punkt. Das Wasser des Styx hielt man auch für tödliches Gift (in ähnlicher Weise wie auch Menstruationsblut) und ein klassisches Symbol des Todes. Der Fährmann Charon schaffte tote Seelen über den Styx in die Unterwelt. Die Griechen legen noch immer Geld in den Mund eines Leichnams, um den Fährmann des Styx zu bezahlen.[3]

Andere Flüsse der Unterwelt oder der Erdoberfläche wurden als Götter, Wassergeister, Nymphen, Najaden und schlangenartige Wesen personifiziert, in denen sich der mäanderförmige Lauf des Flusses ausdrückte. Fast alle Flüsse hatten ihre Schutzgottheiten. Der Fluß Boyne in Irland gehörte einstmals zur Urgöttin Boann, der Gemahlin des Vatergottes Dagda, der seine Kraft durch die Verbindung mit ihr erlangte.[4] Die Taufe in Flüssen leitete ihre magische Wirksamkeit von einer symbolischen Rückkehr zur Geburtsflüssigkeit einer solchen Göttin ab: Nach dem Eintauchen fühlte man sich »wiedergeboren«.

Heraklit betrachtete den Fluß als Symbol nicht nur von Geburt, Tod und Wiedergeburt, sondern der Zeit selbst, die immer ohne Rückkehr ewig weiterfließt. Er sagte: »Du kannst nicht zweimal in denselben Fluß steigen, denn immer neues Wasser fließt auf dich zu.«[5] Das sollte eine Metapher für den Strom der Zeit sein, der nur in eine Richtung fließt.

[1] Zimmer, 110
[2] Walker, The Woman's Encyclopedia of Myths and Secrets, 959–960
[3] Hazlitt, Bd. 2, 228
[4] Green, 149
[5] Cirlot, 94, 347

Höhle

Höhlen waren die großen natürlichen Symbole des Schoßes und der Mutter Erde, die von primitiven Völkern verehrt wurden. Porphyrius zufolge wurden vor der Entstehung von Tempeln alle religiösen Riten in Höhlen abgehalten.[1] In Sikkim lokalisierte man die Götter und Erdgeister in den vier großen Höhlen, die in den Haupthimmelsrichtungen angeordnet waren.[2] Die hinduistische »Mutter der Höhlen« war eine der ältesten Erscheinungsformen von Kali, sie war eine *matrika devi* (»Muttergöttin«) namens Kurukulla.[3] Ihre phrygische Nachfolgerin Kybele, die Große Mutter der Götter, die im zweiten Jahrhundert v. Chr. nach Rom gebracht wurde, hieß »Höhlenbewohnerin« und wurde in natürlichen oder künstlichen Höhlen angebetet. Ihre geheiligten unterirdischen Kammern waren die Schoß-Heiligtümer, in denen ihre entmannten Priester ihre abgeschnittenen Genitalien aufbewahrten.[4] Sie glaubten, daß Mitglieder ihrer Bruderschaft niemals sterben, sondern in diesen unterirdischen »Heiratsgemächern« zu Bräutigamen der Göttin werden würden.

Wie Kybele wurde die Große Göttin La Dama (»Die Herrin«) von baskischen Hexen in einer Höhle der Ambotoberge verehrt.[5] Bis zum 18. Jahrhundert n. Chr. wurde in Denwigshire eine Höhle verehrt, die der Dreifachen Göttin in der Form der »drei Feenschwestern« geweiht war; es gab Leute, die die Fußabdrücke der Schwestern rund um die magische Quelle gesehen haben wollten. In der Nähe des Ortes Dunskey in Schottland wurde noch im Jahre 1791 eine heilige Höhle und Quelle für Heilmagie verwendet:

»Beim Mondwechsel« kamen die Menschen, um in den Wassern der Gebärmutter zu baden.[6]

Der hebräischen Tradition zufolge wurde Abraham in einer magischen Höhle geboren, verlor jedoch seine Mutter, und deshalb ließ Gott aus seinem kleinen Finger Milch fließen, um ihn am Leben zu erhalten. Nach zehn Tagen war er fähig, aus der Höhle herauszugehen.[7] Es ist durchaus möglich, daß eine solche Geburtsgeschichte aus vorbiblischen Wiedergeburtsbräuchen bezogen wurde, denn heilige Höhlen waren die bevorzugten Orte magischer Befruchtungen. Die Legende behauptet, daß Abrahams Vater Azar hieß und der Minister des Königs Nimrod war; die Bibel aber gibt den Namen von Abrahams Vater als »Terah« an. Dieses Wort ist mit *terra* für »Mutter Erde« verwandt, deren Schoß gewöhnlich eine Höhle war.[8]

Wie Abraham ist auch der persische Erlösergott Mithra in Form eines Felsens, der *petra genetrix*, in einer magischen Höhle geboren worden. Auch der Geburtsplatz Jesu Christi war ursprünglich eine Höhle. Im Vorderen Orient wurden viele Götter in schoßähnlichen Höhlen geboren, umringt von göttlichen Tieren – damit waren die Idole der Tiergeister gemeint, die traditionellerweise den Geburtsplatz von Göttern bewachten. Auch in den Volksbräuchen und Märchen lag das Paradies oder das Land der magischen Wunscherfüllung in einer Höhle, man denke nur an die Höhle des Aladin.

[1] Robertson, 111
[2] Waddell, 256–257
[3] Larousse, 359
[4] Vermaseren, 111
[5] Pepper / Wilcock, 150
[6] Hazlitt, Bd. 2, 420
[7] Campbell, The Hero with a Thousand Faces, 324–325
[8] Cavendish, 115

Insel

Weil Sonne, Mond und Sterne alle im Westen sterben und neu geschaffen werden, damit sie wieder auferstehen, glaubten die alten Völker an die Paradiesinsel der verehrten Toten im äußersten Westen jenseits der Grenze des Ozeans. Diese westliche Paradiesinsel hatte viele Namen: Elysium, Hesperiden, Inseln der Gesegneten, glückliche Inseln, Feenland oder Avalon – die »Apfelinsel« der Kelten, die den Lebensbaum trug. Geoffrey von Monmouth schrieb: »Die Apfelinsel hieß auch glückliche Insel, weil die gesamte Vegetation dort von Natur aus wuchs, ohne daß man Ackerbau betreiben mußte … neun Schwestern herrschten über sie ... und eine von ihnen übertraf alle anderen an Schönheit und Macht. Ihr Name war Morgan, und sie lehrte, wie man Pflanzen verwenden könne, um Krankheit zu heilen. Sie war bewandert in der Kunst, ihre äußere Gestalt zu verändern und konnte durch die Luft fliegen.« In den »Gesta Regum Britanniae« hieß es, daß es eine Insel in der Mitte des Ozeans sei, wo Menschen immer jung seien, wo es keine Krankheit, kein Verbrechen, keinen Krieg oder unangenehmes Wetter gebe. Eine königliche Jungfrau, schöner als die Schönsten, herrsche über diese Insel.[1] Die keltischen Inselparadiese wurden immer von Frauen regiert.

Die Russen nannten die Feeninsel Bujan; dort wurde der kosmische Baum von der »Jungfrau der Dämmerung« bewacht, und die Sonne legte sich jeden Abend schlafen.[2] Der finnischen Mythologie zufolge war es ein Land des Friedens ohne Soldaten und militärische Handlungen. Auf oder unter dieser Insel lag der magische Kessel oder auch eine magische Mühle namens Sampo.[3] Norwegische Geschichten lokalisierten das westliche Paradies auf den Färöer-Inseln, die dann auch ihren Namen von *Faeroisland* (»Feenland«) herleiteten.

Im Hinduismus hieß das mütterliche Paradies »Insel der Edelsteine«; dort saß die Große Mutter auf ihrem Thron in einem juwelengeschmückten Palast.[4] Dieser Palast hatte die Form einer Yoni, und in ihrer Mitte war (wie eine Klitoris) der »Diamantthron« aufgestellt. Dieses ganze Bild wurde mit dem Körper einer Göttin oder Shakti verglichen. Es trug auch den Namen Jambu-Insel, das Land des lebenspendenden Rosenapfelbaums.[5] Viele solche Apfel-Paradiese mit weiblicher Symbolik tauchten in der Mythologie des Westens auf. Eine dänische Geschichte erzählt von einem Helden, der sich in ein Drachenmaul begab und so die Brücke zur magischen Insel fand.[6] Dieses Drachenmaul wurde zum christlichen Symbol des Höllenschlunds, den man allgemein auch als Umschreibung für die Vagina verwendete.

In der keltischen Überlieferung suchte der Gott Bran oder Maelduin auf dieser Insel nach dem »Kessel der Wiedergeburt«: Er begab sich auf eine Reise zum westlichen Land der Unsterblichkeit, das auch »Land der Frauen« hieß. Später wurde er von der irischen Kirche zum mythischen St. Brendan, dem Abt von Clonfert, gemacht. Im 10. Jahrhundert, 500 Jahre nach seiner angeblichen Lebenszeit, wurde seine Geschichte neu erfunden. Und nun hieß es, daß er nach Westen gereist sei, um ein magisches »Gelobtes Land« zu suchen.[7] Während die früheren Helden noch das »Land der Frauen« gesucht hatten, verlangte es den heiligen Brendan nach dem Paradies. Und daran zeigt sich, daß das »Land der Frauen die keltische Vorstellung des Himmels ist«.[8] Sexualität wurde also als regenerative, göttliche Kraft wahrgenommen, die durch Frauen kanalisiert wurde – bis das asketische Patriarchat alle diese Vorstellungen in das Reich der Häresie und Hexerei verwies. Es ist interessant, daß die halbheidnischen Balladen der Volkssänger das Feenland weder als Himmel noch als Hölle im christlichen Sinn, sondern als einen völlig anderen Ort begriffen.[9]

[1] Markale, 79–80
[2] d'Alviella, 168
[3] de Santillana / von Dechend, 102–111
[4] Cirlot, 152
[5] Tatz / Kent, 84
[6] Baring-Gould, 263
[7] Evans-Wentz, 354
[8] Markale, 52
[9] Walker, The Woman's Encyclopedia of Myths and Secrets, 994

Frühling

Sommer

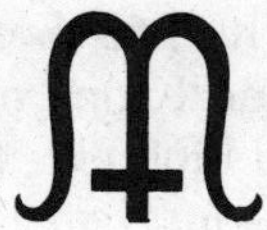

Herbst

Winter

Jahreszeiten

Die vier abgebildeten Figuren stellen die Jahreszeit in bezug auf die Vegetation dar. Im »Frühling« sieht man junge Keime, die sich aus der Erde erheben. Im ganzen erinnert dieses Zeichen an einen Kopf mit solarem Charakter. Der »Sommer« mit erhobenen Armen stellt ausgewachsene Pflanzen dar, die das Sonnenlicht empfangen und gedeihen; dieses Bild erinnert auch an den Kelch, den die sommerliche Ernte mit Wein oder Saft füllt, der über den Rand läuft. Der Kelch des »Herbstes« ist umgekehrt. Der Saft rinnt aus, die Schale wendet sich nach unten, das umgekehrte Kreuz stellt den Erlöser (Samen) dar, der in die Erde zurückkehrt, um dort in der dunklen Jahreszeit vor der Auferstehung zu schlafen. Der »Winter« zeigt die Samen, die unter der Erdoberfläche schlummern; sie sind von Schnee bedeckt und warten auf eine neue Jahreszeit der Sonne und des Keimens.[1]

Im antiken Griechenland wurden die Jahreszeiten durch vier Frauen dargestellt. Die Frühlingsgestalt trug eine Blumenkrone und stand neben einem blühenden Strauch. Die Sommergestalt trug eine Krone aus Getreideähren und hielt eine Sichel und eine Garbe im Arm. Die Herbstgestalt präsentierte einen Korb mit Früchten und Weinreben. Die Wintergestalt stand ohne Kopfschmuck neben einem kahlen Baum.[2]

Auch in der buddhistischen Tradition gab es Göttin-Figuren als Embleme der Jahreszeiten. Vasantadevi für den Frühling; Grismadevi für den Sommer; Saraddevi für den Herbst und Hemantadevi für den Winter. Manchmal wurden diese Göttinnen mit Frauenkörpern und Tierköpfen abgebildet.[3]

[1] Koch, 57
[2] Cirlot, 269
[3] G. Jobes, Bd. 1, 258

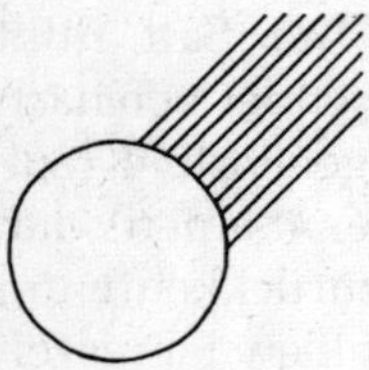

Komet

Das griechische Wort *kometes* bedeutet »Geist des Haares«. Man hielt Kometen für Sterne mit langen Haaren, ihre unübliche Erscheinungsform sowie ihre unregelmäßigen Bahnen erzeugten heiligen Schauer und Angst. Wenn ein Komet gesichtet wurde, so betrachtete man das immer als ein Vorzeichen schrecklicher Ereignisse auf der Erde. Viele glaubten, daß die Erscheinung eines größeren Kometen, wie etwa des Halleyischen Kometen, den unmittelbar bevorstehenden Jüngsten Tag vorhersagte. Wenn man die menschliche Psychologie nüchtern betrachtet, so kann man sich vorstellen, daß selbst dann, wenn auf den Besuch eines Kometen keine größere Katastrophe folgte, im nachhinein eine Unzahl von grausigen Ereignissen aufgespürt wurde, die angeblich durch den Kometen angekündigt waren.

Oft werden Kometen noch immer mit Meteoren oder Sternschnuppen verwechselt. Aber natürlich bewegen sich die letzteren schnell und verschwinden fast augenblicklich; Kometen dagegen scheinen im Himmel stillzustehen, obwohl sie in einer gewissen Geschwindigkeit um die Sonne wandern. Meteore sah man gern, denn man betrachtete sie als kurzzeitige Risse im Firmament, durch die ein Gott oder eine Göttin lange genug hereinspähen konnte, um einen Wunsch zu erfüllen.[1] In einer anderen Deutung dachte man, daß Meteore fliegende Drachen oder menschliche Seelen seien, die vom Himmel herabkamen, um in irdischen Körpern wiedergeboren zu werden.

[1] G. Jobes, Bd. 2, 1104

Lehm

War ein geläufiger symbolischer Ausdruck für Fleisch. Der biblische Gott, der Menschen aus Lehm schuf, imitierte die Magie viel älterer mesopotamischer Göttinnen wie Aramaiti (»Mutter der Menschen, die aus Lehm geschaffen sind«) oder Ninhursag, die Menschen aus ihrem eigenen Lehm und Blut schuf, oder Aruru, die Göttin, die als »Töpferin« und »Große« angerufen wurde, ihrem Lehmmenschen den Atem des Himmels einhauchte und ihn auf diese Weise zum Leben erweckte.[1] Ein anderer Titel der Göttin lautete Mami oder »Mutter«. Die Assyrer sagten, daß sie als erstes sieben Paare von männlichen und weiblichen menschlichen Wesen erschuf: »Die Schöpferin des Schicksals, in Paaren vollendete sie sie; die Gestalten von Menschen, die Mami gestaltet.« Die Sumerer nannten sie Nammu. Sie befahl einem Gott, menschliche Wesen aus Lehm zu erschaffen. »Die Erdmutter wird das Bild der Götter darauf befestigen. Und daraus wird der Mensch entstehen.«[2] Fleisch, das von einer Gottheit aus Lehm geformt wird, durchlief viele Zyklen der Mythologie, bevor es in der jüdisch-christlichen Bibel anlangte.

Der weibliche Ursprung des Namens »Adam« war *adamah* und bedeutete »blutiger Lehm«, aber männliche Gelehrte übersetzten es lieber mit »rote Erde«. Die Vorstellung selbst scheint auf eine primitive Geburtsmagie von Frauen zurückzugehen: Die Herstellung von Lehmpüppchen, die dann mit Menstruationsblut – dem heiligen »Blut des Lebens« – bestrichen wurden, um auf diese Weise wirkliche Kinder zu empfangen. Noch im Mittelalter formten Frauen Puppen aus Lehm als Abbilder von Menschen und versuchten vermittels solcher Puppen auf die wirklichen Menschen einzuwirken. Doch damals wurden solche Versuche als Hexerei definiert. Lehm war immer ein »weiblicher« Werkstoff, er war den Frauen heilig, weil es der Grundstoff der Erde war. Aufgrund dieses althergebrachten Ideenzusammenhangs war die Töpferei eine weibliche Kunst.[3]

[1] Epic of Gilgamesh, 121
[2] Campbell, Oriental Mythology, 109
[3] Walker, The Woman's Encyclopedia of Myths and Secrets, 815–816

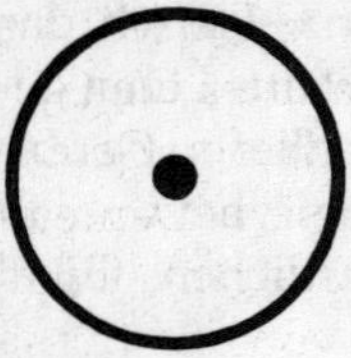

Luft

Das Elementsymbol der Luft wird auch als Symbol der Sonne oder des Himmels im allgemeinen verwendet. Manchmal wurde es auch als eine Darstellung des göttlichen Auges betrachtet. Im alten Indien und Persien wurde das Luftelement durch den Gott Vayu, in Mesopotamien durch Enlil personifiziert. Viele Mythen auf der ganzen Welt sprechen von einem Luftgott der Urzeit, der die Erde für lebende Wesen bewohnbar machte, indem er den Vater Himmel von der Mutter Erde wegdrängte und sie beide auseinanderhielt: Auf diese Weise entstand für Menschen und Tiere genügend Raum um zu atmen. So wurde der Luftgott also zur frühesten Form eines Erlösers der Menschheit.

In der Antike glaubte man oft, daß Luft die Essenz der Seele ausmache oder daß Seelen (Geister) aus derselben unsichtbaren Substanz bestünden wie die Luft; und aus diesem Grund konnte ihre Gegenwart zwar wie der Wind empfunden, nicht jedoch gesehen werden. Die Griechen und andere Völker behaupteten, daß es eine luftförmige Weltseele gäbe (*atmos* vom Sanskritwort *atman* für »Atem«). Diogenes von Apollonia sagte, daß die Luft sowohl Seele wie auch Bewußtsein sei und allen Wesen aufgrund ihres Atems das Leben verleihe: »Was Intelligenz hat, ist das, was die Menschen Luft nennen … es hat Macht über alle Dinge.« Aus diesem Grund wurde die Luft auch als Gott definiert. Auch der himmlische Vater Zeus wurde »Luft« genannt, »er lebte in allen Städten, in jedem Haus, in jedem von euch. Es gibt keinen Ort, wo es nicht Luft gibt. Und er, der überall zugegen ist, weil er notwendigerweise überall ist, weiß alles.«[1]

Man dachte gewöhnlich, daß die Seele sich beim letzten Atemzug buchstäblich vom Körper trennt und so in die umgebende Luft eintritt, um mit der Überseele zu verschmelzen, wie ein Wassertropfen mit dem Element Wasser verschmilzt, wenn er ins Meer fällt. Dieser Vorgang war für die Hindus das Einswerden mit dem Unendlichen.

[1] Guthrie, 136, 142

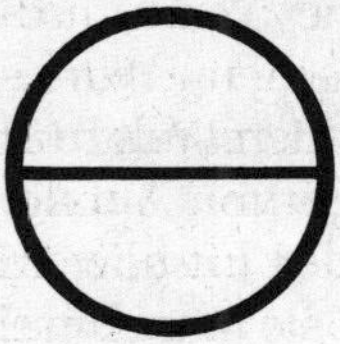

Meer

Ein ägyptischer Name für die mütterliche Tiefe oder den gebärmutterartigen Abgrund, aus dem das Universum geboren war, lautete Temu. Dieser Name war mit dem chaldäischen Thamte, dem babylonischen Tiamat, dem griechischen Themis und dem hebräischen *tehom* für die »Tiefe« verwandt. Es gibt noch viele andere Namen für das mütterliche Meer, wie etwa: Thetis, Peladia, Thalassa, Amphitrite, Aphrodite Marina und ihre Abwandlungen Mari, Mara, Marga und die Mutter Maria mit dem blauen Mantel und dem Perlenhalsband. Der griechische Meeresgott Poseidon war ursprünglich in der minoischen Zivilisation Kretas, die kein männliches Symbol des Meeres anerkannte, eine weibliche Poseideia.[1]

Das mütterliche Meer war ein universelles Emblem für Geburt und Wiedergeburt: Das Taufbecken in Salomons Tempel, das »Meer« genannt wurde (1. Könige 7,23), war ähnlichen großen Becken in den Tempeln Babyloniens und Ägyptens nachempfunden.[2] Der orphischen Literatur zufolge war die früheste Meeresmutter die Göttin Rhea, die nach der Geburt ihres Sohnes Zeus zu Demeter wurde. Sie trennte im Urabgrund die festen von den flüssigen Elementen und erschuf dabei Erde und Meer, wie auch Ambrosia und Nektar, die festen und flüssigen Speisen der Götter.[3] Deshalb hieß Demeter »Herrin der Erde und des Meeres«. Ihr Zeichen beinhaltete den »Diameter«, der den Meereshorizont, aber auch die Trennung zwischen festen und flüssigen Elementen darstellen könnte.

Die babylonische Vorstellung einer schöpferischen sexuellen Vereinigung zwischen einem Himmelsgott names Apsu und dem als weiblich gedachten Meer – Tiamat – scheint auch in der biblischen Schöpfungsgeschichte auf. »Der ursprüngliche Text läßt erkennen, daß der schöpferische Akt eine sexuelle Vereinigung ist.« Elohim (Götter) befruchten das Wasser mit *ruach*, und dieses hebräische Wort bedeutet »Geist«, »Wind« oder auch die Tätigkeit des »Schwebens«, womit auch sexueller Verkehr im Sinne eines Sich-hin-und-her-Bewegens gemeint ist.[4]

Viele heidnische Helden wurden aus dem mütterlichen Meer geboren, das in Skandinavien durch den Kessel der Wiedergeburt symbolisiert und »Mutterschoß« genannt wurde.[5] Skyld, ein Vorfahre von Beowulf, wurde als neugeborenes Kind von den Wogen des Meeres an den Strand gespült. Ebenso erging es Rig-Heimdall und Merlin. Der kleine Gwion wurde von Cerridwen, der Göttin des Kessels, verschlungen und wiedergeboren: Sie ließ ihn in einem »Fellbeutel aus dem Meer« auftauchen, und das sollte bedeuten, daß er eine spirituell begabte Person sein würde, da er mit der Glückshaube geboren war.[6] Selbst im christianisierten Europa blieb das Meer heidnisch. Die Isländer sagten, daß Christus zwar ihre Insel beherrsche, daß aber noch immer der alte Gott Thor die See regiere. In ähnlicher Weise praktizierten auch schottische Fischer heidnische Rituale, wenn sie in ihren Booten auf See waren, und sie hielten es für unglückbringend, den Namen eines Pfarrers zu erwähnen oder vom Sonntag zu sprechen, bevor sie nicht ans Land zurückgekehrt waren.[7] Die Skandinavier dankten ihren alten heidnischen Gottheiten, wenn sie einen reichen Fang gemacht hatten.[8]

Die afrikanische Meeresgöttin hatte viele Namen, wie etwa Agwe in Dahomey und Oshun bei den Yoruba. Man ist sich nicht sicher, ob der letztgenannte Name dieser Sprache entstammt oder eine Verballhornung des englischen Wortes *ocean* ist. In der neuen Welt hieß diese Meeresgöttin dann Ochun, Oxum oder Erzulie. In Haiti nannte man sie manchmal La Balianne, Yemanja oder Yemaya. Wie ihre Entsprechung Aphrodite oder Venus war auch sie mit dem Mond, der Liebe, der Geburt, der Schönheit und dem Feuer der Sexualität, das sich mit dem Wasser mischte, verbunden. In Ghana hieß sie Mami Wata, ein Name, der ebenfalls aus dem Englischen kommen könnte *(Mama water)*. Jedenfalls kann die Universalität der Meeresgöttin ebensowenig in Zweifel gezogen werden wie die globale Ubiquität des Meereswassers selbst.

[1] French, 140
[2] Lethaby, 219
[3] de Santillana / von Dechend, 259
[4] Beltz, 35
[5] Walker, The Woman's Encyclopedia of Myths and Secrets, 934
[6] Cavendish, 200
[7] Spence, 354
[8] Dumézil, From Myth to Fiction, 220

Milchstraße

Der »Sternenfluß«, der durch unseren Blickwinkel auf den Mittelteil unserer Milchstraße entsteht, war in der Vorstellung der antiken Zivilisationen ein Fluß von glitzernder, lebenspendender Göttin-Milch. Die Ägypter betrachteten sie als Ausfluß aus dem Euter der Himmelskuh Hathor oder Isis in ihrer Kuhgestalt, als die sie ihre Füße auf den vier Ecken der Welt aufstellte. In verschiedenen griechischen Mythen hieß diese Mondkuh Io, Europa oder Hera. Das Wort *galaxis* selbst kam von dem griechischen Wort *gala*, der »Muttermilch«. Die vier Flüsse des Paradieses wurden oft mit vier Milchströmen gleichgesetzt, die aus den vier Zitzen der Mondkuh hervorkamen – in der norwegischen Mythologie war sie vor jedem anderen Geschöpf und ernährte die Welt.[1] In der Bibel waren die »Flüsse des Paradieses« als Ströme wiedergegeben, die von Eden aus in die vier Himmelsrichtungen verliefen – aber der Strom Hiddekel (Genesis 2,14) ahmte den akkadischen Namen der Milchstraße nach, nämlich *Hiddagal* in der Bedeutung von »Fluß der Göttlichen Herrin«. In Arabien hieß die Milchstraße *Umm al-Sama*, und das hieß »Mutter des Himmels«.[2]

Andere Namen der Milchstraße waren: »Mondstraße« (im Skandinavischen *manavegr*) und »Weg der weißen Kuh« in keltischen Ländern.[3] Im Kinderreim wurde die berühmte »weiße Kuh« zu jenem Tier, das über den Mond sprang und eine Spur ihrer Sternenmilch über den Himmel zurückließ.

[1] Branston, 57
[2] Jobes / Jobes, 103
[3] Turville-Petre, 76; Graves, The White Goddess, 175

Mond

Vielleicht ist kein anderes Naturobjekt seit frühester Zeit so sehr verehrt worden wie der Mond. Sein anerkanntes Symbol war üblicherweise ein Neumond bzw. eine Mondsichel, weil der Vollmond als einfacher Kreis dargestellt werden müßte – aber damit sind andere Assoziationen, meist solarer Natur, verbunden.

Aufgrund seiner offensichtlichen Beziehung zu den weiblichen Zyklen des »Mondblutes«, das, wie man glaubte, jedem menschlichen Wesen im Schoß Leben spendete, wurde der Mond zum wichtigsten Symbol der Muttergöttin, und zwar überall auf der Erde. Der griechische Name Europa, der später unserem Kontinent verliehen wurde, bedeutet »Vollmond« und war ein früherer Titel der Hera oder Io als weißer Mondkuh, gehörte aber auch zu anderen Erscheinungsformen der Göttin, wie etwa Demeter und Astarte.[1] Der alte Name von Britannien – Albion – bedeutete »weißer Mond« und bezog sich auf die Göttin, bis er dann von dem Mönch Gildas in einen fiktiven männlichen St. Alban verwandelt wurde. Eine der wichtigen Gottheiten Persiens war Al-Mah, der Mond, dessen Name zum hebräischen Wort *almah* für »heiratsfähige Frau« wurde: Dies war auch das Wort, das die Christen unbedingt mit »Jungfrau« übersetzt haben wollten, wenn es auf die Mutter Jesu Christi angewendet wurde. Eine andere Ableitung davon war der lateinische Ausdruck *alma mater*, für die lebende Mutterseele der Welt. Heute wird dieser Ausdruck auch für die Universität gebraucht.

Die Römer verehrten die Urmutter Mond entweder als »Luna« oder »Mana« bzw. »Mania«, deren Verehrung die Christen als »Wahnsinn« verdammten. Auch das englische Wort *lunacy* für »Wahnsinn« leitet sich bekanntlich von dem lateinischen Wort *luna* für »Mond« ab. Mana war die Mutter der archaischen Ahnengeister, der *manes*, die man jedes Jahr bei dem Fest der Manalien günstig stimmen wollte. Dieselbe Göttin Mana herrschte auch im archaischen Skandinavien, Arabien und Mittelasien. »Mana« kam von dem Sanskritwort *manas* für »Bewußtsein«, einer Eigenschaft der Urmutter Ma. Es war auch mit dem lateinischen Wort *mens* verwandt, das sowohl »Bewußtsein« wie auch »Mond« bedeutete, darüber hinaus aber auch die geheimnisvolle Qualität spiritueller Macht (*nu-men*).

Moses Maimonides zufolge beinhaltete die Religion Adams ebenfalls die Verehrung des Mondes; und die Bibel enthält viele Spuren einer vor-jahwistischen Verehrung des Mondes.[2] Die Könige des Alten Testaments wie auch ihre Reittiere trugen »Schmuck wie der Mond« (Richter 8,21). Die Propheten klagten hebräische Frauen an, weil sie Mondamulette trugen (Jesaia 3,18). Agla, einer der »geheimen Namen Gottes«, der in der hebräischen Magie oft verwendet wird, wird üblicherweise oft als »Licht« übersetzt, meinte aber im besonderen das Mondlicht; Aglaia war ein alter Name der Mondgöttin. Eine talmudische Tradition besagte, daß Jahwe selbst ein Sühneopfer darbringen mußte, weil er den Mond beleidigt hatte.[3] Die Mondgöttin zeigt wenig Respekt für Jahwe oder irgendeinen anderen seiner Hilfstruppen. So steht es jedenfalls in der »Apokalypse des Baruch«: Als Adam und Eva über ihre Sünde weinten, weinte alles mit ihnen. »Der Himmel, die Sonne, die Sterne und die ganze Schöpfung bis hin zum Thron Gottes war erschüttert. Die Engel und die Mächte waren in ihrem Herzen über die Verfehlung Adams bekümmert«, nur der Mond lachte darüber.[4]

Der heilige Augustinus verdammte Frauen wegen ihrer »schamlosen und schmutzigen« Tänze zu Ehren des Neumonds.[5] Und dennoch war die Zeiteinteilung nach dem Mond so wichtig für die Tradition des Erlösergottes, daß die Christen unbedingt den Vollmond bei Jesu Christi Kreuzigung darstellen wollten; obwohl man andererseits auch glaubte, daß sie während einer Sonnenfinsternis stattgefunden hatte, die nur während des Neumonds eintreten kann.

Noch während des ganzen Mittelalters wurden die Mondtraditionen mit den Frauen assoziiert. Aus Brauchtum und Volksliedern geht hervor, daß Frauen aufgefordert wurden, bei besonderen Wünschen nicht zu Gott, sondern zu ihrer eigenen Gottheit, der Mondmutter, zu beten, bei der sie auch ihre Eide schwörten.[6] Ebenso wie die Gegner des Jeremias hartnäckig fortfuhren, Kuchen für die Himmelskönigin (den Mond) zu backen, obwohl der Prophet dagegen wetterte (Jeremias 44,19), fuhren die Frauen des christlichen Europa fort, für ihre Mondfeste Mondkuchen zu backen, welche die Franzosen *croissants* oder »Mondsicheln« nannten. Die heutigen Geburtstagskuchen leiten sich von dem griechischen Brauch ab, den allmonatlichen Geburtstag von Artemis, dem Mond, mit Kuchen zu ehren, in denen brennende Kerzen befestigt waren.[7] Die Hexen fuhren mit der Beschwörung der Mondgöttin fort, indem sie »den Mond herabzogen«. In manchen Gegenden säte oder heiratete man nur bei günstigen Mondständen. Alles, was mit der Haltung von Haustieren zusammenhing, schien vom Mond abzuhängen. Und natürlich wagten sich weder Zauberer noch Hexen an magische Operationen, wenn sie nicht vorher die richtige Mondphase bestimmt hatten.[8]

Im vorislamischen Arabien war die Mondgöttin so wichtig, daß ihr Emblem schließlich das gesamte Land repräsentierte, und so ist es noch heute, denn die Mondsichel erscheint auf allen islamischen Fahnen. Als Manat, die alte Mondmutter Mekkas, lenkte sie einst die Schicksale all ihrer Söhne, sie nannten sie auch *Al-Lat* für »Göttin«. Inzwischen wurde sie zu »Allah« vermännlicht, und dieser männliche Gott verbietet nun Frauen den Eintritt in Heiligtümer, die einstmals durch die Mondpriesterinnen gegründet worden waren. In Zentralasien wurde ihr runder himmlischer Körper als Spiegel beschrieben, der alles in der Welt reflektiert.[9] Es heißt noch immer, daß das Spiegelbild des Mondes im Wasser das wichtigste Heilmittel für nervöse Störungen ist.

[1] Graves, The Greek Myths, Bd. 1, 196
[2] Briffault, Bd. 3, 78
[3] French, 50
[4] Tennant, 203
[5] Hazlitt, Bd. 2, 417
[6] de Lys, 458; Wimberly, 363
[7] Brasch, 23
[8] Hazlitt, 143, 418
[9] Jobes/Jobes, 32

Nacht

Hesiod zufolge hat die »Mutter Nacht« alle Götter geboren.[1] Sie stand für die Dunkelheit des Schoßes, in dem alles erzeugt wird, für die Schwärze des Abgrundes wie auch für den unendlichen Raum, die Quelle der Sterne und anderer Himmelskörper. Sie ging der Schöpfung voraus. Der orphische Schöpfungsmythos besagte, daß sogar der himmlische Vater ehrfurchtsvoll vor der Ur-Nacht mit ihren schwarzen Schwingen stand, die im Schoß der Dunkelheit als erste das Ei des Kosmos gelegt hat. Aus diesem Ei (das manchmal mit dem Mond gleichgesetzt wird), schlüpfte die doppelgeschlechtliche Gottheit Eros, die das Universum in Bewegung versetzte. Die Nacht war eine Dreifache Göttin, ihre beiden anderen Gestalten waren Ordnung und Gerechtigkeit.[2] In Ägypten hieß sie Nut oder Nuit.

In den Begriffen der psychologischen Archetypen stellt die Mutter Nacht das Unbewußte dar, aus dem alle Bilder entstehen.

[1] Cirlot, 218
[2] Graves, The Greek Myths, Bd. 1, 30

Ozean

Die Menschen der Antike glaubten meistens, daß der Weltozean die Form einer riesigen Schlange besaß, deren Körper aus Wasser bestand und die Landmassen von Eurasien und Afrika – die damals bekannte Welt – umschloß. Der griechische Meeresgott Okeanos wurde im Anfang der Zeiten von der Göttin Eurymone geschaffen und wurde dann zum Wasserplaneten Venus. Okeanos und Ophion, die große Weltschlange, waren beide Gottheiten, die die Erde wie ein Gürtel umschlossen. Ihr früherer Name bedeutete die Zugehörigkeit zur »schnellen Königin«.[1] Mit anderen Worten: Okeanos war die Schlangengestalt, die ganz allgemein mit der Urgöttin verbunden wird. Als Wasserschlange, die ihren Schwanz ins Maul nimmt, glich er vielen Gottheiten des äußeren Ozeans: dem gnostischen Uroboros, dem phönizischen Taaot, dem ägyptischen Toth oder Tuat und dem hebräischen Leviathan.

[1] Graves, The Greek Myths, Bd. 1, 27, 30; Bd. 2, 402

Planet

Als die geheimnisvollen Ringe des Saturn entdeckt wurden, lieferten sie ein Standardsymbol für Planeten überhaupt, obwohl die meisten Planeten unseres Sonnensystems keinen Ring besitzen und nur durch Kreise oder Kugeln dargestellt werden konnten. Dann aber würde man »Planeten« mit »Sonne«, »Mond« oder vielen Dingen verwechseln, die ebenfalls durch Kreise symbolisiert werden.

Die Alchemisten und Mystiker verknüpften die mutmaßlichen Planetengottheiten mit den sieben Tagen der Woche und den sieben Metallen: Sonntag, Helios, Gold; Montag, Luna, Silber; Dienstag (Zius oder Mars' Tag), Mars, Eisen; Mittwoch (französisch *mercredi* von Merkur), Merkur, Quecksilber; Donnerstag (Donars oder Jupiters Tag), Jupiter, Zinn; Freitag (Freyas oder Venus' Tag), Venus, Kupfer; Samstag (englisch *saturday* von Saturns Tag), Saturn, Blei. Die Kabbalisten erstellten Ensembles von jeweils sieben Spiegeln aus den entsprechenden Metallen, um auf diese Weise die Planetenkräfte an bestimmten Wochentagen zu befragen.[1]

Mysterienreligionen einschließlich des frühen Christentums lehrten, daß jede Seele sieben aufeinanderfolgende Planetensphären durchquert, wenn sie vom Himmel herabkommt, um auf der Erde wiedergeboren zu werden, und dabei die Leidenschaften und Fehler eines jeden Planeten in sich aufnimmt (Geilheit von der Venus, Zorn vom Mars usw.). Wenn die Seele dann nach dem Tod zum Himmel zurückkehrt, kann sie diese »sieben tödlichen Sünden« nacheinander ablegen, während sie von neuem durch die Planetensphären reist.[2]

Auch unsere Tonleitern haben wir den Planetensphären zu verdanken. Man glaubte, daß sie von den griechischen Musen zusammengestellt worden seien, und zwar auf der Basis der sieben harmonischen Töne, die von den sich drehenden Sphären abgegeben wurden. Außerdem entsprach jeder dieser Noten auch noch ein gesungener Vokalklang.

Dieser Harmonielehre, die offensichtlich auf dem östlichen *om* basiert und als »Sphärenmusik« bekannt ist, schrieb man die Kraft zu, das Universum am Leben zu erhalten.

Das griechische Wort *planetes* bedeutet »Wanderer«, weil es so aussieht, als wanderten die Planeten auf unlogischen Bahnen gegen den Hintergrund der Fixsterne über den Himmel.

[1] Jobes/Jobes, 90
[2] Lindsay, 124

Quelle

Jegliches Wasser, das aus der Erde hervorquoll, nannte man Quelle; aber dieser Begriff hatte auch besondere mystische Assoziationen, denn er war das zentrale Charakteristikum des alten matriarchalen/uterinen Paradieses. Ebenso wie das »Hervorquellen« von Blut/Wasser aus dem Schoß der Mutter Erde im Augenblick der Schöpfung war die Quelle (*fons vitae*) der Ursprung der Lebenskraft. Sie war das Ziel aller Pilgerfahrten und Ritterzüge von geheimnisvollen Helden. Dabei gab es viele kaum verborgene Anspielungen auf die Kulte der höfischen Liebe, die aus der tantrischen Tradition stammten – und irgendwie wußte man immer, daß die eigentliche Quelle des Lebens im Körper der Frauen lag und eigentlich Menstrualblut war. So hieß es, daß die Quelle der ewigen Jugend im Feenparadies jeden Monat einmal aufquelle und überfließe.[1] In biblischer Begrifflichkeit ist eine minderjährige Jungfrau »ein versiegelter Brunnen« (Hohelied Salomons 4,12). Das levitische Gesetz forderte, daß ein Mann nie mit einer menstruierenden Frau Sexualverkehr haben durfte, weil »er ihre Quelle entdeckt, und sie die Quelle ihres Blutes aufgedeckt hat« (Leviticus 20,18).

Der römischen Mythologie zufolge war die Quelle der Jugend eine junge Göttin namens Juventus, die dann ganz buchstäblich zur Quelle wurde.[2] In vorrömischen Zeiten hatte sie den jungfräulichen Aspekt der Juno dargestellt, bis sie dann in der Kapitolinischen Trinität durch den jungen Mann Jovis ersetzt wurde, dessen Name »der Junge« bedeutete. Er wurde später mit Jupiter identifiziert. Das keltische Feenparadies war ein Land ewiger Jugend mit einer wunderbaren Quelle in seiner Mitte, die das

Wasser des Lebens spendete. Die Quelle wurde auch mit dem Kessel der Wiedergeburt gleichgesetzt. Etliche Geschichten erzählten von Helden, die die Quelle dadurch erreichten, daß sie in ein Drachenmaul eintraten – und dies ist eine mythische Metapher für die gefährliche *vagina dentata*.[3]

[1] Baring-Gould, 256
[2] Hall, 194
[3] Walker, The Woman's Encyclopedia of Myths and Secrets, 771

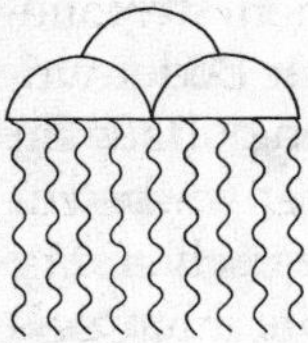

Regen

Das Navajo-Symbol für Regen erklärt sich selbst: Es zeigt sich auftürmende Wolken und Wasser, das in Wellen nach unten fällt. Regen assoziierte man üblicherweise mit dem männlichen Prinzip, wie etwa im Fall des Jupiter Pluvius, dessen wäßriger »Same« die Mutter Erde befruchtete. Manchmal verwechselte man dies auch mit dem Urin des Gottes, wie etwa im Falle von Zeus' »goldenem Regen«, der Danae befruchtete. Dies war einer der Namen der Erdgöttin. Noch in diesem Jahrhundert gab es im Irak den Brauch, eine weibliche Puppe als »Braut Gottes« zu kleiden und in den Feldern aufzustellen, wenn man Wasser brauchte: Auf diese Weise sollte der Gott verleitet werden, »Wasser« über sie zu ergießen.[1] Regenzauber auf der ganzen Welt sollen dem Gott zeigen, was man braucht, indem man Wasser ausgießt, verspritzt, Gegenstände oder Menschen durchnäßt, Wasser durch Rohre preßt oder irgend etwas in einen Fluß wirft.[2] Die mittelalterliche Kirche lehrte, daß Hexen Regen erzeugen konnten, indem sie Wasser in ein Loch gossen oder nasse Stoffetzen auf Steine schlugen, damit die Tropfen durch die Luft flogen.

In manchen amerikanischen Indianerstämmen wird Regen als eine Form der Ahnen betrachtet, deren Geister in Wasser oder Luft eingegangen sind.[3]

[1] Briffault, Bd. 3, 210
[2] Frazer, The Golden Bough, 80–81
[3] G. Jobes, Bd. 2, 1319

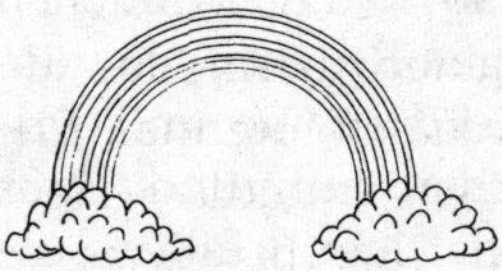

Regenbogen

Die australischen Aborigines von Arnhemland und Kimberley erzählen, daß die Regenbogenschlangenmutter die Welt erschaffen und all ihre Völker geboren hat.[1] Eine ähnliche Regenbogengöttin war offensichtlich auch in Afrika weitverbreitet. Bei den Yoruba heißt sie Oya und gilt als die Schöpferin der Elemente im Universum. Nachdem sie mit den afrikanischen Sklaven in Amerika anlangte, wurde sie zur Regenbogengöttin Olla von Kuba und Puerto Rico, zu Yansa von Brasilien und zu Maman Brigette oder Damballah im Voodoo-Kult von Haiti.

Im Griechischen hieß die Regenbogengöttin Iris; allerdings war sie in der archaischen Religion wichtiger als in den klassischen olympischen Sagen. Wahrscheinlich liegt ihr Ursprung in der Göttin Kali-Maya, der prävedischen Herrin der »Regenbogenschleier« der wahrnehmbaren Wirklichkeit. Manchmal glaubte man, daß alle Dinge auf dem Regenbogen beruhten, denn wenn man Haut, Haar, Pflanzen, Material oder Steine in starkem Sonnenlicht genau betrachtete, so kamen Millionen von winzigen Regenbogen zum Vorschein. Edelsteine und Kristalle wurden aufgrund ihres regenbogenartigen Schillerns als die Essenz der Göttin bewundert und betrachtet. Kali-Maya wurde zur griechischen Göttin Maya, der jungfräulichen Mutter des Gottes Hermes, genauso wie Maya die jungfräuliche Mutter des Gottes Buddha war; ihr Name jedoch bedeutete »Hebamme«, und oftmals wurde sie auch als heilige Greisin, altes Weib oder Großmutter innerhalb der heiligen Göttindreiheit betrachtet.[2]

Den Regenbogen im Himmel betrachtete man üblicherweise als Brücke, die Himmel und Erde vereinigt. Die Weisen Asiens hielten ihn für eine Einheit zwischen dem männlichen und weiblichen Prinzip. Die Chinesen nannten ihn *tai ch'i*, was wörtlich »großer Firstbalken« und in übertragener Bedeutung die Vereinigung von polaren Energien – Yin und Yang – bedeutet.[3] In der norwegischen Mythologie war es die Himmelsbrücke Bifrost, die auch Brisingamen hieß – das juwelbesetzte Halsband der Freya. Der Regenbogen erschien auch als Halsband der babylonischen Göttin Ischtar und in der Symbolik ihrer sieben verschieden gefärbten Schleier, die im Tanz ihrer Priesterin Salome in der Bibel vorkommen. Die Ägypter nannten diese Schleier die »sieben Stolen der Isis«.[4] Die sieben Farben des Regenbogens wurden mit vielen anderen magischen und mystischen Siebenerzahlen gleichgesetzt. Meist waren sie mit der Verehrung der Göttin verbunden, manchmal aber wurden sie auch von männlichen Gottheiten übernommen.

Ein offensichtliches Beispiel einer solchen Übernahme ist die biblische Deutung des Regenbogens als Versprechen Gottes gegenüber Noah, daß es keine weltzerstörenden Fluten mehr geben würde. Die frühere babylonische Geschichte, von der der biblische Sintflutmythos abgeleitet war, interpretierte den Regenbogen ganz anders: Die Göttin Ischtar ärgerte sich über den Gott, der die Flut verursacht hatte, weil er so viele ihrer Menschen getötet hatte. Sie setzte ihren Regenbogen in den Himmel, um ihn davon abzuhalten, die Opfergaben auf irdischen Altären aufzuessen – so ähnlich wie eine Mutter, die ein ungehorsames Kind ohne Abendessen ins Bett schickt.[5]

[1] Campbell, The Way of Animal Powers 140
[2] Eliade, 114
[3] Watts, 97
[4] Angus, 251
[5] Walker, The Woman's Encyclopedia of Myths and Secrets, 315

Schatten

Die Menschen der Antike waren sich einig, daß der Schatten eines Menschen ein Teil der Seele sei, von dem man sich mehr oder weniger leicht lösen könnte. Unter den sieben Seelen eines Ägypters oder einer Ägypterin war auch der »Schatten« oder *chaiput*. Die Griechen und Römer waren der Meinung, daß der Schatten (*umbra*) ein Teil der Seele sei, der nach dem Tod ohne Kraft, Stimme und Blut in der Unterwelt leben würde, und deshalb sind bei Homer die Geister der Toten so gierig nach dem Blut, das Odysseus ausschüttete, um sie herbeizurufen. Wenn eine lebende Person ihren Schatten verlieren würde, so wurde das mit dem Verlust der Seele gleichgesetzt. Der biblische Todesfluch »Ihr Schatten hat sie verlassen« (Numeri 14,9) sollte Feinde zu hilflosen, seelenlosen Zombies machen.

Die Vorstellung, daß seelenlose Geschöpfe, wie etwa Werwölfe, keine Schatten werfen, stand in Beziehung zur Verehrung des Zeus Lykaios (des »wölfischen Zeus«) in seinem Heiligtum in Arkadien. Pausanias zufolge verloren menschliche Körper in diesem Tempel ihre Schatten, und damit sollte vermutlich ausgedrückt werden, daß es das Zentrum der Erde sei. Ähnliches wurde auch von Christen für den Tempel von Jerusalem behauptet, in dem menschliche Körper zu Mittag keinen Schatten warfen, weil Jerusalem als Zentrum der

Erde galt und die Sonne dort direkt im Zenit stand.[1]

In seiner Wolfsform wurde Zeus zu einem ideologischen Ahnherrn der Werwölfe, und insofern lag es natürlich nahe, daß die Seelenlosigkeit dieser Wesen durch den Verlust des Schattens symbolisiert wurde. Die Juden haben immer den »Mittagsteufel« gefürchtet, der Menschen zu Mittag ihren Schatten stehlen konnte oder ihn zumindest so klein und schwach machen konnte, daß man durch Dämonen angreifbar war.[2] Während des ganzen Mittelalters gab es sowohl in der jüdischen wie auch in der christlichen Tradition viele Geschichten über Menschen, die ihren Schatten verloren hatten oder ihn dem Teufel überlassen hatten, wie etwa Peter Schlemihl, dessen Name aus diesem Grund zum Synonym für einen »Narren« wurde.[3]

[1] d'Alviella, 64
[2] Budge, Amulets and Talismans, 219
[3] Walker, The Woman's Encyclopedia of Myths and Secrets, 928

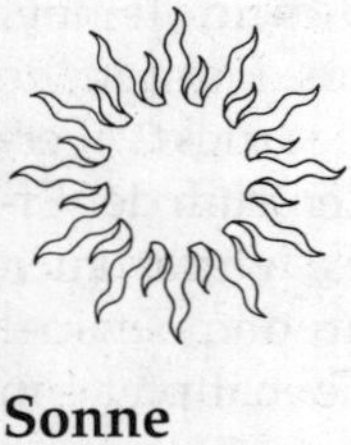

Sonne

Normalerweise verlieh die europäische Tradition der Sonne das männliche Geschlecht und dem Mond das weibliche Geschlecht. Hauptsächlich um festzustellen, daß »sein« Licht stärker war und »sie« nur seinen Glanz reflektierte, symbolisch für die Position von Frauen in der patriarchalischen Gesellschaft. Aber in asiatischen vorchristlichen wie auch in einigen europäischen Systemen ist die Sonne eine Göttin. Die Königsfamilien Japans leiteten ihre Herkunft von der Sonnengöttin Amaterasu her. Vor dem Islam verehrten die Araber die Sonne als eine Göttin namens Atthar.[1] Den tantrischen Schriften zufolge war die Sonne nicht mehr als ein Lichtgewand für die Große Göttin.[2] Paradoxerweise taucht diese Vorstellung in der Offenbarung des Johannes wieder auf, der von einer »Frau, bekleidet mit der Sonne« spricht (Offenbarung 12,1). Manche Mystiker trieben die Kontemplation dieses Göttin-Gewandes so weit, daß sie sich selbst »durch das Licht blendeten«: Sie starrten so lange in die Sonne, bis ihr Augenlicht zerstört war, und erlangten auf diese Weise die Heiligkeit. Denn da sie in den höchsten Glanz geblickt hatten, gab es für sie nichts Größeres mehr zu sehen.

Auch die Wikinger verehrten die Sonne als Göttin und nannten sie »Ruhm der Elfen« oder Sol. Bei den Germanen hieß sie

Sunna.[3] Bei den Kelten trug sie den Namen Sol, Sul oder Sulis. Ihre Rituale wurden vor allem auf Bergspitzen gefeiert, die auf Quellen herabblickten, wie etwa die Quellen bei Bath, das bei den Römern Aquae Sulis hieß. Die Römer errichteten der Sonne unter dem Namen der Sol Minerva Altäre.[4] Verschiedene Priesterinnen, die der Sonne geweiht waren, gingen in die keltische Mythologie als Sonnenfrauen ein wie zum Beispiel Isolde, Grainne und Deirdre. Auch die skythische Diana war eine Sonnengottheit.[5]

Viele alte heidnische Feste, bei denen es Freudenfeuer, Fakkeln, Kerzen und andere Lichter gab, waren ursprünglich der Göttin als Sonne oder als Lenkerin der Sonne und ihrer Zyklen geweiht.

[1] Larousse, 323, 408
[2] Mahanirvanatantra, xl
[3] Branston, 152
[4] Dames, 154
[5] Markale, 240

Tautropfen

Der Tau wird üblicherweise durch einen fallenden Tropfen symbolisiert, obwohl Tau nicht wie Regen fällt, sondern sich eher auf Oberflächen kondensiert; man könnte also sagen, daß er nach oben wächst und nicht nach unten fällt. Aber früher wurde der Tau mit dem befruchtenden Regen gleichgesetzt, der von Himmelsgöttern auf die Erde geschickt wurde; und wie Regen wurde er zur gebräuchlichen Metapher für Sperma.

Die Bibelschreiber verstanden diese Metapher recht gut. Das Hochzeitslied des königlichen Bräutigams sprach von seinem »Kopf« (dem Penis), der mit Tau oder »Tropfen der Nacht« gefüllt sei (Hohelied Salomons 5,2). In den Psalmen heißt es, daß Menschen nur einem mannhaften König folgen würden, der vom »Tau« der Jugend strotze (Psalm 110,3). Auch von Meister Ekkehart wurde der Tau als göttliches Sperma erkannt: »Wie sich die Rose am Morgen öffnet, um den Tau vom Himmel und die Sonne zu empfangen, so öffnete sich Marias Seele und empfing Christus, den himmlischen Tau«. Der gebräuchliche Ausdruck »Tautropfen in der Rose« bedeutete etwas ähnliches wie »Juwel im Lotus« oder die chinesische Version »Diamant in der goldenen Blüte«.[1] Es waren poetische Symbole der Sexualität und Fruchtbarkeit.

[1] Wilkins, 113

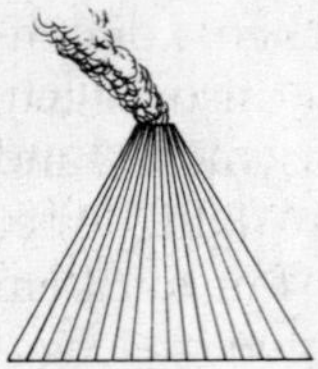

Vulkan

Wie jeder andere eindrucksvolle oder furchterregende Aspekt der Natur waren Vulkane schon seit der frühesten Steinzeit Objekte menschlicher Verehrung. Auf den Inseln des pazifischen Ozeans, von denen viele vulkanischen Ursprungs sind, wurde die Große Mutter selbst in Vulkankegeln vermutet, wo sie die Toten in ihren Kesseln voll ewigen Feuers zum Leben erweckte. Die Malekulaner glaubten, daß die Toten im Feuer der Vulkane weiterleben, daß sie niemals verbrennen, sondern nur »Seligkeit« kennen. Die uralte japanische Feuergöttin Fuji kontrollierte den Kessel des Vulkans Fujiyama, der noch heute ein heiliger Pilgerort ist.[1] Auch die ihr ähnliche Feuergöttin Pele von Hawaii beherbergte die Seelen der Toten in vulkanischen Welten nach dem Tode, ebenso wie ihre nordeuropäische Entsprechung Hel, die Göttin der feurigen Unterwelt, die später zur christlichen Hölle wurde, obwohl sie ursprünglich keineswegs ein Ort der Bestrafung war. Die Germanen sagten, daß Mutter Hel ein Feuerberg sei, und der Kaiser Theoderich wurde dadurch unsterblich, daß er durch einen Vulkan in ihren Schoß einging. Die heidnischen Traditionen wurden verteufelt, einige mittelalterliche Autoritäten erklärten, daß alle Vulkane Eingänge zur Hölle seien.[2]

Aber auch der ursprüngliche Jahwe scheint als Vulkangott angefangen zu haben. Der Berg Sinai, an dem Moses ihn traf, war der Sitz eines midianitischen Gottes, der früher in dem Vulkan Jebel-Al-Aqra, der früheren Heimat der Midianiter, weilte.[3] Er wurde auch mit dem lokalen Mondgott Sin gleichgesetzt, nach dem der Berg benannt war. Das Erscheinen Jahwes als »Wolkensäule bei Tag und Feuersäule bei Nacht« (Exodus 13,21–22) weist mit Sicherheit auf einen vulkanischen Geist hin.

Das Wort *volcano* leitet sich von dem lateinischen Vulkangott Vulkanus ab, der seinerseits wieder von der älteren kretischen Gottheit Velchanos abstammt. Dieser soll ein großer Schmied und Metallarbeiter gewesen sein, dessen Schmiedewerkstätten in Latien unter dem Vesuv und dem Ätna lagen. Er fertigte Donnerkeile und andere Waffen für die Götter. Seine griechische Entsprechung war Hephaistos, der lahme Schmied, der die Aphrodite heiratete, seine Mutter Hera gegen Zeus verteidigte, einen Tempel mit Athene teilte, mit den Amazonen assoziiert wurde, von »goldenen Frauen« in seiner Werkstatt in Lemnos unterstützt wurde und schließlich wegen seiner Rebellion von Gott in die Tiefe geworfen wurde – ganz ähnlich wie der »Lichtbringer« Luzifer.[4] Im großen und ganzen scheint es also viele Gründe zu geben, um die Vulkangottheiten als vorpatriarchalisch und eher göttinorientiert zu betrachten.

[1] Campbell, Primitive Mythology, 336, 450
[2] Borchardt, 242
[3] Walker, The Woman's Encyclopedia of Myths and Secrets, 133
[4] Graves, The Greek Myths, Bd. 1, 87

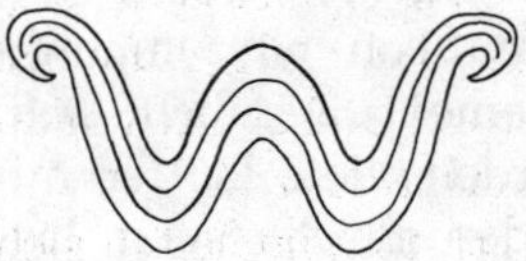

Wasser

Das »Wasser des Lebens« wurde einst mit dem kosmischen Schoß gleichgesetzt, der »Tiefe« vieler Schöpfungsmythen. Für Thales von Milet war das Wasser *arché*, die Erste Ursache am Beginn aller Dinge.[1] Zosimos sagte: »Ohne göttliches Wasser existiert nichts.« Porphyrius meinte, daß die Seelen der Toten vom Wasser angezogen würden, da es die Essenz der Wiedergeburt sei.[2]

Wasserquellen waren in der keltischen Religion sehr wichtig. In manchen Gegenden wurde die lokale Göttin der Quellen Coventina genannt (in Ableitung von dem englischen Wort *coven* für »Hexensabbat«), und sie erschien in der typisch keltischen Dreifaltigkeit von drei Personen in einer. Besonders wurde in England das Wasser der Göttin Sulis in Bath und die Quelle und der Hain der Göttin Arnemetia in Buxton verehrt, das auch Aquae Arnemetia hieß (»Wasser der Göttin des heiligen Haines«).[3]

Wasser, das in zwei – manchmal auch vier – Strömen zur Zeit der Schöpfung von der Göttin ausging, war eine gebräuchliche Abwandlung des symbolischen Paradies-Flusses. Die Göttin wurde abgebildet, wie sie entweder ihre eigenen Brüste oder einen Krug mit zwei Strömen hielt. Die alte Vorstellung, daß Wasser Geister aufnehmen könne, führte zu dem mittelalterlichen Brauch, nach einem Todesfall alle Wasserkrüge eines Hauses zu entleeren.[4] Es gab eine merkwürdige Parallele zu den »Großen Arkana« (den Trümpfen oder großen Geheimnissen) der Tarotkarten: Dort folgt auf die Karte des Todes eine Karte, auf der ein Engel abgebildet ist, der Wasser ausgießt. Eine andere Karte, der Stern, zeigt die nackte Göttin, wie sie aus ihren beiden Krügen Wasser auf Erde und Meer ausgießt.

Hinduistische Sammelwerke wie das »Tantrasara« erklärten, daß die Taufe im Wasser wirksamer sei als irgendein Mantra oder Gebet, wenn man sich gegen Feinde, Katastrophen und böse Geister schützen wolle.[5] Die Taufe im Wasser war ein so gebräuchlicher magischer Ritus, daß die Christen ihn von den Heiden übernahmen und seither verwendeten. Auch eine andere Geschichte wurde immer wieder kopiert: Ein Heiliger konnte angeblich dadurch seine Macht über das Wasser demonstrieren, daß er auf der Oberfläche gehen konnte, ohne zu sinken. Buddha und andere asiatische Weise behaupteten, daß ein heiliger Mann, der im Yoga ausgebildet sei, auf dem Wasser gehen könne.[6] Der griechische Held Iphiklos konnte nicht nur auf Wasser gehen, sondern auch über ein Kornfeld laufen, ohne die Halme zu biegen. Der Gott Poseidon behauptete, eine derartige Macht über das Meer zu haben, daß er sogar seine Pferde auf der Oberfläche der Wellen galoppieren lassen konnte, ohne mit ihnen unterzugehen.[7] So viele Magier beanspruchten die Fähigkeit, auf dem Wasser gehen zu können, daß der satirische Dichter Lukian dies auch seinem falschen Magier in den Mund legte.[8] Die Geschichte, daß Jesus auf dem Wasser schritt, basierte auf solchen »Präzedenzfällen«.

1 Campbell, Occidental Mythology, 181
2 Cirlot, 85, 347
3 Grenn, 80, 153, 165
4 Trachtenberg, 177
5 Avalon, 208–209
6 Bardo Thodol, 158
7 Halliday, 90
8 M. Smith, 120

Wind

Da der Wind im indoeuropäischen Pantheon ein »männliches« Element, nämlich Luft, war, wurden viele Götter mit den Winden gleichgesetzt. Der vedische Herr der Winde, Vata, entwickelte sich zu Voten, Wuotan, Woden und Odin.[1] Unter dem Namen des heiligen Within wurde er durch die christliche Kirche zum mythischen St. Swithin. Sein Heiligtum stand in Win(d)chester, das im Lateinischen *venta castrum* oder »Ort der Winde« hieß, und sein Symbol war das Wotanskreuz.[2] Wie Jupiter Pluvius traute man auch ihm zu, daß er Sturm, Winde und Regen lenken konnte.

Die Griechen kannten vier Windgötter, die für die vier Windrichtungen zuständig waren. Die mittelalterlichen Symboliker vervielfältigten sie auf zwölf und bildeten sie auf einer Windrose ab. Ihre Namen lauteten: Eurus, Solanus, Nothus, Auster, Africus, Euroauster, Zephyrus, Stannus, Ireieus, Boreas, Aquilo und Volturnus.[3] Der Nordwind Boreas ging in die Sagen um den Heiligen Gral als Sir Bors ein, der ein früher Gott Britanniens gewesen war und den Griechen durch das Land der »Hyperboreer« bekannt war (Menschen, die jenseits des Nordwinds lebten). Der Sage nach war Bors ein Tempelkind und Sohn Gottes, der von der Herrin des Sees aufgezogen wurde und schließlich im schicksalhaften Jahr seines Sakralkönigtums in Sarras zum Gefährten Galahads wurde. Sir Bors »lag mit einer Priesterin zu Bett«, zeugte einen Helden, wurde dann kastriert und mit alten Schuhen beworfen; letzteres war ein traditionelles Heiratssymbol, das aus vorchristlichen Bräuchen stammte.[4]

Luzifer erbte die Macht der alten Götter über die Winde und wurde zum »Prinz der Macht über die Luft«, der sich der Entfesselung von Stürmen widmete. Sagen, die im Koran zitiert werden, schreiben diese dämonische Kraft über die Winde auch dem König Salomon zu, vor allem, wenn er auf seinem fliegenden Thron durch die Lüfte flog.[5]

[1] Branston, 109
[2] Brewster, 330
[3] Cirlot, 225
[4] Darrah, 123
[5] Spence, 372

Chinesisches Wolkensymbol

Wolke

In der chinesischen Kunst stellen Wolkenbilder die weibliche Sexualität dar, während Männlichkeit durch den Regen symbolisiert wird. Ebenso, wie die Regengötter der westlichen Antike ihr Sperma vom Himmel schickten, tat es auch der himmlische Vater von China. Die weibliche Erdessenz manifestierte sich in den Wolken. »Das Zusammentreffen von Wolken und Regen ist in der chinesischen Literatur das gängige Bild für Sexualverkehr.«[1]

In diesem Sinne könnte man sagen, daß ein phallischer Gott seinen Kopf in den Wolken hatte. In der westlichen Kunst wurden Wolken auch um die Köpfe von Heiligen und Helden gemalt. Diese Abwandlung des Heiligenscheins hieß *nimbus* für »Wolke«. Ein chinesisches Symbol für großartige Leistungen (oder die Apotheose) war ein Junge, der seinen Drachen auf eine Wolke zufliegen ließ. Rote Wolken, die früher das gefährliche Mondblut des Schoßes darstellten, symbolisierten mit der Zeit dann ganz allgemein Gefahr.[2]

[1] Rawson, Erotic Art of the East, 230
[2] G. Jobes, Bd. 1, 350

Wüste

Das Thema der Wüste erschien in der europäischen Poesie und Symbolik unmittelbar nach dem Jahrhundert der Kreuzzüge und der Öffnung der Handelswege zum Mittleren Osten. In diesem Jahrhundert sahen europäische Reisende einige der dürrsten Wüsten der Welt und lauschten den Erklärungen von Sufi-Mystikern und anderen, die sich dem orthodoxen Islam widersetzten. Sie sagten, daß die Erde deshalb unfruchtbar geworden sei, weil die neue Religion die alte Verehrung der Mutter vernachlässigt hatte und das Land von ihr zur Unfruchtbarkeit verdammt wurde.

Diese Vorstellung verwurzelte sich in dem ländlichen Heidentum, das in den europäischen Feudalgesellschaften immer noch unter der Oberfläche vorherrschte. Die Angst, auch im Westen eine Arabia Deserta hervorzubringen, ist in den Mythen des Grals-Zyklus und der Artuslegenden spürbar. Wenn man diesen Geschichten glaubt, so wurde die Wüste durch brutale Männer erzeugt, die die Priesterinnen der Brunnen und Quellen vergewaltigten und ihre goldenen Kelche stahlen. »Deshalb wurde das Land unfruchtbar; die Bäume und Blumen welkten und das Wasser vertrocknete.«[1] Neue christliche Gesetze beraubten die Frauen ihrer Eigentumsrechte, und so sammelten sich »verwaiste Jungfrauen« und enterbte Witwen in den *castles of damsels* (»Fräuleinburgen«) und warteten auf die Ankunft des ersehnten Ritters oder ritterhaften Erlösers, der die richtige Verehrung für das Mutterrecht und die Mutter Erde wiederherstellen würde.[2] Dies war sowohl eine ökonomische wie auch eine spirituelle Hoffnung, die sich allerdings nur als poetische Fiktion des Grals-Zyklus realisierte; und auch damit hatte es ein jähes Ende, als der Gral voll und ganz zum christlichen Symbol umfunktioniert wurde.

Die Metaphorik der Wüste ist das Bild einer Landschaft spirituellen Todes, wo Mythen rigide durch Dogmen strukturiert werden, anstatt sich aus den wirklichen Gefühlen und Bedürfnissen der Menschen zu entwickeln. »Und diese seelische Dürre erstreckt sich heute von der Kathedrale bis zur Universität.«[3] Auch wenn die Erde noch immer fruchtbar ist und das Wasser noch immer fließt, so ist dennoch etwas Lebendiges verlorengegangen, als das Patriarchat die Vorherrschaft übernommen hat.

[1] Darrah, 70
[2] Jung/von Franz, 229
[3] Campbell, Creative Mythology, 373

14

TIERE

Affe
Bär
Delphin
Elefant
Esel
Fisch
Fledermaus
Frosch
Fuchs
Hase
Hermelin
Hindin
Hirsch
Hündin
Hund
Kalb
Katze
Keiler
Koyote
Kröte
Krokodil
Kuh
Lamm
Löwe
Maskottchen
Maus
Nilpferd
Ochse
Panther
Pferd
Salamander
Sau
Schaf
Schakal
Schildkröte
Schlange
Schwein
Stier
Stute
Wal
Widder
Wolf
Wurm
Ziege

Auf der ganzen Welt gibt es eine Überfülle von Beweisen dafür, daß primitive Menschen Tiere als höchst spirituelle Geschöpfe, ja sogar als Gottheiten betrachteten. Die ägyptischen Götter und Göttinnen mit ihren menschlichen Körpern und ihren Tierköpfen waren offensichtlich Priester und Priesterinnen, die als Tiergeister verkleidet waren: Sie trugen kunstvoll gefertigte Kopfbedeckungen und Masken, die einfache Leute wahrscheinlich davon überzeugten, daß sie eine echte Gottheit vor sich sahen. In gleicher Weise spielen heute in vielen Gegenden eingeborene Sakraltänzer die Rolle von mystischen Tieren, indem sie die entsprechenden Kostüme und Masken tragen und ihre Bewegungen nachahmen. Die Verschmelzung von menschlichen und tierischen Formen überlebte bis in die christliche Ikonographie, zum Beispiel in der überquellenden Fülle von Monstern, von denen man die Hölle bewohnt glaubte: Die alten halbtierischen Götter wurden zu Dämonen und Menschen mit Hörnern, Schwänzen und Bocksfüßen.

Eine der gebräuchlichsten Ausdrucksformen primitiver Religion ist der Totemismus, bei dem sich ein ganzer Stamm mit einem »Ahnentier« identifiziert. Es wird vergöttlicht, ist aber dennoch in jedem Mitglied des Stammes spirituell zugegen. »Der Totemismus stammt noch aus einer Zeit, als die Menschen nichts von der biologischen Vaterschaft wußten. Man glaubte, daß Clanmütter durch das Essen, die Berührung und den Blick auf ein bestimmtes Tier von seinem Geist befruchtet werden und ihn auf all ihre Nachkommen übertragen können. Wenn eine Frau zum ersten Mal eine Schwangerschaft in sich verspürte und wenn in diesem Augenblick ein bestimmtes Tier oder eine Pflanze ihre Gedanken und ihre Phantasie beschäftigte, so glaubte sie, daß dieses Wesen sich in sie eingepflanzt habe und durch sie in menschlicher Form geboren werde.« [1]

Auf diese Weise kam man zu der Ansicht, daß Tiere Stammesväter sein könnten. Zum Beispiel erklärten die Menschen des Arunta-Stammes jedes neugeborene Kind zur Reinkarnation des Tiergeistes, den sie als Totem-Ahnen hatten. Sie behaupteten, daß der menschliche Sexualverkehr ein Kind nicht erzeugt, sondern die Mutter lediglich darauf »vorbereitet«, den heiligen Tiergeist zu empfangen. [2]

Manchmal vermied man es, Totemtiere als Nahrung zu sich zu nehmen; manchmal wurden sie im Sinne einer heiligen Kommunion bei zeremoniellen Gelegenheiten gegessen. Die frühen Israeliten mieden das Schweinefleisch, weil das Schwein zuvor religiöse Bedeutung als tiergestaltige Göttin hatte – wie dies auch in Ägypten, Syrien, Kleinasien und Indien der Fall war. Die Totemtiere verkörperten immer die Gottheit und wurden deshalb tabuisiert (das lateinische Wort *sacer* hat die doppelte Bedeutung von »heilig« und »unrein«.) Erst wenn der dazu bestimmte Zeitpunkt nahte, konnte es rituell geschlachtet werden, damit sein Fleisch »all seinen Kindern« auf einmal angeboten werden konnte. Die Tiergottheit war oftmals ein Ersatz für den Sakralkönig oder Erlösergott, der kannibalistisch verzehrt wurde, nachdem er sein Leben für die Rettung seines Volk gegeben hatte. Diese Grundidee, die irgendwie noch immer in der modernen Gesellschaft existiert, liegt allen zeremoniellen Schlachtungen der antiken Welt zugrunde – dem *taurobolium*, den Pferdeopfern, der Schlachtung von Ziegen und Widdern für Gottheiten, deren Köpfe dieselben Hörner trugen. Auch das biblische Ersatzopfer – Lämmer und Kitzlein für das eigentlich erwartete Opfer der erstgeborenen Kinder – gehört dazu. In diesem Zusammenhang steht auch das *agnus dei* oder »Lamm Gottes«. Die Welt der Menschen und der Tiere überschneidet sich überall. An allen Überschneidungspunkten haben Menschen ihre nichtmenschlichen Freunde (oder Feinde) sowohl verehrt wie auch vernichtet, und zu allen Zeiten haben sie sie symbolisch abgebildet.

Himmlische Tiere gibt es noch immer im Tierkreis und in anderen Himmelsgegenden: Aquila, der Adler, Draco, der Drache, Lepus, der Hase, Delphinus, der Delphin, Corvus, die Krähe, Hydra, die Seeschlange, Cygnus, der Schwan, Cetus, der Wal, Monoceros, das Einhorn, Columba, die Taube, Ursa Major und Minor, der Große und Kleine Bär, und Canis Major und Minor, der Große und Kleine Hund. Die Moslems setzten zehn berühmte Tiere in den Sternenhimmel: Abrahams Widder, Balaams Esel, Bilkis' Kiebitz, Jonas' Wal, Mohammeds Alborak, Moses' Stier, Noahs Taube, Salehs Kamel, Salomons Ameise und den Hund der sieben Schläfer. [3] Auch Junos Pfau ist dort oben und das geflügelte Pferd der Musen. Tatsächlich scheint es mehr Tiere in den Himmelsregionen zu geben als menschlich-heroische oder göttliche Gestalten, und auch das hat sicherlich eine symbolische Bedeutung.

[1] Whittick, 150
[2] Crowley, Bd. 2, 222
[3] G. Jobes, Bd. 1, 98

Indischer Affengott Hanuman

Affe

Als Rama, eine der zehn Inkarnationen Avatars, des Gottes Vishnu, seine wunderschöne Braut an einen räuberischen Dämon verlor, entdeckte der Affe Hanuman ihren Aufenthaltsort und führte den Gott herbei, um sie zu retten. Als Belohnung dafür wurde der Affe zum Gott erhoben und durfte zur Größe eines Bergs heranwachsen. So erzählt es die klassische indische Geschichte. Aber es ist wahrscheinlich, daß der Affe im primitiven Indien als göttliches Tier verehrt wurde, ebenso wie der Pavian oder der hundeköpfige Affe im primitiven Ägypten verehrt wurde. »Der Kult des Affen ist sehr alt und wahrscheinlich vordynastisch; in dieser Zeit wurden tote Affen mit großer Sorgfalt einbalsamiert und bestattet.«[1]

Das allgemein bekannte Symbol der drei Affen, die sich Ohren, Mund und Augen mit den Händen zuhalten, weist eine merkwürdige Ähnlichkeit mit der Einweihungsformel der berühmten Eleusinischen Mysterien auf: dort wird von »gehörten Dingen, geschmeckten Dingen und gesehenen Dingen« gesprochen.[2] Die übliche Interpretation dieser Figuren im Sinne eines »nichts Böses hören, nichts Böses sprechen, nichts Böses sehen« war vielleicht eine Art der Übernahme eines heidnischen triadischen Bildes. Der Affe war im Mittelalter ein geläufiges Symbol des Heidentums.[3]

[1] Budge, Gods of the Egyptians, Bd. 2, 365
[2] Walker, The Woman's Encyclopedia of Myths and Secrets, 239
[3] Hall, 118

Bärin, Totem der Göttin Artio, Bern

Bär

Das Sternbild des »Großen Wagens« heißt offiziell »Ursa Major«, Große Bärin. Vor langer Zeit war sie die tierische Inkarnation der Göttin Artemis Calliste (von dem griechischen Wort *kalliste* für »die Schönste«), und sie war die Wächterin des Polsterns oder der Weltachse. Von nördlichen Breiten aus gesehen, verschwindet ihre Konstellation niemals unter dem Horizont und dient zur Bestimmung der Jahreszeiten. Der Bärenschwanz zeigt am Frühlingsanfang bei Einbruch der Nacht genau nach Osten, beim Sommeranfang nach Süden, beim Herbstanfang nach Westen und beim Winteranfang nach Norden. Auf dem ganzen eurasischen Kontinent von Griechenland bis nach China betrachtete man diese Konstellation als den Thron der Himmelskönigin. Seine sieben hellen Sterne hießen manchmal die sieben Schwestern.

Obwohl Artemis ihre Gestalt oftmals wechselte und viele verschiedene Tierformen annahm, scheint die Bärin eine ihrer häufigsten Inkarnationen gewesen zu sein. Sie trat als Artio, die heilige Bärin von Bern, in Erscheinung, wurde in alten Zeiten von den Schweizern verehrt und ist noch immer das totemistische Emblem dieser Stadt.[1] Im Norden war sie die Göttin des *ber sark*; das war ein Hemd aus Bärenhaut, das Kriegern angeblich bärenhafte Kraft und Mut verlieh und sie zu »Berserkern« machte, die im Kampf ebenso furchtlos, ungestüm und unbesiegbar waren wie eine Bärin, die ihre Jungen verteidigt. Zwei solche Bärenjungen wurden von kindlichen Priesterinnen dargestellt, die beim Fest der brauronischen Artemis in Attika als Bärinnen verkleidet waren. Vielleicht wollte man damit an die mütterlichen Gefühle der Göttin für ihr Volk appellieren.[2] Auch die Trojaner verehrten die Göttin in Bärenform: Sie erklärten, daß sie das Kind Paris in der Wildnis ernährt habe, bevor er von trojanischen Schafhirten entdeckt und adoptiert wurde.[3]

In Kreta waren die beiden jungen Bärinnen dann schon zu den Zwillingsbärinnen herangewachsen, die das Kind Zeus ernährten, als seine Mutter Rhea (eine andere Version der Artemis) ihn in der diktäischen Höhle verbarg. Diese Bärinnen waren rituell mit Kindern assoziiert, und dies gilt auch für den Kult der Bärenmutter, »der oft in semitischen Zusammenhängen« auftaucht.[4] Sie waren das eigentliche Original, von dem sich die folgende Bibelgeschichte ableitet: Zwei Bärinnen wurden durch Elischas Fluch »im Namen des Herrn« herbeibeschworen, um 42 Kinder zu zerreißen, die sich in ihrer Ungezogenheit über Elischas Kahlkopf lustig gemacht hatten (2. Könige 2,24). Aber diese ganze Bibelgeschichte wurde von einem Bild der Bärinnen mit menschlichen Kindern fälschlich abgeleitet.

Dort, wo die alten Kreter die Artemis als göttliche Bärin verehrten, wird heute die Jungfrau Maria als Panagia Arkoudiotissa (»allheilige Göttin des Bären«) angerufen.[5] Eine weitere christianisierte Form der Göttin war die mythische heilige Ursula, die sich von dem heidnischen sächsischen Namen Ursel (»Bärin«) ableitete. Sie trat mit ihren »11 000 Jungfrauen« in Erscheinung, die einstmals die Sterne symbolisierten, die der Himmelskönigin aufwarteten. In die christianisierte Sage gingen sie als höchst unglaubhafte Horde von Dienerinnen der Prinzessin Ursula ein, die im 5. Jahrhundert n. Chr. von den Hunnen erschlagen worden sein sollen. In Wirklichkeit wurde diese Heiligenlegende von den kirchlichen Hagiographien 500 Jahre nach dem behaupteten Ereignis – irgendwann zwischen dem 9. und 12. Jahrhundert – zusammengestückelt: Alle möglichen Fälschungen und selbstgefertigten Beweise wurden zusammengestellt, um sie zum Nutzen des Kölner Doms zu untermauern.[6]

Überreste der germanischen Bärenverehrung gibt es noch im Zusammenhang mit Volksfesten und Jahresfesten. Eine von den erwähnenswerten Gestalten ist der Fastnachtsbär, der in deutschen Dörfern noch vorkommt. Aber dieser Mann, der in ein Bärenfell gekleidet ist, ist keine heilige Person mehr und hat weiter nichts zu tun, als mit allen Dorfmädchen zu tanzen und in allen Häusern um Geld zu betteln, damit er sich Bier kaufen kann. [7]

[1] Larousse, 226
[2] Graves, The Greek Myths, Bd. 1, 86
[3] Rank, 23
[4] Brown, 64, 68
[5] Gimbutas, 200; Dürr, 21
[6] Attwater, 333–334
[7] G. Jobes, Bd. 1, 549

Delphin

Der Name »Delphin« leitet sich aus dem griechischen Wort *delphinos* ab, das auch »Schoß« bedeutete. Der Delphin war ein Totemtier der Demeter in ihrer

Rolle als Herrin des Meeres, während die Schlange sie als Herrin der Erde symbolisierte. Die berühmte Statue »Der Junge auf dem Delphin« war einstmals eine religiöse Darstellung: Sie zeigte den jungen Sonnengott, der aus dem Meer geboren war und auf dem Rücken eines Delphins ritt. Zu dieser Zeit glaubten die meisten Menschen, daß Wale oder Delphine große Fische seien. Daß es auch im Meer Säugetiere gibt, war nicht bekannt.

Dem klassischen Mythos zufolge wurde der Delphin in den Sternenhimmel aufgenommen – als Konstellation Delphinos –, weil er die Rolle des Kupplers gespielt hatte, als der Meeresgott Poseidon um die Hand der Meeresgöttin Amphitrite anhielt.[1] Aber das war eine späte Erfindung, die Poseidon zuungunsten von Amphitrite erhöhte, denn sie war nur eine andere Erscheinungsform der Großen Göttin, die das Meer regierte. »Diese Heirat hatte mit dem Eingreifen der männlichen Priester zuungunsten der weiblichen Kontrolle über die Fischindustrie zu tun.«[2] Amphitrite wurde von der Göttin zur bloßen Meeresnymphe degradiert. In Abbildungen der griechischen Kunst ritten Nereiden oder Meeresnymphen oftmals auf dem Rücken von Delphinen über das Wasser.

Auf Bestattungsurnen stellten Delphine die Seele dar, die in eine andere Welt einging.[3]

[1] Whittick, 231
[2] Graves, The Greek Myths, Bd. 1, 59, 61
[3] G. Jobes, Bd. 1, 459–460

Elefant

In der Bibel heißt der Gott Jahwe auch »Herr der Heerscharen«, und diese Anrede leitete sich vom Elefantengott Ganescha ab, dessen Name genau dasselbe bedeutete.[1]

Im fünften Jahrhundert v. Chr. verehrten jüdische Söldner in Elephantine am Nil den Elefantenbullen und die Elefantenkuh als frühe Version von Jahwe und seiner Gemahlin.[2] Der indische Elefantengott Ganescha befruchtete die jungfräuliche Göttin Maya, die dann den Buddha gebar. Diese Jungfraugöttin gelangte dann unter dem Namen »Moye« nach China und war dort die Mutter des urzeitlichen Kulturhelden Fu-Hi oder Fu-Hsi. Der weiße Elefantengott befruchtete sie, indem er einen magischen Regenbogen um sie legte, als sie neben einem Fluß einherschritt.[3] Im Westen wurde die vom Herrn der Heerscharen befruchtete Jungfraugöttin zur Maia der Griechen, der Mutter des erleuchteten Hermes, aber auch zu ihrer uns vertrauteren christlichen Entsprechung, der heiligen Maria.

Im alten China betrachtete man die Elefanten als Symbole einer machtvollen Sexualenergie. Der Gott Shiva nahm manchmal die Gestalt eines Elefanten an oder wurde zum Vater eines elefantenköpfigen göttlichen Kindes. In gleicher Weise konnte sich Krishna in einen Elefanten verwandeln und trat dann zusammen mit seiner sexuell höchst erregbaren Begleiterin Radha auf, deren Name »Elefantenkuh« bedeutet. Der berühmte »weiße Elefant«, der bei hinduistischen Ritualen meist als gemaltes Bild erscheint, stellte die »schlummernde Sexualenergie der Lebenskraft« dar.[4] Der elefantenköpfige Ganescha wurde in der Gestalt des elefantenköpfigen Dämons Behemoth christianisiert und symbolisierte noch immer sexuelle Energie. Trotz dieser Verteufelung betrachtete man noch im Mittelalter das Elfenbein als einen Stoff von starker magischer Kraft. Im Rolandslied wird ein Horn aus Elfenbein erwähnt, es heißt »Olifant«. Auch in anderen mittelalterlichen Epen über Ritterkämpfe spielten immer wieder »Hörner aus Elfenbein« eine wichtige Rolle.[5]

[1] Campbell, Oriental Mythology, 307
[2] Graves, The White Goddess, 405; Walker, The Woman's Encyclopedia of Myths and Secrets, 277
[3] Brasch, 139
[4] Zimmer, 108
[5] Cavendish, 218

Esel, Statuette aus Ur

Esel

In Nordafrika und den Ländern des fruchtbaren Halbmondes findet man reichliches mythologisches und ikonographisches Beweismaterial für die totemistische Verehrung des Wildesels (Onager) und seiner domestizierten Vettern. Eine der frühesten ägyptischen Gottheiten war der Gott Set (in der Bibel »Seth«) mit dem Eselskopf, und er war zugleich eine der Erscheinungsformen des Horus wie auch ein gekreuzigter Sakralkönig.[1] Auch in Palästina gab es diese Gottheit, und zwar unter ihrem römischen Namen Pales, der manchmal sowohl als männlich wie auch als weiblich betrachtet und mit Vesta als

Wächter der Herden gleichgesetzt wurde.[2] Dieser palästinensische Gott wurde einstmals in derselben Gestalt wie Set abgebildet: mit dem Körper eines Menschen und dem Kopf eines Esels. Die hebräische Version des Messias, Iao, war eine weitere Erscheinungsform des Set.[3] Die Verehrung des Esels in Palästina wird durch Bibelgeschichten nahegelegt: Man denke an Balaam (Baal) und seine Orakeleselin sowie an den offiziellen Einzug Jesu nach Jerusalem, bei dem er als Sakralkönig auf einem jungen Esel ritt, »wie es geschrieben steht« (Johannes 12,14).

Abgesehen von Gestalten mit Eselsköpfen und Eselshüften auf der Tarotkarte »Rad des Glücks«, gibt es einige Beweise dafür, daß die Verehrung des Esels bis in die Zeit des Mittelalters reichte, wenn es auch nur in scherzhafter Form geschah. Nur auf diese Weise wurden ja die meisten heidnischen Bräuche bewahrt. In europäischen Kathedralen wurde oftmals ein Eselsfest in der Mitte des Winters gefeiert: Eine Mutter mit Kind wurde als Madonna verkleidet und ins Heiligtum gebracht. Dabei saß sie auf einem Esel, und die begleitende Litanei beinhaltete u.a. auch »eselhaftes Gelächter«.[4] Das Weihnachtsspiel setzte auch den Brauch fort, den es schon bei den Saturnalien gab, nämlich die Scheinenthauptung eines eselsohrigen Weihnachtsnarren, der dann wieder von den Toten auferstand.

[1] Campbell, The Mythic Image, 29
[2] Larousse, 209
[3] M. Smith, 72
[4] Huson, 115

Fisch

Die Frühchristen behaupten, daß das griechische Wort *ichthys* für »Fisch« als Aneinanderreihung der Anfangsbuchstaben der drei folgenden Beinamen Christi gelesen werden könnte, nämlich: *Jesus Christos Theou Hyos, Soter,* zu deutsch: Jesus Christus, Gottes Sohn, Erlöser. Aber diese Erklärung wurde erst im nachhinein erdacht, denn die Christen hatten dieses heidnische Symbol wie viele andere einfach aus anderen Zusammenhängen übernommen. Ichthys war der Name eines Sohnes der antiken Meeresgöttin Atargatis, die auch Tirgata, Aphrodite, Terketo, Salakia, Pelagia oder Delphine hieß, die alle in der Gestalt der Meerjungfrau vorkamen.[1] In gewisser Weise aber konnte Jesus doch nach diesem Ichthys benannt werden: nämlich als Sohn der

Meeresmutter Mari, deren blaues Kleid, Perlenkette und vielfach abgewandelter Name auf die Meere der Welt verwies: Maria, Marina, Marian, Mariamne, Nyrrhine, Myrrha, Mari-Jamm, Mari-El, Stella Maris (»Stern des Meeres«).[2] Die Große Göttin von Ephesos erschien mit einem Fischamulett über den Genitalien. Aus den traditionellen Assoziationen der Fischblase geht deutlich hervor, daß der Fisch ein weibliches Genitalsymbol war und daß seine Übernahme ins Christentum eigentlich nicht so ratsam gewesen wäre. In Ägypten wurde der Fisch, der den Penis des Osiris verschlang, manchmal als Symbol für die Vulva der Göttin Isis gehalten, die in dieser Form dann eine weitere Verkörperung der ursprünglichen Tiefe des Weiblichen war.[3] Auch hier wieder besteht das Fischzeichen aus zwei Sichelmonden, und das ist die übliche Abbildung der Göttin als Quelle allen Wassers auf der Erde. Fische wurden immer als »aphrodisiakische« Nahrung betrachtet, weil sie in der Antike mit der Göttin Aphrodite und ihren erotischen Qualitäten assoziiert wurden.

[1] Cirlot, 102
[2] Graves, The White Goddess, 438, Walker, The Woman's Encyclopedia of Myths and Secrets, 584
[3] Budge, Gods of the Egyptians, Bd. 1, 382

Chinesischer Fledermausgeist, Han-Dynastie

Fledermaus

In China symbolisiert die Fledermaus Glück und Gewinn.[1] Aber in Europa wurden Fledermäuse oftmals mit Dämonen gleichgesetzt, die christliche Kunst stellte sie mit Fledermausflügeln dar. Ein Fresko im Campo Santo in Pisa aus dem Jahre 1350 zeigte die Todesgöttin als langhaarige Frau mit einer Sense, die mit Fledermausflügeln über die Welt fliegt. Sie wurde als »alter Schatten der Erde, alter Schatten der Hölle« beschrieben.[2]

Fledermäuse galten als die Dämonen, die einstmals heidnische Vorfahren gewesen waren. Manche Europäer halten noch immer an dem alten Glauben fest, daß menschliche Seelen die Gestalt von Fledermäusen annehmen, wenn sie den Körper während des Schlafs verlassen; aus diesem Grunde könne man die Fledermäuse untertags, wenn die Menschen wach sind, nicht sehen.

Die Assoziation mit Seelen führte natürlich zu der Vorstellung, daß auch heidnische Tote zu Fledermäusen werden, die umherflattern und nach einem

Weg zur Wiedergeburt oder auch nach Blut suchen, denn im Blut vermutete man ganz allgemein »das Leben« aller Geschöpfe (Genesis 9,4). Aber die einzigen Fledermäuse, die sich wirklich vom Blut anderer Säugetiere ernähren, gibt es nicht in Europa, sondern in Süd- und Mittelamerika. Die meisten Fledermäuse fressen nur Insekten und Pflanzenprodukte. Sie beißen Menschen nicht, es sei denn zur Selbstverteidigung; doch die Zähne der meisten Arten sind zu klein, um durch die Haut eines Menschen zu dringen.

Ein weiterer verbreiteter Irrglaube ist die Vorstellung, daß Fledermäuse sich in Frauenhaar verwickeln. In Wirklichkeit vermeiden sie mit großem Geschick alle Hindernisse. Ihr Sonar ist so genau, daß jede Fledermaus einem Draht ausweichen kann – selbst in vollständiger Finsternis und selbst wenn der Draht so dünn wie ein einzelnes Haar ist. Der Mythos dieser Haarverwicklung stammt von der alten Vorstellung, daß Frauenhaar Dämonen anzieht: Aufgrund dieser Vorstellung befahl auch der heilige Paulus den Frauen, ihr Haar in der Kirche zu bedecken (siehe Haar). Ebenso wie Schlangen und Spinnen wurden Fledermäuse ganz zu Unrecht durch westliche Vorurteile diffamiert. In Wirklichkeit sind Fledermäuse hilfreiche Tiere, sie halten Insektenbefall unter Kontrolle und leisten dadurch einen wertvollen Dienst.

[1] Cirlot, 22
[2] Aries, 112

Frosch

Frösche waren der ägyptischen Götterhebamme, der göttlichen Greisin Heket, der Vorläuferin der griechischen Hekate, heilig. Wahrscheinlich stellte der Frosch den menschlichen Fötus dar, dem er irgendwie ähnlich sieht. Weil kleine Frösche zusammen mit den ersten Zeichen der alljährlichen Nilüberflutung auftauchten und deshalb die lebenspendende Fruchtbarkeit Ägyptens ankündigten, wurden Mumien mit Froschamuletten versehen, die den Toten zur Wiedergeburt verhelfen sollten. Auf dem »Amulett des Frosches« der Mutter Hekate standen die Worte: » Ich bin die Auferstehung.«[1]

Der Froschprinz der mittelalterlichen Märchen deutet ebenfalls auf eine Erinnerung an die wohltätigen Fortpflanzungskräfte des Frosches hin, allerdings galten Frösche oft auch als tierische Schutzgeister von

Hexen. Es hieß, daß ein Beryll mit dem eingravierten Bild eines Frosches aus früheren Feinden Freunde machen könne.[2] In Zauberbüchern wurde behauptet, daß eine Froschzunge, die man unter das Kissen eines Menschen legte, ihn zwinge, all seine Geheimnisse im Schlaf auszuplaudern.[3] Aufgrund ihrer Verbindung mit dem Wasser spielen Frösche oftmals eine wichtige Rolle im Regenzauber.

[1] Budge, Egyptian Magic, 63
[2] Desautels, 23
[3] Agrippa, 76

Fuchs

Im alten Lydien war die totemistische Gestalt des Dionysos wie auch seines menschlichen Repräsentanten Orpheus ein Fuchs. In dieser Tiergestalt hieß der Gott Bassareus. Seine Priesterinnen trugen Fuchspelze als Zeichen ihres Amtes und hießen Basseriden.[1] Ein ähnlicher Fuchsgott erschien auch in den mittelalterlichen Sagen, allerdings in verweltlichter Form: Der universelle »Trickster« Reineke Fuchs schien ein ganz gewöhnliches Tier zu sein, nur seine wundersamen Taten waren göttlich, und oftmals sprach er mit menschlicher Stimme.

Der arme Reineke wurde wegen seines Pelzes viel gejagt, in manchen Gegenden aber wurde die Fuchsjagd zu einer merkwürdig ritualistischen Angelegenheit, ganz ähnlich wie der Stierkampf in Spanien. Man betrachtete sie als Sport, aber Einzelheiten wie besondere Kostüme, zeremonielle Mahlzeiten und das feierliche »Blutvergießen«, das dem auferlegt wurde, der den Fuchs getötet hatte, verweisen auf eine ältere und bedeutsamere Symbolik.

[1] Larousse, 160

Hase

Der Ursprung des Osterhasen liegt im Fest der Frühlingsgöttin Eostre: Es hieß, daß das Totemtier der Göttin, der Mondhase, Eier für die guten Kinder lege.[1] Noch heute bringt der Osterhase Kindern Eier, allerdings aus Schokolade und Zucker anstelle der nahrhaften Ingredienzien. Eostres Hase war die Gestalt, die die Kelten in der Oberfläche des Vollmonds sahen, und das leitete sich aus alten indoeuropäischen Wurzeln ab. Im Sanskrit hieß der Mond *cacin* oder »etwas, das mit dem Hasen gezeichnet ist«.[2] Die Fahnen der Königin Boadicea zeigten den Mondhasen als heiliges Zeichen. Sowohl Hasen wie auch Katzen wurden in Schottland zu tierischen Schutzgeistern von Hexen ernannt, und das Wort *malkin* oder *makwin* wurde auf beide Tiere angewendet.[3]

In den Kontroversen zwischen Fundamentalisten und Bibelkritikern des Jahrhunderts spielte der Hase eine große Rolle: Es wurde festgestellt, daß zu den zahlreichen Irrtümern der Bibel auch die Behauptung gehörte, daß der Hase ein wiederkäuendes Tier sei (Levitus 11,6). Die Menschen der Antike haben dies vielleicht vermutet, weil der Hase die Gewohnheit hat, in schneller Folge immer wieder seine Nase zu rümpfen, und das wurde vielleicht als Kauvorgang fehlgedeutet. Jedenfalls wurde dieses und andere falsche Behauptungen zitiert, um die Lehre der biblischen Unfehlbarkeit zu widerlegen, die von den traditionelleren religiösen Autoritäten noch immer aufrechterhalten wird. In der Enzyklika des Papstes Leo XXIII. mit dem Titel »Providentissimus Deus« wird verboten, irgendeine falsche Aussage der Bibel zuzugeben. Die »dogmatische Konstitution« der Kirche aus dem Jahre 1965 behauptete von neuem, daß Gott der Autor der Bibel sei und daß alle biblischen Aussagen »genau, wahr und ohne Fehler« seien.[4] Aber trotz der kirchlichen Anordnung weigern sich Hasen hartnäckig wiederzukäuen.

1 de Lys, 117
2 Baring-Gould, 204
3 Potter/Sargent, 71
4 Abelard, 9

Hermelin

Hermelin heißt das Wiesel im Winter, wenn sich sein Pelz weiß färbt – bis auf einen schwarzen Punkt am Schwanz. Dieser schöne weiße Wintermantel war das Unglück des Wiesels: Menschen, die glaubten, sie hätten mehr Recht darauf als der ursprüngliche Eigentümer, waren richtig begierig auf dieses Fell. Noch ungünstiger war es für dieses Tier, daß Hermelinpelz zum christlichen Symbol der Reinheit wurde und oftmals als Kleidung weiblicher Heiliger abgebildet wurde. Man glaubte, daß das Hermelin einfach sterben würde, wenn seine fleckenlose Weiße beschmutzt würde – ganz ähnlich wie die unbeugsamen Jungfrauen der »goldenen Legende«.[1] Die Hermelinpelze waren so teuer, daß nur die Reichsten sie tragen konnten: Und so wurde Hermelin zum Statussymbol für die Aristokratie.

[1] Hall, 115

Hindin

»Hindin« ist ein anderes Wort für Hirschkuh, vor allem aus der Familie der Rothirsche, deren Hörner die Vorstellung der gehörnten Götter Nordeuropas prägten. Als Begleiterin eines solchen Gottes erschien die Göttin natürlich in Gestalt einer Hindin. Die keltische Waldgöttin Flidhais nahm üblicherweise diese Gestalt an, ebenso wie die heidnische Diana in frühmittelalterlichen Epen: Sie inkarnierte sich in einer weißen Hindin und führte Menschen in mystische Abenteuer. Im norwegischen Mythos führte sie ihre Lieblingshelden zum Hinderfjall oder »Hindin-Berg«, was ein anderer Name für Walhalla ist. Der germanische Held Sigurd starb in diesem Wald wie ein gejagter Hirsch und erinnert deshalb an den Mythos von Aktaion, den Hirschgott der Aphrodite. Als Kind wurde er von der Göttin in Gestalt einer Hindin genährt. Sie war auch die Walküre, die ihn ins Jenseits brachte.[1] Viele alte Volkslieder erzählen von dem sterbenden Ritter, der von einer magischen Hindin hinweggetragen wird. Saint Giles, ein christianisierter heidnischer Held, wurde von einer magischen Hindin in einer Höhle in den Wäldern des Languedoc ernährt.[2]

Hind war auch ein königlicher Titel vorislamischer Königinnen in Arabien. Die letzte dieser Königinnen, die als »Hindin der Hindinnen« angesprochen wurde, geriet in die Hände des arabischen Heeres, nachdem sie von ihrem eigenen Gatten verraten worden war.[3]

[1] Turville-Petre, 199
[2] Brewster, 391
[3] Beard, 293–294

Hirschmaske der Mississippi-Indianer, 8. Jh. n. Chr.

Hirschtänzer, Les Trois Frères, ca. 14 000 v. Chr.

Hirsch

Im Englischen gibt es zwei Wörter für »Hirsch«, nämlich *deer* und *stag*.

Von allen Wildtieren, die von Menschen gejagt wurden, war der Hirsch vielleicht das am meisten geschätzte: nicht nur wegen seines Fleisches, sondern auch wegen der nützlichen Hörner und Felle. Hirsche galten immer als magische Wesen. Das Horn, das aus ihrem Kopf wuchs, war ein Symbol starker Lebenskraft.[1] Der gehörnte Hirsch war der tierische Prototyp des gehörnten Gotts, der die Göttin der Waldtiere begleitet, wie wir sie als Artemis/Diana kennen (siehe Hindin). Als Aktaion wurde er von den Hunden der Göttin auf deren Befehl getötet, nachdem er sie ohne ihre Schleier hatte sehen dürfen: Dies ist eine mythische Transformation der heiligen Hochzeit. Als Ersatz für den gehörnten Gott wurden der Göttin heilige Hirsche geopfert und sakramental verspeist.

Gehörnte Tiere, vor allem Hirsche, waren mit der männlichen Sexualität assoziiert.[2] Phallische Amulette wurden oft aus Hirschhorn geschnitzt. Aufgrund des baumartig verzweigten Geweihs wurde der Hirsch oft auch als männlicher Geist des Waldes beschrieben.[3] Der berühmte Hirschmann der paläolithischen Höhle Les Trois Frères läßt an einen Hirschkult denken, dem Menschen, die in Wäldern lebten, vor mehr als 14 000 Jahren anhingen. Die christianisierte Version, der mit Hirschgeweih ausgestattete Teufel, orientierte sich an Festkostümen wie dem skandinavischen *Julebuk* (Julbock), der eine typische Erscheinungsform des gehörnten Gottes war. Die Geistlichen behaupteten steif und fest, daß ein Mädchen, das mit ihm am alljährlichen Fest getanzt hatte, diesen Tanz mit dem Teufel absolviert habe.[4] Und trotzdem verwendeten Autoren von christlichen Tierbüchern oft den Hirsch als Symbol Christi, und zwar wegen seiner Beziehung zu heidnischen Erlösergöttern, aber auch, weil dieses Tier gejagt wurde und sein Blut und Fleisch der Menschheit zugute kam. Diese Gleichsetzung von Christus und Hirsch führte zu der durchaus nicht beweisbaren, dennoch aber weitverbreiteten Überzeugung, daß Hirsche Schlangen töten und fressen: Dafür gab es keine realen Beweise, nur die wacklige Begründung in Form einer Analogie, daß Christus ja den Teufel vernichte.[5]

Es wurde immer wieder versucht, den Hirschgott zu christianisieren, sichtbar in mindestens zwei Legenden von fiktiven Heiligen, nämlich Eustachius und Hubertus, die beide während der Jagd plötzlich einen weißen Hirschen mit einem Kruzifix zwischen den Hörnern erblickten, von dieser Christusgestalt angesprochen und dadurch bekehrt wurden.[6] Eustachius wurde zum Patron der Jäger, Hubertus zum Patron der Jagdhunde. Da keiner der beiden Heiligen je existiert hat, sind sie wahrscheinlich weniger wichtigen heidnischen Gottheiten nachgebildet worden.

Mittelalterliche Zauberer bevorzugten Pergament aus Hirschhaut, um darauf ihre Buchstabenamulette zu zeichnen.[7] Buddhas religiöse Mission begann in einem Hirschgarten. Die Kathedrale von Durham wurde an einem Ort erbaut, an dem ein Hirschheiligtum namens Duirholm oder »Wiese des Hirschen« stand. Es war seit mindestens 400 Jahren vor der Christianisierung und Überbauung ein heidnisches Pilgerzentrum.[8]

Auch die amerikanischen Indianer aßen gern Hirschfleisch und fertigten ihre besten Kleider aus Hirschhaut.

[1] Walker, The Woman's Encyclopedia of Myths and Secrets, 410
[2] Ibid, 409
[3] Green, 182–184
[4] Miles, 202
[5] Williamson, 109–110
[6] Hall, 117, 158
[7] Trachtenberg, 144
[8] Brewster, 396

Hündin

In der westlichen Zivilisation wurde der weibliche Hund zur Beschimpfung, weil er in der Antike mit der Religion der Göttin assoziiert war. Oftmals wurde die Göttin selbst »Große Hündin« genannt, oder ihre Priesterinnen gaben sich als ihre Jagdhündinnen aus: vor allem die Priesterinnen der Artemis/Diana, deren Ursprungsvolk die Alanen (»Jagdhunde«) waren. Die Amme des Königs Kyros des Großen war eine Vertreterin der Göttin, und dies mußten königliche Ammen zu dieser Zeit auch sein. Ihr Name lautete Kyno (griechisch für »Hündin«) oder Spako (das medische Wort für »Hündin«).[1]

Das Wort *lupae* für »Wölfinnen« wurde auf die priesterlichen Huren in Rom angewendet; und Herodot beschreibt das wolfsartige »Geheul im Tempel«, das von den Priesterinnen der Athene vollzogen wurde.[2] Die göttliche Königin von Troja entkam dem Tod, indem sie sich »in eine dieser schrecklichen schwarzen Hündinnen, die der Hekate folgen« verwandelte.[3] Solche promiskuitiven Jägerinnen, die der Göttin folgten, scheinen sich auch im britischen Waldland festgesetzt zu haben, wie die Artuslegenden vermuten lassen.[4] Das englische Wort *bawd*, das die Bedeutung einer »sittenlosen Frau« annahm, hieß früher weiter nichts als »Jagdhund«.[5]

»Sohn einer Hündin« (englisch *son of a bitch*) wurde zur Beleidigung, weil es gleichzeitig auch »Hurensohn« bedeutete oder – schlimmer noch – ein Sohn der Göttin – und das ist nach christlicher Definition ein Teufel.

1 Rank, 29
2 Herodotus, 270
3 Graves, The Greek Myths, Bd. 2, 341
4 Walker, The Woman's Encyclopedia of Myths and Secrets 244
5 Potter/Sargent, 208

Mosaikportrait eines Hundes, Pompeij

Hund

Wahrscheinlich waren es Frauen, die damit begannen, den Hund zu domestizieren, denn Hunde waren in vielen Kulturen Begleiter der Göttin, und zwar lange bevor männliche Götter oder Männer mit Hunden dargestellt wurden. In Babylon war der Hund das Symbol einer Schicksalsgöttin namens Gula, der »großen Ärztin«, die nach Belieben heilen oder Krankheiten erzeugen konnte.[1] Hunde begleiteten die Göttin Hekate in Griechenland und die ihr entsprechende »Königin der Welt nach dem Tode« in Persien. Hunde waren üblicherweise die Wächterinnen der keltischen Muttergöttinnen. Wenn ein Gott die Mutter begleitete, so nahm er oftmals die Form eines Hundes an. Der keltische Heilergott Nodens erschien in seiner Tiergestalt als Hund.[2] Sirius, der Hundestern, wurde von den Griechen mit dem großen Gott Pan gleichgesetzt, den Pindar, »den Hund der Großen Göttin, der die Gestalt wechselt« nannte.[3] In Nordeuropa waren die himmlischen Mondhunde, die die Toten wegtrugen, die Kinder der Göttin Angurboda, der »Hexe des Eisenwalds«, die auch die Göttin Hel gebar.[4] Diese Hunde standen auch unmittelbar in Beziehung zu den »Hunden der Annwn« und den großen schwarzen Hunden mit »Augen wie Untertassen«, die die Wilde Jagd des Odin und seiner geisterhaften Begleitung anführten.[5] Aufgrund ihrer durchgängigen Verbindung mit vielen antiken Versionen der Todesgöttin wurde Hunden überall die Fähigkeit zugeschrieben, Geister zu sehen, die dem menschlichen Auge unsichtbar waren.[6]

Die Menschen der Antike waren auch sehr beeindruckt von einer anderen Sinnesschärfe der Hunde, nämlich dem Geruchssinn. An den Toren des Todes stellte man Hundepaare auf (wie auf der Tarotkarte des Mondes), um den »Geruch der Heiligkeit« zu entdecken und zu entscheiden, ob die Seele in die Gemeinschaft der Götter aufgenommen werden könne. Der dreiköpfige Kerberos bewachte das Tor von Hekates Unterwelt. Der Schakalgott Anubis bewachte die ägyptische Unterwelt und beschnüffelte jeden Neuankömmling mit seiner kritischen Nase.[7] Die Ägypter machten sich bekanntlich viel Mühe, ihre Mumien in wohlriechende Gewürzdüfte einzuhüllen und den Geruch der Verwesung zu eliminieren. Der Grund: Sie wollten, daß ihre Verstorbenen für den Geruchssinn annehmbar seien. Sie vermuteten, daß ein Hund darüber mehr wußte als irgendein Mensch oder selbst ein Gott. Die Vorstellung vom »Duft der Heiligkeit« ging auch in die christliche Lehre ein: Dort wurde betont, daß die Leichname von Heiligen niemals stanken, sondern immer süß wie Blumen dufteten. Mit dem Niedergang der Göttinverehrung im Vorderen Orient wurde der Hund verteufelt, wie es auch bei den anderen traditionellen Begleitern der Göttin der Fall war. Ebenso wie »Sohn einer Hündin« wurde der Ausdruck »Hund« zur Beschimpfung. Bei den Moslems gilt das Wort »Du Hund« als tödliche Beleidigung, aber es gibt eben Indizien dafür, daß dieses Vorurteil auf der früheren Heiligkeit des Hundes beruht. Aber für die Berber ist jemand, der einen Hund getötet hat, noch immer rituell unrein, und zwar für den Rest seines Lebens, so als hätte er einen Menschen ermordet.[8]

Die Häufigkeit, mit der Hunde als tierische Schutzgeister von Hexen genannt wurden, zeigt einerseits, daß Frauen niemals aufgehört haben, ihre Schoßhunde zu lieben, und andererseits, daß die Kirche Hunde immer mit einem weiblich orientierten Heidentum assoziiert hat. Ironischerweise wurde der Hund zum Maskottchen der eifrigsten Hexenjäger, und zwar aufgrund eines Wortspiels in bezug auf ihren Namen. Man nannte die Dominikaner nämlich *domini canes* oder »Hunde Gottes«, und sie wurden durch einen schwarzweißen Hund dargestellt, der eine brennende Fackel im Maul hielt. Dies sollte die Bereitschaft des Ordens zeigen, Hexen und Häretiker dem Feuer zu überantworten.[9]

[1] Larousse, 63
[2] Green, 82, 88
[3] de Santillana / von Dechend, 286
[4] Graves, The White Goddess, 409
[5] Branston, 108
[6] Halliday, 59
[7] Book of the Dead, 569
[8] Frazer, Folk-Lore of the Old Testament, 35
[9] Hall, 106

Kalb, ägyptische Hieroglyphe

Kalb

Das ägyptische Hieroglyphensymbol für das Kalb war ein nettes kleines Tier in munterer Pose mit aufgestelltem Schwanz.[1] Das Kalb war in Ägypten tatsächlich eine Gottheit, es wurde als Symbol des Horus verehrt, den die Göttin Isis in ihrer Gestalt als goldene Kuh geboren hatte.

Ein goldenes Kalb namens Heru-Nub oder »Horus aus Gold« wurde in Lykopolis verehrt.[2] Die Israeliten behielten auch in der Wüste die Gewohnheit, das Horus-Kalb anzubeten. Sie brauchten es und gaben daher ihr ganzes Gold, aus dem Aaron dann ein Horus-Kalb goß und einen Altar dafür errichtete (Exodus 32).

Da die Göttin oftmals in Kuh-Gestalt abgebildet wurde, erstaunt es nicht, daß ihr Sohn/Geliebter als Kalb oder Stier dargestellt wurde. In Catal Hüyük gab es Abbildungen der Göttin aus der Zeit um 6000 v. Chr., auf denen die Göttin in Frauengestalt ein Stierkalb zur Welt bringt.

[1] Budge, Egyptian Language, 60
[2] Budge, Gods of the Egyptians, Bd. 1, 426

Katze

Katzen waren den Ägyptern heilig und hießen *mau* – entsprechend dem Laut, den sie in ihrer Katzensprache von sich gaben.[1] Die göttliche Mutter aller Katzen war die Göttin Bast, deren heilige Stadt Bubastis für ihre vergnügten und künstlerisch eindrucksvollen Feste berühmt war.[2] Die Griechen setzten Bast mit Artemis gleich, deren römischer Name Diana lautete, und dieser Name wurde im Mittelalter sehr bekannt: Diana galt als »Königin der Hexen«. Deshalb wurde die Katze mit Zauberkraft und (schlimmer noch) Göttinverehrung identifiziert; insofern ist es kaum überraschend, daß sie so oft als tierischer Schutzgeist von Hexen und als Symbol für Halloween vorkommt. Die Göttin Freya fuhr auf einem Wagen, der von Katzen gezogen wurde, und dies erinnert an antike Abbildungen der Göttinmutter Kybele, deren Wagen von zwei Löwen gezogen wurde; auch Freya trauten patriarchale Denker böse Magien zu.[3]

Abergläubische Vorstellungen über die magischen Kräfte der Katze haben sich bis heute erhalten. Manche Menschen sind davon so sehr überzeugt, daß sie sich umdrehen und zurückgehen, wenn sie eine schwarze Katze sehen, die ihren Weg kreuzt. Die Magie der Katze war nicht immer bösartig oder »unglückbringend«.

Albertus Magnus, der Lehrer des heiligen Thomas von Aquin betonte, daß man sich unsichtbar machen könne, wenn man auf dem Daumen das Ohr einer schwarzen Katze trage, das in der Milch einer schwarzen Kuh gekocht worden sei.[4] Offenbar wurde dieses Rezept niemals nachgeprüft; oder wenn dies der Fall war, so sah man über die negativen Ergebnisse einfach hinweg. Manche Menschen glauben noch immer, daß eine Katze einen Säugling in der Wiege ersticken kann, denn plötzlicher Kindstod wurde katzenhaften Vampiren zugeschrieben, die den Atem des Kindes aufsaugten.

[1] Budge, Gods of the Egytians, Bd. 2, 61
[2] Larousse, 37
[3] Turville-Petre, 107
[4] Abelard, 56

Keiler-Darstellung aus Gallien, 1. Jh. v. Chr.

Keiler

Die Indoeuropäer verehrten die Wildeber oder Keiler als eines der frühesten Ersatzopfer für den Sakralkönig. Er wurde mit Vishnu, dem Keiler, und seinen drei geopferten Wildschweinsöhnen, gleichgesetzt. Er wurde mit Freya gleichgesetzt und durch schwedische Priesterkönige verkörpert, die als Freyas Ehemänner Wildschwein-Masken trugen.[1] Er war der keltischen Göttin Arduinna, der Patronin der Ardennenwälder, heilig. Er wurde als Jul-Schwein mit einem Apfel im Mund geopfert, und sein Blut zeugte Götter im Osten und im Westen; das war in den primitiven Zeiten, als die Menschen noch glaubten, daß nur Blut Nachkommenschaft erzeugen könne, weil das die Methode zu sein schien, wie Frauen es taten.[2] Nordeuropäische Krieger krönten ihre Helme und Schwerter mit dem Bild des Wildschweins.[3] Die Griechen opferten Keiler, um durch ihr heiliges Blut Eide zu beglaubigen. Herakles tauschte mit den Söhnen des Meleus über einem geschlachteten Keiler am »Grab des Keilers« in Messenien Eide aus. Athleten, die an den Olympischen Spielen teilnahmen, schworen bei den Stücken eines geschlachteten Ebers, die Spielregeln zu beachten.[4] Sterbende Götter wie Attis, Adonis und Tammuz wurden entweder in Form eines Wildschweins geopfert oder von Priestern ins Jenseits befördert, die in Wildschweinfelle gehüllt waren.[5] Daß die Bibel das Fleisch des Wildschweins als Speise tabuisiert, lag nur daran, daß das Wildschwein 7000 bis 8000 Jahre zuvor ein heiliges Totemtier der Hebräer gewesen war.[6]

Eine so lange und komplexe Geschichte erklärt sattsam, weshalb der magische Wildeber in Volksbräuchen und Märchen so regelmäßig auftaucht, obwohl die Mehrheit der modernen Bevölkerung niemals einen solchen zu Gesicht bekommen wird, es sei denn im Tierpark. In England gibt es noch immer etliche Gasthöfe und Kneipen mit dem Namen »Wildschweinkopf«, und daraus geht hervor, daß die Köpfe von geopferten Tieren in vorchristlicher Zeit als Orakelfetische aufbewahrt wurden, ebenso wie die Köpfe von vergöttlichten Helden aus der Reihe der Vorfahren.

[1] Gelling/Davidson, 162
[2] Turville-Petre, 147–148
[3] Davidson, Gods and Myths of the Viking Age, 98–99
[4] Frazer, Folk-Lore of the Old Testament, 155
[5] Graves, The Greek Myths, Bd. 1, 72
[6] Reinach, 19–20

Kojote

Die amerikanischen Indianer verspürten große Hochachtung für die Kojoten, sie stellten sich dieses überaus intelligente Tier als eine Art von Trickster-Gott vor, so ähnlich wie die Gestalt des Reineke, des listigen Fuchses, in der europäischen Sagenwelt. Deshalb erscheint der Kojote in der indianischen Symbolik als Magier, Gestaltwandler, Wundertäter in Tierform, oftmals auch als totemistischer Ahn. Aufgrund ihrer nächtlichen Solo- oder Gruppen-Gesänge, die man über viele Meilen hinweg hören konnte, brachte man Kojoten auch in Zusammenhang mit dem Mond. Wie Wölfe beschuldigte man sie, ihre Beute unter Haustieren wie etwa Schafen zu suchen, aber dafür gibt es nur wenig Beweise. Kojoten jagen meistens kleine Tiere, wie etwa Mäuse. Aber sie fressen, wie alle anderen hundeähnlichen Tiere auch, Aas – einschließlich der Kadaver von Schafen oder Rindern, die aus anderen Ursachen verendet sind.

Einigen indianischen Traditionen zufolge war der Kojote »Öffner des Wegs« – ganz ähnlich wie der ägyptische Schakalgott Anubis. Er half bei der Schöpfung der menschlichen Rasse, indem er die Haut der Mutter Erde aufkratzte, so daß die ersten Menschen aus ihrem Schoß hervorkommen konnten.[1]

[1] G. Jobes, Bd. 1, 377

Kröte

Im Gegensatz zu Fröschen, die über eine glatte Haut verfügen, sind Kröten knotig und mit »Warzen« bedeckt. Dies führte zu einem überaus dauerhaften Aberglauben der sympathetischen Magie, nämlich daß man Warzen oder andere Abszesse und Knoten auf der Haut bekommt, wenn man sie berührt.

Wie Frösche, so scheinen auch Kröten mit der Magie der Wiedergeburt verbunden zu sein. In tiefen Bestattungsgruben aus dem ersten Jahrhundert v. Chr. in Frankreich fand man Krötenskelette, als ob die Verstorbenen sie im Jenseits brauchen würden.[1] Die Azteken verwendeten die Kröte als Todessymbol, das mit dem unterirdischen Schoß der Regeneration verbunden war. Bei den amerikanischen Indianern war die Gattin der Sonne eine Krötengöttin. In China glaubte man an eine dreifüßige Kröte, die im Mond wohne und Mondfinsternisse verursache.[2]

In Europa erlangten Kröten einen üblen Ruf, weil man sie mit Zauberei in Verbindung brachte. Kröten sind normalerweise äußerst harmlos, aber die

Hautausscheidungen mancher Arten enthalten ein Gift namens Bufotenin, das wohl in Hexentränken verwendet wurde. Im 15. Jahrhundert beschuldigten Geistliche die Hexen von Arras, daß sie eine Flugsalbe aus Kröten hergestellt hätten, die sie zuvor mit heiligen, aus der Kirche gestohlenen Hostien gefüttert hätten.[3] Es hieß jedoch, daß Kröten, die zu Asche verbrannt wurden, ihr Gift verlören und heilkräftig würden.

Die sogenannte Hornkröte des amerikanischen Südwestens ist eigentlich keine Kröte, sondern eine Eidechse. Sie hat die merkwürdige Fähigkeit, einen dünnen Blutstrom aus dem Augenwinkel zu spritzen, wenn sie gestört wird. Trotz dieser etwas unbehaglichen Angewohnheit kann die Hornkröte jedoch leicht gefangen und gezähmt werden und erweist sich dann als angenehmes Haustier.

[1] Green, 133
[2] G. Jobes, Bd. 2, 1582
[3] Dürr, 139, 146

Krokodilgott, Sebek

Krokodil

In Ägypten wurden Krokodile ganz besonders verehrt: Man fand Tausende von sorgfältig mumifizierten Tieren dieser Gattung. Der wichtigste Krokodilgott – Sebek – wurde manchmal als reptilische Verkörperung des Gottes Set oder Thyphon bezeichnet; man glaubte, daß er den Tod des Osiris verursachte, bevor dieser wieder auferstehen konnte. Aber wie die meisten anderen ägyptischen Götter wurde Sebek auch mit Ra identifiziert, der eine andere Form von Osiris war.[1]

Die Abbildung zeigt den Krokodilgott mit den Symbolen vieler anderer Gottheiten. In der Rechten hält er das Anch, in der Linken den königlichen Amtsstab, ein Attribut des Set in der Zeit der Hyksos, als er über die anderen Götter regierte.[2] Sein kunstvoll gefertigter Kopfschmuck enthält die Sonnenscheibe des Ra, die Widderhörner des Amon, die Federn der Maat und die Uräus-Schlangen der Urschlangengöttin. Das Krokodil symbolisierte den Verstand, denn es kann klar sehen, obwohl es so aussieht, als ob seine Augen durch eine Membran verhüllt sind.

[1] Budge, Gods of the Egyptians, Bd. 2, 355
[2] Graves, The Greek Myths, Bd. 1, 83–284

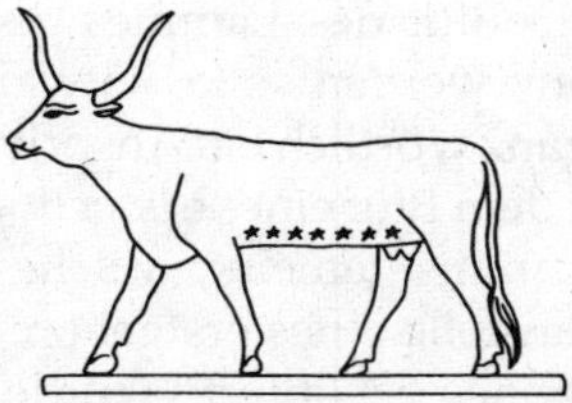

Kuhgöttin Ägyptens, Nut oder Hathor

Kuh

Die Kuh war eines der geläufigsten totemistischen Bilder der Großen Göttin. Das Tier selbst diente der menschlichen Gattung als Amme. Kühe wurden in erster Linie domestiziert, damit Menschen sich und ihre Kinder von ihrer Milch ernähren konnten. Deshalb war die Göttin in Indien immer eine heilige Kuh, »Quelle von Milch und Rahm«, und damit war nicht nur Nahrung gemeint, sondern auch die Wasser- und Landmassen der Erde selbst. Einem Schöpfungsmythos zufolge gerann ein Urmeer aus Milch, das aus der göttlichen Kuh hervorgeflossen war. Dieselbe Geschichte erzählte man sich auch in Skandinavien: Dort hieß die Schöpfungskuh Audumla, und dieser Name bedeutet »Schöpferin der Erde«.[1] Aus ihrem Euter flossen die vier Urströme (aus Milch), die die ältesten Gattungen lebender Wesen ernährten.«[2] Tatsächlich konnte das immer wieder auftauchende Bild der vier Paradiesflüsse, das sogar in der Bibel (Genesis 2,10–14) kurz nach der Schöpfung auftritt, auf der Beobachtung beruhen, daß das Kuheuter vier Zitzen besitzt.

Auch der Name der biblischen Matriarchin Lea bedeutet »wilde Kuh«, und dies war ein Titel der mesopotamischen Göttin.[3] In Ägypten war Isis-Hathor die göttliche *kau* (»Kuh«), aus deren Euter die Milchstraße und alle Sterne entstanden: »…die Große Kuh, die Ra geboren hat, die Große Göttin, die Mutter aller Götter…die Kuh, die Große Herrin, … die bereits existierte, als nichts anderes war, und die das, was existiert, erschuf.«[4] Sie personifizierte den Nachthimmel und wurde auch Nut oder Neith genannt, und die Sterne wurden auf ihrem Bauch aufgereiht abgebildet. In Griechenland hieß die weiße Kuhgöttin Io – der Mond. Sie trug die drei heiligen Farben der weiblichen Dreifaltigkeit: Weiß, Rot und Schwarz.[5] Die patriarchalen Hellenen erfanden die Geschichte von ihrer Rivalität mit der »kuhäugigen«

Hera, die in Wirklichkeit nur eine andere Erscheinungsform der Kuhgöttin war. Die Legende von der Viehbremse, die von Hera ausgeschickt wurde, um Io zu stechen, wurde erfunden, um die Universalität der Kuhverehrung zu erklären, denn wegen dieses Bremsenstiches galoppierte Io über alle Kontinente in der ganzen Welt. In einer anderen Sage heißt es, daß Io von dem hundertäugigen Argus Panoptes (»All-Seher«) beobachtet wurde, und das heißt, daß sie die weiße Mondkuh war, die alle Blicke aus den zahllosen Augen des Sternenhimmels auf sich zog. Manchmal hieß es, daß die Sterne ihre Kinder seien oder die Kinderseelen, die sie mit ihrer Milch erschuf.[6] Einer ihrer griechischen Namen lautete Europa, und aus diesem Grund war sie die Mutter des Kontinents Europa. Ihr Name bedeutet »Vollmond«, und sie war mit dem Vater der Götter verheiratet, der in der Gestalt eines weißen Stiers erschien.

[1] Stone, Ancient Mirrors of Womanhood, Bd. 2, 140
[2] Branston, 57
[3] Teubal, 99
[4] Budge, Gods of The Egyptians, Bd. 1, 451, 457, 463
[5] Graves, The Greek Myths, Bd. 1, 191
[6] Jobes/Jobes, 210

Passah-Lamm von einem britischen Regimentsabzeichen

Lamm

Als die Christen verfügten, daß man »im Blut des Lammes gewaschen« werden solle, so war damit ganz wörtlich ein Anspritzen mit dem Blut eines erstgeborenen Lamms gemeint, welches Jahwe anstelle eines erstgeborenen Sohnes geopfert wurde. Dies hatte der Gott des Alten Testaments gefordert (Exodus 13,2,13). Umgekehrt wurde Jesus selbst zum Opferlamm Gottes (*agnus dei*) – so setzte es die Römische Kirche fest. Bis zum 7. Jahrhundert zeigte das offizielle Bild Jesu keinen Gekreuzigten, sondern ein Lamm oder einen guten Schafhirten, der ein Lamm auf seinen Schultern trug. Das Konzil von Konstantinopel führte die Gestalt des Gekreuzigten erst im Jahre 625 ein, und dieses Gebot wurde nicht sofort befolgt.[1] Siebzig Jahre später verfügte das Konzil von Trullo, daß »die Abbildung Christi, der die Sünden der Welt hinwegnimmt, hinfort anstelle des früheren Lammes aufgerichtet oder gemalt werden soll«.[2]

Schon lange vor dem Christentum war das Lamm mit der

Auferstehung verbunden. Horaz schrieb über Hexen, die in nekromantischen Ritualen die Seelen der Toten aufsteigen ließen, indem sie ein schwarzes Lamm opferten.[3] Schwarze Tiere wurden beim Kontakt mit der Unterwelt bevorzugt.

Eine mythische Heilige, die mit dem Lammopfer zu tun hatte, war die heilige Agnes; sie wurde auf Heiligenbildern immer zusammen mit ihrem Totemtier abgebildet. Agnes war im christlichen Pantheon äußerst beliebt, und ihre strahlende Reputation wurde in keiner Weise getrübt, als man die unerhebliche Tatsache entdeckte, daß sie in Wirklichkeit niemals existiert hatte.[4]

Im Vatikan des Mittelalters wurden Wachskuchen verkauft, die man »Agnus Dei« nannte, auf denen ein Bild des Lamms und seine Fahne eingestanzt waren und die durch den päpstlichen Segen als todsicherer Schutz gegen den Tod im Kindbett, das Ertrinken, Feuerbrände, zerstörerische Gewitter und andere »Taten Gottes« angepriesen wurden.[5] Durch diese höchst gewinnträchtigen Fetische wurde Gott als Schutz gegen seine eigenen Taten angerufen: Aber niemanden schien dieser Widersinn sonderlich zu stören.

[1] Abelard, 54
[2] Benson, 96
[3] Frazer, Folk-Lore of the Old Testament, 301
[4] Walker, The Woman's Encyclopedia of Myths and Secrets, 13
[5] Thomas, 31

Mithraischer Sonnenlöwe

Löwe

In den meisten Fällen gilt der Löwe als Symbol der Sonne. Seine gelbliche Farbe erinnert an das Sonnenlicht. Die Mähne des männlichen Löwen wurde mit den langen Haaren oder Strahlen von solaren Figuren wie Apollo Chrysokomes (»Apollo mit den goldenen Locken«), Herakles und Samson verglichen – wobei der letztere in Wirklichkeit der arabische Sonnengott Schams-On war. Der Kopf des Löwen, der von einer strahlenartigen Mähne umgeben ist, war auch in der Sonnenverehrung des Mithraskults ein solares Emblem. Eine Art der Einweihung in diesen Kult hieß »der Löwe«. Der Löwenthron oder Simhasana ist im Buddhismus noch immer heilig. Die Symbolik des Löwen spielte auch in der Verehrung der Göttin eine Rolle. Hathor als Sphinx war eine Löwin oder trug ein Löwenhaupt. Manchmal hieß sie Mehit – die biblische Mehitabel. Die große Göttin Kybele fuhr auf einem Wagen, der von einem Löwenpaar gezogen wurde. Alte Abbildungen zeigen die nackte Göttin oftmals auf dem Rücken eines Löwen. Dieses Bild hat sich in Lateinamerika in der Madonna Leona oder Maria Lionza erhalten.[1] Ein früherer Name für Cornwall lautete Lyonesse – das Land der Löwin.

Singapur bedeutet »Stadt des Löwen«. Die Sage erzählt, daß diese Stadt durch Sri Tri Buana, dem ersten malayischen König, gegründet wurde, der seine Abstammung von Raja Iskander (Alexander dem Großen) ableitete. Die Stadt wurde an dem Ort errichtet, an dem er einen Löwen mit weißer Brust, rotem Körper und schwarzem Kopf gesehen hatte. Das sind die klassischen Farben der Dreifachen Göttin, die im Hinduismus als *gunas* bezeichnet werden.[2]

In mittelalterlichen medizinischen Texten wurde den Bildern von Löwen Heilungsmagie zugeschrieben. Es hieß, daß ein Löwe, der auf einem Jaspis eingraviert ist, Fieberanfälle heilen und Giftwirkungen neutralisieren könne. Wenn der Löwe auf einem Granaten eingeschnitten war, so konnte er angeblich alle Krankheiten heilen und die Menschen vor Gefahren während einer Reise beschützen.[3] Man kann sich vorstellen, daß das Löwensymbol dadurch große Beliebtheit erlangte, auf die jedoch unvermeidlich die Enttäuschung folgen mußte.

Es gibt eine Geschichte über Löwen, die patriarchale Kleriker besonders mochten und oft erzählten: Darin wird der männliche Löwe anstelle der Löwenmutter zum eigentlichen Lebenspender für »seine« Jungen. In diesen Bestiarien wurde behauptet, daß alle Löwenjungen tot geboren waren und drei Tage lang vollkommen bewegungslos lagen, bis Vater Löwe einherschritt, sie anhauchte und dadurch zum Leben erweckte.[4]

Eine andere beliebte Kirchenlegende erzählt von der Begegnung des heiligen Hieronymus mit einem Löwen, der durch einen großen Dorn in der Pfote gelähmt war. Hieronymus entfernte den Dorn, und das dankbare Tier wurde zu seinem hingebungsvollen Begleiter. Diese Geschichte war natürlich gefälscht und abgeschrieben. Sie tauchte in vielen anderen Versionen auf, nämlich der bekannten Fabel von Androkles und dem Löwen aus Apions »Aegyptiaca« aus dem ersten Jahrhundert, in den »Noctis Atticae« des römischen Autors Paulus Gellius um 150, ferner auch in Aelians »De natura animalium«. [5] Der Name Androkles, der im Griechischen »berühmter Mann« bedeutete, obwohl der Held üblicherweise als Sklave dargestellt wurde, verweist auf eine noch frühere Quelle für alle Versionen dieser Geschichte. Einen Löwen zu überwältigen galt als wichtiges Symbol der Stärke seit den Mythen des Herakles und seiner hebräischen Entsprechung Samson und kehrte auch auf der traditionellen Tarotkarte der »Kraft« wieder – in Gestalt einer Frau, und nicht eines Mannes, die die Kiefer des Löwen aufzwingt.

Eine archaische Verbindung zwischen dem Löwen und dem weiblichen Prinzip war für patriarchalische Gelehrte besonders provozierend und wurde deshalb bis zum heutigen Tag vertuscht. Dies war die traditionelle Hochzeit zwischen dem jüdisch-christlichen Jahwe und der Löwengattin Palästina im 5. Jahrhundert, als sie als göttliches Paar verehrt wurden. Lokale Namen der Göttin waren: Anatha Baetyl, Anat-Bethel oder Aschima Baetyle.[6] Sie hatte Ähnlichkeit mit der kleinasiatischen Göttin Kybele.

[1] Dürr, 162
[2] Cavendish, 79–80
[3] Desautels, 23
[4] Hall, 193
[5] Ibid., 169
[6] G. Jobes, Bd. 1, 92

Maskottchen

Ein Maskottchen ist noch immer ein Tiersymbol, und zwar die moderne Version eines Totemtieres oder des tierischen Schutzgeistes einer Hexe. Das Wort ist aus dem französisch-provençalischen Wort *masco* für eine »maskierte Zauberin« und *mascato* für »Zauberei« abgeleitet.[1] In der heidnischen Zivilisation stellte der Kopf oder die Maske des heiligen Tiers die Identifikation dieses Tiers mit dem Clan dar: Durch diesen Brauch kamen die christlichen Behörden zu einer Überfülle von tierköpfigen Dämonen. Heute sieht man Maskottchen hauptsächlich bei Fußballspielen, als Verzierung über dem Familienwappen, in der Werbung oder auf den Flaggen und Insignien militärischer Einheiten.

[1] de Lys, 94

Maus

Die Maus war eines der Tiersymbole oder Verkörperung des Gottes Apollo, der manchmal auch »Maus-Apollo« gerufen wurde (Apollo Sminthius). Die Maus war im mittelalterlichen Europa auch ein Symbol der Seele. Menschen, die einen Sterbefall miterlebt haben, erzählten oftmals Wundergeschichten, in denen die Seele des Verstorbenen bei seinem letzten Atemzug in der Gestalt einer Maus aus seinem Mund gesprungen sei. Aber es gab auch die umgekehrte Möglichkeit, daß Mäuse eine Seele in den Körper einer Frau trugen, damit sie empfangen und wiedergeboren werden konnte.

Kleine Tiere wie Mäuse und Insekten galten oft als Seelenträger: Diese Vorstellung entstand aus dem gängigen Bild der Seele als einer kleinen, in sich geschlossenen Einheit, die irgendwo innerhalb des menschlichen Körpers lebte. Gleichzeitig wurde aber oftmals abgestritten, daß solch kleine Geschöpfe sich auf menschliche Weise durch Gebären fortpflanzen könnten. Die mittelalterlichen Autoritäten waren der festen Meinung und lehrten auch, daß »Mäuse und anderes Ungeziefer« ihre Zahl durch »Spontanerzeugung« aus dem Schlamm konstant hielten.[1] So wurden paradoxerweise – und dieses Paradox wurde niemals analysiert – Seelenträger unmittelbar aus der Substanz der Mutter Erde geboren.

[1] Trachtenberg, 182

Die Göttin Ta-Urt, Mutter der Nilpferde

Nilpferd

Die Bewohner der Nilregionen waren mit dem Flußpferd oder »Nilpferd« durchaus vertraut und betrachteten es als Gestalt der Göttin im Wasser, wie die Kuh eine Gestalt der Göttin auf dem Lande war. Die göttliche Flußpferd-Mutter hieß Taueret oder Ta-urt. Sie war in besonderer Weise mit dem Anch oder »Lebensschlüssel« und mit dem Zeichen *sa* verbunden, das für das lebenspendende Gebärmutterblut stand.[1] Sie trug auch die Hörner und die Sonnenscheibe der Göttin Isis-Hathor. Das griechische Wort *hippopotamos* bedeutet »Flußpferd«. Die Griechen hatten in ihrem Land keine

Flußpferde und konnten sich deshalb die Gestalt oder die Gewohnheiten dieses Tiers nicht gut vorstellen.

[1] d'Alviella, 197

Ochse des heiligen Lukas, aus dem »Book of Kells«

Ochse

Ein Ochse ist ein kastrierter Stier. Aufgrund ihrer großen Kraft wurden Ochsen in Europa sehr oft als Lasttiere verwendet, aber ihr Verhalten war so langsam und schwerfällig, daß dieses Tier zum Synonym für Langeweile wurde. In der esoterischen Tradition stellte der Ochse das Erd-Element dar. Vielleicht wurde er aus diesem Grund als Totemtier des heiligen Lukas erwählt, als den vier Evangelisten die Kräfte der Elemente zugeordnet wurden. Harte Arbeit, die langsam, aber sorgfältig durchgeführt wird, ist die übliche Interpretation des symbolischen Ochsen.

Panther, Wandmalerei in Pompeji

Panther

Der Panther (oder Leopard) war ein totemistisches Symbol des Gottes Dionysos, dessen Priester Pantherfelle trugen. Das griechische Wort *panthera* bedeutete »All-Tier«. Dies erinnert an einen anderen tierhaften Gott, der ebenfalls »das All« oder *Pan* hieß. Panther wurden in Rom sehr bewundert, und man importierte sie aus Afrika, um sie bei Spielen in der Arena oder bei anderen öffentlichen Anlässen zur Schau zu stellen.

Pferd

Mit oder ohne Schwingen war das Pferd ein gängiges Symbol der Seelenreise: Das konnte eine Reise zum Mond oder zur Welt des Jenseits oder auch zum Land der Toten sein, wo der Besucher die großen Geheimnisse von Leben, Tod, Magie und der Rückkehr zur Erde mit gottähnlicher Weisheit erlernen konnte.

Der islamischen Tradition zufolge ritt Mohammed auf dem Wunderpferd Alborak unter der Führung des Engels Gabriel in seiner berühmten Nachtreise von Mekka nach Jerusalem und dann zum Himmel. Bellerophon ritt auf dem Mondpferd Pegasos, das aus Medusas Blut geboren war, und versuchte dadurch, die Unsterblichkeit zu gewinnen. Es wurde behauptet, daß Salomon 1000 geflügelte Pferde besaß und 900 davon seinem Gott opferte.[1] Das Pferd war ein besonderes und eindrucksvolles Opfer, weil es in sich selbst so wertvoll war. Nur die Reichen konnten sich erlauben, Pferde in der Blüte ihres Arbeitslebens zu erschlagen.

In Rom gab es eine alljährliche Opferzeremonie, in der das Oktoberpferd feierlich als Ersatz für den Herrscher erschlagen wurde. Es hieß auch »beschnittenes Pferd« (*equus curtius*), weil sein Schwanz abgeschlagen und eilig zum Tempel der Vesta gebracht wurde, damit das Blut auf den Altar der Göttin tropfte.[2] Offenbar war der Schwanz ein Ersatz für den abgeschnittenen Penis, was aus einem ähnlichen Brauch in Indien hervorgeht: Dort wurde der Penis eines geopferten Hengstes abgeschnitten und zwischen die Schenkel der Königin in der Rolle der Göttin gelegt, um auf diese Weise »den Samen« für die Fruchtbarkeit des Landes und der Menschen zu säen.[3]

Da das Pferd als Tiersymbol des Übergangs ins Jenseits galt, wurde es oftmals als Todesomen betrachtet. Im englischen und deutschen Volksbrauch heißt es, daß ein Traum, in dem ein weißes Pferd vorkommt, Tod bedeutet.[4] Odins graues Pferd Sleipnir war ein Symbol des Todes und der Galgenbäume.[5] Geisterhafte graue Wolkenpferde waren Reittiere von Odins Wilder Jagd, was die Seelen der Toten sein sollten, die über die Baumwipfel galoppierten. Eine alte heidnische Tradition besagte, daß die Füße der Toten nach hinten gerichtet sind. Aus diesem Grund ist es bei einem Militärbegräbnis noch immer der Brauch, ein Pferd ohne Reiter am Zügel zu führen, in dessen Steigbügel die Stiefel des Toten so befestigt sind, daß sie nach rückwärts weisen. Das war üblicherweise auch das Reittier, das den Toten in die Unterwelt brachte. In früheren Zeiten wurde das Pferd ebenfalls getötet und im selben Grab bestattet.[6] Das graue Pferd ist in Wales noch immer ein Symbol des Todes.

Aber das Pferd war auch ein Symbol der Apotheose. Weiße Pferde waren beliebt, wenn es darum ging, die Göttin zu verkörpern: So ritt zum Beispiel die

Maienkönigin, die beim alljährlichen Mai-Ausritt die Liebesgöttin Freya darstellte, auf einem weißen Pferd, während ihr Begleiter auf einem schwarzen Pferd den Gott Freyr darstellte.[7] Die nackte Dame auf dem weißen Pferd trat jedes Jahr bei traditionellen Prozessionen in Erscheinung, zum Beispiel in Coventry, wo sie Godiva in der Bedeutung von »Göttin« genannt wurde.[8] Ihr Ritt galt als unabdingbar für das Gedeihen der Feldfrüchte. Ihr Fest wurde von den Puritanern unterdrückt; sie haben vielleicht auch die apokryphe Geschichte von Lady Godiva und Peeping Tom erfunden. Aber nachdem der puritanische Commonwealth zu Ende gegangen war, wurde dieses alljährliche Ritual von neuem ins Leben gerufen und bis zum Jahre 1826 fortgeführt.[9] Die sagenhaften britischen Könige Hengist und Horsa, deren Namen eigentlich Hengst und Stute bedeuten, waren vielleicht mit dieser Reitzeremonie verbunden.

[1] Spence, 372–373
[2] Dumézil, Archaic Roman Religion, Bd. 1, 218–223
[3] Briffault, Bd. 3, 188
[4] Cirlot, 145
[5] Turville-Petre, 48
[6] de Lys, 261
[7] Gelling/Davidson, 163
[8] Knight, 170
[9] Gifford, 142

Salamander

Die armen Salamander! Diese harmlosen kleinen Geschöpfe sind in zahllosen Mengen verbrannt worden, nur weil Menschen an die jahrtausendealte Symbolik glaubten, daß Salamander aus dem Feuerelement geboren und deshalb gegen Flammen immun sind. Ebenso wie die Gnomen, die die Erde symbolisierten, die Undinen, die das Wasser darstellten, und die Sylphen, die für Luft standen, galten die Salamander als Elementargeister. Gelehrte haben in Lehrbüchern geschrieben, daß Salamander durchaus glücklich im Feuer leben und davon nicht berührt werden; und deshalb wurden sie natürlich oftmals ins Feuer geworfen, um das Wunder zu demonstrieren. Die Tatsache, daß sie unterschiedslos zu einem kleinen Häufchen zusammenschmorten, konnte die Dauerhaftigkeit dieses Aberglaubens offenbar nicht zerstören.

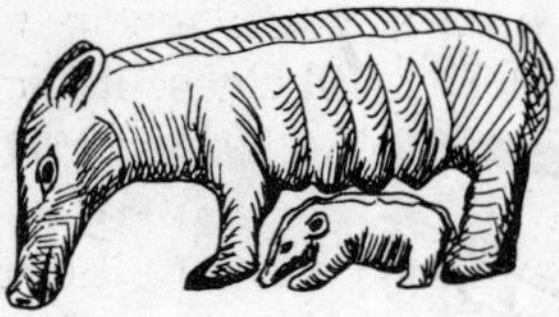

Sau, von einer ägyptischen Bronze

Sau

Die »weiße Sau« war eine der am meisten verbreiteten und beliebtesten Tiergestalten der Göttin. Astarte, Cerridwen und Demeter traten als Säue in Erscheinung. Einer der zahlreichen Namen der Göttin Freya lautete Syr oder »die Sau«.[1] Ein Steinrelief im Tarxien-Tempel von Malta zeigt eine Sau mit 13 Zitzen; dadurch ist sie als Mondtier ausgewiesen, das die 13 Mondumläufe des Jahres symbolisiert.[2] Dreizehn wurde zur »Unglücks«-Zahl, weil sie in der Antike mit der Verehrung der lunaren Göttin assoziiert war.

Die Buddhisten sprechen noch immer von Marici, der Diamantsau, einer Großen Göttin, die auf ihrem Lotusthron sitzt und von sieben Schweinen bedient wird. Sie heißt »Glorreiche« und »Sonne des Glücks«.[3] Die strahlende Weiße der göttlichen Sau sah man auch in der weißen, glänzenden Oberfläche der überaus weiblich-symbolischen Kauri-Muschel, die bei den Römern *porcella* oder »kleine Sau« hieß. Von diesem Wort für Weiße und Glanz ist unser Wort »Porzellan« abgeleitet.[4] Der Glanz der weißen Sau und ihrer sieben Schweinedienerinnen tritt auch deutlich in dem keltischen Mythos von der Prinzessin Goleuddydd (»Heller Tag«) in Erscheinung. Sie ist die Mutter von Culhwch, deren Name in etwa »Schoß« oder »Versteck des Schweins« bedeutet. Dieser Mythos wurde zwar teilweise christianisiert, aber die wichtigste Szene, in der Goleuddydd in einem Schweinelager niederkommt, blieb erhalten. »Offenbar ist sie die Schweinemutter, die Schweinegöttin, und Culhwch ist das Ferkel, das sie in ihrem Schweineversteck, nämlich ihrem Schoß, trägt.« Später stahl Culhwch einen Kamm vom Kopf des magischen Keilers Dwrch Drwyth, der ursprünglich vielleicht ebenfalls eine Sau gewesen ist: Denn »er« lag mit »seinen« sieben Ferkeln in »seinem« Lager – und das tun normalerweise nur weibliche Schweine.[5]

Die walisischen Heiligen Dyfrig, Kentigrn, Cadog und Brynach sollen allesamt ihre Klöster an Orten gegründet haben, zu denen sie durch eine magische weiße Sau geführt wurden.[6] Das beweist ziemlich glaubhaft, daß sie alle Pseudoheilige waren: nur oberflächlich christianisierte Versionen früherer heidnischer Helden, die sich mit der Sau verbunden fühlten.

[1] Turville-Petre, 168
[2] Pepper/Wilcock, 75
[3] Waddell, 218, 233, 361
[4] Leland, 102
[5] Markale, 94–96
[6] Cavendish, 200

Schaf

Zusammen mit den Widder-Göttern der alten Welt erschien die Göttin manchmal in Gestalt eines Schafs, und zwar wegen der heiligen Hochzeit, die dem Widderopfer vorausging. Ihr hebräischer Name in dieser Gestalt lautet Rahel, und das bedeutet »Mutterschaf«. Der Bibel zufolge wurde das zuvor geforderte Opfer von Abrahams Sohn Isaak für Jahwe durch ein Widderopfer ersetzt, und deshalb gab es eine Parallelität zwischen Isaak und dem Widder. Isaak zeugte später Jakob, der »mit einem Mann, der Gott war« (Genesis 32,30) kämpfte, und nach dem Kampf den Namen »Israel« erwarb. Jakobs Ehe mit Rahel beruhte vielleicht auf einer rituellen Hochzeit des Widder-Gott-Menschen mit dem heiligen Schaf, denn das erste Erscheinen Rahels in der Bibelgeschichte zeigt sie mit einer Schafherde (Genesis 29).

Die Israeliten zählten ihren Reichtum in frühbiblischen Zeiten nach Schafen, deshalb war das heilige Schaf für sie als Symbol der Zunahme und Gesundheit ihrer Herden so wichtig.

Der romanisierte Name des heiligen Schafes lautete »Agna«, der später zu St. Agnes christianisiert wurde. Aber diese Heilige hat niemals in menschlicher Gestalt gelebt, obwohl sie nach den Evangelisten und Aposteln als älteste Heilige des Kanons verehrt wurde.[1]

[1] Walker, The Woman's Encyclopedia of Myths and Secrets, 13

Schakal-Maske des Anubis

Schakal

Wegen seiner Neigung zum Aasfressen verehrte man den Schakal als Begleiter der Göttin, die die Toten in Empfang nimmt. Wie Wölfe und andere Tiere der Hundefamilie wurde der Schakal zum Wächter ihrer

Unterwelttore und zum Psychopomp (Seelenführer), der die Seelen nach dem Tod begleitete. Der Name des Gottes Shiva bedeutete »Schakal«, denn er wurde als Begleiter der Göttin Kali, der Zerstörerin, betrachtet.[1] In ähnlicher Weise war der Schakalgott Anubis der Begleiter der Göttin Nephthys, die den Unterweltaspekt der Großen Göttin darstellte und manchmal als Isis' dunkle Zwillingsschwester in die Mythologie einging. Anubis wurde zum Gott der Mumifizierung, zum Hüter der Seelen und zum spirituellen Vater von Opferpriestern, die man sich als schakalköpfige Menschen der Unterwelt vorstellte.[2] Seine heilige Stadt war Canopis (wörtlich »Auge des Hundes«); von dort kam der »canopische Krug«, in dem die Eingeweide der Mumie aufbewahrt wurden. In römischen Prozessionen, die der Isis und dem Osiris geweiht waren, schritt der Priester mit der Anubismaske vor dem Bild der Göttin in der Gestalt der heiligen Kuh einher. Dieser Priester spielte feierlich die Rolle des Gottes, »der sich herabließ, auf menschlichen Füßen zu gehen ... und seinen Hundekopf und -hals hoch reckte – er, der schreckliche Botschafter zwischen Himmel und Hölle«.[3] Weil Christus ebenfalls als Seelenführer galt, wurde er von frühchristlichen Gnostikern mit dem Schakalgott gleichgesetzt.[4]

1 Mahanirvanatantra, 113
2 Book of the Dead, 140
3 Budge, Gods of the Egyptians, Bd. 2, 266
4 G. Jobes, Bd. 1, 858

Japanisches Symbol der Schildkröte

Schildkröte

Die Erde ruht auf dem Rücken einer riesenhaften Schildkröte, einem Atlas in Tiergestalt, der alle Abgründe der Meere und die Wurzeln der Berge stützt – das war eine der ältesten und dauerhaftesten Glaubensvorstellungen Asiens. Manche hinduistischen Mythen sprechen von dem »alten Schildkrötenmann« als dem Vater aller Geschöpfe und dem Partner der Urgöttin der tiefen Wasser.[1] Andere betonen, daß diese Schildkröte, auf der die Welt ruht, eine der Inkarnationen Vishnus sei. Die westlichen Mythologien setzten ihn mit dem allgegenwärtigen Gott der Unterwelt gleich. Der griechische Name für sein Reich, nämlich »Tartarus«, war vom griechischen Wort für Schildkröte *tartaruga* abgeleitet. Die Griechen waren der Meinung, daß die Schildkröte dem Hermes heilig sei, er habe die erste Lyra aus einem Schildkrötenpanzer gefertigt.[2] Dies war eine magische Lyra, welche die elementaren Sphären-Harmonien erklingen lassen konnte. Als Hermes Trismegistos der Alchemisten wurde dieser Gott der Unterwelt auch *spiritus tartari* genannt, also »Geist der Unterwelt«, und seine alchemistische Essenz war Weinsäure (englisch *tartaric acid*). Die Schildkröte, auf der die Welt ruhte, war ein Symbol ewigen Lebens – und deshalb auch menschlicher Langlebigkeit – in Japan; dort hieß sie *kame* und wurde durch das oben abgebildete shintoistische Emblem der heiligen Schildkröte dargestellt.[3]

[1] Zimmer, 104
[2] Green, 169
[3] Lehner, 44

Schlange

Der Buchstabe S war eines der ältesten Symbole für das Schlangenhafte, und zwar aufgrund seiner Form und seines zischenden Klangs – und die Schlange war eines der ältesten Symbole weiblicher Macht. Frau und Schlange wurden in der vorklassischen ägäischen Zivilisation als heilig betrachtet, da sich offenbar in beiden die Kraft des Lebens verkörperte. Schlangen hielt man für unsterblich, da man glaubte, daß sie sich durch das Abstreifen der alten Haut auf unendliche Zeit erneuern könnten. Die Erdgöttin Gaia, Mutter aller Götter, gründete das Orakel von Delphi (»Schoß«) und setzte die ursprünglichen Schlangenpriesterinnen mit ihren hellseherischen Gaben (»Pythea«) ein. So steht es in den Hymnen des Homer. Hesiod nannte sie auch Gaia Pelope oder »weibliche Schlange«.[1]

Der biblische Nehuschtan war eine absichtliche Vermännlichung einer ähnlich gearteten Orakelschlange, der Nehuschtah, der Göttin von Kadesch (in der Bedeutung von »heilig«). Dies war ein Heiligtum, das dem der Pythia in Delphi entsprach. Die Israeliten haben offenbar diesen geweihten Ort verunglimpft und seine Priesterinnen vergewaltigt. Deshalb »mußten Moses und Jahwe die zornige Schlangengöttin von Kadesch, die mittlerweile abgesetzt war, dadurch besänftigen, daß sie ein bronzenes Abbild von ihr aufrichteten… In der Mythologie ist die Schlange immer eine weibliche Gottheit.«[2]

In Indien trug die »Mutter von allem, was sich bewegt« und Göttin der Erde manchmal den Titel der Sarparajni oder »Schlangenkönigin«. Als weibliche Schlange Ananta (»die Unendliche«) umhüllte sie alle Götter während des Todesschlafes zwischen den Inkarnationen. Als weibliche Schlange Kundalini symbolisierte sie die innere Kraft des menschlichen Körpers, die im Becken, wo die lebenspendenden Organe der Frau liegen, zusammengerollt ist. Es war und ist noch immer das Ziel von tantrischen Weisen, die weibliche Kundalini-Schlange in ihrem eigenen Körper zu erwecken; und sie versuchen dies durch körperliche, mystische und sexuelle Übungen sowie durch die Meditation über das weibliche Prinzip.

Eine der ältesten vordynastischen Göttinnenfiguren in Ägypten war die Schlangenmutter Uadjet oder Ua Zit, die die Griechen Buto nannten. Auf den Pyramidentexten wird sie als himmlische Schlange bezeichnet, die die Nahrung des ewigen Lebens spendet.[3] Ihr Symbol, der Uräus, bedeutet sowohl »Schlange« wie auch Göttin«. Wie Ananta, die den Phallus des Sonnengottes Ra jede Nacht umschloß, war auch sie Mehem, die weibliche Schlange und »Umhüllerin«. Es gibt mythische Hinweise dafür, daß diese allnächtliche sexuelle Vereinigung mit der Schlangenkraft der Mutter Erde manchmal als die wirkliche Quelle der erneuerten Kraft betrachtet wurde, mit der Ra jeden Tag die Welt erleuchtete.

Im Vorderen Orient galt die weibliche Schlange als Verkörperung der Erleuchtung oder der Weisheit, da sie die Geheimnisse des Lebens verstand. Im Arabischen sind die Wörter für »Schlange«, »Leben« und »Lehre« alle mit dem Namen Eva verwandt – und das ist die biblische Version der Göttin, begleitet von ihrer Schlangengestalt, die den ersten Menschen die Nahrung der Erleuchtung gewährte.[4] Natürlich wurden sowohl Eva wie ihre Schlange in der Bibel sehr verteufelt; aber gnostische Sekten der frühchristlichen Zeit bewahrten einige der älteren Vorstellungen über ihre wichtige Rolle in bezug auf die Frucht der Erleuchtung. Einige Sekten verehrten die Schlange als wohltätiges weiblich-spirituelles Prinzip, welches Adam und Eva mitteilte, was sie über Gottes Doppelzüngigkeit wissen mußten: »Ihr werdet nicht sterben; denn er hat das nur aus Eifersucht zu euch gesagt. Vielmehr werden eure Augen sich öffnen und ihr werdet wie Götter werden und Böses und Gutes erkennen.«[5] Der »anmaßende Herrscher«

(Gott) verfluchte die Frau und ihre Schlange und erklärte, daß sie hinfort einander feindlich gesinnt sein würden, anstatt sich gegenseitig zu unterstützen.[6] Aber die Gnostiker ehrten Eva und die Schlange dafür, daß sie das Wissen zur Verfügung stellte, durch das Menschen zu Menschen wurden.

Natürlich wurde die Schlange auch männlich dargestellt und oftmals als erster Begleiter Evas betrachtet. Diese Schlange nannten die Gnostiker Ophion, Äon des Lichtes, Helios oder Agathodaimon (»guter Geist«) im Gegensatz zu Kakodaimon (»böser Geist«).[7]

Die Anhänger dieser großen, als männlich gedachten Schlange wurden manchmal »Bruderschaft der Schlange« genannt. In ihren Schriften steht: »Du, der du aus den vier Windrichtungen dich erhebst, du freundlicher, guter Geist, glitzernder Helios, der über die ganze Erde scheint, du bist die große Schlange, die die Götter lenkt.«[8]

In etlichen anderen Mythologien wurde der Lebensbaum oder »Baum des Wissens« von einer Schlange bewacht, die der Göttin heilig war – eine davon war Ladon, die mächtige Schlange, die im Garten der Hesperiden den lebenspendenden Apfelbaum der Muttergöttin Hera bewachte. Die enge Beziehung zwischen der Göttin und ihrem schlangenhaften Begleiter wurde oft als Grund für seine Unsterblichkeit angenommen. In der gnostischen Mystik wurde die große Schlange zum Uroboros, der auf immer und ewig in der gebärmutterartigen Unterwelt lebte. Ein Symbol seines kosmischen Samens, der die Welt erschuf, war der runde, stachelige Seeigel, der bei den Kelten »Schlangenei« hieß.[9] Manchmal wurde auch der Engel Raphael als weise Schlange dargestellt.

Die Christen übernahmen die große Schlange als Erscheinungsform ihres Teufels; und dennoch behielten die lebenspendenden Kräfte der Schlange in geheimen Büchern der Magie und der *materia medica* ihre Beliebtheit. Noch im 18. Jahrhundert erklärte Arnold von Villanova, daß Hirsche bekanntlich die Wirkungen des Alters umkehren und ihre Jugendlichkeit wiederherstellen könnten, indem sie sich ganz einfach »von Vipern und Schlangen ernähren«.[10]

[1] La Barre, 69
[2] Beltz, 119
[3] Lindsay, 54
[4] Shah, 387
[5] Robinson, 153–155
[6] Pagels, 31
[7] Cirlot, 276
[8] Campbell, Pagan and Christian Mysteries, 29
[9] Cirlot, 269
[10] Spence, 140

Schwein

Die jüdischen Autoritäten behaupten manchmal, daß das biblische Tabu gegen den Verzehr von Schweinefleisch eine vernünftige Vorsichtsmaßnahme gegen Trichinose und andere Krankheiten sei. In Wirklichkeit wußten jedoch die Bibelautoren nichts über die natürlichen Ursachen von Krankheiten und führten keinerlei Krankheit auf den Verzehr von »unreinem« Fleisch zurück. Das Schweinefleischtabu wurde von den frühen Hebräern nach dem Vorbild ihrer Nachbarn in Syrien und Ägypten aufgestellt: Dort waren Schweine der Göttin heilig und wurden nur bei zeremoniellen Gelegenheiten verzehrt. Das Schwein war »unrein« im Sinne von »enthoben« oder geheiligt; es war ein primitives jüdisches Totemtier.[1] Dieser Brauch war im ganzen Vorderen Orient bekannt. Lukian erzählt, daß die heiligen Schweine von Hierapolis in der üblichen doppelten Weise tabu gewesen seien: ebenso »unrein« wie auch »heilig«.[2]

Auch in der germanischen und irischen Mythologie waren Schweine heilig, und zwar aufgrund der Verwandtschaft mit der seit langem eingeführten indoarischen Verehrung Vishnus als Keiler-Gott. Die Kelten assoziierten Schweine mit dem Jenseits und waren der Meinung, daß sie die angemessenste Speise für Sakralfeiern seien, zu anderen Zeiten aber nicht gegessen werden sollten.[3] Das heutige Weihnachtsschwein mit dem Apfel im Maul leitet sich von dem norwegischen Jul-Schweineopfer ab, bei dem das Schwein zur Jahreswende den Göttern dargeboten wurde.

Eine weitere wenig bekannte Verbindung zwischen früherer Heiligkeit und dem »Schweinischen« war der klassische griechische Ausdruck für weibliche Genitalien *choiros*, der gleichzeitig auch »Schwein« bedeutete. Die griechischen Theaterautoren ersannen viele Wortspiele und Zweideutigkeiten, die auf der austauschbaren Bedeutung von »Schwein« und »Vagina« beruhten.[4]

[1] Reinach, 19–20
[2] Crawley, Bd. 1, 114
[3] Green, 180
[4] Keuls, 353

Stier, aus einem tiermedizinischen Text aus dem 16. Jh.

Stier

Der spanische Stierkampf ist eine der letzten Spuren von sakralen Spielen der Antike, die im Zusammenhang mit dem formellen Stieropfer standen. Stiere wurden mit den wichtigsten Göttern und Königen gleichgesetzt oder als ihre Verkörperung auf Erden betrachtet. El, »der Stier« in Phönizien, war einstmals die höchste semitische Gottheit.[1] Der Geist des El scheint von dem König Nebukadnezar Besitz ergriffen zu haben, als er auf einer Wiese graste (Daniel 4,33). Die Israeliten verehrten die *schedim*, Idole in Stiergestalt, deren Name sich wahrscheinlich von dem Namen des assyrischen Stiergottes »Schedu« ableitete.[2] Die kretischen Stierspringer erfanden einige der klassischen Bewegungen des Stierkampfes, aber das war noch zu der Zeit, als Könige zeremoniell mit dem Titel »Minos« bedacht wurden und beim alljährlichen Fest den *tauros* (griechisch für »Stier«) verkörperten und Stierkopf-Masken in der Rolle des Minotaurus trugen.

Das römische *taurobolium* oder Stieropfer gehörte üblicherweise zum Gottesdienst bis Attis und Mithras. Der erstere war der Begleiter der Göttin unter ihrem phrygischen Namen Kybele, der letztere war der Begleiter derselben Göttin unter ihrem persischen Namen Anahita.[3] Ebenso wie die Christen »im Blut des Lamms gewaschen« wurden, so geschah es mit den Eingeweihten dieser Kulte: Sie wurden ganz buchstäblich »im Blut des Stiers gewaschen«, denn sie standen unter einem Gitter, so daß sie vom Blut überströmt wurden, wenn die Kehle des Stiers aufgeschnitten wurde. Diese Taufe bedeutete für die Gläubigen, daß sie »für die Ewigkeit wiedergeboren waren«.[4] Das *taurobolium* des Mithraskultes sollte an die übliche totemistische Überzeugung erinnern, daß alles Leben aus dem Vergießen männlichen Blutes entstehen konnte. Die Gläubigen des Mithraskultes waren der Überzeugung, daß aus einem Ur-Opfer des »sonnenerschaffenen Stiers« das Blut stammte, aus dem alle Dinge erstanden: Man sieht auch hier die patriarchale Bemühung, das weibliche Prinzip zu eliminieren. Aber die klassische Gestalt des Mithras, die den Ur-Stier opfert, scheint eine Kopie der zeitlich früheren Gestalt der Göttin Kali als Zerstörerin zu sein: In einer Abbildung in den Höhlen von Ellora ist sie es, die einen Stier opfert.[5]

Weiße Opferstiere verkörperten nicht nur Kalis Gefährten Shiva (als »weißen Stier Namdi«), sondern auch den druidischen Eichengott, der genau in dem Augenblick getötet wurde, in dem der heilige Mistelzweig vom Baum geschnitten wurde.[6] In Britannien war ein Zentralheiligtum dieses Kultes in Bury Saint Edmunds: Es scheint, daß dort die Köpfe von Stieren bestattet wurden, die jedes Jahr geopfert wurden (deshalb wohl auch das englische Wort *to bury* für »bestatten«), und deshalb wurde der Stiergott selbst in etwas unangemessener Weise als der »heilige Edmund« kanonisiert. In den Klosterannalen heißt es, daß der »Märtyrer« sich jedes Jahr in einen weißen Stier verkörperte, daß seine virilen Kräfte von den Frauen bewundert wurden, die »das Grab des ruhmreichen Märtyrers St. Edmund besuchen, um diesem weißen Stier Opfergaben darzubringen.«[7]

Das katholische Pfarrhaus von Dingwall berichtete von heidnisch anmutenden Stieropfern, die noch im 17. Jahrhundert am heiligen Tag der Diana im August durchgeführt wurden. Dabei kam es auch zur Anbetung von Brunnen und heiligen Steinen und anderen Lokalheiligtümern, die als »baufällige Kapellen« oder »abergläubische Denkmäler« genannt wurden.[8]

[1] Larousse, 74
[2] Beltz, 215
[3] Weston, 138
[4] Angus, 94–95
[5] Ross, 40
[6] Green, 179
[7] Briffault, Bd. 3, 190
[8] Spence, 355

Stute, Uffington, 1. Jh. v. Chr.

Stute

Im Britannien der Eisenzeit wurde die Göttin Epona als weiße Stute verehrt, noch heute kann man sie auf dem berühmten über hundert Meter langen, in Kalkstein gehauenen Bild sehen, das an einem Berghang in Uffington angebracht wurde.[1] Sie entsprach der griechisch-kretischen Leukippe oder der »weißen Stute«, die den Tagesaspekt der stutenköpfigen Demeter verkörperte. Ihr zerstörerischer Aspekt hieß Melanippe oder »schwarze Stute« und war auch die Rächerin Demeter (Erinnys) in Form einer Nacht-Stute, die die Sünder bestrafte. Dieselbe Anrede wurde auch auf die Königin der Amazonen angewendet, die im griechischen Mythos als Antiope oder

Hippolyta oder »angreifende Stute« in Erscheinung tritt. Eponas Name war von dem gallischen Wort *epo* abgeleitet, das mit dem indoeuropäischen Wort *eqwo* und dem lateinischen Wort *equus* verwandt ist.[2]

Von skandinavischen Hexen hieß es, daß sie sich in Stuten verwandeln konnten, vielleicht auf die Art antiker Priesterinnen, die möglicherweise wie Leukippes stutenköpfige Priesterinnen Pferdemasken trugen. Diese Hexen hießen *volvas*.[3] Der Kult der göttlichen Stute hielt sich in Irland bis zum 12. Jahrhundert. Damals beschrieb Giraldus Cambrensis die Krönung des Königs von Ulster, bei der es auch zur sexuellen Vereinigung des Königs mit einer weißen Stute kam, die dann geopfert und sakramental verzehrt wurde.[4] Bei heidnischen religiösen Festmählern wurde oftmals Pferdefleisch gegessen, das ansonsten tabu und der Göttin geweiht war. Das moderne Vorurteil gegen den Verzehr von Pferdefleisch scheint sich aus der christlichen Verdammung der alten Riten entwickelt zu haben.[5]

[1] Larousse, 225
[2] Markale, 80
[3] Lederer,195; Turville-Petre, 48
[4] Gelling/Davidson, 92
[5] Davison, Gods and Myths of the Viking Age, 122

Wal

Jonas' Wal ist in der Bibel ein Fisch, weil die Autoren dieser Periode (und noch viele Jahrhunderte danach) nicht wußten, daß Wale Säugetiere sind. Der Wal der ursprünglichen Jonas-Geschichte war die babylonische Meeresgöttin Derketo oder »Wal von Der«; sie verschlang den Gott Oannes und gab ihn in einer Neugeburt wieder dem Tageslicht zurück. Dieselbe Derketo war die mythische Mutter der babylonischen Königin Semiramis (Sammuramat). In dieser Geschichte und anderen antiken Schriften erscheint der Wal als Symbol »der Welt, des Körpers und des Grabes«.[1]

Vom Wal verschlungen zu werden weist auf einen Einweihungsritus hin, der zur Wiedergeburt führt. Der finnische Held Ilmarinen wurde in ähnlicher Weise von einem Riesenfisch verschlungen, um wiedergeboren zu werden. Eine Variante dieser Geschichte zeigt, daß der Fisch eigentlich ein Schoß war, denn Ilmarinen wurde auch von der riesenhaften alten Frau Hiisie verschlungen. In ähnlicher Weise ging der polynesische Nganaoa in den Bauch des Seeungeheuers ein und kam wieder zurück. Diese Metaphorik beschreibt »den Bauch einer Riesin, einer Göttin, eines Seeungeheuers, der den chtonischen Schoß, die kosmische Nacht, das Reich der Toten symbolisiert«.[2] Interessanterweise sprach die Bibel aus dem 10. Jahrhundert ganz direkt aus, daß Jonas drei Tage im *Schoß* des Wales gelebt habe.[3] Christliche Exegeten nahmen dies als Prophezeiung für den dreitägigen Aufenthalt Jesu im Schoß der Erde und seine darauffolgende Auferstehung.

[1] Cirlot, 350
[2] Eliade, 64
[3] Potter/Sargent, 180

Der ägyptische Widdergott Amon

Widder

Auf der ganzen Welt war der Widder eine der beliebtesten Tiergestalten des phallischen Gottes. Der ägyptische Widdergott Amon wurde als »viriles Männchen, heiliger Phallus, der die Leidenschaften der Liebe aufrührt, Widder der Widder« angerufen.[1] Eine gebräuchliche Metapher für Sexualverkehr war im Vorderen Orient der Ausdruck »der Widder, der im Dickicht gefangen ist«, und in Sumer sind sogar einige Zeichnungen dieses Inhalts gefunden worden. Derselbe Ausdruck kommt auch in der Bibel vor (Genesis 22,13), dort wird der Widder »gefangen« und dient dann als Opfertier anstelle von Isaak, der von seinem Vater Abraham um ein Haar zeremoniell getötet worden wäre. In einem ähnlichen griechischen Mythos mußte der Widder des Goldenen Vlieses den jungen Prinzen Phrixos auf dem Altar ersetzen.

Phallische Götter wurden vor allem bei den Bußfeiern zur Jahreswende zu Sakralopfern, sie wurden dadurch zu »Rettern«, die die Sünden der Menschen entfernten. Der heilige Widder Amon spielte diese Rolle in Ägypten. Der Widder Aries eröffnet das Jahr des Tierkreises im März, denn dies war in Rom die Zeit der Bußfeiern. Das Widderhorn, hebräisch (*schofar*), wurde geblasen, um die Vernichtung der alten Zeit und die Inauguration der neuen Zeit anzukündigen. Das Widderhorn, mit dem Josua die Mauern von Jericho zum Einsturz brachte, war ein weiteres Beispiel von zerstörerischer Magie.

Und wenn der letzte Trompetenstoß aus dem Horn des norwegischen Gottes Heimdall erklang, dessen Name »Widder« bedeutet, so war dies die Ankündigung von vollständiger Zerstörung[2]. Auch er war ein gehörnter Opfergott und ein Symbol der Virilität; er galt als Erzeuger aller Wikingerkasten, als er die drei Aspekte der Dreifachen Göttin Erde befruchtete.[3] Während des Mittelalters glaubte man noch immer ernsthaft an die virilen Kräfte des Widders, und man verspeiste sein Fleisch, seine Hörner, seine Hufe, Hoden und andere Teile oftmals im Sinne eines Fruchtbarkeitszaubers.

[1] Budge, Gods of the Egyptians, Bd. 2, 64
[2] Davidson, Gods and Myths of the Viking Age, 173
[3] Turville-Petre, 150–153

Wolf

Der Wolf war eines der beliebtesten Clan-Totemtiere im vorchristlichen Europa, wie man noch heute an der Häufigkeit von Namen wie Wolf, Wulf, Wolfram, Wolfsburg usw. sehen kann. Viele Stämme »verwandeln sich in Wölfe«, indem sie bei regelmäßig stattfindenden religiösen Festen Wolfsmasken und Wolfsfelle trugen.[1]

Noch zur Zeit der Renaissance hieß es, daß bestimmte irische Stämme beim Julfest der Wintersonnenwende zu Wolfsmenschen würden. In Livland wurde behauptet, daß manche Hexen sich regelmäßig in Wölfe verwandelten, wenn sie einen magischen Teich durchquerten.[2] Man sieht also ohne weiteres, wo die Geschichten vom Werwolf begannen, nämlich in Sagen über heilige Wölfe und ihre frommen Nachahmer. Ebenso wie Afrikaner in ihren rituellen Tänzen zu Löwen »werden« konnten, ebenso wie amerikanische Indianer in ihren Ritualtänzen Kojoten oder Hirsche »werden« konnten, so »wurden« die Menschen des alten Europa zu Wölfen, Bären, Hirschen und anderen bekannten Wildtieren. Oftmals war die Göttin selbst die große Wölfin, wie etwa im primitiven römischen Kult der Lupa oder Feronia, der aus dem sabinischen Matriarchat übernommen worden war. Manchmal hieß sie »Mutter der Wölfe«, war auch die göttliche Hebamme und die Anführerin der Vestalinnen oder – unter dem Namen Acca Larentia – Mutter der *lares* oder »Ahnengeister«.[3] In der lupercalischen Höhle war ihr eine Statue errichtet worden, der später noch die Abbilder der beiden Kinder Romulus und Remus hinzugefügt wurden, die sie gesäugt haben soll. Jedes Jahr wurde sie bei den Lupercalien (dem Fest der Wölfin) gefeiert: Jugendliche, die in Wolfsfelle gehüllt waren, reinigten rituell die Siedlungen des Palatins.[4]

In Ägypten wurde entweder Horus oder Anubis mit dem archaischen Wolfsgott Ub-Uat, dem Sprößling der Isis-Nephthys gleichgesetzt. Man rief ihn als »Öffner des Wegs« oder »Öffner des Körpers« an, dies war eine übliche Anrede für das erstgeborene Kind der Göttin.[5] Die häufigen Beziehungen zwischen Göttin-Figuren und totemistischen Wölfen können als einer der vielen Hinweise verstanden werden, daß es eher Frauen waren als Männer, die die ersten Beziehungen zu Wölfen aufnahmen und sie dann schließlich domestizierten.

[1] Herodotus, 244
[2] Scot, 72
[3] Rank, 45–46
[4] Wedeck, 174
[5] Frankfort, 26

Wurm

Das Wort »Wurm« wurde auf viele verschiedene Arten von Geschöpfen angewendet:

Schlangen, Raupen, Tausendfüßler, Maden und selbst Eidechsen mit Beinen, aber auch auf mythische Drachen, ganz abgesehen von wirklichen Würmern, wie etwa Regenwürmern. »Der Wurm, der niemals stirbt« war ein geläufiges Symbol für die Erde, die Leichen verzehrt; gemeint war damals sowohl die unterirdische Uroborosschlange und die Maden, die ganz buchstäblich Leichen verzehrten – allerdings sind Maden gar keine Würmer, sondern Larven einer Fliege.

Ein immer wiederkehrendes Motiv in mittelalterlichen englischen Volksballaden war der *Laidly Worm* (»häßliche Wurm«), eine der vielen Inkarnationen der großen Schlange. Manchmal nahm der Wurm, ähnlich wie eine Lamie, die Gestalt eines weiblichen oder männlichen menschlichen Liebhabers an, der oder die versuchte, das Opfer zu verführen und dann in die Unterwelt zu bringen. In der norwegischen Mythologie hieß der Uroboros Midgard-Wurm. Midgard war jene Ebene der Erde, die – umschlungen von den Windungen des Wurms – an Ragnarok (dem Jüngsten Tag) gegen die Götter kämpfen würde. Nach der Prophezeiung der Priesterin würden sich dann der Gott Thor und der mächtige Wurm gegenseitig im Endkampf vernichten.

Ziege

Wahrscheinlich haben nur wenige andere Haustiere soviel unter dem Opfertod gelitten wie die Ziege, denn die Menschen aßen bei rituellen Festmählern gerne Ziegenfleisch, betrachteten aber auch die Hörner dieses Tiers als Ausdruck von göttlichem *mana*. Außerdem war seine Haut nützlich und seine Größe annehmbar. Größere Tiere wie Stiere und Pferde wurden weniger oft geopfert – nur bei etwas spezielleren öffentlichen Angelegenheiten.

In Israel wurden die Sünden der Stämme zeremoniell auf den Kopf des Sündenbocks geladen, der den Gott Azazel oder »Botschafter des Herrn« darstellte und die Sünden an jedem Bußtag mit sich fort nahm.[1] Der gehörnte Gott Azazel war jedoch in Wirklichkeit ein göttlicher Erlöser, der menschliche Sünden auf sich nahm und durch seine Verbannung und/oder seinen Tod für sie büßte.[2] Sein palästinensischer Name lautete »Baal Gad« oder »Ziegenherr«; er war der Ahnherr, nach dem der Stamm Gad benannt war.[3]

Im archaischen Griechenland wurden oftmals Ziegen, die mit Menschen und/oder Göttern gleichgesetzt wurden, geopfert: So entstanden Mythen wie die des erschlagenen und geschundenen Satyrs Marsyas, der auch den Gott Pan verkörperte.

Das älteste athenische Religionsfest war Apaturia, das »Fest der gemeinsamen Beziehung«: Dort trat der chthonische Gott Dionysos in schwarzem Ziegenfell unter dem Namen Melanaigis auf (»Schwarzziege«).[4] In Rom war der Opfergott der Mamuralien in den Iden des März ein in Ziegenfelle gekleideter Mann, der durch die Straßen geführt und in Erinnerung an frühere Bußopfer formell gepeitscht wurde. Die Ziegenmenschen, die als Satyrn und Faune in die Mythologie eingingen, waren ursprünglich Menschen, die mit den heiligen Ziegen identifiziert wurden, und nach ihrem Bild wurden die mittelalterlichen Teufel mit ihren Ziegenhörnern und Ziegenhufen gestaltet. Als die Menschen weiterhin ihre Ziegengötter verehrten, beschuldigten die Geistlichen sie der Teufelsverehrung. Die Skandinavier wurden noch bis ins 17. Jahrhundert wegen ihrer heidnischen »Ziegenspiele« an religiösen Feiertagen gerügt, und dennoch blieben ihre Symbole erhalten. Bis zum heutigen Tag fertigt man in Skandinavien eine Jul-Ziege aus Stroh, die als Opfer zum Jahresende fungiert.[5] In Volkstanzchoreographien kommt noch der antike *caper* vor (von dem lateinischen Wort *caper* für »Ziege«), damit ist wörtlich ein Ziegentanz gemeint. Aus derselben Quelle stammen unsere Begriffe Capriccio und kapriziös.[6] Auch die Insel Capri war einstmals dem Ziegenherrn geweiht.

1 Whittick, 306
2 Seligmann, 28
3 Graves, The White Goddess, 230
4 Bachofen, 53; Guthrie, 169
5 Larousse, 271
6 Funk, 253

15

VÖGEL

- Adler
- Ba
- Donnervogel
- Eisvogel
- Elster
- Eule
- Falke
- Gans
- Garuda
- Geier
- Hahn
- Ibis
- Krähe
- Kuckuck
- Möwe
- Pelikan
- Pfau
- Phönix
- Rabe
- Rebhuhn
- Rotkehlchen
- Schwalbe
- Schwan
- Simurgh
- Storch
- Taube
- Zaunkönig

Die Menschen haben schon immer den Flug der Vögel beobachtet und beneidet. Sie haben sich danach gesehnt, sich in den Himmel emporzuheben und sich mit vogelähnlicher Geschwindigkeit zu bewegen, um die geheimisvollen Reiche jenseits der Wolken zu erforschen. Deshalb wurden Vögel bei vielen Kulturen zu Symbolen der verstorbenen Seele, zu Botschaftern des Himmels oder Trägern von tiefen Geheimnissen. Die Sprache der Vögel zu erlernen war eine wichtige Metapher für mystische Erleuchtung. Im Zustand heiliger Trance wie ein Vogel emporzufliegen galt manchmal als Voraussetzung der Einweihung.[1] Bei den Römern bedeutete das Wort *aves* sowohl »Vögel« wie auch »Ahnengeister«. Von Vögeln glaubte man im allgemeinen Zeichen und Erleuchtungen zu erhalten – ebenso wie das auch bei den Geistern der Ahnen der Fall war.

Auch Göttinnen und Götter traten in vielerlei Vogelgestalten auf. Natürlich waren Engel immer vogelähnlich, wenn sie nicht sogar als wirkliche Vögel in Erscheinung traten, wie etwa die Geier und Raben, die die Toten zum Himmel trugen. Von den keltischen Feen glaubte man, daß sie Vogelflügel besäßen. Die norwegischen Walküren trugen magische Federkleider, die der Göttin Freya gehörten.

Federgewänder und Federschmuck von Priesterschaften von Sibirien bis nach Zentralamerika erzählten vom Flug der Vögel als Symbol der Spiritualität. In der okkulten Tradition symbolisierten Vögel und Vogelfedern oftmals das Luftelement, das auch die Heimat von unsichtbaren Seelen, Windgöttern und in manchen Traditionen die wirkliche Essenz der höchsten Gottheit war.[2]

Die bekannteste, wenn auch am wenigsten wahrscheinliche Geschichte über den heiligen Franziskus erzählt, wie er alle Arten von Wildvögeln durch seine Predigt zähmte. Als er es den Vögeln befahl, erhoben sie sich alle in Form eines großen Kreuzes in die Lüfte. Diese Geschichte war offensichtlich früheren Bildern des heidnischen Seelenführers – wie etwa Hermes – nachempfunden, der ganze Herden von Seelen in Gestalt von Vögeln führte. Auch dem Erlösergott Orpheus wurde die Fähigkeit zuerkannt, Vögel zu bezaubern und mit ihnen zu kommunizieren.

Heraldischer Adler

Adler

Der Adler war antiken Himmelsgöttern wie Zeus und Jupiter heilig und wurde deshalb zu einem totemistischen Symbol der römischen Kaiser und der kaiserlichen Macht überhaupt. Man vermutete, daß sich die Seele eines jeden römischen Kaisers in einen Adler inkarniere. Bei der Bestattung des Kaisers ließ man einen Adler über seinem Scheiterhaufen in die Lüfte auffliegen.[1] Auf diese Weise sollte die kaiserliche Seele zum Himmel emporgetragen werden, genauso wie auch ein Adler den jungen Gott Ganymedes zu Zeus brachte. Alle römischen Legionen hatten »Adler« als Heeresstandarten. Die deutschen Kaiser des Heiligen Römischen Reiches übernahmen dann die Adler der Cäsaren als heraldische Symbole. Der doppelköpfige Adler wurde zum Wappentier Deutschlands, Österreichs, Rußlands und der türkischen Herrscher zur Zeit der Kreuzzüge; dies geschah jedoch aufgrund eines Mißverständnisses: Auf einer goldenen Fibel aus Mykenä lehnten zwei Adler Rücken an Rücken gegeneinander und blickten wie die ägyptischen »Löwen von gestern und heute« (*akeru*) in die entgegengesetzte Richtung. Auf diese Weise sollte der Fluß der Zeit zwischen Vergangenheit und Zukunft dargestellt werden. Da man dieses Bild später nicht mehr verstand, bildete man einen einzelnen Adler mit zwei Köpfen ab.[2]

Adler wurden traditionell mit Blitz, Feuer und der Sonne wie auch mit dem Helden assoziiert, der wie Prometheus zum Nutzen der Menschheit das Feuer vom Himmel brachte. Aber durch diese Tat beleidigte Prometheus den himmlischen Vater. (Eine ähnliche Geschichte wird auch über einen seiner Vorgänger, den Sturmvogel Zu, eine sumerische Version des Blitzadlers, berichtet.)

Paradoxerweise war diese mythische Gestalt wahrscheinlich auch eine frühere Version von Zeus selbst. Die Griechen waren der Meinung, daß Adler den Blitz lenken konnten, und nagelten deshalb Adler an die Spitzen ihrer Tempel: Auf diese Weise sollten Blitzeinschläge abgelenkt werden. Deshalb hießen ihre Giebel *aetoi* oder »Adler«.[3] Vielleicht ist daraus auch das mythische Bild des Prometheus entstanden, der an einen Felsen gekettet wurde.

Das Ungeheuer des Ezechiel, das vier Gesichter eines Adlers, eines Löwen, eines Stiers und eines Menschen aufweist, wurde fromm als Prophezeiung der vier Evangelisten interpretiert; aber die ursprüngliche Bibelbeschreibung war eine Neuausgabe der assyrischen Fabeltiere, welche die vier Jahreszeiten symbolisierten und sich aus den Bestandteilen dieser vier Tiere zusammensetzten.[4] Jeder dieser Teile stand für ein Element, und der Adler natürlich für das Reich der Luft.

[1] Campbell, Occidental Mythology, 334
[2] Whittick, 237
[3] Reinach, 90
[4] Whittick, 269

Ba

Die *ba* war in der ägyptischen Vorstellungswelt eine der sieben Seelen eines Menschen. Meist hatte sie die Gestalt eines Vogels mit Menschenkopf. Dieses Bild ist mit der uralten und auf der ganzen Welt verbreiteten Vorstellung der Ahnen und Ahnengottheiten in Vogelgestalt verbunden. Die ägyptischen Gräber hatten kleine Durchgänge aus den inneren Kammern zum Luftraum der Umgebung, aber dabei ging es nicht um Ventilation, sondern um das Gehen und Kommen der *ba* nach dem Tode, die man sich in Vogelgestalt vorstellte.

Weissagung durch die Befragung von Vögeln (d.h. die Seelen der Toten) war in ganz Griechenland, Rom und Nordeuropa verbreitet. Dies beruhte auf dem Glauben, daß alle Vögel einstmals in menschlicher Gestalt auf Erden gelebt hatten und nun jenen Menschen, die gegenwärtig auf Erden lebten und ihre Sprache verstehen konnten, Omina spendeten. Aus diesem Grund betonte der Volksbrauch in all diesen Gegenden, daß es wichtig sei, die magische Sprache der Vögel zu erlernen.

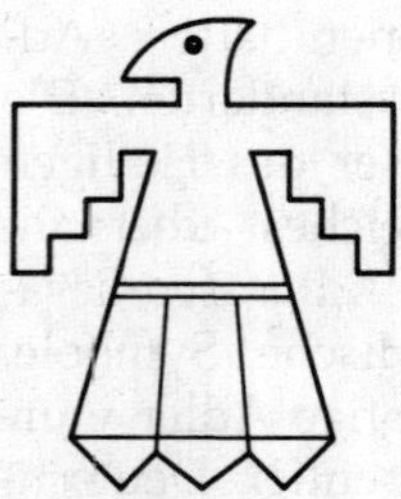

Donnervögel

Die Navajos stellten sich unter dem Donnervogel einen archetypischen Vogelerlöser vor, der eine gewisse Ähnlichkeit mit dem südostasiatischen Garuda aufweist. Er ist mit Blitz, Feuer, das vom Himmel fällt, dem Donnerkeil, dem Regen und der Übermittlung verbotener Gottesgaben (wie Erleuchtung) für die Menschheit assoziiert. Ein früherer Prototypus des Donnervogels findet sich bereits in der sumerischen Zivilisation. Es ist der Sturmvogel Zu, der die Götter herausforderte. In solchen Gestalten vermischen sich Ahnengötter, Kulturheroen, Totemtiere und Naturgeister. Die Indianer, die im Südwesten der Vereinigten Staaten lebten, interessierten sich besonders für die regenspendende Kraft dieser Vogelgottheit, da ihr Klima trocken war.

Eisvogel

Der antike Name für den Eisvogel lautete »Halkyon«; er symbolisierte die sagenhaften 14 Tage in der Mitte des Winters, in denen die Winde und das Meer in vollkommener Stille verharrten, um den Nestbau des magischen Vogels zu erleichtern. Der Name wurde wahrscheinlich von Alkyone, einem Stern aus der Gruppe der Pleiaden, abgeleitet, deren Aufgang in der Antike für die Seefahrt wichtig war. Eine andere Alkyone hieß Tochter von Aigeale, die »die Stürme abwehrt«. Die antiken Schriftsteller glaubten (fälschlicherweise), daß das Nest des Eisvogels auf dem Meeresspiegel schwimmen müsse; in Wirklichkeit nisten die Eisvögel in Buchten an der Küste. Robert Graves erwähnt sein eigenes Erlebnis mit dem Eisvogel: »Er strich über die Oberfläche dieser Mittelmeerbucht…ungefähr in der Mitte des Sommers, das Meer kräuselte sich nicht im geringsten: Das Gefieder dieses Vogels, das so auffällig in Blau und Weiß strahlte, ließ ihn zu einem unvergeßlichen Symbol der Göttin ruhigen Meeres werden.«[1]

[1] Graves, The White Goddess, 193–195

Elster

Die Elster ist der »gesprächigste« Vogel: Deshalb glaubte man, daß sie Menschen Orakel verkünden und Geheimnisse verraten kann, sofern sie die mystische Vogelsprache verstehen. Wie andere Verwandte der Krähe können Elstern die menschliche Sprache nachahmen, wenn sie in Gefangenschaft gehalten werden. Jahrhundertelang hieß es, daß das Plaudern der Elster die Ankunft von Gästen ankündigte. Zwei oder mehr Elstern prophezeiten einen glücklichen Umstand, eine Elster allein bedeutete Leid.[1]

[1] Thomas, 625

Eule

Die »weiße Eule« tritt noch immer mit den Hexen an Halloween, dem keltischen Totenfest, in Erscheinung, da sie in der Vergangenheit mit vielen Gestalten der greisen Göttin assoziiert wurde, die sowohl Weisheit wie auch Sterblichkeit verkörpern: Lilith, Athene, Minerva, Blodeuwedd, Anath und die eulenäugige Göttin Mari waren eng mit der Eule verbunden oder verwandelten sich in Eulen. Im Lateinischen wurden Hebammen und Hexen sogar nach der Eule (*strix*, Plural: *striges*) benannt: Daraus wurde später das italienische Wort *strega* für Hexe.[1]Bei den Algonquin-Indianern war die Eule ein Vogel des Todes und des Winters, der den Nordwind erschuf. Bei den Babyloniern galten die nächtlichen Eulenrufe als Geister von Frauen, die bei der Geburt starben und nun nach ihrer Nachkommenschaft riefen.[2] Vielleicht hat die altehrwürdige Verbindung der Hebammengöttin mit Eulen zu dieser Vorstellung beigetragen.

Im Mittelalter hieß die Eule manchmal auch Nachthexe, ebenso wie die Töchter Liliths, die als dämonische Succubae uminterpretiert wurden. Weibliche Geister mit Eulenflügeln fürchtete man als potentielle Kindesräuberinnen: Dies war eine weitere Manifestation des Muttergeistes.

Die christliche Legende betonte, daß die Eule eine von »drei ungehorsamen Schwestern« (der Dreifachen Göttin) war, die sich dem jüdisch-christlichen Gott widersetzte und deshalb in einen Vogel verwandelt wurde, der niemals auf die Sonne blicken dürfte.[3] Diese Sage führte zu der Vorstellung, daß Eulen im Tageslicht blind sind. In Wirklichkeit ist ihr Sehvermögen bei allen Lichtverhältnissen gleichermaßen ausgeprägt. Ein weiteres bemerkenswertes Kennzeichen der Eule ist ihr geräuschloser Flug –

abgedämpft durch dicke, weiche Federn – und die Fähigkeit, ihren Kopf um fast 180 Grad zu drehen, die im Volksaberglauben oftmals Dämonen zugeschrieben wird.

[1] Trigg, 96
[2] G. Jobes, Bd. 2, 1222
[3] de Lys, 37

Falkenköpfiger Horus

Falke

Der Falke (englisch *falcon*) wurde mit Bestattung assoziiert. Er symbolisierte die Seele, die durch die Begräbnisfeierlichkeiten befreit wurde und dann wegfliegen konnte. So wurde bei der Begräbniszeremonie für einen Pharao oft ein Falke freigelassen, der die Seele des toten Königs verkörperte, die zu ihrer Heimat im Himmel emporflog. In einem Pharao, so glaubte man, habe sich der Gott Horus in besonderer Weise inkarniert, und der Falke (in diesem Zusammenhang im Englischen *hawk*) war die totemistische Form des ägyptischen Gottes Horus. Analog flogen auch die Seelen römischer Kaiser als Adler und die Seelen christlicher Heiliger als Tauben zum Himmel empor.

Als Seelenführer hieß der Falkengott Chu-en-ua. Manchmal fungierte er als göttlicher Fährmann, der die Toten über den unterirdischen Fluß brachte. Sein Name und seine Funktion wurden in der Gestalt des Charon, des Fährmanns auf dem Styx, hellenisiert.

In Griechenland war der Falke dem Apollo heilig und deshalb wie der Adler ein Sonnenvogel. In Rom wurde er zum Totemtier des Gottes Quirinus. Daraus wurde dann zur Zeit des Christentums der mythische heilige Quirin, der aber immer noch mit dem Falken als Totemvogel abgebildet wurde.[1]

Die Verbindung des Falken mit Tod und Bestattung läßt sich auch wiederfinden in der Verwandtschaft seines griechischen Namens *kirkos* mit dem Namen der griechischen Todesgöttin Kirke. Ihre Insel, ein Bestattungsheiligtum, hieß Aiaia, das bedeutet »klagen«. Die homerische Erzählung, daß Kirke Männer in Schweine verwandelt haben soll, läßt sich wahrscheinlich darauf zurückführen, daß bei wichtigen Begräbnissen Schweine als Ersatz für die früheren Menschenopfer verwendet wurden.

[1] G. Jobes, Bd. 1, 733

Gans

Die Gans, die das goldene Ei legte, war ursprünglich die ägyptische Göttin Hathor: Sie verwandelte sich in eine Nilgans, um die Sonne zu gebären. Der Sonnengott war »das Ei der Gans, die aus dem Maulbeerbaum in Erscheinung trat«, und dieser Baum ist auch der Göttin geweiht.[1] Die Hieroglyphe für das Weltei war identisch mit dem Zeichen für einen Embryo im Schoß einer Frau.[2]

Cäsar sagte, daß die Gans den keltischen Stämmen heilig war und nicht gegessen werden durfte, da sie mit dem Sonnenei in Verbindung stand.[3] Aus ähnlichen Gründen war es im Aberglauben des Mittelalters verboten, in der Mitte des Winters eine Gans zu schlachten, die Sonne brauche deren mütterliche Sorge, um Kraft für die neue Jahreszeit zu gewinnen.[4] Später wurde diese abergläubische Regel umgekehrt, und zwar so einschneidend, daß die Gans bereits zum traditionellen Weihnachtsessen geworden war, als Dickens sein Werk »A Christmas Carol« schrieb. Wie bei anderen Tieren, die zuvor heilig gewesen waren, war man auch bei Gänsen der Meinung, daß sie die Seelen von ungetauften Heiden in sich trügen.[5]

[1] Budge, Egyptian Magic, 132
[2] Stone, Ancient Mirrors of Womanhood, Bd. 2, 61
[3] Green, 114
[4] Trachtenberg, 258
[5] G. Jobes, Bd. 1, 620

Garuda

Der indische Vogel Garuda, der »Sonnenvogel mit seinen goldenen Schwingen«, war aus vielen Gründen eine geheimnisvolle Gestalt, die große Ähnlichkeit mit dem persischen Vogel Simurgh besaß. Garuda wurde auf viele verschiedene Arten abgebildet: als Mensch, als Vogel, als Mensch, der auf einem Vogel reitet, oder als merkwürdige Verbindung von menschlichen und vogelartigen Merkmalen;

Garuda konnte auch als einzelner oder zu mehreren auftreten. Wahrscheinlich ist er älter als die Religion des Vishnu, dennoch aber gilt er heute als das »Tragtier« (*vahana)* des Vishnu, der den Geist des Gottes entweder in sich oder auf seinem Rücken trägt. Am treffendsten interpretiert man den Vogel Garuda vielleicht, wenn man ihn als Symbol für die sonnige, heiße, trockene Jahreszeit versteht – im Gegensatz zur Regenzeit, die durch die Schlange, das Emblem des Wassers, dargestellt wurde. Garuda stand im ständigen Konflikt mit Schlangen und wurde als Vogel, der Schlangen tötet und frißt, angerufen: Damit war vielleicht die heiße Sonne gemeint, die die Ströme austrocknete. In der indischen Provinz Orissa wird Garuda angerufen, um Menschen zu heilen, die von einer Schlange gebissen wurden. Im Großen Tempel müssen die Betroffenen den Garuda-Pfeiler umarmen und auf Erleichterung hoffen.[1]

[1]Zimmer, 75

Ägyptische Geiergöttin Mut

Geier

Die archaische Geiermutter Ägyptens, Nechbet oder Mut, zeugt von einer »uralten, matriarchalen Schicht«. Das ägyptische Wort für »Mutter« war gleichzeitig auch das Zeichen des Geiers.[1] Eine Hieroglyphe für »Großmutter« stellte den Geier dar, der die Symbole der königlichen Macht trug. In Ägypten glaubte man allgemein, daß alle Geier weiblichen Geschlechts seien und daß sie ihre Nachkommenschaft ohne Zutun von männlicher Seite aus der Luft empfangen. Tatsächlich haben die frühen christlichen Kirchenväter das Beispiel der Geiermütter zitiert, um die Lehre der jungfräulichen Geburt zu verteidigen.[2]

Im ägyptischen Totenbuch bewacht die Geiergöttin das erste Tor der Unterwelt und symbolisiert die Rücknahme der Toten in Muts eigene mütterliche Substanz.[3] Es hieß, daß sich Geiermütter um tote Pharaonen kümmerten und sie auf ewig an ihren Brüsten nährten.[4] Auch bei den Persern wurden Geier als Träger der Toten verehrt:

Dort mußte ein Leichnam vor der Bestattung von Geiern zerrissen werden.[5] Die Parsen legen ihre Toten noch auf die Türme des Schweigens, wo sie von Geiern gefressen werden können, um auf diese Weise ihre Wiedergeburt zu ermöglichen.[6]

Das griechische Wort *nekropolis* für »Stadt der Toten« leitet sich von dem Namen der ägyptischen Stadt Nechem ab, die der alten Geiergöttin Nechbet geweiht war, die jeden Tag die sterbende Sonne verschlang und sie am nächsten Morgen wiedergebar. Die Griechen benannten diese Stadt außerdem auch nach ihrer eigenen Geburtsgöttin Aphrodite Ilithya. Für die Römer war es die Stadt der Juno.[7] Alle sahen offensichtlich im Geier ein wichtiges Vogelsymbol für die Mutter des Todes und der Wiedergeburt.

[1] Neumann, 12
[2] Budge, Gods of the Egyptians, Bd. 1, 286; Bd. 2, 372; Neumann, 65
[3] Book of the Dead, 272
[4] Neumann, 13
[5] Herodot, 56
[6] Cirlot, 343
[7] Book of the Dead, 493; Budge, Gods of the Egyptians, Bd. 1, 438

Hahnen-Darstellung, römische Skulptur

Hahn

Es ist kein Zufall, daß das englische Wort *cock* für »Hahn« ein umgangssprachliches Wort für den Phallus ist. Der Hahn war in römischen und mittelalterlichen Plastiken ein phallisches Totem: die Hähne waren entweder zu Phalli geformt oder wurden zu Trägern von menschlichen Phalli. Auf römischen Steinreliefs erschienen oftmals abgeschnittene Phalli mit Hahnenfüßen oder Hahnenflügeln. In der Schatzkammer des Vatikans ist die Bronzeskulptur eines Hahnes verborgen, dessen Schnabel zu einem Penis verlängert ist und dessen Kopf auf einem menschlichen Torso ruht. Auf dem Sockel dieser Skulptur ist die Inschrift »Der Erlöser der Welt« eingraviert.[1] Der Hahn war auch ein Symbol des heiligen Petrus, dessen Name ebenfalls einen Phallus bzw. das männliche Prinzip (*pater*) wie auch einen phallischen Pfeiler (*petra*) bedeutet. Deshalb wurde das Bild des Hahnes oftmals auf Kirchtürmen plaziert.[2]

In der jüdischen Tradition galt der Hahn fast universell als Ersatz für einen Menschen. Das hebräische Wort für »Hahn«, nämlich *gever,* bedeutet auch »Mann«. Das *Kapparah*-Bußopfer beinhaltet auch die Tötung eines Hahnes. Dabei wird dessen Körper mit den folgenden Worten um den Kopf des Gesetzesbrechers bewegt: »Dieses geflügelte Tier ist mein Ersatz und mein Bußopfer.« Bei den russischen Juden galt es als Unglücksomen, wenn ein Grab ausgehoben wurde und über Nacht leer blieb; wenn also aus irgendeinem Grunde die Bestattung erst am nächsten Tag stattfinden konnte, wurde statt dessen ein Hahn im teilweise gefüllten Grab als Ersatz für die menschliche Leiche begraben.[3]

Im »Sohar« heißt es, daß das dreimalige Krähen eines Hahnes ein Zeichen des Todes ist. Der mittelalterliche Aberglaube behauptete im allgemeinen, daß das Krähen des weißen, dann des roten und schließlich des schwarzen Hahnes den Abschied der Toten von der Erde anzeigt.[4] (Dies waren natürlich in früheren Zeiten die Farben der Dreifachen Schicksalsgöttin.) Die Evangeliengeschichte, in der der heilige Petrus dreimal vor dem Krähen des Hahnes verleugnet, stand im Zusammenhang mit älteren Legenden, die das Krähen des Hahnes mit dem Tod und der Auferstehung des Erlösers und Sonnengottes verknüpfte. Im griechischen Heidentum war der Vogel dem Gott Asklepios heilig, dem man die Fähigkeit, die Toten aufzuerwecken, zuschrieb und der immer irgendwie mit dem phallischen Geist des Sterbens und Wiederauferstehens zu tun hatte. Da die Römer glaubten, daß der Hahn die Kommunikation mit der Welt des Jenseits herstellen konnte, wurde er zum bevorzugten Medium der römischen Alektromanten: Diese bezogen ihre Omina aus der Art, wie dieser Vogel verstreute Getreidekörner aufpickte.

[1] Knight, pl. 2
[2] Whittick, 220
[3] Trachtenberg, 164, 176
[4] Wimberley, 104

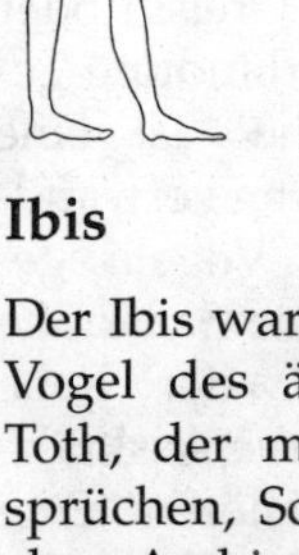

Ibisköpfige Toth

Ibis

Der Ibis war in erster Linie der Vogel des ägyptischen Gottes Toth, der mit Magie, Zaubersprüchen, Schrift und schriftlichen Archiven zu tun hatte. Er war der Gemahl der Göttin

Maat, die Wahrheit, Gesetz und Worte der Macht symbolisierte und dabei manchmal auch unter ihrem zweiten Namen Seshat oder »Herrin des Hauses der Bücher« auftrat. Wie den meisten Göttern, die eng mit irgendeiner Form der Göttin verbunden sind, wurde dem Toth eine lunare Natur verliehen. Er wurde zum Wächter der Mondtore im Himmel.[1]

Die Griechen identifizierten diesen Ibisgott mit dem Hermes und nannten seine heilige Stadt Hermopolis.

[1] Larousse, 27

Krähe

Weil die Krähe auch Aas frißt, wurde sie ebenso wie der Hund und der Geier in vielen Punkten mit der Göttin als Greisin oder Todbringerin in Verbindung gebracht. Mit »Krähe« ist eine ganze Familie von eng verwandten aasfressenden Vögeln gemeint, zu denen die Saatkrähe (*Corvus frugilegus*), der Rabe (*Corvus corax*) und die Aaskrähe (*Corvus coronae*) gehören. Eine der archaischen Gestalten der Göttin, die Greisin Coronis, war eine »Krähe«, die durch den Heilergott Asklepios zur jungfräulichen Mutter verwandelt wurde; aber andere ähnliche Gestalten kündigten in den Mythen den baldigen Tod des Helden an. Die Göttin Badb verwandelte sich in eine Krähe namens Badbcadah, stellte sich dem keltischen Helden Cuchulainn entgegen und kündigte dabei sein Verhängnis an.[1] Eine englisch-dänische Version der schicksalhaften Göttin hieß Krake oder »Krähe«; allerdings besaß sie lange genug die menschliche Gestalt, um zur Mutter des Helden Sigurd zu werden.

Das Symbol des Krähenfußes – der auch »Hexenfuß« heißt – beinhaltete düstere Bedeutungen, wie man es von einem Todeszeichen auch erwarten kann. Der mittelalterliche Aberglaube betonte, daß Hexen Krähenfüße verwendeten, um Todesflüche auszusprechen.[2] Die Augenfältchen, die als Krähenfüße bezeichnet werden, erhielten den Namen wahrscheinlich wegen des hohen Alters der betreffenden Person, das bereits an den nahenden Tod denken ließ. Denn wenn man nur die Form der Falten als Deutungsgrundlage annimmt, so könnten das auch die Füße eines jeden anderen Vogels sein. Die Römer betrachteten die Krähe als Symbol der Zukunft, weil sie *cras cras* (morgen, morgen) schreit.[3]

[1] Green, 101, 136
[2] Koch, 83
[3] Hall, 156

Kuckuck

Der Kuckuck war immer der heilige Vogel des Monats Mai, in dem Frühlingsfeste gefeiert wurden und die Farbe Grün getragen wurde: So wurde im heidnischen Europa das neue Kleid der Mutter Erde nachgeahmt. Benannt wurde der Vogel nach seinem Ruf, der wie »Kuckuck« klingt. Umgekehrt ist der *cuckold* (englisch für »Hahnrei«) nach dem Vogel benannt, und zwar aufgrund der traditionellen sexuellen Freizügigkeit der alten Maifeste, in denen die Ehebande zeitweilig außer Kraft gesetzt wurden.[1] In »Wie ihr wollt« (Akt V, Szene II) erwähnt Shakespeare den Kuckuck, der sich über verheiratete Männer lustig macht: »Kuckuck, Kuckuck, Kuckuck – oh Wort der Furcht, so unbehaglich für eines Ehemannes Ohr.«

Aber die Hahnrei-Eigenschaften dieses Vogels liegen auch in seiner bekannten Gewohnheit, daß er seine Eier in die Nester anderer Vögel legt. Manchmal ist das Bild des Kuckucks vom Zepter der Göttin Juno gekrönt, und das läßt sich vielleicht darauf zurückführen, daß sie einige ihrer Kinder (z.B. Mars) ohne irgendeine Hilfe von ihrem Gatten, dem himmlischen Vater, empfangen hatte.[2] Als Vogel des Regens war der Kuckuck der griechischen Entsprechung der Juno, der Göttin Hera, heilig. Ein Bild des Kuckucks, der im Busen der Göttin nistet, ließ den Mythos entstehen, daß Vater Zeus sie als erstes in der Gestalt des Kuckucks umwarb. In Indien war der Kuckuck dem Geist der Liebe – Kama – heilig. In Japan galt er als Führer in die Unterwelt – und das war vielleicht ein symbolischer Triumpf der Liebe über den Tod.[3]

[1] Potter/Sargent, 80
[2] Hall, 274
[3] G. Jobes, Bd. 1, 395, 794

Möwe

Im Englischen heißen Möwen *petrel*, und dieser Name ist als Verkleinerungsform von »Petrus« abgeleitet.[1] Man nimmt im allgemeinen an, daß die Vögel nach dem heiligen Petrus benannt wurden, der sich als Fischer ebenso wie sie auf dem Wasser bewegte. Aber es gibt auch Gründe, um diese Vögel mit einer älteren heidnischen Tradition zu verbinden. In Frankreich hießen sie auch *les oiseaux de Notre Dame* oder »Vögel unserer Herrin«. Diese Herrin scheint jedoch nicht die christliche gewesen zu sein. In England galten sie auch als »Mutter Carey's Küken«. Dies war eine auf dem Wind reitende Meereshexe, deren Name sich aus dem lateinischen Ausdruck *mater cara* oder »liebe Mutter« ableitete, einer Anrede der Göttin als Herrin der Erde und des Meeres. In manchen Sagen wurden die Vögel als heidnische Geister beschrieben, die durch »Löcher in der Erde« in den unterirdischen Schoß (den die Christen als Hölle bezeichneten) zurückkehrten.[2]

[1] Potter/Sargent, 71, 117
[2] Walker, The Woman's Encyclopedia of Myths and Secrets, 790

Pelikan

Der Pelikan wurde in der westlichen Ikonographie aufgrund eines wirklich dummen Aberglaubens über die Mütterlichkeit von Pelikanen berühmt: Dieser Aberglaube wurde jahrtausendelang in gelehrten Schriften aufbewahrt und durch den heiligen Augustinus und andere Kirchenväter noch bestärkt.[1] Man glaubte tatsächlich, daß jede Pelikanmutter ihre eigene Brust mit ihrem Schnabel verwundet, um ihre Jungen mit dem Blut zu ernähren, das aus dieser Wunde fließt. Deshalb wurde die Pelikanmutter begeistert als Symbol christlicher Selbstaufopferung – von seiten Christi oder der barmherzigen Kirche – übernommen und erscheint auch auf vielen mittelalterlichen Rüstungen, Fahnen und Amtssiegeln. Dante sprach von »Christus, unserem Pelikan«.[2]

Die Tatsache, daß ein Verhalten dieser Art noch nie bei einem wirklichen Pelikan beobachtet wurde, schien gegen die angesammelte »Weisheit« einer so altehrwürdigen und etablierten Tradition wenig ausrichten zu können. Der Pelikan könnte heute zum Symbol für die Unbeirrbarkeit menschlichen Unsinns und für das allgemeine Fehlen von Wißbegierde über die wirkliche Natur verwendet werden.

[1] Potter/Sargent, 179
[2] Hall, 86

Pfau

Der Pfau war der römischen Himmelskönigin Juno bzw. ihrer griechischen Entsprechung Hera und zuvor schon der vedischen Göttin der Weisheit – Sarasvati – geweiht: Ihr zu Ehren wandern Pfauen noch immer ungestört in den Tempelbereichen umher. Die Federn des Pfauenschwanzes, die wie Augen aussehen, symbolisierten den Sternenhimmel der Göttin oder auch ihr allessehendes Bewußtsein. In einer Geschichte heißt es, daß sie diese Augen dem hundertäugigen Riesen Argus abgenommen und in die Federn ihres heiligen Vogels eingesetzt habe; aber die hundertäugigen und hundertarmigen Riesen der Mythen waren meist die Symbole eines »Kollegiums« von fünfzig Priesterinnen, die in jedem Göttin-Tempel dienten.[1] Auf römischen Münzen symbolisiert der Pfau der Juno die Apotheose für Frauen.[2]

In ihren heiligen Prozessionen trugen die Priesterinnen der Juno große Fächer aus Pfauenfedern; sie hießen *flabelli* und stellten die Gegenwart ihrer Göttin dar. Sie wurden vom Christentum übernommen und bei den päpstlichen Ostergottesdiensten ausgestellt. Heute beschreibt man sie als Symbole der »vieläugigen Wachsamkeit der Kirche«.[3] Der Pfau selbst wurde aufgrund der allseits bekannten Verbindung mit der Großen Göttin zum Unglückszeichen erklärt.[4] Die Buddhisten verwenden noch immer Pfauenfedern, um Weihwasser zu versprengen.

[1] Hall, 182
[2] Cirlot, 239
[3] Brewster, 166
[4] Leland, 154

Phönix-Sonnenscheibe, assyrisches Basrelief

Phönix

Von den kirchlichen Autoritäten wurde die regelmäßige Auferstehung des Phönix aus seiner eigenen Asche als sicherer Beweis für die Auferstehung der Toten im allgemeinen angeführt.[1] Im Jahre 386 n.Chr. verkündete Kyrillus von Jerusalem, daß Gott den Vogel Phönix geschaffen habe, um dem Menschen beim Glauben an die Auferstehung Christi zu helfen.[2] Aber zum Unglück für dieses Argument hat weder die Natur noch Gott jemals überhaupt irgendeinen Phönix erschaffen. Er war ein rein mythologischer Pseudovogel, der sich wahrscheinlich aus einer primitiven Sonnenverehrung entwickelt hat.

Der Name »Phönix« verweist auf einen phönizischen Gott. Der ursprüngliche »Vogel« war wahrscheinlich die gehörnte und geflügelte Sonnenscheibe, die der ägyptischen ähnelte, aber in der mesopotamischen Ikonographie eher vogelähnlich aussah.[3] Er symbolisierte also die Sonne, die auf ihren Schwingen durch den Himmel flog, immer wieder geopfert und aus den Feuern des Sonnenuntergangs und Sonnenaufgangs wiedergeboren wurde. Der ägyptische Phönix wurde manchmal mit dem Vogel Bennu gleichgesetzt, einem Reiher, der dem Osiris geweiht war und sowohl die menschliche Seele wie auch den Wiedergeburtszyklus der Götter, bisweilen auch den Morgenstern symbolisierte.[4]

Die Griechen verliehen dem Phönix den Namen *Kerkes* (verwandt mit Kirke). In der Türkei wurde die Sage vom Vogel Phönix mit der des Vogels Simurgh verschmolzen.[5] Der »Haggadah« zufolge ist der Phönix ein riesiger Sonnenvogel, der »seine Schwingen ausbreitet und die feurigen Strahlen der Sonne auffängt.« Auf diesen Schwingen prangen ungeheure Buchstaben: »Weder erschafft mich die Erde noch der Himmel, sondern nur die Feuerschwingen.«[6] In der populärsten mittelalterlichen Version dieser Sage lebte der Phönix angeblich mehrere Jahrhunderte, errichtete dann selbst seinen Scheiterhaufen, entzündete ihn mit einem brennenden Zweig, warf sich selbst auf die Flammen, verbrannte und erhob sich dann neugeboren aus der Asche.

[1] Trachtenberg, 182
[2] Abelard, 38
[3] d'Alviella, 148
[4] Budge, Gods of the Egyptians, Bd. 2, 97
[5] Cirlot, 242
[6] Barnstone, 25

Rabe

Wie ihre Verwandten, die Krähen, galten die Raben in

ganz Europa als Todesvögel und Botschafter des Jenseits. Die Walküren trugen schwarze Rabenfedern, wenn sie die Männer auswählten, die in der Schlacht fallen sollten. In den Gedichten der Skalden hießen tote Krieger auf dem Schlachtfeld »Rabenfütterer«. Die Skalden nannten die Raben in ihren *kennungen* (dichterischen Vergleichen) auch »Blutschwan« und »Blutgans«.[1] Bei den Kelten waren die Raben der vogelgestaltigen Jenseitsgöttin Rhiannon geweiht, außerdem waren sie auch Verkörperungen der todbringenden Morrigan.[2] Raben brachten die Ankündigung des Todes. Oftmals hieß es, daß sie den Ausbruch der Pest prophezeien konnten.[3] Aufgrund ihrer Verbindung mit der Welt des Jenseits galten sie auch als Orakel-Künder und Lehrer der Magie. Raben unterwiesen den keltischen Gott Lug und seine norwegische Entsprechung Odin in der Magie.[4] Ein Einweihungsadept im ersten Grad der Mithras-Initiation nahm den Titel des Raben an, der ihn mit der lunaren Sphäre verband.[5] Die darauffolgenden Einweihungsgrade hießen »Bräutigam«, »Krieger«, »Löwe«, »Perser«, »Sonnenläufer« und »Vater«.[6] Ein italienisches Manuskript aus dem 14. Jahrhundert besagte, daß eine Person, die ein Amulett mit dem Bild eines Raben, der auf dem Schwanz einer Schlange stand, trug, mit Sicherheit Ehre und eine hohe Position erlangen würde.[7] Bei den Eskimos, den Sibirern und einigen Indianerstämmen im Nordwesten von Amerika war der Rabe ein wichtiger Gott, der die Große Mutter heiratete, das Land aus dem Meer hervorbrachte und sich schließlich selbst opferte, um Männern magische Weisheit zu spenden. Aber in der christlichen Tradition hieß es oftmals, daß in den Raben die Seelen von bösen Menschen stecken.

[1] Turville-Petre, 59
[2] Green, 188
[3] Thomas, 625
[4] Gellin/Davidson, 175
[5] Campbell, Occidental Mythology, 255
[6] Rose, 288
[7] Desautels, 23

Rebhuhn

Das lateinische Wort *perdix* für »Rebhuhn« bedeutet eigentlich »Verlorene«. Im griechischen Mythos warf Daedalos seinen Neffen, einen Sohn der Perdix, von einem hohen Giebel des

Athene-Tempels. Athene verwandelte die Seele des jungen Mannes, als er durch die Luft flog, in ein Rebhuhn.[1] Manche behaupten, daß Perdix der Name des jungen Mannes selbst, nicht der seiner Mutter war. Jedenfalls gab es neben dem Athene-Tempel auf der Akropolis ein Heiligtum für Perdix, das Rebhuhn (oder die Mutter des Rebhuhns). Athene hieß auch *Onke* (»Birnbaum«), und vielleicht ist dies der Ursprung des englischen Weihnachtslieds, in dem vom »Rebhuhn im Birnenbaum« die Rede ist.[2] Männliche Priester der Athene vollzogen holprige Tänze, die den hoppelnden Hochzeitstanz eines männlichen Rebhuhns nachahmten, der damit einen Rivalen übertreffen und die Aufmerksamkeit der Henne auf sich ziehen will. Der Liebesruf eines Rebhahns zieht andere männliche Herausforderer so schnell an, daß Jäger einen männlichen Hahn als Lockvogel in einen Käfig steckten, um andere Hähne in dieselbe Gegend zu locken.[3]

[1] Potter/Sargent, 123
[2] Graves, The Greek Myths, Bd. 1, 252, 311–312
[3] G. Jobes, Bd. 2, 1241

Rotkehlchen

Im Englischen heißt das Rotkehlchen *robin redbreast* und die Vogelgestalt des sogenannten Hexengottes »Robin Goodfellow«. Er hieß auch Robin Hood, Robin the Bobbin und Puck. Vielleicht wurde seine rote Brust mit den »Blutrunen« in Verbindung gebracht, die alten skandinavischen Gedichten zufolge auf der Brust eines heidnischen Helden eingeritzt wurden.[1] In der christlichen Sage wurde die rote Brust des Rotkehlchens mit dem Blut Christi assoziiert: Der Vogel versuchte, die Dornen aus der Dornenkrone von Jesus Christus zu entfernen, durchbohrte dabei aber nur seine eigene Brust, die seitdem rot blieb.[2]

Im Wiegenlied heißt es, daß »Cock Robin« von Pfeilen getötet wurde, und das war eine verbreitete Todesart für heidnische Opferhelden, wie z.B. CuChulainn. Auch in einer Todesszene von Robin Hood kommt ein Pfeil vor. Die Wiedergeburt des Rotkehlchens war und ist noch immer die klassische Ankündigung des Frühlings.

[1] Walker, The Woman's Encyclopedia of Myths and Secrets, 870
[2] Bowness, 38

Schwalbe

Die Schwalbe mit ihrem gegabelten Schwanz war ein Vogel des Frühlings, der Blütezeit und der Liebe, der den Maijungfrauen in Nordeuropa und den Göttinnen Isis und Venus im Süden heilig war.[1] Deshalb wurde die Schwalbe von allen Menschen geachtet, die irgendwelche Erinnerungsspuren der alten Göttin-Rituale in sich bewahrt hatten. Hebammen pflegten unmißverständlich zu erklären, daß das Töten von Schwalben oder Ausnehmen ihrer Nester »ein schrecklicheres Sakrileg sei, als einen Opferkelch aus einer Kirche zu stehlen«.[2] Aber aufgrund ihres gegabelten Schwanzes betrachtete der Klerus die Schwalbe manchmal als ein dämonisches Wesen, das auch »Hexenhuhn« hieß.[3]

[1] Cirlot, 306
[2] Thomas, 624
[3] G. Jobes, Bd. 2, 1687

Schwan

Schwanenjungfrauen gibt es in den indoeuropäischen Mythen in Hülle und Fülle. Es wird vermutet, daß sie von den vedischen Himmelsnymphen, den *apsaras*, abstammen, die durch Schwäne symbolisiert und vielleicht in den weißgefiederten Wolken vermutet wurden, die über den See des blauen Himmels schwammen. Der vedische Gott Brahma hatte sogar selbst einen Schwan als Tragtier (*vahana*) oder Vogelinkarnation.[1] In ihm kündigt sich schon der griechische Mythos des Zeus an, der die Leda befruchtete, die dann wiederum die himmlischen Zwillinge Morgendämmerung und Abenddämmerung und Selene, den Mond – auch Helene genannt –, gebar.[2] Aber der Schwan symbolisierte auch die Musen und deshalb auch Apollo; ferner war er einer der Vögel der Aphrodite. Eine Sage aus Zypern setzte Leda mit der »unentrinnbaren« Göttin Nemesis-Adrasteia gleich; das war die unversöhnliche Schicksalsgöttin, vor der sich sogar die Götter fürchteten.[3] In Volksmärchen, die sich aus der heidnischen Mythologie entwickelten, kamen sowohl männliche wie auch weibliche Schwanengeister vor. Die Walküren trugen Gewänder aus Schwanenfedern, da sie sich gelegentlich in Schwäne verwandelten. Ein Held, der es schaffte, eines dieser Federkleider zu stehlen, konnte die Besitzerin zwingen, ihm einen Wunsch zu erfüllen. Die Walküre-Königin Karna inkarnierte sich auch als Schwan: Dies beruht vielleicht auf der indoarischen Göttin Kauri, die die Schwanennymphe anführte. Ein angelsächsischer Geschichtsschreiber erzählte vom Schwanenritter Lohengrin, der »von dem Berg kam, wo Venus im Gral lebt«. [4] Seine Funktion war es, Frauen zu retten, die durch die neuen patriarchalischen Gesetze benachteiligt wurden. Sein silbernes Schwanensymbol wurde im 15. Jahrhundert in der Stadt Kleve zu einem besonderen Grad der Ritterschaft: Dort wurde ein Turnier zu Ehren des »Schwanenritters, des Dieners der Frauen« abgehalten.[5]

[1] Ross, 36
[2] Baring-Gould, 561–578
[3] Graves, The Greek Myths, Bd. 1, 126, 206–208
[4] Jung/von Franz 121
[5] Baring-Gould, 600

Simurgh, persische Miniatur, 6, Jh, v, Chr.

Simurgh

Der Vogel Simurgh wurde in der persischen Kunst als merkwürdiges Amalgam von Löwenkrallen, Pfauenfedern, Schlangenschwänzen und einem Greifenkopf abgebildet. In manchen Legenden bestand der Vogel Simurgh aus dreißig verschiedenen Vögeln oder symbolisierte alle Vögel der Welt zusammen. Im »Shah-Nameh« wurde er als wohlwollender Geier dargestellt; er war die Ziehmutter des sagenhaften Helden Zal, der zum Vater von Rustem wurde. Als der Säugling Zal ausgesetzt wurde, rettete ihn der Vogel Simurgh vor dem Tod und trug ihn zu seinem verborgenen Nest auf dem Gipfel des Bergs Elburs, wo er aufwuchs. Dieses Sagentier ist wahrscheinlich von vielen anderen geiergestaltigen Mutterfiguren Ägyptens und des Vorderen Orients abgeleitet, denen die Fähigkeit zugeschrieben wurde, ausgewählten Sterblichen Leben oder Unsterblichkeit zu verleihen.[1]

[1] Larousse, 315, 322

Storch

Die Vorstellung, daß der Storch die Kinder bringt, reicht bis in die dunkelste Vergangenheit zurück. In einer Zeit, als viele Menschen noch glaubten, daß die Geister ungeborener Kinder in Teichen und Sümpfen warteten, um in den Körper einer Mutter einzutreten, wurde auch beobachtet, daß Störche sich oftmals an solchen Plätzen aufhalten. Aus diesem Grund wurden Störche zu Seelenführern (Psychopompen), die die Verbindung zwischen Mutter und Kind herstellten. Der Name »Storch« leitet sich von dem griechischen Wort *storge* ab, es bedeutet »intensive Liebe« oder »Mutterliebe«.[1] Das hebräische Wort für den Storch *hasidah* bedeutet »fromm«.[2]

Weil der Storch mit Fruchtbarkeitsmagie assoziiert wurde, entstand die gängige Vorstellung, daß Storchennester auf dem Dach eines Hauses der Mutter viele leichte Geburten und gesunde Kinder schenken. Deshalb erleichterte man den Bau von Storchennestern und erfand alle möglichen Geschichten, um die nistenden Störche vor jeder Störung zu bewahren.

Eine deutsche Erzählung, die auf einer Geschichte des Aelianus basierte, sprach sowohl die Habsucht wie auch die Mütterlichkeit an. Eine Frau namens Herakleis sorgte für einen verletzten Storch, heilte ihn und ließ in laufen. Jahre später kehrte dieser Vogel zurück und warf als Belohnung einen kostbaren Stein in ihren Schoß. In der deutschen Version hieß der Stein entweder Storchstein oder auch Donnerkeil.[3] Diese letztere Bezeichnung erinnert an das allgegenwärtige Bild des Blitzes als befruchtendes Prinzip oder als männliches »Juwel« (*vajra*), das in den Schoß der Mutter geworfen wurde (siehe Blitz).

[1] Brasch, 21
[2] Whittick, 323
[3] Kunz, 162

Taube

Tauben stellten die Große Göttin in Kleinasien unter einigen ihrer Namen wie Aphrodite und Astarte dar. Sie wurden in ihren Tempeln gezüchtet, auf ihren Bildsäulen eingemeißelt, auf ihren Schmuckstücken und Münzen dargestellt. Homer zufolge haben die Tauben der Göttin dem himmlischen Vater Zeus das Ambrosia gebracht, das ihm Unsterblichkeit verlieh.[1] Herodot zufolge gründeten sieben Frauen, die den Namen »Tauben« trugen, die großen Orakel von Dodona und Theben.[2] Das Bild der Taube, die aus dem Maul eines Delphins (oder *delphos*, griechisch für »Schoß«) wiedergeboren war, stellte wahrscheinlich den Jungfrau-Aspekt der Göttin dar, der aus der verschlingenden Greisin hervorging. Die Bibelschreiber haben dieses Bild in der Gestalt des Jonas vermännlicht, dessen Name nichts anderes als »Taube« bedeutet. Das Wort Jonas oder *jonah* ist vielleicht von dem Wort Yoni abgeleitet (das ist aber unsicher), denn die Taube war ein wichtiges Symbol der weiblichen Sexualität. In Indien bedeutete der Name der Taubengöttin »Lust«.

Das Taubensymbol war so wichtig, daß die patriarchalischen Kulte gezwungen waren, es auf vielerlei verschiedene Arten zu übernehmen. Die heiligen sieben Schwestern, die auch Pleiaden oder »Tauben« genannt wurden, waren ursprünglich aus Pleione geboren:

Dies war Aphrodite als Königin des Meeres. Sie wurden durch das christliche Bild des Heiligen Geistes assimiliert, der als Taube mit sieben von ihm ausgehenden Strahlen erscheint.[3] Sieben war auch die Zahl der Göttin Sophia, die den ursprünglichen gnostischen Begriff eines weiblichen Heiligen Geistes darstellte, der auf Jesus bei seiner Taufe und auf Maria bei ihrer Befruchtung herabstieg. Sophia wurde in der frühchristlichen Zeit offensichtlich vermännlicht, aber ihre Taube und alle Tauben hießen selbst in christlichen Schriften immer »sie«. Seelen von christlichen Heiligen, die zum Himmel emporflogen, wurden in der Zeremonie der Heiligsprechung durch weiße Tauben dargestellt. Bei den Sklaven heißt es noch immer, daß die Seelen der Toten sich in Tauben verwandeln.[4] Das entspricht dem antiken Glauben, daß die Essenz einer jeden Seele weiblich sei.

Die Zigeuner waren der Meinung, daß nur die Seelen von Frauen wie Tauben im magischen Berg, in dem die Toten wohnen, ein- und ausfliegen können. Das erinnert an die Ba-Seele eines Ägypters, die beim Bestattungshügel ein- und ausflog. Die Seelen von Männern werden dagegen in Schlangen verwandelt und können deshalb nicht fliegen.[5] Diese Vorstellung einer weiblichen und männlichen Seele bzw. der Göttin und des Gottes als Taube und Schlange reicht bis zu einer alten Metaphorik zurück, auf die sich sogar Jesus bezog, als er sagte: »Seid klug wie die Schlangen und sanftmütig wie die Tauben.« (Matthäus 10,16) Allerdings ist hier bereits eine Tendenz zum männlichen Prinzip erkennbar. Die Vorstellung, daß alle Seelen Tauben sind, ist in dem römischen Ausdruck für die Katakomben erkennbar: Sie hießen *columbaria* oder »Taubenschläge«, die der Göttin Venus Columba heilig waren.[6] Die Göttin wurde sogar als mythische heilige Columba oder »heilige Taube« heiliggesprochen und vor allem in Frankreich verehrt, obwohl sie natürlich nur eine der Heiligenfiktionen der Kirche war.[7] Taube und Olivenzweig bedeuteten ursprünglich »der Frieden der Göttin«. Auf gleiche Weise wie Schweinefleisch für die Juden zum Tabu wurde, wurde auch das Fleisch von Tauben in der russischen Kirche tabuisiert, weil man es als Verkörperung des Heiligen Geistes oder zumindest als etwas Seelenhaftes betrachtete. Die Alchemisten verwendeten oftmals das Symbol einer weißen Taube, die in Blei (dem Saturn-Metall) eingeschlossen ist und die Seele bzw. den Geist symbolisiert, der in der Materie gefangen ist.[8] So wurde also das Symbol der weiblichen Sexualität als Ausdruck der Göttin-Energie zum Symbol einer abgelösten, gereinigten und ätherischen Spiritualität.

1 d'Alviella, 91–92, 165
2 Herodot, 106
3 de Lys, 13
4 Cirlot, 81
5 Trigg, 196
6 Bachofen, 21
7 Attwater, 92
8 Cirlot, 173

Zaunkönig

Die Druiden betrachteten den Zaunkönig als den höchsten unter allen Vögeln. Er war auch der heilige Vogel der Isle of Man, die ein Totenheiligtum und ein Wohnort der Mondgöttin gewesen war. Von ihr hieß es, daß sie für heidnische Seelen sorgte, bis dann die Missionare kamen, um sie zu zerstören. Aber in englischen Wiegenliedern – ihrem Zufluchtsort – taucht sie als Feenkönigin, die ihre Gestalt wechseln kann, wieder auf. Die Frömmeren unter den Bewohnern der Isle of

Man veranstalteten zu Neujahr Zaunkönigjagden, als wollten sie die Feenkönigin fangen. Gefangene Vögel wurden an einem Fuß in der Mitte von zwei Ringen aufgehängt und in einem exorzistischen Ritual umhergetragen.[1] Diese beiden Ringe haben vielleicht die sich überschneidenden Kreise der Ekliptik und der Milchstraße symbolisiert. In Devonshire hieß der Zaunkönig *Bran's Sparrow* und war ein Weissagevogel; in Somersetshire wurde er am zwölften Tag nach Weihnachten gejagt und in eine Schachtel eingesperrt, auf der ein Rad als Symbol für den Jahreskreis angebracht war.[2]

[1] Hazlitt, Bd. 2, 666
[2] Graves, The White Goddess, 192–193

16
INSEKTEN

- Ameise
- Biene
- Fliege
- Gottesanbeterin
- Grille
- Heuschrecke
- Schmetterling
- Skarabäus
- Skorpion
- Spinne

Wie alle anderen Bewohner der natürlichen Welt galten auch Insekten bei den Menschen der Antike als geheimnisvoll und mächtig: als Träger magischer Energien und Geheimnisse. Ihre geheimnisvollen Gewohnheiten, ihre merkwürdigen Nester, ihre Fähigkeit zu fliegen und ihre gestaltwandelnden Metamorphosen waren immer Anlaß zur Bewunderung. Insekten, die unterirdische Gänge bauen, schrieb man besondere Beziehungen zur Erde zu. Fluginsekten wurden oftmals als Seelenträger oder Zwischenstationen einer menschlichen Seelenreise betrachtet. Fadenspinnende Insekten hielt man für Dienerinnen der fadenspinnenden Schicksalsgöttin. Zerstörerische Insekten waren sehr gefürchtet, denn eine Schar von Heuschrecken konnte eine weit um sich greifende Hungersnot hervorrufen, Termiten konnten Häuser zerstören, Skorpione konnten töten. Weil Insekten meistens klein sind, entgingen ihre Aktivitäten oftmals der Aufmerksamkeit, und deshalb gab es viele irrtümliche Vorstellungen über sie. Die Naturforscher der Antike wußten einiges über Bienen, die sie domestiziert hatten, und über allseits bekannte Schädlinge wie Fliegen, Ameisen, Moskitos und Raupen, die die Feldfrüchte anfraßen. Aber die echte Erforschung der Insekten begann erst im 19. Jahrhundert, und viele Fragen über ihre Lebensgewohnheiten sind noch immer nicht beantwortet. Aber natürlich konnten solche Überlegungen ihre Verwendung als Symbole niemals ernsthaft schmälern.

Ameise

Im antiken Pthiotis gab es einen Stamm namens Myrmidonen oder »Ameisen«. Dies soll ein Ameisenclan gewesen sein, der sich der Göttin unterworfen hatte. Der Sagenheld Achilles wurde zu ihrem Sakralkönig »wahrscheinlich durch die Hochzeit mit der Stammesvertreterin der Göttin«.[1] Ameisen waren im allgemeinen der Erntemutter heilig, weil man beobachtete, daß sie geschäftig Samen und Körner umhertrugen. Man glaubte, daß sie durch ihr Kommen und Gehen unter und über der Erde mit den Geheimnissen beider Welten in Verbindung stehen: Deshalb betrachtete man sie als Träger von Weissagungen. Aus ihren Bewegungen wurden Omen abgeleitet.[2] Die Moslems erhoben die Ameise in den Himmel unter die Konstellationen und ehrten sie als irdischen Lehrer des Salomon. Sie waren also eine Verkörperung der Weisheit.

[1] Graves, The White Goddess, 128, 432
[2] Cirlot, 13

Biene

Bienen genossen in der Welt der Antike große Wertschätzung als Produzentinnen von Honig, der sowohl eine beliebte Speise wie auch eines der wenigen wirkungsvollen Konservierungsmittel war. Porphyrius zufolge waren alle Bienen die Seelen von Nymphen (Priesterinnen), die während ihrer Lebenszeit im Dienste der Aphrodite standen, und zwar vor allem in ihrem Tempel in Eryx auf Sizilien. Ihr Symbol war dort eine goldene Honigwabe.[1] Die Priesterinnen der Göttin wurden *melissai* oder »Bienen« genannt. Im Tempel der Artemis von Ephesos wurden die *melissai* von Eunuchenpriestern – den sogenannten *essenes* oder »Drohnen« – begleitet.[2] Auch die Göttin Demeter wurde als »reine Mutterbiene« angerufen. Eine frühere matriarchale Führerin von Israel hieß Deborah, und dieser Name bedeutet »Königinbiene«. Im »Kalevala« verwendet die Mutter von Lemminkainen magischen Honig, um das Leben des Sohnes wiederherzustellen. Und dabei hilft ihr die Biene Mehilainen.[3] Selbst der patriarchale Mithraskult verehrte die Mondgöttin als Schöpferin des »Honigs, der bei Reinigungen verwendet wurde«.[4]

Bienen hießen *hymenoptera* oder »schleier-geflügelt«. Und dies erinnert an das *hymen* oder den Schleier, der das innere Heiligtum des Göttintempels bedeckte, und die amtierende Nymphe oder Hohepriesterin, die den Titel *Hymen* trug und über Hochzeitsrituale und den Honigmond herrschte.

Im Volksbrauch wurden Bienen immer mit Sterblichkeit assoziiert. Wenn Bienen ihren Stock verließen, so wurde dies als Zeichen verstanden, daß der Eigentümer des Bienenstocks bald sterben würde.[5] Man hielt es auch für wichtig, den Bienen einen Todesfall in der Familie mitzuteilen, damit sie nicht wegfliegen sollten. In manchen Teilen von England war es Brauch, Bienenkörbe um 180

Grad zu drehen, wenn ein Leichnam aus dem Haus getragen wurde.

[1] de Lys, 50
[2] Gimbutas, 183
[3] Larousse, 301
[4] Cumont, The Mysteries of Mithra, 112
[5] Pegg, 124

Fliege

Wie der Schmetterling, so war auch die Fliege in der Antike eines der gebräuchlichen Seelen-Symbole. Viele Mythen erzählen von Seelen, die diese Gestalt angenommen und versucht haben, in den Körper der Frau einzudringen, um von neuem mit menschlichem Fleisch bekleidet zu werden. Der keltische Held Cu Chulainn wurde empfangen, als seine zukünftige Mutter ihn in der Gestalt einer Fliege verschluckte.

Der Name Beelzebub (genauer Baal-zebub) bedeutete »Herr der Fliegen«, weil er ursprünglich ein Gott der Philister war, den man sich als Psychopomp vorstellte. Dieser Name bedeutete also dasselbe wie »Herr der Seelen«. Beelzebub wurde nur deshalb zu einem christlichen Teufel, weil er in der Bibel als einer der *anderen* Götter (außer Jahwe) erwähnt wurde; er scheint jedoch ein Heil- und Orakel-Gott gewesen zu sein.

König Ahazah von Israel schickte Botschafter nach Ekron, um Beelzebub zu befragen, als er geheilt werden wollte (2. Könige 1,2).

Die engen Beziehungen zwischen den Fliegen und den Seelen der Toten beruhten zweifellos auf denselben Gründen, die auch für Geier, Hunde und Aaskrähen galten: Man sah, daß sich diese Geschöpfe dicht um tote Körper scharten. Vielleicht wußten die Menschen der Antike nicht, daß die Fliegen das Aas nicht fressen, sondern dort ihre Eier ablegen wollten.

Gottesanbeterin

Das englische Wort für die Gottesanbeterin – *mantis* – stammt von Mante, der Priesterin und Tochter des thebanischen Weisen Teiresias. Ihr Name bedeutet »Prophetin« oder »vom Mond Inspirierte«. Der hellenische Mythos besagte, daß ihr Vater von der Göttin in eine Frau verwandelt wurde und sieben Jahre lang als Tempelhure lebte. Dadurch wurde er überaus weise, weil er alle Probleme sowohl aus dem männlichen wie auch aus dem weiblichen Blickwinkel sah. Dieser Mythos spricht in allegorischer Form von der Übernahme der Priesterinnen-Funktionen durch männliche Priester in Theben. Sie gingen anfangs wahrscheinlich mit Kastrationszeremonien und/oder Transvestitentum einher: Männliche Priester sollten Pseudofrauen werden.[1] Es gibt viele andere Geschichten über frühe Priesterschaften, die ihre spirituellen Kräfte auf diese Weise erlangten. Die Mantes waren Orakelstämme, die sich von Mante ableiteten, und vielleicht nahmen ihre Seelen zwischen den Inkarnationen die Gestalt der Gottesanbeterin an. In klassischer Zeit waren es nur noch Männer, während früher beide Geschlechter vertreten waren und davor nur Frauen amtierten. Die Gottesanbeterinnen sind ziemlich angemessene Symbole für die Macht der Frauen in alten Zeiten, denn die weiblichen Insekten sind größer und stärker als die Männchen und fressen wie die Spinnen ihre Ehemänner. Bei manchen afrikanischen Stämmen wie etwa den Buschmännern galt die Mantis als Schöpferin der Welt.[2]

[1] Graves, The Greek Myths, Bd. 1, 258
[2] G. Jobes, Bd. 1, 269

Grille

Die »rosenfingrige« Eos, die griechische Göttin der Morgenröte, hatte einen sterblichen Liebhaber namens Tithonos, für den sie das kostbare Geschenk der Unsterblichkeit erlangte. Aber sie verlieh ihm nicht die ewige Jugend. Und so wurde er im Laufe der Jahrhunderte immer älter, grauer und kleiner, und seine Stimme wurde immer höher, bis er sich schließlich in eine Grille verwandelte. Eos sperrte ihn in ihrem Schlafzimmer ein, und dort zirpte er ihr jeden Morgen seinen Gruß entgegen.

Dies war einer der zahlreichen vergnüglichen klassischen Mythen, der einen Aspekt der Natur erklären sollte. Der Name der Grille – Tithonos – bedeutet »Partner der Königin des Tages«, und daß er zuvor ein Mensch gewesen war, erklärt, weshalb alle Grillen jeden Morgen das zunehmende Licht des Tages besingen.[1] Auf symbolischer Ebene stellt dieses Insekt einen entlassenen Liebhaber dar.

[1] Graves, The Greek Myths, Bd. 1, 150

Heuschrecke

In orientalischen Ländern werden Heuschrecken gegessen, und der Bibel zufolge waren sie das Grundnahrungsmittel Johannes des Täufers (Matthäus 3,4). Die Familie der Heuschrekken oder *Akrididae* waren jene biblischen Tiere, die manchmal in riesigen Schwärmen anflogen und ganze Ernten zerstörten.

Die anderen biblischen Heuschrecken aus Offenbarung 9,3–11 waren nun wirklich sehr eigenartige Insekten. Sie glichen Pferden mit Menschengesichtern, Frauenhaar, Löwenzähnen und Skorpionschwänzen; sie trugen goldene Kronen und eiserne Brustpanzer. Ihr König hieß Apollyon (oder Abbaddon), die Schwarze Sonne, der auch Engel der bodenlosen Grube genannt wird. Die bescheidene Heuschrecke hätte sicher ihre Probleme damit, solche Wesen als Vorfahren anzuerkennen.

Im antiken Athen war die Heuschrecke ein Symbol des Adels und deutete auf Landbesitz hin (siehe Gras). Mitglieder der aristokratischen Clans pflegten goldene Heuschrecken als Schmuck zu tragen, als Ausdruck ihres hohen Rangs.[1]

[1] Whittick, 250

Schmetterling

Das griechische Wort *psyche* bedeutete sowohl »Seele« wie auch »Schmetterling«, und dies beruht auf dem Glauben, daß menschliche Seelen zu Schmetterlingen werden, während sie nach einer neuen Reinkarnation suchen. Die mythische Romanze der mädchenhaften Psyche, die vom Gott Eros geliebt wird, war in Wirklichkeit eine Allegorie für die Vereinigung der Seele mit dem Körper und ihrer darauffolgenden Trennung. Die Kelten glaubten auch an Fliegen-Seelen und Schmetterlings-Seelen, die wie Vogelseelen herumflatterten und nach einer neuen Mutter suchten. Man war der Meinung, daß Frauen schwanger werden könnten, wenn sie solche Geschöpfe verspeisten. Im irischen Mythos nahm Etain sieben Jahre lang die Gestalt eines Schmetterlings an und begab sich dann in den Trinkkelch von Etar (oder Etarre). Sie schluckte sie und ermöglichte ihr auf diese Weise eine Wiedergeburt. In ihrer zweiten Inkarnation heiratete Etain Eachy, den Hochkönig von Irland.[1] Noch immer heißt es in Cornwall, daß die Geister der

Toten die Gestalt von weißen Schmetterlingen annehmen.[2] Auch in Mexiko und Sibirien wird dies behauptet.

Schmetterlinge waren im Fernen Osten wie auch in Westeuropa Symbole der Seele. Bei den Chinesen war der Jade-Schmetterling das wichtigste Emblem der Liebe und deutete eine Seelenhochzeit an. Das angemessenste Geschenk, das ein Bräutigam seiner Braut in China geben konnte, war ein Jade-Schmetterling.[3]

[1] Spence, 150
[2] Evans-Wentz, 178
[3] Kunz, 84

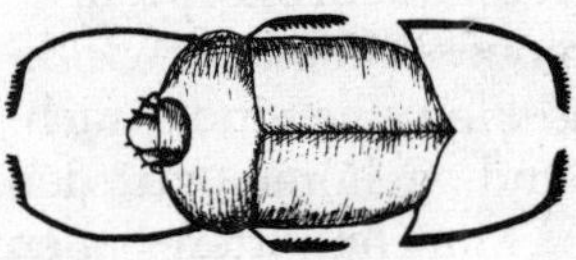

Skarabäus

Der ägyptische Skarabäus-Käfer war das Symbol des Gottes Khepera, einer Sonnengottheit, die den Sonnenball über den Himmel rollte, wie die Käfer ihre Kotballen über die Erde rollen. Die männlichen Priesterschaften bemächtigten sich der Vorstellung, daß die *scarabaei* niemals weiblich sind und daß die männlichen Käfer eine Nachkommenschaft ausbrüten, die in ihren Kotballen enthalten sei. (In Wirklichkeit schlüpfen die jungen Käfer aus Eiern, die von den Weibchen unter den Sand gelegt werden.) Kheperas Priester behaupteten, daß er der alleinige Schöpfer sei, der von sich sagte: »Es gab kein anderes Wesen, das mit mir arbeitete.« Die heiligen Käfer wurden auf allen Arten von Amuletten und Siegeln abgebildet. Durch geschnitzte Skarabäen wurden Herzen in Mumien ersetzt. In den Tempeln wurden große Skarabäen verehrt.[1] Bis zum heutigen Tag glauben Frauen in Ägypten und dem Sudan, daß die getrockneten und zu Puder geriebenen Käfer, in Wasser gelöst, als Empfängniszauber wirken.[2] Auch die mittelalterlichen Alchemisten verwendeten Skarabäus-Symbole in Diagrammen der Doppelspirale, die als Weg ins »Zentrum des Universums« wiesen.

Trotz der nur kurze Zeit währenden Bekanntheit des Skarabäus-Gottes als alleiniger Schöpfer begannen die Schriften nur zu bald über seine göttliche Mutter zu sprechen und zeigten ihn, wie er aus dem yoni-artigen Lotus-Symbol hervorkam.[3] Man erkannte, daß die angeblich männliche Fruchtbarkeit des Käfers von Mutter Mond abhing. Horapoll bemerkte, daß der Dungballen in der Erde abgelegt werden müsse, und zwar »28 Tage lang« (denn in diesem Zeitraum wandert der Mond durch die zwölf

Zeichen des Tierkreises). Indem die Rasse der Skarabäen auf diese Weise unter dem Mond verbleibt, wird sie von Leben erfüllt.[4]

Heute ist der geschnitzte Skarabäus ein gängiges Schmuckelement, eine Abwandlung des Cabochon-Schliffes von Edelsteinen. Weltweites Interesse an Ägypten entwickelte sich, als das Grab des Tutenchamun mit seinen Schätzen entdeckt wurde. Darunter waren auch Skarabäen, und die Juweliere der ganzen Welt beeilten sich, sie zu kopieren.

[1] Whittick, 307
[2] Budge, Gods of the Egyptians, Bd. 2, 381
[3] Book of the Dead, 435; d'Alviella, 29
[4] Brier, 147

Skorpion

Die Indianer von Mittel- und Südamerika sagen, daß Mutter Skorpion die Seelen der Toten in ihrem Haus am Ende der Milchstraße empfängt. Bei den Pawnees und Cherokesen war der Stern Antares – das Auge des Skorpions – der Geiststern der alten Göttin. Diese amerikanischen Versionen entsprechen der ägyptischen Göttin Selket oder Serquet mit dem Skorpionschwanz und der babylonischen Göttin Ischara Tamtim (Ischara vom Meer), eine Mutter mit Skorpionschwanz in genau derselben Konstellation, die offenbar in der ganzen Welt »Skorpion« hieß. Die Göttin wurde mit Siduri Sabitu identifiziert, die im Gilgamesch-Epos »auf dem Thron des Meeres« sitzt. Um sich ihrem Verweilplatz zu nähern, mußte Gilgamesch ihre Diener, die Skorpionmänner, passieren.[1] Diese Wesenheiten waren »zwei Drittel göttlich« und gehörten zu zwei Konstellationen: dem Schützen und dem Skorpion.[2]

Skorpione sind keine wirklichen Insekten. Sie sind Arachniden und gehören zu den Spinnen. Manche Arten haben Giftdrüsen in ihren Kiefern und/oder Giftstachel in ihren Schwänzen, mit denen sie Menschen töten können. Wahrscheinlich wurden die Skorpionsterne und ihre Verkörperungen aus diesem Grund oftmals mit Tod assoziiert.

[1] de Santillana/von Dechend, 243–244, 295
[2] Cirlot, 265

Spinne

Sowohl in der Alten wie auch in der Neuen Welt wird die Große Göttin in den Mythen mit der Spinne in Verbindung gebracht. Die vorhellenische Athene trug als Spinnerin des Schicksals einstmals den Namen Arachne – eine Spinneninkarnation. Spätere hellenische Mythographen behaupteten, daß Arachne Athenes Rivalin gewesen sei, eine sterbliche Frau, die die Göttin in eine Spinne verwandelt hatte, weil sie auf ihre Spinnkünste neidisch war. Aber dies war eine Neuinterpretation von älteren Mythen, in denen die Dreifache Göttin in drei Funktionen erscheint: Sie spinnt, mißt und durchtrennt den Lebensfaden. Zudem ist sie auch der Zielpunkt der Seelen, die sich wie Fliegen in ihrem kosmischen Gewebe fangen. Vielleicht haben die sechs Arme und zwei Beine der alten indischen Göttinfiguren mit der achtfüßigen Spinne zu tun, dasselbe könnte man auch für Odins achtfüßiges Schicksalspferd annehmen. Mit Sicherheit aber hatte die gängige Vorstellung vom Zerstörerin-Aspekt der Göttin als Greisin, die ihren Gefährten im Augenblick seines Liebestodes verschlingt, einen Zusammenhang mit den bekannten Gewohnheiten der Spinnen.

Bei den Pueblo-Indianern war die Spinnenfrau die Schöpferin des Universums, sie hieß Kokyangwuti, Tsitsicinako und Sussistanako oder »Gedanken-Frau«. Die Welt war aus ihrem Denken entsprungen. Sie begann mit der Schöpfung, indem sie zwei Fäden von Osten nach Westen und von Norden nach Süden spann. Sie erzeugte zwei Töchter, die zu Sonne und Mond wurden. Sie erschuf die Menschen der Erde aus weißem, rotem, gelbem und schwarzem Lehm. Mehrere Male zerstörte sie die Welt und schuf sie neu, wie es die Spinnen mit ihren Netzen tun, und dabei wurden nur jene weisen Menschen verschont, die mit ihr in Kontakt blieben: Dies geschah durch die unsichtbaren Strähnen, die von ihrem Scheitel aus gesponnen wurden – eine Vorstellung, die große Ähnlichkeit mit dem »Lotuslicht«-Chakra im Hinduglauben hat. In den Mythen der Kiowas wurde die Spinnenfrau zur Spinnengroßmutter abgewandelt. Dies war eine prometheische Heldin, die der Welt das Licht brachte. Sie nahm das Feuer und die Sonne vom östlichen Land des Lichts. Sie stieß die Sonne in den Himmel hinauf, behielt aber ein kleines Stück davon als Geschenk des Feuers für ihr Volk.[1]

In Ghana hieß die Spinnengöttin Anansi. Nachdem sie in die Neue Welt gebracht worden war, erhielt sie im Vodoo von Haiti den Namen »Tante Nancy«.

[1] Stone, Ancient Mirrors of Womanhood, 92 – 107

17
BLUMEN

- Akelei
- Alchemistische Rose
- Anemone
- Euphorbie
- Feuerblume
- Fleur-de-lis
- Flora
- Glockenblume
- Goldregen
- Herbstzeitlose
- Hyazinthe
- Immergrün
- Iris
- Lilie
- Löwenzahn
- Lotusblume
- Maiglöckchen
- Mohn
- Narzisse
- Orchidee
- Passionsblume
- Pfingstrose
- Rose
- Rote Pimpernelle
- Sonnenblume
- Stiefmütterchen
- Veilchen
- Verschlossener Garten

Daß die Sprache der Blumen auch die Sprache der Liebe ist, ist eine altbekannte Weisheit. Das trifft jedoch nicht nur im metaphysischen Sinn, sondern auch im Sinne der botanischen Biologie zu – denn Blumen sind die Genitalien der Pflanzen. Vielleicht liegt es also nicht nur an der Schönheit der Blumen, daß sie meistens erotische Beziehungen symbolisieren. Diese romantische Sprache verfügt über einen großen Wortschatz. Blumen werden als Botschaften, Liebeszauber, Geschenke und rituelle Objekte verwendet. Immer wieder werden Mythen von Liebenden erzählt, die in Blumen verwandelt wurden. Eine bezaubernde chinesische Tradition besagt, daß jede Frau in der geistigen Welt die Gestalt einer Blume annimmt. Und im Buddhismus kommen Blumen in einem ganz wörtlichen Sinn als »Sprache« vor: Bei jedem Wort, das der Erleuchtete sprach, fielen der Sage nach Blumen vom Himmel herab.

Noch immer werden Blumen in großem Ausmaß für zeremonielle Zwecke verwendet – um Freude, Zuneigung, Willkommen, Dankbarkeit, Sympathie, Feierlichkeit, Trauer, Freundschaft, eheliche Einheit oder spirituelle Kontemplation auszudrücken. Auch wenn es keine formelle Blumensprache gibt, aber immer wieder lassen Menschen »Blumen sprechen« – oft genug, um damit ganze Heere von Floristinnen zu erhalten.

Aber die Blumen in diesem Abschnitt wurden nicht der üblichen romantischen Liste der Blumensprache entnommen. Einige der Blumen, die in heutigen Sträußen sehr beliebt sind, kommen in älteren Überlieferungen gar nicht vor und werden deshalb auch nicht aufgeführt. Statt dessen wird gezeigt, daß Blumen nicht nur die Sprache der Liebe sind, sondern auch viele andere Dinge symbolisieren.

Akelei

Der englische Name der Akelei – *columbine* – ist von dem lateinischen Wort für »Taube« – *columba* abgeleitet, die einst ein allseits bekanntes Symbol der Göttin Aphrodite oder Venus war (siehe Taube). Sie war für ihre magischen Eigenschaften berühmt. Die Ärzte des Mittelalters glaubten, daß die Akelei ein universelles Gegengift sei. Wenn man sie in einem Getränk pulverisiert, »vertreibt sie alle Gifte« – so jedenfalls steht es in einem ihrem Medizintexte.[1]

[1] Williamson, 219

Alchemistische Rose

Die rot-weiße Rose wurde von den Alchemisten als Symbol des *vas spirituale* (»heiliges Gefäß«) betrachtet, gewissermaßen als Schoß, aus dem der *filius philosophorum* (»Sohn der Philosophen«) geboren werde. Sie war ein antikes weibliches Symbol der jungfräulichen Tochter (Weiß) in der Mutter (Rot) und wurde früher auf Doppelgestalten wie Kore und Demeter oder Maria und Eva angewendet. Die Rose hatte eine Ähnlichkeit mit dem Apfel (Mutter/Frucht), der einen Kern mit fünf Spitzen (Tochter/Blüte) enthielt. Diese Symbolik stammt aus dem Symbolkreis der weiblich-schöpferischen Kraft. Weiß und Rot waren die heiligen Farben der Jungfrau und der Mutter. Allerdings wurde in männlich-zentrierten Gesellschaften das Schwarz der vernichtenden Greisin systematisch unterschlagen.

Anemone

Die scharlachrote *anemone coronari* ist eine wildwachsende Pflanze. Sie kommt in Syrien zur Osterzeit vor und wurde dort mit dem Blut des sterbenden Gottes Adonis gleichgesetzt.[1] Dieser Name und verschiedene andere Eigenschaften wurden auf Jesus übertragen:

Auch er wurde *Adonei* (»der Herr«) genannt und in einem früheren Heiligtum des Adonis in Bethlehem verehrt.[2] Auch die Dornenkrone aus Myrrhe wurde in die christliche Sage integriert: Die Mutter des Adonis war die Jungfrau Myrrha oder »Myrrhe des Meeres«, deren Name von den frühen Christen auf die Mutter Jesu angewendet wurde.[3]

Wenn sich die Landschaft im Frühling durch das Aufblühen der Anemonen rötete, sah man darin das Ausströmen des heiligen Blutes des Gottes Adonis, das die ganze Erde befruchtete.

[1] Frazer, The Golden Bough, 390
[2] Briffault, Bd. 3, 97
[3] Walker, The Woman's Encyclopedia of Myths and Secrets, 10

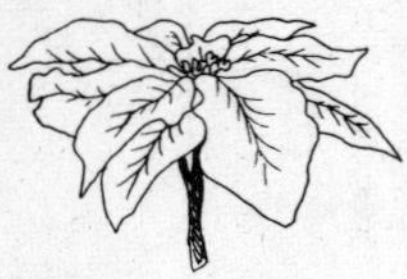

Euphorbie

Manche Autoritäten behaupten, daß die hübsche Weihnachtseuphorbie (*Euphorbia pulcherrima*) so giftig ist, daß der Verzehr auch nur eines Blattes ein Kind töten kann. Andere wiederum sagen, daß die farbenfrohen Blätter ohne schädliche Wirkungen als Gemüse gegessen werden können.[1] In Mittelamerika wurde die Euphorbie seit langer Zeit als Heilmittel verwendet, in China hingegen als Fischgift und Ausgangsstoff für ein rotes Färbemittel.

Eines aber ist nur wenigen Menschen klar: Diese »Blume« ist in Wirklichkeit keine Blume. Die roten Blütenblätter sind Blätter, die eigentlichen Blüten dagegen sind klein und unauffällig.

[1] Duke, 190

Feuerblume

Einem slawischen Mythos zufolge blüht die Feuerblume auf einem Farn, und zwar einmal im Jahr beim Fest der Wassergöttin genau um Mitternacht. Ein Held, dem es gelingt, die Dämonen zu umgehen, die sie bewachen, und die Blume zu pflücken, erwirbt dadurch die Fähigkeit, die Sprache der Orakelbäume zu verstehen. Diese Geschichte hatte offenbar einen Zusammenhang mit den zahlreichen Hainen von Orakelbäumen (zumeist Eichen), die in der heidnischen Welt gediehen. Diese Haine wurden von verschiedenen heidnischen Geistern (*daemones*) bewacht, und jeder Held, der sie überwinden konnte, wurde als der neue König des Waldes und als Orakelpriester ausgerufen. Der Hain selbst war weiblichen Geschlechts, und die Feuerblume als Rose, Lilie oder Lotus-Blume symbolisierte die Liebe der Göttin als wichtigstes Geschenk.

Fleur-de-lis

Die Lilie des französischen Wappens stammt von den keltischen Symbolen der Lilien-Jungfrau, einer Erscheinungsform der jungfräulichen Juno, deren Emblem ebenfalls eine Lilie war. Diese Blume stellte ursprünglich die Kraft der Selbstbefruchtung dar: Juno verwendete ihre magische Lilie, um ihren Sohn Mars ohne irgendein männliches Zutun zu empfangen.[1] Diese Lilie ging dann auf die Jungfrau Maria über und und symbolisierte deren jungfräuliche Empfängnis. Allerdings entriß ihr die patriarchalische Version die Initiative und reichte ihr die Lilie durch die Hand des männlichen Engels Gabriel. Die frühen Kleriker betonten, daß Gottes Same durch die Lilie magisch gefiltert worden sei, um durch das Ohr in Marias Körper einzutreten.[2]

Dennoch erschien die ursprüngliche heidnische Lilien-Jungfrau in vielerlei Gestalten in den Legenden des Mittelalters, beispielsweise als Elaine im Artus-Epos. Wahrscheinlich symbolisierte die Lilie mit ihren drei Blütenblättern in fernen Zeiten die Dreifache Göttin – ähnlich wie das Kleeblatt im heidnischen Irland. Weil die Menschen sie als sakrales Symbol kannten, wurde sie auf Flaggen und Rüstungen gezeichnet und symbolisierte schließlich das französische Königshaus.

[1] Larousse, 202
[2] Walker, The Woman's Encyclopedia of Myths and Secrets, 543

Flora

Die römische Göttin Flora (»Blühende«) hat ihren Namen der modernen Wissenschaft vererbt. Die »Flora« ist die gesamte botanische Welt: Blumen, Pflanzen, Bäume, Gemüse,

Früchte, Gräser und Pilze. Alles das symbolisierte sie auch als Göttin, allerdings auf eine persönlichere und intimere Art. Ihr zu Ehren wurden alljährlich die *Floralia* abgehalten, die dann zum Ersten Mai wurden. An diesem Datum wurde der Beginn der Wachstumsperiode gefeiert, wenn die Erde ihr neues »grünes Kleid« anlegte, auf dem die Blumen wie Sterne prangten und die Menschen sich über die Rückkehr des Frühlings freuten. Flora wurde mit der griechischen Göttin Chloris (»Grüne«) gleichgesetzt.[1] Da ihre Riten von sexueller Freizügigkeit und laszivem Benehmen begleitet waren, verabscheuten die frühen Kirchenväter dieses Fest und verdammten die Göttin als »Herrin der Lust« – und nichts weiter. Aber einige römische Autoren behaupteten, daß die mystische Energie der Göttin Flora das Lebensgeheimnis des römischen Reichs in sich enthalte und daß Flora der geheime Seelenname von Rom sei.[2] Eine walisische Entsprechung der Flora war die Göttin Blodeuwedd, deren Körper voll und ganz aus Blumen bestand.

[1] Larousse, 217
[2] J.H. Smith, 225

Glockenblume

Der Gattungsname der Glockenblume – *Endymion* – zeigt, daß sie eine der Blumen war, die mit einem todgeweihten Liebhaber der Aphrodite oder einem anderen Aspekt der Göttin assoziiert waren, wie auch die Anemone mit Adonis, die Narzisse mit Narkissos, die Hyazinthe mit Hyakinthos usw. in Verbindung standen. Endymion wurde von der Göttin (unter ihrem Namen Selene, »Mond«) in ewigen, todesähnlichen Schlaf versetzt. Sie hatte den Wunsch, daß er immer an derselben Stelle auf einem Hügel liegen solle, wo sie ihn jede Nacht bei ihrem Aufgang küssen konnte. Die Verwurzelung in der Erde, die damit einherging, wurde allen Göttern der Heroantheia zugeschrieben; dies war das Fest der »Helden-Blüte«.

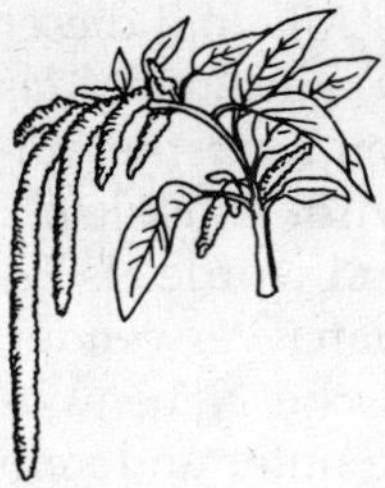

Goldregen

Das griechische Wort *amarantos* für »Goldregen« bedeutet »nichtwelkend«.[1] Der Amaranth wurde zur Blume der Unsterblichkeit erklärt, weil sich seine Blüten so lange halten. Er war der Artemis und ihrem Priesterkönig und Herrn der Jagd – mit Namen Amarynthos – heilig. Dieser herrschte über eine Stadt desselben Namens und führte im Tempel der Artemis Amarynthia den Vorsitz. Die Blüte wurde in der griechisch-römischen Kultur viel verwendet, um die Götterbilder und die Gräber von Erlöserhelden zu schmücken, sie sollte Heilung und ewiges Leben ausdrücken.

[1] Whittick, 195

Herbstzeitlose

Die Herbstzeitlose, eine bescheidene kleine Blume mit blaßgrauen Blättern, war bei den Griechen das Symbol für die Unterwelt und deshalb auch für den Tod und/oder die Unsterblichkeit. Als Königin der Toten trug Persephone eine Girlande aus den Blüten der Herbstzeitlosen. Die Seelen in ihrem unterirdischen Reich des Hades wanderten in Wiesen, die von Herbstzeitlosen übersät waren. Ein Sprichwort besagte, daß nur Herbstzeitlosen »in der Wiese der Seele wachsen können.«[1]

[1] Cirlot, 197

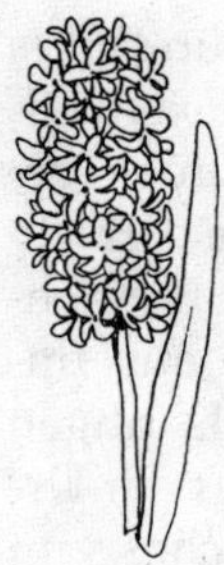

Hyazinthe

Man glaubte, daß die Hyazinthe aus dem Blut des erschlagenen kretischen Blumenhelden Hyakinthos entstanden sei, der später auch Narkissos genannt wurde. Eine spätere klassische griechische Sage erzählt, daß der Gott Apollo sich in Hyakinthos verliebte – und auf diese Weise als erster unter den Göttern die homosexuelle Liebe einführte –, aber Apollos Rivale, der Gott des Westwinds, geriet daraufhin in rasende Eifersucht. Lieber wollte er Hyakinthos tot sehen, als in einer Liebesbeziehung mit einem anderen Gott, und so lenkte er einen geworfenen Diskus auf den jungen Helden, der ihn tötete.[1]

[1] Graves, The Greek Myths, Bd. 1, 78, 81

Immergrün

Das gemeine Immergrün (*Vinca minor*) wurde auch »Hexenveilchen« oder »Todesblume« genannt, weil verurteilte Verbrecher auf dem Weg zur Hinrichtungsstätte Girlanden aus Immergrün um den Hals tragen mußten.[1] Vielleicht liegt der Ursprung dieses Brauches im heidnischen Rom: Dort trugen todgeweihte Opfertiere auf ihrer letzten Reise zum Altar Kränze mit blauen und violetten Blüten.

Ein wichtiges Alkaloid dieser Pflanze ist das Vincamin, das heute bei einigen Krebstherapien eingesetzt wird. Es ist leicht halluzinogen und wurde als Ersatz für Marijuana verwendet, obwohl es toxische Nebenwirkungen hat, die unter anderem Haarausfall und Muskelinsuffizienz erzeugen. In dieser Pflanze wurden mehr als siebzig Alkaloide identifiziert, darunter auch Reserpin, das möglicherweise für die sedative Wirkung und die angebliche Fähigkeit, böse Geister aus dem Körper zu vertreiben, verantwortlich ist.[2]

Von all den Tausenden von Pflanzenprodukten, die für die Krebstherapie extrahiert und geprüft worden sind, gehören die Vinca-Alkaloide zu den wenigen, die irgendeine nennenswerte Wirkung entfalten; und auch sie sind nur bei bestimmten Krebstypen wirksam.

[1] Emboden, 66
[2] Duke, 106, 509

Iris

Die Iris – auch »Schwertlilie« – wurde nach der griechischen Göttin des Regenbogens benannt, weil sie in vielen verschiedenen Farben auftreten kann. In der »Aeneis« des Vergil ist Iris die Botschafterin des Himmels, die die Seelen der Frauen sammeln soll. Sie erscheint der sterbenden Königin Dido und trägt eine ihrer Haarlocken hinweg, um ihre Seele vom Körper zu befreien.[1]

Den Namen »Schwertlilie« hat die Iris von ihrem lateinischen Namen *gladiolus* (»kleines Schwert«), weil sie schwertförmige Blätter besitzt. Die Blume, die wir heute »Gladiole« nennen, ist ebenfalls ein Mitglied dieser Gattung.

[1] Williamson, 139, 188

Lilie

Die sogenannte Osterlilie war einst das Emblem der Göttin Juno in ihrem jungfräulichen Aspekt wie auch ihrer nördlichen Entsprechung, der Frühlingsgöttin Eostre, aus deren Namen unser »Ostern« entstanden ist. VerehrerInnen der Großen Göttin betonten, daß die erste Lilie der Welt aus der Milch ihrer Brüste entsprang.[1] Die römischen Heiden sagten, daß die Lilie aus Junos Milch entstanden sei, und die römischen Christen wiesen diese Ehre natürlich der Milch der Jungfrau Maria zu.

In Europa übernahm die Lilie die Rolle, die der Lotus in der sexuellen Symbolik des Orients innehat.[2] Sie wurde zum weiblichen »Kelch«, der die göttliche Essenz des Lebens in sich trug. Tatsächlich war der christliche *kalix* (»Kelch«) eine Ableitung vom Kelch der Lilienblüte. Im Nahen Osten war die Lilie der Göttin Astarte heilig, die auch den Beinamen Lilith (von dem sumerisch-babylonischen Wort *lilu* für »Lotus«) trug.

Die Lilie war immer ein Symbol der wundersamen Befruchtung einer jungfräulichen Göttin. Die »gesegnete Jungfrau Juno« empfing Mars aus einer Lilie und die »gesegnete Jungfrau Maria« mußte sich natürlich dem anschließen. Der Unterschied zwischen der heidnischen und der christlichen Geschichte besteht in dem Umstand, daß die Lilie in der letzteren in der Hand des männlichen Engels Gabriel erscheint, dessen Name »göttlicher Ehemann« bedeutet.[3]

[1] Whittick, 265; Guthrie, 71
[2] d'Alviella, 102
[3] Whittick, 208

Löwenzahn

Mattioli, ein Kräuterkundiger aus dem 16. Jahrhundert, erklärte, daß Löwenzahn »für den Samenfluß nützlich« sei. Vielleicht ist das ein Grund für die Beliebtheit von Löwenzahnwein.[1] Aber Löwenzahn hat keine derartige Wirkung. Daß es zu dieser Vorstellung kam, liegt an einem Prinzip der sympathetischen Magie, basierend auf entfernter Ähnlichkeit: Der weiße milchige Saft dieser Pflanze erinnert an den männlichen Samen.

[1] Williamson, 219

Lotusblume, persische Schnitzerei

Lotusblume

Vor der Schöpfung, sagten die Hindus, war die ganze Welt eine goldene Lotusblume, *Matripadma,* der »Mutter-Lotus« und Schoß der Natur. In Ägypten lautete einer der Namen der Großen Göttin »Lotus, aus der die Sonne geboren wurde«. In China war die goldene Blüte des mystischen Suchenden eine Lotusblume, während in Europa der Heilige Gral mit seiner weiblichen Kelchsymbolik zum Ziel der Suchenden wurde. Die ägyptische Lotusblume wurde mit Hathor identifiziert, die indische Lotusblume mit Lakshmi oder der Göttin Padma, deren Name Lotus bedeutet. Überall war die Lotus-Göttin eine Yoni, die den Sonnengott verschlang, um ihn Tag für Tag neu zu gebären.[1] Beim Tode eines ägyptischen Pharao hieß es, daß er mit der Lotusblume vereint worden sei.[2] Im Nahen Osten war der Ur-Lotus Lilith (vom sumerisch-babylonischen Wort *lilu* für »Lotus«). Sie konnte sowohl mit der ägyptischen Göttin wie auch der indischen Mutter Kali identifiziert werden, der die Lotusblume ebenfalls heilig war.

Tatsächlich war »Kali« eine von Liliths Beinamen.[3] Da die Lotusblume Knospe, Blüte und Samenbeutel in sich trägt, ist sie Jungfrau, Mutter und Greisin zugleich. Die Lotusblume wurde oftmals als Symbol für alle vier klassischen Elemente verwendet und sollte den Urzustand vor der Schöpfung anzeigen, als all diese Elemente im kosmischen Schoß vereint waren. Erde ist der Lehm, in dem die Blume wurzelt, Wasser umgibt den Stengel, die Blüten haben an der Luft teil, an die sie ihren Duft abgeben, und ihre Fruchtbarkeit beziehen sie aus dem Feuer der Sonne. Die rote Lotusblume symbolisiert die Mutter Indien.

Die Illustration zeigt eine stilisierte Lotusblume in der linken Hand eines persischen Königs, der in der Rechten den Stab bzw. das Zepter seiner männlichen Kraft trägt. Auf diese Weise wird seine Einheit mit der Göttin dargestellt. Spätere Herrscher verwendeten diese Symbolik in der Kombination des Zepters mit dem Reichsapfel. Auf einer rot-figurigen Amphore aus dem 4. Jahrhundert v. Chr., die in Apulien gefunden wurde, erhebt sich der weibliche Omphalos aus einem Kranz von acht Blütenblättern – ähnlich dem shivaitischen »Lotusthron«, der immer die weibliche Yoni symbolisiert hat.[4]

[1] d'Alviella, 28
[2] Budge, Gods of the Egyptians, Bd. 2, 32
[3] Patai, 215
[4] d'Alviella, 28

Maiglöckchen

Das Maiglöckchen war allgemein als Hexenkraut bekannt. Ihm wurde die Fähigkeit zugeschrieben, das Mondmetall Silber anzuziehen. Diese Blume enthält Konvallatoxin, eine der stärksten digitalisartigen Drogen, und mehr als zwanzig andere herzwirksame Glykoside. Es ist außerdem auch stark entwässernd und wurde zur Behandlung von Wassersucht eingesetzt. Getrocknete Blüten wurden auch als Pulver zum Einschnupfen verwendet. Eine Salbe, die aus Speck und Maiglöckchenwurzel zubereitet wurde, galt als Heilmittel für Brandwunden. Die Blüten wurden als Feenglöckchen beschrieben, und phantasiebegabte Menschen behaupteten manchmal, daß sie ihren Klang gehört hätten.

Mohn

Da Opium und Opiumderivate wie Morphium und Heroin aus der Mohnpflanze extrahiert werden, überrascht es kaum, wenn diese Blume in Zusammenhang mit Schlaf, Trägheit, Betäubung und Tod erscheint. Als Todesgöttin wurde Demeter oftmals mit Mohnblumen dargestellt. Die »Insel der toten Seelen« der Etrusker wurde auf Abbildungen mit Mohnkapseln geschmückt.[1] Andererseits gehörte der Mohn aufgrund seiner zahlreichen Samen auch zu den Fruchtbarkeitssymbolen. Mohnsamen enthalten kein Opium und sind eine gute Nahrungsquelle. Mohnblätter, die der Mutter Hera geweiht waren, wurden zum Weissagen verwendet.

Auch der scharlachrote Ziermohn (*Papaver bracteatum*) enthält kein Opium, liefert jedoch das Alkaloid Thebain, das in Kodein umgewandelt werden kann. Die Umwandlung in Heroin ist dagegen nur mit Mühe möglich. Aus Thebain wird ein wichtiges Antinarkotikum gewonnen, das man oft Kindern von Heroinabhängigen verabreicht, um den Schock des Entzugs zu lindern, den solche Kinder durchlaufen müssen.[2]

[1] Dürr, 209
[2] Duke, 343

Narzisse

Die Narzisse gehört zur Familie der *Amaryllis*. Ihr Name ist von dem griechischen Wort *narke* (»Betäubung durch Drogen«) abgeleitet. Die Knolle ist hochgiftig. Die berühmte Sage von dem schönen jungen Helden Narkissos, der durch sein eigenes Spiegelbild gefesselt wurde und sich nicht mehr vom Teich der Nymphen lösen konnte, basiert offenbar auf dem Bild von Narzissen, die an Teichufern wuchsen und sich im Wasser spiegelten. In der klassischen Sage entschwand die Wassernymphe und ließ nur ihre Stimme – Echo – zurück. In älteren Mythen ist das »Echo« jedoch die weibliche Personifikation des schöpferischen Wortes (Sanskrit *Vac*, Hebräisch *Bath Kol*, Griechisch *Akko*). Narzissen waren Symbole der Unterwelt. Pausanias sagte, daß Persephone Narzissen sammelte, bevor sie in den Hades zurückkehrte, um dort zur Königin der Toten zu werden.[1] Es gab eine christianisierte Version des Narkissos – angeblich Bischof von Jerusalem im 2. Jahrhundert n. Chr. Ihm wurde das übliche lange Leben (nämlich 116 Jahre) zugeschrieben, das die Christen als Resultat ihrer Religion ausgaben. Aber zur Zeit des »heiligen Narzissus« war der Tempel von Jerusalem der Venus und ihrem sterbenden Gott Adonis geweiht, der auch Narkissos genannt wurde.[2] In Jerusalem gab es keine »Bischöfe«. Es gibt Vermutungen, daß die sechs Blütenblätter der Narzissen das sechszackige Symbol der Venus und das heilige Hexagramm darstellten, das gewöhnlich die sexuelle Vereinigung zwischen der Göttin und dem Gott andeutete.

[1] Whittick, 280
[2] Brewster, 467

Orchidee

Die Orchidee hat ihren Namen von dem griechischen Wort *orchis* (»Hoden«) – wegen ihrer paarweise angeordneten Knollen. In einem französischen Dialekt heißt sie *testicule de prêtre* (»Priesterhoden«). Die Römer nannten die Orchidee *satyrion*, sie stellten sich vor, daß sie aus Samen hervorwächst, die von kopulierenden Satyrn auf dem Boden verspritzt wurden oder daß die Blüten aus den zersprengten Teilen eines Satyrnsohnes namens Orchis hervorwuchsen, der einen Opfertod erlitt und zerstückelt wurde.[1]

Klarerweise kam die Orchidee angesichts all dieser sexuellen Assoziationen zu dem Ruf eines Potenzmittels. Plinius sagte, daß sie sexuelles Verlangen stimuliere, auch wenn man sie nur in der Hand halte, und empfahl, die Blüten Widdern und Ziegenböcken zu geben, wenn sie »zu träge« seien.[2] Teile der Orchideenpflanze waren oftmals Ingredienzien von Liebestränken. Wenn ein Mann einer Frau eine Orchidee schenkte, so drückte er in der Sprache der Blumen sein Verlangen aus, sie zu verführen. Wen wundert es da noch, daß die Orchidee in unserer Gesellschaft als kostbarstes Blumengeschenk gilt?

[1] Emboden, 29
[2] Williamson, 210

Passionsblume

Diese Pflanze wurde mit der Oster-Lilie verwechselt, die manchmal *pas-flower* oder *paschal flower* (von dem griechischen Wort *pascha* für »Ostern«) hieß. Möglicherweise symbolisierte die Passionsblume ursprünglich sexuelle Leidenschaft (*passion*), weil die Blüte der Gestalt der Genitalorgane – so ähnlich wie im Lingam-Yoni-Symbol – nahekommt. Aber spanische Klosterbrüder aus dem 16. Jahrhundert erklärten weitschweifig, weshalb diese Pflanze die Passion Christi symbolisierte: Die verschiedenen Teile der Pflanze wurden in ihrer Deutung zur Dornenkrone, zu den fünf Wunden, den zwölf Jüngern, den drei Nägeln usw.[1]

Die alkaloide Substanz *Passiflorin* soll eine beruhigende, sedierende Wirkung haben.

[1] Whittick, 292

Pfingstrose

Die Pfingstrose oder Päonie wurde nach Paion oder Paian (»Lichtbringer«), dem Heiler der olympischen Götter, benannt. Dies war manchmal ein Beiname des Gottes Apollon oder der Name eines Sterblichen, der im christlichen Sinne einer »Inkarnation« den Geist Apollons in sich trug. Später wurde er zum Beinamen des Heilergottes Asklepios. Die Anhänger dieses Gottes hießen *paionoi*, und davon ist das etwas altertümliche Wort Päan für »Hymne« oder »Loblied« abgeleitet. Der berühmte Arzt und Medizinschriftsteller Galenos behauptete, daß eine Frau, die ihre Monatsblutungen verloren hat, sie wieder in Gang setzen könne, wenn sie ein Stück Päonienwurzeln als Anhänger um den Hals trägt.

Rose

Keine Blume – mit Ausnahme vielleicht der Lotusblume – hat so viele symbolische Deutungen erfahren wie die Rose. Im gesamten Orient war die rote chinesische Rose (oder scharlachrote Hibiskuspflanze) die »Blume der Göttin«. Bevor die modernen Variationen mit ihren zahlreichen Blütenblättern durch selektive Züchtung erzeugt wurden, besaß sie fünf Blütenblätter.[1] Wie die Apfelblüte und der Apfel mit seinem fünfzähligen Kerngehäuse bildete die Rose ein natürliches Pentagramm. Wie der Apfel und sein Pentagramm war auch die Rose allenthalben der Göttin geweiht. Bei den Römern war sie die Blume der Venus und wurde von den erotischen Priesterinnen als Abzeichen ihres Amtes getragen.[2] Und wenn bei feierlichen Prozessionen eine Statue der großen Göttermutter Kybele durch die römischen Straßen geführt wurde, so wurde ihr Abbild mit einem »Schnee von Rosen« überschüttet.[3] Gnostische Schriften erzählen, daß die erste Rose aus dem Menarcheblut der jungfräulichen Seele Psyche hervorsproß, als sie sich in das Sexualitätssymbol Eros verliebte.[4]

Die arabischen Mystiker sprachen von einem Paradies namens *Gülistan* oder »Rosengarten«, wobei das türkische Wort *güll* für »Rose« vielleicht von der altbabylonischen Göttin Gula abgeleitet ist. Wie der magische Garten der Feenkönigin erstreckte sich das Paradies rings um »die Rose der Liebe«. Dieser Ausdruck wurde auch auf die weiblichen Genitalorgane angewendet. Die arabischen Dichter sprachen schüchtern von der Anziehungskraft der Rose als Symbol der weiblichen Sexualorgane und der Geheimnisse, die sie in sich bewahre: »Ich denke an nichts anderes als die Rose; ich ersehne nichts anderes als die rubinrote Rose.«[5] Die französischen Troubadoure übernahmen diese Symbolik und integrierten sie in ihre Liebesdichtung. Bis zum heutigen Tag ist *la rose* im Französischen eine gebräuchliche Metapher für »Jungfräulichkeit«.[6]

Ebenso wie der Rosenkranz aus dem Nahen Osten zur Verehrung der christlichen Version der jungfräulichen Göttin übernommen wurde, so wurde auch die Rose der Marienverehrung zugeeignet – trotz ihrer früheren offensichtlich sexuellen Bedeutung. Und in den Rosettenfenstern auf der »weiblichen« Westfassade von mittelalterlichen Kathedralen ist oftmals Maria im Zentrum abgebildet. Die kirchlichen Autoritäten behaupteten, daß Marias unbefleckte Empfängnis durch die Magie einer Rose zustande kam: Marias Mutter Anna empfing ihre Tochter, als sie den Duft einer Rose in sich einsaugte.[7] Wie schon Aphrodite vor ihr wurde auch Maria als »heilige Rose«, »Rosengarten«, »Rosenbusch«, »Rosengirlande«, »mystische Rose« oder »Rosenkranz« gepriesen.[8] Die ähnlich gestaltete fünfblättrige Apfelblüte gehörte zu Eva, die Rose zu Maria, die als ihre Reinkarnation, als »zweite Eva« galt. Rose und Apfel wurden dementsprechend auch in dem orientalischen Symbol der Paradiesinsel, dem Land des Rosenapfelbaums verschmolzen.[9]

Trotz dieser Überfülle von weiblichen Symbolelementen in der Rose versteiften sich einige mittelalterliche Mystiker darauf, die Rose mit Christus zu identifizieren. Albertus Magnus schrieb über »die Rose, die durch das Blut Christi in seiner Passion rotgefärbt wurde«. Dies erinnert an die syrische Anemone, die durch das Blut des Adonis rot gefärbt wurde. Andere Autoren erinnerten sich jedoch an die alte weibliche Symbolik und schrieben Verse mit offensichtlichem Doppelsinn:

Als ich die Knospe öffnete,
Warf einen kleinen Samen
Ich direkt in ihre Mitte,
Als ich die Blütenblätter
auseinanderzog,
Um zu bewundern ihre
Lieblichkeit
Suchend den Kelch in seinem
tiefsten Inneren.[10]

Verschiedene Arten von Rosen wurden auch zu mystischen Symbolen der Alchemie und der hermetischen Künste. Die blaue Rose symbolisierte die Unmöglichkeit. Die goldene Rose stand für absolute Leistung oder Vollkommenheit. Eine Rose mit sieben Blütenblättern deutete auf die sieben Wochentage, die sieben Planeten und sieben Grade der Erleuchtung hin. Wie die Lotusblume der Göttin Kali mit ihren acht Blütenblättern symbolisierte eine Rose mit acht Blütenblättern Regeneration und Erneuerung.[11]

1 Avalon, 203
2 Wilkings, 108, 136
3 Vermaseren, 83
4 Barnstone, 68
5 Shah, 108
6 Dunham, 250
7 Male, 238
8 Wilkings, 93, 106
9 Tatz/Kent, 84
10 Williamson, 117, 172
11 Cirlot, 263

Rote Pimpernelle

Dieser magischen Blume wurde die Kraft zugeschrieben, Flüche von übelgesinnten HexerInnen unschädlich zu machen, und zwar vor allem solche, die dazu führten, daß sich das Opfer Splitter ins Fleisch riß. Die Begründung: Die Pimpernelle soll aus dem Boden unter Christi Kreuz entsprungen sein, auf den sein Blut tropfte.[1] Dieser Mythos war offensichtlich dem des Adonis entlehnt, aus dessen Blut die rote Anemone hervorsproß.

[1] Emboden, 91

Sonnenblume

Wahrscheinlich war die Sonnenblume der Antike nicht die mannshohe Staude, die heute diesen Namen trägt, sondern eher Blumen von der Art des Gänseblümchens oder der Ringelblume, die sich im Laufe eines Tages drehen und ihre Blüten der Sonne auf ihrem Weg von Osten nach Westen zukehren. Bei den Griechen hieß die Sonnenblume *kleite* (»Ruhmreiche«), und die klassischen Autoren machten aus ihr eine Nymphe, die den Sonnengott liebte und seinen befruchtenden Strahlen mit dem Kopf folgte. Da ihr Name auch dem Wort *kleitoris* (»Klitoris«) zugrunde liegt, ist dieser Mythos vielleicht aus den Symbolen der göttlichen Hochzeit zwischen Vater Himmel und Mutter Erde entstanden.

Stiefmütterchen

Das Stiefmütterchen wurde gewöhnlich mit der Göttin Venus assoziiert, auf deren «Bergen« (Venusbergen) es wuchs. Im Englischen hieß es auch *Love-in-Idleness* (»Eitle Liebe«), *Cupid's Delight* (»Cupidos Freude«) und *Kiss-Me* (»Küss Mich«). In einem Kräuterbuch aus dem 16. Jahrhundert (»The Books of Simples«) wird das Stiefmütterchen »Kraut der Dreifaltigkeit« genannt, und William Bullein beklagte voller Zorn die Respektlosigkeit des Autors, der Gottes Majestät mit einer »niedrigen, eitlen, venusgeweihten Blume« verglich.[1]

[1] Williamson, 134

Veilchen

Das »bescheidene Veilchen« wurde in der christlichen Symbolik mit einem schlechten Ruf belastet: Aufgrund seiner früheren Verbindung mit der Göttin Aphrodite galt es als Symbol der erotischen Lust. Zu Chaucers Zeit nannte man eine Geliebte *Violet* (»Veilchen«) oder *Flower of Desire* (»Blume des Verlangens«).[1] Ophelia sagt, daß sie Hamlet gerne Veilchen als Zeichen ihrer Liebe gegeben hätte, aber sie »welkten alle« beim Tod ihres Vaters.

Kandierte Veilchen waren während der Renaissance ein beliebter Leckerbissen.

Außerdem war Veilchentee auch ein gängiges Hustenmittel.

[1] Williamson, 105, 132

Verschlossener Garten

»Ein verschlossener Garten ist meine Schwester, meine Geliebte«, heißt es im Hohelied des Salomon (4,12); »ein verschlossener Brunnen, eine versiegelte Quelle«. Wir verstehen heute, daß dieses ganze Poem ein Werk sexueller Mystik ist, die nach den traditionellen sumerisch-babylonischen Hochzeitsliedern gestaltet ist. Dort wurde Erotik mit Metaphern der Pflanzenfruchtbarkeit beschrieben – denn um die Fruchtbarkeit der Vegetation ging es ja, wenn sich der König im Ritual der heiligen Hochzeit mit der Priesterin und Königin vereinigte, die die Erde und ihre Früchte verkörperte. Das Hohelied des Salomon blieb nur aus dem Grunde im Bibelkanon erhalten, weil man zu einer höchst umständlichen Deutung griff: Die laszizen Doppelsinnigkeiten stellten angeblich die Liebe Christi für seine Kirche dar. Das Bild des »Verschlossenen Gartens« – in der »Vulgata« *hortus conclusus* genannt – wurde mit der Jungfrau Maria gleichgesetzt, es war eine allgemein akzeptierte Metapher für physische Jungfräulichkeit. Der Paradiesgarten ist in einer Reihe antiker Texte die Vagina oder der Schoß, aus dem ein Kind von einem wonnevollen Zustand in eine weit weniger angenehme Welt herab»fällt«.

Deshalb hat die christliche Ikonographie Maria oftmals in ihrem verschlossenen Garten dargestellt, der von einer hohen Mauer umrundet war. In der Mitte stand der Lebensbaum und manchmal eine Quelle. Dabei wurde auf eine der ältesten Symboliken überhaupt zurückgegriffen: Das Mondblut der Frau gilt als Quell des Lebens. Die Blumen des Gartens hatten dieselbe Bedeutung. Das Menstruationsblut war in der biblischen Terminologie die »Blume«, die die »Frucht des Schoßes«, also ein Kind, erzeugen würde. Wenn also der verschlossene Garten als Schoßsymbol verstanden wird, der deshalb »verschlossen« ist, weil er von den Mauern der Jungfräulichkeit umgrenzt ist, so sind die Blumen in diesem Garten als anatomisches Gleichnis ganz deutlich zu verstehen.

Dieselben Vorstellungen treten auch in dem indischen Begriff der »Kula-Blume« zutage, die im »verschlossenen Garten« des jungfräulichen Schoßes blüht (siehe Blut). Dasselbe Muster findet sich auch bei den Bewohnern der Andamaneninseln: Bei ihnen erhält ein Mädchen zum Zeitpunkt ihrer ersten Menstruation einen neuen Namen, und zwar den einer Blume, »weil sie sozusagen in Blüte steht, und sie nur dann zur vollkommenen Frau wird, wenn ihr Körper zu einer Frucht heranreift«.[1] Der »verschlossene Garten« ist zwar ein klassisches Symbol weiblicher Jungfräulichkeit, braucht aber nicht auf die wenig wahrscheinliche ewig-jungfräuliche Mutter des christlichen Mythos beschränkt zu werden, sondern kann auf Weiblichkeit schlechthin übertragen werden. Im Hohelied des Salomon ist es keine patriarchale Gottheit, die den Garten öffnen läßt, sondern die Priesterin und Königin selbst sagt: »Laßt meinen Geliebten in den Garten kommen und essen von den köstlichen Früchten.« (4,16)

[1] Sanday, 99

18 PFLANZEN

Aaronstab
Ayahuasca
Beifuß
Bilsenkraut
Binsen
Datura
Distel
Efeu
Eisenhut
Eisenkraut
Fenchel
Fingerhut
Ginseng
Gras
Hanf
Henna
Kirschlorbeer
Klee
Koka
Kretischer Diktamdost
Mädesüß
Mandragora
Meerzwiebel
Mistelzweig
Myrte
Oleander
Ololiuqui
Peyote
Raute
Rosmarin
Safran
Schafgarbe
Schierling
Schilf
Tabak
Tausendgüldenkraut
Thymian
Tollkirsche
Wacholder
Wein
Wermut

Wie alle Tiere haben auch Menschen immer Pflanzen gebraucht, um sich am Leben zu erhalten. Selbst Menschen, die viel Fleisch essen, brauchen Pflanzen, denn ihre Nahrungstiere sind Pflanzenfresser. So klammern sich alle Geschöpfe in einem ganz wörtlichen Sinn an das grüne Kleid der Mutter Erde – um zu leben. Natürlich haben Menschen begriffen, daß Pflanzen für sie lebenswichtig sind. Im Laufe von Zeitaltern entdeckten sie in ihren Nahrungspflanzen durch Ausprobieren und Experimentieren Heilmittel, Gifte und Genußmittel, und als sie weiter experimentierten, gelang es ihnen, einige dieser Wirkungen zu verstärken, indem sie Pflanzen und Pflanzenextrakte einweichten, buken, kochten, fermentierten, trockneten, mischten, destillierten usw.

In primitiven Gesellschaften war Kräuterkunde ein komplexer Wissenszweig, der große Geduld, ein phantastisches Gedächtnis und beträchtliche Intuition bei der Leugnung von Mißerfolgen erforderte. Es war fast unumgänglich, daß KräuterheilerInnen zu heiligen Personen wurden – denn sie besaßen Macht über das Leben anderer Menschen. In vorpatriarchalen Zeiten waren es meistens die Clanmütter, die als kräuterkundige Heilerinnen fungierten, denn Heilen war eine einfache Erweiterung ihres Mutterverhaltens.

Heute hat eine gewisse Enttäuschung angesichts eines modernen, entpersönlichten, hochtechnisierten Medizinsystems dazu geführt, daß Menschen sich wieder mehr für Kräuterheilung interessieren. In den vierziger und fünfziger Jahren verausgabten die Wissenschaftler – inspiriert durch die berühmten Pflanzenderivate Chinin und Curare – viel Zeit und Geld, um exotische Pflanzen für Arzneimitteltests zu sammeln und das traditionelle Kräuterwissen exotischer Völker nach neuen, zuverlässigen Informationen zu durchkämmen. Abgesehen von einigen erwähnenswerten Ausnahmen wie dem Reserpin, das aus der indischen *Rauwolfia serpentina* gewonnen wurde, führten diese Eingeborenentraditionen in viele Sackgassen. Generell erwies sich, daß sogenannte Heilkräuter nicht das leisteten, was eingeborene Kräuterkundige seit zahllosen Jahrhunderten über sie behauptet hatten.

Fast jede Pflanze erwarb irgendwann den Ruf eines Heilmittels, sei es für Krebs, Syphilis, Tuberkulose, Herzkrankheiten oder Impotenz, fast jede Pflanze wurde schon einmal als Magenmittel, Darmreinigungsmittel, Adstringens oder »Blutreinigungsmittel« – was immer das heißen mag – umworben, fast jede Pflanze ist für Hunderte von verschiedenen Beschwerden verwendet worden, weil eingeborene HeilmagierInnen nie wirklich wußten, was wirkte und was nicht wirkte. Die Verwendung von Kräutern für Heilungen war nämlich im Grunde symbolischer Art, da die Heilung eher durch einen Glaubensakt und die natürliche Regenerationsfähigkeit des menschlichen Körpers zustande kam als durch irgendeine Pflanzeneigenschaft.

Aber diese enttäuschenden Tatsachen scheinen sich noch nicht in der Öffentlichkeit herumgesprochen zu haben. Einige Jahrzehnte später glauben viele Menschen noch immer an eine ungeheure Kräuterpharmazie, die großenteils mythischer Natur ist. Ein besonders beliebter Irrglauben der breiten Masse besteht darin, daß Kräuterheilung »natürlich« ist, im Gegensatz zu der »Chemie« der modernen Arzneimittel. Kräutermischungen gelten als »chemiefrei«, und »natürlich« bedeutet »besser«. Aber eine der überraschenden Wahrheiten, die durch umfangreiche wissenschaftliche Forschungen bei Naturprodukten nachgewiesen wurde, ist die ungeheure Menge von wirklich chemischen Stoffen, aus denen die Gewebe und Säfte von Pflanzen aufgebaut sind.

So enthalten gewöhnliche Teeblätter abgesehen von Koffein, Polyphenolen und Monosacchariden die folgenden chemischen Stoffe: Karotin, Riboflavin, Nikotinsäure, Pantothensäure, Askorbin, Tannin, Maleinsäure, Oxalsäure, Kampferol, Querzitin, Theophyllin, Theobromin, Xanthin, Hypoxanthin, Adenin, Inositol, Hexenal, Hexenol, Butyraldehyd, Isobutyraldehyd, Isovaleraldehyd, Azetophenon, Benzylalkohol, Zitral, Katechin und Epigallokatechin. Ein anderes Beispiel: Der gewöhnliche, in Küchen beliebte Zimt enthält in Rinde und Blättern die folgenden chemischen Stoffe: Resin, Tannin, Kalziumoxalat, Cinnzelanin, Kumarin, Cinhamaldehyd, Eugenolazetat, Cinnamylazetat, Methyleugenol, Benzaldehyd, Kuminaldehyd, Benzylbenzoat, Karyophyllen, Safrol, Kamphin, Limonin, delta–3-Karin, Alpha-

Phellandrin, Alpha- und Beta-Pinin, Alpha-Terpinin, Borneol, Kamphor, 1.8-Cineol, Geraniol, Piperiton, Alpha-Terpinol, Parakymin, Äthylcinnamat, Beta-Karyophyllin, Cinnamyl-Alkohol, Alphagumulin, Gamma-Ylangin, Karin, Phellandrin, Humulin, Alpha-Ylangin und Koniferaldehyd. Und diese Listen sind noch nicht vollständig. Das sind nur einige wenige Bestandteile, die bis jetzt nachgewiesen wurden. Und manche Pflanzenprodukte sind bisher noch gar nicht analysiert worden.

Ein so riesiges Spektrum von verschiedenen Stoffen ist die Regel und nicht die Ausnahme: Mutter Natur ist eine unermüdliche Erzeugerin von chemischen Stoffen. Aber echte Heilpflanzen haben meistens nur einen pharmakologisch aktiven Bestandteil, der im Laboratorium isoliert und gereinigt und dann in kontrollierter Dosierung verabreicht werden kann. Ein großer Nachteil von »natürlichen« Kräuterheilmitteln besteht darin, daß die Konzentration von aktiven Bestandteilen von einer Region zur anderen, von einer Jahreszeit zur anderen, ja selbst von einer Pflanze zur anderen variieren kann. Insofern ist die Wirkung einer jeden verabreichten Dosis unvorhersagbar. Die Schwierigkeiten, die sich ergaben, als man Malariapatienten natürliche Chinarinde verabreichte, gelten als klassisches Beispiel dafür.

Aus diesem und anderen Gründen ist es meistens angemessen, Pflanzen als Symbole zu betrachten – nicht nur, weil ihnen im Laufe der menschlichen Geschichte religiöse und magische Eigenschaften zugeschrieben wurden, sondern auch, weil ihre angeblichen pharmakologischen Wirkungen oftmals eher mythisch als wirklich sind. Auf jede wirkliche Entdeckung wie etwa Digitalis, das im Frauenschuh, oder »Aspirin«, das in der Weidenrinde enthalten ist, gibt es Tausende von Scheinentdeckungen, die sich aber hartnäckig am Leben erhalten. Gefährliche Giftpflanzen wurden oftmals verwendet, um Kranke zu behandeln, und was vorherzusehen war, trat auch ein: Sie wurden noch kränker. Aber die meisten Kräuterheilmittel haben sich als sowohl unwirksam wie auch unschädlich erwiesen. Deshalb besteht ihre Hauptfunktion darin, als Symbole des menschlichen Glaubens an die Kräuterheilkunde zu wirken.

Aaronstab

Der Aaronstab hat im englischen Sprachbereich viele Namen, die auf seine Lingam-Yoni-Form anspielen: So heißt er »Adam-und-Eva«, »Stiere-und-Kühe«, »Hengste-und-Stuten«, »Damen-und-Herren«, »Könige-und-Königinnen«, »Hundestengel«, »Stierzapfen«, »Priesterbolzen«, »Pfarrers Liebesstengel«, »Kuckucksstab« und »waches Rotkehlchen«. Geoffrey Grigson schrieb darüber: »Hier haben wir den Penis des lüsternen Kuckucks, der fremde Vogelmännchen zu Hahnreis macht, und hier haben wir den Penis einer Mönchskapuze – das heißt also, daß es der Penis eines Priesters oder Mönches ist, der sich herumtreibt und Ehemänner zu Hahnreis macht.«[1]

Aufgrund all dieser phantasiebedingten sexuellen Assoziationen wurde der Aaronstab oftmals als Aphrodisiakum angepriesen. Im ersten Jahrhundert n.Chr. lobte Dioskorides seine erotischen Eigenschaften. Im Jahre 1601 schrieb John Lyly ein weiteres Mal über seine angebliche Fähigkeit, die sexuellen Leidenschaften zu erwecken. In Wirklichkeit ist diese Pflanze jedoch giftig. Ihre Gewebe enthalten scharfe Nadeln aus Kalziumoxalat, die heftige Reizungen der Schleimhäute verursachen können.

[1] Williamson, 212

Ayahuasca

Ayahuasca, das in Kolumbien *yaje* heißt, ist eine bewußtseinsverändernde Droge, die von den Indianern Südamerikas als heilig betrachtet wird. »Wenn man Yaje trinkt, so kehrt man zum mütterlichen Schoß, zur Quelle und zum Ursprung aller Dinge zurück.«

Die Indianer sind der Ansicht, daß sie unter dem Einfluß dieser Droge die Schöpfung und viele mythologische Ereignisse miterleben können. Diese Rückkehr zum Mutterschoß ist auch »eine Beschleunigung der Zeit und gleichbedeutend mit dem Tod«. Nach dem symbolischen Sterben erfolgt die Wiedergeburt mit einem Erwachen in einem besseren und weiseren Leben.[1]

Die psychedelischen Wirkungen dieser Pflanze beruhen hauptsächlich auf den Alkaloiden Harmin und Harmalin.

[1] Duke, 74

Beifuß

Beifuß heißt auch *artemisia vulgaris,* weil er ebenso wie Wermut der Göttin Artemis geweiht war. Es war ein alter Brauch, am Abend vor der Sommersonnenwende Beifuß zu sammeln. Die Menschen setzten Beifuß-Kronen auf, die später dann im Haus oder in der Scheune als Schutzzauber aufgehängt wurden.[1] Wenn man ein Pfund Beifuß ins Kopfkissen stopfte, konnte man prophetische Träume erleben, und wenn man Beifußtee trank, so konnte man in eine Trance der Hellsichtigkeit geraten.[2] In großen Dosen könnte diese Pflanze jedoch giftig sein.

[1] Williamson, 152
[2] Duke, 69

Bilsenkraut

Bilsenkraut ist eines von etlichen »Hexenkräutern«. Es gehört zur Familie der Nachtschattengewächse und enthält die übliche Mischung aus Hyoskyamin, Skopolamin usw. Im englischen Sprachbereich heißt es auch »Wahnsinnswurzel«, »Gifttabak«, »Schweinebohne« usw., alles Namen, die sich auf seine allgemeine Abscheulichkeit beziehen. Plinius sagte, daß vier Blätter vom Bilsenkraut in einem Getränk Wahnsinn erzeugen. Vielleicht hatte er recht. Aus schlechtberatenen Versuchen, Bilsenkraut zu rauchen, sind Manien und Zuckungen entstanden. Die Federal Drug Administration in den USA zählt das Bilsenkraut zu den Giften.

Binsen

In den etwas abgelegeneren Regionen von Frankreich und den britischen Inseln gibt es noch immer den alten Glauben, daß jeder, der Binsenrohre zu einem Ring flicht und durch diesen Ring schaut, die Feen sehen kann. Nur leider wird er danach blind. Aus begreiflichen Gründen haben bisher nur wenige Menschen diese Hypothese geprüft – und das ist wahrscheinlich der Grund, weshalb sie noch immer existiert.

In Europa sind Binsen eine Art von Schilf. In Ägypten und dem Alten Testament war damit jedoch der Papyros gemeint, eine Wasserpflanze, aus deren Stengeln der Korb bestand, in dem das Kind Moses auf dem Nil ausgesetzt wurde. Die Geschichte von Moses war ursprünglich die Geschichte des ägyptischen Helden Ra-Harachti, des wiedergeborenen Sonnengottes aus dem Sternbild Canopus, und seine Lebensbeschreibung wurde von den Bibelschreibern kopiert.[1] Die gleiche Legende wurde auch von dem Sonnenhelden erzählt, der von Apoll mit der Jungfrau Creusa gezeugt wurde, ferner von Sargon, dem König von Akkad im Jahre 2242 v. Chr., von den mythologischen Zwillingsbrüdern Romulus und Remus, die Rom gründeten, und vielen anderen neugeborenen Helden mehr. Sie alle setzte man in Schilfkörbchen im Wasser aus – es war ein gängiges Thema. Eine andere ägyptische Version des Binsenkörbchens taucht in einer Mythe auf, in der Isis das Kind Horus in einem Dickicht von Papyros-Pflanzen aussetzt, die aus dem Wasser hervorwachsen.[2] In Indien gebar die Göttin Kunti ein Heldenkind und setzte es in einem ähnlichen Binsenkörbchen auf dem Ganges aus.[3]

[1] Graves, The White Goddess, 150
[2] Budge, Gods of the Egyptians, Bd. 1, 487
[3] Rank, 18–19

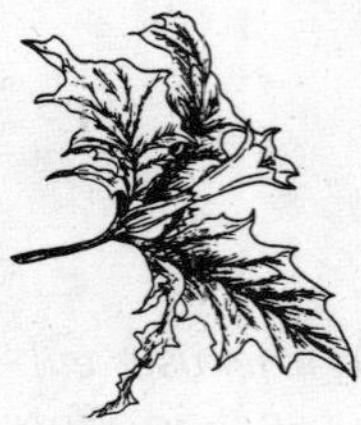

Stechapfel

Datura

Datura stramonium oder »Stechapfel« kam oft als Bestandteil von Hexenrezepten vor. *Datura* enthält eine Reihe von starken Alkaloiden und Skopolamin. Sie hat mehr Pflanzenvergiftungen verursacht als jede andere Pflanze.

In kleinen Mengen wurde Datura mit Erfolg angewendet, um asthmatische Erstickungsanfälle zu lindern. Die Samen werden absichtlich um ihrer halluzinogenen Wirkung willen eingenommen, was allerdings wegen der extremen Giftigkeit der Pflanze eine ausgesprochen riskante Prozedur ist. Zu den Vergiftungssymptomen zählen: verschwommenes Sehen, trockene Kehlen, Schwindel, Halluzinationen, unartikulierte Sprache, Unfähigkeit zu Urinieren und Koma, auf das im allgemeinen der Tod folgt.[1]

[1] Duke, 161–162

Distel

Die Distel wurde zum Symbol der Erbsünde erklärt, und zwar wegen des biblischen Fluches, den Gott gegen die Erde aussprach: »So ist verflucht der Ackerboden deinetwegen … Dornen und Disteln läßt er dir wachsen.« (Genesis 3,17–18) Auf der Basis dieses Absatzes behauptete Alcuin, daß es vor Evas und Adams Sündenfall keine Disteln auf Erden gegeben habe. Trotzdem blieben sie das offizielle Emblem Schottlands – weil die Distel für die vorchristlichen schottischen Clans eine heilige Pflanze gewesen war. Sie enthielt eine martialische Symbolik, die vielleicht in Zusammenhang mit einer von Plinius erwähnten Vorstellung steht: Daß nämlich Disteln den Bauch einer werdenden Mutter in einer Weise beeinflussen, daß sie nur männliche Kinder zur Welt bringt.[1]

Manche mittelalterlichen Kräuterheiler glaubten, daß Disteln Melancholie und Pest heilen können. Die »karolinische Distel« wurde nach Karl dem Großen benannt, und zwar mit folgender Legende: Karl der Große schoß auf Gottes Anweisung hin einen Pfeil in die Luft, um ein Heilmittel für Krankheiten wie Melancholie und Pest zu finden, und dieser Pfeil landete dann genau auf der betreffenden Distelart. Dies war also Gottes eigene Offenbarung über die Distel.[2] Disteln wurde die Fähigkeit zugeschrieben, über lange Entfernungen hin heilen zu können. Hexen sagten gewöhnlich, daß jede Wunde auf dem Körper eines Haustiers auf folgende Weise geheilt werden könne: »Man sammelt rote Disteln vor Tagesanbruch und legt eine davon in jede der vier Himmelsrichtungen. In die Mitte dieses Vierecks legt man einen Stein.« Und dieser Vorgang wird dann mit einer Beschwörung begleitet.[3]

[1] Williamson, 194, 220
[2] Emboden, 83
[3] Leek, 29

Efeu-Blattdekoration, England 17, Jh.

Efeu

Im druidischen Alphabet stand der Efeu für den Buchstaben G (*Gort*). Er galt als Rauschmittel, wahrscheinlich aufgrund seiner Verbindung mit dem Dionysoskult. Weil er traditionell mit dem Gott des Weines assoziiert wurde, glaubte man, daß er Trunkenheit sowohl heilen wie auch verursachen könne.[1] Die Römer verwendeten in Wein gekochte Efeublätter als Heilmittel gegen den Kater am Morgen nach durchzechter Nacht. Plutarch erwähnte, daß die dionysischen Mänaden oder Bacchantinnen ebensosehr vom Efeu wie vom Wein berauscht seien. Verschiedene Efeuarten enthalten tatsächlich toxische Stoffe, die »den Verstand verwirren«, wie es ein Autor des 16. Jahrhunderts ausdrückte, und die einen Menschen auch krank machen können. Es gibt sogar gelegentlich Berichte über Todesfälle, die durch den Verzehr von giftigen Efeubeeren verursacht wurden.[2]

[1] de Lys, 63
[2] Dürr, 198

Eisenhut

Der Eisenhut war einer der beliebtesten Bestandteile von Hexenrezepten. Seine zahlreichen starken Alkaloide, zu denen auch Akonit gehört, können seltsame Empfindungen, Halluzinationen, nervöse Erregungen, Schwindel und sogar Bewußtlosigkeit mit eigenartigen Träumen erzeugen. Akonit ist hochgiftig: Ein Milligramm davon kann einen Menschen töten. Trotzdem ist diese giftige Pflanze oft in der Medizin verwendet worden, und noch immer werden aus ihr Heilmittel zur Behandlung der arthritischen Entzündung gewonnen.

Der klassische mythologische Ursprung des Eisenhuts war der Speichel des dreiköpfigen Hundes Kerberos oder Zerberus, der die Unterwelt bewachte. Als Kerberos von Herakles über die Erde geschleppt wurde, fielen Tropfen seines Geifers auf die Felder, und daraus entsprang der Eisenhut. Weil diese Pflanze ursprünglich Hekate, der Königin der Unterwelt, geweiht war, lautete ihr griechischer Name *hekateis*.[1]

[1] Graves, The Greek Myths, Bd. 2, 154

Eisenkraut

Einige Arten des Eisenkrautes (*verbena*) enthalten Verbenalin, andere enthalten Verbenon, einen Bestandteil des spanischen Verbenaöls. Diese Pflanze hatte zwar jahrhundertelang einen prominenten Platz in der Kräuterapotheke inne, aber ihr medizinischer Nutzen ist so gut wie nicht vorhanden.

Das Wort *verbena* bedeutet »Altarpflanze«. Die Römer behaupteten, daß sie der Venus heilig war und die Kraft besaß, Liebe zu entfachen. Und während der gesamten Geschichte Europas wurden ihr viele magische Eigenschaften zugeschrieben. An der folgenden Zauberformel, die während des Sammelns gesprochen werden mußte, kann man sehen, wie sie in späteren Jahrhunderten christianisiert wurde:

Gepriesen seist du, Eisenkraut, das du am Boden wächst!

Denn auf dem Kalvarienberg hat man dich zum erstenmal gefunden.

Du heiltest unseren Erlöser Jesus Christus und stilltest seine blutende Wunde.

Im Namen des Vaters, des Sohnes und des Heiligen Geistes

Hebe ich dich vom Boden auf.[1]

[1] Thomas, 181

Fenchel

Riesige Fenchelstauden waren oftmals Helden oder Göttern heilig, die den Menschen das Feuer brachten, wie etwa Prometheus, der auf Abbildungen mit einem Feuerstab in der Hand dargestellt wird. Es heißt, daß Prometheus das Feuer in einem Fenchelstengel vom Himmel herabgebracht habe. »Noch immer tragen Inselgriechen Feuer im Mark von Fenchelstauden von einem Ort zum anderen«, offenbar aus dem Grund, weil das Mark feuerbeständig ist.[1]

In den Zeiten des Mittelalters und der Renaissance behielt der Fenchel seine Verbindung mit dem Heidentum und von daher auch mit der Hexerei. In Norditalien lieferten Hexen, die sich *benandanti* (»im Guten Wandelnde«) nannten, »bösen Hexen«, den *malandanti* (»im Bösen Wandelnde«), Scheingefechte, damit deren Magie nicht der Ernte schade. Diese Kämpfe waren anscheinend rituelle Methoden, um landwirtschaftliche Katastrophen abzuwenden. Die Waffen auf beiden Seiten waren Fenchelstengel.[2]

[1] Graves, The Greek Myths, Bd. 1, 144, 149
[2] Dürr, 35

Fingerhut

Aus dieser Pflanze wird das Herzmittel *Digitalis* (vom lateinischen Wort *digitus* für »Finger«) gewonnen, das heute eine der wertvollsten medizinischen Drogen ist und viele Jahrhunderte lang für alle Arten von Beschwerden verwendet wurde. Es heißt, daß der Maler Van Gogh Digitalis als Heilmittel für Epilepsie verwendet habe. Digitalis kann eine Gelbfärbung der Sicht, Halluzination von gelben Ringen und andere optische Störungen erzeugen, wie man sie in Van Goghs Kunst beobachten kann.[1] In starken Dosen kann Digitalis tödlich sein.

[1] Duke, 166

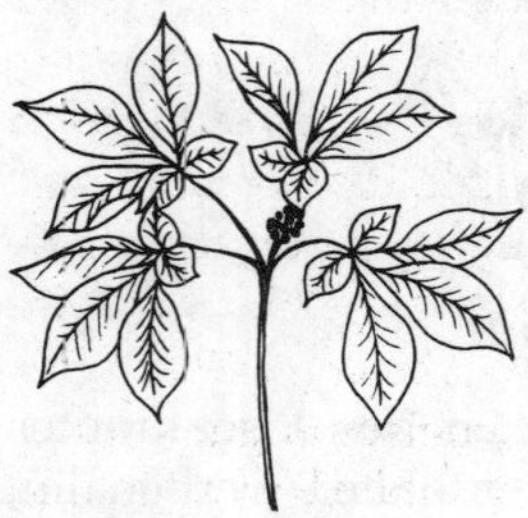

Ginseng

Die Chinesen verehrten den Ginseng aus denselben Gründen, wie die Europäer die Mandragora verehrten: Seine merkwürdig verdrehten, oftmals menschenähnlichen Wurzeln flößten Furcht ein, verlockten aber auch zu zahlreichen Sexualphantasien. Ginseng wurde »Wunder der Welt«, »Manneswurzel«, »Mannesessenz«, »Donnerschlagwurzel«, »Samen der Erde«, »heiliges Kraut«, »fünf Finger« und »Tartarenwurzel« genannt. In Übereinstimmung mit dem verbreiteten Mythos über den phallischen Blitz-Gott entsteht angeblich Ginseng dann, wenn ein Blitz in klares Wasser einschlägt – hier sehen wir die Symbolik von Feuer und Wasser, Vater und Mutter, die in der ganzen Welt bekannt ist. Ginseng wurde als Heilmittel für Impotenz (natürlich!), Anämie, Diabetes, Neurasthenie, Gastritis, Schlaflosigkeit, allgemeine Debilität und viele andere Krankheiten gepriesen.

Trotz seiner ungeminderten Popularität als tonisierendes Mittel enthält Ginseng überhaupt keine pharmakologisch aktiven Alkaloide.[1] Der offizielle Name *Panax* bedeutet »Allheilmittel«, aber wie der alte Aphorismus besagt: Was alles heilt, heilt meistens gar nichts. Trotzdem bleibt dem Ginseng wegen seiner Seltenheit und seines hohen Preises ein weltweiter Markt und eine Fangemeinde erhalten, die auf seine Wirkungen »schwört«.

[1] Emboden, 159–171

Gras

Die höchste Ehre im römischen Heer bestand aus einer Gras-Krone: Sie wurde nur Überhelden zuteil, denen es gelungen war, eine ganze Armee zu retten. Plinius zählt in der gesamten Geschichte Roms von den Anfängen bis zu seiner Zeit nur sieben Empfänger der Graskrone auf. Ihre Wichtigkeit beruht auf der sehr alten Sitte, dem Eroberer eines ganzen Landes eine Handvoll Gras zu überreichen und ihm auf diese Weise symbolisch das Land zu übereignen.

Hanf

Die Hanfpflanze (*Cannabis sativa*) war schon immer für die aus ihrem Herz gewonnene Droge Haschisch berühmt, aber auch für ihre nützlichen Fasern, aus denen noch immer qualitativ hochwertige Seile produziert werden. In England galt der Hanf als Material, aus dem die Hexenbesen gefertigt waren, auf denen die Teilnehmerinnen zum Sabbat ritten. Damit sollte vielleicht einfach nur ausgedrückt werden, daß die Erfahrungen der Hexen auf Haschischträumen beruhten.[1]

Der heute verbreitete Name *Marijuana* für *Cannabis* ist ein Frauenname aus Mittelamerika, vielleicht dachte man, daß diese Pflanze weibliche Eigenschaften habe.

[1] Emboden, 76

Henna

Henna erzeugt eine rote Farbe, die für die Frauen der Antike sehr wichtig war. Dieses Rot wurde mit ihrem eigenen lebenspendenden »magischen Blut« assoziiert. Sie identifizierten sich mit der Göttin, indem sie ihre Hände und Füße mit Henna färbten. Diesen Brauch gab es bei den griechischen Frauen, die Hekate verehrten, bei den syrischen Frauen, die Anath verehrten, und bei den Hindufrauen, die viele verschiedene Göttinnen anbeteten. Ägyptische Mumien wurden in Tücher gewikkelt, die mit Henna gefärbt waren – zum Zeichen einer Wiedergeburt aus dem mütterlichen Blut. Indische und pakistanische Frauen verwenden diese Farbe noch immer in großem Ausmaß, aber das Patriarchat des Nahen Ostens stellte sie in Frage. Apokryphe Schriften erwähnen »Töchter von Kain« – also böse Frauen –, deren Bosheit darin bestand, daß sie ihre Hände und Füße auf heidnische Weise bemalten.[1]

Während der spanischen Inquisition wurden Frauen verhaftet, wenn sie ihre Haut oder ihre Nägel mit Henna färbten – denn diese Anwendungsweise wurde mit Hexerei gleichgesetzt.[2]

[1] Forgotten Books, 78
[2] Walker, The Woman's Encyclopedia of Myths and Secrets, 391

Kirschlorbeer

Wissenschaftler glauben, daß die berühmte Raserei der Orakelpriesterinnen von Delphi durch das Kauen von Kirschlorbeerblättern verursacht wurde. Kirschlorbeer ist giftig und wirkt als Narkotikum. Er enthält 0,1 % Hydrogencyanid, das ein Giftdelirium erzeugen kann, wie es offenbar bei den Priesterinnen von Delphi vorlag. Im Tal des Flusses Tempe erhielten Priesterinnen den Namen *Daphne* (»Lorbeer«), mit dem vielleicht der Kirschlorbeer gemeint war.

Klee

Der dreiblättrige Klee wird heute von Iren als Symbol ihres Nationalheiligen Saint Patrick und ihres Landes überhaupt beansprucht. Aber die Verehrung des Kleeblatts ging dem Christentum in Irland und anderen keltischen Ländern lange voraus. Seine drei herzförmigen Blätter galten als natürlicher Hinweis auf die Dreifachen Mütter der keltischen Überlieferung, die manchmal Drei Brigitten oder Drei Morgans genannt wurden. Sie waren die »Mutterherzen« der keltischen Stämme.

Das Symbol war auch nicht ausschließlich irisch. Vielmehr kommt das englische Wort *shamrock* für »Klee« von dem arabischen Wort *schamrach*, das wahrscheinlich ein Symbol für die Mondgöttin des vorislamischen Arabiens war. Dieselbe Dreiblatt-Verzierung war auch in der alten Induszivilisation verbreitet und stand in demselben sakralen Symbolzusammenhang.

Trotz der gezwungenen Assoziation des Kleeblatts mit der Sage vom heiligen Patrick war es den christlichen Autoritäten Irlands nicht so recht geheuer. Daraus erwuchs die Theorie, daß ein vierblättriges Kleeblatt besser und glücksbringender sei – denn die Vier galt üblicherweise als »männliche« Zahl wie auch als Zahl des Kreuzes. Auch ist das überzählige Gen, das vierblättrige zwischen dreiblättrigen Kleeblättern erzeugt, offensichtlich selten und rezessiv und verleiht jenen deshalb den Glanz des Ungewöhnlichen.

Koka

Aus dem Kokabusch wird Kokain gewonnen, das bei den alten Inkas aufgrund seiner physiologischen Wirkungen als heilig galt. Kokain war bis 1904 auch einer der Bestandteile von Coca-Cola. Dann allerdings zwang die Regierung der Vereinigten Staaten die Coca-Cola-Company, seine Verwendung zu beenden. Aber Kokain wurde auch weiterhin gebraucht, in der Medizin diente es als Schmerz- und Betäubungsmittel. Gegenwärtig wird es hauptsächlich als illegales euphorisierendes oder halluzinogenes Genußmittel verwendet. Leider ist die Ätiologie der Kokainabhängigkeit in unserer Gesellschaft nur zu gut bekannt und braucht deshalb nicht weiter beschrieben zu werden.

Kretischer Diktamdost

Der aromatische Diktamdost war ursprünglich der kretischen Göttin heilig, aus deren Beiname Diktynna (»Die vom Berg Dikte«) der griechische Beiname der Pflanze – *diktamnon* – entstand.

Der Diktamdost erweckte bei den Menschen der Antike heilige Ehrfurcht, denn er besitzt eine merkwürdige Eigenschaft, die ihm den Beinamen »Gaspflanze« einbrachte. Er erzeugt kleine Mengen von entzündlichem Gas und flammt auf, wenn ein Zündholz oder irgendeine andere kleine Flamme unter die Blüte an den Stengel gehalten wird.

Mädesüß

Diese Pflanze war einst ein beliebtes Heilmittel für fast alles, von Krebs, Fieber, Melancholie bis zu Wassersucht, Rheumatismus und Nierenbeschwerden. In Skandinavien wurde es dem Bier und dem Met beigefügt. Es wurde auch als Tee getrunken.

Wie Weidenrinde war Mädesüß in der Hexenheilkunst ein Ausgangsstoff für »Aspirin«, d.h. Salicylsäure. Dieses universelle Schmerzmittel wurde ursprünglich aus den Knospen des Mädesüß extrahiert.[1]

[1] Duke, 196

Mandragora, Stich aus dem 18. Jh.

Mandragora

Weil diese Pflanze in der Bibel erwähnt wird, gaben sich die Theologen des Mittelalters alle nur erdenkliche Mühe, sie als Symbol des christlichen Glaubens zu deuten. Ihre Blüten symbolisierten den Heiligen Geist, ihre Wurzel war Christus, das Wachstum der Pflanze spiegelte das Wachstum wirklicher Frömmigkeit usw. Aber zur selben Zeit verwiesen alte Traditionen und die Verwendung der Mandragora in Hexenrezepten auf ganz andere Deutungen. Sie hieß auch »Phallus des Feldes«, »Satansapfel«, »Teufelshoden« und in Arabien »Eier des Dschinnis«. Bei den Franzosen war sie die »Hand des Ruhmes« (*main de gloire*), was manchmal zu »Magloire« zusammengezogen wurde. Dies war eine kleine Geisterfee, die sich in dieser Pflanze verkörperte. Im Alten Testament lautete das Wort für die Frucht der Mandragora *dudaim* oder »Liebesäpfel«.

Josephus behauptete, daß man eine Mandragora nur dann aus dem Boden reißen könne, wenn man sie zuvor mit weiblichem Urin oder Menstruationsblut getränkt habe. Die Entwurzelung dieser Pflanze scheint mit großen Schwierigkeiten verbunden zu sein. Im Mittelalter glaubte man allgemein, daß es gefährlich sei, eine Mandragora auszureißen; denn sie würde einen Schrei ausstoßen, der jeden auf der Stelle töten oder in den Wahnsinn treiben würde, der ihn höre. Die einzige Möglichkeit, die Pflanze dennoch zu erlangen, ging folgendermaßen vor sich: Man mußte einen schwarzen Hund (oftmals als höllisches Wesen betrachtet) an ihren Stamm binden, die Ohren zuhalten und weglaufen. Daraufhin würde der Hund die Mandragora aus dem Boden reißen und die Folgen erleiden.[1] Die verdrehten, oftmals paarweise gewachsenen Wurzeln wurden so häufig als menschlicher Embryo betrachtet, daß Paracelsus behauptete, er könne durch eine Vereinigung der Mandragora mit menschlichen Samen und Menstruationsblut einen neuen Menschen erzeugen.[2]

Mandragora wird oft in magischen Rezepten empfohlen – vor allem als reinigendes, berauschendes und krampflösendes Mittel. Manchmal nannte man es auch »Kraut der geschlagenen Frauen«, weil man glaubte, daß ihre Beeren die schwarzen und blauen Schwellungen entfernen konnten, die von Züchtigungen durch den Ehemann zurückgeblieben waren.[3]

Die ursprüngliche europäische Mandragora gehört zur Familie der Kartoffeln und Nachtschattengewächse, die in der Mittelmeerregion heimisch sind.

[1] Simons, 67
[2] Emboden, 142–156
[3] Leek, 114

Meerzwiebel

Die Meerzwiebel wächst halb eingegraben an den Sandstränden des Mittelmeers. Ein ägyptischer Papyros aus der Zeit um 1500 v.Chr. empfahl Meerzwiebeln als Heilmittel für Herzkrankheiten. Erst im 20. Jahrhundert wurde schließlich wissenschaftlich bestätigt, daß diese Pflanze tatsächlich – je nach Dosierung – in ähnlicher Weise wie Digitalis auf das Herz einwirkt. Als weitere Wirkungen sind bekannt: Brechreiz, Entwässerung, Schleimlösung im Lungenbereich und (bei einer Überdosis) Vergiftung des Magen-Darm-Trakts.

In der Antike wurden Meerzwiebeln für schamanistische und magische Reinigungen sowie für Gottesurteile verwendet. Meerzwiebeln, die man auf einem Tor oder Torpfosten zerrieb, galten als zuverlässiger Schutz gegen das Eindringen von bösen Kräften. Ein italienisches Bild, das Schutz gegen Feinde ausdrücken soll, besteht aus einer Göttin mit einer Juwelenkrone auf dem Haupt und einer Meerzwiebel in der Hand.[1]

[1] G.Jobes, Bd. 1, 425; Bd. 2, 1487

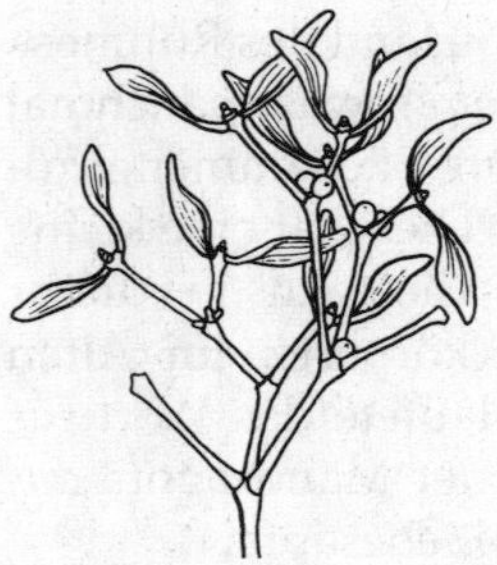

Mistelzweig

Der nordamerikanische Mistelzweig, den wir zur Weihnachtszeit so oft sehen – *phoradendron serotinum* –, trägt Blätter und Beeren in dichten Büscheln. Der heilige Mistelzweig des alten Europa – *viscum album* – ist eine ganz andere Pflanze: Seine Blätter wachsen in flügelartigen Paaren, die Beeren stehen einzeln oder in Paaren. Die Druiden hielten die giftigen, perlig weißen Beeren dieser Pflanze für Tropfen vom Samen des Eichengottes, wie auch die roten Stechapfel-Beeren als Tropfen vom lebenspendenden Mondblut der Göttin Hel oder Holle galten. Auf diese Weise erlangte der Mistelzweig also eine phallische Bedeutung. Die Druiden »kastrierten« den Eichengott, indem sie den Mistelzweig mit einer goldenen Sichel abschnitten und in einem weißen Tuch auffingen, bevor er den Boden berühren konnte.

Bei den skandinavischen Heiden hieß der Mistelzweig »Guidhel« und fungierte als Führer durch die Unterwelt, wie auch Äneas von seinem goldenen Zweig durch die Unterwelt geführt wurde.[1] Die goldene Farbe des verwelkten Mistelzweigs erzeugte den Glauben, daß man mit ihm vergrabene Schätze aufspüren könne, da er ja außerdem auch auf magische Weise mit der Unterwelt verbunden war. Diese Pflanze symbolisierte den Tod (und letzendliche Auferstehung) für den »schönen Gott« Baldur, der durch einen Speer aus Mistelholz erschlagen wurde. Er stammte von dem blinden Hod – eigentlich eine andere Version des einäugigen Odin, der als Baldurs Vater galt. Aus dieser Version des sterbenden und auferstandenen Gottes entstand die Sage von dem berühmten magischen Schwert »Mistletoe«.[2]

Der Mistelzweig war der Schlüssel zum freien Zugang zu den verborgenen Orten der Erde, und deshalb behaupteten Albert Magnus und andere Autoritäten, daß er jedes Schloß öffnen kann. In Erinnerung an seine phallische Bedeutung erklärten ihn einige zum Liebeszauber und Potenzmittel; er »läßt einen Mann den Akt der Erzeugung oft vollziehen«.[3] Unser heutiger Brauch, sich unter dem Mistelzweig zu küssen, ist alles, was von den früheren sexuellen Orgien geblieben ist, die zu Ehren der Erde und in der Hoffnung auf ein fruchtbares Jahr vollzogen wurden. Die Allgegenwart des Mistelzweigs zur Weihnachtszeit traf auf beträchtlichen Widerstand von seiten der Kirchenmänner: Sie nannten ihn »die heidnische und profane Pflanze, die in den heidnischen Riten des Druidentums so sehr hervorgehoben wurde«.[4] Aber es blieb dabei.

[1] Hazlitt, 412
[2] Davidson, Gods and Myths of the Viking Age, 187
[3] Wedeck, 198
[4] Hazlitt, 413

Myrte

Die Myrte war der Göttin Aphrodite heilig. Das griechische Wort für Myrte hatte auch die Bedeutung von »weiblichen Genitalien«. Die Myrtenbeere (*to myrton*) beeutete »Klitoris«.[1] Anhänger des Gottes Adonis, des Geliebten der Aphrodite, trugen Myrtenkränze und glaubten, daß sie durch Myrtenstäbe die Kommunikation zu ihrem Gott in der Unterwelt herstellen konnten. Insofern wurden Myrtenstäbe meistens empfohlen, um mit den Toten in Berührung zu kommen, indem man entweder über einem Grab auf sie lauschte oder sie auf nekromantische Weise beschwor.[2]

Die griechischen Seeleute erflehten Aphrodites Segen, indem sie Myrten auf ihren Reisen in neue Kolonien mit sich führten. Beim hebräischen Laubhüttenfest wurden Hütten aus Zypressenzweigen und Myrten errichtet, die Glück und Fruchtbarkeit symbolisierten. Weil die Myrte zur Venus gehörte, stand sie in Rom für eheliche Einheit, insbesondere für die Einheit von sabinischen und römischen Stämmen zur Zeit der Stadtgründung. Deshalb wurde erfolgreichen römischen Generälen, die die Stadt vor Unglück bewahrten, Myrtenkronen verliehen. Diese Zeremonie hieß *ovatio*.[3]

[1] Keuls, 30
[2] Trachtenberg, 224
[3] G. Jobes, Bd. 1, 389; Bd. 2, 1143

Oleander

In Spanien hieß der Oleander *lauro*, also »Lorbeer«. Manche sind der Meinung, daß die Orakelpriesterinnen von Delphi nicht Kirschlorbeer, sondern Oleanderblätter kauten, um ihre prophetische Raserei zu erzeugen.[1] Bei den Griechen hieß der Strauch *rhododaphne* – nach der Lorbeergöttin Daphne – oder auch *rhododendron* (»Rosenbaum«) und *nerion*. Der Oleander ist hochgiftig. Plinius hat die Wirksamkeit seines milchigen Saftes erwähnt.

Einige Wissenschaftler halten den Oleander für die biblische »Weide am Bach« oder die »Rose von Jericho«, die auch »Rose der Wasserbäche« und »Rosenbaum« genannt wird.[2]

[1] Dürr, 206
[2] Duke, 327

Ololiuqui

Das Ololiuqui-Kraut mit seinen trompetenförmigen Blüten ist ein starkes Halluzinogen und wurde von den mexikanischen Indianern verwendet, die es ihrerseits von den Azteken übernommen hatten. Extrakte dieser Pflanze wurden in religiösen Zeremonien und zur Erlangung prophetischer Visionen getrunken. Der aztekische Name der Pflanze lautete *tlitliltzen*. Die Samen enthalten Lysergsäure.

Peyote

Peyote ist die heilige Pflanze von Mexiko, die auf zeremonielle Weise als kleine Auswüchse des Meskalinkaktus verzehrt wird. Das aktive Alkaloid ist Meskalin, aber Peyote enthält mindestens acht andere Alkaloide, die bereits chemisch nachgewiesen wurden.

Eine Peyotevergiftung, die mehrere Tage lang anhalten kann, erzeugt lebhafte Halluzinationen, die von den Indianern als wirkliche Erfahrung in einer anderen Welt betrachtet werden. Anhänger dieser Pflanze glauben, daß sie durch sie tapferer, stärker, weiser und gegen Hunger und Durst immun werden. Aber die körperlichen Nebenwirkungen der Einnahme sind ganz und gar nicht angenehm.

Raute

Raute ist ein Gattungsname für sämtliche Mitglieder der Pflanzenfamilie *Rutaceae*, die eine Reihe von Alkaloiden enthalten. Die sarische Raute – *peganum harmala* – enthält das Halluzinogen Harmin, das während des Zweiten Weltkriegs von nationalsozialistischen Wissenschaftlern als Wahrheitsdroge eingesetzt wurde.[1] Zu starke Dosierungen dieser Droge setzen das Zentralnervensystem außer Kraft. Katholische Priester verspritzten Weihwasser mit Rautenschößlingen (*ruta graveolens*). Diese Pflanze galt als wirksames Mittel gegen böse Geister, vielleicht wegen ihres unangenehmen Geruchs.[2]

[1] Duke, 352
[2] Emboden, 79

Rosmarin

Der lateinische Name dieser Pflanze – *ros marinum* – bedeutet »Tau des Meeres« und war einst ein Beiname der Göttin Venus. Rosmarin wurde auch »Elfenpflanze« genannt, weil er den Feen heilig war.[1]

Shakespeare formuliert in seiner dichterischen Sprache den alten Glauben, daß Rosmarin ein Zaubermittel zur Stärkung des Gedächtnisses sei, vielleicht, weil sein Duft nicht schnell verweht. Jahrhundertelang teilte er mit Stechapfel, Efeu und Mistelzweig die Ehre, als Weihnachtsschmuck verwendet zu werden; doch dieser Brauch ist inzwischen verschwunden. In England wird Rosmarin als symbolisches Pfand der Erinnerung auf Gräbern gepflanzt.[2] Früher wurde er an Weihnachten als Willkommensgruß für Feen und Elfen in Kirchen aufgehängt.[3]

[1] Wimberly, 350
[2] Whittick, 305
[3] G. Jobes, Bd. 2, 1350

Safran

Dioskurides erwähnt die Verwendung von Safran als Parfum und religiösen Weihrauch wie auch als Farbstoff, der bei religiösen Zeremonien auf die Stirn aufgetragen wurde. Safran war ein Volksheilmittel für zahlreiche Beschwerden von Tumoren bis zu Diabetes. Heute wird er in Europa hauptsächlich als Gewürz beim Kochen verwendet. In Indien glaubt man noch heute, daß er Menstruationsstörungen und Nierenschmerzen heilt.[1] Die Farbe, die aus Safranblüten hergestellt wird, gilt als heilig: Sie ist das Vorbild für die gold-orangefarbene Tönung der buddhistischen Mönchsgewänder.

[1] Duke, 148

Schafgarbe

Die Schafgarbe – *achillea millefolium* – ist nach dem Helden Achilles aus dem Trojanischen Krieg benannt (ca. 1200 v. Chr.), der das Blut aus den Wunden seiner Kämpfer mit Schafgarbenblättern gestillt haben soll. Abgesehen von der Blutgerinnung wurden der Schafgarbe zahllose andere Wirkungen zugeschrieben. Sie wird noch immer als Tee getrunken, um Magen- und Nierenstörungen zu heilen und Zahnfleischentzündungen zu beruhigen.

In China sind Schafgarbenstengel heilige Stäbe, sie waren die ursprünglichen Weissagestäbe des *I Ging*.

Schierling

Der Schierling gleicht einer großen wilden Karotte, ist aber hochgiftig. Im alten Griechenland wurde er zur Hinrichtung von verurteilten Gefangenen verwendet. Das berühmteste Opfer des Schierlings war natürlich Sokrates. Aufgrund seiner Geschichte wurde der Ausdruck »den Schierlingsbecher trinken« zu einem Symbol für den Selbstmord.

Schilf

Schilf heißt auch *Syrinx*: Dies war eine griechische Nymphe, die von dem Gott Pan verfolgt wurde. Syrinx verwandelte sich in ein Schilfrohr und verbarg sich im Schilfdickicht am Flusse Ladon. Pan, der sie von den anderen nicht unterscheiden konnte, schnitt mehrere von ihnen ab und fertigte daraus die Panflöte.[1] Dieser abgewandelte Mythos sollte die Verwendung von Schilfrohren in Musikinstrumenten wie Pfeifen und Flöten illustrieren. Das Schilf war auch ein Symbol der männlichen Göttlichkeit, im Nahen

Osten war es ein Zepter des Sakralkönigs. Als der Vegetationsgott Mot geopfert wurde, brach man sein Schilfzepter. Damit sollte der Verlust seiner Manneskraft und Lebenskraft angezeigt werden. Er wurde Gottes Sohn und Opferlamm genannt.[2] Ein ähnliches Schilfzepter zeichnete auch den geopferten Gott Set in Ägypten aus und wurde ebenfalls dem christlichen Mythos einverleibt: Dasselbe Zepter wurde auch Christus in die Hand gegeben.[3] Im druidischen Alphabet heißt »Schilf« *Ngetal* und symbolisiert den Todesmonat November.

Flöte und andere Schilfinstrumente zu spielen war bei den Fore-Leuten aus Neuguinea ein Vorrecht der Frauen, bis dann die Männer die Flöten von den Frauen stahlen und neue Regeln aufstellten, um zu verhindern, daß Frauen sie sahen oder berührten. Flöten wurden wie das Schilfzepter zu phallischen Symbolen. Wenn ein Fore-Mann stirbt, wird seine Flöte zerbrochen, genauso wie auch das Zepter des antiken Sakralkönigs zerbrochen wurde. Die Stücke werden mit ihm begraben.[4]

[1] Graves, The Greek Myths, Bd. 1, 101–102
[2] Larousse, 78
[3] Graves, The Greek Myths, Bd. 1, 283
[4] Sanday, 198

Tabakblüte

Tabak

Tabak war in Europa unbekannt, bis er als heilige Pflanze bei den amerikanischen Indianern entdeckt wurde. Sie verwendeten ihn jedoch nicht als tödliche Droge, sondern nur in einer feierlichen, formellen Zeremonie. Das Kalumet (die Pfeife) wurde mit nach oben gekehrtem Mundstück zuerst dem Himmel dargeboten, damit die Gottheit des Himmels den ersten Zug nehmen könne; dann der Erde mit nach unten gerichtetem Mundstück. Dann wurden Tabakwolken zu den Geistern aller vier Himmelsrichtungen geschickt. Rituelle Verzierungen und Stammesfetische trugen zur Feierlichkeit der Tabakzeremonie bei.

Die Europäer wurden jedoch bald nach seiner Einführung während der Herrschaft Elizabeths I. von England zu süchtigen Anhängern des Tabaks. Sie verwendeten die Tabakspfeife als magisches Amulett, als »Klystier« und für andere medizinische Zwecke: Sie rauchten, wann immer sie konnten. Die

Heiligkeit, die die Indianer im Tabak empfanden, ging verloren, was einige seiner Liebhaber durchaus bedauerten: Christopher Marlowe schrieb, daß die Heilige Kommunion »viel besser in einer Tabakspfeife verabreicht worden wäre«.[1]

[1] Thomas, 9, 20

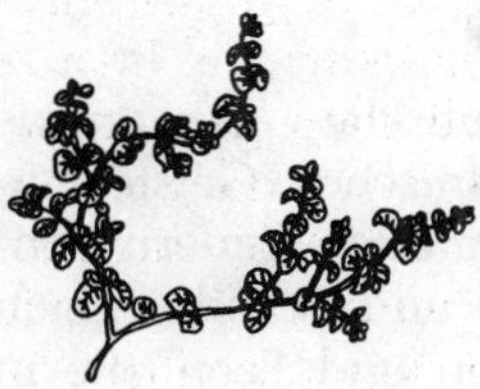

Tausendgüldenkraut

Das Tausendgüldenkraut wurde lange Zeit nicht nur als Tee und aromatisches Gewürz verwendet, sondern auch als spezielles Heilmittel für Störungen der weiblichen Organe wie etwa Menstruationskrämpfe und Gebärmuttertumoren. Das ätherische Öl dieser Pflanze erzeugt Gebärmutterkontraktionen, erzielt aber nicht jene Wirkung, um derentwillen es am häufigsten verwendet wurde: Es verursacht keine Abtreibung. »Das Öl des Tausendgüldenkrauts kann zwar den Abgang des Embryos verursachen, aber nur in tödlichen oder fast tödlichen Dosen.«[1] Weniger als 30 Gramm können schon zum Tod führen.

Trotz dieser potentiellen Giftigkeit war das Tausendgüldenkraut als Verdauungsmittel weitverbreitet und beliebt. Auf einem italienischen Bild wird die Gesundheit des Verdauungstrakts durch eine klassische weibliche Gestalt symbolisiert, die einen Kranz aus Tausendgüldenkraut auf dem Kopf trägt.[2]

[1] Duke, 308
[2] G. Jobes, Bd. 1, 444

Thymian

Der Name des Thymian kommt von dem griechischen Wort für »Brandopfer darbringen«, weil er bei den Griechen als Tempel-Weihrauch verwendet wurde.[1] Heute wird er oft zum Kochen verwendet. Es heißt, daß seine getrockneten Blüten die Wäsche vor Insektenbefall schützen. Thymiantees und -salben sind seit langem als Heilmittel verwendet. Thymol, das ätherische Öl des Thymians, ist antiseptisch, pilztötend und geruchshemmend, aber auch ziemlich giftig.[2]

[1] Leek, 45
[2] Duke, 484

Tollkirsche

Die Tollkirsche (*Atropa belladonna*) gehört zur Familie der Nachtschattengewächse und ist eine berüchtigte Hexenpflanze. Vielleicht hat sie ihren Namen von jener »schönen Dame« (*bella donna*), der Göttin. Jedenfalls enthält sie eine ganze Reihe von hochgiftigen Alkaloiden wie Atropin, Skopolamin und Hyoskyamin. Es ist vorgekommen, daß Kinder gestorben sind, auch wenn sie nur drei von den Beeren gegessen haben, die in unreifem Zustand besonders gefährlich sind. Kleinere Dosen von Belladonna führen im Zentralnervensystem zu Wirkungen wie Delirium, verzerrter Sehweise, Zusammenhanglosigkeit der Gedanken, Gefäßerweiterung, Schwindel und Halluzinationen. Viele Wissenschaftler glauben, daß die »Hexenflüge« am Hexensabbat durch die Einnahme dieser und ähnlicher Drogen als Halluzinationen zustande kamen, während der wirkliche Körper bequem zu Hause lag.

Wacholder

Wacholderbüsche galten als Reich heidnischer Geister. In Waldeck opferten Bauern dem Wacholder und wandten sich an die Elfen und Feen, die in ihm wohnten. Ein schweizerischer Kinderreim rät: »Verratet nicht, was der Wacholderbusch beschützt.« In vielen Sagen wird der Eingang zum Jenseits bei einem Wacholderbusch lokalisiert. In Estland hieß es, daß Jesus aus einem Wacholderbusch zum Himmel aufstieg.[1] Wacholder wurde bei Begräbnissen verbrannt, »um böse Geister fernzuhalten«.[2]

Natürlich konnte die Tatsache, daß die Beeren ein geistiges Getränk der anderen Art, nämlich Gin, liefern, die mystische Symbolik dieser Pflanze nicht schmälern.

[1] Dürr, 245–246
[2] G. Jobes, Bd. 2, 895

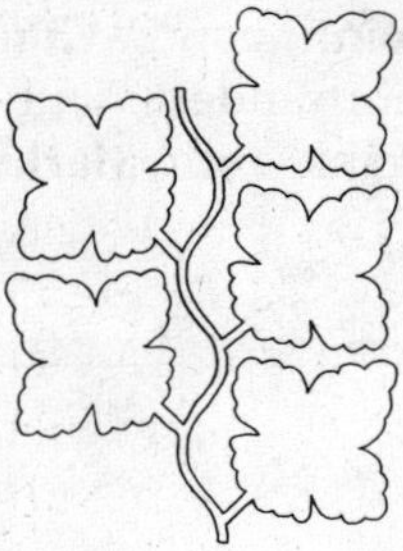

Rankenmuster aus Weinblättern

Wein

Zwar gibt es viele Arten von Weinpflanzen, aber in sakraler Kunst und Symbolik erscheint vor allem der Weinstock, von dem unser Getränk stammt. Der Weinstock war hauptsächlich eine Verkörperung des Dionysos oder Bacchus in seiner Rolle als Opfergott. Seine Opferung wurde mit der Veredelung des Weinstocks verglichen, die für seine alljährliche Wiedergeburt vonnöten war. Eine syrische Form des Dionysos war der »schöne Jüngling« Ampelos, der heiligen Stieren geopfert und dann »in einen Weinstock verwandelt« bzw. zur Traubenernte wiedergeboren wurde.

In Syrien und Babylon war der Weinstock ein heiliger Lebensbaum. Die Autoren des Alten Testaments übernahmen ihn als Emblem der Auserwählten, und die Autoren des Neuen Testaments machten daraus ein Emblem Christi (Johannes 15, 1,5). Wenn der Weinstock in der sakralen Kunst zusammen mit Weizenbündeln dargestellt wurde, so hatte er die Bedeutung von Blut (Wein) und Körper (Brot) des Erlösers: Diese Ikonographie begann schon während des Heidentums und wurde dann sehr bald von den Frühchristen übernommen.

Im druidischen Alphabet steht der Weinstock für den Buchstaben M (*muin*). Dies ist ein Symbol höchster Freude – wahrscheinlich durch sakrale Trunkenheit wie die vom Wein beseelten Rasereien der dionysischen Mänaden.

Wermut

Der lateinische Name des Wermut – *artemisia absinthium* – offenbart, daß er der Göttin Artemis heilig war und »Mutter der Kräuter« hieß, wie Trevisa im 14. Jahrhundert n.Chr. schrieb. Der deutsche Name »Wermut« kam von *wermod* für »Geistmutter«.[1]

Wermut wurde, ausgehend von alten Hexenrezepten, bei der Herstellung von Absinth verwendet, und dieses Getränk wurde im 18. Jahrhundert zur Handelsware. Aber bald erkannte die französische Regierung, daß Absinth zu starker Abhängigkeit führt, daß er Hirnzellen zerstören, Blindheit verursachen kann usw. Während des 19. Jahrhunderts wurde dieses Getränk vom Markt verbannt.

[1] Potter/Sargent, 274–275

19
BÄUME

Akazie
Alchemistischer Baum
Baumalphabet
Birke
Brechnuß
Christbaum
Eberesche
Eibe
Eiche
Erle
Esche
Espe
Fichte
Hain
Haselnußbaum
Holunder
Holz
Lebensbaum
Linde
Lorbeer
Maulbeerbaum
Myrrhe
Palme
Pappel
Pinie
Stechpalme
Tamariske
Ulme
Walnuß
Weide
Weißdorn
Zeder
Zypresse

Bäume wurden immer schon als das schönste Geschenk der Natur für die Menschheit betrachtet. Bäume liefern Nahrung, Heilmittel, Werkzeuge, Baustoffe, Häuser, Boote, Behälter, Wägen, Material für Waffen, selbst einige Arten von Kleidung; im Sommer gewähren sie Schatten, im Winter Wärme und das ganze Jahr über Schönheit. Bäumen mußte man sich immer mit Ehrfurcht und Vorsicht nähern, denn sie waren offensichtlich riesige lebende Wesen, denen von naturnahen Menschen ein bewußter Geist zugeschrieben wurde. Es braucht nicht viel Vorstellungskraft, im Blattwerk der Bäume und vor allem in trübem Licht Tausende von menschenähnlichen oder tierähnlichen Gesichtern und Formen zu entdecken. Unsere Vorfahren waren sicherlich ebenso phantasiebegabt. Wahrscheinlich neigten sie sogar noch mehr als wir dazu, allem, was sie mit ihren Augen sahen, eine menschliche Gestalt zu verleihen.

Und da die Menschen nun eben an den bewußten Geist des Baums glaubten, verehrten sie ihn und waren dankbar, daß er ihnen als Geschenk verliehen war. Sie hofften, daß er nicht erzürnt sein würde, wenn man ihn zum Nutzen der Menschen fällte. Beim Fällen eines lebendigen Baums mußten feierliche Zeremonien eingehalten werden. Noch in historischer Zeit baten die Holzfäller auf dem Palatin jeden Baum, den sie fällten, um Vergebung.[1]

Die Verehrung der Bäume war weitverbreitet, nicht nur bei den Druiden, die dafür ja berühmt sind, sondern auch bei vielen anderen Völkern in der ganzen Welt. Alle Nationen des Nahen Ostens hatten heilige Haine, in denen sie die Phyllomantie praktizierten: Das war die Kunst, aus dem Rauschen der Blätter Weissagungen zu entnehmen.[2] Bestimmte Bäume wurden zu Orakelgöttern oder -göttinnen, und ihre Stimmen konnten nur durch einen Weisen oder eine Priesterin, die bei ihrem Baum wohnte, gedeutet werden. Selbst in der Bibel gibt es dafür ein Beispiel: Deborah, die einstmals Israel regierte, wohnte unter dem Orakelbaum, der ihren Namen trug (Richter 4,5).

Zusätzlich zur Verehrung wirklicher Bäume stellten sich die Menschen der Antike manchmal den gesamten Kosmos in der Form eines Baums vor: Sie glaubten, daß die Bäume der Erde ein überaus interessanter Schlüssel zum größten aller Mysterien sind ... und dadurch wurde ihre unendliche Vielfalt um so wundersamer.

[1] Dürr, 344
[2] d'Alviella, 159

Akazie

Der Bibel zufolge war der Altar des hebräischen Zeremonialzeltes und die Bundeslade aus Akazienholz gezimmert – dem »Schiddim-Holz«. Aufgrund dieser biblischen Tradition wurde Akazienholz oftmals in Einweihungsritualen geheimer Bruderschaften, wie etwa der Freimaurer, verwendet. Angeblich symbolisierte es Reinheit.

Diese Tradition war jedoch älter als die Bibel. Die nomadischen Stämme der arabischen Wüste verehrten diesen Baum seit Jahrtausenden. Es wurde behauptet, daß jeder Mensch, der einen Zweig von einer lebenden Akazie brach, innerhalb desselben Jahres sterben würde. Die Akazie wurde als Mutterbaum betrachtet; ihr Harz symbolisierte Menstruationsblut. In Ägypten galt die Akazie als Wohnort der Göttin Neith. Es hieß, daß ihre Dornen das Böse vertreiben konnten, und vielleicht bestanden die Dornenkronen, die von Sakralkönigen zur Zeit ihres Opfertodes getragen wurden, aus Akazienholz.[1]

[1] G. Jobes, Bd. 1, 21

Alchemistischer Baum, aus einer Schweizer Handschrift aus dem 16. Jh.

Alchemistischer Baum

Dieses geheimnisvolle baumartige Symbol erscheint in einer ganzen Reihe von alchemistischen Texten, und zwar immer als gekrönte nackte Frau, aus deren Kopf fruchtbeladene Äste sprießen, auf denen auch ein Phönix sitzt. Über ihrer rechten Schulter ist die Sonne abgebildet, über ihrer linken Schulter der Mond, in den Händen hält sie Gegenstände, die sowohl Wurzeln wie auch Stäbe der Macht sein könnten. Ebenso wie die Tarotkarte »Die Welt«, die auch als nackte Frau mit Stäben in den Händen dargestellt wird, scheint dieses Bild eine späte Version des ursprünglichen Mutterbaums gewesen zu sein, der auch Lebensbaum genannt wurde. Man glaubte, daß der Alchemist durch bestimmte Einwirkungen auf die Elemente das Wesen des Weltenbaums verstehen könne. Damit hatte er fast schon das Geheimnis der Frau verstanden, das ihm Zugang zum kosmischen Bewußtsein und den Geheimnissen der Schöpfung gewähren konnte.

In der chinesischen Alchemie war der Götterbaum der Baum des Lebens, der Baum des Himmels oder der Paradiesbaum. Der anmutige *Eilanthus* oder »Götterbaum« wurde für seine Zähigkeit verehrt, mit der er fast überall gedieh, selbst unter den ungünstigsten Bedingungen. Dieser heilige Baum ist auch zweigeschlechtlich, und die Exemplare, die die fruchtbaren Blüten trugen, sind fraglos die weiblichen. Der geheiligte Götterbaum wurde in die Vereinigten Staaten importiert, und wächst dort nun üppig auf Gehsteigen, Baulücken, Abfallbergen, Brachland, in stickiger Luft – kurzum unter Bedingungen, unter denen kein anderer Baum überleben könnte.[1]

[1] G. Jobes, Bd. 1, 55

Baumalphabet

Wie das Runenalphabet, so wurde auch das Baumalphabet von europäischen Heiden zum Zweck der Weissagung und der Übermittlung geheimer Botschaften verwendet, die allen unverständlich bleiben mußten, die dieses System nicht kannten. Jeder Buchstabe wurde nach einem Baum oder Strauch benannt, und so konnten Botschaften buchstabiert werden, indem man die jeweiligen Blätter in der richtigen Reihenfolge auf einer Schnur oder einem Stab festband. »Bedeutungslose Blätter, die im Alphabet nicht enthalten waren, dienten dann dazu, ein Wort vom nächsten zu trennen. Es wurde vermutet, daß solche Blätter manchmal auch an beliebigen Stellen eingeschoben wurden, um auf diese Weise die Botschaft noch geheimisvoller zu machen. Es wurde behauptet, daß die folgende Version des Baumalphabets ein »echter Rest des Druidentums ist, der mündlich über die Jahrhunderte hinweg übermittelt wurde«:[1]

DIE KONSONANTEN:

B – Bet	*Birke*
L – Luis	*Eberesche*
N – Nion	*Esche*
F – Fearn	*Erle*
S – Saille	*Weide*
H – Uath	*Weißdorn*

D – Duir	*Eiche*
T – Tinne	*Stechpalme*
C – Coll	*Haselnußbaum*
M –Muin	*Weinstock*
G – Gort	*Efeu*
P – Pethboc	*Zwergholunder*
R – Ruis	*Holunder*

DIE VOKALE

A – Ailm	*Silberfichte*
O – Onn	*Stechginster*
U – Ur	*Heidekraut*
E – Eadha	*Weißpappel*
I – Idho	*Eibe*

Die Konsonantenzeichen wurden auch auf den Mondkalender, die heidnischen Festtage sowie die Ackerbauperioden und ihre verschiedenen Schutzgottheiten bezogen. Robert Graves weist darauf hin, daß die Buchstaben des modernen irischen Alphabets ebenfalls nach Bäumen benannt sind.

[1] Graves, The White Goddess, 168

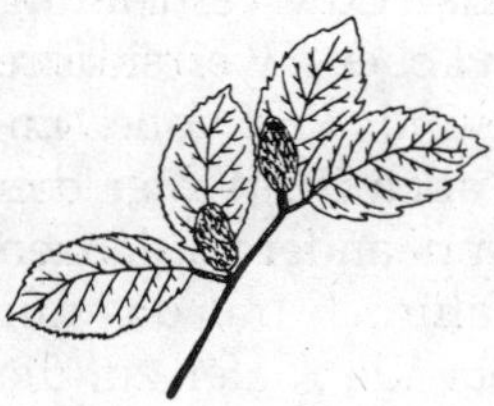

Birke

Der Birke wurde im druidischen Baumalphabet der Buchstabe B oder *beth* zugeordnet, er ist auch der erste Buchstabe des Alphabets. Das heilige *beth* der Cerridwen symbolisierte Anfänge und Geburten in gleicher Weise wie das entsprechende *alpha* des griechischen Alphabets. Die Weiße der Birkenrinde erinnerte offenbar an ihre Verbindung mit der weißen Göttin, die das Leben spendete, aber in ihrer Greisinnengestalt als leichenfressende weiße Sau auch den Tod brachte. Auch das Wort Birke oder *beorc* entsprach dem Runenbuchstaben B.

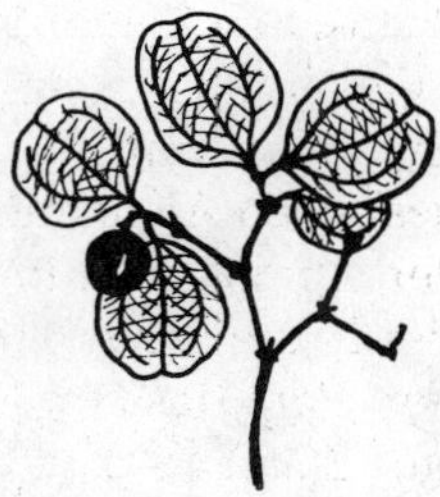

Brechnuß

Die Brechnuß oder *nux vomica* stammt von einem asiatischen Baum, der denselben Namen trägt. Dieser Baum – *Strychnos Nux Vomica* – ist die Quelle, aus der Brukin und Strychnin gewonnen werden. Diese Substanzen sind zwar äußerst giftig, werden aber für medizinische Zwecke verwendet. Die Brechnuß ist seit Jahrhunderten ein Volksheilmittel, obwohl die Grenzlinie zwischen einer nützlichen und lebensbedrohenden Dosierung sehr schmal ist.[1]

Es heißt, daß die Brechnuß einen Abgang oder eine Abtreibung verursachen kann, wenn sie in die Vagina eingeführt wird. Sie wurde auch schon als »Nervenstärkungsmittel« verwendet. Da die Dosierung in unbehandelten Pflanzenprodukten immer sehr problematisch ist, sollte man derartig gefährliche Substanzen meiden. Der aktivste Bestandteil, das Strychnin, tötet durch tetanusartige Krämpfe, die die Atmung lähmen.

[1] Duke, 462

Christbaum

Der Christbaum ist noch immer eines der beliebtesten Symbole der westlichen Welt; aber in der jüdisch-christlichen Tradition hatte er keine Bedeutung, vielmehr stammt er fast vollständig aus heidnischer Baumverehrung. In Mitteleuropa hat sich dieser Brauch jahrhundertelang erhalten, in den englischsprechenden Ländern dagegen war er unbekannt und wurde erst von Prinz Albert, dem deutschen Bräutigam der Königin Victoria, nach England gebracht. Der deutsche Christbaum läßt sich auf die Jul-Feiern zurückführen, ebenso wie die Kerzen, die Geschenke und das Opfer-Schwein mit dem Apfel im Maul. Dieser Brauch enthielt jedoch auch heidnische Elemente aus Südeuropa. Priester des Attis – die *dendrophori* oder »Baumträger« – wählten alljährlich eine Pinie aus dem heiligen Hain (*pinea silva*), um das Abbild des Gottes in seinen römischen Tempel zu tragen. Den Dendrophoren oblag es, diesen Baum aufzustellen und zu schmücken, auf dem der Gott dann als Opfer dargebracht wurde.[1] Davon leitet sich wahrscheinlich der Brauch ab, daß man kleine Lebkuchenmänner an den Christbaum hängt.

Wie alle immergrünen Bäume – man denke auch an den Stechapfel und den Efeu – symbolisierte die Kiefer die Verheißung des ewigen Lebens, weil sie ihre lebendige und kraftvolle Erscheinung auch im Winter beibehält, wenn andere Pflanzen sterben. Natürlich traf das nur auf eine lebende Kiefer zu, die im Wald an ihrem Platz mit Kerzen, Äpfeln und Sternchen usw. geschmückt wurde.

[1] Vermaseren, 115

Eberesche

Im druidischen Alphabet wurde der Eberesche der zweite Buchstabe, das L für *luis*, zugeordnet. Der Baum symbolisierte Magie und war der Göttin Brigit geweiht. Man glaubte, daß er böse Zaubersprüche brechen könne. Die Menschen des Mittelalters glaubten, daß der zugespitzte Stecken, der durch das Herz eines Vampirs getrieben wurde, aus dem Holz der Eberesche gefertigt werden solle.[1]

In irischen Sagen trug »die Eberesche im Norden« die Früchte der Unsterblichkeit. Der Baum wurde durch einen Riesen von den Fomoren mit einem feurigen Auge in der Mitte der Stirn bewacht.[2] Vielleicht war er auch mit dem Zyklopen aus der homerischen Odyssee identisch, dessen einziges Auge durch einen zugespitzten glühenden Stab geblendet wurde.

[1] Emboden, 94
[2] G. Jobes, Bd. 2, 1411

Eibe

Die Eibe ist der traditionelle Friedhofsbaum, weil die Priester der alten keltischen Religion ihn als Symbol der Unsterblichkeit betrachteten und in ihren heiligen Hainen anpflanzten. Später wurden dort christliche Friedhöfe angelegt.[1] Auf diese Weise hat sich die Tod-und-Auferstehungs-Symbolik der Eibe verewigt. Die Druiden verwendeten auch Eibenstäbe, um die Zukunft vorherzusagen. Es gab einen Priesterstamm, der *Eburovices* hieß, zu deutsch »Eiben-Leute«.[2] »Eibental« war der Wohnort von Odin als Todesgott in seinem winterlichen Aspekt als Ullr.[3] Das Runensymbol für *eoh* bedeutete »Eibe«, ebenso wie der Buchstabe I für *idho* im druidischen Alphabet.

Die Eibe symbolisierte auch die Jagd, da das Eibenholz als der beste Werkstoff für die Herstellung von Bögen galt. Plutarch und Dioskurides behaupteten, daß das Schlafen im Schatten eines Eibenbaums tödlich sein könne; vielleicht liegt der Grund für diese Warnung darin, daß die Eiben bei warmem Wetter alkaloide Taxine abgeben, die zu Halluzinationen führen können.[4] Die Nadeln und Beeren von Eiben sind giftig.

[1] Whittick, 352
[2] Markale, 92, 143
[3] Dürr, 220
[4] Ibid, 30

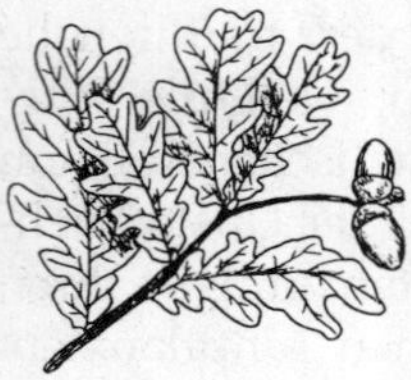

Eiche

Nur wenige Bäume haben sich so allgemeiner Verehrung erfreut wie die Eiche. Sie gehört als klassischer Bestandteil zum Hain oder *nemeton* der Diana wie auch zum Palast des Himmelsgottes, der Donner und Blitz beherrschte. Sie war die Gottheit der Druiden und der Dryaden, wurde im druidischen Baumalphabet mit dem Buchstaben D für *duir* assoziiert und stellte Macht und Kraft dar. Irische Kirchen nannte man *dairthech* oder »Eichenhaus«, was ein alter druidischer Name für den heiligen Hain war.[1]

In dem biblischen Mutterheiligtum Mamre in Hebron stand innerhalb eines weiblichen symbolischen Hains auch eine heilige Eiche. Die Autoren des Alten Testaments gaben vor, daß dies die Heimat Abrahams sei, obwohl es noch im 4. Jahrhundert v. Chr. eine heidnische Ortschaft war, die sich der Verehrung von »Götzenbildern« hingab.[2] Auch in England wurde die berühmte *Herne's Oak* verehrt.

Die Eiche symbolisierte Diana und die Abfolge ihrer Geliebten, der Waldkönige, und zwar nicht nur in der griechisch-römischen Tradition, sondern noch weit bis in die Zeit des Christentums hinein. Jeder römische Soldat, der das Leben eines Bürgers rettete, wurde mit der äußerst begehrten Krone belohnt, die aus Eichenblättern und Eicheln geflochten wurde.[3]

Da fast alle glaubten, daß die Eichen, die den Blitz anziehen, Wohnorte des Blitzgottes seien, schrieb man der Eiche im mittelalterlichen Europa einen magischen Einfluß auf das Wetter zu. In Zauberbüchern heißt es, daß man Gewitter aufziehen lassen könne, indem man den Kopf eines Chamäleons mit Eichenholz verbrenne.[4]

Abgesehen von den vielen praktischen Verwendungen des harten und kräftigen Eichenholzes, enthält die Rinde zehn bis zwanzig Prozent Tannin, das lange Zeit beim Gerben von Leder verwendet wurde.

[1] de Paor/de Paor, 60
[2] Frazer, Folk-Lore of the Old Testament, 335
[3] Whittick, 226
[4] Agrippa, 137

Erle

Dieser Baum ist mit verschiedenen heidnischen Göttern assoziiert und wurde im druidischen Baumalphabet durch den Buchstaben F (*fearn*) dargestellt. In den Legenden des Mittelalters tauchte er als Baum des Erlkönigs auf: In anderen Fassungen war er dem Gott Bran, dem Bruder der Bramwen, heilig, die den Kessel der Wiedergeburt bewachte. Insofern stand dieser Baum also für die Vorstellung der Auferstehung. In dieser Bedeutung taucht er auch in der Odyssee auf. Der Beginn des keltischen Sonnenjahres wurde durch die Erle gekennzeichnet.[1] In den Gegenden der keltischen Druiden gab es einen Stamm namens *Arverni* oder »Erlen-Leute«.[2]

Das römische Wort für »Erle« lautete *vernostonus*. Die Erle war mit dem römisch-keltischen Gott Cocidus verwandt, einer Form des Silvanus, der im Dionysosmythos der Prinz der Satyrn ist: ein älterer Weingott, ein wilder Mann aus den Wäldern und ein berüchtigter Orgiast.[3]

[1] G. Jobes, Bd. 1, 66
[2] Markale, 92
[3] Green, 112

Esche

Yggdrasil, die Weltenesche des norwegischen Mythos, hatte drei riesige Wurzeln. Die eine Wurzel erstreckte sich bis zu der unterirdischen Quelle Urd (Erde), wo die Nornen in ihrer Höhle leben und ohne Unterlaß das Schicksal von Menschen entscheiden. Urd lautete der Name der ältesten Norne. Die Nornen waren die nördliche Version der Fortunae oder Moirai, die bei den Griechen auch Meliai oder »Eschen-Nymphen« hießen.

Die zweite Wurzel der Weltesche erstreckte sich zu der Quelle des Mimir im Land der Eis-Riesen. Diese Quelle war der Ursprung aller Weisheit. Odin opferte eines seiner Augen, um aus ihren Wassern der Erleuchtung zu trinken. In Cornwall nannte man Odin den Wanderer oder den Troll von Tolcarne, und man konnte ihn herbeirufen, indem man die Blätter der Esche, einer Eiche und eines Stechapfels in der Hand hielt und dabei einen geheimen Satz aussprach, der nur von Frau zu Mann oder von Mann zu Frau übermittelt werden konnte. Dies verweist auf den »Hexenkreis«, in dem sich die Geschlechter abwechseln.[1]

Die dritte Wurzel der Weltenesche ging nach Niflheim, der Unterwelt, die durch die Göttin Hel regiert wurde.[2] Um diese Unterwelt zu betreten und ihre weiblichen Geheimnisse zu erlernen, wie etwa die Magie der Runen, hing Odin neun Nächte lang als Opfer für seine alte Göttlichkeit an der Esche. Im druidischen Baumalphabet wurde ihr der Buchstabe M oder *muin* für »Wissen« zugeordnet. Die Wurzeln der Weltenesche Yggdrasil erzeugten eine magische Flüssigkeit, die Aurr hieß, niemals genau definiert wurde, aber höchstwahrscheinlich genau jenes lebenspendende weibliche Mondblut war, das im geheimen die Wurzel aller Mythen über ein universelles Elixier ist. Die Esche war auch die universelle Mutter, die Quelle der ungeborenen Seelen, wie etwa der Lebensbaum, der in fast allen asiatischen Mythen auftaucht.[3] In einer Geschichte heißt es, daß der erste Mensch – Askr – aus der Esche geschaffen war: von daher sein Name. Der lateinische Name des Baumes lautete *fraxinus* oder »Feuerlicht«. Damit kann durchaus das Licht des Wissens gemeint gewesen sein, aber konkret gab die Esche auch das traditionelle Holz für das Jul-Feuer.[4]

[1] Evans-Wentz, 176
[2] d'Alviella, 167
[3] Davidson, Gods and Myths of the Viking Age, 195
[4] Williamson, 88–89

Espe

Der Espe wurde der Buchstabe E oder *eadha* im druidischen Baumalphabet zugeordnet. Espenholz ist leicht, aber fest, was in den Zeiten des Mittelalters für die Herstellung von Pfeilen sehr erwünscht war. Espen wurden auch häufig für Phyllomantie (Weissagung aufgrund von Blätterrauschen) verwendet, weil ihre Blätter ständig zittern und ihre Reibung sanfte Laute erzeugt.

der geopferte Satyr Marsyas an ihm hing, wurden vergessen.

[1] Graves, The Greek Myths, Bd. 1, 103

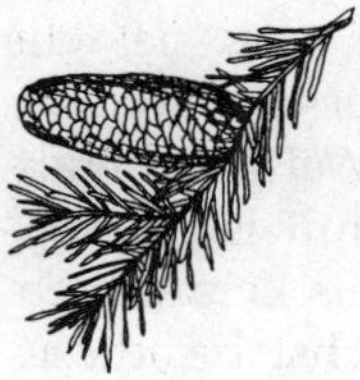

Fichte

Im druidischen Alphabet wurde der Silberfichte der Buchstabe A oder *ailm* zugeordnet, vielleicht deswegen, weil sie als Jul-Baum verwendet wurde und deshalb die Wiedergeburt der Sonne darstellte. Ganz allgemein waren immergrüne Bäume mächtige Symbole des fortwährenden Lebens oder der Unsterblichkeit, weil sie während des Winters, wenn alles andere starb, ihre Lebenskraft behielten. Fichtenzweige sind noch immer ein beliebter Schmuck während der Weihnachtszeit. Die Griechen hatten eine Fichtengöttin, die mit dem Waldkult des Pan in Verbindung stand. Ihr Name lautete Pitys. Ihr zu Ehren trugen die Satyrn Fichtenzweige. Hellenische Autoren degradierten sie später zu einer bloßen Nymphe, die die übliche mythische Verwandlung erfuhr, die jeder früheren Baumgöttin zuteil wurde: Sie wurde in »ihren« Baum verwandelt, um irgendeinen Gott daran zu hindern, sie zu vergewaltigen.[1] Die älteren Mythen und Bilder, die den Gott darstellten, der entweder am Fuß des Baums starb oder wie

Hain

Im ganzen Römischen Reich war der heilige Hain (lateinisch *nemus*) das typische Heiligtum der großen Göttin Diana: von daher ihr Beiname als Diana der Nemi, Nemesis, Nemethona und Nemorensis. In Irland hießen ihre Eichenhaine *nemed*.[1] Ihre Gefährten unter den keltischen Göttern hießen bei den Römern Silvanus oder Rigonemetis (»König des Haines«).[2] Noch im 5. Jahrhundert n.Chr. wurde sie in ganz Europa in heiligen Hainen verehrt: Damals beklagte ein christlicher Autor, daß die ganze Bevölkerung einen abgeschnittenen Zweig verehrte und ein Stück Holz Diana nannte.[3] Ein Jahrhundert später behauptete ein christlicher Autor, daß alle Wälder von weiblichen Teufeln namens Diana bewohnt würden.[4]

Im Nahen Osten hieß die Göttin des Haines Ascherah, und »auf jedem hohen Berg und unter jedem grünen Baum« wurden Zeremonien zu ihrer Verehrung abgehalten (1. Könige 14,23). Ascherah galt auch als Mutter oder Schöpferin aller Götter einschließlich des himmlischen Vaters El, dessen Name in den Bibeltexten als Synonym für »Gott« verwendet wurde.[5] Manchmal wollte El sogar ihr Gemahl sein. Im heiligen Hain der Ascherah in Jerusalem wurden Apion zufolge Opferfeste abgehalten. Ziegen, Schafe und andere Tiere wurden getötet und verspeist, und ihre Überreste wurden in einer besonderen Grube begraben, die *mundus* hieß und ein Symbol des Schoßes für ihre Wiedergeburt war.[6]

[1] Joyce, Bd. 1, 360
[2] Green, 112
[3] Graves, The White Goddess, 273–274
[4] J.H. Smith, 240
[5] Larousse, 74, 76
[6] Barett, 203

Haselnußbaum

Der Haselstrauch liefert die einstmals sehr hochgeschätzten Haselnüsse, ist also wichtig für die Ernährung. Außerdem war er den Hexen sowie dem keltischen Seegott Manannan heilig. Er wurde als Symbol weiblicher Weisheit betrachtet. Die Barden erzählten gewöhnlich, daß ihr Wissen über Reime, epische Geschichten, Geheimnisse der Magie und poetische Inspiration darauf beruhten, daß sie »die heiligen Haselnüsse« aßen, die vom Baum der Weisheit herabfielen – und damit ist symbolisch die Göttin als Lehrerin gemeint. Der Buchstabe dieses Baumes war das C (*coll*). Sein Holz wurde auch als »Hexenhasel« bezeichnet, da es für die Wünschelruten der Hexen bevorzugt wurde.[1] Man glaubte, daß solche Ruten vergrabene Schätze wie auch unterirdische Mineralien und Wasseradern lokalisieren konnten. In Norwegen war der Haselstrauch dem Gott Thor geweiht. Aus seiner Verbindung mit den Gottheiten des Meeres entstand der folgende Brauch: Europäische Schiffskapitäne trugen »Wunschkappen«, die aus Haselzweigen geflochten waren, und das sollte sie befähigen, ihr Schiff auch beim heftigsten Sturm auf dem Meer sicher zu steuern.[2]

[1] Trachtenberg, 225
[2] G. Jobes, Bd. 1, 735

Holunder

Im druidischen Alphabet wurde dem Holunder der Buchstabe R oder *ruis* zugeordnet; er war der Holundergöttin oder der Göttin Hel, der Königin der Unterwelt, geweiht. Natürlich erwarb der Holunder auch einen Ruf als Hexenbaum. Die Geister von heidnischen Toten, die einst Helleder hießen, waren, wie man glaubte, im Holunderholz gefangen. Wenn irgend jemand einen Holunderbaum fällte, um daraus Möbel zu fertigen, verwandelten sie sich in rächende Dämonen, die den Unvorsichtigen verfolgten und heimsuchten. Wenn jemend unter einem Holunderbaum einschlief, so hatte er Visionen von der Unterwelt der Göttin Hel, die die Christen zur Hölle machten.[1] Aus Holunderholz waren auch die Besen für die Hexenreise gefertigt.

Und dennoch wurde die heilende Magie des Hel-Baums nicht voll und ganz vergessen. Im Mittelalter glaubte man, daß ein Kranz aus Holunderblättern, den man über die Schultern trug, jeden Schmerz im Hals heilen könne.[2]

[1] Emboden, 71
[2] Trachtenberg, 207

Holz

Die Illustration zeigt das alchemistische Symbol für das Holz: einen vereinfachten Baum, an dessen Spitze ein Dreiblatt angebracht ist. Sein schwarzer »Stamm« weist eine merkwürdige Ähnlichkeit mit einem Hexenhut auf. Hier sehen wir vielleicht den Verbindungsschritt zwischen der hölzernen »Keule« oder den Stäben der Tarotkarten, die in älteren Ausgaben oftmals als wirkliche Keulen dargestellt werden, und dem modernen Zeichen für »Pique« – einem einfachen Dreiblatt auf einer flachen Basis, das mehr dem Kleeblatt ähnelt als einer Keule. Aber beide Symbole entstanden ursprünglich aus der Idee des Holzes.[1]

Die frühere Heiligkeit des Holzes hat sich in gewisser Weise in dem modernen Brauch erhalten, »auf Holz zu klopfen«, um Unglück abzuwenden. Dies begann als Anrufung eines Baumgeistes und als Dankbarkeitserweis gegenüber dem

Baum, auf den man geklopft hatte. Damit wollte man versichern, daß die Quelle des guten Geschicks nicht vergessen wurde.

[1] Koch, 74

Lebensbaum

In vielen Mythen ist die Rede vom Lebensbaum oder Weltenbaum, der auf irgendeine Weise an der Schöpfung des Universums, am Ursprung der Menschheit und den göttlichen Geschenken der Nahrung und der Techniken der Zivilisation beteiligt war. Die Mayas bezeichneten ihn als »ersten Baum der Welt« oder als »grünen Baum der Fülle« und glaubten, daß er in ihrem eigenen Territorium auf der Halbinsel Yucatan wachse.

Jene Menschen, die die Rituale getreulich einhielten, würden nach dem Tod Eingang in das Paradies finden, das vom ersten Baum überschattet wurde. Man stellte sich diesen Baum in Form eines Kreuzes vor, und der Erlösergott wurde auf ihm als »unser Herr vom Baum« gekreuzigt. Auf seinem Kopf trug er eine Baumkrone, und seine Arme endeten in Zweigen.[1]

Das Martyrium, das ein wesentliches Element in den Mythen der meisten wichtigeren Götter bildet, wurde gewöhnlich mit einem Baum assoziiert. Odin hing an dem Weltenbaum Yggdrasil, um Tod und Auferstehung zu erleben, bevor er seine volle Göttlichkeit erlangen konnte. Dazu war aber ein ursprünglich weibliches Wissen erforderlich. Krishna starb auf einem Baum, Attis starb auf einem Baum. Osiris wurde in seiner Todesphase in einen Baum eingeschlossen. Männer, die den sächsischen Gott verkörperten, wurden der Göttin Andaste geopfert, indem man sie an Bäumen aufhängte.[2] Diese Tradition setzte sich bis zum Christentum fort. In Apostelgeschichte 5,30 und 1. Buch Petrus 2,24 heißt es, daß Jesus an einem Baum und nicht einem Kreuz hing. Andere christliche Instanzen betonten, daß das Kreuz Jesu mit dem biblischen Lebensbaum gleichgesetzt werden solle. Das Kreuz wurde genau an dem Ort aufgestellt und aus dem echten Holz des ursprünglichen Baums gefertigt, das sich genau zu diesem Zweck auf wunderbare Weise erhalten hatte. Die Kirche behauptete mehrere Jahrhunderte lang die buchstäbliche Wahrheit dieser Lehre.[3]

Was bei diesem Weltenbaum oder Lebensbaum oftmals nicht auffällt, ist die Tatsache, daß man ihm weibliches Geschlecht zuordnete und ihn als allnährende und allgewährende Mutter betrachtete. Offensichtlich sollte das Blut, das an ihm in feierlichem Opfer vergossen wurde, die Lebenskraft des Baums aufrechterhalten, von der alles andere Leben abhing. So besaß z.B. der Baum, auf dem Odin sich opferte, verschiedene Namen wie etwa Mjotvidr oder Mjodvidr: Dies bedeutet entweder »Mutterbaum« oder »Honigbaum«. Wie der milchspendende Mutterbaum der Finnen brachte er Leben hervor, und zwar den ersten Mann und die erste Frau des neuen Universums. Außerdem erleichterte seine Frucht auf magische Weise die Geburt, und die Dreifache Göttin wohnte in Form der drei Nornen in seinen Wurzeln. Dieser Baum war »die Quelle ungeborener Seelen«.[4]

In Persien und Indien wurde der Weltenbaum mit fünf Zweigen dargestellt, die die Elemente der Schöpfung trugen: Wasser, Erde, Luft, Feuer und Äther.[5] Schon um 2000 v. Chr. wurde im Industal eine Göttin des Baumes verehrt, und der Baum galt als Quelle aller Mantras und deshalb auch der Schöpfung.[6] Der Baum verlieh der Menschheit das Geschenk der Sprache und auf jedem seiner Blätter stand ein anderer Buchstabe oder ein anderes Mantra. Vielleicht war diese Vorstellung sogar mit dem druidischen Baumalphabet verwandt. Andere Mythen schrieben der Göttin Kali die Erfindung des Sanskrit-Alphabets zu. Daran zeigt sich, daß sie in gewisser Weise mit dem Baum austauschbar war. In Europa glaubten die Menschen des Mittelalters, daß der wunderbare Baum des Lebens an »einem Ort im Orient« weiterexistiert habe, und zwar einem Paradies mit einer »Quelle, die sich in vier Flüsse ergoß«.[7]

Ganz allgemein beinhaltet die Vorstellung des Paradieses bei den Indoeuropäern einen heiligen Baum mit einer Quelle an seiner Wurzel, wie etwa der offensichtlich weibliche Rosenapfelbaum der Insel Jambu, der Feenbaum der keltischen Tradition oder die lebenspendenden Apfelbäume von Avalon, den Hesperiden oder Eden. Es ist möglich, daß der gesamte Paradiesmythos von Eden von einem Bild falsch abgeleitet wurde, auf dem die Göttin als Personifikation des Lebensbaums abgebildet ist, wie sie ihren Apfel dem ersten Menschen überreicht, während ihre Schlange der Weisheit sich um die Äste schlingt. Solche Bilder sind durchaus gebräuchlich. Sagen von Göttinnen oder göttlichen Frauen, die zu Bäumen werden, gibt es in der klassischen Mythologie in Hülle und Fülle. Da gab es Daphne, Myrrha, Dione und die Dryaden (weibliche Baumgeister oder – in anderer Deutung – weibliche Druiden). Der Mutterbaum wurde auch als Feenpatin verkörpert, und zwar in dem deutschen Märchen vom Aschenputtel, das mit einer antikirchlichen Allegorie begann. Der Feenbaum wuchs aus dem Grab von Aschenputtels toter Mutter – der unterdrückten Göttin – hervor. Dieser Baumgeist stattete ihre Tochter – die Menschheit – mit schönen Kleidern und goldenen Äpfeln aus, die ihren beiden habgierigen Stiefschwestern (der Kirche und dem Staat) nicht gegeben wurden.[8] Auf diese Weise wurde der mütterliche, allesspendende Baum zu einem feenhaften Wunschbaum, und zwar vor allem für Frauen, die kaum mehr hatten als ihre Wünsche, um sich in jenen virulent-patriarchalischen Zeiten am Leben zu erhalten. Der Wunschbaum war ein eher heruntergekommener Nachfahre des mächtigen Lebensbaums, der die uralte Göttin symbolisiert hatte. In Babylon war es die Göttin Ischtar, und zwar als kosmischer Feigenbaum, der »Urmutter im Zentrum der Erde« hieß. Ihre Wurzeln reichten bis in den tiefsten Abgrund herab, ihre Zweige erhoben sich zum Himmel, und ihre Früchte glänzten wie Sterne. Der Haggadah zufolge war die Frucht des Lebensbaums im Garten Eden eine Feige, und dies verweist auf eine weitere Verbindung zwischen dem Lebensbaum und Ischtar, aber auch Eva, die den Titel der Göttin als Mutter alles Lebendigen übernahm.[9]

Der Lebensbaum Südostasiens hat sich als Sinnbild des Logos erhalten: Auf jedem Blatt steht ein »Wort des Schicksals« geschrieben. Solche Wörter wurden zu persönlichen Mantras für alle Seelen der Toten, von denen eine jede ein Blatt des Baums erhalten muß, bevor sie sich für ein neues Leben auf Erden wiedergebären lassen kann. Es wurde behauptet, daß das Wort auf dem Blatt den Charakter eines jeden neuen Lebens bestimmt.[10] Dieses Bild vom Baum als dem »Buch des Lebens« zeigt uns vielleicht, weshalb wir noch immer die Seiten eines Buches als »Blätter« bezeichnen.

[1] Dürr, 214–215
[2] Briffault, Bd. 3, 70
[3] Walker, The Woman's Encyclopedia of Myths and Secrets, 189
[4] Davidson, Gods and Myths of the Viking Age, 195
[5] Cirlot, 330
[6] Campbell, The Mythic Image, 266
[7] Baring-Gould, 259

[8] Jung/von Franz, 127
[9] Barnstone, 34
[10] G. Jobes, Bd. 1, 454

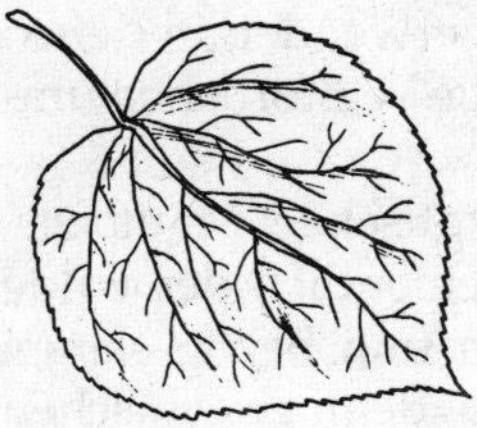

Linde

Aus Lindenblüten kann man einen angenehm schmeckenden Tee brauen, der bereits für zahllose medizinische Zwecke verwendet wurde. Allerdings sind nur ihre entwässernden und schweißtreibenden Wirkungen verifiziert worden. (Die Anregung der Hautatmung kann aber auch durch das Trinken von gewöhnlichem heißen Wasser erreicht werden.)

In der Antike betrachteten skythische Zauberer die Linde als Quelle ihrer prophetischen Visionen. Um von Geistern Aufschlüsse über zukünftige Ereignisse zu erhalten, gingen sie zu einer Linde und wanden ihre Blätter um ihre Finger.[1]

[1] Emboden, 69

Lorbeerkranz

Lorbeer

Der Lorbeer war die Pflanze der Göttlichkeit und der Prophezeiung. Seine Blätter wurden im Tal Tempe von den Priesterinnen der Göttin gekaut, bis ihre Religion durch den Apollokult ersetzt wurde. Dies wurde auch in mythologischer Form dargestellt: Apollo versuchte die delphische Priesterin Daphne zu vergewaltigen, sie aber entkam ihm, indem sie sich in einen Lorbeerbaum verwandelte.[1]

Trotz der hellenischen Machtübernahme wurden die Lorbeerkronen den Siegern der Olympischen Spiele wie auch der Pythischen Spiele in Delphi und anderenorts geschenkt.[2] Die Römer glaubten, daß der Träger einer Lorbeerkrone dem Jupiter als Blitzgott geweiht sei; und von daher stammt die Vorstellung, daß der Lorbeerbaum niemals vom Blitz getroffen werde. Römische Priester verwendeten Lorbeerzweige, um Weihwasser oder Opferblut zu verspritzen, und deshalb war diese Pflanze der Vorläufer des christlichen Weihwasserwedels.[3]

Aufgrund ihrer langen Verbindung mit heidnischen Gottheiten erklärte eine frühchristliche Quelle, daß das Tragen eines Lorbeerkranzes eine Sünde darstelle, durch die ein Mensch in die Hölle gelangen könne.[4] Und dennoch starb dieser Brauch nicht aus. Der Nationaldichter Englands erfreut sich noch immer der Anrede als »Laureatus«, und das bedeutet »mit dem Lorbeer gekrönt«.

[1] Graves, The Greek Myths, Bd. 1, 81
[2] Whittick, 264
[3] Hall, 34
[4] J.H.Smith, 241

Maulbeerbaum mit der Göttin Mut, die das Wasser des Lebens ausgießt

Maulbeerbaum

Der »heilige Maulbeerbaum« von Mataria in Ägypten war das »Heiligtum des Baums« und der Isis-Hathor von Dendera geweiht. Später wurde dieses Heiligtum von Christen übernommen, und die Mutter-und-Kind-Abbildungen in der Nähe des Baums wurden als Maria und ihr Kind Jesu ausgegeben.[1] Aber schon lange vor dem Christentum galt der Mutterbaum der Göttin als Wohnstatt für die Geister der Toten, die in seinen Zweigen saßen. Das Holz des Maulbeerbaums wurde für Mumiensärge verwendet, in denen die Göttin die Verstorbenen umarmte.[2]

Der ägyptische Maulbeerbaum war eigentlich der wilde Feigenbaum und bezog seinen Namen von dem griechischen Wort *skyos* für »Feige«. Abgesehen vom Holz des Feigenbaums wurden getrocknete Feigen in die Gräber früherer Dynastien gelegt – als Schoß-Symbole für die Wiedergeburt der Toten[3] (siehe Feige). Der Feigenbaum wurde im ganzen Komplex der ägyptischen und mesopotamischen Kultur und des Industals während des 3. Jahrtausends v. Chr. als Wohnort der Göttin verehrt.[4] Das könnte der Grund dafür sein, weshalb die »Haggadah« betonte, daß die verbotene Frucht im Garten Eden kein Apfel, sondern eine Feige war.[5] Als der Ur-Baum später mit dem Maulbeerbaum gleichgesetzt wurde, entstand die griechische Sage, daß Zeus und Hera (oder auch Zeus und Europa) als erstes Götterpaar unter diesem Maulbeerbaum lagen. Dieses Ereignis wurde alljährlich in Knossos neu inszeniert.[6]

[1] Budge, Gods of the Egyptians, Bd. 2, 220
[2] Dürr, 212

[3] Emboden, 194
[4] Campbell, The Mythic Image, 266
[5] Barnstone, 34
[6] Dürr, 196

Myrrhe

Die Myrrhe ist ein gummiartiges Holz eines in Arabien beheimateten Baums, der zur Spezies *Commiphora* gehört. Myrrhenharz wurde häufig von den Ägyptern beim Mumifizierungsprozeß verwendet, und darin könnte auch der Grund für die Todessymbolik des Baums liegen. Daß die Heiligen Drei Könige dem Jesuskind Myrrhe schenkten, sollte seinen Tod vorhersagen; auch am Kreuz wurde ihm Myrrhe dargebracht (Markus 15,23). Manche vermuten, daß die Dornenkrone aus den dornigen Zweigen des Myrrhenbaums geflochten wurde. Myrrhe hatte eine wichtige Funktion in den Riten des Adonis, der ebenfalls als »Erlöser« starb und sein Blut der Welt schenkte.

Mehr noch: Sowohl Adonis' wie auch Jesu Mutter wurden mit Myrrhe assoziiert. Die jungfräuliche Mutter des Adonis hieß Myrrha oder »Myrrhenbaum«, und die jungfräuliche Mutter des Jesus wurde von den Frühchristen »Myrrhe des Meeres« genannt.[1] Angesichts der alten Geburt-und-Tod-Symbolik der Mutter, die das Leben gibt und nimmt, wird diese duale Rolle verständlich, ja sogar unausweichlich. Die drei Marien, die bei der Kreuzigung anwesend waren, wurden ebenso wie die heidnischen Todespriesterinnen als *myrrhophores* oder »Myrrhenträgerinnen« bezeichnet.[2]

[1] Walker,The Womans Encyclopedia of Myths and Secrets, 702
[2] Hall, 155

Palme, von einem kretischen Gefäß, ca, 2000 v, Chr.

Palme

Der Palmzweig wurde nicht nur bei religiösen Prozessionen in Jerusalem zur Schau gestellt, sondern auch in römischen Zeremonien für den Erlösergott Osiris, der das ägyptische Vorbild des geopferten und auferstandenen Herrn Jesus war.[1] der Palmzweig symbolisierte die männliche Kraft des Gottes in der Vereinigung mit seiner Mutter-Schwester-Gattin Isis. »Palmzweig« war eine Metapher für seinen Penis, der der Tradition zufolge dann aufrecht stand, wenn er sich als Minu oder Min, der »Stier seiner Mutter«, verkörperte.[2] Im phönizischen Kult des Baal-Beor hatte der Palmbaum eine ähnliche Bedeutung inne: Das phallische Emblem dieses Gottes war ein Palmbaum zwischen zwei großen Steinen.[3] Dieser virile Gott wurde auch im jüdischen Tabernakelzelt verehrt, bis seine Anhänger dann von den Reformpriestern des Jahwe getötet wurden (Numeri 25). Aber der Palmzweig, der ihn symbolisierte, blieb allem Anschein nach erhalten: Er tauchte in den alljährlichen Zeremonien wieder auf, in denen eine Erlösergestalt in Jerusalem feierlich empfangen wurde – wie es im Evangelium beschrieben wird. Ein Schwenken von Palmzweigen tauchte auch bei Prozessionen zu Ehren des Gottes Tammuz in der Vereinigung mit seiner Mutter und Braut Ischtar im Tempel von Jerusalem auf, und zwar zu einer Zeit, zu der sie noch immer die hebräische »Himmelskönigin« war (Ezechiel 8,14; Jeremias 44,17). In Rom wurde der Palmzweig siegreichen Gladiatoren überreicht.

[1] Budge, Gods of the Egyptian, Bd. 2, 217
[2] Book of Dead, 518
[3] Walker, The Woman's Encyclopedia of Myths and Secrets, 86

Pappel

In manchen Traditionen wird die Pappel als Lebensbaum ausgegeben, und zwar wegen ihrer deutlich zweifarbigen Blätter: dunkelgrün auf der zum Himmel gerichteten Seite, blaßgrün auf der zur Erde gerichteten Seite.[1] Von der Pappel wurde wahrscheinlich jene alte Volkssage über einen Baum abgeleitet, der sich beim Nahen eines Gewitters blaß verfärbt. Wenn sich der Wind vor dem eigentlichen Gewitter erhebt und die Blätter trifft, so wendet sich dabei oft die Unterseite nach oben.

[1] Cirlot, 249

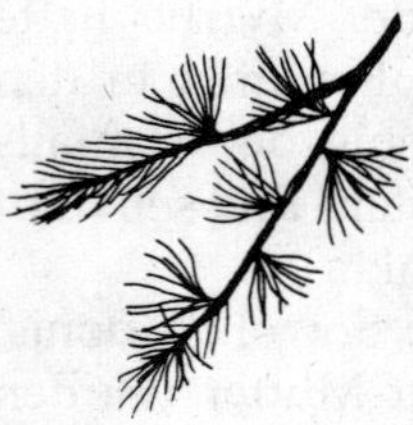

Pinie

Die Pinie war mehreren Erlösergöttern geweiht, darunter dem Attis, dem Dionysos, dem Marsyas und dem Osiris, der in seinem Tempel in Denderah, eingeschlossen in einen Pinienbaum, abgebildet wurde. Pinienzapfen wurden ganz allgemein als männliche Genitalsymbolik verstanden, vor allem wenn sie zusammen mit dem weiblichen Lotus auftraten. Die Assyrer verwendeten die sexuelle Symbolik von Pinienzapfen und Lotus, indem sie sie auf Ornamentfriesen abwechselnd darstellten (in ähnlicher Weise wie das klassische Ei-und-Pfeil-Fries).[1]

Pinienzapfen traten auch auf dem Thyros-Stab des Dionysos, auf Pfeilern (siehe Perron), auf Urnen, Gräbern und selbst auf den Türmen von Kathedralen der Renaissance in Erscheinung. Als immergrüne Pflanze war die Pinie ein natürliches Symbol der Unsterblichkeit.

[1] Whittick, 296

Stechpalme

Im druidischen Alphabet hieß die Stechpalme *tinne* und wurde dem T in Form eines Tau-Kreuzes zugeordnet. Das ist vielleicht der Grund, weshalb die Stechpalme Heldentum verkörperte und dem Helden Cu Chulainn geweiht war. Bei den teutonischen Stämmen gehörte der Stechapfel zu der unterirdischen Göttin Holle (Hel), deren Name auch mit Halja, Hilde, Hulda, Holde, Helle, Holl und Hella wiedergegeben wurde. Die roten Beeren des Stechapfels wurden als Tropfen ihres lebenspendenden Blutes betrachtet, in dem das Geheimnis der Unsterblichkeit bzw. der immergrünen Blätter gesehen wurde.

Als universelle Mutter war Frau Holle die Patronin aller neugeborenen Kinder. Ihr oblag es, ihnen Namen zu verleihen – und das bedeutete auf symbolischer Ebene soviel, wie dem Kind seine Seele zu geben. In Deutschland überlebte diese Vorstellung in der Taufformel des »Hollekreisch«. Bei der Taufversammlung mußten die Teilnehmer laut schreien »Hollekreisch! Hollekreisch! Wie soll der Name dieses Kindes sein?«, und dann kam die Antwort: »Holle! Holle! Der Name dieses Kindes soll sein…«, und dann wurde der Name genannt.[1]

Plinius zufolge können Stechapfelbäume im Hof eines Hauses alle bösen Flüche fernhalten. In einem englischen Kräuterbuch aus dem Jahr 1640 steht dasselbe, allerdings mit dem frommen Zusatz, daß dies »ein Aberglauben« sei. Ein weiterer bemerkenswerter heidnischer Rest war der mittelalterliche Stechapfelkönig oder Stechapfelritter, der auch grüner Ritter oder wilder Mann hieß und bei Wintersonnwendfesten in Verkleidung eines alten Opfergottes erschien.[2]

[1] Trachtenberg, 42
[2] Williamson, 62–63

Tamariske

Den ägyptischen Anhängern des Osiris-Kults war der Tamariskenbaum besonders heilig. Der Mythos besagte, daß der Körper des Osiris, in seinem Sarkophag eingeschlossen, auf dem Nil bis zum Mittelmeer getragen wurde, daß er dann in Byblos ans Land gespült wurde und schließlich in einem wachsenden Tamariskenbaum verblieb, der ihn mit seinen Zweigen umschloß. Der König Melkart, der offizielle Gefährte der Göttin Astarte, fertigte aus dem Stamm dieses Tamariskenbaums einen Pfeiler, um damit das Dach seiner Halle zu stützen. Schließlich hörte Isis davon, und deshalb reiste sie nach Byblos, um dort den Körper des Osiris aus seinem heiligen Grab aus Tamariskenholz zu bergen und den Gott zum Leben zu erwecken.

Ulme

Von der Ulme leitet sich der Name der deutschen Stadt Ulm ab. Historiker des Mittelalters behaupteten, daß diese Stadt von Göttin-verehrenden Amazonen gegründet wurde, die sie viele Jahrhunderte lang regierten und ihre Große Mutter in Hainen aus heiligen Ulmen (lateinisch *ulmae*) verehrten.[1] Die teutonischen Stämme Norddeutschlands glaubten, daß die Ulme die weiblichen Urkräfte darstellte. Aus ihr sei die erste Frau der Welt entstanden.[2] Ihr Name war Embla. Ihr männlicher Begleiter entsprang der Esche. Es gibt noch weitere mythologische Hinweise darauf, daß das erste Paar im Urgarten in Wirklichkeit dem Lebensbaum entstammte, der die gebärende Göttin darstellte – ganz im Gegensatz zu der uns vertrauten Bibelmythologie, in der ein patriarchaler Gott verbietet, sich diesem Baum auch nur irgendwie zu nähern.

[1] Borchardt, 104
[2] Williamson, 89

Walnuß

Walnußbäume waren immer sehr wichtig für die heidnische Göttin, denn im Mittelalter gab es viele Sagen über Walnußbäume, in denen Teufel wohnten, und zwar vor allem Teufelinnen, die vorübergehenden Menschen Obszönitäten zuflüsterten.

Die Kirche Santa Maria del Popolo in Rom wurde an einem Ort erbaut, wo zuvor ein berüchtigter Walnußbaum stand, der allen, die dem Rascheln seiner Blätter zuhörten, unanständige Angebote machte. Der Legende zufolge ließ der heilige Barbatus den Baum niederschlagen, den Boden durch einen Exorzismus reinigen und für den Bau der Kirche neu weihen.

Eine andere Nachfahrin der heidnischen Göttin, die apokryphe heilige Agatha, soll in einer Walnußschale über das Mittelmeer gesegelt sein.[1] Walnüsse gehören zu den zahlreichen Baumfrüchten, die mit den weiblichen Genitalien assoziiert werden.

[1] Emboden, 67

Weide

Die mittelalterlichen Kirchenmänner behaupteten, daß Hexen oder »Töchter des Satans« zum Weidenbaum gingen, um Gott abzuschwören, daß die Weide Schlangen zeugt und daß Weiden Teufelsbäume sind, die von Flüssen gepflanzt werden, um Männer in ein wäßriges Grab zu locken. Die legendäre Hexe Kundry lachte über Christus, sagen sie, fand aber Zuflucht in einem Weidenhain.[1] All diese entwertenden Bemerkungen über Weiden lassen sich auf ihre immer wiederkehrende Verbindung mit alten Göttin-Gestalten zurückführen. Weidenstäbe wurden von hermaphroditischen skythischen Priestern zur Weissagung verwendet. Diese Priester hießen Ennares, und zwar nach dem Namen der Göttin Inara, wie sie in verschiedenen indoeuropäischen und hethitischen Idiomen genannt wird.[2] Bei den Griechen hieß sie Helix (»Weide«). Helix war eine Jungfrauengestalt der Hekate, die den Berg Helikon, den Wohnort der Musen, bewachte. Ihr Weidenstab war ein kosmisches Symbol, das mit den Sternen in Verbindung stand. Die zirkumpolare Konstellation der Großen Bärin war manchmal auch Helix' Achse.[3]

Diese Konstellation galt auch als Artemis, und einer ihrer Namen lautete Lygodesma oder »mit Weiden Gebundene«, weil ihre Arme mit Weidenzweigen umbunden waren.[4] Ein Kräuterbuch aus dem 17. Jahrhundert betonte noch immer, »daß die Weide dem Mond gehört«.[5]

In der keltischen Tradition war die Weide der Göttin Arianrhod geweiht, und im Baumalphabet wurde ihr der Buchstabe S für *saille* zugeordnet. Aus der Weidenrinde stammt eines der ältesten Schmerzmittel der Welt, die Salicylsäure, die noch heute in aller Welt in Form von Aspirin verwendet wird – und dies nur wegen der Hexen, die niemals ihr von der Göttin inspiriertes Heilmittel vergaßen.

Auch in Jerusalem waren die Weiden heilig, das »Fest des Weidenzweiges« dauerte sechs Tage und wurde alljährlich mit Weidenkätzchen gefeiert, die von einem heiligen Ort namens Motza herbeigebracht wurden. Die Weiden wurden im zentralen Tempel um den Altar aufgerichtet.[6]

Die weinende Weide, die gerne an Flußufern wächst, wurde zum Symbol der Trauer, schon wegen der biblischen Anspielungen auf das babylonische Exil, wo Weiden offenbar sehr zahlreich vorhanden waren. »An den Strömen von Babel, da saßen wir und weinten, wenn wir an Zion dachten. Wir hängten unsere Harfen an die Weiden in jenem Land.« (Psalm 137, 1–2)

In England, wo keine Palmenbäume verfügbar waren, wurden traditionellerweise Weidenzweige als Ersatz für die Palmenzweige am Palmsonntag verwendet: nicht nur, weil sie die ersten Zweige waren, die ihre Blätter im Frühling entfalten, sondern auch weil sie von der heidnischen Bevölkerung der britischen Inseln verehrt wurden und weil die Landbevölkerung sie noch immer liebte.[7]

[1] Emboden, 68
[2] Markale, 143
[3] Lindsay, 251
[4] Dürr, 12
[5] Pepper/Wilcock, 57
[6] Barett, 157
[7] Scot, 574

Weißdorn

Der Weißdorn wurde auch Maibaum genannt und stellte die weiße Göttin Maja dar, die sowohl als Mutter des Hermes wie auch des Buddha galt – beide Gestalten symbolisierten den erleuchteten Menschen. Sie war die Göttin der Liebe und des Todes, sowohl die immer jugendliche Jungfrau, die den Gott gebar, wie auch die Großmutter, die ihn zum Ende seines Aufenthalts auf Erden brachte. Deshalb wurde ihr Baum sowohl mit weiblicher Sexualität wie auch mit zerstörerischen Zaubersprüchen assoziiert. Bei der englischen Landbevölkerung galt es mancherorts als Vorbote von großem Unglück, wenn man in einem Haus schlief, in dem auch der Weißdorn blühte. Und dennoch wurden jedes Jahr zum Ersten Mai Weißdornblüten gesammelt und in einem Kranz um den Maibaum gelegt. Auf die immer wiederkehrende Art von Lingam und Yoni diente dieser Kranz als weibliches Symbol, das den phallischen Stab umrundete. Das Sammeln der Weißdornblüten zu diesem Zweck hieß im Englischen *going-a-Maying* oder »In den Mai gehen«.[1] In der keltischen Tradition war der Baum der Göttin Olwen geweiht. Im druidischen Alphabet wurde er mit dem Buchstaben H für *uath* assoziiert und symbolisierte die Fruchtbarkeit.

Als todbringende Greisengestalt stand die Göttin in der Sage von Cu Chulainn mit dem Weißdorn in Verbindung. Nachdem sie in ihrer aasfressenden Krähen-Gestalt den Todesfluch über den Helden verhängt hatte, ließ sie sich in einem Weißdorngebüsch auf der Ebene von Muirthemne nieder. Deshalb heißt dieser Ort »Der Weißdorn der Krähe«.[2]

[1] Williamson, 128–129
[2] Markale, 113

Zeder

Die Hochschätzung, mit der die Bibelschreiber die Zeder des Libanon behandeln, machte sie weltberühmt. Ein großer Teil des Holzes von Salomons symbolischem (und wahrscheinlich mythischem) Tempel stammte von diesen sagenhaften Zedern. Die hebräische Verehrung für die Zeder war offensichtlich der Haltung der Assyrer nachempfunden: »Die Zeder ist jener Baum, der reinen Zauber erzeugt und die unfreundlichen Geister wegscheucht.« Die Assyrer glaubten, daß der Zapfen eines Zedernbaums Kranke heilen konnte, daß die geheimen Namen der Götter auf der heiligen Zeder geschrieben seien und daß der Baum selbst, wenn man ihn richtig verstand, »die

Offenbarung der Orakel von Himmel und Erde« war.[1] Wie die Eichenhaine Europas, so betrachte man auch die Zedernhaine als Orakelheiligtümer.

[1] d'Alviella, 150, 158

Zypresse

In den orphischen Beschreibungen des Lebens nach dem Tode sah eine Seele, die gerade in der Unterwelt ankam, als erstes eine weiße Zypresse, die sich über den Fluß Lethe, die Wasser des Vergessens, neigte. Alle Seelen waren sehr durstig und sehnten sich nach dem Wasser. Aber die erleuchtete Seele darf nicht aus dem Fluß Lethe trinken, weil dies die Erinnerung an frühere Leben auslöscht. Die orphischen Eingeweihten, die während ihres Lebens in der richtigen Weise geführt wurden, suchten nach der Quelle Mnemosyne (»Erinnerung«). Da diese Information von dem Erlöser Orpheus stammte, der in den Hades hinabstieg und wiederauferstand, inszenierten die Mänaden alljährlich dieses Ereignis und zeigten, wie ihre Vorfahrinnen den Orpheus geopfert hatten. Im Laufe der Zeit wurde der Erlöser mit dem sterbenden Gott der Maifeiern und der Zypresse selbst gleichgesetzt, die dann auch oftmals für Maibäume verwendet wurden. Im heutigen Epirus führen Schafhirtinnen noch immer die Tradition der Mänaden fort: Sie tanzen um einen im Gras liegenden »Maijungen« und singen »Schau, welch ein Jüngling hier gestorben ist, welch eine junge Zypresse«.[1]

Im Libanon wurde die Göttin selbst »die Zypresse« genannt.[2] Der Sohn der Venus »im Schoß seiner Mutter« wurde in Rom als Kind in den Zweigen einer Zypresse abgebildet, aus der er in ähnlicher Weise hervorspähte, wie der grüne Mann in Nordeuropa. Im romanisierten Gallien war die Zypresse dem Dis, einem Gott des Todes, geweiht.

[1] Dürr, 195
[2] d'Alviella, 142

20
FRÜCHTE UND SPEISEN

Apfel
Aprikose
Bohne
Brot
Feige
Getreide
Granatapfel
Honigwabe
Käse
Kartoffel
Kirsche
Knoblauch
Lauch
Milch
Nelke
Nüsse
Olive
Orange
Petersilie
Pfirsich
Quitte
Rhabarber
Samen
Semmel
Tomate
Traube
Wein
Zwiebel

Das tägliche Überleben eines jeden Geschöpfs hängt davon ab, ob es eine angemessene Nahrungszufuhr findet und aufrechterhalten kann. Es gibt nichts, was Menschen unmittelbarer und dauerhafter beschäftigen könnte. Deshalb überrascht es kaum, daß sich religiöse und magische Symbolfindung – ebenso wie praktische Fertigkeiten – ausgiebig mit der Erhaltung der Nahrungszufuhr befaßt haben. Wenn magische und religiöse Zeremonien ausagierte Wünsche sind, wie Freud behauptete, dann kann man erwarten, daß der Wunsch nach mehr und besserer Nahrung alle anderen Wünsche an Wichtigkeit übersteigt.

In diesem Kontext ist das Ausmaß der Gleichsetzung von Nahrung und dem weiblichen Prinzip besonders bedeutsam. Die Erde als Spenderin aller Nahrungsmittel ist immer die Mutter. Umgekehrt ist auch die Mutter in der elementaren Kindheitserfahrung fast eines jeden menschlichen Wesens, das jemals gelebt hat, die Nahrungsspenderin. Der weibliche Körper erzeugt nicht nur Nachkommenschaft, sondern auch Nahrung, um diese Nachkommenschaft zu füttern. Selbst nach der Stillperiode oblag es weiterhin den Müttern in primitiven Dorfkulturen, durch Arbeit und Planung zu pflanzen und zu verteilen. Die neolithische Matriarchin, die ihre Gärten und ihren Herd verwaltete, lieferte mehr als 80 Prozent der täglichen menschlichen Speisen. Andere Nahrungsmittel stammten aus Mutter-Ersatztieren wie Kühen, Hennen und Milchziegen.

Abgesehen von der Muttersymbolik, ist mit der Nahrung auch eine allgemeinere weibliche Symbolik verbunden. Ebenso wie die noch unreife Frau mit einer Blüte oder einer Knospe verglichen wurde, so wurde die heiratsfähige, reife Frau sinnbildlich als Frucht dargestellt, als ob ihre potentielle Mutterschaft sie zu etwas Eßbarem werden ließ. Runde Früchte sind immer mit weiblichen Brüsten und umgekehrt verglichen worden. Viele Früchte wurden als Vulva oder Schoßsymbole verstanden. Im sexuellen Zusammenhang werden Frauen oftmals als schmackhaft, saftig, süß, appetitanregend, verführerisch und köstlich beschrieben. Selbst heute noch klingen weibliche Spitznamen und umgangssprachliche Anreden nach etwas Eßbarem, vor allem in der englischen Sprache: Davon zeugen Namen wie Candy, Honey oder Sugar. Im Verlauf der gesamten Kunstgeschichte waren idealisierte weibliche Formen meistens fest und rund wie eine vollreife Frucht. Dünne Frauen wurden als häßlich betrachtet. Dies änderte sich erst, als im 20. Jahrhundert die Fotomodelle mit ihrer schlanken, knochigen weiblichen Schönheit aufkamen. Obwohl Fruchtbarkeit nichts mit Fett zu tun hat, gelang es der westlichen Welt irgendwie immer, diesen Begriff mit der Erscheinung einer runden, reifen Frucht zu verbinden.

Es gibt also eine gewisse Verwirrung zwischen der Frau als Nahrungsspenderin und der Frau als Nahrung. Mit der Hereinkunft der patriarchalen Religionen wurde ein neues Element eingeführt: der Gott als Nahrung. Die zahlreichen sterbenden Götter und verschlungenen Erlöser der Vergangenheit wie Osiris, Dionysos, Orpheus, Aleyin und viele andere Geister des Weines und des Brotes haben den symbolischen Kannibalismus der Eucharistie vorgeformt. In verschiedenen Mysterienkulturen der frühchristlichen Zeit wurde das Fleisch und Blut des Gottes als Speise zum Medium der Erlösung. Und so ist es noch heute in verschiedenen Sekten des traditionellen Christentums.

So ist also Nahrung auf diese verschiedenen Arten personifiziert und vergöttlicht worden. Für das menschliche Bewußtsein ist Nahrung mehr als eßbare Speisen. Oft wird sie zu einem Symbol, das eine machtvolle Anziehung ausübt, ganz einfach deshalb, weil Nahrung für Geschöpfe, die täglich essen müssen, um eine optimale Gesundheit und Behaglichkeit aufrechtzuerhalten, immer von Interesse ist. Unsere gutgenährte, wohlhabende Kultur vergißt meistens, wie weh der Hunger tut; aber die Mehrheit der Menschen erfährt diese Art von Schmerz auf die eine oder andere Weise die meiste Zeit ihres Lebens auf Erden. Das allein würde schon reichen, um die allseits verbreitete Wichtigkeit der Nahrungssymbolik zu erklären. Menschen essen noch immer gemeinsam, und dies ist ein Ritual der Gastfreundschaft, weil es ursprünglich ein Mittel zur Herstellung sozialer Beziehungen war. Nahrung zu teilen bedeutet auch, die eigene Körpersubstanz zu teilen, und zwar im buchstäblichen wie im übertragenen Sinn. Nahrung zu teilen erzeugt ein Band. In manchen Mythen gingen Besucher des Jenseits oder des Landes der Toten eine verwandtschaftliche Beziehung zu dieser Welt ein, wenn sie von ihrer Nahrung aßen, und mußten deshalb zu ihr zurückkehren.

Nahrung zu schenken, Nahrung zu empfangen, Nahrung zu pflanzen und zu speichern gehörten immer und noch heute zu den wichtigsten, elementaren Beschäftigungen der Menschen auf der ganzen Welt. Deshalb ist es nur natürlich, daß der Nahrung so umfassende symbolische Bedeutungen zugeordnet werden.

Apfel

In den meisten indoeuropäischen Mythologien gibt es die magischen Äpfel der Unsterblichkeit, die Tod und Wiedergeburt symbolisieren. Meistens ist es die Göttin, die diese Äpfel einem Mann, Helden, Ahnen oder Gott verleiht. Die norwegische Göttin Iduna hielt alle Götter mit ihren magischen Äpfeln am Leben. Von dieser Vorstellung beeinflußt, gaben die alten Norweger ihren Toten Äpfel mit ins Grab: Dies sollte auf magische Weise ihre Wiedergeburt ermöglichen.[1] Die Göttinmutter Hera ernährte die Götter in ihrem westlichen Paradiesgarten mit Äpfeln vom Lebensbaum. Der irische Held Connla erhielt von einer Frau aus dem Jenseits einen magischen Apfel der Unsterblichkeit. König Artus wurde von der Dreifachen Göttin nach Avalon, dem »Apfelland« des ewigen Lebens, gebracht.

Wahrscheinlich wurde die berühmte Szene mit den drei Frauen, einem Mann und einem Apfel, die als »Urteil des Paris« gilt, in mißverständlicher Weise von anderen Bildern abgeleitet: So erhielt zum Beispiel Herakles einen Apfelzweig von den Hesperiden – das war eine Dreiheit von nackten Nymphengöttinnen. Auch Adanus von Hebron empfing einen Apfel von der kanaanitischen Mutter allen Lebens und wurde dadurch unsterblich.[2] In ähnlicher Weise wurde der erste Mann (Adam) durch die Mutter allen Lebens – dies war einer der Titel von Eva (Genesis 3,20) – zum Leben erweckt – durch einen Apfel! Im griechischen Mythos von Eurynome, Erybia und Eurydike, den drei Schwestern, die Erde, Meer und Unterwelt regierten, wurde die Welt von der Dreifachen Göttin geschaffen.[3] Die drei Mütter der Welt, die in der frühgriechischen und keltischen Mythologie auftauchten, waren immer eng mit Apfelbäumen assoziiert. Die Göttin wurde zur Herrin des Paradiesgartens und begrüßte den Helden Owein, während sie unter einem Apfelbaum stand, »welcher die Achse der Welt, das Zentrum des Lebens ist«.[4] Auch in den rumänischen Volksbräuchen war der Apfel der Göttin noch immer heilig, sie tritt als »die feenhafte Magdalena« auf – sie saß in einem kosmischen Apfelbaum, dessen Zweige den Himmel berührten und dessen Wurzeln bis zum Grunde des Ozeans reichten.[5]

Daß der Apfel so sehr verehrt wurde, liegt nicht nur an seinem Ernährungswert, sondern auch an den geheimen sakralen Zeichen in seinem Inneren: dem Pentagramm, das dann zutage tritt, wenn man den Apfel quer durchschneidet. So und nicht anders muß ein Apfel nach Ansicht der Zigeuner geschnitten werden, und zwar besonders dann, wenn er von Liebenden vor und nach dem Sexualverkehr geteilt wird.[6] Bei Zigeunerhochzeiten war es Brauch, daß Braut und Bräutigam den Apfel schnitten, auf diese Weise das Pentagramm enthüllten und dann jeweils eine Hälfte davon aßen.[7] Hochzeitsbräuche dieser Art lassen eine echte Geschichte hinter dem Paradiesmythos ahnen, in dem Eva ihrem Mann einen Apfel reicht: Vielleicht hat sich eine solche Vorstellung außerhalb der biblischen Version entwickelt, denn dort ist ja nicht von einem Apfel, sondern nur von einer »Frucht« die Rede.

Im Völsungen-Zyklus ist es die Gattin des Dichters, die »die Äpfel der Hel« anbietet – die Geschenke der unterirdischen Göttin Hel, die es ihm ermöglichen, unter der Erde zu leben.[8] Die Reise in die Unterwelt (den Schoß) war für Helden und Dichter eine gängige Methode, um die Geheimnisse der Natur zu lüften und keineswegs zufällig auch Reichtum zu erwerben – den die Zigeuner auch »Erde« nannten. In einem Buch von Lismore aus dem 15. Jahrhundert, das sich an frühere Quellen anlehnt, werden drei irische Prinzen erwähnt, die drei Frauen heiraten mußten, um ihr »Glück« bzw. ihr Vermögen zu finden. Diese drei Frauen stellten die Dreifache Göttin und ihre heiligen Apfelbäume dar: der eine in voller Blüte, ein zweiter, der die Blüte abwirft, und der dritte, an dem die reife Frucht hängt.[9]

In der magischen Tradition spielten Äpfel eine wichtige Rolle – zweifellos wegen ihrer allgegenwärtigen Verbindungen mit der Göttin-Verehrung. Es hieß, daß ein heiliger Name, den man auf einen Apfel schrieb und dann in den drei darauffolgenden Tagen mit dem Apfel esse, Fieber heilen könne. Abtreibungen konnten dadurch zuwege gebracht werden, daß man einen Zauberspruch in Form eines Palindroms daraufschrieb: *sator arepo tenet opera rotas* und ihn dann aß.[10]

Äpfel, die man zu Halloween bzw. Allerheiligen verspeiste, konnten jungen Menschen das Traumbild ihres zukünftigen Ehepartners zeigen. In der christlichen Überlieferung wurde der Apfel zum Symbol der Erbsünde, aber auch das konnte die Beliebtheit der Früchte, die »den Arzt fernhalten«, niemals wirklich schmälern: *One apple a day keeps the doctor away*!

[1] Turville-Petre, 187
[2] Graves, The Greek Myths, Bd. 2, 277
[3] Beltz, 113
[4] Markale, 238
[5] Dürr, 162
[6] Derlon, 157
[7] Crawley, Bd. 2, 133
[8] Davidson, Gods and Myths of die Viking Age, 165
[9] Evan-Wentz, 412–413
[10] Trachtenberg, 202

Aprikose

Wie der orientalische Pfirsich wurde auch die Aprikose oftmals als Metapher für die weiblichen Genitalien verwendet. Im mittelalterlichen Frankreich war *apricot* ein umgangssprachliches Wort für »Vulva«. Römische Plastiken aus Südfrankreich zeigen plumpe Aprikosen in Verbindung mit vereinfacht dargestellten Phalli.[1] Rabelais nannte die Vulva *apricot fendu* oder »geschlitzte Aprikose«.[2]

In letzter Zeit gab es ein lebhaftes Interesse an Laetril, das aus Aprikosenkernen gewonnen wird: Man glaubt, daß es als Heilmittel für Krebs eingesetzt werden kann. Im Jahre 1980 erklärte das National Cancer Institute der USA Laetril als unwirksam bei Behandlung von Krebs, dennoch blieben einige Anhänger dieses Mittels ihrem Glauben treu.

Die Laetril-Forschung hat auch allen bewußt gemacht, daß es zwei verschiedene Arten von Aprikosenkernen gibt: süße und bittere. Die süße Art wird als Nahrung verwendet und »chinesische Mandeln« genannt. Die bittere Art enthält Blausäure und ist giftig.[3]

[1] Knight, 136
[2] Williamson, 148
[3] Duke, 394

Bohne

Die ursprüngliche englische Märchenfigur »Jack in the beanstock« (Jakob in der Bohnenstange) war eigentlich der Gott Odin unter einem seiner Beinamen, nämlich Jalk, der »Riesentöter«.[1] Ein Bild dieser altehrwürdigen Gottheit hat sich in der beliebten englischen Karnevalsgestalt des »Königs der Bohnen« erhalten.[2] In England war der König des Festes der zwölften Nacht jener Mann, der in seinem Stück Pflaumenkuchen eine einzelne Bohne fand.[3] Wie viele alte Gottheiten, die zu Volksfestkönigen wurden, verdankte der Bohnengott seine Macht der Verbindung mit dem weiblichen Prinzip, die durch die Bohne selbst verkörpert wurde. Die Römer glaubten, daß Ahnengeister in Bohnen wohnten und alljährlich durch den Haushaltsvorstand günstig gestimmt werden mußten, und zwar durch eine Zeremonie, in der zu Mitternacht Bohnen geworfen wurden.[4] Diese Geister waren vielleicht weibliche Ahnfrauen, die *Manes*, die von der Mondmutter Mania abstammten. Ein modernes italienisches Umgangswort für die weiblichen Genitalien lautet *fava* oder »Bohne«. In der Sekte der Pythagoreer war der Genuß von Bohnen aufgrund ihrer esoterischen Bedeutung streng verpönt.

[1] Mackenzie, 170
[2] Cirlot, 266
[3] Hazlitt, Bd. 2, 602
[4] Larousse, 213

Brot

Die Bitte um das tägliche Brot, die im »Vater Unser« geäußert wird, richtete sich in früheren Zeiten wahrscheinlich an die Göttin: Denn sie war ja immer die Spenderin von Brot, die Kornmutter, die Patronin der Bäcker, Mühlen und Herde. Das englische Wort *lady* ist von *hlafdig* oder »Brotgeberin« abgeleitet, während *lord* von hlaf-ward oder »Wächter der Kornspeicher« kommt.[1]

Die geflochtenen Brotlaibe der deutschen Tradition wurden von den Frauen der teutonischen Stämme erfunden, die der Göttin ihr eigenes Haar darbrachten. Mit der Zeit kamen sie darauf, ihre Zöpfe zu behalten, indem sie statt dessen einen geflochtenen Brotlaib opferten, das als *Berchisbrod* bezeichnet wurde: Brot, das der Göttin Berchta geopfert wurde. Der Name des geflochtenen Sabbatbrotlaibes bei den deutschen Juden – *Berches* oder *Barches* wurde dieser Tradition nachgebildet.[2]

Seit langer Zeit gilt Brot als das wichtigste Nahrungsmittel. Die kärgliche Minimaldiät, die man Verbrechern oder Büßern auferlegte, war Brot und Wasser. Das mittelalterliche Gesundheitshandbuch »Taquinum Sanitatis« hätte einen modernen Ernährungslehrer mit seinen Empfehlungen in Schrecken versetzt: Nudeln und Weißbrot wurden als »sehr nahrhaft« erklärt, und weißer Zucker galt als »Reinigungsmittel für den Körper«. Spinat, Spargel, Kohl, Kürbis, Melonen, Aprikosen und Pflaumen dagegen waren angeblich schlecht für den Magen und konnten Erbrechen oder Magenschäden verursachen; Sellerie wiederum galt als Ursache von Kopfweh.[3]

Brotmagie tauchte in vielerlei Formen auf: So wurde Brot in allen möglichen figürlichen Formen gebacken, oder man äußerte Zaubersprüche und Segenssprüche über dem Brot, das man gerade essen wollte. Die heilige Hildegard, eine Äbtissin des Klosters von Bingen, die im 12. Jahrhundert lebte, schrieb, daß Brot alle Personen, die durch Zaubersprüche ihrer Intelligenz beraubt wurden, heilen könne. Es müsse zuvor aber unter folgenden Worten mit einem Hyazinthstein berührt werden: »Möge Gott, der alle Edelsteine vom Teufel genommen hat … alle Gespenster und Zaubersprüche von dir nehmen und dich von der Qual dieses Wahnsinns befreien.«[4]

Das Brot, dem man allgemein geradezu unglaubliche magische Kräfte zuschrieb, war natürlich die Hostie, die von der Kirche buchstäblich als Fleisch Jesu Christi ausgegeben wurde. Dieses Brot legte man in die Hände der Kommunikanden, bis die Priester dann entdeckten, daß ihre Schäflein sie oftmals wegtrugen, um sie später für Zaubersprüche zu verwenden, anstatt sie auf der Stelle zu essen. Und so bürgerte sich der Brauch ein, die Brotwaffel gleich in den Mund des Kommunikanden zu legen; dies war also eine Vorsichtsmaßnahme, die sich bis zum heutigen Tag erhalten hat. Wenn man den mittelalterlichen Texten und Volkslegenden glauben soll, so war das Brot, das Jesus Christus verkörperte, imstande, Feuer zu löschen, kranke Schweine zu heilen, Felder fruchtbar zu machen, die Honigproduktion der Bienen zu steigern, Raupen vom Garten fernzuhalten, eingesperrten Verbrechern die Freiheit wiederzugeben und als Liebeszauber zu wirken. Noch viele andere wunderbare Wirkungen wurden genannt. Die offizielle kirchliche Literatur beklagte, daß das Brot der heiligen Messe oftmals von »Hexen, Hexern, Zauberern, Beschwörern, Träumern, Wahrsagern, Nekromanten, Kreuzgräbern, Teufelsbeschwörern, Wundertätern, Schmarotzerinnen und Kupplerinnen« verwendet werde.[5]

[1] Brewster, 349
[2] Trachtenberg, 40
[3] Abelard, 61
[4] Kunz, 82
[5] Thomas, 34–35

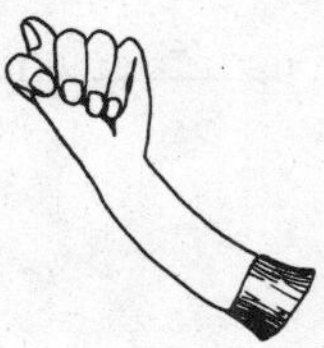

Feigenhand, Süditalien

Feige

In vielen Gegenden Europas ist die Geste der »Feige«, bei der der Daumen durch die Finger einer geballten Faust gesteckt wird, noch immer eine obszöne Beleidigung. In England nennt man es *to fig*, in Italien *far la fica*, in Spanien *hacer el higo*, in Frankreich *faire la figue*, in Deutschland »die Feige weisen«.[1] Aber einstmals galt diese Geste als mächtiger Zauber gegen das böse Auge und andere Drohungen. Tausende von Händen in Feigengeste werden jedes Jahr als Glückszauber verkauft. Sie sind aus Elfenbein, Metall, Knochen, Holz oder Plastik geformt.[2]

Die Lösung des Paradoxes liegt natürlich in der sexuellen Anspielung der Geste: Sie war deshalb heilig, weil sie Lingam und Yoni darstellt. Ovid zufolge bildete ein Römer, der befürchtete, einen Geist zu treffen, »ein Zeichen mit dem Daumen in der Mitte seiner geschlossenen Finger«, um damit die lebenserhaltende Kraft der Sexualität anzurufen.[3] Wie Aprikosen und Granatäpfel wurden auch Feigen als weibliche Genitalsymbole verstanden. Aus diesem Grunde nannte man gallische heidnische Götter in mittelalterlichen lateinischen Texten *ficarii* oder »Feigenesser«, was auch ein Hinweis auf Cunnilingus sein könnte.[4] Ein archaisches römisches Fest – die *Nonae Caprotinae* – brachte die römische Göttin der Feigenbäume als Juno Caprotina mit dem lüsternen Ziegengott in Verbindung.[5] Auch in Griechenland war *sykon* (»Feige«) ein euphemistischer Ausdruck für »Vagina«. Feigenbäume galten als lustfördernd und waren bevorzugte Ruheplätze für Satyrn. Interessanterweise ruhte auch Tannhäuser unter einem Feigenbaum, als sich ihm die Göttin Venus näherte. Wie in Rom, so sicherte man auch Griechenland die allgemeine Fruchtbarkeit, indem man vermittels der Feige die Kraft der Sexualität anrief: Dies geschah in einer alljährlichen Zeremonie, bei der die Genitalien der Königsgatten mit einem Phallus aus Feigenholz berührt wurden.[6]

Dem »Ananda Tantra« zufolge ist das Feigenblatt »die normale Form der Yoni«.[7] Das könnte der Grund für die allgemeine Verwendung des Feigenbaums als Symbol für die Erleuchtung eines Mannes sein, denn man glaubte in früheren Zeiten, daß diese Erleuchtung durch seine Verbindung mit dem weiblichen Prinzip zustande komme.

Buddha erlangte »vollkommene Erleuchtung«, als er unter einem heiligen Feigenbaum saß.[8] Sein *boddhi*-Baum wurde als *ficus religiosa* oder »heilige Feige« identifiziert.[9] Adam und Eva legten sich »Schürzen« aus Feigenblättern über ihre Genitalien, nachdem sie erleuchtet worden waren (Genesis 3,7). Dies scheint auf eine männliche Imitation einer weiblichen Genitalsymbolik hinzuweisen. Der »Haggadah« zufolge war die verbotene Frucht vom Baum des Wissens im Garten Eden kein Apfel, sondern eine Feige.[10] Wahrscheinlich – und diese Wahrscheinlichkeit ist nicht allzu tief verborgen – war das Wissen, das vom jüdisch-christlichen Gott verboten wurde, das Wissen um die spezifisch weibliche Sexualität, die die patriarchalischen Gesellschaften immer zu unterdrücken suchten. Auf dem Palatintempel von Rom wurde der Feigenbaum Ruminalis als Symbol der Göttin selbst verehrt.[11]

1 Trachtenberg, 161
2 Elworthy, 152
3 Dumézil, Archaic Roman Religion, Bd. 1, 367
4 Knight,149
5 Rose, 217
6 Dürr, 189, 198
7 King, 28
8 d'Alviella, 162
9 Wilkins, 45
10 Barnstone, 34
11 Grant, 104

Getreide

Weizen, Roggen, Hafer, Hirse, Gerste – fast alle Getreidesorten außer Reis fallen nach europäischer Tradition unter die allgemeine Kategorie »Korn«. Was die Amerikaner als *corn* bezeichnen, ist für die Europäer Mais; die archaische Kornmutter des heidnischen Europa war also keine Maismutter, sondern eine Getreidemutter. Jedenfalls war sie im Prinzip die Mutter Erde, die alles Getreide gebar.

Der Sohn dieser Mutter war typischerweise der sterbende und wiederauferstehende Gott, der das Getreide darstellte. Sein »Tod« (die Ernte) brachte der Menschheit das Leben; er stieg in die Unterwelt hinab (Pflanzung) und wurde von den Toten wiederauferweckt, nur um in jeder neuen Jahreszeit wieder geerntet und geopfert zu werden. Den ägyptischen Schriften zufolge ist ein Mensch im Augenblick seines Todes selbst ein Korn, »welches in die Erde fällt, um aus ihrem Busen neues Leben zu ziehen«.[1] Diese Metapher wurde universell verwendet und ging sogar in die Evangelien ein: »Wenn das Weizenkorn nicht in die Erde fällt und stirbt, bleibt es allein; wenn es aber stirbt, bringt es reiche Frucht.« (Johannes 1,24)

Weizen war die »Pflanze der Wahrheit«, die auf den Mumienkästen des Osiris angepflanzt und zu Kommunionskuchen verbacken wurde: Wenn die Gläubigen sie aßen, konnten sie an der Göttlichkeit des Osiris teilhaben und wie er unsterblich werden. Die Ägypter gehörten zu den ersten Völkern, die ihren Gott in Form des Brotes aßen, anstatt in Form des Fleisches von Opfertieren oder menschlichen Ersatzopfern; aber die Kulte von vielen anderen Erlösergöttern folgten nach. Auch Adonis wurde als Erlösergott verehrt und als sprießendes Korn in den berühmten »Gärten des Adonis« angepflanzt, in denen Tontöpfe als Symbole für den Mutterschoß verwendet wurden. Dies war bis ins 20. Jahrhundert ein gängiger Brauch.[2] Auch das Fleisch des Dionysos wurde in Form von Weizenkuchen gegessen und sein Blut wurde als Wein getrunken. Getreidegötter verkörperten die Weizen- oder Gerste-Ernte in Eleusis und anderen heidnischen Heiligtümern, in denen die Wachstumszyklen durch die Große Mutter (Demeter/Ceres/Ops/Terra Mater) geleitet wurden: Sie erweckte sie aus ihrem unterirdischen Schoß und Grab zum Leben und wurde selbst mit Kornähren abgebildet.

Aus einer ziemlich schlampigen Heiligsprechung der Mutter Erde wurde eine mythische englische Heilige gebildet: die heilige Milpurga, deren Name einfach nur »Ort der Mühle« bedeutete. Sie lebte angeblich im 8. Jahrhundert, aber vor dem 12. Jahrhundert gibt es keine Berichte über sie. Ihre heilige Quelle existiert noch immer in Stoke Saint Milborough. In ihrem hagiographischen Märchen reift das Getreide sofort nach der

Aussaat – ein gängiger Topos –, und die älteste Version siedelte ihren Feiertag zu Beginn der Aussaatzeit im Frühjahr an.[3]

Auch das römische Fest der Reinigung des keimenden Getreides wurde vom Christentum übernommen – ursprünglich war es eine Anrufung der Erdmutter, um die Ernte vor dem Mehltau zu beschützen. In heidnischer Zeit hieß es Robigalia und wurde dann von der Kirche zu einem pseudochristlichen »Rogations«-Tag oder Tag der Fürbitte (25. April). An diesem Datum wurden dieselben Rituale vollzogen, der Name der Gottheit wurde jedoch verändert.[4]

Auch die offizielle Lehre der Kirche über Transsubstantiation wurde aus der heidnischen Antike übernommen, denn sowohl Christen wie auch Heiden erklärten gleichermaßen, daß das Kommunionsbrot das echte Fleisch des Gottes war, und nicht nur in der Einbildung als solches existierte. Als diese Lehre im 13. und 14. Jahrhundert öffentlich bezweifelt wurde, entstanden daraus zahlreiche Häresien, auf ihre Ablehnung gründeten sich die ersten protestantischen Kirchen. Die Kontroverse dauerte sieben Jahrhunderte lang und wird noch heute weitergeführt. Voltaire faßte den Transsubstantionsstreit mit folgenden Worten zusammen: Die Katholiken essen Gott, aber nicht Brot, die Calvinisten essen Brot, aber nicht Gott, und die Lutheraner essen beides.[5]

Wahrscheinlich ist der Rest der Welt einfach dankbar für das Vorhandensein eßbarer Körner, die fast überall das Grundnahrungsmittel bilden. Es gab auch ein magisches Heiligtum, das Frauen einen ganz besonderen Grund zur Dankbarkeit gab: das der heiligen Wilgerford, deren Skulptur in der Saint Paul's Cathedral in London stand. Es hieß, daß unglückliche Ehegattinnen diese Heilige mit Brotkrumen als Opfergaben besuchen könnten, was zum baldigen Tod ihrer grausamen Ehemänner führen werde. Aus diesem Grund trug die Heilige auch den Spitznamen *Saint Uncumber* (»Befreiung von der Last«). Da Frauen in den vergangenen Jahrhunderten kaum vor gewalttätigen Gatten geschützt waren, war die heilige Uncumber recht beliebt.[6]

1 Pepper / Wilcock, 50
2 Frazer, The Golden Bough, 400–401
3 Berger, 67–70
4 Ibid, 22
5 Abelard, 71
6 Thomas, 26–27, 241

Granatapfel, von einer deutschen Tarotkarte aus dem 19. Jh.

Granatapfel

Der biblische Name dieser Frucht war *rimmon*, abgeleitet von *rim* (»ein Kind gebären«).[1] Diese Frucht galt wegen ihres roten Saftes und ihrer zahlreichen Kerne fast überall als Symbol des Schoßes. Granatäpfel waren auf den Pfeilern von Salomons Tempel als Fruchtbarkeitssymbole eingemeißelt (1. Könige 7, 18–20). Salomon selbst verkörperte Baal-Rimmon (»Herr des Granatapfels«), wenn er sich mit seiner heiligen Braut vereinigte und den Saft ihres Granatapfels trank (Hohelied des Salomon 8,2).

In Europa war der Granatapfel immer ein Attribut der Himmelskönigin Hera oder Juno.[2] Der Tempel Unserer Herrin mit dem Granatapfel in der Nähe von Pästum zeigt noch immer die Madonna mit ihrem Kind in einer Hand und dem Granatapfel in der anderen, und sie wird genauso verehrt wie die antike Statue der Göttin, die in demselben Heiligtum mit ihrem Kind in einer Hand und dem Granatapfel in der anderen Hand saß.[3] Künstler, die im 19. Jahrhundert Tarotkarten entwarfen und die Verbindung zwischen dieser Frucht und dem Prinzip der weiblichen Fruchtbarkeit erkannten, ersetzten die (ebenfalls weiblich-symbolischen) Pentagramme oder Scheiben durch den Granatapfel. Er erhielt den Namen »Frucht vom Baum des Wissen«.

Natürlich mußte ein so starkes Symbol auch für das Bild Christi gewonnen werden. Dies geschah durch die eifrigen Anstrengungen christlicher Maler wie Bede und Cassiodor, die steif und fest behaupteten, daß das metaphorische Gebärmutterblut des Granatapfels in Wirklichkeit sein Blut symbolisiere. Wo solch kostbar duftender Saft und Geruch hervorströmt, muß man auch in das innere Leiden des Erlösers eindringen, um das grenzenlose Seelenleid im Herzen Gottes zu kontemplieren, dessen Blut über die ganze Menschheit strömt.«[4] Aber ihre blumige Sprache konnte trotzdem nicht die Tatsache verbergen, daß es weibliches Blut ist, das über alle Kinder, die aus Müttern geboren werden, fließt.

[1] Graves, The White Goddess, 410
[2] Hall, 182
[3] J.H. Smith, 244
[4] Williamson, 102

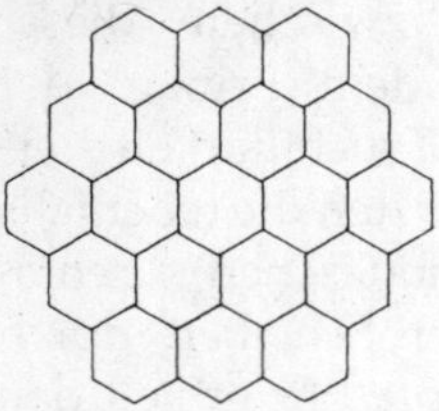

Honigwabe

Für die Pythagoreer drückte das Sechseck den Geist der Aphrodite aus, deren heilige Zahl die Sechs (die duale Dreifache Göttin) war. Sie verehrten Bienen als heilige Tiere, weil sie es verstanden, in ihren Waben vollkommene Sechsecke zu bilden. Im Aphroditetempel von Eryx auf Sizilien hießen die Priesterinnen *melissae* oder »Bienen«. Auch die Göttin selbst trug den Titel Melissa, sie war die Bienenkönigin, die jedes Jahr ihren männlichen Gefährten tötete; eine goldene Honigwabe wurde als ihr Symbol zur Schau gestellt.[1]

Die Pythagoreer, die die Geheimnisse der Natur durch die Geometrie zu verstehen suchten, meditierten über das unendliche Dreiecksnetz, das nur 60-Grad-Winkel enthält und dann entsteht, wenn man die Seiten aller Sechsecke verlängert, bis diese Linien sich im Zentrum der danebenliegenden Sechsecke treffen. Für sie enthüllte sich darin die elementare Symmetrie des Kosmos.

Da Honig und Salz außerdem zu jener Zeit die einzigen bekannten Konservierungsmittel waren, galten sie beide auch als Symbole der Auferstehung oder Reinkarnation. Oftmals wurden die Toten in Honig einbalsamiert, vor allem in großen *pithoi* oder Begräbnis-Vasen, in die man sie zur Wiedergeburt in fötaler Haltung setzte. Demeter war »die reine Mutterbiene«, die die Zyklen ihres Lebens lenkte – ebenso wie die biblische Deborah, deren Name »Biene« bedeutet.

Honigkuchen, in der Form weiblicher Genitalien gebacken, spielten eine wichtige Rolle bei der Verehrung der Göttin. Die Biene galt traditionell als Symbol der weiblichen Naturkraft, weil sie diese magische wohlschmeckende Substanz erschuf und in den sechseckigen Zellen des geometrischen Geheimnisses aufbewahrte (siehe Biene). Angesichts all dieser uralten Verbindungen mit der Göttin konnte es auch nicht ausbleiben, daß die Jungfrau Maria in mittelalterlichen Hymnen als »Honignest« und »traufende Honigwabe« besungen wurde.[2]

[1] Graves, The Greek Myths, Bd. 1, 42, 72
[2] Dürr, 186

Käse

Als Milchprodukt war Käse lange Zeit mit den Mysterien von Geburt und Stillen assoziiert. Die Ägypter stellten sich den menschlichen Körper als Produkt von Muttermilch vor, die zu fester Materie »gerann«, während das Kind wuchs und neue Körpermasse ansetzte. Ein Rest dieser Vorstellung taucht auch in der Bibel auf: »Hast du mich nicht ausgegossen wie Milch, wie Käse mich gerinnen lassen?« (Hiob 10,10) Eine der sieben Seelen der Ägypter hieß *ren* oder »Milchname«, der von der stillenden Mutter verliehen wurde. Davon ist auch das Wort *rennet*, ein Gerinnungsmittel für Milch, abgeleitet.

In einem traditionellen Ritual, das noch immer bei dörflichen Tauffesten in England praktiziert wird, spielte Käse eine wichtige Rolle: Das neugeborene Kind wurde durch ein Loch in der Mitte eines riesigen Käses gereicht, den man den »stöhnenden Käse« nannte; durch dieses Ritual wurde er offensichtlich in eine Ersatzmutter verwandelt, die das Kind »gebar«.[1]

[1] Pegg, 112

Kartoffel

Viele Menschen sind erstaunt, wenn sie erfahren, daß das Grundnahrungsmittel Kartoffel zur Familie der Nachtschattengewächse gehört, die auch Bilsenkraut, Stechapfel und andere giftige Pflanzen umfaßt. Kartoffelblätter und grüne Schößlinge enthalten Solanin und können Todesfälle verursachen.

Es heißt, daß Sir Walter Raleigh als erster Kartoffeln in Irland angepflanzt hat. Aber anstatt der Knollen aß er irrtümlich die Beeren und erkrankte daraufhin so sehr, daß er alle seine Pflanzen aus der Erde reißen ließ.[1]

In Ländern, in denen der Kartoffelanbau verbreitet ist, war es Brauch, der ersten geernteten Knolle den Namen einer Fruchtbarkeitsgottheit zu geben und sie dann unter allen Familienmitgliedern zu teilen. Einer der Namen, die der Kartoffel in Südamerika verliehen wurde, hieß »Große Mama«.[2]

[1] Duke, 453
[2] G. Jobes, Bd. 1, 488; Bd. 2, 1289

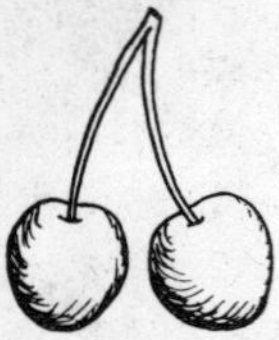

Kirsche

Das *Cherry Tree Carol* oder »Kirschbaumlied« in Weihnachtsgesangbüchern kommt von einer alten Legende, in der Maya, die jungfräuliche Mutter des Buddha, mit dem heiligen Kirschbaum Sala in Verbindung gebracht wurde. Es hieß, daß der Baum ihre Göttlichkeit erkannte und sich zu ihr herabbeugte, um ihr seine Früchte anzubieten und sie zu stützen, während sie ihr heiliges Kind gebar.[1] Insofern waren Kirschen also mehr mit Jungfräulichkeit verbunden, als ihr Auftauchen in der modernen Umgangssprache es vermuten läßt. Die Kirschen wurden wegen ihrer roten Farbe und des Kerns in ihrem Inneren zu einem offensichtlichen Gebärmuttersymbol. Zigeunermädchen verwendeten Kirschsteine als Liebeszauber.[2]

Die Zweige und Blätter des Kirschbaums enthalten Amygdalin, ein komplexes Molekül, das beim Essen Zyanid freisetzen kann. Dadurch kann ein Zustand nervöser Erregung, gefolgt von Erschöpfung entstehen.

[1] Larousse, 348
[2] Bowness, 22

Knoblauch

Der talmudischen Tradition zufolge erregt Knoblauch sexuelle Leidenschaft und »vervielfacht den männlichen Samen«. Deshalb mußte ein jüdischer Ehemann am Vorabend des Sabbat, wenn er seiner Gattin beiwohnte, Knoblauch essen.[1] Dies läßt allerdings die Frage aufkommen, wie die Ehefrauen darüber dachten. Vielleicht haben Sie als Selbstverteidigung auch Knoblauch gegessen; allerdings ist in dieser Tradition nicht die Rede davon, daß Knoblauch die weiblichen Sexualsäfte verstärkt.

Die Moslems lehnten Knoblauch und Zwiebeln ab. Sie behaupteten, daß nach Satans ersten Schritten aus dem Garten Eden aus seinem linken Fußabdruck Knoblauch und aus seinem rechten Fußabdruck eine Zwiebel entsprang.[2] Dies ist etwas merkwürdig, denn gleichzeitig glaubten sie ja auch, daß Satan zu dieser Zeit keine Füße hatte, da Gott ihm gerade erst befohlen hatte, wie eine Schlange auf dem Baum zu kriechen (Genesis 3,14).

Die Christen des Balkans waren der Meinung, daß moslemische Leichname eine besondere Neigung hatten, zu Vampiren zu werden, was vielleicht dann zur durchgängigen Verwendung von Knoblauch als Abwehrmittel für Vampire führte.

[1] Patai, 24
[2] Leek, 42

Lauch

Der Lauch ist das Symbol von Wales, und zwar aufgrund der Legende, daß der walisische Patron St. David sich nur von Lauch und Wasser ernährte, als er sich in das Tal von Ewias zurückzog.[1] Diese Geschichte war apokryph, da es natürlich keinen heiligen David gegeben hatte. Sein »Leben« wurde von einem Bischof von St. David's zusammengestellt, um die überlieferte Lokalgottheit Dewi oder Devi (»Gott«) zu kanonisieren. Dies war ein Meeresgeist, der auch zu Davy Jones und dem walisischen roten Drachen wurde. Dieser Meeresgott hieß auch Wassermann, und die Mönche interpretierten dies so, daß der heilige David während seines ganzen Lebens nur Wasser trank; aber angesichts der Tatsache, daß man erst 500 Jahre, nachdem er angeblich gelebt hatte, von ihm erfuhr, ist er einer der weniger wahrscheinlichen Heiligen.[2] Vielleicht war der Lauch den frühen walisischen Stämmen heilig, die ihn als ihr tägliches Gemüse aßen.

[1] Whittick, 265
[2] Attwater, 101, 102

Milch

Im indischen Mythos von der Gerinnung des Milchmeeres war Milch die Schöpfungssubstanz. Durch Bewegung im Ozean der Urmilch entstand die feste Materie der Welt, die Konstellationen, die Erde und auch ihre Geschöpfe. Dem »Sakta Sastra« zufolge verfestigt sich die Große Mutter während des Schöpfungsvorgangs wie Milch, aus der sich Quark bildet; feste Materie entsteht als »Kruste«.[1] Im ganzen Vorderen Orient, in Indien, Japan, Ägypten und im homerischen Griechenland gibt es Schöpfungsmythen, die auf Milch beruhen.[2] Selbst in der Bibel ist davon noch ein Rest vorhanden: »Hast du mich nicht ausgegossen wie Milch und gerinnen lassen wie Käse?« (Hiob 10,10) Die Muttergöttin, die dem vorrömischen Latium den Namen verlieh, war die Göttin der Milch oder *lat*; sie erschien in der griechisch-römischen Mythologie als Latona, Letho oder Leda. Das arabische Al-Lat, die ursprünglich weibliche Form von Allah, hängt möglicherweise damit zusammen, und im modernen Italienisch gibt es das Wort *latte* für »Milch«. In der Sprache Kanaans bedeutet Lat »Göttin«. Ihr war die Insel Malta geweiht, deren früherer Name Ma Lata lautete.[3] Eines ihrer ältesten Heiligtümer in Ägypten hieß bei den Griechen Latopolis.[4] Es spendete Muttermilch als Taufflüssigkeit.

Die Verbindung der Ur-Schlange der großen Göttin, die als Milchspenderin des Universums galt, führte zu seltsamen Formen des Aberglaubens, in denen eine Verbindung zwischen Schlangen und Milch hergestellt wird. Selbst heute noch ist die Vorstellung verbreitet, daß zumindest einige Schlangenarten die Milch von Frauen, Kühen und anderen Säugetieren lieben, und deshalb nennt man sie »Milchschlangen«. Vor allem in Mexiko ist diese Vorstellung verbreitet: Wahrscheinlich läßt sie sich auf den Schlangengott Quetzalcoatl zurückführen, der von der Großen Mutter ernährt wurde. In Wales glaubte man, daß bei bestimmten Schlangen Flügel wachsen könnten und daß sie sich zum Flug erheben könnten, wenn sie Muttermilch getrunken hätten, die auf dem Boden verschüttet war.[5] Natürlich ignorieren all diese abergläubischen Vorstellungen die biologischen Tatsachen: Schlangen können weder Milch saugen noch verdauen und können mit milchspendenden Säugetieren nichts anfangen, es sei denn, diese sind klein genug, um im Ganzen verschluckt zu werden.

[1] Avalon, 305
[2] de Santillana / von Dechend, 383
[3] Stone, Ancient Mirrors of Womanhood, Bd. 1, 117
[4] Larousse, 29
[5] La Barre, 94–95

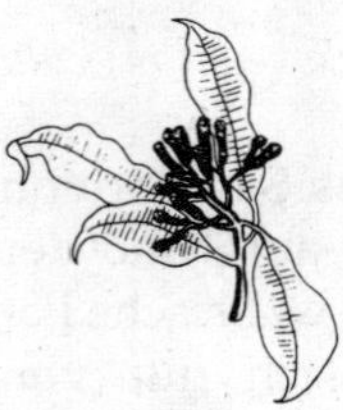

Nelke

Die Nelken, die man in Lebensmittelgeschäften kaufen kann, sind die getrockneten und ungeöffneten Knospen der Nelkenpflanze. Sie bestehen aus einer nagelförmigen Kelchröhre und vier Zähnen. Aufgrund ihrer nagelartigen Form galten Nelken oft auch als Symbole der Kreuzigung Christi.[1] Aus diesem Grund waren sie für die Christen aber auch magische Heilmittel – wie die »heiligen Nägel« selbst, von denen es in europäischen Kirchen so viele gab, daß man mit ihnen das gesamte Kreuz hätte spicken können. Nelkenöl ist antiseptisch und wird immer schon als lokales Anästhetikum für Zahnweh verwendet.

[1] Williamson, 51

Nüsse

Wie Getreide, so versetzen auch Nüsse die Menschen in Erstaunen, weil sie gleichzeitig Nahrungsmittel und Samen für neue Früchte sind. Außerdem konzentrieren sie mächtige Fruchtbarkeitsmagie auf kleinem Raum: *Great oaks from little acorns grow* (»Aus kleinen Eicheln wachsen große Eichen«). In einigen Gegenden von Europa hat es sich eingebürgert, eine Mahlzeit immer mit Nüssen zu beenden – als Symbol für ununterbrochene Fruchtbarkeit –, um die verzehrten Nahrungsvorräte wieder zu regenerieren.

In Schottland prophezeite man vor einer Hochzeit die Zukunft aus Nüssen. Zwei Nüsse, die Braut und Bräutigam symbolisierten, wurden auf den Herd gelegt. Wenn sie sanft brannten, glaubte man, daß die Partnerschaft glücklich sein werde.

Wenn sie aufflammten und auseinandersprangen, so rechnete man mit Kampf und Trennung.[1]

Mandeln wurden ganz besonders als Fruchtbarkeitszauber und Hochzeitssegen verehrt. In Italien war es Brauch, bei jeder Hochzeit Mandeln zu verteilen: Das sollte die zukünftige Fruchtbarkeit der Verbindung anzeigen. Ganz offensichtlich war dies ein Rest der antiken heidnischen Symbolik der Mandorla (italienisch »Mandel«) als weibliches Genitalsymbol und Zeichen jungfräulicher Mutterschaft. Tatsächlich wurde die Mandel sogar als zusätzliches Emblem der Jungfrau Maria übernommen. Ein gängiger Ausdruck für diese geburtbringende Nuß lautet »Schoß der Welt«. Umgekehrt wurde die Walnuß, die im alten Griechenland und Rom ein Fruchtbarkeitssymbol gewesen war, im ländlichen Rumänien zu einem Antifruchtbarkeitszauber. Noch immer glaubt man dort, daß jede geröstete Walnuß, die heimlich im Mieder einer Braut getragen wird, sie ein Jahr lang vor einer Empfängnis bewahren kann.[2]

Ein oft verschriebenes (wahrscheinlich aber unwirksames) Fiebermittel bestand darin, eine Spinne in einer Nußschale einzusperren und um den Hals des Patienten zu hängen. Die Erklärung für diese Prozedur bleibt allerdings im dunklen.

[1] Pegg, 113
[2] G. Jobes, Bd. 1, 71; Bd. 2, 1663

Olive

Die Olive war der Göttin Athene heilig, die auf wundersame Weise den ersten Olivenbaum auf der Akropolis von Athen gepflanzt hatte: Als Athene und der Meeresgott Poseidon sich um diese Stadt stritten, steckte letzterer seinen Dreizack in den Boden und ließ einen Brunnen mit Meereswasser hervorquellen. Athene konterte mit ihrem Olivenbaum, der in den Augen aller Göttinnen wie auch der athenischen Bevölkerung wesentlich nützlicher war; und so wurde sie zur Beschützerin und Namenspatronin dieser Stadt.[1]

Die Olive wurde oft mit der Taube assoziiert, da beide den Frieden der Göttin symbolisieren. Ein Bild, das die beiden zusammen darstellte, war vielleicht das Vorbild für Noahs Taube, die mit einem Olivenzweig im Schnabel zur Arche zurückkehrte – als Zeichen dafür, daß der Gott, der die Flut verursacht hatte, nun seinen »Frieden« mit der Welt machte (Genesis 8,11). Und dennoch konnte die Magie der Olive auch für den Angriff verwendet werden. Odysseus blendete den Zyklopen Polyphem mit einem Balken aus Olivenholz.[2] Römische Soldaten, die sich in der Schlacht durch Tapferkeit ausgezeichnet hatten, wurden mit einer Krone aus Olivenzweigen geehrt.

Die ölreiche Olive war einer der wenigen Grundstoffe, aus denen so verschiedene Dinge wie Brennstoff für Lampen, Gleitmittel und Nahrungsfett produziert werden konnte. Die Menschen der Antike aßen relativ selten Fleisch und verwendeten im allgemeinen keine anorganischen Öle. Deshalb war der Anbau der Olive von erstrangiger Bedeutung.

[1] Graves, The Greek Myths, Bd. 1, 60
[2] Campbell, Occidental Mythology, 166

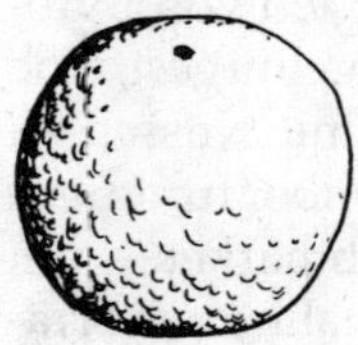

Orange

Wenn Bräute Orangenblüten an ihrer Kleidung oder in den Händen tragen, so ist dies ein Brauch, der von sarazenischen Fruchtbarkeitsritualen bei Hochzeiten abgeleitet ist. Die Orange symbolisierte gleichzeitig Jungfräulichkeit und Fruchtbarkeit – also jungfräuliche Mutterschaft –, weil Blüten und Frucht gleichzeitig auf demselben Baum wachsen können.[1] Deshalb stand die Orangenblüte für die Jungfräulichkeit der Braut und diente gleichzeitig auch als Fruchtbarkeitszauber. Und es war geradezu unausweichlich, daß die Orange auch mit der Jungfrau Maria assoziiert wurde, »die gleichzeitig die weiße Blüte ihrer Jungfräulichkeit und die Frucht ihrer Keuschheit trug«.[2]

Die Orange hat sich in Europa erst im 12. Jahrhundert eingebürgert. Sie wurde in großen Mengen in Südfrankreich und auf der iberischen Halbinsel angebaut und dann auch alsbald mit den goldenen Äpfeln der Hesperiden im griechischen Mythos gleichgesetzt. Ihr persischer Name lautete *narang*, im Arabischen *naranj*, im Spanischen *naranja*. Das N am Anfang ging durch eine Verwechslung in der englischen Sprache verloren: *a naranja* wurde zu *an orange* verballhornt. Im Fernen Osten galt die Orange als himmlische Frucht. Sie wurde oft als Mittel gegen Verdauungsstörungen und Sodbrennen eingesetzt. In der europäischen Hexenkunst wurde die Orange zu einem Symbol des Herzens.[3]

[1] Whittick, 288
[2] Williamson, 145
[3] G. Jobes, Bd. 2, 1212

Petersilie

Das heidnische Europa betrachtete Petersilie als magische Pflanze, die eine Beziehung zu Toten hatte und irrende Geister zur Ruhe bringen konnte. Sie wurde als Garnierung von Fleischspeisen verwendet, um den Geist des geschlachteten Tiers zu besänftigen. Auch wenn man den Namen dieser Pflanze nur aussprach, so galt dies bereits als wirksamer Schutz gegen rachsüchtige Geister. Aus diesem Grund taucht sie so oft in Zaubersprüchen und Refrains von Volksliedern auf.[1] Die Griechen verzierten Gräber mit Petersilie, vielleicht, um die Toten im Grab zu halten. Plutarch erzählt von einer Armee, die auf der Stelle umkehrte und vom Schlachtfeld flüchtete, nachdem die Soldaten einen Esel gesehen hatten, der Säcke mit Petersilie auf dem Rücken trug. Für sie war dies ein Omen des Todes.[2]

Bei den Nemeischen Spielen wurden von den Siegern Kronen aus Petersilie getragen: Damit steht die Petersilie in Beziehung zu dem Heldenkult, was vielleicht auch ihre Verwendung bei gemarterten Toten erklärt. Diese Beziehung blieb auch in der christlichen Tradition erhalten: Dort hieß es, daß Petersilie nur am Karfreitag gepflanzt werden dürfe. Dies war jedoch nicht nur der Todestag Jesu Christi, sondern auch seiner heidnischen Entsprechungen Attis und Adonis.

In einem englischen Kräuterbuch taucht Petersilie als vorbeugendes Mittel gegen Trunkenheit auf. Es »hilft Männern mit schwachem Gehirn, um besser trinken zu können.«[3]

[1] Wimberly, 350
[2] Emboden, 55
[3] Leek, 107

Pfirsich

Früher dachte man, daß der Pfirsich aus Persien stammte, aber heute wissen wir, daß seine Heimat in China liegt. Dort war er der heilige Lebensbaum der Göttin. Die Früchte aus Mutter Hsi Wang Mus mystischem Pfirsichgarten erschienen alle 3000 Jahre und erzeugten das Elixier der Unsterblichkeit für die Götter. Der Pfirsich war auch Standardsymbol für die weiblichen Genitalien und mit taoistischer Sexualmystik verbunden. Das Symbol der menschlichen Langlebigkeit war der alte Mann Shou Lu, der auf Abbildungen immer seinen Finger in einen weichen Pfirsich steckt und auf diese Weise seinen Weg zum Geheimnis des langen Lebens offenbart.[1] Eine der alten Bedeutungen des Wortes *tao* ist »Pfirsich«. In der taoistischen Terminologie ist das Wort »Pfirsichblüte« eine Umschreibung für »Jungfrau«. Der Pfirsich war die Yoni-Quelle des Lebens. Magische Zauberstäbe wurden in China aus Pfirsichzweigen gefertigt, um an der weiblichen Vitalität teilzuhaben.[2] Ein japanischer Kulturheros wurde aus einem Pfirsich geboren, der von einem Strom getragen wurde (symbolisch für die Wasser der Geburt). Er wurde von der Hebammengöttin in Gestalt einer alten Frau hervorgezogen, eine Szene, die an die römische Hebamme Acca Larentina, die akkadische »wasserziehende« Gottheit Akko und ihre biblische Entsprechung, die Pharaonentochter der Moseslegende, die das Kind aus dem Schilfkörbchen birgt, erinnert.[3] Die Europäer bewahrten einige der sexuellen Bedeutungen des Pfirsichs. Er wurde Venus-Frucht genannt oder auch Frucht, die der Göttin Hymen geweiht ist.

Albertus Magnus behauptete, daß Pfirsiche aphrodisiakische Wirkung hätten.[4] Und dennoch ist ihre frühere Heiligkeit nicht ganz in Vergessenheit geraten. Ein gängiges Symbol für Wahrhaftigkeit und Aufrichtigkeit war ein Pfirsich mit einem Blatt daran: Er stellte die Einheit von Herz und Zunge dar.[5]

[1] Rawson, Erotic Art of the East
[2] de Lys, 397
[3] G. Jobes, Bd. 2, 1118
[4] Williamson, 148
[5] Hall, 238

Quitte

Die alten Griechen betrachteten die Quitte als Symbol weiblicher Fruchtbarkeit. Ihre alte Sitte, einer Braut eine Quitte zum Essen zu geben, hielt sich noch bis in christliche Zeiten und wurde zu einem volkstümlichen Hochzeitsritual. Der Bräutigam aß jedoch nicht mit, und das könnte bedeuten, daß dieser Brauch in archaischen Zeiten entstand, als nur Frauen als Trägerinnen der Fruchtbarkeit galten.[1]

Die blühende Quitte wurde vielfach als Zierde für den Garten angebaut. Ihre Blüten haben fünf Blütenblätter und dadurch eine gewisse Ähnlichkeit mit der guten alten Rose.

[1] Whittick, 299

Rhabarber

Rhabarber ist eine von jenen seltenen Nahrungspflanzen, die höchst giftig sein können. Die Blätter – ob roh oder gekocht – können töten. Ganz im Gegensatz zu den gekochten Stengeln, die wohlschmeckend und nahrhaft sind. Rhabarber wurde in China schon im 3. Jahrtausend vor unserer Zeitrechnung als Heilpflanze angebaut.

Samen

In patriarchalen Ackerbaugesellschaften wurden Samen immer mit dem männlichen Sperma gleichgesetzt, während der weibliche Körper mit der Erde verglichen wurde, die die männlichen Lebens-»Samen« in sich speicherte. Pflanzen wurden oft mit einer sexuellen Begegnung zwischen dem Getreidegott und der Erdmutter verglichen. In Rom gab es sogar einen Getreidegott namens Semo Sancus, ebenso in Indien: Er hieß Sukra (»Same«) und war aus Shivas Penis geboren. Triptolemos, der Name von Mutter Demeters jungem Liebhaber, bedeutet »Dreimal Pflügen«, weil er angeblich dreimal geschlafen und seinen »Samen« in ihre Furche geworfen hatte. Wie Semo Sancus starb er in der Umarmung der Mutter, um dann zu neuem Leben zu erwachen. Das symbolische Sterben der Getreidepflanzen zur Erntezeit, der symbolische Tod des Penis, nachdem er seinen »Samen« gepflanzt hat, und das Sterben des Erlösergottes, dessen Fleisch und Blut zu Nahrung für seine Gläubigen wurde: All diese Vorgänge wurden in einer einzelnen sakralen Metapher verbunden. Vegetationsgötter waren auch Götter des »Samens«, und ihre heiligen Hochzeiten und Opfertode fanden fast gleichzeitig statt.

Es gibt keinen Zweifel, daß diese alten Bilder aus dem Ackerbau die christliche Theologie des Mittelalters und der Renaissance beeinflußten: Es wurde mit Inbrunst behauptet, daß der männliche »Same« die gesamte Seele der Nachkommenschaft enthalte, während die Mutter eines Kindes nur der passive »Boden« sei, in dem der Same wachsen könne.[1] Ohne ein Wissen über das relativ große, komplexe menschliche Ei – dessen raffinierteste Funktionen noch immer nicht vollständig erforscht sind – konnten die männlichen Autoritäten nur auf die einfache Metapher aus dem Ackerbau zurückfallen, die den Männern in einer längst vergangenen Zeit der Unwissenheit eine erste Ahnung vermittelte, wie wichtig sie für die Fortpflanzung sind.

[1] Walker, The Woman's Encyclopedia of Myths and Secrets, 304

Semmel

Heiße Rosinensemmeln mit einem Kreuz auf der Oberseite waren während des gesamten Mittelalters die traditionellen Osterkuchen, auch dies war ein Erbstück aus dem Heidentum. Das Kreuz wurde dabei als christliches Symbol interpretiert, war aber in Wirklichkeit das Wotanskreuz. Die Semmel selbst hatte eine weibliche Symbolik und war mit der Göttin Eostre verbunden, nach der das Osterfest benannt war. Bei den Angelsachsen, den Deutschen und Franken war der April der Eostre-Monat. Die Göttin Eostre »muß eine der am höchsten verehrten teutonischen Gottheiten gewesen sein, und ihr Fest muß sehr wichtig und tief in den Gefühlen des Volkes eingepflanzt gewesen sein«.[1] Aber die Verehrung dieser Göttin wurde so gründlich ausgemerzt, daß wir nicht mehr wissen, wie die Menschen über sie dachten. Nur ihr Name ist uns geblieben, aber die christlichen Autoritäten vermeiden es sorgfältig, zur Osterzeit diesen Namen zu erklären.

Die Göttin blieb mit dem wilden Waldland verbunden – wie Feenkönigin und Waldnymphen der keltischen Tradition. Ihre Priesterinnen wurden zu *wudu-maer* oder »Waldmüttern« oder »kleinen Waldfrauen«, und noch heute werden ihnen in manchen Gegenden Bayerns zur Osterzeit Semmeln oder Knödel geopfert.[2]

[1] Wright, 86–87
[2] Frazer, Folk-Lore of the Old Testament, 312

Tomate

Da die saftige Tomate zu der Familie der Nachtschattengewächse gehört, die viele giftige Pflanzen umfaßt, wurde sie zunächst mit Mißtrauen aufgenommen, als sie im 16. Jahrhundert in Europa eingeführt wurde. Zuerst wurde sie in Mittelamerika angebaut, offenbar in einer gelben Sorte, die die Italiener später dann *pomi d'oro* (»Goldäpfel«) nannten.

Anderenorts hieß die Tomate »Liebesapfel«, weil man sie für ein Aphrodisiakum hielt. Aus diesem Grund erklärte die Kirche sie zur Teufelspflanze. Etwa ein Jahrhundert lang gab es Widerstand gegen Gartentomaten, bis die Menschen herausfanden, daß die Negativbezeichnungen grundlos waren.

Der offizielle Name der gewöhnlichen Tomate – *Lycopersicon esulentum* – bedeutet »saftiger Wolfspfirsich« und entstand wahrscheinlich aus dem ursprünglichen Mißtrauen gegenüber der neuen Frucht. Und noch immer wird sie nicht richtig verstanden. Sie ist nämlich tatsächlich eine Frucht, obwohl man sie zu den Gemüsen zählt.

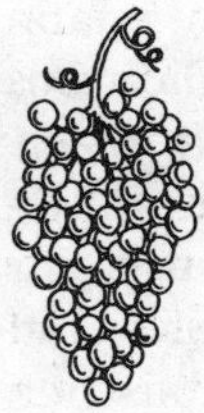

Traube

Die Entdeckung, daß verdorbener Traubensaft zu Wein fermentiert, erfolgte vor so langer Zeit, daß der genaue Zeitpunkt in der Vorgeschichte verlorenging; aber aufgrund dieser Entdeckung ist die Traube jahrtausendelang sorgfältig angebaut worden. Sie wurde sogar personifiziert und vergöttlicht, wie z.B. in Dionysos-Bacchus, dem griechisch-römischen Weingott. Der Name seines griechischen Festes – *Oinophoria* – bedeutet wörtlich »das Tragen der Weinreben«.[1] Der Wein fand seine Anhänger nicht nur wegen seines süßen Geschmacks, sondern vor allem auch, weil er

Trunkenheit verursacht, und dies wurde als Besessenheit durch den Geist des Gottes betrachtet (siehe Wein).

Dem gnostischen Evangelium »über den Ursprung der Welt« zufolge war die verbotene Frucht im Garten Eden weder ein Apfel noch eine Feige, sondern »Reben von weißen Weintrauben«.[2]

Die Schlangengottheit, die der Eva das Geheimnis der Trauben enthüllte, könnte dann auch der hebräische Dionysos gewesen sein, der noch im ersten Jahrhundert n. Chr. mit Jehova identifiziert wurde. Er war in besonderer Weise Gott Noahs, des ersten biblischen Patriarchen, über dessen Trunkenheit berichtet wird.[3]

[1] Keuls, 302
[2] Barnstone, 67
[3] Graves, The White Goddess, 366–368

Wein

Wein war immer auf die eine oder andere Weise ein Symbol für Blut des Lebens und wurde vor langer Zeit in Indien mit dem lebenspendenden Menstruationsblut der Frauen verglichen, das ohne Opfertötung sanft fließt. In den Schriften heißt es: »Wein ist Tara selbst in flüssiger Form, die Erlöserin der Lebewesen, die Mutter des Genusses und der Befreiung.«[1] Vielleicht hat auch die Göttin Libera, die als Gefährtin des Bacchus Liber nach Rom importiert wurde, ähnliche Gefühle hervorgerufen. Jedenfalls wurde bei ihren Festen viel Wein getrunken.

Im Gilgamesch-Epos wird die Göttin des heiligen Blutes in die Gestalt der Siduri Sabitu (»Weinträgerin«) gekleidet. Sie rät dem Helden, ruhig im Kreis seiner liebenden Familie zu leben und den Tod zu akzeptieren, wenn er kommt, anstatt sich und die Seinen durch eine hoffnungslose Suche nach Unsterblichkeit unglücklich zu machen.[2] Im südlichen Mesopotamien hieß die Weingöttin »Herrin der Weinrebe«, und bei den nördlichen Stämmen wurde sie »Herrin von Eden« genannt.[3] Spätere Sufi-Philosophen gaben ihr den Namen *Saki* (»Enthüllte Wirklichkeit«).[4] Ähnlich wie die Römer sagen: *In vino veritas* (»Im Wein ist Wahrheit«). In Griechenland gab es die Gestalt der *Oinothea* (»Weingöttin«). Anhänger des Dionysos-Bacchus-Kults glaubten, daß das heilige Blut ihres Gottes der Wein sei, der bei seinem Opfertod aus seinem Körper rann, ebenso wie der Saft aus den Reben troff. Noch vor der christlichen Lehre von der Transsubstantiation gab es in den heidnischen Erlöserkulten Wein, der auch Blut war und denen, die ihn tranken, Reinigung, spirituelle Erneuerung und die Verheißung der Unsterblichkeit bringen sollte. Euripides sagte, daß die heilige Trunkenheit – oder Besessenheit durch den Geist des Weingottes – den Trinker befähigte, die Zukunft vorherzusagen.[5]

Abgesehen von seinen zahlreichen sakralen Bedeutungen, wurde Wein immer als Droge verwendet, um Geselligkeit und Gastfreundschaft zu intensivieren. Ein jüdisches Sprichwort sagt: »Ein Mann, in dessen Haus der Wein nicht fließt, gehört nicht zu den wirklich Gesegneten.«[6]

[1] Mahanirvanatantra, 273
[2] Larousse, 72
[3] d'Alviella, 173
[4] Epic of Gilgamesh, 38
[5] d'Alviella, 165
[6] Trachtenberg, 167

Zwiebel

In der römischen Mythologie war die Zwiebel ein Symbol für Menschenköpfe, die dem Vatergott Jupiter geopfert wurden. Dieses Ersatzopfer wurde angeblich von dem sagenhaften König Numa Pompilius eingeführt, dem die »himmlische Heirat« zur »Liebe und Unterhaltung« der Göttin Egeria (Diana) gestattet worden war. Dank seiner heiligen Gemahlin erlangte Numa Segen und gottähnliche Weisheit und konnte aus diesem Grund Riten einführen, »die von den Göttern sehr gern gesehen wurden«.[1] Dies war einfach nur die römische Version des universellen archaischen Glaubens, daß kein König herrschen konnte, wenn er nicht mit der Göttin des Landes verheiratet war.

König Numa führte eine Auseinandersetzung mit Jupiter, um die Menschenopfer zu beenden und seine Bevölkerung zu retten. Es gelang ihm, den Gott davon zu überzeugen, statt dessen Zwiebelköpfe und Fischblut als Ersatzopfer zu akzeptieren.

[1] Perry, 180

21
MINERALIEN, STEINE, MUSCHELN

Achat
Amethyst
Bernstein
Bezoar-Stein
Blutstein
Chrysopras
Diamant
Edelsteine
Gagat
Gold
Granat
Hämatit
Jade
Karfunkel
Karneol
Katzenauge
Kaurimuschel
Koralle
Kreuzstein
Kristallkugel
Kupfer
Lapislazuli
Lapis Manalis
Magneteisenerz
Malachit
Mühlstein
Muschel
Opal
Perle
Prüfstein
Quarz
Rubin
Salz
Saphir
Schwarzer Stein
Schwefel
Serpentin
Silber
Smaragd
Stein
Stein der Weisen
Stygischer Stein
Türkis
Venushaar-Stein
Weißer Stein

Das Interesse der breiten Bevölkerung an Mineralien erlebt gegenwärtig eine Blüte, und dabei geht es nicht nur um wissenschaftliche Neugierde, sondern auch um esoterische Dinge. Wieder einmal werden Mineralien als Verkörperung von symbolisch-spirituellen Eigenschaften betrachtet. Natürlich hat die zeitlose Schönheit von Edelsteinen die Menschen immer angezogen. Die Philosophen sprachen über den schmerzhaften Gegensatz zwischen der Vergänglichkeit des Menschen und der vergleichsweise unzerstörbaren Dauer von Edelsteinen, Felsen oder Fossilien. Steine dienen als Hilfsmittel der Meditation.

Außerdem hat die romantische Phantasie Edelsteine und Mineralien immer als die lebenswichtigen Knochen der Mutter Erde oder als die verborgenen Blüten ihrer unterirdischen Gärten oder die verschwiegenen Schlüssel zu ihren Geheimnissen wahrgenommen. Viele Menschen sammeln und betrachten gerne ihre auserwählten Exemplare. Steine aller Art dienten als Glückszauber, persönliche Talismans, Amulette und Schätze.

Leider verliert die romantische Phantasie oftmals ihren eigenen schöpferischen Ursprung aus dem Auge und beginnt ihre eigenen Metaphern für real zu halten. Seit der Zeit der Alchemisten hat sich das Wissen über die Mineralien beträchtlich entwickelt; aber diese Entdeckungen werden von vielen modernen »Kristallmystikern« meist nicht zur Kenntnis genommen: Sie stützen ihre Ansichten auf Begriffe, die schon seit Jahrhunderten veraltet sind und sich seit langem als falsch erwiesen haben. Dementsprechend enthält die gegenwärtige Literatur über Mineralien viel Desinformation. Und manches davon widerspricht leicht erkennbaren Tatsachen so deutlich, daß in diesem Feld neue Höhen (oder Tiefen) menschlichen Unsinns erreicht werden.

So wird zum Beispiel behauptet, daß ein nicht-magnetisches und nicht-leitendes Mineral wie etwa Quarz »Magnetismus vom Erdkern aufsaugt« und verwendet werden kann, um elektrischen Strom zu »verstärken, zu speichern, zu fokussieren, zu übermitteln und zu lenken«.[1] Die tatsächlichen piezoelektrischen, pyroelektrischen und photoelektrischen Eigenschaften mancher Mineralien werden mißverstanden. Ihre Terminologie wird aus dem Zusammenhang gerissen und auf sinnlose, silbenreiche Ergüsse falsch angewendet, die Unwissende beeindrucken sollen. Ein bekanntes Lehrbuch der zeitgenössischen »Metaphysik der Mineralien« bietet beispielsweise das folgende pseudowissenschaftliche Geschwafel an:

»Durch die Anpassung des ätherischen Organisationsfeldes, das aus Gewebe, Organen, Drüsen usw. besteht, harmonisiert sich die physiologische Funktionsweise mit den eher kausalen Schwingungsmustern. Auf jeder Ebene eines jeden schöpferischen Energiefeldes, erschafft der Magnetismus die grundlegenden Koordinaten, in denen jede Einheit des Bewußtseins funktioniert.

Kristalle enthalten aus dieser Perspektive die Code-Muster der elektromagnetischen (und gravitationsbezogenen) Koordinaten von Licht-Frequenzen, wenn sie sich in der Form von Quarz kristallisieren. Das Molekulargeflecht erhält diese Information stabil und fungiert als »Same der Ganzheit«, der stimuliert werden kann, um mächtige Kraftfelder mit besonderen Parametern zu aktivieren. Dies ist im Prinzip eine Frage der Aktivierung der Code-Muster und ihrer Erweiterung in der Umgebung, durch die dann die elektromagnetischen Felder rekristallisiert werden. So erschufen die Oraxier und Atlanter zum Beispiel Energiekuppeln, die Tausende von Quadratmeilen abdeckten.«[2]

Am meisten Aufmerksamkeit hat das Quarz (Siliziumdioxid) auf sich gezogen, weil es relativ billig, reichlich vorhanden und hart genug ist, um gehauen und geschliffen zu werden; es bildet große, hübsche Kristalle und ist auch der Grundstoff von vielen Gesteinen. Quarz ist ein Mineral aus der riesigen Familie der Silikate, die 80 Prozent der Erdkruste ausmachen; ganze 12 Prozent bestehen aus Quarz. Die Kristallmystiker scheinen sich darüber nicht im klaren zu sein, es gelingt ihnen nicht, ihre Lieblingsmineralien in der Alltagskleidung zu erkennen. Dasselbe Lehrbuch erklärt: »Zerstoßener Quarz kann im Mörtel verwendet werden, um die Schwingungsebene eines ganzen Gebäudes zu heben.«[3] Wenn das so ist, müßten die meisten Gebäude der Welt ohnehin in Spitzengeschwindigkeiten schwingen. Zerstoßener Quarz wird immer in Mörtel verwendet. Ein anderer Name dafür lautet … Sand!

Die Kristallmystiker neigen auch dazu, ihre Lieblingsmineralien dort zu sehen, wo sie nicht sind. Der Autor eines in überwältigender Weise unaufgeklärten Buches über *Kristall-Aufklärung* konstatiert schlicht und einfach, daß »Menschen ebenfalls großenteils (sic!) aus Siliziumdioxid bestehen«.[4] Dies würde mit Sicherheit jeden Biologen aufs höchste überraschen. Wie alle anderen lebenden Organismen verfügen Menschen über eine Reihe von Mineralien in ihren Geweben; aber Siliziumdioxid gehört nicht dazu.

Biologen würde sich auch wundern, wenn sie hören würden, daß die »DNA-ähnliche Struktur des Quarzes eine erstrangige Resonanzaffinität mit der menschlichen DNA und den Blutkristallen hat«[5] oder daß selbst normales Blut irgendwelche »Kristalle« enthält. Kristallmystiker neigen dazu, in biologischen Angelegenheiten unklar zu bleiben. Man behauptet, ohne Gründe anzugeben, daß Kristalle niemals »von Tieren stammende Substanzen« wie etwa Leder berühren dürfen; aber im nächsten Satz wird mit derselben Überzeugungskraft gesagt, daß Kristalle in Seide eingewickelt werden sollten – und das ist ebenfalls eine Substanz, die von Tieren stammt.[6] Ein anderer Edelsteinguru verzapft den folgenden köstlichen Mischmasch:

»Rubine haben allgemein die Eigenschaft der Amplifizierung in einem Spektrum, das sich auf die Zirbeldrüse und die Hirnanhangdrüse bezieht. Sie werden großenteils von Entitäten als Talisman verwendet, die irgendeine Art von fluidischen Schwierigkeiten haben … Kann irgendeine leichte Wirkung auf das elektrochemische Muster des Körpers haben und kann die Enzyme, die in der Oberhaut vorkommen, verringern. Und sich allgemein auf jene des Lichts oder weniger dichte Schwingungen im Sinne ihrer Projektionen beziehen.«[7]

Kristallmystiker sind für die weitverbreitete Vorstellung aus der Antike verantwortlich, daß Krankheit durch Berührung von bestimmten Mineralien oder Edelsteinen geheilt werden kann, ja sogar, wenn man diese Steine nur in die Nähe des Krankheitsherdes bringt. Ihre modernen Bücher enthalten Rezeptlisten, in denen geschrieben steht, welche Mineralien »gut für« welche Leiden sind: In vielen Fällen sind dies dieselben Listen, die auch schon vor tausend oder 2000 Jahren in Umlauf waren.[8] Die übliche Begründung, die die Menschen der Antike dafür angaben, war die sympathetische Magie, also das Prinzip, daß Gleiches auf Gleiches wirkt. Deshalb sind rote Steine gut für das Blut, Steine, die wie Augen aussehen, sind gut für die Augen, Steine in kühlen Farben sind gut für Überhitzung und Fieber, durchscheinende gelbe Steine sind gut für Störungen des Blasenbereichs usw.

Die heutigen Begründungen sind nicht viel differenzierter: Nur ihre Ausdrucksweise ist phantasievoller geworden. Die zentrale Theorie spricht von »Schwingungen«, die aus der Molekularstruktur von Mineralien entspringen, sich angeblich in das menschliche Gewebe ausdehnen, das dann als Antwort dieselben Schwingungsfrequenzen nachahmt. Durch irgendeinen Mechanismus, der jedoch an keiner Stelle erklärt wird, wird dann all das repariert, was den Organismus quält. »Die Fähigkeit der Edelsteine zur Heilung beruht auf der Übertragung ihrer festen molekularen Struktur, die den physischen Körper bis hinab zur molekularen Ebene durchdringt und auf der biomolekularen Ebene Stabilität bringt, wo immer es eine sympathetische Resonanz gibt.«[9]

In einer anderen gleichermaßen nebulösen Beschreibung heißt es: »Kristallheilung … verwendet die Fähigkeiten des Quarzes, eine äußerst weite Skala von komplexen Energiefrequenzen in Verbindung mit seiner sensitiven Reaktivität auf die Gedankenwellen der Göttlichen Intelligenz und des menschlichen Bewußtseins zu empfangen, zu behalten, zu modifizieren und zu übermitteln.«[10] Mit anderen Worten: Es geht hier um altmodische Placebo-Heilung, die in einem brandneuen Wirtschaftsjargon zur Geltung gebracht wird.

Das soll nicht heißen, daß Heilung durch Glauben nicht wirkt. Natürlich wirkt sie – zumindest manchmal. Aber normalerweise sollte man potentiell gefährliche Gesundheitsstörungen nicht der Heilung durch den Glauben allein anvertrauen. Die Enttäuschung könnte fatal werden.

Aus diesem Grunde sollte man Ratschläge wie den folgenden sorgfältig prüfen: Ein Kristallmystiker empfiehlt, über jede »schmerzende Stelle« ein Kristall auf die Haut zu binden und es dort bei abnehmendem Mond drei Nächte nacheinander zu belassen; »nach der dritten Nacht nehme man den Kristall und vergrabe ihn im Freien unter der Erde«.[11] Der Theorie nach wird der Schmerz zusammen mit dem Kristall vergraben. Sollte er jedoch von so etwas wie einer Blinddarmentzündung herrühren, so könnte nach drei Nächten des Wartens der Patient statt des Steins begraben werden.

Man erkennt diesen Jargon ganz leicht an seinen immer wiederkehrenden Schlüsselworten wie Einstimmen, Balancieren, Reinigen, Stabilisieren und Stimulieren. Es sind fast immer transitive Verben ohne Objekte. Es wird nie erklärt, was auf was eingestimmt wird, was womit balanciert wird oder welche Art von Schmutz durch die Reinigung entfernt wird, welche Instabilität der Stabilisierung bedarf oder wie irgend etwas davon festgestellt, geschweige denn vollzogen wird. Mehr noch: Weil Kristallmystiker die Aura der Wissenschaft lieben, obwohl sie sie nicht studieren wollen, lieben sie auch Worte wie »genau«, »exakt«, »kohärent«, »meßbar«, »spezifisch« und »technisch« – wie etwa in der folgenden bemerkenswerten Passage:

»Der Programmierungsprozeß ist auf den etwas technischeren Ebenen eine interdimensionale Matrix-Transduktion, in der eine höherdimensionale kausale Energiekodierungsstruktur innerhalb eines rezeptiven kristallinen Gebildes überlagert wird, so daß es innerhalb des Kristallgitters supraholographisch einhüllt.

Um eine lange und technische Geschichte kürzer und einfacher zu machen: Das höherdimensionale Gedankenmuster bildet dimensionale Membran-›Streß‹-Muster, die ein Matrix-Muster von interdimensionalen Hyper-Licht-deltron-Schuß-Mustern erzeugen, welche ein holographisches Muster von stehenden Wellen in ein geordnetes Kristallgitter transponieren. Das reaktive Kristallgitter umhüllt die Formung des kausalen Energiemusters innerhalb der atomar-subatomar-magnetogravitationalen Quantenvalenz-Ebenen.«[12]

Natürlich ist dies alles unlogisch. Es braucht auch gar nicht logisch zu sein, das wird nicht bezweckt, es geht auch nicht um den Erwerb von echtem Wissen über die Mineralien. Manche Autoren geben sich nicht einmal die Mühe, die Namen der Mineralien, von denen sie sprechen, richtig zu buchstabieren.[13] Das wirkliche Ziel der Kristallmystik ist dasselbe wie das einer jeden Phantasterei, sei sie nun spielerisch oder ernst gemeint: es geht darum, sich aus einer problembehafteten Wirklichkeit in eine Welt reiner Symbole zurückzuziehen. Wie schwierig, unkontrollierbar oder gleichgültig das äußere Universum auch scheinen mag, Symbole sind manipulierbar und liefern damit zumindest die Illusion eines Wohlgefühls.

Insofern sind Mineralien also wirkliche Symbolgegenstände, sie sind numinos und von *mana* erfüllt. Natürlich sind die mineralischen Ressourcen der Erde lebenswichtig für die Zivilisation und sogar für das Leben selbst, aber die Menschen gehen mit einigen davon so um, als ob sie jenseits aller praktischen Anwendungen eine tiefere Bedeutung hätten. Mineralien medizinische, divinatorische oder mystische Kräfte zuzuschreiben ist ein Versuch, die Gefühle, die durch ihre bloße Existenz entstehen, zu rationalisieren. Es ist wie bei der natürlichen menschlichen Ehrfurcht angesichts eines Berges, die dann eine Schar von uralten Gottheiten geschaffen hat (einschließlich Jahwes selbst), die auf Bergen weilten oder durch Berge verkörpert wurden.

»Ein Edelstein kann zu einer erstaunlichen Form lebenspendender Energie werden«,[14] sagen einige moderne Mystiker. Andere predigen in dem etwas blumigeren Stil pseudowissenschaftlicher Erklärung: »Edelsteine dienen als mathematisch-geometrische Entsprechungen von Schwingungsmustern höherer Ebene, als supraholographisches Muster von stehenden Wellen aus besonderer Energie-Materie, die die Zugangslinien des interdimensionalen Energieaustausches offen und konstant halten, um höheres Licht zu empfangen und amplifizierten, kohärenten Zugang zum universellen Energienetzwerk zu gewinnen.«[15] So benebelt die Sprache auch klingen mag, so zeigt sie doch die Bemühung, ein Gefühl von Einheit mit dem Rest des organischen und anorganischen Universums auszudrücken – ein Gefühl, das den westlichen Religionen ganz offiziell fehlt, seit ihr Gott außerhalb der wahrnehmbaren Wirklichkeit plaziert und für transzendent erklärt wurde.

Es ist durchaus wahr, daß wir und alle unsere symbolischen Begriffe notwendigerweise in der materiellen Welt sind und zu ihr gehören: Es ist die einzige Welt, die wir in irgendeinem Sinn als offensichtlich betrachten können. Die normalen Eigenschaften von Mineralien wie Dichte, Festigkeit, Gewicht, Härte und relative Unbeweglichkeit im Vergleich zum organischen Leben erinnern uns daran, daß Materie (von dem lateinischen Wort *mater* für »Mutter«) universell ist und daß wir selbst nur einige wenige aus der Vielfalt ihrer (im doppelten Sinn) verschiedenen Formen sind.

Die kaum verstandene, aber universelle Fähigkeit von Menschen, auf ästhetische Reize emotional zu reagieren, ist vielleicht der wichtigste Grund, weshalb Edelsteine und andere Mineralien verehrt werden. Menschen scheint ein Gefühl für Schönheit innezuwohnen, sosehr die Meinungen über ihre jeweilige Definition auseinandergehen; und dieses Gefühl erweist sich oft als Königsweg zu einer sogenannten religiösen Erfahrung, einem Zustand der Transzendenz, einem ozeanischen Gefühl, einer Einheit mit dem Unendlichen usw. Wer hat nicht angesichts eines Sonnenuntergangs, einer Meerlandschaft, eines Wolkengebildes, einer bestimmten Beleuchtung, eines Tempelinnenraums oder eines Kunstwerks jene intensiven, wenn auch unbeschreiblichen Gefühle erlebt?

Als motivierende Kraft hat die Ästhetik in der Psychologie nicht die Aufmerksamkeit erhalten, die sie verdient. Ästhetische Reaktionen können ebenso überwältigend sein wie intensive sexuelle Reize und haben wahrscheinlich auch eine tiefe unbewußte Beziehung zu ihnen. Leidenschaftliche Reaktionen von

Menschen auf Kristalle können großenteils aus einem Bewußtsein von ihrer Schönheit entspringen, und dieses Bewußtsein kann so deutlich sein, daß »Wahrnehmung« dafür eine zu bescheidene Beschreibung ist. Deshalb müssen andere Erklärungen erfunden werden, um ein so lebhaftes Gefühl zu erklären. Manche Menschen, die stark auf die Schönheit der Mineralien reagieren, kanalisieren diese Reaktion in fleißiges Forschen und werden zu Mineralogen. Andere, die weniger zu Disziplin und Konzentration neigen, kanalisieren dieselbe Reaktion in einen unfokussierten Mystizismus, der ihre Emotion befriedigt, ohne ihren Intellekt allzusehr zu strapazieren. In beiden Fällen ist der Reiz derselbe, nur die Wirkung ist anders. Die Symbolik von Mineralien im Laufe der Geschichte offenbart ein reiches Angebot von beiden Spielarten des menschlichen Verhaltens.

[1] Stein, 175
[2] Baer/Baer, Windows of Light, 37
[3] Ibid., 123
[4] Raphaell, 49
[5] Baer/Baer, The Crystal Connection, 328
[6] Ibid., 80
[7] Gems, Stones, & Metals, 9
[8] Stein, 185–190
[9] Lapidary Journal, 40
[10] Baer/Baer, Windows of Light, 94
[11] Stein, 180
[12] Baer/Baer, The Crystal Connection, 122
[13] Raphaell, 3, 7, 48, 56, 101, 163, 164
[14] Lorusso/Glick, 13
[15] Baer/Baer, The Crystal Connection, 29

Achat

Im 11. Jahrhundert erklärte Marbodus, ein Bischof von Rennes, daß man die Gnade Gottes erringen könne, wenn man Achate trage. Diesem Stein wurde oftmals eine ganz besondere Affinität zu Gott zugeschrieben: Und deshalb erfand ein brasilianischer Priester im Jahr 1709 ein eigenartiges Luftschiff, das durch Achate getrieben werden sollte, die in seinem Dach eingebaut waren! Er war der Meinung, daß die Achate vom Sonnenlicht magnetisiert und das Luftschiff nach oben zu Gott ziehen würden.

Der kugelförmige Achat heißt manchmal auch Aleppostein, weil man glaubte, daß er die

»Aleppobeule« heilen könne, einen Ausschlag, der einen weißen Ring wie der im »Auge« des Achats bildet. Dieser Vorstellung lag offenbar sympathetische Magie zugrunde, in der Gleiches durch Gleiches geheilt wird. Es wurde allerdings vermutet, daß man eine zeitweilige Erleichterung verspüren könne, wenn man den kühlen Stein auf die Entzündung legte.[1]

Die Ähnlichkeit zwischen dem kugelförmigen Achat und dem menschlichen Auge mußte geradezu bemerkt und auf Augenkrankheiten angewendet werden, die angeblich durch Achate dieser Art gelindert werden konnten. Sie wurden auch als Schutz gegen den bösen Blick verwendet.

Moosachat – vielleicht aufgrund seiner vielen »Zungen« – wurde von Orientalen und Zigeunern gepriesen, weil er Eloquenz und Überzeugungskraft verlieh. Die Moslems tranken in Wasser gelöstes Achatpulver, um Wahnsinn und Melancholie zu heilen. Die Römer waren der Meinung, daß Achate gute Ernten bringen und Matrosen auf dem Meer beschützen könnten.[2] Manche Seeleute tragen noch heute auf jeder Ausfahrt einen Achat als Glücksstein mit sich.

[1] Kunz, 51–52
[2] G. Jobes, Bd. 1, 45

Amethyst

Amethyst ist die violette Spielart des Quarz. Sein Name kommt aus dem Griechischen und bedeutet »nicht-berauscht«. Lange Zeit wurde er als sicheres Zaubermittel betrachtet, um nüchtern zu bleiben, auch wenn man noch soviel Wein konsumierte. Manche sagten, daß man beim Trinken einen Amethyst unter die Zunge halten müsse, andere waren der Meinung, daß er genauso wirksam sei, wenn man ihn nur als Ring am Finger trüge. Vielleicht wurde der Amethyst aus dem letztgenannten Grund zum traditionellen Stein für Ringe von Bischöfen und Kardinälen. Im Mittelalter hieß er »Bischofsstein«.[1]

Die Kraft des Amethystes gegen alkoholische Exzesse hat vielleicht seinen logischen Ursprung in den Weingläsern der Antike, die oft aus Amethysten geschnitten waren. Diese Gefäße versteckten die Farbe des Weines so gut, daß Diener ihn verdünnen konnten, ohne von ihren Herren ertappt zu werden. Selbst reines Wasser konnte in einem Glas aus Amethyst die Farbe von Wein annehmen.

Die Heiden glaubten auch an die Heilkraft des Amethystes, und trotz ihres christlichen Glaubens verließen sich auch die Kreuzritter auf heidnische Magie, indem sie einen Amethyst am Rosenkranz befestigten.[2]

Einer von unseren heutigen Kristallmystikern, der typischerweise keinerlei Ahnung von Mineralogie hat, verwechselt den Amethyst mit einem ganz anderen Mineral, dem Beryll (*Beryllaluminumsilikat*) und erklärt dann hochtrabend seine Eigenschaften: »Andere Arten von Amethyst wie in Beryll oder Beryll-Derivaten sind bedeutsam in ihrer allgemeinen oder balancierenden Natur. Sie können als Verstärker der Energie in der mittleren Region … des Energiespektrums verwendet werden.«[3] Auf diese Idee wären die Griechen und Römer wohl nicht gekommen, nicht einmal im Vollrausch.

[1] Budge, Amulets and Talismans, 309
[2] Dake/Fleener/Wilson, 17, 86
[3] Gems, Stones, and Metals, 5

Bernstein

Das physikalische Phänomen der »Elektrizität« ist nach dem griechischen Wort *elektron* für »Bernstein« benannt. Der Grund liegt darin, daß der Bernstein elektrische Ladung entwickelt, wenn man ihn reibt, und zwar in ausreichendem Maße, um kleine Papierstücke aufzulesen oder die Haare auf der Haut zu bewegen. Bei den meisten modernen Plastiken kann man eine ähnliche Wirkung beobachten. Das lateinische Wort für Bernstein war *lyncurius* (»Luchsstein«): Man glaubte nämlich vielfach, daß Bernstein aus dem verfestigten Urin des Luchses bestand. Plinius widerspricht in seiner »Naturalis Historia« diesem Glauben, bestätigt aber die behauptete Fähigkeit des Bernsteins, Fieber, Blindheit, Taubheit und andere Störungen zu heilen.[1] Ein griechischer Mythos, der während des Mittelalters sehr verbreitet war, besagte, daß Bernstein aus den Tränen der Sonnennymphen, genannt Heliaden, gebildet wurde, als sie über den Absturz ihres Bruders Phaeton weinten.[2] In den baltischen Ländern hießen die Bernsteinperlen »Tränen der Freya« und galten als erstrangiges Heilmittel für Arthritis.[3]

Der deutsche Name »Bernstein« kommt von »brennen«, weil er leicht brennt und einen aromatischen Duft aussendet. Natürlich ist er gar kein Stein, sondern ein zum Fossil gewordenes Harz aus dem Saft von primitiven Fichtenbäumen. Bei den mittelalterlichen Alchemisten war er ein Sonnen-Symbol. Im »Speculum Lapidum« (»Spiegel der Steine«) des Camillus Leonardus (1502) heißt es, daß Bernstein Störungen des Halses und Bauches heile, Gifte neutralisiere und, wenn man ihn auf die Brust einer schlafenden Frau lege, sie zum Geständnis all ihrer Sünden bringen könne. Noch im Jahre 1985 steht in einem Buch: »Wenn man Bernstein über die Region der inneren Organe legt, so können die Gewebe revitalisiert werden.«[4]

[1] Desautels, 24, 31
[2] Hall, 244
[3] G. Jobes, Bd. 1, 82
[4] Raphaell, 136

Bezoar-Stein

Der Bezoar-»Stein« ist ein organisches Konkrement aus dem Verdauungstrakt eines Wiederkäuers. Manchmal besteht er größtenteils aus Haar (»Deutscher Bezoar«), dann wieder aus harzartigen Stoffen (»Orientalischer Bezoar«), aus Pflanzenfasern (»Phytobezoar«) oder Kalziumphosphat (»Bezoar des Westens«). Unabhängig von der Art seiner jeweiligen Zusammensetzung ist der Bezoar immer sehr als Amulett verehrt worden. Mark Twain beschreibt einen in »Huckleberry Finn«: »Ein Haarball so groß wie deine Faust, die aus dem vierten Magen eines Ochsen genommen wurde, und (Jim) hat damit Magie gemacht. Er sagte, daß ein Geist darin wohne, und daß er alles wisse.«

Blutstein

Der Name »Blutstein« wurde fast allen roten oder rotgefleckten Mineralien verliehen, zum Beispiel dem Rubin, dem Granat, dem Karneol und dem Hämatit. Üblicherweise ist damit jedoch eine Art des Jaspis (von der Gruppe der Chalzedone) gemeint, der auch »Heliotrop« heißt: ein dunkelgrüner, opaker Stein mit roten Flecken. Die Ägypter haben diesen Stein mit dem Blut der Isis gleichgesetzt und behauptet, daß er schwangeren Frauen helfe und »weibliche Beschwerden« heile – vor allem Probleme bei der Menstruation.[1] Die römischen Gladiatoren trugen den Blutstein in dem Glauben, daß er die Blutung von Wunden dämpfen könne.

Die Christen erklärten, daß dieser Stein entweder mit dem Blut Christi oder des heiligen Stephan befleckt worden sei. Deshalb hieß er manchmal auch »Sankt Stephans Stein«.[2]

Im Mittelalter galt der Besitz des Blutsteins als Schutz vor vielen Mißgeschicken wie etwa Ertrinken, Brustkrankheiten und Angriffe durch Skorpione. Dem »Leiden Papyros« zufolge hat er einige wirklich wundersame Qualitäten: »Die Welt besitzt nichts Größeres; wenn irgend jemand diesen mit sich trägt, so wird er alles erhalten, um was er bittet; er besänftigt auch den Zorn von Königen und Despoten, und was immer der Träger sagt, wird geglaubt werden. Wer immer diesen Stein trägt, wird alle Türen offen finden, und Fesseln und Steinmauern werden zerrissen werden.«[3] Offenbar sind die Kräfte des Blutsteins heute nicht mehr so durchschlagend; aber noch immer wird er als »mächtiger Reiniger des physischen Körpers« beschrieben, der das Blut reinigen kann und »oftmals den Zustand der Giftlosigkeit herstellt«.[4] In einer anderen Quelle wird behauptet, daß die physische Nähe zu einem Blutstein Eisenmangel ausgleichen kann.[5] Aber wahrscheinlich ist es wirkungsvoller, wenn man ein paar Rosinen ißt und von Zeit zu Zeit eine Eisenpille einnimmt.

[1] Budge, Amulets and Talismans, 316
[2] Dake/Fleener/Wilson, 144–147
[3] Kunz, 61
[4] Raphaell, 139
[5] Stein, 188–189

Chrysopras

Die grünen Exemplare des kryptokristallinen Quarzes heißen »Chrysopras« und galten als Träger wundersamer Kräfte. Im Mittelalter glaubte man, daß ein Stück Chrysopras, das man im Mund hielt, unsichtbar machen konnte und daß ein verurteilter Dieb mit Hilfe dieses Steins der Bestrafung entgehen konnte.[1]

[1] Dake/Fleener/Wilson, 141

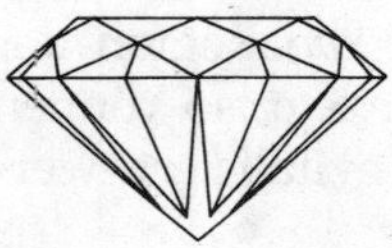

Diamant

Das Wort »Diamant« kommt von dem Sanskritwort *diu* für »leuchtendes Wesen, Gottheit«.[1] Zwar leiten die meisten Wörterbücher den Namen des Steins von dem griechischen Wort *adamas* (»hart«, »unbezähmbar«) ab, aber diese ältere Herleitung wie auch viele mythologische Gestalten lassen ahnen, daß der Diamant der Stein der Göttin (*dia*) war. In Asien heißt sie noch immer »Diamantsau«, und ihr Yoni-Heiligtum im Paradies ist der »Diamantsitz«.

Es gab die gängige Vorstellung, daß Diamanten durch den Blitz, das Donner-Juwel (Sanskrit *vajra*), in die Erde geraten sei, und deshalb hieß es im mittelalterlichen Europa, daß Donner Diamanten »auflösen« könne, weil das Schöpferische auch zerstören kann. Sir John Mandeville betonte, daß Diamanten sexuelle Wesen und Kinder hervorbringen könnten. Natürlich wollten die Eigentümer von Diamanten nur zu gern wissen, wie sie ihre Steine zur Paarung anregen könnten. Sir John behauptete auch, daß Diamanten, die mit Maitau besprengt wurden, wachsen könnten.[2]

Nur ungefähr 20 Prozent aller Diamanten, die alljährlich ans Tageslicht befördert werden, sind als Edelstein geeignet. Der Rest wird der industriellen Verwendung zugeführt. Noch immer gibt es die altbewährte Tradition, daß die besten Diamantspezialisten der Welt die Juden sind, wenn es um Vermarktung und Bearbeitung geht. Ein beliebter Spruch aus der Renaissance lautet: »Die Heiden glauben an Kräuter, die Christen an Worte, die Juden glauben an Diamanten.«[3] Aber der westliche Brauch, bei einer Verlobung Diamanten zu schenken, war zum Beispiel in China unbekannt: Dort galten Diamanten als weniger wertvoll als Jade. Das passende Geschenk eines Bräutigams für seine Braut war Jade. Die bekannteste Legende über jeden großen Diamanten ist die über seinen »Fluch«. Über die Eigentümer von solchen Steinen werden immer und immer wieder tragische Geschichten erzählt, und zwar mit einer Genugtuung, aus denen oftmals der Neid spricht. Immer wieder wurde behauptet, daß Frauen, die Diamantknöpfe auf ihrer Kleidung tragen, das Unglück geradezu herbeirufen.[4] Aber vielleicht war das Unglück, das sie am meisten riskierten, ein Raubüberfall, bei dem es auch zu einer physischen Verletzung kam.

[1] Cirlot, 77
[2] Kunz, 71–71
[3] Trachtenberg, 136
[4] G. Jobes, Bd. 1, 441

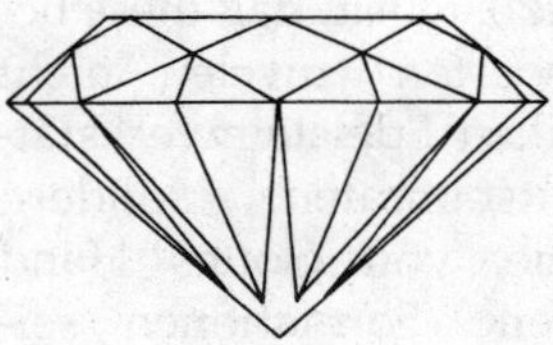

Edelsteine

Entsprechend den Regeln des Konzils von Leodizea im Jahre 355 n. Chr. erklärte die frühe Kirche, daß wertvolle Steine Fesseln der Seele seien, die durch die Sünde Adams verdorben sei. Wer Edelsteine trage, müsse aus der Kirche ausgeschlossen werden.[1] Davon ausgehend kam es zu der abergläubischen Vorstellung, daß viele Edelsteine giftig seien und daß man Diamanten aus den Kiefern von Giftschlangen entnehme.[2] Von der alten Göttin, die in einer neuen mittelalterlichen Form als Göttin Mari diabolisiert wurde, hieß es, daß sie ihren nächtlichen Verehrern Edelsteine schenke, die sich am Tageslicht in Kohlenbrocken verwandelten.[3]

Aufgrund des kirchlichen Widerstands ging die Kunst des Edelsteinschliffs im europäischen Mittelalter verloren. Aber es überlebten kunstvoll geschnittene Steine aus der Antike und der Zeit der Gnosis, die man insgeheim bewunderte. Die Spanier nannten sie *piedras de rayo* (»Steine aus Licht«).[4] Die Christen begannen die Behauptung aufzustellen, daß diese begehrenswerten Juwelen nicht den antiken Edelsteinwerkstätten entstammten, sondern natürliche, von Gottes Hand geschaffene Formationen seien. Konrad von Megenburg schrieb, daß er sich trotz seiner Liebe für Edelsteine der Gnade Gottes sicher sei, denn »Gott gewährte diesen Steinen ihre Schönheit und Tugend, um der menschlichen Rasse zu helfen und sie zu erfreuen«.[5]

Die Kirche segnete schließlich das riesige Potential von Juwelen ab, um damit ihre weltlichen Schätze zu vermehren, wie es auch die Priesterschaften in Indien getan hatten. Krishnas praktische, erwerbstüchtige Priester stellten Listen von Belohnungen auf, die die Stifter verschiedener Edelsteine im Jenseits erwarten durften. Wer Rubine stiftete, sollte als König oder Kaiser wiedergeboren werden. Wer Smaragde schenkte, würde das Wissen um die Seele und das Ewige erlangen. Wer Korallen hinterließ, würde »alle drei Welten überwinden«. Und wenn jemand Gold schenkte, so würde er die Erlösung – das Nirvana – erlangen und »ewiges Leben genießen«. Krishna befahl jedem Anhänger, das zu geben, »was in dieser Welt am meisten geschätzt wird, und das, was dir am liebsten ist«, um die Verheißung von Reichtümern in einem anderen Leben zu empfangen.[6]

Als die christlichen Autoritäten den Vorteil eines solchen Tauschgeschäfts erkannten, konnten sie die Juwelen schließlich doch gutheißen, sofern sie den Besitz der Kirche mehrten. Schlechte Einflüsse, die sie aufgenommen hatten, konnten durch drei Messen mit diesem Segensspruch entfernt werden: »Wir flehen bescheiden zu Deiner Majestät, da Du einen der Steine zum Wohnort für die Majestät Deines Herzen erwählt hast, daß du diese Steine durch die Heiligung und Inkarnation Deines Namens segnen und heiligen mögest, damit sie geheiligt, gesegnet und geweiht seien und von Dir die Wirkung der Tugenden empfangen mögen, die Du ihnen je nach ihrer Art gewährt hast und die durch die Erfahrung der Gelehrten als

Dein Geschenk erkannt worden ist.«[7]

Und nun »entdeckte« man auch, daß die gnostischen Edelsteine nicht die heidnischen Gottheiten abbildeten, deren Namen auf ihnen geschrieben standen, sondern verkleidete christliche Berühmtheiten. Der Gott Merkur auf einem Edelstein war in Wirklichkeit der heilige Michael! Zeus und Athene vor ihrem Olivenbaum waren in Wirklichkeit Adam und Eva im Garten Eden! Und Jupiter Serapis wurde zum Patriarchen Joseph, als sein Edelstein in einen Kirchenschatz überging. Bald war der größte Teil von Europas kostbaren Steinen in den Händen der Kirche.[8] Als einmal der Bann gefallen war, wurden die EuropäerInnen zu eifrigen SammlerInnen von Edelsteinen. Ärzte insistierten auf der Edelsteinheilkunde: Saphire für Augenprobleme, Infektionen und Flüche, Karneol zur Blutstillung, Koralle für Krankheiten des Nervensystems, Topas gegen Alpträume und um Ruhm und Reichtum zu verleihen (wahrscheinlich für den Arzt, nicht den Patienten).[9]

Wegen ihres Geldwerts wurden Edelsteine mit allen Arten von Diebstahl, Betrug und Schieberei in Verbindung gebracht, die der menschliche Erfindergeist nur aushecken kann. Natürlich hat die neue Beliebtheit der Edelsteine und anderer Mineralien zu neuen Formen der alten Schwindlerstücke geführt. Eines der ältesten bestand im Verkauf von Wasser, in das ein Edelstein getaucht worden war – natürlich zu maßlos überhöhten Preisen. Es wurde nämlich behauptet, daß der Kontakt mit dem Stein das Wasser heilkräftig gemacht habe.

Noch heute ist es vollkommen legal, eine solche *prepared gemstone essence* (»zubereitete Edelsteinessenz«) zu verkaufen, obwohl der Kunde dabei weiter nichts als eine teure Viole mit Wasser ohne ein einziges Molekül des Minerals entgegennimmt. Edelsteine sind nicht wasserlöslich. Die meisten lösen sich nicht einmal in starken Säuren auf. Und doch verkaufen und bewerben »Kristallmystiker« dieses Nicht-Produkt mit Behauptungen wie »Das Wasser dient als rezeptives Medium, das die Energie des Kristalles speichert, wie es auch die Energien von Sonne, Mond und Sternen verarbeitet.«[10] Der Gläubige wird angehalten, jeden Tag dieses Wasser zu trinken, was schließlich zu beträchtlichen Ausgaben führen kann. »Edelsteintinkturen«, sagt das Lehrbuch, »haben ihre wichtigste Wirkung auf die gravito-magnetischen Kristallisationsmuster des Blutes. Manche von diesen

Tinkturen haben einen starken magnetischen Reorientierungseffekt auf die Gehirnzellen und die Bewußtseinszentren im Gehirn.«[11] Vielleicht wäre die richtige Übersetzung die, daß man seinen Verstand überprüfen lassen sollte.

Eine weniger bösartige Verkaufskampagne kam den Juwelieren zugute: Man teilte jedem Monat des Jahres (oder Tierkreiszeichen) einen Edelstein zu und forderte die Leute auf, ihre »Geburtssteine« zu kaufen. In der Antike wurden verschiedene Listen von Tierkreissteinen verwendet. Auf einer dieser Listen (Exodus 28, 17–20) findet man die vieldiskutierten zwölf Juwelen auf der Brustplatte des Hohepriesters. Die Zusammenstellung von Geburtssteinen variiert, obwohl Berufsorganisationen der Juweliere darauf bedacht sind, sie zu standardisieren. Trotz dieser Abweichungen – die normalerweise doch keine spezifischen Interpretationen zulassen dürften – mühen sich die modernen Mystiker ab, um diese Idee der Geburtssteine zu rechtfertigen. Sie beschreiben sie als »Leiter des Gleichgewichts durch die Türen und Tore der Schwingung, die jeder Zyklus und jede Jahreszeit der zwölf Erdmonate dem Menschen bringt«.[12] Eine andere nebulöse Erklärung lautet: »Es gibt jene Schwingungen, die man im Element des Minerals findet, die sich auf die Zeit des Eindringens beziehen, und zwar aufgrund der elektromagnetischen Matrix, die von himmlischer und kosmischer Seite mit der Erdebene gebildet wird. So kann man also logisch begreifen, daß es solche geben kann, die am besten schwingen oder den besten Bezug zu den Entitäten herstellen, in die sie zu der Zeit eingetreten sind, wenn die Gefälle bestimmt werden und wenn die kosmische Integration kalkuliert wird.«[13]

[1] Kunz, 42–44
[2] Cirlot, 155
[3] Baroja, 238
[4] Leland, 250
[5] Kunz, 141
[6] Ibid., 240–241
[7] Ibid., 45
[8] Ibid., 257
[9] G. Jobes, Bd. 2, 1268, 1398, 1588
[10] Baer/Baer, Windows of Light, 98
[11] Baer/Baer, The Crystal Connection, 156
[12] Lorusso/Glick, 7
[13] Gems, Stones, & Metals, 26

Gagat

Gagat ist ein anderer Name für Anthrazitkohle, die hart genug ist, um wie ein Edelstein geschnitten und poliert zu werden. Sein glänzendes Schwarz brachte ihn oft mit unterirdischen Kräften in Verbindung. Amulette aus Gagat hatten die Reputation, Dämonen zu kontrollieren, den bösen Blick abzuwenden, Hexerei oder dämonische Besessenheit zu bekämpfen, Schlangenbisse zu heilen und vor Vergiftung zu schützen. Das Schutzamulett der *mano cornuta* (italienisch für »gehörnte Hand«) bzw. des Teufelshorn-Amuletts wurde oft aus Gagat gefertigt.[1]

[1] Budge, Amulets and Talismans, 316

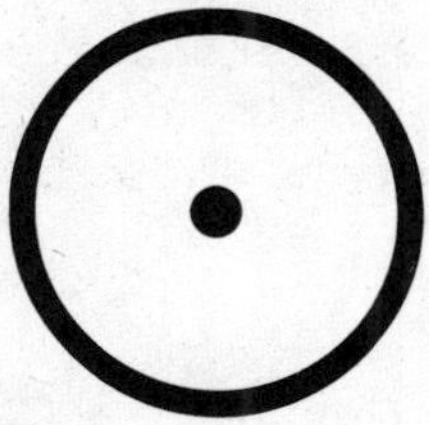

Gold

Das alchemistische Zeichen für Gold ist mit dem Symbol für die Sonne identisch. Wegen seiner Farbe und seines Glanzes wurde Gold immer mit der Sonne assoziiert, und weil es chemisch äußerst stabil ist, wurde es auch mit der Idee der Unsterblichkeit in Verbindung gebracht. Gold wird durch Rost und Korrosion nicht getrübt. Es degeneriert nicht im Wasser und löst sich in Schlamm und Erde nicht auf. Feuer kann es zwar schmelzen, nicht aber seinen Glanz beeinträchtigen. Als unveränderliches, immer glänzendes »unsterbliches« Metall symbolisierte Gold vor allem in Ägypten und dem Orient die menschlichen Hoffnungen auf ewiges Leben: Dort wurden verehrte Tote in Goldkassetten eingeschlossen, damit das Metall seine dauerhaften Qualitäten auf sie übertrage.

In dem sagenhaften Tempel des Herakles-Melkart, des Sonnengotts von Tyros, bestand ein Pfeiler aus reinem Gold und verkörperte wahrscheinlich den Gott selbst. Die Hindus nannten das Gold auch »Licht in mineralischer Form«, in der Vermutung, daß es aus einer geheimnisvollen, in der Erde begrabenen Verfestigung von Sonnenlicht entstanden sei.[1]

Gold ist das bevorzugte Material von Eheringen, weil es eine vom Lauf der Zeit ungetrübte Heiterkeit und Helligkeit verspricht.

In Asien symbolisiert ein goldener Würfel meistens die Erde. Diese Symbolik ist möglicherweise aus einer Verwechslung von Gold und Pyrit entstanden; denn der Pyrit (Eisensulfid) besitzt eine leuchtend goldene Farbe und hat die Tendenz, sich in richtigen Würfeln zu kristallisieren. Deshalb hieß er »Gold der Narren« und ersetzte oftmals das Gold.

[1] Cirlot, 58, 114

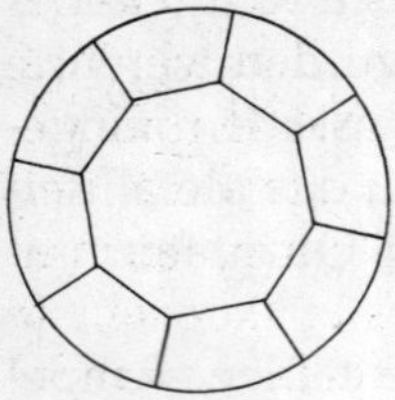

Granat

Granat ist ein Sammelbegriff für eine Familie von verschiedenen gefärbten Silikaten wie Andradit, Almandin, Grossular, Spessartin und Uwarowit, die dann noch Untergruppen enthalten wie Melanit, Topasolith, Hessonit, Hyazinth, Reselith, Tzavorit und etliche andere mehr. Diese Arten kommen in mannigfaltigen Farben vor: Schwarz, Grün, Gelb, Braun, Violett, Orange und farblos; aber die bekannteste Farbe von Granaten ist ein reiches dunkles Rot wie Venenblut.

Deshalb wird der Granat, wie man nach den Regeln der sympathetischen Magie erwarten konnte, immer mit Blut, Bluten, Wunden, Blutkrankheiten und Blutsbanden in Verbindung gebracht. Das Wort »Granat« hängt mit dem »Granatapfel« zusammen, einem traditionellen Symbol des Schoßes und des lebenspendenden Gebärmutterbluts. Vielleicht galten Granate deshalb als günstiger für Frauen als für Männer. Im Mittelalter wurde den Granaten die Fähigkeit zugeschrieben, blutende Wunden auszutrocknen und zu heilen.

Andererseits verwendeten indische Truppen, die in Kaschmir gegen die Briten kämpften, Granate als Gewehrkugeln, weil sie glaubten, daß sie besonders blutige Wunden schlugen, die schwer zu heilen seien.[1]

[1] Desautels, 100

Hämatit

Hämatit ist ein Eisenerz und kann zu einem hellroten Pulver (Eisenoxid) zerrieben werden, das auch als roter Ocker bezeichnet wird. Er wurde in der Antike für alle medizinischen und mystischen Darstellungen von Blut verwendet: daher der Name »Hämatit« (von griechische *haima* für »Blut«). Hämatitpulver galt als Heilmittel für blutunterlaufene Augen, für innere Blutungen und Blaseninfektionen, die blutigen Urin verursachten. Bei Gräbern aus der Steinzeit war manchmal die ganze ausgehobene Grube mit Hämatit rotgefärbt: Damit sollte ein von Blut erfüllter Schoß für die Wiedergeburt angedeutet werden. Bei den Römern war sowohl der Hämatit wie auch das Eisen dem Mars, ihrem roten Kriegsgott, heilig; deshalb wurde dieser Stein oftmals als Schutzamulett von Soldaten im Krieg verwendet.[1]

Das alchemistische Symbol für den Hämatit vereinte offenbar das Sigill der Venus (der Gefährtin des Mars) mit einem umgekehrten Venuszeichen, das die Abfolge von Geburt und Tod anzeigen sollte.[2]

[1] Kunz, 81
[2] Koch, 69

Jade

Jade können zwei Mineralien sein, die zwar verschieden, dennoch aber schwer zu unterscheiden sind.1. Jadeit, ein Pyroxinsilikat, 2. Nephrit, ein Amphibolsilikat. Der erstere gilt heute als die kostbarere »kaiserliche Jade«, der letztere war jedoch in China vor dem 18. Jahrhundert als Jade im Gebrauch.

Die Bezeichnung »Nephrit« ist von dem lateinischen Wort *lapis nephriticus* oder »Nierenstein« abgeleitet, weil dieser als Heilmittel gegen Nierenbeschwerden galt. Das Wort »Jade« kommt von dem spanischen Ausdruck *piedras de ijada* (»Lendensteine«), weil die Konquistadoren, die in Mexiko Jadeit fanden, ihn ebenfalls für nierenwirksam hielten.[1]

Die Chinesen verwendeten Jade für Juwelen, Schmuck, Waffen, Werkzeuge, Möbel und Medizin. Wenn man Jade mit Reis und Wasser aus Tautropfen in einem Kupferkessel kochte, so wurde daraus eine »göttliche Flüssigkeit«, die als Heilmittel für viele Beschwerden galt: eine alte asiatische Version der »Edelsteinessenz«.[2] Wenn man diese Flüssigkeit unmittelbar vor dem Tod trank, so konnte man damit – wie es hieß – die Verwesung des Körpers verhindern.

Die chinesische Liebe zu Jade beruhte auf der Vorstellung, daß sie der verfestigte Samen des Himmelsdrachen sei, der im Körper der Erde gespeichert war. Die Menschen schätzten ihn »wegen seiner tiefen symbolischen Bedeutsamkeit«, und sie berührten und liebkosten ihre Jadejuwelen in einem fort, aber nicht um »eines bloß sinnlichen Vergnügens willen, sondern als symbolischen Kontakt mit dem Samen als Quelle himmlischer Lebenskraft«.[3] Eine ähnlich exotische Phantasie hat vielleicht Behauptungen von heutigen Zeitgenossen inspiriert: Sie sind der Meinung, daß Jade »nicht von der Erde ist, sondern eine Mutation von einem Planeten außerhalb dieses Sonnensystems«.[4] Wie dies festgestellt wurde, ist uns aber noch nicht erklärt worden.

[1] Desautels, 23, 221
[2] Kunz, 385
[3] Rawson, Erotic Art of the East, 230
[4] Lorusso/Glick, 44–45

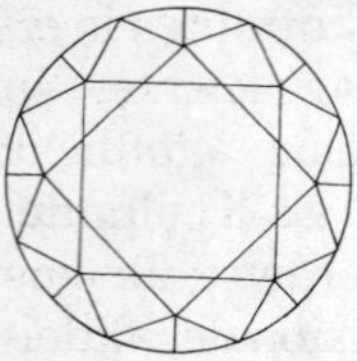

Karfunkel

Obwohl der Karfunkel andauernd in mittelalterlichen Gedichten, Zauberformeln und Beschreibungen von Juwelen auftaucht, gibt es ihn gar nicht. Das Wort »Karfunkel« stammt von dem lateinischen Wort *carbunculus* (»ein kleines, brennendes Kohlestück«) und wurde unterschiedslos auf fast alle roten Edelsteine wie Rubin, Spinell oder den roten Granat angewandt, der auch *pyrope* (»Feuerauge«) heißt. Man glaubte, daß rote Edelsteine den Geist des Feuers in sich tragen, und deshalb wurden sie zur Behandlung von Fieber, Blutkrankheiten und anderen »roten« und »heißen« Zuständen verwendet. Das Wort »Karbunkel« erscheint in der Medizin als Bezeichnung für eine entzündete rote Stelle oder eine beulenartige Schwellung.

Karneol

Der Karneol war einer von mehreren roten Steinen, die man einst Blutstein nannte: Man glaubte nämlich, daß er imstande sei, bei Verwundungen den Blutverlust zu dämpfen, den Fluß des Menstruationsblutes zu normalisieren und den Aufstieg des Blutes in den Kopf zu verhindern. Der Karneol ist einer von vielen Arten des Chalzedons. Wegen seiner blutroten Farbe war er sehr beliebt für ägyptische Herzamulette, die die *ab*, die von der Mutter verliehene Herzseele, symbolisierten. Ein in die Körperhöhlen einer Mumie gesetztes Karneolamulett wurde als »Blut der Isis, Tugend der Isis, magische Kraft der Isis« beschrieben.[1]

Für Moslems war der Karneol der »Mekkastein«, der alle Wünsche erfüllt und vollkommenes Glück bringt. Die alten Griechen glaubten, daß er die Sehnsüchte des Herzens befriedigt. Manche haben seinen Namen von dem lateinischen Wort *carne* (»Fleisch«) abgeleitet, er könnte aber auch von dem lateinischen Wort *cor* für »Herz« kommen. Der Karneol hatte die erste Position auf Aarons Brustplatte, die mit magischen Steinen besetzt war. Die Perser übernahmen den ägyptischen Brauch, einen Karneol mit den Toten zu begraben, der auf magische Weise dafür sorgen sollte, daß die Toten bei ihrer Wiedergeburt eine neue Körperhülle erhielten. Die Verbindung dieses Steins mit Fleisch und Blut hat sich in dem Volksglauben erhalten, daß Zahnfleischbluten durch die Verwendung eines Zahnstochers aus Karneol gestillt werden kann.[2]

Heute sind Kristallmystiker noch immer der Meinung, daß Karneol gut für Menstruationsprobleme ist, daß er aber auch »Energiemoleküle unmittelbar durch die Haut einspeisen kann«, obwohl es in Wirklichkeit keine Energiemoleküle gibt.[3]

[1] Kunz, 38, 226
[2] G. Jobes, Bd. 1, 292
[3] Lorusso/Glick, 69

Katzenauge

Im Gegensatz zu den relativ seltenen Katzenaugen aus Chrysoberyll bestehen die meisten Katzenaugen oder Tigeraugen aus schimmerndem Quarz: Dies ist eine durchscheinende Sorte mit Einschlüssen aus einem anderen faserförmigen Mineral, das imstande ist, Licht zu reflektieren, und zwar auf eine Art, die der schlitzförmigen Pupille einer Katze gleicht.

Die Araber ordneten einem solchen Stein sehr seltsame Eigenschaften zu. Sie glaubten, daß er den Träger im Kampf unsichtbar machen könne. Sie waren auch der Meinung, daß er eine Ehefrau daran hindern könne, von einem außerehelichen Liebhaber Kinder zu empfangen. Zu diesem Zweck mußte ihr der Ehemann Milch zu trinken geben, in die dieser Stein getaucht worden war, bevor er verreiste.[1] Wahrscheinlich glaubte man, daß dieser Stein, der als Auge wahrgenommen wurde, verschiedene Phänomene der Vision und des Beobachtens beeinflußte.

[1] Budge, Amulets and Talismans, 311

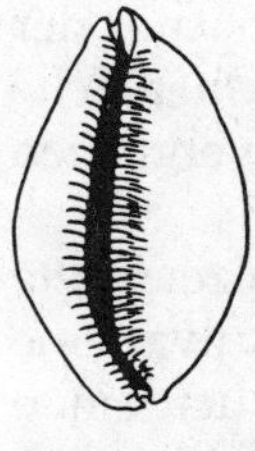

Kaurimuschel

Die Kaurimuschel ist wahrscheinlich eines der ersten Yoni-Symbole der Welt, da ihre Ähnlichkeit mit den weiblichen Genitalien fast unübersehbar ist. Der Name selbst soll von Kauri, einer vorvedischen Erscheinungsform der Göttin in Indien, abgeleitet sein. Die Muschel wird in Indien noch immer als magischer Schmuck verwendet, um den bösen Blick abzuwenden.[1] Aber die Verwendung der Kaurimuscheln als Symbole der Wiedergeburt – die das weibliche Tor des Lebens symbolisieren – geht bis auf die Zeit um 20 000 v. Chr. zurück.[2]

Kaurimuscheln wurden im gesamten Mittleren Osten, in Ägypten, dem Südpazifik und in den Ländern der Mittelmeerregion als Zaubermittel für Heilung, Fruchtbarkeit, Wiedergeburt, magische Kraft oder Glück verwendet. Die Römer nannten die Muschel *matriculus* (»kleine Matrix« oder »kleiner Schoß«). Sie hieß auch *porcella*, was sowohl Vulva wie auch »kleine Sau« bedeutet. Unser Wort »Porzellan« ist davon abgeleitet, weil es ursprünglich mit der glänzenden weißen Oberfläche der Kaurimuscheln verglichen wurde.[3]

Bei den Griechen bezeichnete das Wort *kteis* eine Vulva, eine Kaurimuschel oder auch einen Kamm. Kauri-Magie erhielt sich noch weit bis in die Zeit des Christentums, trotz andauernder Anstrengungen, ihre offensichtliche Symbolik nicht zu erkennen.

Zigeunerfrauen schätzten diese Muscheln weiterhin als Fokus ihrer weiblichen Kräfte und zogen sie allen anderen Amuletten vor.[4] Die christianisierten Sudanesen akzeptieren Amulette aus Lederstreifen, auf denen ein Kreuz gestempelt war, betrachteten sie aber als relativ nutzlos, wenn sie nicht mit neun Kaurimuscheln verziert waren.[5]

[1] Gifford, 79
[2] Campbell, Primitive Mythology, 376
[3] Leland, 102
[4] Trigg, 43
[5] Budge, Amulets and Talismans, 352

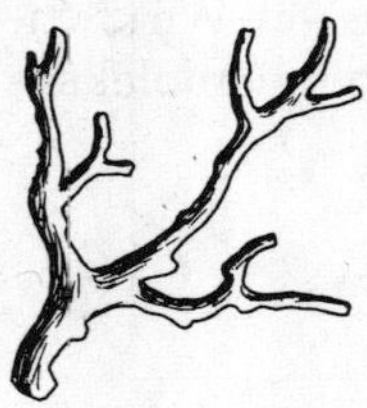

Koralle

Die rote Koralle wurde in der ganzen Mittelmeerregion als magisches Halsband für Kinder hochgeschätzt; man glaubte, daß sie dadurch gegen den bösen Blick gefeit seien.[1] Die Koralle wurde auch Lebensbaum des Meeres genannt und ihre rote Farbe verbunden mit dem lebenspendenden weiblichen Blut. In griechischen Sagen heißt es, daß alle roten Korallen aus dem Blut der Gorgone Medusa entsprangen.[2]

Die mythischen Beziehungen zu weiblichem Blut und Fruchtbarkeit ließen bei italienischen Bäuerinnen die Überzeugung entstehen, daß ihr Korallenschmuck in Anlehnung an ihren Menstruationszyklus die Farbe verändere.[3] Außerdem galt pulverisierte Koralle als Heilmittel gegen Sterilität und wurde vielen medizinischen Rezepten beigefügt.

[1] Trachtenberg, 133
[2] Cirlot, 59
[3] Kunz, 69

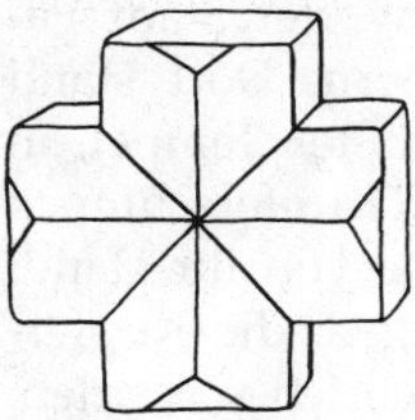

Kreuzstein

»Kreuzstein« ist die allgemeine Bezeichnung des Minerals Staurolith, dessen Kristalle häufig die Form von doppelten Kreuzen annehmen, deren Arme sich entweder im 60-Grad-Winkel schneiden wie bei einem X oder ein griechisches Kreuz bilden. Solche doppelten Kristalle sind auch als Feenkreuze bekannt. Im Italienischen nennt man sie *pietra della croce* und hält die Kreuzsteine für ein mächtiges Amulett. In Britannien benutzte man die Staurolithen als Schutz gegen Schiffbruch. Die in den Vereinigten Staaten gängige Legende besagt, daß die Kreuzsteine ihre Form durch die Tränen von Feen erhielten, die weinten, als sie zum erstenmal von der Kreuzigung Jesu hörten.[1] Diese Legende scheint christliche und heidnische Elemente zu vermengen.

[1] Kunz, 271

Kristallkugel

Der Lehrer von Cornelius Agrippa von Nettesheim, Abt Tritheim, schrieb, daß die Kristallkugel eines Magiers vollkommen durchsichtig sein und in etwa »die Größe einer kleinen Orange« besitzen solle. Sie solle auf einem Ständer aus Elfenbein oder Ebenholz mit einer Fassung aus Gold liegen, auf dem das Tetragrammaton und die Namen der vier Erzengel Michael, Gabriel, Uriel und Raphael eingraviert seien, die über Sonne, Mond, Venus und Merkur herrschen.

Eine Kristallkugel mit einem Durchmesser von sieben Zentimetern krönt das schottische Zepter. Die Verwendung solcher Kugeln konnte bis zu den Druiden zurückverfolgt werden. Und noch in den Tagen von Sir Walter Scott hießen sie

»Steine der Macht«. Eine andere Kugel aus rauchigem Quarz, die die Schotten *cairngorm* nannten, ist heute im Besitz des British Museum und gilt als der berühmte »Zeigestein« von Dr. Dee, dem Hofweissager der Königin Elizabeth I. von England.[1] Bis zum heutigen Tag sind Kristallkugeln beliebt, ob sie nun aus Glas oder klarem Quarz gefertigt wurden. In Museen findet man einige sehr große klare Quarzkugeln, die in Asien durch jahrelanges Polieren von Hand entstanden. In Japan wird die Kristallkugel *tama* als Symbol der Ewigkeit betrachtet.[2]

[1] Kunz, 181, 183, 190
[2] G. Jobes, Bd. 1, 527

Kupfer

Das alchemistische Zeichen für Kupfer ist mit dem Zeichen für die Göttin Venus (Aphrodite) identisch, da die reichsten Kupfervorräte der Alten Welt auf der Insel Zypern (von *kypros* für »Kupfer«) lagern, die der Göttin geweiht war. Das Metall, das aus zypriotischen Minen ans Tageslicht befördert und von zypriotischen Schmieden bearbeitet wurde, war auf vielerlei Weise mit der Göttin Aphrodite assoziiert und wurde zu ihrem Metall. Kupfer ist zum Beispiel der magische Spiegel der Weissagung für den Freitag (den Venustag) und ist symbolisch mit dem Planeten Venus verbunden, wie Silber vom Mond und Gold von der Sonne beherrscht wird.

Venus-Aphrodite wurde oftmals poetisch als »Zyprische« oder »Paphische« angerufen – in Ableitung von der Kupferinsel Zypern bzw. der Stadt Paphos auf Zypern. Dort stand Aphrodites größter Tempel, in dem eine mit Kupferschmuck verzierte Statue von ihr stand. Wunderheilungen, die Kupferstücken zugeschrieben werden, können mit großer Wahrscheinlichkeit auf die archaische Verehrung der Göttin zurückgeführt werden.

Lapislazuli

Der blaue Lapislazuli symbolisierte traditionell das Wasser als Urelement der Schöpfung.[1] Die Ägypter begruben Lapislazuli-Amulette mit ihren Mumien als Ersatz für das Herz, damit die Neuerschaffung im Jenseits gelinge.[2] Als »Stein der Wahrheit« war der Lapis der Göttin Maat, der »Mutter des alles-sehenden Auges« geweiht, und ihr Name bedeutet sowohl »Wahrheit« wie auch »sehendes Auge«.[3] Dies erklärt vielleicht die weitverbreitete Auffassung, daß Lapislazuli Augenkrankheiten heilen kann.[4] Der Lapis wurde auch in China als eines von den »sieben kostbaren Dingen« verehrt.

Lapislazuli gehört zu derselben Familie der Silikate wie der blaue Sodalit. Er heißt auch Lasurit, und zwar nach dem persischen Wort *lazuward* für »Himmel«, von dem auch unser Wort »azur« abgeleitet ist. Um die Verwirrung vollständig zu machen, heißt ein völlig anderes blaues Mineral »Lazulith« (ein Phosphat), während ein weiteres damit ebenfalls nicht verwandtes blaues Mineral »Azurit« heißt und ein Kupferkarbonat ist. Diese ähnlich klingende Nomenklatur von Lazulith, Lazuli, Lasurit, Azurit hat schon zu vielen Mißverständnissen geführt.

Das alchemistische Symbol für den Lapislazuli scheint ein umgekehrtes Jupiter-Zeichen zu sein. Dies sollte vielleicht die Vorstellung ausdrücken, daß ein wenig vom blauen Himmel (Jupiter ist ein Himmelsgott) auf die Erde herniedergekommen ist und nun von den Felsen aus nach oben schaut.[5]

[1] Cirlot, 33
[2] Budge, Egyptian Magic, 30
[3] Kunz, 119, 293
[4] G. Jobes, Bd. 2, 973
[5] Koch, 72

Lapis Manalis

Der Lapis Manalis war der heilige Stein auf dem römischen Hügel Palatin, der die Grube bedeckte, in der die Ahnengeister wohnten. *Lapis manalis* bedeutet »Stein der Ahnengeister«, die man im Lateinischen *manes* nannte. Sie waren die Kinder der archaischen Mondgöttin Mana oder Mania, die bei ihren alljährlichen Festen als Mutter aller Toten in Erscheinung trat und eine angsteinflößende Maske trug. Jedes Jahr entfernten die Römer beim Fest der *Parentalia* (»Verwandtschaften«) den Lapis Manalis von der Grube und forderten die *manes* auf, hervorzukommen und den Festmählern beizuwohnen, die ihnen zu Ehren abgehalten wurden. Im Grunde war dies die römische Version von Halloween, dem Totenfest, das bei den Kelten *Samhain* hieß. Diese Toten unter dem Lapis Manalis waren sogar noch älter als Rom selbst.

Magneteisenerz (auch: Magnetit)

Der Magnetstein ist ein natürlicher Magnet, und seine Anziehungskraft machte ihn zum idealen Material für Liebeszauber und andere Operationen, in denen es um Anziehung ging. Man glaubte, daß Magnetstein den Blitz anziehen könne und deshalb nicht während eines Gewitters am Körper getragen werden sollte.

Außerdem stärkte er auch das Erinnerungsvermögen. Prostituierte lobten ihn, weil er, wie sie glaubten, Kunden anziehen könne. Noch heute sind manche Indianer aus Mexiko der Meinung, daß der Magnetstein lebt und jeden Freitag ins Wasser gelegt werden muß, damit er trinken kann, und daß man im Eisenspäne zum Essen geben muß.[1]

Plinius erzählt, daß der Magnet nach dem Schafhirten Magnes benannt wurde, der ihn entdeckte, als er seine Herde auf dem Berg Ida weidete: Stücke dieses Steins blieben an den Nägeln seiner Schuhe hängen. Der römische Dichter Claudianus beschrieb im 5. Jahrhundert n. Chr. eine wundersame Hochzeit zwischen Venus und Mars, die von den Priestern ihres Doppeltempels abgehalten wurde. Die Statue des Mars bestand aus Eisen, die der Venus aus Magnetstein, und natürlich mußten sie, wie magisch angezogen, aufeinanderzustürzen. Es ist oftmals geäußert worden, daß Frauen Männer auf dieselbe Weise an sich ziehen, wie der Magnetstein es mit dem Eisen tut. In China hieß dieser Stein *t'su shi* oder »liebender Stein«.[2]

[1] Budge, Amulets and Talismans, 318
[2] Kunz, 94–95

Malachit

Die Ärzte der Renaissance verwendeten Malachit als »mächtiges lokales Anästhetikum«. Wahrscheinlich war dazu eine beachtliche Kraft der Imagination vonnöten, denn der Stein selbst besitzt keine solche Eigenschaft.[1]

In Italien hieß der Malachit »Pfauenstein«. Seine runden Flecken gleichen den Augen des Pfauenschwanzes, und deshalb war dieser Stein der Juno heilig, deren Totemtier ein Pfau war. Malachit galt auch als Schutz gegen den bösen Blick, vor allem wenn das Amulett in Dreiecksform geschnitten war.[2] Diese Vorstellung könnte noch auf die ursprüngliche Erscheinungsform der Juno als Dreifache Göttin, die frühere, vollständig weibliche Kapitolinische Dreiheit, zurückverweisen.

Einer von unseren modernen Kristallmystikern schreibt: »Wenn jemand sehr entwickelt und humanitären Zielen hingegeben ist, so hilft Malachit, um höhere Energien auf den Planeten Erde herunterzubringen, damit sie hier genutzt werden könne.«[3] Aber wahrscheinlich kommen diese »höheren Energien« nicht mehr von der Göttin Juno.

[1] Desautels, 24
[2] Kunz, 137
[3] Raphaell, 143

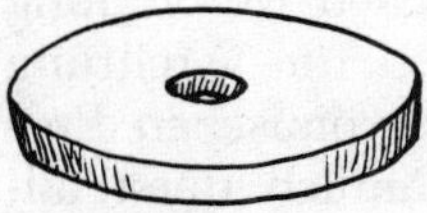

Mühlstein

Der Mühlstein war immer ein Symbol der Göttin des Getreides, der Ernte, des Mahlens und Backens. Alte Darstellungen, auf denen sie mit dem Mühlstein erscheint, wurden zu Bildern einer voll und ganz mythischen christlichen Heiligen, Christina, deren Name einfach eine »Christin« bedeutet. In einer erfundenen Legende tritt sie als die übliche unbeugsame Jungfrau in Erscheinung, die wegen der Bewahrung ihrer Jungfräulichkeit eingekerkert und schrecklich gefoltert wurde.

Abgesehen von anderen Grausamkeiten, wurde sie mit einem Mühlstein um den Hals in den Lago Bolseno geworfen, weigerte sich jedoch zu sinken und schwebte trotz des Mühlsteins auf wundersame Weise an der Wasseroberfläche.[1] Aber der Gott, der sie auf diese Weise vor dem Tod im Wasser bewahrte, nahm dann doch seine schützende Hand von ihr, und sie starb an einer Überdosis von Pfeilwurz.

[1] Hall, 67–68

Muschel

Die Muschel wurde von Christen als Zeichen dafür getragen, daß sie eine Pilgerreise zum Heiligtum des heiligen Jakob von Compostela im Nordwesten Spaniens vollführt hatten. Dieses beliebte Heiligtum war in Wirklichkeit von der Göttin Brigit, einer keltischen Version der meergeborenen Aphrodite, übernommen, und der frühere Name lautete Brigantium.[1] Die Muschel war ihr Yoni-Symbol, wie es auch durch das griechische Wort *kteis* für »Muschel«, «Kaurimuschel« oder »Vulva« nahegelegt wird. Das englische *scallop* für »Muschel« kommt von dem norwegischen Wort *skalpr* für »Scheide« oder »Vagina«.[2] Mit präzisem Wissen über ihre symbolische Bedeutung hat Botticelli diese Muschel als Hintergrund für seine Venus gewählt. Mit der Übernahme des Brigit-Heiligtums durch den heiligen Jakob war eine absurde

Legende verbunden: Der Körper des Heiligen verließ Jerusalem, schwamm allein in einem Steinsarg über das Meer und erreichte in Nordwestspanien das Ufer, um seine Reliquien dem dortigen Heiligtum zu schenken. Selbst katholische Gelehrte geben inzwischen zu, daß die Legende von Santiago de Compostela von Anfang bis Ende fiktiv ist; und trotzdem ist dieses Heiligtum weiterhin ungestört in Betrieb.[3]

[1] Graves, The Greek Myths, Bd. 1, 296
[2] Potter/Sargent, 108
[3] Attwater, 182

Opal

Vielleicht war der Opal der Stein der Weisen, wie einige arabische Alchemisten angeben, weil er in sich »alle Farben: Weiß, Rot, Gelb, Himmelblau und Grün« enthält.[1]

Es gab die Ansicht, daß ein Opalring am Finger einer kranken Person kurz vor dem Tod heller schien als sonst. Die Mineralogen sagen, daß dies wahr sein könnte. Opale reagieren auf Hitze, und wenn jemand mit hohem Fieber sie trägt, so könnte das die Farbe des Steins intensivieren.[2]

Im Mittelalter kursierte die Vorstellung, daß ein Opal den Träger für die Augen anderer Menschen unsichtbar machen könne; deshalb wurde er dann auch »Stein der Diebe« genannt.[3]

in Westeuropa galt der Opal oft als Unglücksstein. Wie bei vielen anderen Unglückssymbolen kann der Grund in einer kaum merklichen Verbindung mit der alten Göttin-Verehrung liegen: der vorrömischen Erdmutter Ops nämlich, deren alljährliche Feste *Opalia* hießen. Aber der Name des Steins ist vom Sanskritwort *upala* für »kostbarer Stein« abgeleitet.

[1] Seligmann, 94
[2] Dake/Fleener/Wilson, 244
[3] Kunz, 150

Perle

Perlen waren der Aphrodite Marina als »Perle des Meeres« heilig, die später in mehreren verschiedenen Sagen als mythische heilige Margarete (griechisch für »Perle«) christianisiert wurde. Die beliebteste Version war die folgende: Margarete war eine frühere Priesterin der Aphrodite, eine reiche heilige Hure, die sich plötzlich zum Christentum bekehrte und ihr gesamtes Eigentum der Kirche übergab. Mit anderen Worten: Sie war die Göttin, die sich bekehrte. Aber Aphrodites »Perlentor«, die symbolische Yoni, die zu ihrem sexuellen Paradies führte, wurde ebenfalls zu einem christlichen Topos.[1] Auch in der moslemischen Mythologie ist das Paradies eine Perle, die vollkommene sexuelle Erfüllung symbolisiert. Jeder gesegnete Held wird nach dem Tod mit seiner *houria* in Massen von Perlen leben; Männer und Frauen werden sich zum vollkommenen »runden Menschen« oder Androgyn zusammenfügen, und dies ist eine Anspielung auf die »Perlen der Weisheit«, die die vollkommene Erkenntnis der Göttin symbolisierten.[2]

Aufgrund dieser Assoziationen von männlich-weiblicher Einheit hieß es oft, daß Perlen aus männlichem Feuer und weiblichem Wasser gebildet sind. In einer anderen poetischeren Überlieferung wird gesagt, daß Perlen durch die Verschmelzung von Wasser und Mondlicht entstehen.[3]

Die berühmte Geschichte von Kleopatras Perle wurde jahrhundertelang in volkstümlichen Erzählungen wiederholt. Sie soll eine sehr wertvolle Perle in ein Glas Wein geworfen haben und, als die Perle sich auflöste, dieses Glas in Anwesenheit von Marcus Antonius ausgetrunken haben. Das ist wieder eine von diesen unmöglichen Geschichten, die von Unwissenden so sehr geliebt werden – leicht zu widerlegen und trotzdem niemals hinterfragt. Perlen lösen sich in Wein nicht auf. Eine Flüssigkeit, die eine Perle so schnell hätte auflösen können, hätte ebenso schnell auch Kleopatras Eingeweide aufgelöst.[4]

In Borneo waren Perlenfischer fest von der folgenden Art der wundersamen Perlenvermehrung überzeugt: Man gibt eine Perle zusammen mit zwei Reiskörnern in eine Flasche, die mit dem Finger eines toten Mannes zugestopft wird – und alsbald wird diese Perle weitere Perlen gebären.[5] Auch das war unwahrscheinlich genug, um von vielen geglaubt zu werden.

[1] Walker, The Woman's Encyclopedia of Myths and Secrets, 582
[2] Cirlot, 130, 239
[3] de Lys, 284–285
[4] Desautels, 17
[5] Kunz, 41

Prüfstein

Obwohl der Begriff »Prüfstein« allgemein häufig verwendet wird, wissen wenige Bescheid über seine genaue Herkunft. Der Prüfstein ist eine schwarze, feinkörnige Art von amorphem Quarz, genannt Basanit oder im Altertum »lydischer Stein«. Er wurde und wird benützt, um den Reinheitsgrad wertvoller Metalle zu bestimmen. Die verschiedenen Legierungen hinterlassen Streifen verschiedener

Farbe auf diesem Stein, was sehr gut sichtbar ist auf seiner schwarzen Oberfläche. Durch das Kratzen mit einem Metallstück an dem Stein, »kann die Feinheit eines Metalls bis zur Genauigkeit von etwa einem Karat angegeben werden«.[1]

[1] Dake/Fleener/Wilson, 155

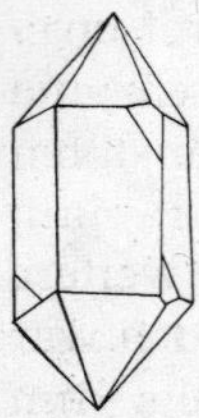

Quarz

Die alten Griechen waren der Meinung, daß Quarzkristalle versteinertes Eis seien – so hart gefroren, daß sie niemals auftauen könnten. Deshalb nannten sie dieses Mineral *krystallos* (»Eis«). Dieser Begriff hielt sich bis zum Jahre 1777 und wurde von dem schwedischen Wissenschaftler Carl Linnäus bestätigt.[1] Es gibt den Volksglauben, daß man den Durst löschen kann, wenn man ein Quarzkristall in den Mund hält, als ob es dort auftauen könnte.[2] Robert Boyle legte schließlich dar, daß Quarz kein Eis sein kann, weil er im Wasser sinkt, während Eis an der Oberfläche schwimmt.

Aber in Wirklichkeit waren die Griechen näher an der Wahrheit, als sie wußten. Kristallisation ist derselbe Vorgang wie Gefrieren. Wasser ist das »Mineral« Hydrogenoxid, das bei Null Grad Celsius zu einem festen kristallinen Zustand gefriert. Geschmolzenes Quarz gefriert bei 3115 Grad Fahrenheit.

Die römischen Priesterinnen der Vesta verwendeten Quarzkristalle, um »Feuer vom Himmel herabzuziehen«. Damit entzündeten sie ihre Altarfeuer, die auf keine andere Weise entfacht werden durften. Das Altarfeuer, das die Söhne von Aaron verzehrte, war in ähnlicher Weise durch »Feuer vom Herrn« (Leviticus 10,2) erzeugt. Quarz wurde quer durch die Jahrhunderte für praktische und magische Zwecke aller Art verwendet. Die mexikanischen Indianer glaubten, daß in den Quarzkristallen die Geister der Toten leben. Die christlichen Autoritäten behaupteten, daß sie die »unbefleckte Empfängnis« symbolisierten.[3] Moderne Kristallmystiker verehren den Quarz ganz besonders, sind sich aber über seine Eigenschaften uneins. Einer sagt, daß Quarz »unmittelbar mit den Trennungen von Schichten des abgekoppelten Bewußtseins zusammenarbeitet, um die Bewußtseinsebenen neu zu integrieren«.[4] Ein anderer behauptet, daß Quarzkristalle »von der Höheren Evolution als elementare Aufbausteine verwendet werden, um ein meßbares Netz eines größeren harmonischen Systems zu errichten, welches ermöglicht, verschiedene Kombinationen von Wellensstrukturen zu vereinigen und Myriaden von Gravitationswellenkombinationen zu bilden, die ihrerseits wieder miteinander reagieren, um Gedankenformen auf physische planetare Wirklichkeiten zu übertragen.«[5] Oder könnte dieses Netz vielleicht vom abgeschalteten Verstand gemessen werden?

[1] Dake/Fleener/Wilson, 82, 110
[2] G. Jobes, Bd. 1, 392
[3] Budge, Amulets and Talismans, 312
[4] Lorusso/Glick, 61
[5] Baer/Baer, Windows of Light, 144

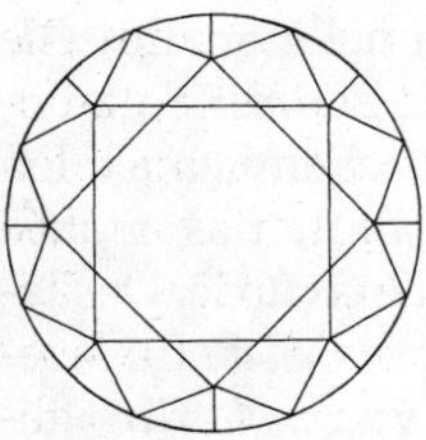

Rubin

In Indien heißt der Rubin *ratnaraj* oder »Herr der kostbaren Steine«. Dunkelrote Rubine gelten als männliche, hellere als weibliche. Rubine wurden mit Hitze und Leidenschaft assoziiert. Es wurde sogar behauptet, daß die rote Hitze eines Rubins, in Wasser gelegt, dieses Wasser zum Kochen bringen könne.[1] Man versteht kaum, wie eine Vorstellung, die so leicht widerlegt werden kann, so lange überleben konnte, wenn es nicht einfach die relative Seltenheit der Rubine war, die dieses Experiment unwahrscheinlich machte.

Eine andere volkstümliche Meinung traut dem Rubin oder »Karfunkel« zu, in der Dunkelheit wie eine Lampe zu scheinen. Die europäischen Barden betonten, daß der Tempel des Heiligen Gral von einem riesigen Rubin gekrönt war, der die Gralsritter während der Nacht als Leuchtzeichen leiten sollte.[2] Die Vorstellung, daß Edelsteine Licht erzeugen können, anstatt es nur zu reflektieren oder zu brechen, ist ein gemeinsamer Zug verschiedener Mythologien. Auch in der hinduistischen Überlieferung wird die gesamte Unterwelt von einem großen Edelstein – *kantha* – wie von einer unterirdischen Sonne erleuchtet.[3]

Die islamische Sage behauptet, daß Adam und Eva im Stein der Ka'aba wiedervereint wurden, der aus einem riesigen Rubin mit einem weißen Stein in seiner Mitte gehauen war: Hier haben wir also ein Symbol für das weibliche (rote) Prinzip, das das männliche (weiße) Prinzip umhüllt und einschließt. Später soll sich der Stein dann ganz und gar schwarz gefärbt haben

– die dritte der drei heiligen Farben –, angeblich, weil sündhafte Menschen ihn berührten.[4]

Wie andere rote Steine wurde der Rubin oftmals als Zauber gegen Blutvergießen oder als Heilmittel bei Störungen des Blutes eingesetzt. Technisch gesehen ist der Rubin nur die rote Sorte des Korund (Aluminiumoxid), dessen häufigere Form der Schmirgel ist. Korundedelsteine in allen anderen Farben – blau, gelb, weiß, braun, violett, grün – gelten als Saphire.

[1] Kunz, 101, 102
[2] Walker, The Woman's Encyclopedia of Myths and Secrets, 352
[3] G. Jobes, Bd. 2, 908
[4] Cavendish, 114, 115

Salz

Es überrascht nicht, daß das alchemistische Symbol für das Salz mit dem Symbol für das Wasser-Element identisch war – eine Anspielung auf den ebenen Meereshorizont, der den oberen und unteren Teil der Welt trennt.[1] Wie das Meer selbst, so wurde auch Salz immer als Symbol der Reinigung und Wiedergeburt verehrt. Salz war wahrscheinlich das am frühesten entdeckte Konservierungsmittel für Nahrungsstoffe wie Fleisch und Fisch. Außerdem schmeckt es wie Blut und Meereswasser, Flüssigkeiten, die mit dem alles-erzeugenden Schoß identifiziert wurden. Die Throne der Götter hatten oftmals eine Würfelform – ausgehend von der Beobachtung, daß das »Salz der Erde« würfelförmige Kristalle bildet. Im Orient war das dreidimensionale Zeichen der Erde der Würfel. Der biblische Gott forderte, daß jedes Opfer auf seinen Altären mit einem Salzopfer einhergehen mußte (Leviticus 2,13), weil in fast allen nahöstlichen Kulturen Salz zur Weihe von Altären und Opfern verwendet wurde.

Die Ägypter heiligten ihre Altäre, indem sie sie mit Salz bestreuten, wahrscheinlich als Ersatz für das Blut, das früher dafür verwendet wurde. Das lateinische Wort *immolare* für »opfern« kommt von *mola* für »geweihtes und gesalzenes Mehl«, das von den vestalischen Jungfrauen zubereitet und dann über Opfertiere gestreut wurde.[2] Die biblische Geschichte von Lots Ehefrau, die in eine »Salzsäule« verwandelt wurde, scheint von dem hebräischen Wort *mlh* für »Salz« abgeleitet zu sein. Gleichzeitig ähnelte dies aber auch einem heiligen Namen der Königin-Mutter-Erde (Malkut), der verehrt wurde, weil er denselben Zahlenwert hatte wie der geheime Name Gottes in dreifacher Wiederholung – insofern war dieses Wort vielleicht eine frühere Manifestation der Dreifachen Göttin.[3]

Wegen dieser altehrwürdigen Zeichen der Heiligkeit wurde Salz schon immer verwendet, um Dämonen und andere böse Einflüsse fernzuhalten. Christliche Altäre, Glocken, Reliquien und andere religiöse Gegenstände wurden mit Salz »gesegnet«. Der verbreitete Brauch, Salz in ein Haus zu bringen, bevor die Familie einzog, beruhte auf den antidämonischen Eigenschaften dieses Stoffes. Salz, das am Stephanstag geweiht wurde, galt als besonders wirksamer Schutzzauber. Die Leue aßen davon, wenn ein Gewitter drohte oder wenn sie zu einer Reise aufbrachen.[4] Salz über die Schulter zu werfen ist ein Zauber, der den Tod fernhalten soll.

[1] Koch, 65
[2] Walker, The Woman's Encyclopedia of Myths and Secrets, 110, 66, 887,
[3] Trachtenberg, 160; Budge, Amulets and Talismans, 323
[4] Miles, 311

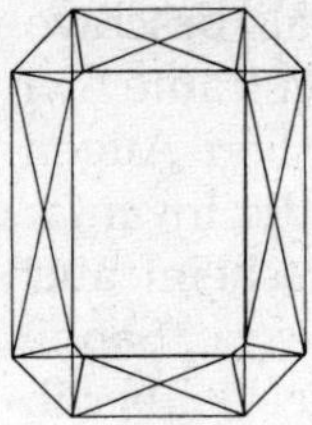

Saphir

Das Wort »Saphir« ist von dem biblischen Wort *sappur* abgeleitet, das in einer Vision des Ezechiel vorkommt (Ezechiel 1,26) – als der Stoff, aus dem der Thron Gottes besteht. Aber in Ägypten war anscheinend mit *sappur* das heilige Blut der Göttin Isis gemeint, deren »Schoß« der Thron Gottes war. Das assyrische Wort *sapuhru* wiederum bedeutete »rote Paste« – ein Gebräu, mit dem man sich »in den Augen der Götter« magisch reinigen konnte.[1] Dies zeigt, daß die antiken Versionen des Saphirs nicht die heutigen Korundsteine gewesen sein können. Es muß irgendein anderer Stein gewesen sein, der vielleicht pulverisiert wurde und vielleicht blutrot leuchtete.

Wie alle teureren Edelsteine wurde der Saphir oft als Heilmittel empfohlen. Bartholomäus schrieb, daß alle Hexen Saphir lieben, weil »sie mit Hilfe dieses Steines gewisse Wunder wirken«. Sternsaphire nannte man »Steine des Schicksals«, weil ihre drei sich überschneidenden Strahlen die Dreifache

Göttin des Schicksals beschworen. Solchen Steinen traute man auch die Heilung von Augenkrankheiten zu. In der Inventarliste Charles' V. erscheint auch »ein ovaler orientalischer Saphir, um damit die Augen zu berühren«.[2] Medizinische Texte aus dem Mittelalter erklärten, daß Saphire Eiterbeulen heilen könnten.[3] Saphire galten als Hüter der Keuschheit und der Bewahrung von Geheimnissen und wurden darum zu beliebten Steinen auf Kardinalsringen.[4]

[1] Graves, The White Goddess, 290; Pritchard, Bd. 2, 62
[2] Kunz, 105–107, 388
[3] Desautels, 24
[4] G. Jobes, Bd. 2, 1398

Schwarzer Stein

Im *lapis niger* (»Schwarzer Stein«), der im alten Forum Romanum als heiliger Gegenstand aufbewahrt wurde, war angeblich das Gesetz der Göttin eingraviert. Ein ähnlicher schwarzer Stein wurde von den Amazonen auf ihrer heiligen Insel Themiskyra verehrt, und ein weiterer (vielleicht auch derselbe) verkörperte die Göttin Kybele, die im Jahre 204 v. Chr. auf Befehl der Sybille von Cumae nach Rom gebracht wurde. Der umgekehrt konische schwarze Stein verkörperte eine frühe anatolische Form der Kybele, die auch Kubaba, Kuba oder Kube hieß. Sie wurde unter den königlichen Ahnfrauen von Sumer aufgelistet, wo sie »hundert Jahre regierte und die Dynastie von Kisch gründete«.[1]

Diese Göttin vom schwarzen Stein hat auch eine Verbindung mit dem heiligen schwarzen Stein, der noch heute in Mekka verehrt wird. Es ist die Ka'aba (»Kubus«), das Zentralheiligtum des patriarchalischen Islam. Vor der Zeit von Mohammed war dieses Heiligtum der »Alten Frau« geweiht, einer Dreifachen Göttin mit den drei Namen Manat, Al-Uzza und Al-Lat (letzteres ist die weibliche Form von Allah).[2] Ihre Priester haben das Heiligtum offenbar von einem früheren Priesterinnenorden übernommen, denn sie nannten sich offiziell »Söhne der Alten Frau«.[3] Kybele-Kubaba-Kube-Ka'aba hatte auch einen Platz im Tempel von Jersualem. Wie in Rom, so kastrierten sich auch dort ihre Priester und legten Frauenkleidung an.[4] In der Bibel werden sie ziemlich ungenau als »Sodomiten« bezeichnet (1. Könige 15,12, 2. Könige 23,7), aber der betreffende Ausdruck bedeutet eigentlich »Verweiblichte«.

[1] Fischer, 275
[2] Vermaseren, 22
[3] Briffault, Bd. 3, 80
[4] Beltz, 77–78

Schwefel

Der Schwefel war der Göttin Athene heilig: Deshalb war sein alchemistisches Symbol mit ihrem Zeichen identisch. Weil Schwefel mit der jungfräulichen Göttin des Parthenon (»Jungfrauenhaus«) assoziiert wurde, galt er allgemein als Element der Reinigung. Krankenzimmer und von Dämonen heimgesuchte Orte wurden gereinigt, indem man dort Schwefel verbrannte; vielleicht mit der Begründung, daß etwas, was so schlecht roch wie brennender Schwefel, mit Sicherheit eine machtvolle Medizin sein müsse.

Im selben Sinne galt auch das übelriechende Wasser von natürlichen Schwefelquellen als äußerst heilsam. Bis zum heutigen Tag pilgern Kranke zu solchen Quellen, um deren Wasser zu trinken oder darin zu baden. Bis vor etwa einer Generation wurde Kindern regelmäßig eine Portion Schwefel und Melasse als tonisierendes Mittel für den Frühling oder als »Blutreiniger« verabreicht: Der Schwefel sollte das Blut reinigen und die Melasse den schlechten Geschmack maskieren.

Serpentin

»Serpentin« ist der Name einer Gruppe von grünlichen Silikatmineralien, darunter Antigorit, Lizardit und Chrysotil, die faserige Sorte, die auch Asbest heißt. Der Name Serpentin entstand aus einer Ähnlichkeit mit Schlangenhaut. So war es denn unausweichlich, daß man Serpentinamuletten die Fähigkeit zutraute, Schlangenbiß zu heilen und giftige Insektenstiche abzuwehren. Es wurde oftmals behauptet, daß eine Schale aus Serpentin zu schwitzen beginnt, sobald ein giftiges Getränk hineingegossen wird.[1]

[1] Budge, Amulets and Talismans, 324

Silber

Silber galt immer als Metall des Mondes. Mittelalterlicher Aberglaube riet Frauen davon ab, um irgendeine besondere Gunst zu Gott zu beten, da sie es ja von dort nicht bekommen könnten. Statt dessen sollten sie mit Hilfe eines Silberstückes zu ihrer eigenen Gottheit, dem Mond, beten. Unmittelbar davon kommt die Vorstellung, die noch immer in manchen Gegenden gilt, daß eine Frau eine Silbermünze drehen müsse, wenn sie einen Wunsch an den Mond richtet.[1]

Silber war ein Weissagungsmetall – selbst in der Bibel. Der

Traumdeuter und Seher Joseph hatte als Instrument der Weissagung eine silberne Schale, die den Mond als Quelle der »Wasser der Erleuchtung« symbolisierte (Genesis 44,5).

[1] de Lys, 458

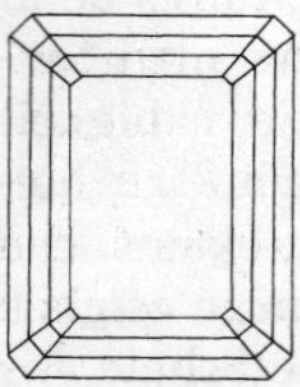

Smaragd

»Der Smaragd ist die eigentliche Essenz des fünften Strahles der Heilung und der Wissenschaft und wurde von den Herren der Flamme in einem winzigen Samenpartikel vom Planeten Venus gebracht«, so hört man es von gewissen Kristallmystikern unserer Tage.[1] Manche alten Glaubensvorstellungen über Smaragde waren fast ebenso bizarr: So erklärt zum Beispiel Albertus Magnus, daß alle Smaragde aus Greifennestern stammten. Diese Überzeugungen können jedoch entschuldigt werden, da es im Gegensatz zu heute noch kein mineralogisches Wissen gab.

Smaragd ist eine grasgrüne Spielart des Beryll, die meistens viele Trübungen aufweist und selten in Edelsteinqualität vorkommt. Kaiser Nero besaß offenbar einen ungewöhnlich klaren Smaragd, durch den er seine Gladiatoren beobachtete: Denn er glaubte, daß der grüne Stein seine Augen schützen würde. Jahrhunderte später heißt es in alchemistischen Schriften, die dem Hermes Trismegistos zugeschrieben wurden, daß Smaragde Bindehautentzündungen heilen, Blutfluß stoppen und Gifte neutralisieren können. Die Ärzte des Mittelalters waren auch der Meinung, daß man Durchfall verläßlich mit einem Smaragd heilen könne, den man über dem Bauch baumeln ließ.[2]

Hermes Trismegistos war eine der Inkarnationen des antiken Gottes Hermes, dem die berühmte Smaragdtafel, das profundeste Buch über Magie, gehörte. Es bestand aus *uat* oder »Matrixsmaragd« und war ursprünglich dem entsprechenden ägyptischen Gott Thoth als Meister der Magie zugeordnet. Wie der Stein der Weisen und der Heilige Gral wurde die Smaragdtafel zum ewigen Objekt der Suche und bezog einige von ihren Legenden aus den arabischen Geschichten über die »durch Inspiration empfangene Tafel und Mutter der Bücher«, die ein himmlischer Prototyp des Koran war.

Smaragdgrün wurde von christlichen Autoritäten mit Argwohn betrachtet, da es traditionell mit dem heidnischen Gott Hermes und seiner Göttin Aphrodite verbunden war. Als Farbe des Frühlings und der Fruchtbarkeit galt es als unschicklich für kirchliche Roben. Nicht nur die Göttin trug Smaragdgrün, sondern der heidnische Gott Horus wurde »Prinz des Smaragds« genannt.

Sogar der Heilige Gral soll aus einem riesigen Smaragd gehauen worden sein, der einstmals dem Satan gehörte und aus seiner Krone fiel, als er in die Unterwelt hinabstieg.[3]

[1] Lorusso/Glick, 37
[2] Kunz, 79, 227, 380–381
[3] G. Jobes, Bd. 1, 508

Lochstein

Stein

Viele Mythen und Überlieferungen verweisen auf die uralte Gewohnheit von Menschen, ungewöhnlich geformte Steine als göttliche Geister zu verehren, und zwar vor allem als Geister weiblicher Ahnfrauen oder Göttinnen. Das hebräische Wort *beth-el* für »Haus bzw. Verkörperung der Gottheit« war verwandt mit dem griechischen Wort *baitylos* für einen aufgerichteten Stein. Pausanias sagte, daß die drei Charitinnen oder Grazien – einstmals Erscheinungsformen der Dreifachen Göttin – in Orchomenos in Gestalt von drei aufgerichteten Steinen verehrt worden seien.[1] Die Isländer verehrten ihre Göttin Armathr oder »Mutter des Wohlstand« in Form eines Steins.[2] »Lochsteine« symbolisieren auf der ganzen Welt den weiblichen Schoß und die Geburt. In Teilen Europas beten Frauen noch immer zu solchen Steinen und kriechen durch sie hindurch – als magisches Ritual, um ein Kind zu empfangen.[3] Im Aargau flehten die Hebammen vor einer Geburt zur Göttin; dabei umkreisten sie pfeifend einen bestimmten Stein und öffneten ihn dann mit einem goldenen Schlüssel, um den Muttergeist herauszulassen.[4] Die moabitischen Araber nannten sich *Beni Sahr* oder »Söhne des Felsens«. Der Prophet Jeremias wetterte gegen die Sitte seiner Zeitgenossen, einen Stein zur eigenen »Mutter« zu erklären (Jeremias 2,27).

Vorpatriarchale Berichte zeigen, daß Jahwe im Tempel von Jerusalem als Gefährte der Göttin Anath verehrt wurde, die mit ihm als androgyne Gottheit namens Anathyahu verbunden war. Zwei Steinplatten in der Bundeslade galten als Symbol für diese beiden Gottheiten. Einer der gebräuchlichen Beinamen der semitischen Göttin Anath lautete »Gebärerin der Völker«.[5] Aus manchen Mythen geht hervor, daß die Menschen sogar glaubten, daß sie am Anfang aus Steinen geboren worden seien. In der griechischen Überlieferung lehrte die Urgöttin Themis nach der Sintflut die beiden Überlebenden Deukalion und Pyrrha, ihre Kinder aus Steinen aufzuziehen, um die Erde wieder neu zu bevölkern.[6]

Die patriarchalen Gesellschaften zeigten viel Feindseligkeit gegen die alten Steinfiguren (oder Nicht-Figuren), die so lange Zeit als mütterliche Geister verehrt worden waren. Der berühmte *Stone of Scone*, der heute unter dem englischen Königsthron in der Westminster Abbey liegt, war einstmals eine *Hag of Scone* oder »Großmutter Göttin« – genauso wie die Caillech, eine Königin der Elfen oder älteren Gottheiten. Die Legende besagt, daß sie zum Stein wurde, weil sie von einem christliche Missionar verflucht wurde; wahrscheinlicher ist jedoch, daß diese *Hag* oder »alte Frau« immer schon ein Stein gewesen war.[7] Ihre Funktion, unter einem Königsthron zu liegen, wird verständlich, wenn man sich die alten heidnischen Geschichten über den *Stone of Fal* (»Stein der Souveränität«) im irischen Mythos vor Augen hält. In einem Kommentar heißt es nämlich, daß der Name dieses Steines von *Foall* (»Stein unter einem König«) kommt und daß er mit lauter Stimme schreit, wenn der rechtmäßige König von Tara darauf Platz nehmen wird: Dies war das gewohnte magische Zeichen dafür, daß der neue König von der Mutter Erde akzeptiert wurde.

Es wurde versucht, den *Stone of Fal* in Verbindung mit dem griechischen Wort *phallos* zu bringen, und manche Quellen nennen ihn auch »Penis-Stein«; »aber er hat überhaupt keine phallischen Eigenschaften, und seine Verbindung mit der Rechtmäßigkeit der Herrschaft läßt im Gegenteil vermuten, daß er weiblicher Natur ist.«[8]

Der berühmte Tarpeische Felsen auf dem Kapitolinischen Hügel von Rom war ursprünglich einer etruskischen Göttin heilig und hat sie offenbar auch verkörpert. In klassischen Zeiten wurde ein Mythos über die verräterische Jungfrau Tarpeia erfunden, die unter den Schilden der Krieger erdrückt wurde, die sie verraten hatte; aber bei dieser Geschichte ging es darum, einen alten Brauch zu erklären: Als Siegesopfer für die Göttin des Felsens wurden dort Schilde aufgehäuft.[9]

Bis zum Jahre 1860 wurden einem Steinbild der Göttin in einem alten Heiligtum auf der Insel Guernsey Blumen- und Speiseopfer dargebracht, bis schließlich der Mesner des Ortes den Stein abbrechen ließ. Eine andere Steingöttin in der Nähe von Baud in der Bretagne wurde bis ins späte 17. Jahrhundert verehrt. Im Steintrog zu ihren Füßen wurden Menschen getauft. Dies half angeblich auch bei der Heilung von Kranken.[10] Viele Mythen wie die des Mithras sprechen noch immer vom Mutterstein, der *petra genetrix*, aus dem Helden und Erlöser geboren wurden.

Andererseits wurden Steine aufgrund der magischen Kräfte, die ihnen so oft zugeschrieben wurden, bei den Menschen des mittelalterlichen Europa zu Objekten abergläubischer Furcht. Nachdem man erkannt hatte, daß »Steine« in den Nieren oder der Blase pathologische Zustände hervorrufen können, kamen viele Laien und selbst Ärzte zu dem Glauben, daß eine große Anzahl von Krankheiten und Schmerzen durch solche Steine im Inneren des Körpers verursacht werden – und vielleicht waren sie durch Hexerei dorthin gekommen! Kopfweh, unscharfe Sicht, Halluzinationen oder Wahnsinn konnten gängigen Vorstellungen zufolge durch »einen Stein im Kopf« entstanden sein. Quacksalber hatten dafür eine ganz besondere Operation. Mit einem kleinen, in der Handfläche versteckten Kieselstein machten sie einen leichten Einschnitt auf der Stirn oder der Kopfhaut des Leidenden, und wenn dann Blut aus der Wunde hervorströmte, gaben sie vor, den blutbedeckten Kieselstein daraus hervorzuziehen und auf diese Weise die Krankheit zu »heilen«.[11] Manchmal wirkte es auch. Heute gibt es Quacksalber derselben Art, die durch Berührung mit den Händen »Operationen ohne Narben« vollziehen und behaupten, daß sie Tumoren und andere scheußlich aussehende Fleischknoten hervorziehen, die sie meistens zuvor aus dem örtlichen Schlachthaus bezogen haben.

1 Dumézil, Archaic Roman Religion, Bd. 1, 166
2 Turville-Petre, 230
3 Cirlot, 142
4 Dürr, 23
5 Patai, 62, 135–136
6 Graves, The Greek Myths, Bd. 1, 139
7 Wimberley, 36
8 Markale, 190
9 Grant, 123–124
10 Evans-Wentz, 404
11 Hall, 229

Stein der Weisen

Niemand wußte genau, was der Stein der Weisen eigentlich war – aber die meisten Texte sprachen von einem Stoff universeller Schöpfung, der jede Art der Materie verwandeln konnte, so daß niedrige Metalle zu Gold werden konnten. Außerdem verlieh er dem Alchemisten ein so vollkommenes Wissen über natürliche Prozesse, wie es früher nur Göttern zugänglich war. Der Stein der Weisen wurde auf verschiedenste Weise beschrieben: als göttliches Kind, hermaphroditischer *rebis* oder *lapis*, Drache, Tinktur, Elixier, Wasser, Urin, *filius* (»Sohn«), *puer* (»Knabe«), Essig oder *menstruum universale* (»universelle Gebärmutter«). Sein Gefäß war ein jungfräulicher Schoß, der manchmal sogar Schoß Mariae genannt wurde, und der durch den Gott der Alchemisten Merkur oder Hermes Trismegistos befruchtet wurde.[1] Der Stein war das Symbol der gesamten Kunst der Alchemie, die manchmal auch »sophische Kunst« (»Weisheitskunst«) genannt wurde. Deshalb hieß ihr zentrales Ziel auch der »Sophistische Stein«.[2]

Klarerweise war dieser »Stein« eigentlich gar kein Stein, wenn man von den Texten ausgeht. Aber er wurde immer so genannt, und viele verschiedene Arten von Edelsteinen und Mineralien wurden dafür vorgeschlagen. Hinter all dieser mystischen Rhetorik liegt vielleicht der uralte Begriff vom Stoff des Ur-Chaos, bevor die Elemente noch nicht voneinander getrennt waren und alle im kosmischen Schoß vermischten Dinge »weder heiß noch kalt, weder naß noch trocken« waren. In diesem Zusammenhang käme der Ausdruck *menstruum universale* der ursprünglichen Bedeutung noch am nächsten. Eine modernere Bedeutung könnte vielleicht das Magma als »Mutter aller Steine« sein.

[1] Campbell, Creative Mythology, 272–273
[2] Shah, 194

Stygischer Stein

Der »Stygische Stein« (von dem griechischen Unterweltfluß Styx) ging als *Eben Stijah* (»Stein der Tiefe«) in die hebräische Mythologie ein. Die Juden behaupteten, daß König David diesen Stein gefunden habe, als man eine Grube für das Fundament des Tempels aushob, denn er lag tief unter der Erde auf einem heiligen Platz. Der magische Stein »schloß die Quelle der großen Tiefe auf«, weil auf ihm der geheime, Zauber wirkende Name Gottes – *sem ha-mephoras* – eingeschrieben war.[1] Offensichtlich war dies ein Rekurs auf die »Öffnung der Quellen der Tiefe« aus hethitischen und semitischen Schöpfungsmythen, in denen oft das Niedere aus dem Schoß der Erde hervorquillt, die die Energie des lebendigen Wassers oder Blutes spendete, um allen Dingen das Leben zu schenken.

[1] Silberer, 315

Türkis

Türkis bedeutet »türkischer Stein«. Die Türken schätzten ihn sehr als Amulett und nannten ihn *fayruz* (»glücklicher Stein«). Vielleicht war er mit der moslemischen *sachrah* identisch, einem heiligen Stein vom Berg Qaf, auf dem Feen und Riesen wohnten. Dieser Stein hatte »die Farbe eines Smaragds und reflektierte den blauen Himmel«. Mit einem einzigen Körnchen davon konnten Wunder gewirkt werden. Dieser Stein hatte auch eine feine Verbindung mit der alten Göttin, denn einer der alten ägyptischen Beinamen der Isis lautete »Herrin des Türkises«.[1] Aber vielleicht war damit auch der Lapislazuli gemeint, denn die Namen von Mineralien sind oftmals ungenau und willkürlich.

Die Buddhisten behaupteten, daß Buddha einst ein Ungeheuer mit Hilfe eines magischen Türkises vernichtet habe.[2] In Arabien glaubte man, daß dieser Stein vor einer herannahenden Gefahr warnte, indem er seine Farbe änderte. Tatsächlich kann sich die Farbe mancher Sorten durch den Einfluß von Umweltfaktoren wie Hitze, Licht, Öl, Schweiß oder Trockenheit verändern.

Der Türkis wurde auch als Pferdeamulett verwendet, weil er Pferde davor bewahrte zu straucheln und sowohl Pferd wie auch Reiter vor Stürzen bewahrte. Europäische Autoren versicherten, daß der Türkis zumindest die Wirkungen eines Sturzes mildern könne: »Wer immer den echten Türkis, in Gold gefaßt, besitzt, wird keines seiner Glieder verletzen, wenn er fällt, ob er nun reitet oder zu Fuß geht, solange er den Stein bei sich trägt.«[3]

[1] G. Jobes, Bd. 2, 963, 1389
[2] Budge, Amulets and Talismans, 325
[3] Kunz, 109

Venushaar-Stein

»Venushaar« ist ein traditioneller Name für klaren Quarz, der feine goldene oder silbrige Nadeln des Minerals Rutil (Titandioxid) enthält – eine Kombination, die eher unter dem Namen »Rutilquarz« bekannt ist. Wenn die nadelförmigen Kristalle des Rutils sehr lang und dünn sind, so haben sie eine große Ähnlichkeit mit blondem Haar, das in der Sonne schimmert. Steine mit dickeren, steiferen Kristallen aus goldenem Rutil wurden manchmal »Cupidos Pfeile« genannt.

Jedenfalls wurde dieser Stein allgemein als Liebeszauber betrachtet, wie auch sein Name vermuten läßt. Manchmal aber wurde die Liebesgöttin Venus absichtlich ignoriert, und der Stein erhielt den Namen »Mädchenhaar«.

Weißer Stein

In Rom gab es die Sitte, jedes glückliche Ereignis mit einem weißen Stein zu kennzeichnen. So wurde er zum universellen Symbol einer angenehmen Erinnerung.[1] Aus diesem Grund wurden Grabsteine, Gruftplatten und andere Dinge, die an die Toten erinnerten, traditionell aus weißem Marmor oder irgendeinem anderen weißen Stein gefertigt.

Weißer Achat, der in Italien »Milchstein« heißt, wurde sehr geschätzt, weil er die Milch von stillenden Müttern vermehrt – ein deutliches Beispiel für magische Zuschreibung, die auf nichts weiter als der Farbgleichheit beruht.

In einer armenischen Kirche wurde ein weißer Stein – in einem Kreuz gefaßt – aufbewahrt. Er soll Teil des Beckens gewesen sein, in dem Jesus die Füße seiner Jünger gewaschen hat. Wenn man diesen Stein auf eine Person legte, die im Sterben lag, so würde der Stein sich schwarz färben – so wurde behauptet. Und nachdem der Tod eingetreten sei, würde er wieder die weiße Farbe annehmen.[2] Im Laufe der Jahrhunderte haben viele Tausende von Menschen, deren Glaube vollkommener war als ihr gesunder Menschenverstand, solche und andere Behauptungen geglaubt. Im 18. Jahrhundert gab es in Wales folgenden Brauch: Nach dem großen Halloween-Feuer legte jeder einzelne Teilnehmer einen weißen individuell markierten Stein in die Glut. Wenn einer der Steine während der Nacht verschwand, so galt das als ein Zeichen, daß der oder die Besitzerin vor dem Halloween-Fest des nächsten Jahres sterben würde.[3]

Die Iren setzten weiße Steine auf Gräber – mit der Erklärung, daß die Toten sie für Opfergaben von wertvollen Edelsteinen halten und dadurch freundlich gestimmt würden. Vielleicht entstammt dieser Brauch derselben Quelle wie die buddhistische Überzeugung, daß Engel weiße oder schwarze Steine in die Waagschalen des Geistes werfen, je nach den Tugenden oder Sünden der Verstorbenen.[4] Weiße Steine konnten auf Gräber gelegt werden, um die Neigung der Waagschalen günstig zu beeinflussen.

[1] Whittick, 350
[2] Kunz, 260
[3] Pegg, 122
[4] G. Jobes, Bd. 1, 669; Bd. 2, 1438

Literatur

Abelard, Miles R.: *Physicians of No Value. The Repressed Story of Ecclesiastical Flummery,* Winter Park: Reality Publications 1979

Agrippa, Henry Cornelius: *The Philosophy of Natural Magic,* Secaucus: University Books 1974

Albright, William Powell: *Yahweh and the Gods of Canaan,* New York: Doubleday 1968

Angus, S.: *The Mystery-Religions,* New York: Dover 1975

Arens, W.: *The Man-Eating Myth,* New York: Oxford University Press 1979

Ariès, Philippe: *The Hour of Our Death,* New York: Knopf 1981

Ariès, Philippe: *Geschichte des Todes,* München: dtv 1982

Arnheim, Michael: *Is Christianity True?,* Buffalo: Prometheus Books 1984

Attwater, Donald: *The Penguin Dictionary of Saints,* Baltimore: Penguin Books 1965

Avalon, Arthur: *Shakti and Shakta,* New York: Dover 1978

Avalon, Arthur: *Shakti und Shakta. Lehre und Ritual der Tantras,* München: Scherz 1987

Bachofen, Johann J.: *Myth, Religion and Mother Right,* Princeton: Princeton University Press 1967

Bachofen, Johann J.: *Mutterrecht und Urreligion,* Stuttgart: Kröner 1984

Baer, Randall N., und Baer, Vicki V.: *Windows of Light: Quartz Crystals and Self-Transformation,* San Francisco: Harper & Row 1984

Baer, Randall N., und Baer, Vicki V.: *The Crystal Connection: A Guidebook for Personal and Planetary Ascension,* San Francisco: Harper & Row 1987

Bardo Thodol (W. Y. Evans-Wentz, Übers.), London: Oxford University Press 1927

Baring-Gould, Sabine: *Curious Myths of the Middle Ages.* New York: University Books 1967

Barnstone, Willis (Hg.): *The Other Bible,* San Francisco: Harper & Row 1984

Baroja, Julio Caro: *The World of Witches,* Chicago: University of Chicago Press 1965

Barrett, C. K.: *The New Testament Background,* New York: Harper & Row 1961
Beard, Mary R.: *Woman as Force in History,* London: Collier-Macmillan 1946
Beltz, Walter: *God and the Gods. Myths of the Bible,* Harmondsworth: Penguin Books 1983
Benson, George Willard: *The Cross, Its History and Symbolism,* New York: Hacker Art Books 1983
Berger, Pamela: *The Goddess Obscured. Transformation of the Grain Protectress from Goddess to Saint,* Boston: Beacon 1985
Book of the Dead (E. A. Wallis Budge, Übers.), New York: Bell 1960
Borchardt, Frank: *German Antiquity in Renaissance Myth,* Baltimore: Johns Hopkins University Press 1971
Boulding, Elise: *The Underside of History,* Boulder: Westview Press 1976
Bowness, Charles: *Romany Magic,* New York: Samuel Weiser 1973
Branston, Brian: *Gods of the North,* London: Thames & Hudson 1955
Brasch, R.: *How Did It Begin? Customs and Superstitions and Their Romantic Origin,* New York: Simon & Schuster 1969
Brennan, Martin: *The Stars and the Stones: Ancient Art and Astronomy in Ireland,* London: Themes & Hudson 1984
Brewster, H. Pomeroy: *Saints and Festivals of the Christian Church,* New York: Frederick A. Stokes 1904
Brier, Bob: *Ancient Egyptian Magic,* New York: Quill 1980
Briffault, Robert: *The Mothers,* 3 Bde., New York: Macmillan 1927
Bromberg, Walter: *From Shaman to Psychotherapist,* Chicago: Henry Regnery 1975
Brown, Robert: *Semitic Influence in Hellenic Mythology,* New York: Arno 1977
Budge, E. A. Wallis: *Amulets and Talismans,* New York: University Books 1968
Budge, E. A. Wallis: *Gods of the Egyptians.* 2 Bde., New York: Dover 1969
Budge, E. A. Wallis: *Egyptian Magic,* New York: Dover 1971
Budge, E. A. Wallis: *Dwellers on the Nile,* New York: Dover 1977
Budge, E. A. Wallis: *Egyptian Language,* New York: Dover 1977
Campbell, Joseph: *Der Flug der Wildgans. Mythologische Streifzüge,* München: Piper 1994
Campbell, Joseph: *Der Heros in tausend Gestalten.* Frankfurt/Main: Suhrkamp 1978

Campbell, Joseph: *Die Masken Gottes*, Bd. 1: *Mythologie der Urvölker*, Bd. 2: *Mythologie des Ostens*, Bd. 3: *Mythologie des Westens*, Bd. 4: *Schöpferische Mythologie*, Basel: Sphinx Verlag 1991/92

Campbell, Joseph: *The Hero with a Thousand Faces*, Princeton: Princeton University Press 1949

Campbell, Joseph: *The Masks of God. Primitive Mythology*, New York: Viking 1959

Campbell, Joseph: *The Masks of God. Oriental Mythology*, New York: Viking 1962

Campbell, Joseph: *The Masks of God. Occidental Mythology*, New York: Viking 1964

Campbell, Joseph: *The Flight of the Wild Gander*, Chicago: Henry Regnery 1969

Campbell, Joseph: *The Masks of God. Creative Mythology*, New York: Viking 1970

Campbell, Joseph: *The Mythic Image*, Princeton: Princeton University Press 1974

Campbell, Joseph: *The Way of the Animal Powers*, San Francisco: Harper & Row 1983

Campbell, Joseph (Hg.): *Pagan and Christian Mysteries. Papers from the Eranos Yearbooks*, New York: Bollingen 1955

Cavendish, Richard: *Legends of the World*, New York: Schocken Books 1982

Chamberlain, Basil Hall (Übers.): *The Kojiki. Records of Ancient Matters*, Tokyo: Charles E. Tuttle 1981

Cirlot, J. E.: *A Dictionary of Symbols*, New York: Philosophical Library 1962

Crawley, Ernest: *The Mystic Rose*, 2 Bde., New York: Meridian Books 1960

Crowley, Aleister: *Das Buch Toth. Ägyptischer Tarot*, Neuhausen: Urania 1991

Crowley, Aleister: *The Book of Thot*, New York: Samuel Weiser 1969

Cumont, Franz: *Die Mysterien des Mithra*, Stuttgart/Leipzig: Teubner 1981

Cumont, Franz: *The Mysteries of Mithra*, New York: Dover 1956

Cumont, Franz: *Astrology and Religion Among the Greeks and Romans*, New York: Dover 1960

Dake, H. C.; Fleener, Frank L.; Wilson, Ben Hur: *Quartz Family Minerals*, New York: McGraw-Hill 1938

d'Alviella, Count Goblet: *The Migration of Symbols*, New York: University Books 1956

Dames, Michael: *The Silbury Treasure,* London: Thames & Hudson 1976
Daraul, Arkon: *A History of Secret Societies,* Secaucus: Citadel Press 1961
Darrah, John: *The Real Camelot, Paganism and the Arthurian Romance,* London: Thames & Hudson 1981
Davidson, H. R. Ellis: *Pagan Scandinavia,* New York: Frederick A. Praeger 1967
Davidson, H. R. Ellis: *Gods and Myths of the Viking Age,* New York: Bell 1981
de Givry, Grilot: *Witchcraft, Magic and Alchemy,* New York: Dover 1971
de Lys, Claudia: *The Giant Book of Superstitions,* Secaucus: Citadel Press 1979
de Paor, Máire, und de Paor, Liam: *Early Christian Ireland,* London: Thames & Hudson 1958
de Riencourt, Amaury: *Sex and Power in History,* New York: Dell 1974
Derlon, Pierre: *Die Gärten der Einweihung, Und andere Geheimnisse der Zigeuner,* München: Heinrich Hugendubel Verlag 1991
Derlon, Pierre: *Secrets of the Gypsies,* New York: Ballantine Books 1977
de Santillana, Giorgio, und von Dechend, Hertha: *Hamlet's Mill, An Essay on Myth and the Frame of Time,* Boston: Gambit 1969
Desautels, Paul E.: *The Gem Kingdom,* New York: Random House o. J.
Douglas, Mary: *Natural Symbols. Explorations in Cosmology,* New York: Pantheon 1970
Duerr, Hans Peter: *Traumzeit über die Grenzen zwischen Wildnis und Zivilisation,* Frankfurt/Main: Suhrkamp 1985
Duerr, Hans Peter: *Dreamtime, Concerning the Boundary Between Wilderness and Civilization* (Felicitas Goodman, Übers.), Oxford: Basil Blackwell 1985
Duke, James A.: *Handbook of Medicinal Herbs,* Boca Raton: CRC Press 1985
Dumézil, Georges: *Archaic Roman Religion,* 2 Bde., Chicago: University of Chicago Press 1970
Dumézil, Georges: *From Myth to Fiction. The Saga of Hadingus,* Chicago: University of Chicago Press 1973
Dunham, Barrows: *Heroes and Heretics,* New York: Knopf 1964
Eliade, Mircea: *Rites and Symbols of Initiation,* New York: Harper & Row 1958

Elworthy, Frederick: *The Evil Eye,* New York: Julian Press 1958
Emboden, William A: *Bizarre Plants. Magical, Monstrous, Mythical,* New York: Macmillan 1974
Epic of Gilgamesh, Harmondsworth: Penguin Books 1960.
Evans-Wentz, W. Y.: *The Fairy-Faith in Celtic Countries,* New York: University Books 1966
Fisher, Elizabeth: *Woman's Creation, Sexual Evolution and the Shaping of Society,* New York: Doubleday 1979
Forgotten Books of Eden, New York: Bell 1980
Frankfort, Henri: *Kingship and the Gods,* Chicago: University of Chicago Press 1978
Frazer, James G.: *The Golden Bough,* New York: Macmillan 1922
Frazer, James G.: *Folk-Lore in the Old Testament,* New York: Macmillan 1927
French, Marilyn: *Jenseits der Macht. Frauen, Männer und Moral,* Reinbek: Rowohlt 1988
French, Marilyn: *Beyond Power. On Women, Men, and Morals,* New York: Simon & Schuster 1985
Funk, Wilfred: *Word Origins and Their Romantic Stories,* New York: Bell 1978
Gage, Matilda Joslyn: *Woman, Church and State. A Historical Account of the Status of Woman Through the Christian Ages, With Reminiscences of the Matriarchate,* New York: Arno 1972
Gaster, Theodor: *Myth, Legend and Custom in the Old Testament,* New York: Harper & Row 1969
Gelling, Peter und Davidson, Hilda Ellis: *The Chariot of the Sun,* New York: Frederick A. Praeger 1969
Gems, Stones and Metals for Healing and Attunement, Heritage Publications 1977
Gifford, Edward S., Jr.: *The Evil Eye,* New York: Macmillan 1958
Das Gilgamesch-Epos, Stuttgart: Kohlhammer 1992
Gimbutas, Marija: *The Goddesses and Gods of Old Europe, Myths and Cult Images,* Berkeley: University of California Press 1974
Glover, T. R.: *The Conflict of Religions in the Early Roman Empire,* New York: Cooper Square 1975
Goodrich, Norma Lorre: *Medieval Myths,* New York: New American Library 1977
Grant, Michael: *Roman Myths,* New York: Scribner 1971
Graves, Robert: *The Greek Myths,* 2 Bde., New York: Penguin Books 1955
Graves, Robert: *The White Goddess,* New York: Vintage Books 1958

Green, Miranda: *Keltische Mythen,* Stuttgart: Reclam 1994
Green, Miranda: *The Gods of the Celts,* Totowa: Barnes & Noble 1986
Groome, Francis Hindes: *Gypsy Folk Tales,* London: Herbert Jenkins 1963
Guthrie, W.K.C.: *The Greeks and Their Gods,* Boston: Beacon 1955
Hall, James: *Dictionary of Subjects and Symbols in Art,* New York: Harper & Row 1974
Halliday, William Reginald: *Greek and Roman Folklore,* New York: Cooper Square 1963
Hawkins, Gerald S.: *Stonehenge Decoded,* New York: Dell 1965
Hazlitt, W. Carew: *Faiths and Folklore of the British Isles,* 2 Bde., New York: Benjamin Blom 1965
Herodot: *Historien,* Stuttgart: Kröner 1971
Herodot: *The Histories* (Henry Cary, Übers.), New York: D. Appleton 1899
Hitching, Francis: *Earth Magic,* New York: Pocket Books 1978
Hornung, Clarence P.: *Hornung's Handbook of Designs and Devices,* New York: Dover 1959
Howard, Michael: *The Magic of the Runes. Their Origins and Occult Power,* New York: Samuel Weiser 1980
Huson, Paul: *The Devil's Picturebook,* New York: Putnam 1971
Huxley, Francis: *The Way of the Sacred,* New York: Doubleday 1974
Hyde, Walter Woodburn: *Greek Religion and Its Survivals,* New York: Cooper Square 1963
Jobes, Gertrude: *Dictionary of Mythology, Folklore and Symbols,* 3 Bds., New York: Scarecrow Press 1962
Jobes, Gertrude and Jobes, James: *Outer Space,* New York: Scarecrow Press 1964
Johnson, Paul: *A History of Christianity,* New York: Atheneum 1976
Joyce, P. W.: *A Social History of Ancient Ireland,* 2 Bde., New York: Arno 1980
Jung, Carl Gustav: *Man and His Symbols,* New York: Doubleday 1964
Jung, Emma, Franz, Marie L. von: *Die Graalslegende in psychologischer Sicht,* Zürich: Walter 1991
Jung, Emma, und Franz, Marie-Louise: *The Grail Legend,* New York: Putnam 1970
Keuls, Eva C.: *The Reign of the Phallus. Sexual Politics in Ancient Athens,* New York: Harper & Row 1985
King, Francis: *Sexuality, Magic and Perversion,* Secaucus: Citadel Press 1972

Knight, Richard Payne: *A Discourse on the Worship of Priapus,* New York: University Books 1974

Koch, Rudolf: *The Book of Signs,* New York: Dover 1955

Kunz, George Frederick: *The Curious Lore of Precious Stones,* Philadelphia: Lippincott 1913

La Barre, Weston: *They Shall Take Up Serpents,* New York: Schocken Books 1974

Lapidary Journal, January 1987

Larousse Encyclopedia of Mythology, London: Hamlyn Publishing Group 1968

Lederer, Wolfgang: *The Fear of Women,* New York: Harcourt Brace Jovanovich 1968

Leek, Sybil: *Sybil Leek's Book of Herbs,* New York: Thomas Nelson 1973

Lehner, Ernst: *Symbols, Signs and Signets,* New York: Dover 1969

Leland, Charles Godfrey: *Gypsy Sorcery and Fortune Telling,* New York: University Books 1962

Lethaby, W. R.: *Architecture, Mysticism and Myth,* New York: George Braziller 1975

Lindsay, Jack: *The Origins of Astrology,* New York: Barnes & Noble 1971

Lorusso, Julia, und Glick, Joel: *Healing Stoned, The Therapeutic Use of Gems and Minerals,* Albuquerque: Brotherhood of Life 1985

Luck, Georg: *Arcana Mundi,* Baltimore: Johns Hopkins University Press 1985

MacKenzie, Norman: *Secret Societies,* New York: Holt, Rinehart & Winston 1967

McLoughlin, Emmett: *Crime and Immorality in the Catholic Church,* New York: Lyle Stuart 1962

Mahanirvanatantra (John Woodroffe, Übers.), New York: Dover 1972

Mâle, Emile: *The Gothic Image,* New York: Harper & Row 1958

Malvern, Marjorie: *Venus in Sackcloth,* Carbondale: Southern Illinois University Press 1975

Markale, Jean: *Die keltische Frau,* München: Goldmann 1991

Markale, Jean: *Women of the Celts,* Rochester: Inner Traditions International 1986

Martin, Walter: *The Kingdom of the Cults,* Minneapolis: Bethany House 1985

Miles, Clement A.: *Christmas Customs and Traditions,* New York: Dover 1976

Moakley, Gertrude: *The Tarot Cards Painted by Bembo,* New York: New York Public Library 1966

Mollenkott, Virginia: *Gott eine Frau? Vergessene Gottesbilder der Bibel,* München: Beck 1990

Mollenkott, Virginia Ramey: *The Divine Feminine, The Biblical Imagery of God as Female,* New York: Crossroad 1985

Montagu, Ashley: *Sex, Man, and Society,* New York: Putnam 1967

Morton, Nelle: *The Journey Is Home,* Boston: Beacon 1985

Neumann, Erich: *Kunst und schöpferisches Unbewußtes,* Einsiedeln: Daimon 1980

Neumann, Erich: *Art and the Creative Unconscious,* Princeton: Princeton University Press 1959

Pagels, Elaine: *Versuchung durch Erkenntnis, Die gnostischen Evangelien,* Frankfurt/Main: Suhrkamp 1987

Pagels, Elaine: *The Gnostic Gospels,* New York: Random House 1979

Patai, Raphael: *The Hebrew Goddess,* Ktav Publishing House 1967

Pegg, Bob: *Rites and Riots. Folk Customs of Britain and Europe,* Poole: Blandford Press 1981

Pepper, Elizabeth, und Wilcock, John: *Magical and Mystical Sites,* New York: Harper & Row 1977

Perry, John Weir: *Lord of the Four Quarters,* New York: Macmillan 1966

Phillips, Guy Ragland: *Brigantia,* London: Routledge & Kegan Paul 1976

Potter, Stephen, und Sargent, Laurens: *Pedigree,* New York: Taplinger 1974

Pritchard, James B.: *The Ancient Near East,* 2 Bde., Princeton: Princeton University Press 1958

Rank, Otto: *The Myth of the Birth of the Hero,* New York: Vintage Books 1959

Raphaell, Katrina: *Heilen mit Kristallen. Die therapeutische Anwendung von Kristallen und Edelsteinen,* München: Droemer Knaur 1988

Raphaell, Katrina: *Crystal Enlightenment, The Transforming Properties of Crystals and Healing Stones,* New York: Aurora Press 1985

Rawson, Philip: *Erotic Art of the East,* New York: Putnam 1968

Rawson, Philip: *The Art of Tantra,* Greenwich: New York Graphic Society 1973

Rees, Alwyn, and Rees, Brinley: *Celtic Heritage,* New York: Grove 1961

Reinach, Salomon: *Orpheus,* New York: Horace Liveright 1930

Robertson, J. M.: *Pagan Christs,* New York: University Books 1967

Robinson, James M. (Hg.): *The Nag Hammadi Library in English,* San Francisco: Harper & Row 1977

Rose, H. J.: *Religion in Greece and Rome,* New York: Harper & Bros. 1959

Ross, Nancy Wilson: *Three Ways of Asian Wisdom,* New York: Simon & Schuster 1966

Sadock, B. J.; Kaplan, H. I.; Freedman, A. M.: *The Sexual Experience,* Baltimore: Williams & Wilkins 1976

Sanday, Peggy Reeves: *Female Power and Male Dominance. On the Origins of Sexual Inequality,* Cambridge: Cambridge University Press 1981

Schumann, Walter: *Edle Steine,* München: BLV 1995

Schumann, Walter: *Gemstones of the World,* New York: Sterling 1977

Scot, Reginald: *Discoverie of Witchcraft,* Yorkshire: Rowmand & Littlefield 1973

Seligman, Kurt: *Magic, Supernaturalism and Religion,* New York: Pantheon 1948

Shah, Idries: *Die Sufi. Botschaft der Derwische, Weisheit der Magier,* München: Diederichs 1994

Shah, Idries: *The Sufis,* London: Octagon Press 1964

Silberer, Herbert: *Hidden Symbolism of Alchemy and the Occult Arts,* New York: Dover 1971

Simons, G. L.: *Sex and Superstition,* New York: Harper & Row 1973

Sjöö, Monica, und Mor, Barbara: *Wiederkehr der Göttin. Die Religion der großen kosmischen Mutter und ihre Vertreibung durch den Vatergott,* Braunschweig: Labyrinth 1985

Sjöö, Monica, und Mor, Barbara: *The Great Cosmic Mother,* San Francisco: Harper & Row 1987

Smith, Homer: *Man and His Gods,* Boston: Little, Brown 1952

Smith, John Holland: *The Death of Classical Paganism,* New York: Scribner 1976

Smith, Morton: *Jesus the Magician,* San Francisco: Harper & Row 1978

Spence, Lewis: *An Encyclopedia of Occultism. A Compendium of Information on the Occult Sciences, Occult Personalities, Psychic Science, Magic, Demonology, Spiritism, Mysticism and Metaphysics,* New York: University Books 1960

Stanton, Elizabeth Cady: *The Original Feminist Attack on the Bible,* New York: Arno 1974

Steenstrup, Johannes C. H. R.: *The Medieval Popular Ballad,* Seattle: University of Washington Press 1968

Stein, Diane: *The Women's Spirituality Book,* St. Paul: Llewellyn 1987
Stewart, Bob: *The Waters of the Gap. The Mythology of Aquae Sulis,* Bath, England: Pitman 1981
Stone, Merlin: *When God Was a Woman,* New York: Dial 1976
Stone, Merlin: *Ancient Mirrors of Womanhood. Our Goddess and Heroine Heritage,* 2 Bde., New York: New Sibylline Books 1979
Tatz, Mark und Kent, Jody: *Rebirth,* New York: Anchor/Doubleday 1977
Tennant, F. R.: *The Sources of the Doctrines of the Fall and Original Sin,* New York: Schocken Books 1968
Teubal, Savina J.: *Sarah the Priestess, The First Matriarch of Genesis,* Athens: Swallow 1984
Thomas, Keith: *Religion and the Decline of Magic,* New York: Scribern 1971
Trachtenberg, Joshua: *Jewish Magic and Superstition. A Study in Folk Religion,* New York: Atheneum 1984
Trigg, Elwood B.: *Gypsy Demons and Divinities,* Secaucus: Citadel Press 1973
Turville-Petre, E. O. G.: *Myth and Religion of the North,* New York: Holt Rinehart & Winston 1964
Upanishaden. Die Geheimlehre der Inder, München: Diederichs 1994
Upanishads, New York: New American Library 1957
Vermaseren, Maarten J.: *Cybele and Attis,* London: Thames & Hudson 1977
von Hagen, Victor W.: *World of the Maya,* New York: New American Library 1960
Waddell, L. Austine: *Tibetan Buddhism,* New York: Dover 1972
Walker, Barbara G.: *Das geheime Wissen der Frauen. Ein Lexikon,* München: dtv: 1995
Walker, Barbara G.: *Die Geheimnisse des Tarot. Mythen, Geschichte und Symbolik,* Bindlach: Gondrom 1994
Walker, Barbara G.: *The Woman's Encyclopedia of Myths and Secrets,* San Francisco: Harper & Row 1983
Walker, Barbara G.: *The Secrets of the Tarot. Origins, History and Symbolism,* San Francisco: Harper & Row 1984
Warner, Marina: *Alone of All Her Sex. The Myth and Cult of the Virgin Mary,* New York: Knopf 1976
Watts, Alan W.: *Myth and Ritual in Christianity,* New York: Grove 1954
Wedeck, Harry E.: *A Treasury of Witchcraft,* Secaucus: Citadel Press 1975

Weston, Jessie L.: *From Ritual to Romance,* New York: Peter Smith 1941
White, Andrew D.: *A History of the Warfare of Science with Theology in Christendom,* 2 Bde., New York: George Braziller 1955
Whittick, Arnold: *Symbols. Signs and Their Meaning and Uses in Design,* Newton: Charles T. Branford 1971
Wilins, Eithne: *The Rose-Garden Game,* London: Victor Gallancz 1969
Williamson, John: *The Oak King, the Holly King, and the Unicorn,* New York: Harper & Row 1986.
Wimberly, Lowry Charles: *Folklore in the English and Scottish Ballads,* New York: Dover 1965
Woods, William: *A History of the Devil,* New York: Putnam 1974
Wright, Thomas: *The Worship of the Generative Powers During the Middle Ages of Western Europe,* New York: Bell 1957
Zimmer, Heinrich: *Indische Mythen und Symbole,* München: Diederichs 1993
Zimmer, Heinrich: *Myths and Symbols in Indian Art and Civilization,* Princeton: Princeton University Press 1946

Register

Kay Hoffman

Charismatraining für Frauen

Die inneren Stärken zeigen

ISBN 3-89631-307-X

Charisma – das ist jene starke Ausstrahlung, die uns auf der Stelle für einen Menschen einnimmt. Oft verstanden als »Gnadengabe«, kann dieser besondere Zustand jedoch durch eine bewußt gesteuerte Persönlichkeitsentwicklung gefördert und erzeugt werden. Das spirituelle Praxisbuch bietet Frauen zahlreiche Übungen und Rituale, um zu einem authentischen Ausdruck ihrer Stärken zu finden, um mit Freude das auszudrücken, was ihnen unter den Nägeln brennt.

Layne Redmond

FrauenTrommeln

Eine spirituelle Geschichte des Rhythmus

ISBN 3-89631-282-0

Dieses reich bebilderte Buch stellt die alte Verbindung von Rhythmus, Spiritualität und Frauenmacht wieder her. In den frühesten Religionen war das sakrale Trommeln eine der wichtigsten Aufgaben der Frauen. Layne Redmond verbindet die neuesten Forschungsergebnisse mit einer Einführung in die harmonisierende Wirkung des Trommelns auf Körper und Seele. Eine spannende Lektüre für alle, die je vom Klang einer Trommel fasziniert waren.

Scilla Elworthy

Mit sanfter Macht

Vom inneren Frieden zum Weltfrieden

ISBN 3-7205-2085-4

Der Friedensforscherin Scilla Elworthy gelang das Unmögliche: Sie brachte Politiker und Generäle dazu, sich bei Verhandlungen nicht nur auf ihre politisch-rationale, sondern auch auf ihre spirituelle Kraft einzulassen. Für ihre besondere Art der Friedensarbeit wurde sie bereits zweimal für den Friedensnobelpreis nominiert. Ein Buch über Frauen und Macht, Politik und Spiritualität – und den Weg einer engagierten Kämpferin zu sich selbst.

SPHINX

Von der Kraft des Mondes

Anna-Maria Bauer
Das Heyne-Mondjahrbuch 2000
Natürlich leben im Rhythmus der Natur
08/5296

08/5263

Anna-Maria Bauer
Der Heyne-Mondkalender 2000
48/42

Diana Brueton
Der Mond
19/563

Johanna Paungger
Thomas Poppe
Vom richtigen Zeitpunkt
Die Anwendung des Mondkalenders im täglichen Leben
08/5263

Christina Zacker
Die Monddiät
Schlank und schön im Einklang mit dem Mondjahr
08/5036

Christina Zacker
Mondphasen
Der Einfluß des Mondes auf den Lebensrhythmus der Frau
08/5047

Christina Zacker
Das persönliche Mondhoroskop
Mondphasen und Tierkreiszeichen
08/5155

HEYNE-TASCHENBÜCHER